한국 지방자치의 이해

한국지방자치학회

소진광 권영주 오재일
최호택 채원호 김종희
최병대 김순은

博 英 社

머 리 말

나라경영의 패러다임이 변하고 있다. 공공분야와 민간분야의 구성비율과 상호작용관계가 바뀌고 있고, 공공분야 안에서도 조직과 조직간 관계가 변하고 있다. 분야별로 부분과 전체의 상호작용관계 역시 바뀌고 있다. 또한 개별 구성원의 조직화와 집단조직과 개별 구성원의 관계는 조직의 생존능력과 밀접하게 연관되어 있다. 나라와 이를 구성하고 있는 지방과의 관계도 마찬가지다. 나라 전체적인 이익과 개별 지방의 이익이 상호 충돌하는지, 아니면 지방의 이익을 모두 합하여 나라 경쟁력으로 연계시킬 수 있는지는 나라와 지방의 관계를 어떻게 접근하느냐에 달려 있다.

강력한 중앙집권체제에서는 전체적인 나라 재원을 나누어 갖기 위해 지방끼리 경쟁할 수밖에 없을 것이고 강력한 지방분권체제에서는 각자 사정이 다른 지방이 특색을 살려 지역발전을 도모하고 다른 지방의 장점을 서로 활용하려 할 것이다. 이러한 과정을 통해 나라 전체적인 경쟁력이나 부(富)는 늘어나게 된다. 따라서 "부분의 합은 전체를 이루나 전체를 나눈 결과는 부분을 충족시켜 주지 못한다"는 명제가 성립된다. 이러한 명제의 근저에는 차별화의 경제(economies of differentiation)가 자리하고 있다. 즉 사정이 다른 지방을 달리 다루어야지 같은 잣대를 적용하여 획일적으로 다루어서는 어느 지방도 만족시키기 어렵다. 이러한 관점에서 지방자치는 곧 지방의 다양성을 촉진하고 이를 조화시켜 국민과 주민들이 선택할 수 있는 범위를 넓혀줄 수 있는 제도적 장치이다.

지방자치제도도 나라의 특성과 환경에 따라 다양하게 발전하였다. 지방자치는 서로 다를 수 있음을 인정하는 인류사회의 본유적 역학관계를 반영하고 있기 때문이다. 민주주의가 인류집단이 추구하는 가치라면 지방자치는 인류가 소망하는 가치를 실현하기 위한 수단적 의미를 지니고 있다. 따라서 지방자치는 개인과 집단, 집단과 정부, 지방정부와 중앙정부의 관계를 규율하는 방식과 관련되어 있다. 이 책은 사단법인

한국지방자치학회가 창립 20주년을 맞아 준비한 국민 필독서이다. 이 책은 모두 8개의 장으로 지방자치 내용을 구분하고 해당 분야 최고 권위자에게 의뢰하여 1년 동안 연구, 집필된 것을 모은 것이다. 이 책의 연구, 집필에 참여해 주신 모든 분들에게 감사드리고 특히 내용의 일관성을 확보하기 위해 모든 편집 일을 책임지고 이끌어 주신 문병기 편찬위원장님과 편집위원님들께 감사드린다. 아무쪼록 이 책이 널리 읽혀서 나라경영의 근간을 세우는 데 기여하기를 바란다.

2008년 7월 14일

사단법인 한국지방자치학회

명예회장 소진광

일러두기

1. 이 책은 사단법인 한국지방자치학회가 창립 20주년을 맞아, 한국지방자치제도에 관한 그간의 모든 연구와 논의의 핵심을 모아 새롭게 출간한 우리나라 지방자치분야 최고권위자들의 공동 집필서이다. 한편 공동 집필서의 경우 가독성과 체계성이 다소 약화될 수 있으므로, 최신의 지방자치제도 현황과 이론을 최대한 쉽게 기술하여 일반 국민들도 이해할 수 있도록 하고, 저자를 각 장별로 1명씩 배정하여 집필진을 총 8명으로 한정함으로써 일관성을 제고하고자 노력하였다.

2. 전반적인 책의 체계를 정립하는 과정에서 지방의회와 관련된 논의는 그 중요성에 부응하도록 별개의 책으로 새롭게 정리하고 보다 심도 있는 내용으로 상술할 필요성이 제기되었다. 이에 따라 이 책에서는 지방의회와 관련된 내용을 간단히 언급하고 대신 이 책과 함께 별도로 출간되는 「지방의회의 이해」라는 책에서 더욱 체계적으로 그 이론과 현황을 설명하였다. 따라서 독자들은 이 책과 함께 「지방의회의 이해」를 적극 활용함으로써 한국지방자치제도 전반에 대한 이해의 깊이를 심화하기 바란다.

3. 이 책은 한국지방자치제도의 기본원리와 현황을 분석하기 위하여 필요한 부분에서 다양한 관계 법령을 인용하거나 설명하고 있다. 한편, 이들 관계 법령은 반복적으로 인용될 경우 일반적 관례에 따라 "동법"이라는 표현으로 지칭되고 있다. 이하에서는 독자들의 이해를 돕기 위하여 이들을 구체적으로 적시하고자 한다.

제 3 장 지방자치단체의 구성요소 – 전체적으로 「지방자치법」을 의미
제 4 장 지방자치단체의 기능과 사무 – 전체적으로 「지방자치법」을 의미
제 6 장 지방재정 – 각주 23) 상의 "동법"은 「국회법」을 의미
– Ⅱ. 지방공기업의 종류 중 (가) 지방공사형 제3섹터 내의 "동법"은 「지방공기업법」을 의미
제 7 장 지방자치단체 상호간의 관계 – 전체적으로 「지방자치법」을 의미

2008년 7월 14일

사단법인 한국지방자치학회 교재편찬위원장 문병기

차 례

제1장 지방자치의 기초이론과 원리

제 2 장 지방자치의 발달과 동향

제 3 장 지방자치단체의 구성요소

제 4 장 지방자치단체의 기능과 사무

제 5 장 지방자치단체의 기관구성

제 6 장 지 방 재 정

제 7 장 지방자치단체 상호간의 관계

제 8 장 국가와 지방자치단체의 관계

제 1 장 지방자치의 기초이론과 원리

제 1 절 지방자치의 개념 및 의의

1. 지방자치의 기원

인류는 지구상에 출현한 이후 줄곧 조직적 집단생활을 영위해오고 있다. 최초의 인류는 가족이나 혈족 단위의 이동생활을 했을 것으로 추정된다. 식량을 찾아 이동하면서 다른 집단과의 충돌이 불가피했을 것이고 이러한 충돌과정에서 집단끼리의 갈등이 발생하여 가족이나 혈족을 중심으로 한 집단으로서는 해결할 수 없는 문제가 나타나게 되었다. 그러한 일은 공간적으로 가까운 지역사회 구축을 통해 해결되고 방지할 수 있었을 것이다. 이것이 지리적 연고성을 중심으로 공동체가 형성되게 된 배경이다. 인류집단의 공간적 활동범위가 확대되면서 인접하여 활동하던 다른 집단과의 분쟁이 발생할 수 있고 이러한 분쟁은 보다 넓은 공동체 형성을 통해 해결될 수 있었을 것이다. 이러한 과정에서 씨족사회가 부족사회로, 부족사회가 국가형태를 갖추게 되었다.[1)]

어느 사회든 인간이 생존하는데 필요한 모든 재화와 서비스를 개인이 모두 해결하도록 맡겨두면 상호 충돌할 가능성이 있는 영역을 가지고 있기 마련이다. 이러한 영역을 개인이 처리하도록 맡기게 된다면 개인의 이해가 상호 충돌하고 갈등이 늘어나서 공동의 이해를 저해하고 집단의 안정이 위협받게 될 것이다. 따라서 인간이 살아가는데 필요한 모든 일을 개인이 처리할 경우 상호 충돌할 가능성이 있는 영역을 공공분야(public sector)라 하고 이를 개인이 아닌 공공기관을 통해 해결하려 했던 것이다.

---

1) 이러한 인류사회의 집단화과정에 대해서는 이미 기원전 4세기경 그리스 철학자 Aristotle(384~322 B.C.)이 그의 역작 *The Politics*(정치학)에서 적고 있다. 즉, Aristotle은 국가의 존재기반을 남·여, 지배자와 피지배자와 같은 한 쌍(pair)의 형성, 가계(household)의 형성 및 마을(village)의 형성이라는 자연스러운 과정에서 찾고 있다. 이러한 주장은 지방자치의 기초원리인 '보충성의 원칙'을 뒷받침하고 있다.

이 과정에서 탄생한 공공기관이 정부(government)인 셈이다. 공공분야도 공동으로 해결해야 할 과제의 영향범위를 기준으로 주민들의 일상적인 생활과 관련하여 작은 단위의 정부(지방정부)가 해결하는 것이 효율적인 부문과 지방정부로서는 처리하기 어려운 영역, 즉 국가 전체적인 이익을 도모해야 하는 영역에 대해서는 큰 단위의 정부(중앙정부)가 맡아서 처리해야 하는 부문이 있을 수 있다.

이와 같이 원래부터 개인이 집단에 우선하고(민간부문 우선의 원칙), 작은 단위의 집단이 큰 규모의 집단에 우선(작은 집단 우선의 원칙)하였기 때문에 사람이 살아가는 데 필요한 공공의 서비스도 중앙정부보다는 지방정부가 우선하여 처리함이 온당하다. 원래부터 국가가 있었던 것이 아니기 때문에 개인끼리라면 상호 충돌할 수 있는 공공분야의 재화와 서비스도 우선 자생적 공동체인 지역사회가 맡아서 처리하였다. 지역사회끼리의 조정이 필요한 부분에 대해서는 보다 넓은 지역에 걸친 일을 처리할 수 있는 지방정부를 만들어 처리하였고, 지방정부가 처리할 수 없는 부문은 국가를 만들어 처리하는 방식이 자연스러운 현상이다.

이러한 맥락에서 지방자치는 지방정부가 주민들의 생활과 관련한 공공분야의 일을 스스로 결정하고 스스로 처리하는 방식이다. 지방정부가 구체적으로 어떠한 일들을 어떻게 결정하고 어떻게 처리할 것인가는 나라마다 시대에 따라 다르다. 그러나 우선 개인이 할 수 있는 일은 개인에게 맡기고, 개인이 처리할 수 없는 일들을 나머지 일들을 집단을 이루어 공동으로 처리하게 했던 과정은 동일하다. 문화와 역사적 전통에 따라 개인이 할 수 있는 일과 집단을 통해 할 수 있는 일을 판별하는 기준과 집단을 이루어 공동으로 처리하는 일중에서도 작은 지역사회집단을 통해 할 수 있는 일과 거대한 국가조직을 통해 처리할 수 있는 일을 구분하는 기준이 약간씩 다를 뿐이다.

<그림 1-1>은 자연상태에서 개인활동끼리 서로 충돌하는 영역을 암영대로, 그리고 외부의 여백은 개인활동끼리 서로 충돌하지 않고 거래, 협상을 통해 조정되는 시장영역(市場領域)을 나타내고 있다. 여기서 개인활동이 상호 충돌하는 공공분야(public sector)는 개인이 아닌 공동의 이익을 대변할 수 있는 조직(통상 정부)으로 하여금 처리하게 함이 마땅하다. 이 영역을 개인에게 맡길 경우 사회체제 및 시장기구가 혼란스러워서 개인에게도 추가적인 비용을 수반하게 될 것이다.

개인이 인간생활에 필요한 모든 재화 및 서비스를 생산, 소비할 수 있다면 비용이 가장 적게 들고 효용은 극대화될 것이다. 그럼에도 불구하고 개인활동이 상호 충돌하는 영역은 이해 당사자들의 합의에 의해 탄생한 대표조직을 통해 해결함으로써 비용은

다소 추가되더라도 사회안전망을 확보하고 사회체제를 유지할 수 있게 된다.[2] 또는 아무리 많은 개인비용을 들이더라도 개인으로서는 이 영역과 관련한 문제를 해결할 수 없는 경우도 발생할 수 있다. 국방과 방범 그리고 사회 전체적인 체제유지가 여기에 속한다. 그러나 이 과정에서 탄생한 정부조직은 대표성을 부풀리고 조직을 확대하여 시장영역을 침범하기 시작하였고 결국 <그림 1-1>에서 빗금부분에 해당하는 만큼 민간분야와 상호 충돌하게 되었다. 큰 정부가 출현한 것이다.

뿐만 아니라 공공분야도 속성과 영향 크기에 따라 국가가 직접 처리할 영역과 작은 지방정부가 처리할 영역으로 구분되게 되었다. 공공재는 우회생산과정을 거치면서 비용이 추가되고 만족도가 떨어지는 것과 우회생산을 거칠 경우 비용도 절감되고 만족도가 극대화되는 영역이 있다. 즉, 국방과 같은 공공서비스는 '개인-지역사회-지방정부-국가'를 통합하여 하나의 단위로 생산되고 관리될 경우 단위당 비용은 적어지고, 개인이 느끼는 효용은 늘어난다. 하지만 쓰레기 처리와 같은 일상생활과 관련한 공공서

◈ 그림 1-1 ◈ 공공분야와 정부규모

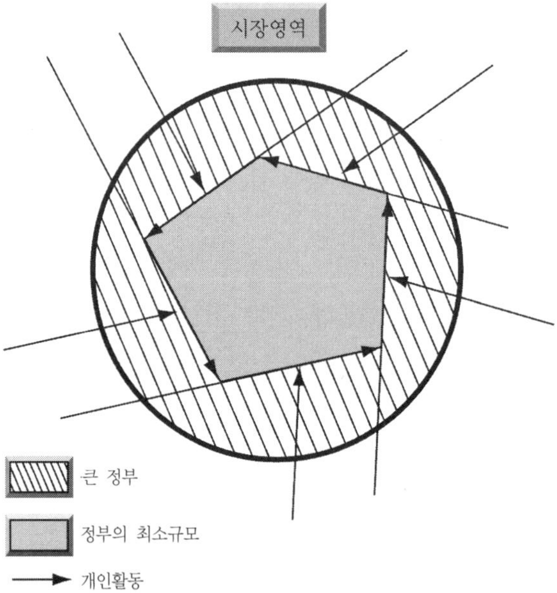

자료: 소진광(2008).

2) 이를 통상 공익실현이라 할 수 있을 것이다.

비스는 처리과정이 우회적일 수록 즉, 개인, 지역사회, 지방정부를 거쳐 국가가 이를 직접 처리할 경우 비용은 늘어나고 필요한 시간과 장소적 특수성에 따라 민감하게 반응하는 효용은 줄어든다.

따라서 지방자치의 발전도 이러한 민간분야와의 상호충돌 영역을 구분하고 이 부분을 우선 시장영역으로 되돌려 주며, 공공영역도 우선적으로 주민에게 가까운 지방정부로 하여금 처리하게 하는 방식으로 접근되어야 한다. 이 과정에서 적정한 지방자치 수준을 정의하고 정부간 역할분담을 도출하는 것은 매우 중요하다. 큰 정부 역시 지방자치 관점에서 결코 바람직스럽지 않다. 그러나 큰 정부에 대한 인식과 정부의 적정규모는 나라경제의 수준, 시민사회의 성숙도에 따라 달라질 수 있다. 따라서 시장경제가 발달한 자본주의 선진국과 자본주의 초기단계에 속하는 개발도상국에서의 지방자치 수준은 달라져야 한다.

세계화(globalization), 지방화(localization) 및 정보화는 이 시대의 두드러진 흐름현상이다. 개별 나라끼리의 거래조건을 일일이 협상을 통해 정하던 국제화 시대가 지나가고 세계 모든 나라들이 통용할 수 있는 세계표준(global standard)이 구축되면서 국가는 상대적으로 할 일이 줄어들었다. 국경을 통해 모든 거래관계가 통제되던 시대가 지난 셈이다. 세계표준에 합당한 인적, 물적 자원이 국경을 자유롭게 이동할 수 있는 시대가 되었다. 이러한 시대환경에서 국경은 자국의 인적, 물적 자원을 보호하고 외국의 인적, 물적 자원을 선별하는 역할을 제한적으로 할 수밖에 없게 된 것이다.

국경을 중심으로 완결성을 유지하던 인적, 물적 자원의 이동이 세계화로 인해 공간범위를 지구상 모든 나라로 확대하면서 소위 풍선효과는 작동하지 않게 되었다. 풍선효과는 국경이 마치 풍선과 같이 작동하여 국경 안의 인적, 물적 자원이동을 통제할 수 있는 안전장치 역할을 의미한다. 이러한 풍선효과가 작동하지 않으면 국경 안에서 상대적인 우위를 따져 이동하던 노동력, 자본, 정보 등이 이제는 더 이상 국경을 한계로 인식하지 않게 되어 나라밖 어디로든지 이익을 추구하며 이동할 수 있다. 풍선효과가 더 이상 작동하지 않게 되었음은 국가가 국경을 담보로 이들 생산요소를 통제하던 시대가 지났음을 의미한다.

이러한 상황에서 국경은 단지 체제유지를 위한 국방의 상징적 의미만을 지니게 되었다. 국경을 중심으로 한 풍선효과가 작동하지 않게 되자 국경 안에 있던 지방(地方)이 그대로 세계무대에 노출되게 되었다. 이젠 지방이 스스로의 논리로 세계무대에서 다른 지방과 직접 경쟁해야하는 시대가 된 것이다. 지방화는 이러한 환경변화에 지방이 능동적으로 대처해야 한다는 논리를 담고 있다. 따라서 세계화와 지방화 추세는 지방정부의 역할을 강화해야하는 데서 접점을 이루고 있다. 결국 지방자치는 지방의 유연성을 확보하여 전체적인 국가 경쟁력을 높일 수 있는 나라 경영방식이다.

2. 지방자치의 개념

지방자치는 지방의 조직특성이나 여건, 지방의 대비개념인 중앙의 조직화 과정과 관련하여 다양하게 정의되어 오고 있다. 나라마다 역사와 공간적 특성이 다르고, 정부의 필요성에 해당하는 공공부문이 한 국가의 경제, 사회, 문화적 배경과 밀접하게 관련되어 있어서 지방의 조직화과정, 규모 및 자치의 정도가 다르다는 것은 너무도 당연하다. 결국 지방자치는 다의적으로 정의될 수밖에 없다. 그렇다고 하여 지방자치의 본질이 다양하다고는 할 수 없다. 본질은 개념정의에 우선하고, 개념정의는 본질에 대한 수사적 표현해 불과하기 때문이다.

이제 까지 많은 학자들이 지방자치를 정의하면서 사용했던 개념요소들은 지방자치의 본질과 관련한 외연(外延)을 이해하는데 도움이 된다. 또한 지방자치활성화는 바로 이러한 지방자치 개념요소들의 역동성(dynamics)에 대한 가치판단을 의미한다. 즉 어떠한 요소들이 지방자치의 본질을 구성하고 있고, 그러한 요소들이 어느 방향으로 어떻게 변화할 때 지방자치가 활성화된다고 보아야 할지에 관한 판단준거의 정립은 이 시대 지방자치 발전을 운운하기에 앞서 필요한 작업이다(소진광, 2005).

지방자치의 개념은 '지방(地方)'과 '자치(自治)'라는 두 가지 성분의 결합방식에 따라 다양하게 정의될 수 있다. 학자들은 이 두 가지 성분별 각각의 무게를 달리하여 지방자치를 정의하고 있다. 노융희(1987: 13)는 지방자치의 사상적 지주로 지방분권과 민주주의를 들고 있는데, 이는 '자치'라는 성분을 강조하여 지방자치를 이해하고 있는 셈이다. 김안제(1995: 64)는 지방자치의 성립요건으로(자치)구역, 주민 및 자치권을 들고 있는데, 이 중에서 (자치)구역과 주민은 '지방'성분으로 자치권은 '자치'성분으로 분류될 수 있다. 최창호(2006: 43-44)는 지방자치의 개념요소를 독립적인 지방자치단체, 공동문제, 자주재정, 자기부담, 자기처리, 공동협력 등을 들고 있는데, 이중에서 독립적인 지방자치단체, 공동문제는 '지방'성분을, 자주재정, 자기부담 및 공동협력은 '자치'성분을 구성한다.

정세욱(2000: 3)도 자치권을 가지는 지방자치단체, 일정한 지역과 주민, 지방적 사무, 자치권, 지방정치 및 행정에의 주민참여, 자주재원을 지방자치 요소로 들고 있는데, 이 가운데 자치권을 가지는 지방단체, 일정한 지역과 주민, 지방적 사무는 '지방'성분으로, 자치권, 주민참여, 자주재원은 '자치'성분으로 나누어 볼 수 있을 것이다. 조창현(2000: 7)은 지방자치의 개념구성요소로 주민에 의한 정치와 행정, 지역단체, 지방적 성격의 사무, 지방의 자주독립성, 법률적 제도 등을 들고 있는데, 이 중에서 지역단체와 지방적 성격의 사무는 '지방'성분으로, 주민에 의한 정치와 행정, 지방의 자주독립성, 법률적 제도는 '자치'성분으로 분류될 수 있다.

김영기(1999: 13)는 지역(구역), 주민과 지방자치단체, 자치권, 자치기관, 자치사무, 자치재원을 지방자치요소로 들고 있는데, 이도 역시 지역(구역), 주민과 지방자치단체, 자치기관, 자치사무는 '지방'성분에, 자치권과 자치재원은 '자치'성분에 포함시킬 수 있다. 소진광(2005)은 지방자치의 역사적 관점에서 자치사무를 '지방'성분으로 보고 지방의 고유한 사무와 국가의 고유한 사무는 발견의 대상이지 협상의 대상이 아니라고 주장한다. 즉, 중앙정부가 직접 처리하는 지방적 사무 처리의 권한을 지방정부로 넘겨주는 지방이양업무는 중앙정부와 지방정부간의 협상이 아니라 사실 확인과정으로 접근되어야 한다고 한다.

또한 지방자치의 수준은 산업사회의 논리인 규모의 경제(scale economies) 관점과 후기 산업사회, 혹은 정보화 사회에서의 다양성 이점, 또는 차별화의 이점(economies of differentiation)을 나라의 실정을 고려하여 혼합하는 과정에서 도출될 수 있다. 즉, 국민의 삶의 질을 향상시키기 위해 규모의 경제가 작동하는 재화 및 서비스 공급은 개인 보다는 지역사회, 지역사회 보다는 지방정부, 지방정부 보다는 국가가 직접 생산, 전달하는 방식이 비용과 효용면에서 유리하다. 이러한 재화 및 서비스는 국가통합 혹은 중앙집권체제 방식으로 관리되는 경향이 있다. 또한 공공재 및 공공서비스의 생산방식도 시대흐름에 민감하게 반응하고 있다. 공급이 수요를 창출하던 전기 산업사회의 관점에서 보면 공공재 생산 및 전달 체계 역시 규모의 경제논리에 영향 받을 수 있다. 즉, 표준화 된 공공재를 값싸고 다량으로 생산하여 공급함으로써 주민부담을 줄일 수 있을 것이다.

하지만 지역마다 삶의 방식, 주민들의 삶의 여건이 다양해지면서 필요한 공공재의 종류와 질이 달라지고 이들 공공재 및 공공서비스 생산, 전달 양상도 달라졌다. 전국적으로 획일적인 공공재를 공급해서는 주민들의 다양한 수요를 충족시킬 수 없게 된 것이다. 특히 모든 재화가 규모의 경제와 같이 생산논리만으로 공급된다면 공급과잉을

낳아 시장의 실패현상을 초래할 수도 있다. 재화 및 서비스는 생산과정에서 효용을 가져다주는 것이 아니라 소비과정에서 효용을 창출한다. 공공재도 주민들의 다양한 소비욕구를 반영하여 지방마다 다양하게 생산, 공급되어야 할 필요성이 여기에 있다. 중앙집권적 체제는 이러한 시대적 상황을 반영하기 어렵다.

결국 지방자치의 개념은 그 본질과 관련하여 '지방'과 '자치'라는 두 가지 성분의 결합방식과 관련하여 접근될 수 있을 것이다. 여기서 '지방'은 실체를, '자치'는 변환장치를 의미한다(소진광, 2005: 7). '지방'은 변화의 주체로서 자주적이며 능동적이어야 하고, 변화의 객체로서 현재 상태와 미래 지향하는 바를 포함하여야 한다. 방향 감각이 없는 변화는 관리될 수 없고, 속도 감각이 없는 변화는 통제될 수 없다. 따라서 지방 스스로 문제를 해결하고 환경변화에 능동적으로 대처할 자주적 수단, 제도 및 기관이 없고, 변화의 관리와 관련하여 방향 감각이 없다면 '자치(自治)'는 '타치(他治)'와 다를 바 없다.

또한 지방자치는 지방마다 다른 특성을 반영할 수 있어야 하고, 이를 통해 다른 지역과 차별화된 지역발전 정책을 활용할 수 있어야 한다. 지방마다 배타적 완결성(exclusive self-containment)을 주장할 것이 아니라 우선 다른 지방에 비해 상대적으로 잘 할 수 있는 역할을 찾아내고 그러한 역할을 집중적으로 육성하여 인접 다른 지방까지 영향범위를 확대할 필요성이 있다. 이러한 지역특화를 통해 인접 다른 지방과 공간기능을 분담하게 되면 지방자치단체끼리의 상호 의존관계가 형성되어 국가 전체적인 조화를 창출할 수 있게 된다. 즉, 지방의 차별적 발전을 통한 다양성 확보는 국가 전체적으로도 조화를 이루어 국가경쟁력을 높이는 기회를 마련해준다.

3. 지방자치의 목적

지방자치의 본질과 관련하여 '지방'과 '자치'라는 두 가지 성분의 구분만으로는 지방자치활성화 방향을 논할 수 없다. 이러한 지방자치 성분과 개념요소의 구분은 존재에 관한 사실적 판단결과이지 가치판단결과는 아니기 때문이다. 사실관계가 가치판단의 대상이 되기 위해서는 수단과 연계될 수 있는 목적이 전제되어야 한다. 지방자치의 본질에 관한 다양한 견해에도 불구하고 지방자치의 목적에 대해서는 많은 학자들이 의외로 일치된 입장을 표명하고 있다.

노융희(1987)는 "… 구역 내에 거주하는 주민들의 복리증진을 위한 일을 …

처리하는 것"이 지방자치라 하고 있고, 김안제(1995)도 지방자치제는 목적이 아니라 수단이고, 결과가 아니라 과정이므로 주민복지와 지역개발에 직접적이고도 긍정적으로 기여하는 제도라고 보고 있다. 조창현(2000: 321-322)은 지방자치단체의 행정기능을 논하는 가운데, 현대국가의 책무를 "국민의 기본적인 생계를 보장하고 생활의 질적 향상을 도모함으로써 모든 국민이 인간다운 삶을 누릴 수 있도록 하는 것"으로 규정하고 지역주민과 가장 가까운 정부인 지방자치단체가 이러한 기능의 수행자가 되어야 한다고 하여 지방자치단체의 존재의의를 지역주민 복리증진에 두고 있다.

최창호(2006: 58-62)는 지방자치의 효용을 정치·행정적인 것과 경제·사회적인 것으로 크게 구분하고, 정치적 측면에서 민주주의 이념 실현, 민주주의 훈련장, 전제정치의 방파제, 정국마비의 방지를, 행정적인 측면에서 지역실정 적응행정, 정책의 지역적 실험, 분업을 통한 효율행정, 지역 안의 종합행정을 들었다. 다른 한편 경제적 측면으로는 자원배분의 효율성, 후생의 극대화, 소비자 선호성의 구현, 지역 특수 산업의 발전을 들고, 사회적 측면으로는 경쟁성과 창의성의 제고, 주체의식·책임의식의 함양, 다원적 사회의 형성, 인구의 균등분산을 들고 있다. 모두 지역주민의 복리나 복지향상으로 귀결되는 내용들이다.

그러나 지역주민의 복지나 복리는 정의하기가 쉽지 않고 지방자치과정에서 구체적인 수단과 직접적으로 연계시키기 어려운 커다란 이상(理想)이다. 일반적으로 '복지'라는 말의 사전적 의미는 '만족스러운 상태, 건강, 번영, 안녕' 등이다(남세진, 1992: 114). 그러므로 복지는 더할 나위 없이 좋고 만족스러운 삶이 영위되며 건강과 행복의 조건들이 충족되는 상태를 말한다. 따라서 복지는 개별적, 상대적인 개념이다. 김태성과 성경륭(1995: 59-60)은 복지국가의 사상적 기초를 '자유, 평등, 우애(유대)'를 기치로 내걸었던 프랑스혁명에 의해 수립되었다고 보고, 이러한 혁명이 민주주의를 수립하는데 그치지 않고 인본주의, 계몽주의, 자유주의 그리고 사회주의 사상을 만개하여, 1880년대 이후 '평등과 우애'의 정신에 따른 복지국가가 수립·확장되게 되었다고 이해하고 있다. 이후 '평등과 우애'의 정신은 산업혁명의 성숙에 따른 성장과실의 분배방식을 놓고 많은 사상적 도전에 직면하게 되었고, 이러한 논쟁과정에서 사회정의(social justice)관념이 복지국가 책무와 연계되게 되었다. 사회정의와 연계된 복지국가의 이념은 '평균적 풍요'를 거부한다.

그런 점에서 개별적으로 다를 수밖에 없는 삶의 조건을 충족시킬 수 있는 공동의 노력이 있다면 이는 복지의 본질을 실현할 수 있는 가장 능률적이고 효과적인 수단이

될 것이다. 지방자치가 주민복지증진에 기여할 수 있다는 믿음은 바로 '전국적 평준화'보다 '지방적 차별화'를 우선시하는 데서부터 출발한다. 이는 '지방적 차별화'에 따른 보다 친절하고 세심한 행정서비스 배려[3]가 '전국적 획일화'와 관련한 통치의 편리성[4]을 충분히 보전해주고 있다는 경험을 포함한다. 그러나 차별화를 통한 개별 주민만족도 제고는 공동의 노력을 어렵게 만든다. 그러므로 지역주민의 복지증진이라는 지방자치의 궁극적인 목적은 흔히 구체적이고 실천적인 수단과 연계되지 못한 채 표류하기 쉽다. 복지증진의 실현수단은 사회적 맥락에서 공동으로 마련되어야함에도 이의 성취도는 개별적이고 부분적으로 다르게 평가되고 인지되어야 하기 때문이다.

지방자치의 또 다른 가능한 목적은 지역주민들의 삶의 질 제고와 관련하여 논의될 수 있을 것이다. 그러나 삶의 질 역시 다의적 개념이다. 뿐만 아니라 삶의 질은 부분의 개선으로 공동의 선을 실현할 수 있는 복지개념보다 더 포괄적이라서 자칫 정부의 실패현상이나 행정의 시행착오를 정당화 시켜줄 가능성을 안고 있다.[5]

삶의 질은, 첫째 이를 논하는 이유, 즉 왜 삶의 질에 관한 연구가 필요한가에 대한 학문적 대응논리, 둘째 삶의 질을 논하는 방식, 즉 어떻게 삶의 질에 관한 연구를 진행해오고 있는가에 관한 논리, 셋째 삶의 질을 논하는 실익 등 세 가지 입장에 따라 달리 정의될 수 있다. 첫 번째 입장은 인간생활에서 추구하고 있는 가치에 초점을 두어, 삶의 질을 삶의 주체(개인)에 따라 다를 수밖에 없는 일종의 삶의 가치로 정의한다. 두 번째 입장은 삶을 비교의 대상으로 보고, 삶의 질을 발전현상을 설명할 수 있는 척도로 정의한다. 세 번째 입장은 조직사회 속성상 구성원 모두의 삶의 방향과 방식을 조율할 수 있는 논리의 필요성을 전제하고, 삶의 질을 구성원 모두가 공감하는 정책목표로 정의한다(소진광: 1998). 지방자치의 목적은 세 번째 입장과 관련하여 논의될 수 있을 텐데, 구성원 모두가 공감하는 수준의 삶의 질을 설정하기 위해서는 사회정의 관점에서 최소 요구수준(minimum requirement), 혹은 기본수요(basic needs) 충족으

---

3) 이를 high touch administration이라 할 수 있을 것이다.

4) 이는 종종 행정의 능률성으로 잘못 인식된 경우가 많았음. 능률성은 투입과 산출의 비율로 측정되는 과정지향적 분석도구이기 때문에 행정에 있어서 최종수혜자의 만족도를 측정하고 이를 포함하여야 한다.

5) 1990년대 들어 한국의 많은 지방자치단체가 삶의 질 향상을 시정목표로 내세우고 있으나 구체적인 정책들이 어떻게 관할구역 주민들의 삶의 질 향상에 기여하고 있는지에 대한 과정이 밝혀진 바 없다. 지방별 특성을 반영하여 삶의 질 구성인자가 어떻게 구성되고 인자별로 삶의 질제고에 기여하는 가중치가 어떻게 변화하는지에 관한 확신도 없으면서 지방자치단체는 삶의 질과 관련한 막연한 기대로 재정을 투입하고 있는 셈이다.

로부터 출발하는 지역사회 복지수준을 크게 상회하는 만족도를 목표로 내세워야 하기 때문에 이를 실현해야 될 정책수단의 구체성과 명료성이 떨어질 수밖에 없다. 따라서 삶의 질 향상을 정책목표로 수용하게 되면, 정책의 효과성 평가는 사실상 불가능하다.

삶의 질은 지표화가 어려워 그만큼 목표달성 정도를 가늠할 수 없는 개념이다. 이 경우 행정서비스의 수급불균형과 재정의 낭비가 은폐되기 쉽다. 구체적인 지표를 통해 분석·평가하기 어려운 주민복지증진 혹은 삶의 질 향상 등을 지방자치의 목표로 내세울 경우 지방자치의 본질은 왜곡되고, 이의 순기능은 무시되기 쉽다. 공동의 목표가 모호하게 설정되면 이를 실현하기 위한 정책수단이 투명하게 연결되지 못하기 때문이다.

이와 같이 주민복지증진 혹은 삶의 질 향상은 지방자치가 추구해야할 궁극적인 가치이지, 기간을 정해 놓고 달성해야할 목표로 보기는 어렵다. 지방자치가 수단이고 과정이라는 점을 고려하여, 주민복지증진 혹은 삶의 질 향상과 같은 결과지향적이고 최종적인 지방자치의 가치보다는 구체적인 정책수단과 연계될 수 있는 실천적이고 중간적인 지방자치의 새로운 목표도입이 필요하다. 이 경우 새롭게 도입되어야 할 지방자치의 목표는 주민복지증진 혹은 삶의 질 향상과 같은 궁극적인 지방자치의 가치를 실현하는 수단으로 작동할 수 있어야 하며, 또한 지방자치 현실에서 구체적인 정책수단 결정의 가치판단준거로 기능할 수 있어야 한다. 공동의 노력을 필요로 하는 공동의 목표는 그러한 노력동원을 정당화하기 위해서 측정 가능토록 단계적으로 설정되어야 하고, 명세화(specification)가 가능해야 하기 때문이다.

또한 실천적이고 구체적인 정책수단과 연계되지 못하는 지방자치의 궁극적인 목표설정은 지방자치의 활성화 정도를 평가할 수 없게 만든다. 따라서 지방자치활성화 논리를 마련하거나 지방자치발전방향을 논의하기 위해서는 주민복지증진이라는 지방자치의 궁극적인 가치를 실현하는데 수단으로 기능할 수 있는 보다 구체적이고 실천적이며 과정 지향적이고 중간적인 새로운 목표설정이 전제되어야 한다. 결국 지방자치활성화논의는 주민복지증진을 종속변수로 하여 통제 가능한 새로운 독립변수를 도입하는 작업으로부터 시작하고, 이러한 새로운 독립변수를 다시 종속변수로 하여 구체적인 정책수단(독립변수)과의 함수관계를 밝히는 과정으로 이루어져야 한다.

요즘 학계에서 다양하게 논의되고 있는 사회적 자본(social capital)이 지방자치의 궁극적인 가치인 주민복지증진 혹은 삶의 질 향상을 실현 가능케 할 수 있는 지방자치의 새로운 목표로서 검토될 수 있을 것이다. 그러나 사회적 자본이 지방자치의 구체적인 정책수단을 결정해줄 수 있는 판단준거로서 기능할 수 있기 위해서는 지방재정을 통해 마련된 삶의 질 여건과 지역사회 사회적 자본과의 상호관계가 도출될 수 있어야 한다.

제 2 절 지방자치의 기초 이론

1. 단체자치와 주민자치

국가와 지방자치단체의 관계는 자치권에 대한 접근방향에 따라 달리 해석될 수 있다. 근대국가 형성 이전부터 주민들의 자치 공동체가 형성되어 있던 관점에서 보면 지방의 자치권은 고유한 것으로 국가를 이루는 기본이다. 즉, 씨족사회나 부족사회를 기반으로 지역사회가 운영되어오던 전통은 주민들의 공통이해를 실현하기 위한 수단으로 지방정부를 만들고 공공분야와 관련된 일을 처리하는 것을 자연스럽게 여긴다. 따라서 이러한 전통에서라면 주민들의 자발적 참여가 전제되고 이를 통해 공동이익을 실현하는 방식이 지방자치인 셈이다. 이는 의사결정 과정을 하향적인 것과 상향적인 것으로 구분할 때 더욱 분명하다. 즉, 상향적 의사결정 과정을 중시하는 지방자치의 전통을 주민자치(bürgerliche Selbstverwaltung)라 한다.

반면, 강력한 통치권을 가진 국가(중앙정부)로부터 일정한 자치권을 부여받아 지방자치를 실시하는 전통을 단체자치(Körperliche Selbstverwaltung)라 한다. 따라서 단체자치의 전통은 국가와 지방자치단체의 관계를 중시한다. 지방정부 입장에서 보면 중앙정부가 행사하고 있는 지방적 사무 처리권을 넘겨받아 지역실정에 맞게 처리하고자 할 것이다. 따라서 단체자치의 전통에서 보면 지방분권은 정부간 관계의 재설정에 해당한다. 그러나 주민자치의 전통에서 보면 지방분권은 주민참여의 맥락에서 의미를 지니고 있다.

주민자치는 주민들의 자발적 의사결정체 전통을 지니고 있었던 영국의 앵글로색슨(Anglo-Saxon) 시대로부터 연유한다하여 흔히 영·미 계통의 지방자치로 분류된다. 반면 단체자치는 중앙집권적 전통이 강했던 프랑스와 독일로부터 연유하였다하여 대륙형 지방자치로 분류된다. 주민자치가 지방자치의 본질과 가장 근접하고 있는 반면, 단체자치는 지방자치를 실현하기 위한 형식적, 법제적 요소에 속한다(최창호, 2006: 83). 우리나라는 단체자치적 요소가 강한 지방자치를 실시하고 있다. 하지만 궁극적으로 주민참여를 전제하지 않으면 지방자치의 실익을 거둘 수 없기 때문에 단체자치는 주민자치 전통을 수용하고, 또 지방자치를 제도적으로 보장받기 위해 주민자치는 단체자치의 전통을 수용하고 있다.

2. 보충성의 원칙

보충성의 원칙(Subsidiaritätsprinzip)은 공동체와 개인간, 공동체 상호간의 역할분담을 정할 때 적용되는 기준이다. 보충성의 원칙도 단순히 역할을 분담하는 소극적 의미와 그러한 역할 분담체계에서 발생할 수 있는 문제의 치유와 관련한 적극적 의미를 동시에 가지고 있다. 우선 소극적 의미의 보충성 원칙은 사람이 살아가는데 필요한 재화 및 서비스의 생산과 공급방식을 정할 때 적용될 수 있다. 즉, 보충성의 원칙에 의하면 그러한 일을 처리하는 역할분담은 개인 혹은 하급단위에 우선권을 부여한다. 개인이 할 수 있는 일을 공동체에 맡겨서 처리함은 온당치 않다. 마찬가지로 하급 공동체가 할 수 있는 일을 상급 공동체가 처리함은 역시 온당치 않다.

소극적 의미의 보충성 원칙에 의하면 개인이 할 수 있는 일을 공동체로 하여금 처리해서는 안 된다. 이 경우 보충성의 원칙은 정부의 과도한 시장개입을 경계한다. 즉, 정부가 공익을 내세워 공공분야를 확대 해석하고 개인의 경제활동에 과도한 영향을 미치면 비효율적인 자원배분을 초래할 뿐만 아니라 개인의 차별화된 역량을 충분히 활용할 수 없게 된다. 이러한 관점에서 보충성의 원칙은 개인의 자유, 공공부문(public sector)과 사적 부문(private sector)의 비율, 중앙정부와 지방정부간 관계를 정할 때 기준으로 적용될 수 있다.

보충성의 원칙에 의하면 어떠한 경우라도 공동체는 개인의 능력과 차이를 인정하여야 하고 그러한 영역을 침해해서는 안 된다. 개인의 능력과 차이를 근거로 작동하는 시장영역에 대해 공동체의 개입이 최소화되어야 하는 이유가 여기에 있다. 즉, 정부의 시장개입은 시장이 제대로 작동하지 않는 시장의 실패(market failure)를 치유하거나 방지하는 수준에서 합리화 된다. 보충성의 원칙은 또한 공공분야의 역할분담에서도 하급 공동체에게 우선권을 부여한다. 이와 같이 소극적 의미의 보충성 원칙은 상급 공동체가 해서는 안 될 일을 정한다. 따라서 보충성의 원칙은 정부조직의 역기능

(dysfunction), 정부조직의 비대화를 경계한다.

이와 같이 소극적 의미의 보충성 원칙은 사람이 살아가는데 필요한 일을 처리하는 권한을 개인에게 우선적으로 부여하고 개인이 해결하기 어려운 일은 가족, 기업, 마을 등 작은 결사체를 통해 해결하며, 이들 결사체가 해결하기 어려운 영역은 주민과 가장 가까운 지방정부로 하여금 처리하도록 하고 지방정부가 처리하기 어려운 영역에 한하여 중앙정부가 관여토록 정한다. 즉 소극적 의미의 보충성 원칙은 업무를 일차적으로 하위단위에게 배분하여야 함을 의미한다(이기우, 1996: 224). 따라서 한 나라의 지방자치 수준은 그 나라에서 지켜지고 있는 보충성의 원칙 범위와 관련되어 있다.

다른 한편 사람이 살아가는데 필요한 일을 개인이나 하급 공동체에 우선권을 부여하여 처리할 경우 개인의 능력과 공동체 특성에 따라 성과는 달라질 것이다. 이와 같은 개인별, 공동체별 성과의 차이는 우선적으로 그 일을 맡은 개인 및 공동체의 책임으로 귀속되지만 과도한 격차는 주변 다른 사람이나 다른 공동체 혹은 전체 사회에 부담이 된다. 즉, 특정 결사체에 속한 개별 구성원끼리의 과도한 격차는 그러한 결사체를 유지하는데 걸림돌이 될 수 있고, 과도한 지역격차는 국가통합을 어렵게 할 수도 있다. 이 경우 상급 공동체는 구성원끼리의 과도한 격차를 간과해서는 아니되고 공동체 유지에 필요한 최소수준을 정하여 이에 미달하는 구성원을 적극적으로 보충하여야 할 의무가 있다. 이를 적극적 의미의 보충성 원칙이라 한다.

국가가 지역균형발전을 도모하기 위해 낙후지역을 개발한다든지 국가 최소수준에 미달하는 계층에 대해 생계를 지원하는 행위는 적극적 의미의 보충성 원칙에 근거하고 있다. 그러나 개인별 격차 혹은 지역격차가 문제가 되는 것은 전체적인 격차폭에서 최하위 수준이지 최고위 수준이 아니다. 따라서 적극적 의미의 보충성 원칙을 적용하더라도 앞서가는 개인이나 지역을 규제하는 일이 정책대상이어서는 안 된다. 중앙정부가 지역균형발전 혹은 국가통합을 이유로 지역격차를 완화하기 위해 앞서서 발전하는 지역에 대해 규제정책을 사용할 경우 소극적 의미의 보충성 원칙을 침해할 가능성이 있다. 지역격차를 우려하여 지방분권을 꺼리는 것은 낙후지역에 대한 적극적 의미의 보충적 지원이라는 상급 공동체의 의무를 해태하는 행위에 속한다. 개별 구성원 혹은 하급 공동체에 대한 보충적 지원은 상급 공동체의 존재이유에 해당하기 때문이다.

3. 지역주의와 지방자치

(1) 지역주의의 의미

지역주의(regionalism)는 지역(region)을 어떻게 보느냐에 따라 달리 접근되고 있다. 지역(region) 역시 다의적 개념으로 이를 정의하기가 쉽지 않다. 지역에 대한 접근논리는 크게 두 가지 입장으로 구분될 수 있다. 지역은 인간활동의 무대, 즉 장소이기도 하고 인간활동의 얼개이기도 하다. 전자의 입장에서라면 인간은 지역에 적응하며 활동하게 되고, 후자의 입장에서라면 지역은 그 자체가 인간활동이다. 전통적인 지리학이나 대부분의 학문 영역이 전자의 입장에서 지역을 인지하고 인간활동을 설명하고 있다. 즉 지역은 그릇과 같아서 무엇을 담을 것인가에 따라 용도를 달리할 수 있는 것이다. 반면 사회학 입장에서 보면 지역은 사회구조 그 자체이다(Markusen, 1987:16).

전통적으로 지역을 확인하는 작업은 두 가지 경로에 의해 이루어지고 있다. 하나는 특정 지표를 중심으로 그 동질한 정도에 따라 지리적 범위를 확인하는 것이고, 다른 하나는 특정한 인간 활동을 중심으로 그 공간영향을 확인하는 것이다. 두 가지 경로 모두 지역을 인지하는 목적과 관련하여 분석지표와 인간활동 항목을 선정하게 된다는 점에서 보면 지역은 실체(reality)인 동시에 지적의장(mental construct)이기도 하다.

다른 한편 지역은 인간을 이해하고 설명하려는 변수로 취급되어 오고 있다. 잘 정의된 지역은 그 안에서 일어나고 있거나 일어날 수 있는 인간활동을 인지하고 예측하게 해준다는 논리다. 지역을 사회구조로 파악하고 있는 입장에서 보면 동의어 반복(tautology)의 오류를 범하고 있는 셈이다. 지역계획의 입장에서 보면 구조와 기능의 상호작용관점에서 지역은 변화의 대상인 동시에 관리의 대상이기도 하다. 따라서 지역은 인식근거와 관련하여 다양한 형태와 규모를 가진다. 지역 안에는 도시와 촌락이 있다. 촌락은 다시 주요 기능에 따라 농촌, 어촌, 광산촌, 임촌(林村) 등으로 구분된다. 도시도 주된 기능에 따라 공업도시, 정치·행정도시, 교육도시, 군사도시 등으로 구분할 수 있다.

지역화(regionalization) 또한 상반된 힘의 방향으로 인지되고 있다. 강력한 중앙집권체제에서의 지역화는 곧 분권화를 의미하고, 연방제에서의 지역화는 기능적 통합을 수단으로 한 지역연계, 즉 공간기능의 분담을 의미한다. 이러한 공간기능분담은 차별화의 경제(economies of differentiation)에 근거하고 있다.[6] 따라서 차별화의 경제는 지역특성을 확인하고 그러한 특성에 근거하여 공간기능을 정립하는 과정에서 발생한다. 장소의 완결성을 강조하는 폐쇄적 체계에서는 차별화의 경제가 발생하기 어렵다.[7] 게다가 지역주의는 분산된 산업뿐만 아니라 특화산업의 이점을 나타내 주는데, 이러한 이점은 여러 지역에 대해 최소의 경쟁을 통해서뿐만 아니라 그들 특유의 자원에 근거하여 자신들을 실현할 수 있는 기회를 제공한다(Odum & Moore, 1938: 11).

이와 같이 지역화의 상반된 힘의 방향에 따라 지역주의(regionalism) 역시 양극단의 의미를 지니고 있다. 지역주의는 지역을 어느 방향에서 인지하느냐와 밀접하게 관련되어 있기 때문이다. 연방주의 체제에서 지역은 완결성이 강한 지방과 국가통합의 중간 개념으로 인지되어오고 있고, 단일 국가체제에서 지역은 국가전체의 하부 단위로서 통치의 편리성을 도모하기 위한 수단이다. 연방주의체제에서 지역주의가 '합하는 과정'의 논리로 이루어진 반면, 단일 국가체제에서의 지역주의가 '나누는 과정'의 논리를 띠고 있는 것은 그러한 이유에서다. 미국에서 지역주의가 폐쇄적 '지방'을 허물고 보다 광역적 '지역'단위로 통합되는 사회적 성향으로 인지되고 있는 것도 그 역사성과 관련되어 있다. 따라서 미국에서의 지역계획은 대도시권계획(metropolitan planning)과 동일시되고 있다. 우리나라의 경우 종종 지역주의는 분파주의(sectionalism)와 동일한 현상으로 취급되고 있다.[8]

지역주의는 종종 권력의 분배과정에서 나타나는데 주민자치의 전통에서 보면, 권력의 창출이 지역주민에 의해 이루어지기 때문에 지역주의 또한 상향적 속성을 지니게 된다. 반면 단체자치의 전통에서 보면 지역주의는 중앙정부의 자원배분권한과 관련하여 하향적 속성을 띠게 되고 이 과정에서 지방은 경합하게 되어 차별화의

---

6) 여기서 차별화의 경제(economies of differentiation)란 다양성을 전제로 각자 경쟁력 있는 역할을 분담함으로써 확보될 수 있다. 특히 이러한 차별화의 경제는 유연적 생산체계에서 두드러진 현상이고 이 역시 소비자의 다양한 기호를 전제로 하고 있다. 표준화의 경제(economies of standardization)가 생산비 절감을 통해 가능한 반면, 차별화의 경제는 다양한 소비자욕구를 충족시킴으로써 얻는 판매촉진과 생산체계의 분절화로 인한 생산비 절감을 통해 가능하다.

7) 이 점에서 보면 도시 및 지역계획에서의 '자족성'은 한계를 지니고 있는 개념이다. '자족성'의 지리적 범위가 작으면 작을수록 공간기능분담은 어렵게 되고 차별화의 경제는 제한적일 수밖에 없기 때문이다. 반면 '자족성'의 지리적 범위가 너무 넓다보면 기능분담에 따른 이동비용이 증대되어 전체적으로 차별화의 경제가 제약받을 수 있다.

8) 한 예로 2002년 9월 24일 시민단체인 [대선유권자연대]가 출범하면서 "3대 유권자 운동을 통해 이번 대선을 돈선거와 지역주의를 극복하는 깨끗한 선거의 원년으로 만들 것" 이라고 말한 점도 같은 맥락에서 지역주의를 정의하고 있는 것이다.

경제를 확보하기 어렵다. 상향적 속성을 지닌 지역주의는 본유적 다양성을 합하는 과정논리를 띠고 있기 때문에 획일적인 '평균적 풍요'를 배제하고 '차별화의 이점'을 근간으로 하고 있다. 소위 개발연대로 불리던 1960년대와 1970년대, 우리나라의 중앙정부는 하향적 속성의 강력한 자원배분권을 행사하였기 때문에 지역간 경합을 야기하였고 결과적으로 지역성향은 배타적일 수밖에 없었다. 이 경우 지역주의는 분파적 성향으로 인식되어 지역감정과 동일시되기 일쑤다. 심지어 애향심마저 지역이기주의로 매도되는 상황까지 이어지게 되었다.

미국의 관점에서 지역주의를 검토한 Odum과 Moore(1938: 3)는 일반적으로 지역주의는 "문화발달의 기반으로서 전체적이지만 특성 있는 지역의 민속사회와 관련하여 지방집단의 중요성을 증대시켜 준다"고 보았다. 그들은 더 나아가, 근대사회의 관리 및 계획 등 보다 실천적인 관점에서 지역주의는 서로 상충하는 권력간 균형화의 이점으로 나타난다고 보았다.

또한 지역주의는 정부와 기업에 있어서 정치권력 및 행정절차의 분산이점을 마련해 준다(Odum & Moore, 1938: 12). 이러한 관점에서 지역주의는 흔히 일컫는 지방주의(localism), 분파주의(sectionalism), 혹은 지방근성(provincialism)과는 정 반대의 의미를 담고 있다(Odum & Moore, 1938: 14). 결국 미국에서의 지역주의는 초기 분파주의(sectionalism), 그리고 지리적, 경제적 결정론과는 반대로 새로운 사회경제와 사회적 결정론(societal determinism)을 의미하고 있는 것이다.[9]

(2) 지역주의와 지방자치의 연계

Putnam(1993b)은 성공적으로 발전하는 제도에 있어서 시민사회의 중요성을 입증할 수 있는 경험적 증거를 제시한 바 있다. 이러한 경험적 증거는 "왜 어떤 민주 정부는 성공하고, 또 어떤 민주 정부는 그렇지 못한가?"라는 질문에 답하는 과정에서 제시된 것들이었다. 즉, Putnam은 공간현상에 대한 공간원인이 각자 다를 수 있음을 사회적 맥락에서 증명해 보이려고 한 것이다. 그런 점에서 Putnam(1993a, 1993b, 1995, 2000)의 저술들은 우리나라 조선시대 실학파인 이중환의 택리지(擇里志) 접근방식을 따르고 있는 셈이다. 다만 택리지가 환경결정론에 좀 더 가깝고, Putnam의 접근방식이 환경가능론에 좀 더 가깝다는 차이가 있을 뿐이다. 따라서 이중환에게

9) 여기서 사회적 결정론이라 함은 생활의 모든 요소가 자연유산과 조화를 이루며 균형을 이루는 과정을 의미한다(Odum & Moore, 1938: 19)

있어서 공간은 선택의 대상이었지만, Putnam에게 공간은 사회적 맥락을 조작함으로써, 비록 시간은 많이 걸리겠지만 어느 정도는 개조 가능한 것으로 비쳐지고 있다. 그러나 두 사람 모두 역사와 장소는 현재의 공간을 잉태한 가장 중요한 원인이며, 일정한 맥락을 형성하고 있고, 이것은 시간과 공간이라는 두 가지 척도로 비교될 수 있다는 데에는 의견을 같이하고 있는 것으로 보인다.

Putnam의 공간인식은 1970년대부터 이탈리아의 다양한 지방정부를 조사할 때와 2000년, 이제까지 사회적 자본에 관한 그의 연구를 집대성한 Bowling Alone을 발행할 때를 비교하면 약간 변화하고 있음을 느낄 수 있다. 이는 이탈리아와 미국이라는 조사대상의 차이에서 나타나는 당연한 귀결인지도 모른다. 1993년 Making Democracy Work: Civic Traditions in Modern Italy에서 Putnam은 이탈리아의 다양한 지방정부는 각각 고유한 장소(place)적 입장에서 이해되고 있으나, Bowling Alone에서는 기능면에서 어떤 동일한 척도로 비교가 가능한 공간(space)적 의미가 더 강하게 부상하고 있다.

Putnam(2000: 204-215)은 특히 사람의 장소적 이동이 잦으면 식물을 옮겨 심는 경우처럼 삶의 뿌리가 바뀌게 되고, 이 과정에서 지역사회에 대한 연대의식이 약화된다고 보았다. 즉 최근에 어떤 지역사회로 이주해 온 사람들은 투표에 참여할 확률도 작고, 친구나 이웃과 관계를 맺기도 어려우며, 주민단체에 가담할 가능성도 작다는 것이다. 그뿐만 아니라 향후 5년 이내에 이주가 예상되는 사람들은 계속 머물려고 생각하는 사람들보다 교회나 어떤 단체모임에 참여하려는 의사도 약하고, 자원봉사 혹은 지역사회 일에 관여하기를 꺼려한다는 것이다. 이와 같이 자주 옮겨 다니는 사람이 지역사회와의 유대가 약한 것처럼, 인구이동률이 높은 지역사회 또한 결속이 약하다. 그런 맥락에서 인구이동이 잦은 지역사회에서는 범죄발생률이 높고, 학교행사가 적다. 그런 지역사회에서는 비록 그곳에서 오랫동안 살아오는 주민들조차도 그들 이웃과의 유대가 약하다고 Putnam은 주장하고 있다. 이와 같이 인구의 이동성향은 시민참여와 지역사회에 근거한 사회적 자본을 훼손하고 있는 것이다.

Putnam(2000: 206-207)은 미국의 경우 도시인구규모와 주민활동참여율, 교회에 나가 예배에 참여하는 횟수와의 상관관계를 분석하고 이들간의 뚜렷한 성향을 도출한 바 있다. 즉, 대도시일수록 주민들의 지역사회행사 참여율과 교회예배 참가율이 감소하고 있었다. 또한 Putnam은 미국에 있어서 교외화는 직주분리와 종족 및 계층간 분리현상을 더욱 확대하고 있다고 전제하고, 그 성격을 제2차 세계대전을 기점으로 비교하고 있다. 전통적으로 미국의 도시주변지역은 동질적인 지역사회특징을 보여주었지만, 전후 점차 이질화되어 가고 있고, 민족, 계층, 교육수준, 생애단계 등에 따라 '생활방식에 의한 고립지역(lifestyle enclaves)'화되는 현상이 현저하게 나타나고 있다는 것이다. 이와 같이 1980년대 번창한 '동호인 개발(common interest developments)'과 하나의 출입구를 두고 울타리를 친 지역사회(gated communities)의 출현은 각각의 집단거주지가 이웃 지역사회와 눈에 보이지는 않지만 격리되는 결과를 낳았다. 1983년 캘리포니아의 오렌지카운티에서 있었던 주택단지 개발사업의 15%가 담을 친 주거단지였는데, 5년 후 이러한 비율은 두 배로 증가하였다고 한다.

20년에 걸친 이탈리아의 다양한 지방정부에 대한 실험적 연구를 통해 Putnam(1993b)은 시민이 관여하는 규범과 네트워크는 대의정체(representative government)의 행위에 강력한 영향을 미친다고 결론지은 바 있다. 여기서 Putnam(1993b)은 투표참여, 신문구독, 합창단과 축구단의 회원제 등 시민 네트워크 구성요소를 지역사회 성공의 보증서라고 믿었다. 그는 북부 이탈리아에서 정치적 및 경제적 발전을 가져오는 소규모 단체를 결성하는 전통 깊은 주민성향을 발견하였다. 이어 그는 시민기반이 취약하면 가장 크고 가장 근대화된 지역사회도 제대로 기능할 수 없다고 주장하고 있다.

결론적으로 지역주의는 단체자치 전통과 주민자치 전통에 따라 달리 접근되어 오고 있다. 지역주의가 지방자치와 특별한 관계를 가지는 것은 주민자치의 전통에서다. 다양한 지방적 특성을 통합하는 과정에서 출발한 지역주의는 차별화의 이점을 극대화하고 인접 지방자치단체와의 공간기능 분담을 가능케 한다. 즉, 지역주의는 지방자치의 실익을 담보할 수 있는 근거가 된다. 또한 지방자치가 자치구역 안의 완결성을 주장한다면 근대 국가체제에서 그 명분은 인정될 수 없었을 것이다. 따라서 폐쇄적 지방단위를 통합하는 지역주의는 지방자치단체간 상호 보완적 관계를 통해 국가통합을 이룰 수 있는 논리와 연계된다. 결국 지역주의는 지방자치의 실익과 명분을 담보하는 사상적 근거를 제공하고 있다.

4. 사회적 자본과 지방자치

(1) 사회적 자본의 개념

새로운 논리의 부각으로 산업화에 근거한 전통적인 자본만으로는 설명할 수 없는 사회현상이 출현하였고, 그 빈도가 점차 늘어가고 있다. 수평적, 개방적, 분산적 인식논리가 보편화되고 있음이 그 예이다. 그러한 새로운 논리는 사회조직화과정에 있어서 새로운 환경의 조성과 밀접하게 관련되어 있다. 요즘 활발하게 논의되고 있는 사회적 자본(social capital)은 이와 같이 새로운 환경조성과 관련하여 사회, 경제적 결과에 영향을 미치는 과정에 대한 인식논리의 성격을 띠고 있다. 특히 우리나라의 경우 새로운 인식논리의 근저에는 지방자치제도의 부활이 큰 비중을 차지하고 있다. 사회적 자본에 관한 논의가 아직도 개념수준에 머물고 있는 이유는 새로운 인식논리가 정착하지 못했고, 그와 관련되어 있는 환경변화가 급속하게 일어나고 있기 때문이다. 다른 한편으로는 그간 산업화를 중심으로 형성되어온 논리체계의 범위 안에서 새로운 인식논리와 현상을 이해하려는 타성이 사회적 자본 개념의 유용성을 과소평가하는데 기여하고 있기 때문이기도 하다. 지방자치제를 실시한다고 하면서 지방을 중앙정부 관점에서만 평가하려는 것과 같다.

사회적 자본은 새로운 현상을 설명하기 위한 개념이 아니라 기존의 자본 개념으로 설명할 수 없었던 기존 현상의 암영대(shadow zone)를 보다 잘 이해하기 위한 개념으로 정립되어 가고 있다.[10] 사회적 자본에 대한 개념정의는 학문 분야에 따라, 또 학자에 따라 다양하다. 사회적 자본(social capital)이 현재와 같이 활발한 연구대상으로 부각되게 된 계기는 Pierre Bourdieu(1986)와 James Coleman(1988)에 의해 마련되었다.

Bourdieu(1986)는 사회적 자본이란 용어를 1970년대 어떤 지역사회에서 회원제(membership)를 통해 주민들에게 발생하는 추가 이익과 기회창출의 의미로 사용하기 시작하였다. Coleman(1988)은 사회적 자본을 정밀하게 정의하고 있지는 않지만 주민들의 사회적 연대(social ties)로부터 나타나는 개인적 자원이란 의미로 이 용어를 사용하고 있다. Coleman(1988)에 있어 사회적 자본은 은행계정에서 확인할 수 있는 금융자본(financial capital)과 인간의 두뇌 안에 있는 인간자본(human capital)과는

10) 개인적 생산력과 사회적 생산력은 각기 다른 원리에 의해 지배되고 있고 그러한 구분은 전통적인 자본의 규모에 따른 효과와는 별개의 것이다. 동일한 규모의 자본 투자에 의해서도 결과적인 이윤 발생정도가 모두 다르다. 이러한 차이는 자본을 누가, 무엇을 생산하는데 사용하는 문제와도 별개의 것이다. 이는 개별 구성원을 전체 사회로 통합하는 과정에서 구성원간 상호작용에 영향을 미치는 중요한 요소를 간과하고 있기 때문이다. 개별 단위의 존재가치 외에 구성원간의 신뢰(trust)라든지 네트워크와 같은 또 다른 유형의 자본이 개입되어 있을 가능성이 있다. 즉 개별 구성원을 단순히 합해 놓았다고 해서 전체 사회를 이루는 게 아니라면 개인적 자본(personal capital)과는 별개의 사회적 자본(social capital)이 사회형성과정에서 개입되어 있을 가능성이 높다.

달리 사람과 사람사이의 관계 의미를 포함하고 있다. Putnam(1993a)도 물리적 자본 및 인간자본과 마찬가지로 사회적 자본을 사회의 생산적 잠재력을 증진시켜주는 네트워크, 규범 그리고 신뢰(trust)와 같이 사회조직의 특징과 연관시켜 정의하고 있다. Fukuyama(1995) 또한 사회구성원간의 신뢰를 사회적 자본으로 보고 있다.

사회적 자본개념을 시·공간 좌표상에서 분석하기 시작한 사람은 Putnam(1993a)이다. Putnam은 1970년 가을 이탈리아의 다양한 지역성에 대해 연구하기 시작하였는데 당시 이탈리아 정부는 오랫동안 등한시 해온 지방자치 조항을 이행하기로 합의한 때였다. 이러한 새로운 제도는 이탈리아의 다양한 지역에 있어서 무(無)로부터 시작하는 것이었기 때문에 "어떻게 제도가 발전하고 사회적 환경에 적응하는지"에 관한 장기적이고 체계적인 연구를 시작할 수 있는 보기 드문 기회를 제공해 주었다.

1975년 이탈리아에서 새로운 지방의회 의원들이 선출되었을 때, Putnam은 1970년도 보다 더 밀도 있는 연구를 시작하게 되었다. 이들의 연구대상은 이탈리아 전역에서 선정된 지방정부였다. 새롭게 출범한 이탈리아 지방정부의 공간적 차이에 관한 Putnam의 연구관심은 다음과 같았다. 즉, 공식적인 제도가 정치현실이나 정부작용에 어떻게 영향을 미치는가? 제도를 개혁했을 때 반드시 (예상한 대로) 실천이 뒤따르는가? 제도의 수행은 그의 사회적, 경제적, 및 문화적 저변에 따라 다른가? 민주주의 제도를 도입했을 때, 그러한 제도는 이전의 환경에서와 같이 발전할 수 있는가? 모든 주민이 그들 수준에 맞는 정부를 가질 수 있도록 민주주의 질은 주민의 질에 달려있는가?

이러한 연구관심은 자연스럽게 각 지역마다 다른 중세로부터의 역사적 맥락과 접목되었고, Putnam 일행은 시민사회의 특성과 집단행동의 논리에 깊이 빠져들게 되었다. 그러나 그들의 핵심적인 논제는 이탈리아 지방정부의 작용이 현격한 차이를 보여 주고 있는 남북 지역차와 어떻게 관련되어 있는가에 관한 것이었다. 이는 '제도와 그 성과를 연결하는 설명변수를 탐색하는 과정'으로 요약될 수 있을 것이다. 그만큼 당시 이탈리아의 지방자치실시는 Putnam 일행에게 제도발전의 동태성과 생태를 비교·연구하기에 좋은 계기를 마련해 주었다.

Putnam의 '사회적 자본'이론은 효과적인 정부의 기원을 탐색하는 과정에서 탄생하였다. 그는 이탈리아의 다양한 지방정부에서 그들 법률이 얼마나 혁신적이며, 보건, 주택, 농업, 그리고 산업발전 등 영역에서 그러한 법률이 정책을 효과적으로 이행하고 있는지, 또한 얼마나 즉각적이고 효과적으로 그들 시민기대를 만족시키고 있는지, 어떠한 제도가 성공하고, 어떠한 제도가 그렇지 못하는지를 면밀히 조사하였다. 이러한 조사자료에 근거하여 Putnam은 제도성과수행에서의 공간적 차이를 설명하고 있는 것이다. 그는 이어 그러한 공간적 차이가 오랜 시간을 두고 형성되어온 지역의 사회적 맥락과 무관하지 않음을 발견하고 시간함수를 보조설명변수로 도입하고 있다. 여기서 그가 얻은 결론은 제도의 수행과 시민공동체(the civic community)라 할 수 있는 시민생활(civic life)의 특성이 연계되어 있다는 것이다. 시민공동체는 능동적이고, 공공심이 충만한 서민에 의해, 평등주의에 입각한 정치관계에 의해, 그리고 신뢰와 협동에 의한 사회조직에 의해 표현될 수 있다.

결국 사회적 자본은 개인의 생산성을 증대시키는 도구인 물리적 자본(physical capital) 및 훈련을 통해 축적되는 인간자본(human capital)과 유사하게 상호 이익을 도모하기 위한 조정과 행동을 쉽게 해주는 네트워크, 규범 및 사회적 신뢰와 같은 사회조직의 특징과 관련되어 있다. 따라서 사회적 자본은 정체성을 지닌 어떤 사회를 형성하는 과정에서 생산력을 증대시킬 수 있는 공식적인 제도뿐만 아니라 이를 유지시켜 주는 규범과 비공식 기능까지를 포함하는 광범위한 사회적 관계를 말한다. 동시에 사회적 자본은 다른 실체(entity)를 인지하는 과정에서 확인될 수 있고, 구성원 각자가 이를 배타적으로 소유할 수는 없지만 그 영향은 전체적으로 뿐만 아니라 개별적으로도 나타나는 특징을 지니고 있다. 그러나 사회적 자본을 분석하는 실익은 전통적인 자본만의 관점에서 설명할 수 없었던 지역의 발전현상을 보완적으로 설명하는데 있다.

사회적 자본의 구성요소는 사회적 자본을 어떠한 시각에서 접근하느냐에 따라 달리 정의될 수 있다. 특히 사회적 자본이 정체성을 지닌 어떤 사회를 형성하는 과정에서 대두된 개념인 만큼 이들 조직화과정 특수성은 모든 지역사회에 적용될 수 있는 표준적인 사회적 자본 구성요소 도출을 어렵게 하고 있다. Bullen과 Onyx(1998)는 호주 New South Wales의 다섯 개 지역사회를 대상으로 사회적 자본을 측정하기 위해 사회적 자본을 "상향적(bottom-up)" 입장에서 접근하고, 이를 신뢰, 상호이익관계 및 행동규범의 원칙에 근거한 사회적 관계와 네트워크를 형성하는 주민과 관련시키고 있다.[11)]

11) 이들은 구체적인 사회적 자본 측정에 앞서 이제까지의 연구에서 사회적 자본 관련 주제를 도출하고 있는데, 이러한 주제는 다음과 같다. 첫째는 네트워크에의 참여인데, 이는 개인과 집단간 관계의 네트워크를 맞물리게 하는 개념으로 사용되어 왔다. 주민들은 다양한 수평적 교제를 통해 다른 사람과 관계를 맺는데, 이러한 교제는 자발적이고 동등한 성격을 지닌다. 이와 같이 사회적 자본은 사교적 성향, 새로운 단체나 네트워크를 형성하는 능력과 깊은 관계를 가지고 있다.

둘째는 호혜성(reciprocity)이다. 사회적 자본은 법적 관계나 사업계약과 같이 즉각적이고 소진광(2004:110)은 지역특성에 따라 사회적 자본의 측정지표가 달라져야 한다고 전제하고 사회적 자본의 개념요소로 신뢰, 참여, 연계망(네트워크), 제도 및 규범, 이타주의(altruism) 등 다섯 가지를 들었다. 그에 따르면 지역사회의 공통기반을 확보하기 위해서는 구성원간 신뢰를 제고하여야 하고, 지역사회 공동의 목표를 정립하기 위해서는 주민들의 참여를 늘려야 한다. 또한 이웃과 지역사회를 유지하기 위해서는 구성원간 네트워크를 구축하고, 지역사회의 자원을 동원하고 안전망을 확보하기 위해서는 제도 및 규범을 형성하고 지켜야 한다. 또한 지역사회 공동의 이익을 창출하기 위해서는 자원봉사활동을 통해 이타주의를 보급하여야 한다. 즉 사회적 자본은 그 유용성에 따라 개념요소를 달리할 수 있고, 지역사회특성에 따라 그 존재방식, 존재유형 및 형태가 달리 표현될 수 있다.

(2) 사회적 자본과 지방자치의 연계성

지방자치는 지역사회의 다양성을 전제로 작동할 수 있다. 지방자치의 목적을 달성하기 위해서는 다양한 이해집단을 육성하고 이를 조화시킬 수 있는 제도와 기구 혹은 조직을 구축하여야 한다. 따라서 지방자치의 활성화는 분권과 참여의 확대 및

공식적으로 계산된 교환을 의미하는 게 아니라 단기적인 이타주의(altruism)와 장기적인 자기 이익간의 조화를 의미한다. 이러한 호혜적 관계가 강한 지역사회에서는 주민들이 다른 사람의 이익이나 편익을 돌보게 된다.

셋째는 신뢰인데, 이는 최소한 다른 사람들이 자신에게 해를 끼치려 하지 않을 것이고, 서로 존중하는 방식으로 행동하고 기대한 대로 대응할 것이라는 확신을 바탕으로 사회적 관계에서 기꺼이 위험을 감수할 수 있게 해준다.

넷째는 사회적 규범인데, 이는 보다 공식적으로 제도화된 법적 재가를 생략하는 비공식사회 통제형태를 마련해준다. 일반적으로 사회적 규범은 문서화되어 있지 않으며 공통으로 이해되는 공식(formulae)인데, 주어진 사회적 맥락에서 기대되는 행태유형을 결정하고 어떠한 행태가 가치 있고 사회적으로 인정받는지를 판별할 때 사용된다. 사회적 자본이 높은 곳에서는 범죄가 적고 공식적인 정책의 필요성도 작아질 것이라는 가설도 가능하다. 신뢰가 낮고 사회적 규범도 거의 형성되어 있지 않은 지역사회에서는 주민들은 단지 공식적인 규칙과 규제체계 범위 내에서 협력사업에 협조하고 참여할 것이다. 이 경우 종종 강압적인 수단으로 협상되어야 하고, 별도의 동의를 얻어야 하며 강제적으로 진행되거나 법적 문제를 야기하여 비용이 많이 들 때가 있다(Fukuyama, 1995).

다섯째는 공통분모(the commons)로 신뢰, 네트워크, 규범 및 호혜성 등이 결합하게 되면 자원에 대한 소유권을 함께 누릴 수 있는 강력한 지역사회를 이룰 수 있는데 이 경우 지역사회는 공통분모를 마련하게 된다. 이러한 공통분모는 일종의 공동 소유지분으로 개인으로서는 소유할 수 없고 모든 주민들에 의해 사용되는 공동의 지역사회 자원을 창출해 낼 수 있다.

여섯째는 적극적 활동력(proactivity)을 들고 있는데 사회적 자본을 개발하기 위해서는 무엇보다도 주민들의 능동적이고 적극적인 활동성향이 필요하다.

지역사회 다양성의 확보를 통해 가능하다. 여기서 분권은 중앙정부와 지방정부간 신뢰에 기초하여 가능하고[12] 호혜성(reciprocity)과 사회적 규범에 의해 확장된다. 참여는 네트워크를 통해 이루어질 때 가장 효율적이며, 공통분모(the commons) 및 적극적 활동력(proactivity)과 함수관계에 있다. 따라서 지방정부의 중립성은 신뢰와 참여, 호혜성과 사회적 규범, 공통분모, 적극적 활동력 등 Bullen과 Onyx(1998)가 도출한 사회적 자본의 모든 공통주제와 관련되어 있다.

Bullen과 Onyx(1998)의 사회적 자본 구성요소는 사회적 자본을 협의로 접근한 Putnam(1993b)과 유사한 입장에서 도출된 것이다. 이들이 최종적으로 구성한 사회적 자본 구성요소는 모두 지역사회 구성원의 상호이익을 도모하기 위한 상호조정과 협동과정에 초점을 두고 있다. 이러한 맥락에서 사회적 자본은 상향적 네트워크 구축을 강조하는 지방자치의 본질을 실현하고, 또 그 축적정도가 지방자치의 성과를 측정할 수 있는 기능을 수행하는 것으로 사료된다. 따라서 지방자치 논리는 사회적 자본형성과정과 밀접하게 관련되어 있다(소진광, 1999: 67).

결국 사회적 자본의 공통주제는 지방자치요소를 포함하고 있어서 사회적 자본의 축적정도는 지방자치활성화의 필요조건이다. 이러한 관점에서 사회적 자본은 지방자치의 본질을 구성하고 있는 '지방'과 '자치'라는 두 가지 성분을 결합하는 방식과 관련되어 있다. 특히 사회적 자본은 지방자치가 궁극적으로 지향하고 있는 복지향상, 삶의 질 제고에 기여하는 수단이며, 지역경제성장과 함께 지방정부가 정책을 통해 추구해야 하는 목표이다. 따라서 지방자치의 활성화는 사회적 자본 형성에 필요하고도 충분한 조건이다.

사회적 자본이 특별히 논의될 필요성이 대두되는 것은 정체성을 지닌 지방자치단체나 지역사회 전체의 동원 가능한 자본, 즉 수단화할 수 있는 잠재력이 단순히 구성원 개개인이 가지고 있는 자본을 합산한 것과 같지 않다는 데 있다. 물리적으로 동일한 여건에 놓여있는 별개의 지역사회가 반드시 동일한 주민만족수준을 보이고 있지 않음으로 해서 삶의 질에 대한 과정 논리가 필요했던 것과 마찬가지로, 지역사회 구성원들의 개인적 자본을 모두 합했다고 하여 지역사회 총체적인 생산력과 일치하지

12) 한 예로 2000년 5월 26일 개최된 지방이양추진 실무위원회 산업건설 분과위원회에 상정된 전기공사업관련 10개 단위사무를 국가사무에서 시·도 사무로 이양하는 안건에 대해 산업자원부는 등록 및 과태료 부과, 영업정지 등 행정행위와 관련하여 시·도의 재량권 오·남용이 우려된다는 이유로 반대한 바 있다. 이는 중앙과 지방사이의 불신이 분권의 확대에 걸림돌이 되고 있음을 보여주는 실 예다.

않는다면 지방자치는 사회적 자본 계정을 도입하여 지역사회의 잠재력을 극대화할 수 있을 것이다.

지역사회의 잠재력을 극대화한다는 것은 지역주민들에게 다양한 기회를 제공하는 일과 관련되어 있다. 지역사회에서 다양한 기회를 창출하기 위해서는 주민들의 자발적 참여가 전제되어야 한다. 주민들의 자발적 참여는 다양한 지역사회 구성요소를 연계하여 변화의 방향과 속도를 조율해 주기 때문이다. 이러한 조절장치는 성숙된 시민사회의 전형이다. 결국 주민들의 자발적 참여는 지방자치의 근간이면서 사회적 자본의 축적과정이다.

따라서 사회적 자본은 이제까지 당연시 여겨 왔던 "조건=결과"의 등식이 성립되지 않는 경우에 대한 저간의 경험적 관찰결과를 설명하는 과정에서 인지되기 시작한 자연스러운 척도이자 목표이다. 즉 주민 개별행동과 지역사회 전체의 행동사이에는 일종의 매개요인이 내재되어 있어 이의 과정논리에 대한 보다 정교하고 치밀한 분석이 필요하게 되었다.

특히 지방자치시대 지역개발 분야에서 사회적 자본형성과정에 대한 논의는 사회적 동원과정을 통해 지역잠재력을 체계적으로 현재화(顯在化)하기 위한 지역의 노력과 관련하여 그 실익이 있다. 뿐만 아니라 사회적 자본형성 과정이 상향적(bottom-up) 속성을 지니고 있고, 신뢰원칙, 상호 호혜주의 및 행동규범에 근거한 사회적 연계(social connections)와 네트워크로 이어지기 때문에 지역사회에서의 사회적 자본 형성은 지방자치 본질을 충족시켜주고 있다.

지역발전의 대원칙으로 부각되고 있는 지속가능성(sustainability)은 전체사회가 그 운명에 책임을 져야하고 각각의 환경에 맞는 개발방식을 선택해야 한다는 점을 강조하면서, 선택과 참여의 범위를 개인 차원을 넘어 전체 사회로 확대하고 있다. 따라서 지역발전의 덕목인 지속가능성은 본질적으로 사회규제의 자발적 형태인 사회적 자본에 의존하고 있는 셈이다.

사회적 자본형성은 주민들간의 관계에서 구체화되는데, 이 과정에서 주민조직이 그들 공통의 이익을 달성하기 위해 지역사회 안전망, 지역사회 연계망 그리고 지역사회의 신뢰기반을 조성해 준다. 이러한 주민조직 활성화는 궁극적으로 국가와 지역사회의 상호작용을 촉진시켜 민주주의 이념을 실현하고 상호이해를 증진시켜 구성원간 호혜적 관계와 이타주의를 형성한다. 사회적 자본은 구성원간 네트워크 형성을 통해 다양한 기회를 창출하고 지역사회 자원배분의 최적화를 가능케 하며 경제정의(economic justice), 사회정의(social justice) 및 환경정의(environmental justice)를 실현할 수 있는 공통의 기반을 제공한다. 이러한 과정과 결과는 모두 지방자치가 지향하고 있는 지역사회 주민의 '삶의 질' 향상, 지속가능한 발전과 관련되어 있다. 따라서 사회적 자본은 지방자치와 지역발전을 매개하는 변수이자 지방자치와 지역발전을 가늠할 수 있는 척도이기도 하다.

(3) 지방자치단체의 사회적 자본축적 전략

사회적 자본의 형성은 다음과 같은 몇 가지 명제를 전제로 하여 연계될 수 있다.

첫째, 지방자치단체는 추진하고자 하는 개발전략과 관련하여 사회적 통합문제를 중요시해야 한다는 점이다. 사회적 통합은 접근방식에 따라 또 통합정도에 따라 '단순히 구성원의 개별 능력과 자본을 합산한 것'과 '개발 가능한 최대의 사회적 자본'과의 차이를 크게 할 수 있기 때문이다. 사회적 자본이 축적된 지역사회에서의 다양성은 새로운 것을 창출하고 역사적 가치를 제고할 수 있는 잠재력으로 기능 하지만 그렇지 못한 지역사회에서의 다양성은 갈등의 원천이다. 새로운 시대, 새 천년에는 다양성을 여하히 조화롭게 조직화할 수 있는가가 지역사회 역량을 평가하는 척도로 자리잡을 것이다. 따라서 궁극적으로 주민복지와 삶의 질을 향상시켜야하는 지방자치단체는 구역내 다양성과 이질적 요소를 새로운 시대의 발전 잠재력으로 전환하기 위하여 사회적 자본형성을 위한 사회적 통합 프로그램을 마련하여야 한다.

둘째는 사회정의(social justice), 특히 성장과실의 분배에 있어서 정의에 대한 인식이 강조되어야 한다는 점이다. 본래 자본은 기능적 속성으로 인지되기 때문에 역할에 상응한 결과가 보장되지 않는다면 작동하기 어렵다. 개인별 능력의 차이를 뛰어 넘어 전체적인 사회통합으로 이어지기 위해서는 단기적인 희생이 장기적으로 보상되어 진다는 신뢰 분위기를 조성해 주어야 한다. 이러한 신뢰는 사회정의에 기초할 때 가장 안정적으로 확보된다. 특히 급속한 산업화를 경험한 우리 나라입장에서 보면 산업구조의 개편기에 부문간 분배메커니즘의 변동으로 사회정의에 대한 공통분모를 마련하는데 큰 어려움을 겪을 가능성을 가지고 있다. 이럴 때일수록 최빈층에 대한 사회적 배려논리가 개발되어야 한다. 사회정의는 특히 수직적 교류를 강조함으로써 지역사회의 유연성을 제고하고, 변화방향에 대한 주민합의를 도출하는데 기여한다. 이는 공공의 노력만으로 되는게 아니다. 시민사회구축을 통한 사회정의의 공감대형성이 중요한 것도 그 때문이다.

셋째는 다양한 지역사회 조직이나 단체들이 개발 과정에 자유롭게 참여하여 모든 의사결정에 스스로 영향력을 행사할 수 있어야 한다는 점이다. 이 과정에서 처음에는 자신들만의 이익을 방어하고 대변하겠지만 궁극적으로는 자기분야, 지역사회와 국가차원에서 그들 일을 관리할 수 있는 통합논리를 터득케 될 것이다. 이러한 통합논리는 사회적 자본형성의 기본생리다. 다행히 우리나라에는 현재 다양한 시민단체들이 형성되어 활동하고 있다. 이러한 시민단체들의 역기능이 없는 것은 아니지만 그들 조직의 순기능을 찾아내고 이를 사회적 자본형성으로 연계시키기 위해서는 행정정보의 공개는 물론이고 정책형성과정에서부터 이들을 참여시키는 과정논리가 필요하다.

넷째는 민주주의 풍토 및 참여와 책임의 메커니즘을 마련함으로써 지역사회 공동의 목표 달성에 공헌하는 환경을 조성하여야 한다는 점을 들 수 있다. 이 경우 지역사회 공동의 목표는 반드시 결과 지향적인 것이 아니라 과정 지향적일 수도 있다. 예를 들어 지역사회에서 어렵게 살아가고 있는 노인들을 위한 자신 바자회에 참여율을 높이는 것 등도 공통의 목표로 설정될 수 있다. 이와 같이 주민들의 관심과 참여율을 제고하기 위해서는 지방자치단체가 하고자하는 일의 내용과 절차에 대한 보다 적극적이고 다각적인 홍보가 필요하고 주민 접근도를 제고할 수 있는 각종 지표의 개발이 요구된다. 충분한 조사와 연구를 통한 지표의 개발은 지방자치단체 재정운용의 효율성은 물론이고 주민 참여를 높여 정책의 정당성을 확보케 해준다. 이러한 절차와 과정은 사회적 자본의 구성요소이다.

다섯째는 지역사회의 안전성을 들 수 있다. 지방자치는 위기에 처한 지역사회에선 활성화될 수 없다. 따라서 시민사회의 안전성은 지방자치활성화의 전제조건이고 사회적 자본형성의 출발점이다. 이러한 시민사회의 안전성은 상호신뢰에 근거하고 있기 때문에 사회적 자본형성은 지방자치의 중요한 주제가 되어야 한다.

마지막으로 지역사회 주민들의 공통경험을 축적하는 일을 들 수 있다. 공통경험은 가장 지방적인 것에 기초하고 있으며 거래비용을 줄일 수 있는 동정심을 유발할 수 있는 기반이다. 지역문화 창달이 지역주민들의 결속을 강화하고 이를 통해 지역의 정체성을 확립하는 과정이 중요하게 인식되고 있는 것도 이러한 맥락에서다. 사회적 자본은 이러한 거래비용과 밀접하게 관련되어 있어서 거래비용의 측정은 사회적 자본 계정의 기본 골격을 제공해줄 수 있을 것이다.

이와 같이 지방자치는 지역의 잠재력과 여건을 고려하고 지역주민들과 과정을 공유함으로써 행정의 능률성과 주민 만족도를 제고시킬 수 있는 효과적인 조직관리방식으로 이해되어 오고 있다. 지방자치의 본질이 구체적인 실천수단과 연계되지 못할 경우, 막연한 목표를 추구하게 되어 오히려 자원낭비와 지방정부의 실패 현상을 정당화시켜줄 수 있다. 현실적으로 지방의 목표는 이상적인 개념수준에 머무는 경향이 있고, 실천수단은 검증되지 않은 채, 아직도 단선적인 관점에서 물리적 시설의 공급과 관리위주로 이루어져 오고 있다.

따라서 지방자치를 효율적이고 효과적으로 운영하기 위해서는 지방자치의 본질과 관련한 '과정의 논리'가 필요하다. 이러한 '과정의 논리'는 조직화 과정에서 잉태되고 공동의 목표를 추구하는 과정에서 적용된다. 이러한 관점에서 사회적 자본은 종래의 결과 지향적인 자본 개념과는 달리 주민참여를 촉진하고 과정을 공유할 수 있는 새로운 지방자치 논리로 도입될 수 있다.

5. 거버넌스와 지방자치

중앙집권체제의 정부조직은 주민들을 소극적이고 수동적으로 만들어 선량한 시민사회를 구축하고 유지하는데 걸림돌이 되고 있다. 시민사회에 대한 다양한 논쟁이 있어 왔지만 현실적으로 시민사회는 민주주의를 구성하고 있는 중요 성분이고, 참여적 거버넌스(governance)의 핵심요소이다(Knight, Barry; Hope Chigudu & Rajesh Tandon, 2002: 57). 따라서 시민사회의 유형과 형태는 '거버넌스'를 어떻게 정의하느냐에 따라 달리 분류될 수 있다.

'거버넌스'라는 용어는 주로 국가권력이 시민사회를 형성하고 있는 국민이나 집단을 수직적으로 관리, 통제해오던 전통적인 방식과 차별화하기 위해 사용되고 있다(Mayntz, 1998). 정부가 '공동의 선(public good)'을 독점적으로 정의하고 공공재를 독점적으로 생산, 공급하던 종래의 방식에 대해 비판이 제기되기 시작하였다. 그러한 방식은 민간부문의 정보생산능력이 공공부문의 정보생산능력을 압도하고, 고비용을 수반할 수밖에 없는 삶의 질 향상에 대한 주민들의 욕구가 증대되고 있으며, 전통적인 복지국가의 정책실패현상이 보편화되고 있고, 세계화로 인해 원자화된 조직 구성원들이 직접 외국과 상대해야 하는 시대적 상황변화에 효율적으로 대처할 수 없다. 규모가 큰 정부조직도 이러한 상황에선 정책의 실패를 경험하기 마련이다.

이러한 맥락에서 정부의 역할영역이 다시 정의되기 시작하였고, 정부는 이해당사자, 기관과 협력하여 공공재를 공동으로 정의하고 생산, 공급하게 되었다. 이와 같은 새로운 공공재의 생산, 공급방식을 흔히 '거버넌스'라 부른다. '거버넌스'에 대한 정의는 분야별로 학자에 따라 다를 수 있지만 '거버넌스'가 주민들의 공동이익을 추구하기 위해 활용되는 새로운 집단의사결정방식과 집단행동이라는 데에는 이의가 없는 것 같다(Knight, Barry; Hope Chigudu & Rajesh Tandon, 2002: 131). Mayntz(2003)는 '거버넌스'를 "국가권력이 민간부문과 협력하고, 사적 부문의 조직이 공공정책 결정에 관여하는 방식"으로 정의하고 있다. '거버넌스'체제에서라면 정부도 단지 '지속 가능한 인류발전'을 도모해야 하는 이해당사자의 일부일 뿐이다.

한편 '거버넌스'는 공동체 규모가 작으면 작을수록 집단의 공동이익을 민주적으로 실현하는데 더욱 유용하다. 또한 시민사회 역시 주민의 참여기회와 가능성에 따라 그 기반을 달리한다. 일반적으로 자치의 공동체 규모가 작으면 작을수록 주민참여기회와 가능성은 증대되기 때문에 소규모 지역사회에 '거버넌스' 개념을 도입할 경우 시민사회가 성숙되고 주민들의 민주성이 제고될 확률이 높다. 결국 민주성을 제고할 수 있는 시민사회의 구축은 소규모 지역사회 '거버넌스'에 뿌리를 두고 있는 셈이다. 이러한 지역사회 '거버넌스'는 공익실현을 위한 추진조직과 추진방식 측면에서 종래와 같은 정부 일방적인 '통치(government)방식'과 구별된다. 공익실현을 위한 추진방식은 권한행사방식, 의사결정, 정보생산능력 및 공공재 혹은 공공서비스 생산에 있어서 시민의 역할과 관련되어 있고, 추진조직은 조직의 형태, 지도층, 조직가치 및 공동목표의 함수이다.

우선 추진방식 측면에서 '통치(government)'는 일반적으로 집중된 권력을 계층적으로 사용하여, '지시와 통제(command and control)'로 특징져지는 데(Meehan, 2003) 반해, '거버넌스'는 모든 이해당사자를 연계하고 협력체계를 구축하여 공동으로 공공재를 정의하고 생산, 공급하는 방식으로 특징지어진다. 즉, '거버넌스'는 모든 이해당사자가 공동으로 권한을 행사하는 방식과 관련되어 있다. 또한 '통치'는 공공재의 생산자와 소비자를 엄격히 구분하는 경향이 있는데, '거버넌스'는 공공재의 생산자와 소비자를 통합하는 경향을 보인다. 따라서 '거버넌스'체제에서 주민은 공공재의 소비자일 뿐만 아니라 공공재를 정의하고 생산, 공급하는 일에 적극적으로 참여하는 '공동생산자(co-producer)'인 것이다. 이러한 주민들의 역할은 '건전한 시민사회'에 기초하고 있다. 의사결정방식에 있어서 '통치'는 다수결에 의한 지시와 통제에 의존하는 경향을 보이고, '거버넌스'는 역할에 따른 다자간 협상에 따르는 경향을 보인다. 특히 주민들의 자발적 참여를 통해 구축되는 지역사회 '거버넌스'체계는 주로 내생적 자원투입을 통해 지역사회 발전을 도모하려할 것이고, '통치'체계는 외부자원 투입에 의존하는 경향을 보일 것이다.

추진조직 측면에서 정부 주도의 '통치'체계는 집중된 형태를, '거버넌스'는 분산된 형태를 보여주고 있다. 또한 '통치'는 금융자본(financial capital), 물리적 자본(physical capital) 등 전통적인 산업자본[13]을 축적하는 일에 조직의 가치를 두고 있는 반면, 시민사회에 기초하고 있는 '거버넌스'체계는 사회적 자본(social capital)을 축적하는 일에 조직의 가치를 두고 있다. 다른 한편 '통치'는 국가형성에, '거버넌스'는 시민사회 구축에 조직의 공동목표를 두고 있다. 특히 '통치'체계에서의 지도층은 정부 공무원인데 반해, '거버넌스'체계에서의 지도층은 모든 이해당사자간 협상을 주도하는 조정자이다. 이러한 이해당사자간 협상의 조정자는 정부 공무원일 수도 있고, 시민단체 대표일수도, 혹은 전문가일 수도 있다. 결국 '거버넌스'체계는 시민사회와 불가분의 관계에 있다.

'시민사회(civil society)'의 개념은 '시민'의 범위와 '사회'의 영역에 따라 변화해 오고 있다. 종종 '시민사회'라는 용어는 강한 규범적 함의와 함께 가치함축적인 의미로 사용되고 있다. Mayntz(2003)는 시민사회를 "제도적 평등과 기본 인권을 향유하고, 사적인 목표의 추구가 단지 다른 사람들의 동등한 권리나 시민권을 부여한 국가에 대한 의무에 의해서만 제한받는 시민공동체"로 정의하고 있다. '시민사회'가 다양하게 접근될 수 있음은 분명하나, 시민사회는 그 안에 살고 있는 사람들의 권리와 의무로 구성한 '사회적 의장(social construct)'으로 공익을 실현하는 일과 관련하여 시민들의 참여수준에 따라 등급화 할 수 있다는 데에는 모두가 공감하고 있다.

그러한 시민사회는 중앙권력과 대조하여 확인될 수 있고, 정책형성이나 계획수립에 있어서 상향적 방식을 통해 강화된다. 바로 이 점이 '풀뿌리 민주주의'가 시민사회를 촉진한다고 여겨졌던 이유이고, 촉진하는 과정이다. 따라서 '통치로부터 거버넌스로(from government to governance)'의 패러다임 전환은 이제까지 정부가 맡아 해오던 일 중에서 민간부문이 정부조직보다 더 잘 할 수 있는 영역이 있고, 지방정부가 중앙정부보다 더 효율적이고 효과적으로 수행할 수 있는 공공재 생산 및 공급영역이 존재하며, 사적 부문뿐만 아니라 공공재 영역에서 시장의 실패는 작은 정부조직으로도 교정될

13) 금융자본, 물리적 자본 등을 산업자본으로 부르는 이유는 이들 자본 개념이 주로 산업사회로 진입하면서 보편화되었기 때문이다.

수 있음을 시사하고 있다. 정부조직을 축소하게 되면 이제까지 정부가 맡아 해오던 일의 일정 부분은 다른 비정부 조직이 떠맡아야 한다. 이러한 맥락에서 시민사회의 조직은 강화되고, 역할이 확대되고 있다. 결국 시민사회는 민간화(privatization) 및 분권화와 함수관계를 이루고 있고, '환경적으로 건전하고 지속가능한 발전(ESSD)'과 연동되어 작동한다.[14)]

민간화 추세는 정부가 너무 탐욕스러워서 자신의 존재이유까지 망각하고 있음을 암시하고 있다. 정부의 역할은 시민들의 요구와 시대배경에 따라 달리 정의되어 오고 있다. 그 과정에서 '공익'은 사적 재화와 관련된 문제까지도 치유할 수 있는 만병통치약으로 확대 적용되기 시작하였다. 즉 공익을 내세워 정부는 민간부문까지 간섭하게 된 것이다. 이는 전적으로 정부만이 '공익'을 정의하고 실현할 수 있다는 독단에서 비롯된 것이다. 특히 복지국가를 표방하며 더욱 커진 정부는 비굴한 국민을 양산하는 경향을 보여 왔다. 결국 이러한 추세는 정부의 실패를 초래하였고, 기대와는 달리 시장질서를 교란하게 되었다. 또한 세계화 추세로 인해 정부기능 일부가 민간영역으로 전환되기 시작하였다.[15)]

이러한 상황변화에 대처하기 위해서는 정부부문의 역할이 다시 정의되어야 하고 이와 관련하여 시민사회 구축이 시급한 과제로 떠오르고 있다. 공익을 빌미로 정부부문의 역할범위를 확대하기 보다는 일부 공익부문을 정부와 시민사회가 공동으로 정의하고 관리할 수 있는 '거버넌스'체계가 필요하게 된 것이다. 따라서 '거버넌스'체계는 시민을 조직화함으로써 싹이 트고, 시민들의 적극적인 참여를 통해 성장하며, 구성원의 권리와 의무를 통해 유지, 관리된다. 결국 '거버넌스'체계를 구축하기 위해서는 시민참여 동기를 촉발할 수 있어야 한다. <표 1-1>은 '통치'적 성격과 '거버넌스'적 성격을 판별할 수 있는 분석틀을 제공하고 있다. 따라서 '거버넌스'체계는 지방자치의 주민자치 전통과 밀접한 관계를 가지고 있다.

---

14) ESSD란 '환경적으로 건전하고 지속가능한 발전'이라는 뜻으로 'Environmentally Sound and Sustainable Development'의 첫 글자를 딴 것이다. 이는 1992년 브라질 리우데자네이루에서 개최된 유엔환경개발회의(UNCED)의 '리우 지구환경 선언'이 천명한 개발과 발전의 궁극적인 목표이다. 시민사회가 ESSD와 연동되어 있다는 논거는 특히 규제를 통한 공공의 이익을 도모하려 할 때 필요하다. 시민사회는 외부효과를 추구하는 무임승차 경향을 내부화를 통한 책임인식으로 전환할 경우 특히 유용하기 때문이다. 즉, 성숙된 시민사회에선 전체 지역사회에 미치는 영향을 고려하여 구성원 개개의 행동이 조율될 가능성이 높다.

15) 이의 단적인 예로 세계무역기구(WTO)체제가 출범하면서 정부의 농업분야 지원이 감축된 경우를 들 수 있다.

◈ 표 1-1 ◈ 통치와 거버넌스 비교분석틀

구 분		통 치	거버넌스
추진 조직	조직형태	집중형태	분산형태
	지도층	정부 공무원	모든 이해당사자간 협상 주도자
	조직가치	전통적인 자본의 추적	사회적 자본 축적
	조직의 공동 목표	국가형성	시민사회 구축
추진 방식	권한행사방식	계층적, 일방적	모든 이해당사자간 공유
	의사결정 방식	다수결에 의한 지시와 통제	역할에 따른 다자간 협상
	정보생산능력	공공부문 〉 민간부문	공공부문 〈 민간부문
	공공재 생산에 있어서 시민의 역할	소비자 혹은 의뢰인	소비자인 동시에 공동 생산자
	자원조달체계	내생적 자원투입 위주	내·외생적 자원결합

자료: 소진광(2007: 98).

제 3 절 중앙집권과 지방분권

지방분권은 단순히 중앙정부에 집중되어 있는 권한을 지방정부에 이양하는 것에 국한하지 않고 개별 구성원의 조직화와 자원배분방식에 영향을 미친다. 지방분권은 우선 이 시대가 추구해야 하는 바를 설정하고, 그를 실현하기 위해 누가 어떠한 방식으로 행동하여야 하며, 그러한 일들이 구체적으로 누구에게 어떻게 영향을 미치는 가를 고려하여 추진되어야 한다. 이 시대가 요구하는 가치는 종종 외생적으로 주어진 것처럼 표현되는 경우가 많다. 그러나 변화에 능동적인 조직의 입장에서 보면 시대정신은 구성원의 합의에 기초하고 있어서 가장 내생적인 것에 속한다. 따라서 시대흐름을 빌미로 정책의 실패를 위장해서는 안 된다. 한 예를 들면, 지방자치를 시행하면서도 주민들의 역할이 단지 공공서비스의 소비자로 취급되어 오고 있다. 그러나 주민은 공공서비스의 소비자일 뿐만 아니라 집단적으로 공공서비스를 정의하고 공동으로 생산하는 역할을 수행하고 있다. 결국 지방분권은 외부환경변화에 대한 소극적 대응전략일 뿐만 아니라 내부로부터의 변화요인을 찾아내고 그에 맞는 존재방식을 적극적으로 형성하는 과정이다. 참여 없이는 책임을 질 수 없고 책임 없는 구성원에게 공동의 가치를 기대할 수 없다.

또한 지방분권이 일하는 방식 혹은 권한의 소재를 구분하는 것과 관련하여 논의되어 오고 있다. 그러나 일하는 방식과 권한의 배분은 궁극적으로 그 실익과 관련하여 접근되어야 한다. 지방분권은 국정운영의 새로운 틀을 짜는 것과 연계되어 있어서 기존 조직이나 체제에 영향을 미치게 되고 그러한 변화가 주민들에게 편익을 증대시켜 줄 것이라는 믿음으로부터 출발한다. 이러한 맥락에서 지방분권추진은 중앙정부와 지방정부, 정부와 시민사회의 관계에 큰 영향을 미치게 된다. 특히 참여정부의 '선 분권 후 보완'의 접근전략[16)]은 사무구분에 따른 권한배분을 우선하고 그로 인한 새로운 여건을 조성한다는 지방분권 정책기조라서 지방의 고유사무를 어떻게 정의하느냐에 따라 나라경영의 양상은 크게 달라질 것이다.

이러한 맥락에서 지방분권은 중앙-지방정부간 권한배분 뿐만 아니라 시민사회의 역할증대와도 밀접한 관련을 가지고 있다. 개인으로서의 주민은 단순한 공공서비스의 수요자일지 모르지만, 조직화될 경우 주민은 필요한 공공서비스를 정의하고 생산에 참여하는 공동생산자(co-producer) 역할을 수행할 수 있다. 따라서 지방분권은 궁극적으로 조직화된 시민사회와 연계되어야 한다. 또한 정부간 권한을 재배분할 경우, 시민사회의 성숙정도가 중요한 변수로 거론되기도 한다. 그렇더라도 궁극적으로 주민자치와 연계되지 않는 지방분권은 집권의 또 다른 유형에 불과하다. 단체자치와 주민자치의 전통이 상호 학습하는 이유가 여기에 있다.

한편 중앙집권 혹은 분권과 관련하여 그 공간적 영향에 대한 논의가 계속되고 있다. 즉 중앙정부에 집중된 권한은 그러한 권한이 행사되는 서울중심의 공간집중과 연계되어 있다는 논리이다. 권한집중과 공간편향성(spatial propensity)의 인과율(causality)을 밝히는 일이 쉽지는 않지만 일이 있는 곳에 사람이 모이고 돈이 몰린다는 사실을 부인할 수는 없다. 이와 같이 인간의 경제활동, 특히 지역의 여건에 따라 달리 표현될 수밖에 없는 지역발전은 권력의 행사방법 즉 중앙집권과 지방분권의 정도에 따라 다르게 전개될 것이라는 논리연산이 가능하다. 결국 권한의 중앙집중을 고려하지 않고 지방의 낙후문제를 들추어내는 일은 사리에 맞지 않다.

여기서 분권은 중앙정부와 지방정부간 신뢰(trust)에 기초하여 가능하고 호혜성(reciprocity)과 사회적 규범(social norm)에 의해 확장된다. 참여는 네트워크를 통해

16) 지방분권 추진 로드맵]에서는 이를 원칙으로 내세우고 있으나 "선 분권, 후 보완"은 분권과 관련한 판별기준 혹은 선택논리이기 보다는 분권의 추진방법에 속하기 때문에 지방분권 추진 전략에 더 가깝다.

이루어질 때 가장 효율적이며, 공통분모 및 적극적 활동력과 함수관계에 있다. 결국 지방분권은 시민사회를 성숙시킴으로써 모든 구성원을 공동 생산자로 전환하고, 이 과정에서 주민의 권한과 책임이 균형을 이루게 되어 지역사회의 자원을 최적화하는 성향을 지니고 있다. 그러한 순환과정이 반복될 때, 지역사회의 경쟁력은 제고되고, 지방자치가 주민의 복리증진에 기여하게 된다. 이러한 과정이 지역균형발전의 참모습이다. 책임과 결과가 동일한 행위자에게 귀속될 때 기대는 실천력을 갖게 된다.

지방분권 정책을 평가하려할 때, 체제 구조적 성분과 체제 상호간의 기능적 성분을 양 축으로 하는 좌표의 설정이 필요하다. 지방분권 정책의 평가좌표를 설정할 경우 "중앙으로부터 지방으로"의 기능적 성분은 다시 중앙의 관점과 지방의 관점에 따라 달리 분석될 필요가 있다. 중앙의 관점에서 "중앙으로부터 지방으로"의 권한이양은 지방정부의 의존성을 강조하고, 물리적 분산에 의한 평균적 균형을 정당화하는 경향이 있다. 지방의 관점에서 "중앙으로부터 지방으로"의 권한이양은 지방의 자립성을 강조하고 지방의 차별화 경제를 활용한 지역간 배분적 균형을 정당화하는 경향이 있다.

또한 "중앙-지방간 상호교류"의 기능적 성분도 중앙의 관점과 지방의 관점에 따라 달리 접근될 수 있는데, 우선 중앙의 관점에서라면 통일성에 의한 국정운영의 조정이 강조될 테고, 지방의 관점에서라면 다양성에 의한 지방의 자율성이 보다 강조될 것이다. 중앙정부가 국정운영의 통일성을 내세워 지역간 조정기능을 강조하게 되면 국가균형을 실현하기 쉬울 테고, 지방정부가 다양성을 내세워 지방의 자율성을 강조하게 되면 지역균형을 실현하기 쉬울 것이다. 국가균형전략은 모든 지방이 획일적인 평균치를 지향하는 방향으로 자원을 배분하겠지만 지역균형전략은 지방마다 다른 차별성을 고려하여 자원을 배분하게 될 것이다. 이러한 지방분권 정책의 관점은 <표

◈ 표 1-2 ◈ 지방분권과 국가균형발전정책의 관점

기능적 성분 / 구조적 성분	지방의 관점	중앙의 관점
중앙으로부터 지방으로	지방의 자립성 강조/ 배분적 균형 (distributive balance)	지방의 의존성 강조/ 평균적 균형 (equal balance)
중앙-지방간 상호교류	다양성에 의한 지방의 자율성/ 지역균형(차별화의 이점) (local balance)	통일성에 의한 국정운영의 조정/ 국가균형(평균적 풍요) (national balance)

자료: 소진광(2003:10).

1-2>와 같이 정리될 수 있을 것이다.

다른 한편, 집권 또한 "지방으로부터 중앙으로"의 기능적 성분은 중앙의 관점과 지방의 관점으로 구분하여 논의될 수 있는데, 중앙의 관점에서라면 국정운영의 통일성을 강조하고 획일화의 논리를 정당화하며, 지방의 관점에서라면 국정운영의 다양성을 강조하고, 차별화의 논리를 정당화하는 경향이 있다. <표 1-2>에서와 같이 중앙의 관점은 지방분권의 기능적 성분이 "중앙으로부터 지방으로"이건 "중앙-지방간 상호교류"이건 모두 지방의 관점에 비해 지방자치의 본질과 거리가 있음을 알 수 있다. 즉 지방자치가 지향하는 바는 중앙정부에 의한 지방정부간 역할조정보다는 지방정부 상호간의 학습을 통한 상호적응과정이다. 이러한 맥락에서 국가 전체적인 균형감각을 강조하는 국가균형발전이란 중앙정부의 역할을 강조하려는 의도로 평가된다.

따라서 지방정부간 상호작용을 중앙정부가 조정해야 한다는 논리는 지방분권의 맥락에서 재고되어야 한다. 지방정부간 상호학습이 '차별화의 경제' 관점에서 보면 중앙정부에 의한 조정보다도 더 능률적일 수 있으며, 정책의 실효성을 제고하여 더 효과적일 수 있다. 지방자치를 실시하는 실익이 사회적 자본(social capital)의 축적에 있다면 중앙정부와 지방정부간 수직적 관계보다는 지방정부간 수평적 네트워크에 의한 공동 생산방식이 더 능률적이다. 지방정부간 수평적 네트워크는 지역주의(regionalism)의 기본 얼개로서 지방정부와 중앙정부를 이어주는 상향적 결합력의 원천이다. 이러한 지역주의는 지방의 특색을 국가경쟁력으로 승화시키는 과정논리를 포함하고 있다.

그간 우리나라의 지방분권은 '국가균형발전', '신행정수도건설', '동북아물류중심국가건설', '한반도 대운하' 등 중앙정부의 역할을 강조한 각종 국정과제와 상호 연계되면서 시작부터 정책목표간 상호 충돌할 가능성을 안고 있었다. 이러한 국정과제가 <표 1-2>의 관점에서 보면 중앙정부의 입장에서 추진되고 있음을 부인할 수 없다. 그러한 맥락에서 수도권과 비수도권과의 대결구도는 중앙집권세력의 탐욕으로부터 비롯된 허구에 불과하다. 애초부터 수도권과 비수도권의 격차는 중앙집권체제의 유산인데 이를 중앙정부가 해결해야 한다는 발상은 낙후된 지방을 볼모로 권력에 대한 지나친 욕심을 은폐하고 있는 셈이다. 발전하고 있는 수도권을 탓할 것이 아니라 낙후된 지방을 적극적으로 보충하려는 지도자의 양심이 아쉽다. 결국 지방분권을 통한 지역균형발전이 이 시대가 요구하고 있는 나라경영의 전략이다.

제 4 절 지방자치와 국가발전

1. 국가발전의 접근논리

풍선효과가 작동하지 않는 세계화 시대의 국가발전은 지역의 발전을 전체적으로 조화시키는 과정에서 가능하다. 즉, 세계화 시대에서 활용할 수 있는 국가 전체적인 단위의 정책수단은 제한적일 수밖에 없다. 또한 국가발전의 의미가 양적 성장에서 국민 선택의 폭을 확대하는 것으로 변화하고 있다. 결국 전기 산업사회에서와 같이 규모의 경제 혹은 표준화 논리는 국가 발전의 극히 일부분만을 충족시킬 수 있을 뿐이다. 즉, 국가발전은 차별화에 근거한 다양성의 조화를 창출하는 과정에서 실현될 수 있게 되었다. 이러한 차별화의 이점과 다양성의 조화는 지방자치를 통해 확보된다. 결국 국가발전은 지역발전의 총화이지 국가발전을 나눈 것이 지역발전이 아니다.

지역발전은 지방정부의 존재이유에 해당한다. 지방정부는 개인이나 집단이 능력을 충분히 발휘할 수 있도록 여건을 조성하고 문제를 해결해 주어야 한다. 또한 종래 경제 위주의 국가발전논리도 사회, 문화 등 다양한 분야로 확대되고 있다. 발전은 결국 '삶의 질'을 향상하는 것과 관련되어 있는데 경제적인 여건만 좋아졌다고 하여 삶의 질이 향상될 수 없기 때문이다. 따라서 국가발전은 지역의 차별화와 부문간 다양성 확보를 통해 가능하다. 이러한 차별화의 이점과 다양성의 조화는 지방자치제 실시의 명분에 속한다. 결국 국가발전은 지역발전을 어떻게 촉진할 것인가와 관련하여 접근되어야 할 것이다.

경제적인 관점에 국한하더라도 국가의 경제발전은 지역경제 활성화를 통해 가능한 것이다. 지방정부는 제도나 정책수단을 활용하여 공간상에서 전개되고 있는 생산요소의 흐름현상을 조절할 수 있다. 그러나 이러한 조절이 개인의 능력과 잠재력을 제한하거나 지역의 잠재력을 사장시켜서는 안 된다. 따라서 지역경제 활성화 접근논리 다음과 같은 현상을 고려하여 수립되어야 할 것이다.

첫째, 경제문제가 생산을 극대화하기 위한 자원배분논리만으로 해결되는 게 아니고, 궁극적으로는 효용을 감지할 수 있는 소득분배논리와 상호 연계하여 해결하여야 할 과제라는 점이다. 이러한 소득분배논리는 사회계층간에 있어서는 사회정의관에, 그리고 지역간에 있어서는 영토적 속성을 포함하고 있는 지역주의에 기초할 때 보다 설득력 있는 정책으로 발전할 수 있게 된다.

둘째, 그간 나라경제정책의 기조를 이루었던 '능률성'이라는 것도 자원배분의 동태적 과정에서 보면 '비능률'을 초래할 수 있다는 점이다. 인간의 경제활동은 소극적으로 이미 형성된 공간구조에 의해 구속받기도 하지만, 적극적으로 새로운 공간구조를 형성해 가는 측면도 있어서, 단기적으로는 '비능률적'인 것이 장기적으로 더욱 '능률적'일 수 있다는 점이다. 그렇게 볼 때 지역자원 활용기회를 형평에 맞게 배분한다고 해서 나라 전체적인 능률성을 저해하는 것으로 단정하기는 어렵다.

셋째, 경제활동의 본질이 '나누어지는 과정'이라기보다는 '모아지는 과정'이라는 점이다. 경제활동은 본래 개체의 욕구에서 촉발되는 것이지 전체적인 수요에서 자극받는 게 아니라는 것이다. 따라서 가장 작은 영토적 단위로부터 확장되는 과정에서 경제흐름이 파악되어야지 나라 전체로부터 나누어지는 과정에 의해 경제흐름이 분석된다면 그것은 허구이기 쉽다. 되도록 지역주민의 의견이 우선적으로 고려되어야 하는 이유가 바로 여기에 있다. 개체의 합이 전체가 되어야지 전체를 임의로 나누어 놓은 것이 개체일 수는 없다. 또한 지역경제는 인간의 활동이 '거리'에 의해 제약을 받게 되기 때문에 나타나는 '영토성'을 가지고 있어서 표현 이전의 실체이다. 그리고 전체적인 나라경제는 '필요한 수단'이었지 본시 실체는 아니었다. 그러므로 종래의 하향식 자원배분논리는 수단의 정당성을 확보하는 데 급급하였다고 볼 수 있다. 어느 모로 보나 이러한 경제운용방식은 궁극적인 효용을 극대화하는 방식과는 별도의 차원임을 알 수 있다.

넷째, 종래의 경제운용방식이 추구해 오던 '발전'이라든가 '성장'에 대한 비판적 시각의 대두를 들 수 있다. 즉 '무엇이 발전이고, 무엇이 성장이냐'에 대해 논란이 강하게 제기되고 있다. 이 과정에서 지역경제의 존재가치가 재평가되어야 하는 것이다.

다섯째, 우리의 현실에서 볼 때, 지방자치제는 어떠한 이유에서보다도 강력하게 종래 하향식 일변도의 중앙집권적 자원배분논리를 거부하게 될 변수가 될 것이다. 결국 지역경제의 합이 전체적인 나라경제로 수렴되게 된다는 자연스러운 논리가 당연하게 보이는 시대가 도래한 것이다. 이제껏 지역경제의 접근논리는 단지 전체를 임의로 나누는 과정에 지나지 않았다. 따라서 하나의 지역은 전체를 이루기 위한 부분품이었지 개체로서의 존재가치가 희박할 뿐이었다. 그러나 지역경제의 활성화는 지역의 독자적 존재가치를 인정받을 수 있는 범위 내에서 논의의 정당성을 확보할 수 있게 된다. 지역의 독자적 존재가치는 지역주민 스스로의 의사결정권으로 확인할 수 있는데, 이의 제도적 장치가 다름 아닌 지방자치제인 것이다.

여섯째, 환경문제의 심각성이 종래 인간활동방식을 재평가하고 있다는 점이다. 이러한 환경문제는 종래 인류문명의 발전방향과 속도에 의해 더욱 심각해진 만큼, 그러한 발전을 주도해온 논리는 재검토되어야 할 것이다. 그런 점에서 종래의 제도권이나 기존체제의 실패현상을 보완하기 위한 비정부조직(NGO)의 역할이 새로운 시대에 더욱 크게 기대된다. 환경문제에 관한한 국경이나 시·군의 경계는 큰 의미가 없다. 따라서 신무정부주의 양상으로 전개되고 있는 새로운 환경운동이 세계질서 재편에 큰 역할을 할 것이다.

일곱째, 사회구성원리의 변화가 새로운 시대를 종래와는 다른 방식으로 조직하게 될 것이다. 가족체계의 변화, 정보·통신기술의 발달에 의한 가상공간, 가상기업의 출현 등은 이미 상당부분 진행되고 있고 그 영향 또한 커지고 있다. 따라서 위치와 면적을 전제로 논의되어 오던 지역경제 발전패러다임 역시 위기를 맞고 있다. 도시인구 규모나 시역의 확장 등 도시성장이 도시발전으로 연계되지 못하고 도시 황폐화나 도시쇠퇴를 초래했던 사례는 시카고 등 서구의 도시화 경험에서 찾아볼 수 있다.

여덟째, 발전정도를 가늠하던 종래의 척도가 새로운 시대의 발전을 표현하는 데에는 한계를 지니고 있다는 점이다. 종래 발전정도를 나타냈던 자본은 생산력 있는 가치의 총계를 의미하는 것으로 다른 생산요소와의 결합비율, 결합방식에 따라 이윤크기를 달리할 수 있을 뿐이다. 그러나 자본에 대한 이러한 기능주의적 견해는 개별 구성요소의 합이 반드시 전체와 일치하지 않는 경우를 고려하기 시작한 구조주의 논리에 의해 도전받게 되었다. 즉 자본이 기계라든가 원료와 같은 실존 형태를 띠고 있는 것은 아닐 지라도 그러한 표현 방식에 따라 기능이 다르고 또 자본이 작동하는 사회구조에 따라 이윤발생정도를 달리하게 된다.

마지막으로 전체 사회의 부문활동간 구분이 어렵게 된 점을 들 수 있다. 종래 정치, 경제, 사회, 문화 등 사회의 부분체계 영역은 독자적 의미로 정의된 바 있다. 그러나 새로운 시대에는 경제논리, 정치논리, 문화논리 등이 대상에 따라 다른 방향으로 접근되기보다는 활동주체에 따라 그 결과를 달리 하게 될 것이다. 즉 지역경제 활성화 전략기조는 경제적인 요소만을 고려하여 수립될 수 없다. 이제 경제는 지역사회 역량의 결집체인 셈이다.

결론적으로 국가발전은 지역발전을 총합하는 과정으로 접근되어야 한다. 즉 국가의 경제발전은 지역경제가 활성화될 때 가능하다. 지역경제 활성화의 접근논리는

'차별화의 경제', '범위의 경제', '다양성의 조화'에 기초하고 있다. 이러한 지역경제 활성화의 접근논리는 지방자치제 실시의 명분에 속한다. 또한 지방자치는 사회적 자본을 축적하여 지속 가능한 발전을 담보할 수 있는 실천력을 함양한다. 따라서 지속 가능한 국가발전은 지방분권 체제에서 가능하다.

2. 국가발전을 위한 지방자치의 장점

우리나라는 1949년 7월 4일 법률 제 32호로 [지방자치법]을 제정·공포한 바 있다. 이에 근거하여 우리나라는 최초로 1952년 4월 25일에 시·읍·면 의회의원 선거, 5월 10일에 시·도의회의원 선거를 실시하였다. 이어 1956년 2월에는 [지방자치법]을 개정하여 시·읍·면장을 직선제로 하였고, 1958년 12월 다시 이를 임명제로 환원하였다. 그러나 제2공화국이 들어선 1960년 11월 다시 [지방자치법]을 개정하여 서울특별시장, 도지사, 시·읍·면장을 주민의 직접선거제로 선출하도록 하였고, 같은 해 12월 네 번의 선거를 실시하여 시·읍·면과 시·도 의회 의원, 시·읍·면장과 시·도지사를 선출하였다.

1961년 5월 군사정권이 들어서면서 지방의회가 해산되고 지방자치단체장이 임명되어 우리나라에서 지방자치제가 중단되게 되었다. 1980년대부터 지방자치제 부활에 관한 다양한 논의가 있어 왔고 몇 차례에 걸쳐 [지방자치법]이 보완, 개정되어 우리나라는 1991년 지방의원선거, 1995년 지방자치단체장선거를 통해 지방자치제를 다시 본격적으로 시행하여 오고 있다. 그러나 아직도 제도상 부분적 미비점, 운영의 미숙 등으로 우리나라의 지방자치제는 많은 문제를 안고 있는 것도 사실이다. 특히 각각 역사적 배경을 달리하여 제기되고 있는 신중앙집권화 경향과 신지방분권화 경향은 시작단계에 있는 우리나라 지방자치의 향후 발전방향에 적지 않은 혼란을 주고 있다.

지방자치 실시여부와 그 성과에 대한 논쟁이 주목받던 시대가 있었다. 논의의 초점이 지방자치의 본질보다는 결과 지향적인 성과에 모아지고 있었는데 정작 무엇이 지방자치제의 성과인가에 대해서는 의견이 분분했다. 좌표설정에 관한 공감대 없이 미래를 할인하는 막연한 기대가 현실진단을 어렵게 하고 있었음은 당연하다. 본질에 우선한 표현의 방법론을 중심으로 논의가 이루어졌던 혼돈의 시대가 아니었나 생각된다. 주지하다시피 표현이란 인간에 내재되어 있는 안전지향욕구와 완성지향욕구간의 갈등에서 완성지향욕구가 압도할 때 표출되는 산물이다. 따라서 지방자치의 본질에 우선하여 그 성과를 놓고 실시여부를 논한다면 과정을 결과의 잣대로 마름질하는 것과 다름없다.

아직도 지방자치의 범위에 대해 명확한 기준을 마련하고 있지 못한 점[17]을 고려할 때 지방자치의 본질에 관한 논의는 여전히 진행되어야 할 과제임에 틀림없다. 이러한 논의는 지방자치를 실시하는 한 계속되어야할 과제이기도 하다. 지방자치의 본질은 존재의 영역일 뿐만 아니라 지방자치의 발전방향과 속도를 가늠케 하는 좌표로서 기능하기 때문이다. 결국 지방자치는 존재방식 자체가 성과를 가늠하는 잣대이지 성과를 통해 존재방식을 평가할 수 없다는 결론에 도달하게 된다.

국가의 통합은 획일적인 지방을 통해서가 아니라 지방마다 차별화된 다양성을 통해 가능하다. 다양성의 조화가 획일성의 단조로움에 비해 상대적으로 안정적이고 우위적 경쟁력을 가지고 있다. 이것이 지방분권체제가 중앙집권체제에 비해 상대적으로 국가통합비용을 줄일 수 있다는 주장의 논리적 근거다. 국가발전을 달성하기 위해 지방자치제가 가지고 있는 장점이 여기에 있다.

개발(development)이란 용어는 가치 있다고 평가되는 '과거의 변화'를 보다 적극적으로 자원을 투입하여 미래 시점에서 유도해내기 위한 노력을 의미한다. 변화의 성분을 방향과 속도로 나눌 때, 이제까지 개발행위의 정당성은 속도성분에 더 큰 비중을 두고 인간욕구와 현재 상황간의 시차적 문제를 해결하려는 과정에서 절차논리 중심으로 논의되어 오고 있었다. 그러나 보다 중요한 발전현상은 혁신, 구조개편 등 변화의 방향에서 논의될 수 있다. 또한 과거의 변화가 추구할 가치를 부여받기 위해서는 상당한 시간을 필요로 하기 때문에 과거 변화의 전제조건과 방향이 함께 검토되지 못한 채 그 속도만 고려되는 경우가 특히 개발도상국이나 저개발 국가에서 흔히 나타났다. 그리고 종종 발전현상을 도모하려는 지역개발의 목표가치는 '삶의 질' 향상과 같이 구체적인 행동지표와 연계시키기 어려운 방식으로 표현되고 있다. 그러나 보다 적극적인 자원투입, 새로운 규범의 형성 등 인간의 집단적 노력을 요하는 개발행위는 변화방향과 변화의 속도를 조율하는 구체적인 방법을 별개의 것으로 접근하여 정당화될 수 없다.

그러한 맥락에서 지방자치논리는 사회적 자본 형성과정과 밀접하게 관련되어

---

17) 국가사무와 지방사무의 구분이 이 일과 관련되어 있다. 우리나라의 경우 지방자치단체의 사무범위는 [지방자치법] 제9조에 예시되고 있으나 다른 법령에 이와 다른 규정이 있는 사항은 지방사무에서 제외되는 것으로 되어 있다.

있다. 사회적 자본이 특별히 논의될 필요성이 대두되는 것은 구성원의 능력을 충분히 활용할 수 있는 근거이기 때문이다. 지역사회의 사회적 자본은 지역 잠재력을 극대화할 수 있는 '보이지 않는 손'에 해당한다. 지역사회의 잠재력을 극대화한다는 것은 지역주민들에게 다양한 기회를 제공하는 일과 관련되어 있다. 지역사회에서 다양한 기회를 창출하기 위해서는 주민들의 자발적 참여가 전제되어야 한다. 주민들의 자발적 참여는 다양한 지역사회 구성요소를 연계하여 변화의 방향과 속도를 조율해 주기 때문이다. 이러한 조절장치는 성숙된 시민사회의 전형이다. 결국 주민들의 자발적 참여는 지방자치의 근간이면서 사회적 자본의 축적과정이다.

특히 지방자치시대 지역개발 분야에서 사회적 자본 형성과정에 대한 논의는 사회적 동원과정을 통해 지역잠재력을 체계적으로 현재화(顯在化)하기 위한 지역의 노력과 관련하여 그 실익이 있다. 뿐만 아니라 사회적 자본 형성과정이 상향적(bottom-up) 속성을 지니고 있고, 신뢰원칙, 상호 호혜주의 및 행동규범에 근거한 사회적 연계(social connections)와 네트워크로 이어지기 때문에 지역사회에서의 사회적 자본 형성은 지방자치 본질을 충족시켜주고 있다.

국가발전 혹은 지역발전의 대원칙으로 부각되고 있는 지속가능성(sustainability)은 전체사회가 그 운명에 책임을 져야하고 각각의 환경에 맞는 개발방식을 선택해야 한다는 점을 강조하면서, 선택과 참여의 범위를 개인 차원을 넘어 전체 사회로 확대하고 있다. 지역발전의 덕목인 지속가능성은 본질적으로 사회규제의 자발적 형태인 사회적 자본에 의존하고 있는 셈이다. 따라서 사회적 자본은 지방자치와 지역발전을 매개하는 변수이자 지방자치와 지역발전을 가늠할 수 있는 척도이기도 하다.

참고문헌

강형기.(2001). 「향부론: 문화로 일구는 지방경영」, 서울: 비봉출판사.

권태준.(1987). "지역개발의 새로운 주제로서의 지역주의." 「국가발전과 지역주의」 국제학술회의 자료집(금호문화재단 주최, 1987년 5월 7일-9일), pp. 91-105.

김순은.(2004). "지방분권 개혁의 전략적 접근: 지역의 관점에서." 「지방행정연구」, 第18권 第2호, pp. 35-66.

김안제.(1988). 「지역개발과 지방자치행정」, 서울: 대명출판사.

______.(1995). 「한국지방자치발전론」, 서울: 대명출판사.

김영기.(1999). 「지방자치제의 이해」, 서울: 대영문화사.

김태성·성경륭.(1995). 「복지국가론」, 서울: 나남출판.

남세진.(1992). 「인간과 복지」, 서울: 한울.

노융희.(1987). 「한국의 지방자치: 회고와 전망」, 서울: 녹원출판사.

소진광.(2008). "작은 정부를 지향하는 국가공기업 구조조정 방향." 한국지방자치학회 2007-2008 동계세미나 발표논문(2008. 1. 9), pp. 1-20.

______.(2007). "지역사회 거버넌스와 한국의 새마을운동." 「한국지방자치학회보」, 第19권 3호, pp. 93-112.

______.(2005). 「지방자치와 지역발전」, 서울: 박영사.

______.(2004). "사회적 자본의 측정지표에 관한 연구." 한국지역개발학회지 第16권 第1호, pp. 89-118

______.(2003). "참여정부의 지방분권 정책기조." 「지방행정연구」, 第17권 第3호, pp. 3-40.

______.(2000). "지방자치와 사회적 자본." 「한국지방자치학회보」, 第12권 4호, pp. 93-122.

______.(1999). "사회적 자본형성을 위한 지역사회개발논리." 「지역사회개발연구」 第24집 1호, pp. 29-47.

______.(1998). "「삶의 질」개념과 도시정책적 함의." 「지역사회개발연구」 第23집 1호, pp. 65-84.

안성호.(1995). 「한국지방자치론」, 서울: 대영문화사.

이규환.(2005). 「한국도시행정론: 이론과 실제」, 서울: 법문사

이기우.(1996). 「지방자치이론」, 서울: 학현사.

이승종.(1993). 「민주정치와 시민참여」, 서울: 삼영사.

정세욱.(2000).「지방자치학」, 서울: 법문사.

조창현.(2000).「지방자치론(5정판)」, 서울: 박영사.

최창호.(2006).「지방자치의 이해」, 서울: 삼영사.

한원택.(1992).「도시·지방행정론(전정신판)」, 서울: 박영사.

Aristotle, 384-322BC, *The Politics*, translated by T.A.Sinclair.(1992). Penguin Classics.

Arndt, H. W.(1987). *Economic Development: The History of an Idea*, The University of Chicago Press.

Arrow, Kenneth J.(2000). "Observations on social capital." in Dasgupta and Serageldin(eds), 2000, pp. 3-5.

Bourdieu, P.(1986). "The Forms of Capital." in J. Richardson, ed. *Handbook of Theory and Research for the Sociology of Education.* Westport, CT: Greenwood Press.

Bryant, B.,(ed).(1995). *Introduction; Environmental Justice: Issues, Policies and Solutions*, Island Press.

Bryant, B.(2001). "Environmental Justice and the Quality of Life." A Paper presented at the International Symposium for Sharing Productive Welfare Experience. Grand Inter-Continental Hotel, Seoul, Korea, (Sept. 6-7, 2001).

Bullen, Paul & Onyx, Jenny.(1998). *Measuring Social Capital in Five Communities in NSW.* Centre for Australian Community Organisations and Management (CACOM), University of Technology, Sydney.

Coleman, James S.(1988). "Social Capital in the Creation of Human Capital." *American Journal of Sociology* (Supplement) 94:s95-s120.

Dasgupta, Partha and Serageldin, Ismail(eds).(2000). *Social Capital; A Multifaceted Perspective.* The World Bank.

Fukuyama, Francis, 1995). *Trust: the Social Virtues and the Creation of Prosperity.* New York: Free Press.

________________.(1999). "The Great Disruption: Human Nature and the Reconstruction of Social Order." *The Atlantic Monthly*(May. 1999):55-80

Grootaert, Chris.(1998). "What is Social Capital?." *The World Bank Resource Paper.*

Meadows, Donella H.; Meadows, Dennis L.; Randers, Jorgen; and Behrens Ⅲ, Willam W.(1972). *The Limits To Growth*, A Potomac Associates Book.

Putnam, Robert D.(1993a). "The Prosperous Community: Social Capital and Public Life." *American Prospect* 13:35-42.

______.(1993b). *Making Democracy Work: Civic Traditions in Modern Italy*. Princeton: Princeton University Press.

______.(1995). "Bowling Alone: America's Declining Social Capital." *Journal of Democracy* 6(1):65-78

______.(2000). *Bowling Alone: The Collapse and Revival of American Community*. New York: Simon & Schuster.

Robinson, R. and Johnston, P. eds.(1971). *Prospects for Employment Opportunities in the 1970s*, London: HMSO, p. 8).

Robison, Lindon J., Schmid A. Allan and Siles, Marcelo E.(2000). "Is Social Capital Really Capital?" *Manuscript accepted by the Review of Social Economy*(October, 2000).

Robison, Lindon J. and Siles, Marcelo E.(2000). "Social Capital: Sympathy, Intangible Goods, and Institutions." Resource Paper from the Social Capital Initiative at Michigan State University.

Rubin, Isaac Ilyich.(1989). *A History of Economic Thought*, PLUTO PRESS.

SCIG, 1998, *Abstracts: Social Capital Conference*(April 20-22, 1998). Kellogg Center, Michigan State University.

Schmid, A. Allan.(2000). "Institutions and Social Capital." (Unpublished)Journal File presented at the SCIG(Sept. 15, 2000) sponsored by the World Bank and MSU.

Serageldin, Ismail and Grootaert, Christiaan.(2000). "Defining Social Capital: An Integrating View." in Dasgupta and Serageldin(eds), 2000, pp. 40-58.

Singer, H. W.(1965). "Social Development: Key Growth Sector." *International Development Review*, March, 1965.

Solow, Robert M.(2000). "Notes on Social Capital and Economic Performance." in Dasgupta and Serageldin(eds), 2000, pp. 6-10.

Uslaner, Eric M.(2000). "Trust, Democracy, and Governance." A Resource Paper presented at the Social Capital Initiative(Nov. 10, 2000) sponsored by the World Bank and Michigan State University.

제 2 장 지방자치의 발달과 동향

제 2 장 지방자치의 발달과 동향

각국의 지방자치는 그 나라의 역사적 배경, 정치적 환경 등에 따라 다양하게 나타난다. 따라서 일반화하기는 쉽지 않지만 각국의 지방자치를 크게 대륙형과 영미형으로 구분한다. 우리나라는 대륙형에 속한다. 우선 제1절에서는 우리나라의 지방자치의 발달과정을 설명하고, 제2절에서는 주요국가의 지방자치의 연혁을 다룬다. 그리고 제3절에서는 현대에 있어서 지방자치가 어떠한 경향을 보이고 있는가를 설명한다.

제 1 절 한국지방자치의 발달과 전개

우리나라에서 근대적 의미의 지방자치제도가 채택된 것은 긴 역사를 볼 때 최근의 일이다. 일반적으로 근대적 의미의 지방자치는 일본의 세력이 밀려오는 1894년의 갑오경장부터 시작된다고 한다. 따라서 갑오경장 이전의 전근대적 지방자치시대와 그 이후의 근대적 지방자치 시대로 나누어 고찰하기로 한다. 다만 역사를 기술하는데 있어서 특히 다음의 두 가지 점에 중점을 두고자 한다.

첫째, 지방의 자율성 내지는 지방자치의 정도에 초점을 맞추어 기술할 것이다. 역사의 사료는 극히 많다. 지방자치와 관련된 모든 사실들을 거론하면 아주 방대한 양이 되고 만다. 뿐만 아니라 초점이 흐려져 무엇을 논하고 싶은지를 알 수 없게 되어 버린다. 이를 방지하기 위하여 전근대적인 지방제도 시대에는 지방의 자율성에 초점을 맞추고, 근대적 지방자치 시대에는 근대적 의미의 지방자치의 정도에 초점을 맞춘다.

둘째, 주된 관심은 현재의 지방자치에 초점을 두고 기술하고자 한다. 1990년대 이후의 지방자치를 현재의 지방자치로 볼 때, 이를 이해할 수 있는 범위 내에서 역사를 거슬러 올라가는 것이 바람직하다. 과거의 사실에 관심을 가지면 그 전의 역사를 통해서만 이해할 수 있으므로 역사 속에 매몰되고 만다. 우리나라에서 현재의 지방자치를 이해하기 위해 역사적으로 거슬러 올라가면 설명하려는 내용에 따라 다르겠지만 근대화 이후 즉, 갑오경장까지만 거슬러 올라가도 현재의 지방자치를 대부분 이해할 수 있다. 그러나 많은 선행연구들이 갑오경장 이전의 지방제도를 설명하고 있다. 따라서 이하에서 전근대적 지방제도 시대부터 설명하기로 한다.

1. 전근대적 지방제도 시대

전근대적 지방제도 시대에는 근대적 의미의 지방자치제도는 형성되지 않았다. 따라서 앞에서 언급한 바와 같이 지방자치의 정도를 말할 수는 없다. 그 대신 중앙의 권력에 대한 지방의 자율성이 어느 정도인가는 파악할 수 있다. 따라서 첫째 지방의 자율성이 어느 정도인가에 초점을 맞출 것이다. 둘째의 초점은 전근대적 지방제도 시대에 서구에서 말하는 근대적 의미의 지방자치가 존재했는가 하는 것이다. 만약 존재했다면 우리의 역사적 맥락에서 근대적 의미의 지방자치를 논할 수 있기 때문이다.

위 두 가지에 유념하면서 과거의 역사를 거슬러 올라가 보자. 크게 삼국시대, 고려시대, 조선시대로 나누어 알아본다.

(1) 삼국시대

삼국시대라고 하면 신라, 고구려, 백제가 존재하던 고대국가를 의미한다. 이들 국가는 모두 부족국가로부터 출발하여 부족연맹체를 거쳐 점차 중앙집권적 전제왕권체제가 확립되었다. 이에 따라 지방에 있던 종래의 부족들은 점차 왕의 행정구역으로 편입되고, 그 족장은 전제왕권의 귀족이 되었으며, 지방의 행정구역은 왕족이나 귀족 중에서 왕이 임명한 자가 통치하였다. 지방의 행정구역을 통치하는 지방관은 지방의 행정권 뿐만이 아니라 군사권, 조세권, 재판권까지 가지고 있었다.

이후 삼국을 통일한 신라는 전국을 9주 5소경으로 나누었다. 9주는 신라, 고구려, 백제의 옛땅에 각각 3주씩 설치하여 통치하였으며, 독립된 일종의 특별행정구역으로서 5소경은 중원경(충주), 북원경(원주), 서원경(청주), 남원경(남원), 금관경(김해)을 말한다. 그리고 9주 아래 군과 현을 설치하였으며, 말단행정구역으로 향읍과 촌락을 두고 있었으며, 일종의 특별행정기관으로 부곡이 있었다.

이러한 삼국시대에 지방의 자율성은 어떠한 것이었을까? 부족국가 시대에는 전제왕권국가가 존재하지 않았으므로 지방의 자율성을 말할 수는 없지만 국가가 존재했다는 전제하에 말하면 지방의 자율성은 극히 높았다고 할 수 있다. 그러나 부족연맹체가 형성되면서 지방의 자율성은 감소하기 시작하여 전제왕권이 확립된 시기에는 지방의 자율성이 극히 낮았을 것으로 생각된다.

삼국시대에 지방자치와 유사한 제도로서 거론되는 것이 화백제도이다. 화백제도는 신라 씨족공동회의제에서 발전한 만장일치제 회의제도로서, 진골 이상의 귀족과 중신들이 모여, 국왕 선거를 비롯한 국가의 중대사를 의논·결정하였다. 만장일치로 결정하는 방식은 소수의 의견을 존중한다는 의미에서 다수결의 원리에 의하여 결정하는 민주주의보다도 훌륭한 제도라고 할 수 있다. 그러나 이것은 지방에 있어서의 의결기관이 아닌 중앙에 존재하는 기관이었으며, 진골 이상의 귀족들이 참석하여 결정을 한다는 의미에서 주민의 의사와는 관련성이 약한 제도, 즉 지방자치와는 관련성이 약한 제도라고 할 수 있다.

(2) 고려시대

왕건에 의하여 (후)삼국이 통일되면서 고려시대가 시작된다. 초기에는 지방의 토호세력이 어느 정도 자율성을 갖고 있었으나 점차 왕권이 확립되어 제도가 정비되면서 이들의 자율성은 약화되었다. 제6대 성종 때부터 중국의 당나라 제도가 도입되어 지방제도가 정비되면서 중앙집권적 관료제도가 확립되었다(최창호, 2006: 111).

그리고 제8대 현종 때에는 전국을 경기와 5도양계로 구분하는 제도가 확립된다. 도에는 안찰사, 계에는 병마사를 중앙에서 파견하여 통치하게 한다. 그 밑에 경, 도호부, 목, 부 그리고 군, 현, 진이 있었는데 이에도 대부분 중앙에서 파견한 지방관이 통치하였다.

따라서 고려시대 초기를 제외하고 왕권이 확립된 시기에는 지방의 자율성이 극히 제한되었다고 할 수 있다.

고려시대의 지방자치와 유사한 제도로 거론되는 것은 사심관제도와 향직단체이다. 사심관제도는 건국공신에게 그 지방통치를 맡겨 어느 정도의 자율성을 가지고 다스리게 하는 제도이다. 어느 정도의 자율성을 가졌다는 의미에서는 지방분권적 요소가 있었다고 할 수 있다. 그러나 그들의 다스림에 주민의 참여가 전혀 허용되지 않았을 뿐만 아니라 주민복지의 증진보다 착취·수탈에 급급하였으므로 그것을 자치행정이라고 할 수 없다(최창호, 2006: 112).

그리고 향직단체는 지방토호의 협조 없이는 노력동원이나 조세징수 등이 어려웠던 고려 초기에, 그들에게 중앙관직의 위계와 같은 명칭과 직위를 주고, 목, 군, 현 단위에서 소규모의 조직을 갖고 지방행정을 담당하게 한 일종의 행정조직으로서, 말하자면 지방세력가를 중심으로 한 일종의 자치기관이었다고 할 수 있다(최창호, 2006: 112). 그러나 향직단체에 있는 지방토호세력의 자녀를 국왕에 대한 충성의 보증으로 중앙에 인질로 보내는 기인제도가 있었으므로 주민의 의사에 의한 지방행정을 수행하기에는 한계가 있었을 것이다.

(3) 조선시대

1) 지방의 자율성

위화도 회군을 통하여 새로운 왕조를 연 태조 이성계는 고려 후기에 약화된 왕권을 강화시키기 위한 기틀을 마련하였다. 그리고 그의 아들 방원(태종)은 사병을 혁파하는 등 중앙집권적인 왕권을 확립하였고, 제9대의 성종은 경국대전을 완성하여 중앙집권적인 왕권을 완성하였다.

지방행정구역은 중앙의 직할지(한성부, 수원부, 개성부, 광주부, 강화부)를 제외한 전국을 8도로 나누고, 8도 밑에 4부, 4대도호부, 20목, 44도호부, 82군, 75현을 두었다. 8도에는 중앙으로부터 관찰사를 파견하였고, 그 외의 지역은 그 품계에는 차이가 있었으나 중앙으로부터 수령을 파견하여 지방을 통치하게 하였다.

조선의 통치구조는 유교사상에 입각한 가산국가(家産國家)적 중앙집권 체제라고 할 수 있다(최창호, 2006: 113). 지방에는 왕의 대리인으로서 지방관(외관)을 파견하여 그 관할구역 안에서 행정·사법·군사상의 권력을 장악하도록 함과 아울러, 그 지방관에 대한 엄격한 집권적 통제를 가한 것이 조선시대 지방제도의 특징이라 한다(최창호, 2006: 113).

이러한 일반적인 통념과는 달리 지방이 어느 정도 분권적인 체제를 유지하였다고 하는 견해가 있다. 갑오개혁 이전까지 조선의 통치체제가 상당히 지방분권적이었음을 확인하는 증거들을 다음과 같이 제시하고 있다(한국지방자치학회편, 2000: 43-45). 첫째, 조선시대에도 이른바 군현승강법(郡縣昇降法)이 실시되었다는 사실은 조선의 통치체제가 아직 봉건적 지방분권체제의 성격을 벗어나지 못했음을 시사하는 것이다. 군현승강법이란 충신이나 역신이 나왔을 경우에 해당 군현의 품격을 승강시키는 일종의 집단상벌제도를 말한다. 둘째, 조선시대에 상당수의 월경지(越境地)가 존재했다는 사실도 조선왕조의 지방통제력이 몹시 불완전했음을 말해준다. 셋째, 조선지대의 지방관들이 봉건제후들에 버금가는 막강한 권한을 행사했던 사실도 조선의 통치체제가 봉건적 지방분권체제의 성격을 유지하고 있었음을 뜻한다. 넷째, 조선시대 지방정부의 인사행정은 지방분권적으로 운영되었다. 수령 미만의 이서(吏胥)들에 대한 임용에는 중앙정부가 관여하지 않았다. 다섯째, 군현은 이서들의 인사권뿐만 아니라 세입·세출에 관한 거의 모든 권한도 행사하였다. 여섯째, 조선시대 이서들의 막강한 행정실무권한은 지방관의 중앙집권적 역할을 크게 제약하였다. 일곱째, 조선시대의 중앙정부 군현단위에서 양반들의 총회였던 향회와 그 집행위원회에 해당하는 유향소의 역할을 공인한 까닭은 강력한 지방세력에 대한 중앙통제력의 한계를 극복하기 위함이었다. 여덟째, 조선시대의 면리(面里)는 사실상 중앙정부의 통제력이 직접적으로 미치지 않는 지방행정단위였다.

만약 이와 같은 관찰이 타당하다면 조선시대에 있어서 지방의 자율성은 어느 정도 인정할 수 있을 것이다. 그러나 이것만으로 민의가 반영되는 근대적 의미의 지방자치가 있었다고는 할 수 없다. 이의 주장을 위해서는 좀 더 심도 있는 근거가 필요하다.

2) 자치적 제도

조선시대 주민자치의 전통이 있었다는 주장이 있다(한국지방자치학회편, 2000). 그 근거로서 향회를 중심으로 한 군현의 주민자치와 촌회를 중심으로 한 면리(面里)의 주민자치를 들고 있다. 그들의 주장에 대하여 좀 더 알아보자.

(가) 향회를 중심으로 한 군현의 주민자치

조선시대에는 군현마다 재지사족들의 모임, 즉 향회가 있었다. 그러나 향회제도는 지역과 시대에 따라 다소 다른 양상으로 나타났다. 향회에는 그 명칭은 다르나 일반적으로 향회 임원을 두고 있었다. 향청에는 좌수(座首) 또는 좌장(座長)을 수장으로 하고 그를 보좌하는 임원으로 3인 내지 5인의 별감(別監)을 두었는데, 이들은 명예직이고 그 임기는 대개 2년이었지만 수령(首令)이 경질되면 다시 선출될 수도 있었다. 좌수는 향내에서 가장 덕망이 있고 연로한 자로서 민선에 의하여 선임되었다(최창호, 2006: 114). 이들 향회 임원은 집강소에서 집무를 보았다. 그리고 향회에는 집행위원격인 유향소를 두었다.

이들 향회 또는 유향소는 지방세력을 대변하면서 국왕이 임명한 군현의 수령에 의해 일정한 통제를 받았다. 향회와 수령과의 관계는 조선시대의 시대별로 다른 양상이 나타났다(한국지방자치학회편, 2000: 46-47). 조선 전기의 향회는 수령이 이끄는 정청(正廳)의 요직인사, 업무감독, 환정(還政), 진정, 잡세수납, 군역차정, 송사의 재결, 면리임의 인선 등 군현의 제반 실무에 관여하여 큰 영향력을 행사하였다. 또한 향회는 재지사족의 권익을 보호하고 민정을 대변하며 풍속을 교정하였다. 향회는 향원이 억울하게 중형을 받았을 때에는 향회에서 논의한 후 수령에게 해명을 요구하였으며, 상민의 경우에도 사안이 중대한 경우에는 역시 수령에게 향회의 뜻을 전달하였다. 그러나 향회는 임진왜란과 17세기 중엽부터 18세기에 걸쳐 일어난 유향분기(儒鄕分岐)로 권한이 크게 약화되었고, 신분제도도 크게 흔들렸다. 향회는 종래 사족만의 모임에서 평민출신의 신향 중심의 모임으로 변모해갔다. 그러나 향회는 18세기 중엽부터 그 권한이 다시 증대되기 시작했다. 부세수취(賦稅收取)의 과정에서 향회는 간혹 관권을 정당화하고 관권에 의한 불법가렴(不法加斂)의 들러리를 서는 경우도 있었으나 관권에 대하여 향원들을 포함한 지방민들의 이익을 대변하는 민의수렴기관의 역할을 수행하였다. 19세기에 향회는 더 이상 관권을 보조·옹호하는 어용적 기관이 아니라 관권을 비판하고, 관권에 대항하는 민의대변기관으로 발전해 갔다. 1862년 향회는 부패한 관권에 항거하여 일어난 임무농민항쟁의 본거지가 되었다.

향청이 비록 지방을 대표하는 기관이었다고는 하나, 그 설치목적이 지방민의 권익보다 지방문벌과 세력가들의 지위와 권위를 지방관의 전횡으로부터 보호하자는데 있었으므로, 오늘날의 지방자치 관념과는 거리가 먼 것이었다(최창호, 2006: 115).

(나) 촌회를 중심으로 한 면리의 주민자치

조선시대 면리는 중앙정부의 직접적인 통제권 밖에서 자치적으로 운영되었다(한국지방자치학회편, 2000: 47-48). 마을의 대소사는 일가를 대표하는 가장들이 참석하는 촌회에서 상의·결정되었다. 그 자치적인 운영은 인사나 재정적인 측면에서 나타난다. 우선 인사 측면에서 살펴보면, 면리장을 비롯한 면리임원의 선임방식은 시대와 지역에 따라 다양하였으나, 면리임의 선임에는 주민들의 의사가 많이 반영되었다. 면리장은 무보수 명예직이 많았고, 보수를 받는 경우에도 다른 면리임보다 적었다. 다음으로 재정 측면에서도 자치적인 요소가 있었다. 면리의 소요경비는 원칙적으로 해당 면리의 주민들이 부담하였다. 조세는 지세(地稅)와 같이 일정한 세율이 있는 것을 제외하고는 국고에 부족이 있는 경우에 중앙정부가 지방에 일정한 세액을 할당하여 거두어들이는 것이 통례였다. 이 때, 군현은 중앙정부로부터 할당받은 조세액을 각 면에 뷴부(分賦)하였고, 다시 면은 이것을 각 동리에 할당하였으며, 동리는 각 호에 조세를 부과하여 거두어들였다. 동리마다 경지·산야·제언 등의 공동재산을 가지고 있었으며, 이 공유재산의 관리는 동리장이 맡았고, 동리민들은 모두 이 공유재산으로부터 생기는 이익을 향유할 권리를 가졌다.

위와 같이 촌회를 중심으로 한 면리의 자치적인 측면이 있었다고는 해도, 면리를 주민이 피치자로서의 의무를 다하기 위하여 스스로 구성한 행정단위라고 볼 때, 오늘날의 근대적 지방자치의 관념과는 거리가 있다.

2. 근대적 지방자치 시대

조선시대에는 위에서 살펴본 바와 같이 근대적 지방자치는 존재하지 않았다고 할지라도, 지방의 자율성은 점증하고 있었다. 그러나 한말 일제의 침략이 노골화되면서 우리나라의 지방자치도 일정한 변화를 맞이하게 되었다. 우선 식민지 시대의 약탈을 조직화하기 위한 중앙집권 체제의 강화이다. 일본의 영향력을 등에 업고 갑오경장을 수행한 개혁파는 중앙집권을 통한 개혁을 수행하려 하였다. 한편 근대적 지방자치 제도가 형식적으로나마 도입되기 시작하였다. 1914년에는 부제(府制)를 비롯하여 면제·읍제·도제 등 지방자치단체에 법인격을 부여하는 법제를 마련하였다. 또한 현재의 지방의회와 유사한 향회제도가 갑오경장 후 도입되었으며, 일제시대에는 도회·부회·읍회·면협의회가 도입되었다. 그러나 이러한 것들도 식민지 지배를 정당화하기 위한 수단에 불과하였다고 할 수 있다.

해방 후, 미군정시대에도 우리나라 지방제도에 일정한 변화가 생기기는 하나 기본적으로는 식민지시대의 제도를 답습함에 불과하였다. 실질적인 지방자치제도의 확립은 대한민국정부가 수립되고 나서 1949년에 성립한 지방자치법에서부터 시작된다고 할 수 있다.

(1) 갑오경장부터 식민지 시대까지

1) 갑오경장기

(가) 지방제도의 변화

갑오경장은 중국적 가산국가(家産國家) 체제가 서구식 근대국가 체제로 전환되는 계기가 되었다. 1894년 내정개혁5개조(內政改革五個條), 내정개혁방안강목(內政改革方案綱目), 개혁20개조(改革二十個條), 홍범14조(洪範十四條)를 거쳐 이듬해인 을미

년(1895)에 내각 각부에서부터 지방관제에 이르기까지 대규모적인 개혁을 거친다. 지방조직은 조선시대에 계속되어 온 8도제를 폐지하고 1895년에 23부제(府制)로 개편하고, 부·목·군·현으로 번잡하게 나누어져 있던 지방행정구역을 339개의 군으로 정비하였다. 그러나 지나치게 혁신적인 개혁으로 정착을 못하고 1년 만에 13도제(道制)가 채택된다.

이러한 제도개혁과 더불어 인사, 재정 등에서 중앙집권을 강화하여 중앙의 통제를 강화하였다. 첫째, 인사권과 관련하여, 종래 이조에서 심사하여 천거하고 국왕이 임명하던 지방관 선임방식을 의정부에서 결정하여 국왕이 재가하도록 고쳤다. 또한 종래 지방관의 임용까지만 관여하던 관례를 깨고 이서들의 정원을 일률적으로 규제하였다. 지방행정실무권한을 이서층으로부터 향원층으로 이관함으로써 지방지배세력의 개편을 도모하였다. 둘째, 재정적으로 중앙정부의 탁지아문(度支衙門)이 지방재정을 총괄하도록 하였다. 종래 각 군현이 이서의 보수를 나름대로 정하여 지급하던 관행을 중지시키고 이서의 보수기준을 정하여 각 군에 하달하였다. 또한 중앙정부는 부(府)의 예산안을 내각회의에서 최종 확정하도록 하였으며, 예산집행은 회계법 등에 따르도록 하였다. 이들을 뒷받침한 법제가 1895년 성립한 회계법, 수입조규(收入條規), 지출조규(支出條規)이다. 이러한 제도는 1906년 지방세규칙(地方稅規則), 1909년 지방비법(地方費法) 등으로 재정제도가 정비되어 갔다. 셋째, 행정구역의 장이 수행하던 중요한 권한을 중앙정부의 권한으로 변경하였다. 예를 들면 군사권, 사법권, 경찰권 및 징세권을 지방의 권한으로부터 분리하여 중앙정부의 직접적인 통제 하에 두었다.

(나) 근대적 지방자치제도의 생성

중앙집권화와 더불어 지방의 주민으로 하여금 지방의 공공사무를 처리할 수 있게끔 하는 향회(鄕會)제도를 도입하였다. 향회제도는 1895년 11월에 법제화된 향회조규(鄕會條規) 및 향회판무규정(鄕會辦務規定)에 의하여 제도화되었다. 향회규정에서는 군회·면회·리회의 세 가지 향회를 두도록 하였다. 향회는 주민들의 의사를 반영하여 구성되고, 공공적 성질을 가진 사항을 의결한다. 향회의 주재자는 군수·집강·존위이다. 이들은 향회의 회의날짜와 장소를 정하되, 표결에는 참가하지 않으며, 가부동수일 경우에는 결정권을 가지며, 다수결로 결정된 사항을 번복할 수 있도록 하였다. 군수는 중앙정부가 임명하나, 면·리의 집행기관인 집강(執綱) 및 존위(尊位)는 1년 임기로 하여 주민이 선출하고, 집강·존위가 그 임무를 위배한 때에는 그 임기에도 불구하고 다시 선출할 수 있도록 하였다. 그리고 향회판무규정은 향회조규를 보완하는 법률로 면리임의 성격을 분명하게 정하고 있다.

요컨대 향회제도는 오늘날 지방의회와 비슷한 의결기능을 수행하며, 자기선임제, 임기제 및 명예직제 등 근대적 지방자치제도를 내용으로 하는 획기적인 제도였다. 그러나 갑오경장의 실패로 향회제도는 시행이 중단되었으며, 그 후 한일합방과 더불어 더 이상 발전하지 못하고 폐지되었다.

2) 일제시대

(가) 지방제도의 변화

일본은 1905년 을사보호조약을 체결하여 우리나라의 외교권을 박탈하고, 그 후 차례로 행정권, 사법권, 경찰권을 박탈한 후, 1910년 8월 29일에 한일합방을 통하여 우리나라를 식민지화하고, 조선총독부를 설치하였다. 당시의 지방행정구역 및 기관에는 13도(道)·11부(府)·317군(郡)과 외국거류민들의 행정사무를 관장하는 이사청(理事廳), 그리고 일반지방행정기관과 분리·독립된 지방재무기관으로서의 재무감독국(財務監督局)과 재무서(財務署)가 있었다(이대희 외, 2001).

조선총독부는 합병 초기에 민심의 이반을 염려하여 급격한 지방제도의 개편은 실시하지 않았다. 1910년 9월 30일 공포한 '조선총독부 지방관제'에는 몇몇 지방제도를 정비하는데 그치고 있다. 그 내용은 첫째, 중앙정부의 직속이었던 한성부를 경성부로 개칭하여 경기도의 관할 하에 두었다. 한성부는 수도로서의 특징을 강조하여 중앙정부의 직속이었으나 보통의 부로 격하하였다. 둘째, 13도의 관찰사의 호칭을 도장관으로 개칭하였다[1]. 셋째, 부와 군은 도장관의 감독 하에 있는 지방행정기관이었으나, 부에는 다수의 일본인이 거주하는 지역으로 부윤을 일본인으로 임명하여 차별화하였다. 넷째, 말단행정구역을 정비하였다. 종전까지 면·사·방·부 등으로 지방에 따라 달리 불리어 오던 것을 면이라는 이름으로 통일하였다.

대규모의 지방제도 개편은 1914년부터 이루어진다. 일제는 1914년 부제(府制)를 도입한다. 부제를 통하여 부를 군·면의 경우와 달리 조례제정·예산편성·기채 등에 있어서 독자적인 권한을 행사할 수 있는 공법인으로 인정하였다. 또한 317개였던 군을 200개 군으로, 4,322개 면을 2,521개의 면으로 대폭 감축함으로써 경비의 절감과 더불어 중앙통제력을 강화하였다(한국지방자치학회편, 2000: 57). 이 때 정해진 명칭과 규모가 대체로 오늘날까지 이어져 오고 있다. 1917년에는 면을 보통면과 지정면으로

1) 1919년 3·1독립운동 이후, 도장관의 명칭이 도지사로 변경된다.

구분하였다. 지정면은 일본인의 비율이 30% 이상인 면으로 보통면과 다른 권한을 설정하여 차별화하였다. 1930년대 초에 일제는 지정면 대신에 읍을 신설하고, 종래에 하급행정기관에 지나지 않았던 면·도(島)와 신설된 읍을 공법인으로 인정하여 도·부·읍·면의 각급 지방행정기관들을 적어도 법제상 지방자치단체로 만들었다.

(나) 식민지적 지방자치제도

무단통치로 일관하던 일제는 1919년 3·1독립운동을 계기로 '문화정치'로의 전환[2]을 표방하며 지방행정에 있어서도 형식적이기는 하지만 민의를 반영할 수 있는 새로운 시스템을 도입한다. 그것이 1920년 7월에 도입된 부윤의 자문기관인 부협의회, 면장의 자문기관인 면협의회, 지사의 자문기관인 도평의회이다. 그러나 협·평의회 회원의 선거방식은 일제가 30만 일본인 대표들을 1,700만 한국인 대표들보다 조금 더 많이 뽑아서 회의 운영을 언제나 일본인들이 주도하도록 하면서도 한국인 경시의 지탄을 피해보려고 조작한 것이었다(한국지방자치학회편, 2000: 58). 1930년대 초에는 자문기관인 협·평의회 제도가 의결기관인 부회·읍회·도회와 자문기관인 면협의회로 개편된다. 이들의 구성과 권한을 살펴보면 다음과 같다(김보현·김용래, 1990: 172-178; 최창호, 2006: 119-120).

첫째, 도회(道會)는 20~50인의 의원으로 구성되며, 그 정수의 3분의 2는 부회·읍회·면협의회에 의한 간접선거로, 나머지는 도지사의 임명으로 선임되었고, 도지사가 그 도회의 의장이 되었다. 도회는 의결기관으로서 의결권, 선거권, 의견제시권, 회의규칙 제정권 등을 가졌다. 그러나 그 권한은 법령에 열거된 것에 한정되었다.

둘째, 부회(府會)는 12~30인의 의원으로 구성되는 민선의 대표기관으로서, 부윤이 그 의장이 되었다. 부회 의원선거권은 25세 이상의 남자로 부세(府稅)를 연 5원 이상 납부하는 자에 한정되었고, 그 피선거권의 경우도 같았다. 부회는 의결기관으로 의결권, 선거권, 의견제시권, 행정감사권 등을 가졌다. 그러나 부회는 그 의결권이 한정되어 있었고, 부윤에게 그 사회권, 재의회부권, 재선거권, 의결취소권, 전결권이 부여되었으며, 도지사에게 예산증감명령권이, 총독에게 해산권이 부여되는 등 한계를 가지는 것이었다.

셋째, 읍회(邑會)와 면협의회(面協議會)는 각기 읍장과 면장이 그 의장이 되었으

2) 문화정치의 일환으로 헌병경찰제도를 보통경찰제도로 전환하기는 하나 오히려 경찰력이 대폭 증강되었다. 이것만 보더라도 문화정치가 얼마나 허구적인 것인가는 짐작할 수 있다. 지방자치제도도 마찬가지이다.

며, 그 선거권과 피선거권은 부회의원의 경우와 같았다. 읍회는 의결기관이었으나 그것은 명목상의 것에 불과하였다. 즉, 그 의결권이 법령에 의하여 한정되어 있었을 뿐 아니라, 읍장이 그 의장이 되었고, 군수·도사에게 정회권이, 도지사에게는 예산증감권이, 총독에게는 해산권이 부여되어 있었다. 또한 면협의회는 전술한 도회, 부회, 읍회의 경우와 달리, 제도적으로 면장의 자문기관에 불과하였다.

이와 같이 일제는 형식적으로는 그럴듯한 지방자치제도를 도입한 것처럼 보이나 그 내막을 살펴보면 결코 지방자치라고 할 수는 없다. 예를 들면 도회, 부회, 읍회의 의장을 도지사·부윤·읍장이 겸하고 있었고, 도의회 의원의 3분의 1을 도지사가 임명하였고, 의원선거권을 5원 이상 납세자로 한정하여 일본인이나 친일 재산가만이 참여할 수 있었다. 따라서 형식적으로는 의결기관을 도입하였다고는 하나 중앙정부의 의도대로 지방을 통제하는 시스템에는 변함이 없었다고 하겠다.

3) 미군정 시대

1945년 일본이 전쟁에서 패망하고 9월 9일에 항복문서에 조인을 하자 바로 아놀드 소장이 남조선 군정장관에 임명되어 미군정 시대가 시작된다. 1948년까지 3년간 이어진 미군정 시대에는 기본적으로 조선총독부 통치체제의 기본골격을 그대로 유지하면서 미군의 직접통치체제를 구축하였다. 따라서 지방자치제도에 큰 변화가 있지는 않았다. 다만 서구식 지방자치제도를 도입하려는 몇몇 시도들은 있었다. 그러나 한국의 실정에 어둡고, 과도기적 혼란의 와중에 있었으며, 2년 11개월이라는 짧은 군정기간 동안 새로운 지방자치제도를 정착시키지는 못하였다. 이때 시도된 지방제도의 개편 내용을 살펴보면 다음과 같다.

첫째, 지방을 지도·감독하던 중앙정부의 총독관방 소속의 지방과를 폐지하였다. 중앙정부에서 지방을 통제하는 부서를 없앰으로써 지방의 자율성을 회복하려는 시도였다.

둘째, 완전한 지방자치를 시행하려는 시도를 하였다. 우선 일제시대 형식적인 도회·부회·읍회·면협의회를 해산하였다. 그리고 지방의 단체장과 지방의회의원 모두 주민들의 선거에 의해 선출되는 법규인 '도 및 기타 지방의 관공리·의회의원의 선거'를 공포하였다. 그러나 이는 실현을 보지 못하고 끝난다.

셋째, 서울특별시제를 시행하였다. 서울시는 일제시대 경기도의 관할 하에 있는 경성부였다. 그러나 '서울특별시 헌장'에 의하여 경기도로부터 분리·독립되어 경기도와 동격의 서울특별시가 탄생하였다.

넷째, 제주도(島)를 전라남도에서 분리하여 도(道)로 승격시켰다.

다섯째, 교육자치를 실시하기 위하여 교육구와 교육위원회를 설치하였다.

(2) 정부수립 후 현재까지

1948년 대한민국 정부가 수립된 후 지방자치가 제도화되나 그 과정은 장밋빛만이 아니었다. 지방자치법 제정을 둘러싼 대립과 갈등, 한국전쟁, 4·19혁명을 거치면서 파행적 지방자치의 운용, 5·16 군사쿠데타로 인한 지방자치의 중단 등을 거치면서 우리나라의 지방자치는 수난과 좌절의 연속이었다. 우리나라의 지방자치는 1980년대 민주화의 바람과 더불어 다시 부활하여 1990년대부터 정착되기 시작한다.

이러한 과정을 지방자치제도의 성립 및 시험기, 지방자치의 중단기, 지방자치의 부활기로 나누어 고찰하기로 한다.

1) 지방자치제도의 성립 및 시험기

대한민국 정부는 1948년 8월 15일에 발족한다. 신정부는 동년 7월 17일에 제정된 헌법에 기초하여 운영하게 되었다. 헌법 제8장에는 지방자치를 규정하는 제96조와 제97조의 두 개 조문을 두고 있다. 제97조에는 '지방자치단체의 조직과 운영에 관한 사항은 법률로서 정한다'고 규정하고 있다. 그러나 지방자치법을 제정하는 것은 용이한 일이 아니었다. 따라서 우선 1948년 11월 17일에 '지방행정에 관한 임시조치법'을 제정하여 공포하였다. 이 법은 행정구역과 행정기구에 관한 약간의 조치를 한 외에는 종래의 제도를 그대로 답습한 것이었다. 그리고는 지방자치법 제정을 위하여 국회에서는 열 띤 토론을 벌리고 있었다[3)].

최초의 지방자치법이 국회 본회의를 통과한 것은 1949년 3월 9일이다. 이 법안에는 '도지사는 도·시·읍·면의원이 선거하고, 서울특별시와 시·읍·면장은 각기 지방주민이 직접 선거한다'고 규정되어 있다. 그리고 부칙 제1조에 '본법은 공포한 후 10일을 경과한 후에 시행한다'고 규정하고 있다. 그러나 정부에서는 현실적으로 10일 후 시행하는 것을 불가능하다고 생각하여 시행일을 대통령령에 위임해 줄 것을 재의요구(再議要求)한다. 그러한 입장을 고려하여 국회에서는 공포 후 90일이 경과된 후에 실시한다고 수정하여 정부에 이송했다. 이에 대해 정부는 만족하지 못하고 또다시

3) 지방자치법 제정과정의 자세한 사항은 손정목(1992)의 '지방자치제도·자치사연구(하)'를 참조하기 바란다.

재재의(再再議)를 요구한다. 이러한 과정에서 국회는 폐회되어 법안이 폐기되고 말았다.

시행일을 둘러싼 대립의 배후에는 지방자치에 대한 통제권을 확보하려는 중앙정부의 의도와 주민의 의사를 통한 지방자치를 강조하는 국회의 의도의 충돌이 있었다. 정부는 지방자치법에 지방자치단체에 대한 중앙정부의 사정·감독권이 규정되지 않은 점, 도지사의 임명권이 대통령에 주어지지 않았다는 점에 불만을 가지고 있었다.

이리하여 1949년 7월 4일에 제정된 지방자치법에는 정부의 의사가 대폭 가미되어 있다. 그 내용의 골자는 다음과 같다(지방행정연구소, 1990; 임승빈, 지방자치론, 2006: 122-123). 첫째, 지방자치단체의 종류는 서울특별시와 도, 시·읍·면으로 한다. 둘째, 의결기관과 집행기관을 따로 두는 기관대립형으로 한다. 셋째, 도지사와 서울특별시장은 대통령이 임명하고 시·읍·면장은 의회가 선출한다. 넷째, 지방의원은 임기 4년의 명예직으로 한다. 다섯째, 의회에는 자치단체장에 대한 불신임권을, 장(長)에게는 의회의 해산권을 부여한다. 여섯째, 도의 하부조직으로 군을, 인구 50만 이상의 시에 구를 두며, 군수와 구청장은 국가공무원으로 한다.

그러나 정부 수립 후 계속되는 정치적 불안으로 지방자치의 기초가 되는 지방의회를 구성하지 못하고 있었다. 그러던 중 1949년 12월 15일 지방자치법의 제1차 개정이 이루어졌다. 이는 시행상의 문제점으로 인해 몇 개의 조문을 수정한 것이다. 그 후 6·25 전쟁으로 지방의회의 구성이 더욱 어렵게 되었다. 그러나 이승만 대통령은 1952년 2월 6일 갑자기 최초로 지방선거의 실시를 발표한다. 이는 이승만 대통령의 장기집권을 위한 것이었다. 1951년 말에 대통령 직선제를 골자로 하는 개헌안이 국회의 절대다수로 부결되었다. 민의와 동떨어진 국회의 결정에 대한 불만으로 민의를 확인하고 장기집권을 획책하기 위한 의도에서 나온 것이 지방선거였던 것이다. 이에 따라 전쟁 중인 1952년에 선거실시 가능지역에서 4월 25일 시·읍·면의회의원와 5월 10일 서울시·도의회의원 선거를 실시하여 제1차 지방의회가 구성되었다.

그 후 1956년 2월 13일에 지방자치법 제2차 개정이 이루어진다. 그 골자는, 첫째 시·읍·면장 간선제를 직선제로, 둘째 시·읍·면의회에서 시·읍·면장 불신임의결제도 및 의회해산제도 폐지, 셋째 지방의회 의원과 시·읍·면장의 임기를 4년에서 3년으로 단축, 넷째 지방의회의원의 정수 감축, 다섯째 도·서울특별시 의원 소선거구제 채택, 여섯째 의회소집제도 개정 및 회의일수 제한 등이다(손정목, 1992: 252-258). 그리고 1956년 7월 6일의 제3차 개정은 제2차 개정의 부칙에 규정된 조항을 수정하는 소폭 개정이다. 이에 따라 제2차 지방선거는 1956년 8월에 지방의회의원 선거와 시·읍·

면장 선거가 이루어진다.

제4차 지방자치법 개정은 1958년 12월 24일에 국회를 통과한다. 그 주된 내용은, 첫째 시·읍·면장을 직선제에서 임명제로 한 것, 둘째 동·리장을 직선제에서 임명제로 한 것, 셋째 지방의회 의원의 임기를 3년에서 4년으로 한 것, 넷째 각급 지방의회에 대한 관의 통제력을 강화한 것 등이다. 자유당은 관권으로 지방행정조직을 장악하기 위한 것이었다. 이렇게 지방자치가 후퇴한 배경에는 1958년 5월 2일의 민의원총선거 결과 대도시에서의 야당계 진출이 현저해진 것이 크게 작용했다(한국지방자치학회편, 2000: 68).

제1공화국에서의 지방자치는 완전한 실패로 끝났다고 해도 과언이 아니다. 그 원인으로서 자치의식의 부족, 제도와 그 운영상의 결함, 지방재정력의 빈약과 더불어 정치적인 요인이 중요하다(손봉숙, 1985: 229-239). 즉 이승만을 비롯한 집권세력이 정권을 유지하기 위하여 지방자치를 마음대로 조작했던 것이 결정적인 요인이라고 할 수 있다.

자유당의 장기집권이 4·19 혁명으로 무너지고 지방자치법은 제5차 개정을 맞이한다. 1960년 11월 1일에 성립된 지방자치법은 다음과 같은 전면적인 지방자치의 실시를 포함하는 내용이 담겨 있다. 첫째, 서울특별시장, 도지사, 시·읍·면장 그리고 동·리장까지 전 지방자치단체장을 주민이 직접 선출하도록 하고 임기는 4년으로 하였다. 둘째, 서울특별시장 선거는 기명투표제를 채택하였다. 셋째, 각급 지방의회의원 정수는 종래의 인구비례제로부터 민의원 선거구 기준으로 개정하였다. 전국적으로 보면 종래 438명보다 56명이 증가되어 493명으로 늘어났다. 넷째, 선거권 연령을 21세에서 20세로 낮추었으며 지방자치단체장의 피선거권은 25세로 하였다(한국지방자치학회편, 2000: 69). 이에 따라 1960년 12월 12일에 서울특별시 및 도의회 의원선거가, 12월 19일에 시·읍·면의회 의원선거가 실시되었고, 12월 26일에 시·읍·면장 선거가, 12월 29일에 서울특별시장 및 도지사 선거가 실시되었다. 그러나 이도 국민들의 무관심과 파행운행으로 5·16 쿠데타를 맞게 된다.

2) 지방자치의 중단기

1961년 군사쿠데타에 의해 정권을 잡은 박정희를 비롯한 군사혁명위원회는 5월 16일에 포고령 제4호를 통하여 지방의회를 해산하여 지방자치를 바로 중단시켰다. 그리고 1961년 5월 22일 국가재건최고회의는 포고 제8호로 지방의회의 의결을 요하는 사항을 읍·면에서는 군수, 시에서는 도지사, 서울특별시와 도지사에서는 내무부장관의 승인을 얻어 시행하도록 했다. 또한 국가재건최고회의령 제42호 및 국가재건비상조치법 제20조에 따라 지방자치단체의 장을 임명제로 전환하였다. 이러한 부분적으로 지방자치법과 관련된 사항들은 1961년 9월 1일에 제정된 '지방자치에 관한 임시조치법'에 의하여 종합적으로 정리된다. 특히 이 법률에 의하여 규정된 특기할 내용들은 읍·면 자치제를 폐지하고 현재와 같은 군 자치제로 전환했으며, 직할시 제도가 도입되었다는 것이다. 이 법률로 인하여 우리나라의 지방자치는 깊은 동면에 들어가게 된다.

5·16 쿠데타에 의하여 중단된 지방자치는 1972년에 성립된 제4공화국에서는 헌법 차원에서까지 규정하고 있다. 즉 헌법 부칙 제10조에 '이 헌법에 의한 지방의회는 조국 통일이 이루어질 때까지 구성하지 아니한다'고 규정하고 있다.

또한 1980년 제5공화국 헌법에서는 헌법 부칙 제10조에서 지방재정자립도를 감안하여 순차적으로 지방자치를 실시할 수 있도록 규정하여 1961년 이후 중단되어온 지방자치의 부활에 상당한 기대가 모아지기도 하였다. 그러나 지방자치의 부활은 1990년대부터 시작된다.

3) 지방자치의 부활기

지방자치의 부활은 우리나라 민주화 운동과 그 궤를 같이 한다. 오랜 장기집권과 군사독제로 1980년대 민주화의 열망이 어느 때보다도 높았다. 1987년 민주화 운동과정에서 쟁취한 6·29선언에서는 조속한 시일 내에 지방자치를 실시한다는 내용이 포함되어 있다. 이를 받아 1987년 개정된 헌법 부칙에서 지방자치를 유보한 조항을 삭제하고, 1988년 4월에 지방자치법을 전면 개정함으로써 지방자치에 관한 제도적인 틀을 다시 갖추었다.

지방자치법 전면 개정의 주된 내용은 다음과 같다. 첫째, 지방자치단체의 종류를 특별시, 직할시, 도와 시, 군, 자치구로 하여 자치계층을 중층제로 하였다. 특히 이때부터 자치구가 기초자치단체로 된다. 둘째, 임기 4년의 지방의회 의원 및 자치단체의 장은 주민의 직선에 의하여 선출하는 것으로 하였다. 셋째, 지방자치법에 규정되어 있던 지방선거관련 규정을 지방의회의원 선거법 등 별도의 선거법으로 제정하였다. 다섯째, 서울특별시 등 대도시에 대하여는 법률의 정하는 바에 의하여 그 지위·조직 및 운영에 관하여 특례를 두도록 하였다.

이로써 30년간 중단되어온 지방자치제가 부활되었다. 그럼에도 불구하고 복잡한 정치상황으로 인하여 법률에 정한 지방의회의 구성과 지방자치단체장 선거가 몇 차례 연기되어 오다가, 1991년에 비로소 지방의회가 구성되고, 1995년에 자치단체장도 선거에 의하여 선출되게 되었다. 그 후 1998년, 2002년, 2006년 지방의회의원과 단체장의 동시선거가 행해졌다.

1990년대까지 제도적인 틀로서의 지방자치가 갖추어졌다고 해도 많은 사무와 권한들이 중앙정부에 있었다. 이러한 사무와 권한을 지방에 이양하고 주민의 통제하에 있는 지방정부가 진정한 의미의 지방자치일 것이다.

이를 위하여 1999년 1월 29일에 '중앙행정권한의 지방이양촉진 등에 관한 법률'을 제정하여 운영하고 있다. 또한 2003년도 참여정부에서는 지방분권을 추진하기 위한 로드맵을 작성하여 7대 기본방향과 47개 과제를 선정하여 적극적으로 분권화 작업을 수행하고 있다. 특히 제주특별자치도 도입, 지방의정활동 기반 강화, 조례제·개폐청구제도 개선 등 상당한 성과를 거두고 있다.

제 2 절 주요국가 지방자치의 연혁

각국의 지방자치는 그 나라의 역사적 배경, 정치적 환경 등에 따라 다양하게 나타난다. 개별 국가에 너무 초점을 맞추면 나무는 볼 수 있으나 숲을 보지 못하게 된다. 즉 개별 국가의 검토만으로는 체계적으로 이해하기가 쉽지 않다. 각국의 지방자치를 체계적으로 이해하기 위해서 일반적으로 채용하는 방법이 유형화이다. 이하에서 세계 각국의 지방자치를 유형화하여 그 형성과 변화를 검토하고, 각국 지방자치의 특징을 검토하기로 한다.

1. 지방자치의 유형화

세계 각국의 지방자치제도를 두 개의 형으로 대별하는 경우가 많다. 대륙형과 영미형, 프랑코형과 앵글로형, 나폴레옹형과 비나폴레옹형, 남부유럽형과 북부유럽형 등 명칭은 다르지만 그 내용은 거의 일치한다. 여기서는 대륙형과 영미형이라는 명칭을 사용하기로 한다.

대륙형과 영미형은 그 제도적 특징을 통합형과 분리형으로 요약할 수 있다. 이러한 특징은 각각의 원형이 형성된 중세부터 19세기까지 프랑스와 잉글랜드의 역사를 반영하고 있다. 각각 지방자치는 통일된 주권국가의 성립으로 비로소 개념화되고 제도화될 필요성이 생긴 것이다. 프랑스와 잉글랜드에서는 지방의 중앙에 대한 영향력이 다르며, 따라서 국가의 통일을 유지하기 위하여 필요한 지방제도가 서로 달리 나타났다. 프랑스에서는 중앙으로의 통합의 정도가 높고, 행정활동량이 많으며 자율성이 낮은 지방제도를, 잉글랜드에서는 중앙으로의 통합의 정도가 낮고, 행정활동량이 적으며, 자율성이 높은 지방제도를 만들었다. 일반적으로 그 특징을 대륙형은 집권융합형, 영미형을 분권분리형으로 말하고 있으나, 최근에는 대부분의 선진국에서 분권의 정책을 취하고 있어 집권분권의 축만으로는 충분히 설명할 수 없게 되었다.

이 두 가지 유형은 전쟁과 패권을 통하여 다른 여러 나라에 영향을 주고받았다. 제2차 세계대전 후 대륙형을 채택하고 있던 독일, 이탈리아, 일본 등은 지방자치에 영미형의 요소를 대폭 도입하게 되었으나 전승국인 프랑스, 영국, 미국 등은 각각 대륙형과 영미형의 지방자치 원형을 상당기간 유지하고 있었다.

그러나 대륙형과 영미형의 차이는 20세기를 통하여 각국이 공통적으로 전개한 복지국가화로 말미암아 점차 감소하게 되었다. 복지국가화에 의한 행정활동의 비약적인 확대와 전문분화의 결과, 1970년대에는 대륙형 국가, 영미형 국가를 불문하고 지방과 중앙의 상호의존이 심화되었다. 제도를 운영하는 실제적 측면에서 두 유형은 상호 접근하는 경향이 있다. 또한 1970년대 후반부터 복지국가의 파탄과 더불어 불어닥친 민영화, 규제완화, NPM(New Public Management, 신공공관리) 등의 행정개혁이 지방제도에 영향을 미쳤다. 지방정부와 국가와의 관계, 지방과 시민과의 관계를 효율성을 최대화한다는 공통된 관점에서 제도개혁을 수행하고 있다.

2. 지방자치 유형의 형성과 변화

대륙형과 영미형의 지방제도는 각각 프랑스와 잉글랜드를 중심으로 형성되었다. 이들 국가는 중세부터 19세기에 걸쳐 국가의 통일성을 유지하기 위한 수단으로서 지방관리를 그들의 정치환경에 맞게 실행했던 것이다. 이들 모형이 각각 많은 주변국가로 전파되면서 대륙형 국가와 영미형 국가들이 형성되었다. 프랑스와 잉글랜드를 중심으로 한 이들 관계를 좀 더 자세히 알아보자.

(1) 대륙형(융합형)-프랑스

프랑스에서는 지방을 국가의 직할 하에 두는 통합형 지방제도가 만들어졌다. 지방을 지배하는 봉건귀족의 힘이 상대적으로 커서 이것을 억제할 필요가 있었기 때문이다. 17세기 루이14세는 백년전쟁(1337~1453년) 중에 정비된 관료제를 기반으로 국가의 직할관료이면서 왕국의 구현자인 지방장관을 각지에 파견하여 지방을 통치하게 하였다. 이 제도는 프랑스 혁명으로 구체제(앙샹레짐)가 파괴될 때도 살아남았고, 19세기초 나폴레옹1세 하에서는 지사(prefects)로 이름을 바꾸어 체계화되었다. 대륙형을 나폴레옹형이라고도 하는데, 이는 국가를 정점으로 한 계층적인 통치기구를 제도로서 확립한 때가 나폴레옹 제1제정 시대였기 때문이다. 국가가 내정의 법적 권한을 포괄적으로 장악하고, 내무관료를 국정의 대리인으로 광역지역인 데파르트망(Department)에 배치하여 산하의 기초자치단체인 코뮨(Commune)을 지휘감독하고 행정활동을 하게 하는 통합형 행정제도를 만들었다.

그러나 행정제도가 이렇게 집권적, 계층적인 반면 정치적으로는 지방의 영향력이 뿌리 깊게 남아 있었다. 1989년 프랑스 혁명 직후부터 나타나기 시작한 공직의 겸임은 19세기 전반인 제3공화정 때는 이미 관례화되었다. 시장인 동시에 데파르트망의회의장이며 하원의원인 경우 등, 복수계층의 정부에 한 사람이 정치적인 지위를 겸직하는 공직겸임이 일반화되었다. 프랑스는 고도의 집권적이며 계층적인 행정제도에 분권적이며 융합적인 정치제도를 겸함으로써 단순한 상의하달에 머무르지 않고 지방의 의사가 국가의 정책결정에 영향을 미치는 복잡한 지방제도를 만들었던 것이다.

(2) 영미형(분리형)-잉글랜드

잉글랜드에서는 지방이 국가의 통치기구에 편입되지 않는 분리형 지방제도를 형성하였다. 잉글랜드에서도 봉건귀족의 힘이 컸지만, 일찍 발달한 의회를 통하여 그 영향력을 국정에 조화롭게 행사하였기 때문이다. 13세기 마그나카르타에서 볼 수 있는 것과 같이, 지방의 봉건귀족은 성직자인 동시에 중세부터 형성되기 시작한 의회의 중심세력으로 군주에 대하여 일정한 영향력을 확보하고 있었다.

봉건귀족은 산업화가 진전됨에 따라 대두하기 시작한 신흥지주층과 결탁하여 의회세력의 중심으로 군주에 영향력을 행사했다. 14세기에는 치안판사 제도를 설치했는데 그 대부분을 지방의 봉권귀족과 신흥지주가 차지하였다. 치안판사는 점차 당초의 사법적 역할을 넘어 지방행정 전반을 담당하게 되었다. 산업혁명 후 구빈법(Poor Law) 등의 시행으로 점차 지방행정이 확대되고, 지방의 정치세력은 의회를 통하여 바람직하지 않은 임무를 거부할 힘도 가지고 있었다. 이와 같이 지방세력을 중심으로 하는 의회제 하에서 국가가 지방제도를 개혁할 수 없었다. 국가의 통일적인 지방제도 재편은 선거제도가 정비되는 19세기 말에 비로소 시작되었다.

지방과 국가는 정치적 대립이 비교적 적고, 지방의 영향력이 의회를 통하여 조화롭게 행사되었던 결과, 지방은 국가의 통치기구에 편입됨이 없이 지방의 세력가에 의한 통치가 이어졌다. 즉 지방은 국가와는 상대적으로 분리, 독립된 형태를 만들었던 것이다.

(3) 이념형으로서의 두 유형의 특징

당시 선진국이었던 프랑스와 잉글랜드에서 형성된 서로 다른 두 가지 지방자치제도는 전쟁과 패권을 통하여 주변의 많은 국가로 확대되었고, 마침내 프랑스의 지방제도를 채택한 유럽대륙형과 잉글랜드 지방제도를 기초로 한 영미형으로 분류할 수 있게 된다. 독일, 이탈리아, 벨기에, 네덜란드, 포르투갈, 스페인, 남미, 일본 등은 대륙형이고, 미국, 캐나다, 오스트레일리아, 뉴질랜드, 인도, 말레이시아 등은 영미형이다.

물론 각국 지방제도는 그 나라의 실정에 맞게 도입되어 독자적으로 발전한다. 또한 대륙형의 모국인 프랑스와 영미형의 모국인 영국도 지방제도가 끊임없이 발전한다. 순수한 형태는 이미 존재하지 않으며, 이러한 점에서 대륙형과 영미형은 이념형이라고 할 수 있다. 그러나 제도가 나라마다 다르고 시간이 흐름에 따라 다양하게 나타난다고 해도 그 뿌리에 존재하는 공통된 요소는 지속되는 경향이 있다. 두 이념형의 몇 가지 그 특징적 차이를 지적하면 다음과 같다.

첫째, 국가로부터 지방에 수권하는 방법에서 차이가 난다. 대륙형에서는 포괄적 수권주의이고 영미형은 제한열거주의이다. 제한열거란 법률로 지방의 권한을 명확하게 정하는 방식으로 지방이 국가로부터 개별적으로 수권받은 범위 내에서 상당한 자치권을 가지며, 그 권한을 넘어서는 행위는 일체 할 수 없다. 그리고 포괄수권이란 법률로 일괄하여 지방의 권한을 규정하는 것으로 폭넓게 지역적 사항을 처리할 권한을 가진다.

둘째, 중앙이 지방을 통제하고 감독하는 방법에 차이가 있다. 국가로부터 완전히 독립된 권한을 갖는 지방정부는 없지만, 그 독립성의 정도는 대륙형이 낮고, 영미형이 높다. 포괄적 수권을 취하는 대륙형에서는 행정통제를, 영미형에서는 입법통제와 사법통제를 주로 하기 때문이다.

셋째, 중앙에서의 지방담당부처의 유무, 광역단체의 유무 등에서 차이가 난다. 대륙형에서는 내무부 등 지방을 통괄하는 중앙부처가 있으나 영미형에서는 없다. 국가와 기초자치단체를 매개하는 광역단체는 대륙형에서는 국가의 일반행정기관으로 존재하나, 영미형에서는 없다. 그 결과 국가의 사무를 지방에서 수행하기 위하여 영미형에서는 중앙부처별로 지방에 다양한 특별지방행정기관을 두나 대륙형에서는 그 필요성이 적다.

넷째, 지역 민의를 반영하는 시스템에서 차이가 난다. 대륙형은 의회와 단체장을 통한 2원대표제가, 영미형은 의회를 통한 일원대표제가 운영된다.

이하에서 이러한 이념형의 특징에 유의하면서 주요 선진국에서의 지방자치의 발달과 특징을 좀 더 자세하게 알아보자.[4)]

3. 각국의 지방자치의 발달과 특징

(1) 프 랑 스

프랑스는 대륙형 지방자치의 모국이다. 백년전쟁 때 다른 국가보다 먼저 관료제를 정비하고, 17세기 루이14세 하에서 왕권을 실현하는 국가의 직할관료로 지방장관을 각지에 배치하였다.

1789년 프랑스 혁명으로 절대왕정과 신분제에 입각한 구체제(앙상 레짐)를 붕괴시키고 공화제를 도입하였지만 국가의 혼란은 수습되지 않았다. 1799년 이 혼란을 틈타 정권을 탈취한 나폴레옹은 강력한 중앙집권제를 구축하고 지방장관을 지사로 변경하여 존치시켰다.

제2차 세계대전 후 제4공화국 헌법에서 지방자치를 확대한다고 되어 있으나 실시되지 않은 채 제5공화국으로 이행했다. 결국 프랑스 지방자치제도의 골격은 루이14세부터 나폴레옹 제1제정을 거쳐 강화되고, 그 후 1982년 지방분권개혁이 이루어질 때까지 계속되었다. 분권개혁 후에도 상당한 부분이 계속되고 있는 측면도 있다.

1) 프랑스 지방제도의 특징

프랑스의 지방제도는 집권적이면서도 지방의 독자성을 존중하고 있다. 지방정부

4) 이하 각국 지방자치의 발달과 특징은 류교코 교수의 논문(笠京子, 2006)을 대폭 참조한 것임을 밝혀 둔다.

는 레종, 데파르트망, 코뮨의 3계층으로 구성되어 있다. 그러나 1982년 레종이 지방자치단체가 될 때까지 자치권이 인정되고 있던 곳은 데파르트망과 코뮨의 2계층제였다. 데파르트망은 프랑스 혁명 후 면적이 거의 균등(5,700km^2)하게 되도록 인위적으로 설계된 구역으로 본토에 96개, 해외에 4개로 합계 100개가 있다. 코뮨은 대부분 중세 이전부터 자연촌이나 교구 등을 원형으로 하고 있으며, 그 수는 3만 6,000개를 넘으며, 90% 이상이 인구 2,000명 이하의 소규모이다. 인구 30만 이상의 대도시도 있지만 기초자치단체인 코뮨으로 분류되고 크기에 따른 권한상의 차이가 없다. 인위적, 정책적으로 배치된 데파르트망과 전통적 커뮤니티를 기초로 한 코뮨을 구성함으로써 중앙통제와 지방의 독자성 둘다 확보하려고 하는 것이라고 할 수 있다.

국내의 행정제도는 고도로 통합되어 있다. 1982년 이후의 지방분권개혁까지 국가, 데파르트망, 코뮨간의 상하관계는 명확하고, 각층 정부의 권한은 고도로 융합되어 있었다. 데파르트망은 자치단체이기 보다는 국가의 하부기관으로서의 성격이 강하고, 지사는 1982년까지 내무부장관의 제청으로 대통령이 임명하는 관료였다. 임명직 지사는 국가의 대표자와 데파르트망의 대표자로서 한 사람이 겸임했다. 국가의 대표로서 내무부뿐만 아니라 전 중앙성청의 대리인으로 국가의 행정사무를 집행하고, 코뮨에 대한 후견적 감독을 하고 코뮨과 국가의 중개역을 담당하고 있었다. 또한 지사는 데파르트망의 대표자로서 주민의 선거로 구성되는 데파르트망 의회를 지도하고 그 결정을 집행하였다. 그러나 1982년에 임명직 지사가 폐지되어 2중의 기능은 분리되었다. 국가의 대리인으로서의 기능은 임명직의 데파르트망 지방장관에, 자치단체인 데파르트망의 수장으로서의 기능은 데파르트망 의회가 호선으로 선출한 간접공선의 데파르트망 의회의장에게 위임되었다. 행정조직도 국가의 특별지방행정기관인 데파르트망 지방청이 별도로 설치되어 데파르트망 지방장관이 통솔하게 되었다.

코뮨은 자치단체로서의 성격이 좀 더 강하다. 주민 직선으로 구성된 의회를 의결기관으로, 의회의원이 호선으로 선출된 단체장을 집행기관으로 한다. 기초자치단체장은 의회의장도 겸임한다. 1982년까지 기초자치단체장이 국가사무를 집행할 때는 데파르트망 지사에 대해 책임을 지고 있었다. 지사는 기초자치단체의 결정에 대한 적법성을 사전에 심사하고, 지사의 승인 없이는 효력을 갖지 않는 것으로 되어 있었다(조례에 대하여 행정재판소에 소를 제기할 수 있었음). 또한 기초자치단체의 예산도 지사의 승인 없이는 성립하지 않았으며, 기초자치단체장의 정직이나 면직, 코뮨의회의 해산권도 지사에 있었다. 그러나 1982년에 임명직 지사가 폐지된 후, 데파르트망 지사의 코뮨에 대한 후견적 사전통제는 폐지되고, 코뮨은 지사의 승인 없이 결정을 스스로 내릴 수 있게 되었다. 지사가 가지고 있던 결정의 취소권은 지방행정재판소에 이관되어, 사후적인 사법통제로 전환되었다.

이와 같이 1982년 지방분권법(정식명칭: 코뮨, 데파르트망 및 레종의 권리와 자유에 관한 법률)에 의하여 임명직 지사를 폐지하고, 레종과 데파르트망이 완전 자치단체로 되었으며, 1983년의 신권한배분법(정식명칭: 국가와 지방간 사무권한의 재배분에 관한 법률)에 의하여 3계층 지방자치단체간의 권한을 명확히 했다. 다만 포괄적 수권방식을 유지하고 있기 때문에 어디까지나 상대적인 권한의 분리인 것이다. 국가는 주권과 관련된 정책영역(외교, 안전보장, 사법 등)과 거시경제정책, 국가 전체의 사회정책 등으로 특화되고, 기타 정책은 지방정부간에 후견적 감독관계가 성립하지 않도록 권한의 중복을 피해서 배분하였다.

프랑스 지방제도의 또 다른 중요한 특징은 정치가의 공직겸임 제도이다. 제3공화국 때부터 관행화된 것으로 시라크 대통령이 파리시장이었을 때 동시에 하원의원이기도 했듯이, 프랑스에서는 다른 정부 수준의 공직을 겸임하는 것이 일반적이다(하원의원과 상원의원, 2개의 시의회 의원 등 수평적 겸직은 금지되어 있다). 극단적인 예로 하원의원, 시장, 데파르트망 의회의원, 레종 의회의원, 유럽 의회의원 등 5개의 직을 한 사람이 겸직하는 사례도 있었다. 여기에 찬반양론의 대립이 있어 1985년과 2000년에 일정한 제한을 두게 되었다. 그러나 현재까지도 90% 이상의 하원의원이 겸임하고 있다. 또한 제5공화국 하에서는 관료출신의 정치가가 증가하고 있다. 하원에서 점하는 관료출신 의원의 수가 1958년에는 20%가, 1981년에는 53%에 달하고 있다. 과거에는 프랑스 정치가는 지방유지가 지방의 공직에서 중앙으로 단계적으로 겸직을 더해가는 것이 통례였지만, 관료 경험자 등 일정한 실적을 올린 고급관료가 우선 국회의원이 되고, 다음에 시장을 겸임하는 등 '낙하산식'으로 역의 패턴이 나타나고 있다. 선거에서 져도 출신 관청에 다시 돌아오는 등 우대조치의 존재가 기여하고 있다고 한다.

공직겸임제도의 존재는 지방과 국가를 연결하는 중요한 통로이고, 지방의 의사를 효율적으로 중앙에 전달한다는 점에서 고도로 통합된 행정제도로서 그에 잠재하는 역기능을 보완하고 있다. 이와 같이 겸직이 관료제의 큰 영향력에 대항하고 의회나 정당조직의 취약성을 보완한다고 긍정적으로 평가하는 견해가 있는가 하면, 권력의 집중에 의한 부패와 정체, 겸직에 의한 물리적 한계 때문에 영향력 관계가 지나치게 복잡하게 되어 진정한 지방자치의 실현을 저해한다는 비판도 있다. 어쨌든 프랑스 중앙지방관계의 실상은 제도의 외견 만큼 통합적이고 집권적이지는 않다는 것이 확실하다. 그 하나의 예로서, 제5공화국 하에서 국가가 코뮨 합병을 추진했음에도 불구하고 그 수는 3만 8,000천에서 3만 6,000개로 극소수만 감소했다는 것에서도 중앙정부의 지방에 미치는 영향력이 약하다는 것을 알 수 있다.

2) 복지국가화에 의한 상호의존의 가속

통합적이면서도 지방의 독자성을 존중하는 이와 같은 상황을 상호의존이라고 한다면, 복지국가화가 프랑스의 지방제도를 한 층 복잡하게 하고 네트워크화하여 상호의존을 가속화하고 있다.

첫째, 데파르트망 지사의 권한이 약화되고, 관료가 통솔하는 중앙관료의 영향력이 확대되었다. 행정의 증대와 전문분화에 따라 데파르트망 수준에 있는 국가의 특별지방행정기관은 그 수가 증가하여 점차 지사로부터 독립성을 높여 중앙부처의 기술관료에 의한 위로부터의 통제가 지사의 종합조정을 초월하여 지방을 통제하게 되었다.

둘째, 광역행정조직이 급증했다. 프랑스의 코뮨은 1959년까지 약 3만 8,000개로 극단적으로 수가 많고 규모가 다양함에도 불구하고 코뮨으로서의 획일적 권한(파리는 예외)이 부여되어 있다. 90%가 인구 2,000명도 되지 않는 소규모 자치단체여서 전문적인 행정활동을 감당할 수 없다. 국가가 합병을 권장하지만 진전이 없어 광역행정을 위한 제도가 정비되어 왔다. 다목적 사무조합, 광역도시구, 도시공동체 등이 있다.

셋째, 레종을 창설하였다는 것이다. 레종은 지역권에 맞는 경제발전과 지역개발을 목적으로 몇 개의 데파르트망을 포함하는 광역행정구역으로 1972년 퐁피드 정권하에 도입되어, 1982년 분권개혁으로 지방자치단체로 승격되었다. 1985년 이후 겸직제한으로 가장 많이 포기한 직 중의 하나가 레종이었다는 것에서 단적으로 알 수 있듯이, 그 영향력은 제한적이며 지방제도를 복잡화시켰다고 할 수 있다. 2003년에는 지방의회의 발의로 법적 구속력 있는 주민투표가 가능하도록 하는 등 주민자치도 확충되고 있다.

(2) 독 일

독일연방공화국의 지방자치제도는 대륙형으로 분류된다. 제2차 세계대전 후, 동독과 서독으로 분리되었지만, 1990년 냉전의 종결과 더불어 서독(독일연방공화국)의 10주가 동독(독일민주공화국)의 6주를 편입하여 재통일되었다. 현재 연방제를 채택하고 있지만, 중앙정부가 입법권을 거의 장악하고 있고, 주(Land)는 그 집행을 담당하는 간접연방제이다. 지방정부의 관할권은 주정부가 갖고, 각주는 주내의 지방정부에 대한 포괄적인 수권을 부여하는 대륙계의 특징을 가지고 있다. 그러나 통합도가 높지만 연방제를 취한다는 점, 주정부의 대표로 구성되는 연방참의원에 법률성립을 위한 동의권을 부여하고 있다는 점 등, 대륙형의 전형과는 약간 거리가 있다.

독일은 유럽의 신흥국이다. 독일 통일은 1871년 프로이센에 의한 독일제국 창설로 처음 성립하였다. 이는 유럽에서는 상당히 늦은 편이다. 이러한 후발자본주의 국가로서의 독일제국이라는 점이 독일의 지방자치제도에도 크게 반영된다. 위로부터의 근대화는 효율적으로 자본주의를 발전시키는 한편, 시민계급의 미성숙을 초래하여 국가권력의 집중화가 진전되었고, 지방의 봉건적 제도를 온존시켰기 때문이다. 프로이센을 필두로 각주의 지방제도는 19세기 초에 만들어진 기본틀이 1960년대까지 계속되었지만, 복지국가화가 진전됨에 따라 행정서비스 공급주체로서의 역할이 증대되고, 이에 따라 1960년대 후반부터 1970년대 말에 걸쳐 재편되었다. 효율적인 행정서비스 공급에 적당하지 않은 소규모 크라이스((Kreis, 군 규모의 광역자치단체)와 게마인데(Gemeinde, 기초자치단체) 등을 합병하여 규모를 키우고 있다.

1) 연방제 국가인 독일의 특징

독일연방공화국의 연방제는 연방이 입법권을, 주가 집행권을 분담하는 기본적인 틀을 갖고 있기 때문에 간접연방제라고도 한다. 같은 연방제라도 영역마다 입법권과 행정권을 일괄하여 연방과 주에 분담하는 미국형의 직접연방제와는 다르다.

독일에서는 기본법(재통일 후, 서독 시대의 본기본법을 연방헌법으로 사용) 상 연방의 권한으로 제한적으로 열거된 것 이외의 통치권을 주가 가지고 있지만, 실제로는 연방이 입법권을 거의 독점하고 있다. 연방의 전속적인 입법권(외교, 국방, 국적, 통화, 관세, 연방철도, 항공, 우편, 전기, 통신, 조세 등)은 물론이고 연방과 주의 경합적 입법권(경제법, 노동법, 사회법, 민법 등)도 '통일성을 유지하는 원칙' 하에 거의 모든 영역에서 연방이 입법권을 행사하고 있다. 또한 대강적 입법권(고등교육, 신문, 국토계획 등)의 영역에서도 연방이 대강을 정하고 주가 그 틀 속에서 세목을 정하고 있다.

한편 주는 행정권을 주된 임무로 하고 있으며, 기본법이 특히 규정하고 있지 않는 한 행정권은 각주에 있다. 주는 주법의 집행 등 주에 고유한 행정사무 외에, 연방이 직접 실시하는 일부의 연방고유행정(외교, 국방, 연방재정 등)을 제외하고,

위임사무 혹은 고유사무로서 연방법의 대부분을 집행하고 있다. 다만 이들 연방법은 주정부의 대표자(주의 인구에 따라 3~6명, 통상적으로 주정부의 수상과 장관)로 구성되는 연방참의원의 동의를 거쳐 성립한 것이다.

2) 독일 지방제도의 특징

독일연방공화국은 16주로 구성되어 있다. 주는 각각 주헌법으로 주의 통치기구의 구성과 권한을 정하고 있다. 나치 독일의 반성으로 기본법 제28조 제1항에서 주의 헌법은 공화제, 민주주의, 사회적 법치국가의 원칙에 따라 주, 크라이스, 게마인데는 보통, 직접, 자유, 평등, 비밀의 선거에 의한 의회를 가져야 한다. 16개 주 중에서 베를린, 브레멘, 함부르크의 3주는 주이면서도 동시에 도시이므로 도시주이다.

지방정부는 주법으로 성립한다. 기본법에 지방정부의 자치권을 보장하고 있어 지방제도에 관한 입법권은 주정부에 유보되어 있으며, 지방정부에 관한 연방법은 없다. 각주는 기본법의 범위 내에서 자치법(크라이스법과 게마인데법)을 규정하고 내무부장관을 두어 지방자치단체를 감독하고 있다. 그 때문에 지방제도는 다양하지만 주가 시의 기능도 수행하는 도시주를 제외하고는 기본적으로 주내의 지방정부는 광역자치단체인 크라이스와 기초자치단체인 게마인데의 2계층제를 채용하고 있다. 다만 크라이스로부터 독립된 특별시는 크라이스와 게마인데를 겸하는 단층제를 취하는 지역도 있다.

크라이스는 주의 행정부의 일부인 동시에 지방자치단체이다. 크라이스는 이와 같은 이중의 성격을 반영하여 크라이스의 장(일부는 시지배인)도 주의 하부기관인 동시에 크라이스의 대표기관이다. 크라이스의 장의 선임방법은 크라이스 의회에 의한 간접공선과 직접공선 등 주에 따라 다르다. 크라이스는 운전면허, 건축확인, 복지 등의 영역에서 주의 위임행정 외에, 재정이 허락하는 범위내에서 자유롭게 행정을 할 수 있다. 또한 크라이스 내의 게마인데간 재정조정도 중요한 임무이다. 특별시는 크라이스에 속하지 않는 대도시(대략 인수 10만 이상, 117도시)에서 주의 최소단위로 크라이스와 게마인데의 기능을 동시에 수행하고 있다.

게마인데는 각주의 게마인데법으로 규율되지만, 기본법 제28조 제2항에 의해 '법률로 정하는 범위 내에서 지역사회에 관한 모든 사항을 자기책임 하에 규정한다'는 권리를 보유하고 있다. 주민등록이나 호적사무 등 연방과 주의 위임사무나 의무적 사무 외에, 지역계획, 수도, 가스, 학교, 병원, 지역교통 등 임의적 자치사무의 영역에서 자유롭게 행정활동을 하나 크라이스의 감독을 받는다. 크라이스의 수가 300여개라고 하면 게마인데의 수는 거의 13만개에 이른다. 게마인데의 합병에도 불구하고 아직 1,000명 미만의 소규모 자치단체가 전체의 약 45%를 점하고 있어 행정능력을 보완하기 위해 게마인데 연합을 조직하고 있다.

복지국가화가 진전됨에 따라 정부간의 관계도 변화하고 있다. 1969년에는 기본법이 개정되어 연방과 주의 공동임무가 규정되었다. 또한 다양한 행정수요 때문에 지방정치의 활성화가 촉진되었다. 1970년대 중반 이후 녹색당 등 새로운 정치운동이 지방에서 시작되어 1990년대 재통일 후에는 지방의회개혁이 활발해져서 과거의 일원대표제에서 이원대표제로 전환되었다. 과거에 각주의 제도는 지역의 역사에 따라 크게 북독일평의회형, 참사회형, 시장형, 남독일평의회형의 4유형으로 나누어졌다. 바이에른에서 유래하는 남독일평의회형은 시장까지도 직접선거로 선출하는 이원대표제로 2개 주에서만 채택하고 있었으나 1990년대 이후 모든 주로 확대되었다. 또한 직접청구나 주민투표, 크라이스의 장의 직접선거도 확대되고 있으며, 4유형의 중간형이나 융합형도 발생하고 있다.

(3) 일　　본

일본의 지방자치는 기본적으로 대륙형에 속한다. 따라서 지방정부의 업무량이 극히 많은 융합형 구조로 되어 있어 중앙과 지방간에 많은 교섭을 하는 중앙지방관계이다. 이러한 일본의 중앙지방관계는 단순하지도 않으며 강고하다(村松岐夫, 1994). 단순하지 않다는 것은 업무의 분담문제, 업무의 분담에 있어서 상하관계, 비용의 분담관계 등 업무의 수행자체가 복잡하다는 것이다. 따라서 당사자의 생각과 이념 등 중앙지방관계에 많은 요소가 개입한다. 또한 강고하다는 것은 당사자가 오랜 교섭의 결과 생겨난 기성이익의 집적으로 인해 용이하게 변경되기 어려운 것을 말한다. 요컨대 일본형 지방자치 시스템의 특징은 첫째 자치적이며, 둘째 지방정부의 활동량이 많은 융합형이며, 셋째 중앙지방관계가 단순하지도 않으며 강고한 관계이다. 무라마쓰 미치오 교수는 위와 같은 일본 지방자치 시스템의 특징을 '통합형자치'라고 부르고 있다(村松岐夫, 1996).

일본의 자치는 무로마치(室町) 시대부터 긴 역사가 있지만 제도로서의 지방자치는 대륙형의 지방자치제도를 근간으로 하고, 이에 영미형 지방자치제도를 접목하는 형태로 정비되었다. 메이지(明治) 20년대 대일본제국헌법 발포를 전후하여 법제화된 지방자치제도는 프로이센 제도를 모델로 하여 만들고, 제2차 세계대전 후 연합군총사령부(GHQ) 하에서는 영국을 원류로 하는 미국 지방자치제도가 이에 추가되었다. 그러나 그 후 재개혁이 있어 영미형의 영향력은 제한적이다.

이 과정을 크게 세 가지로 나눌 수 있다. 첫째는 명치유신 이후의 개혁이고, 둘째는 전후개혁기의 분권개혁이며, 셋째는 1990년대 중반부터 현재까지 진행되고 있는 분권개혁이다. 첫 번째 개혁은 근대적인 국가건설을 위한 개혁이었다면, 두 번째 개혁은 현대적인 민주주의 국가건설을 위한 개혁이었다. 그리고 세 번째 개혁은 21세기에 대응한 전후 국가체제의 구조적 재편성과 관련하여 지방적 기반을 조성하려는 것이다.

이하에서 세 시대의 지방제도 내지는 분권화 개혁의 내용을 좀 더 자세하게 알아보기로 한다.

1) 명치유신 이후

지역의 자치가 일본에 본격적으로 도입된 것은 1888년의 시제정촌제였다. 그것은 제도개혁에 이르기 전의 대구소구제, 삼신법, 호장제의 채용경험 후에 지방자치를 의도적이고도 계획적으로 도입하려는 노력의 성과였다. 그것도 온건지도층이 보수지도층의 반대를 무릅쓰고 도입한 것이었다. 거기에는 '국가이성'이 작용하고 있었다고 해야 할 것이다.

그 제도의 골격은 첫째 시정촌의원의 선거와 정촌장의 지방의회에 의한 간접선거의 원칙(예외적으로 시장선거의 경우에 있어서 중앙관여의 제약과 도쿄시, 오사카시, 교토시의 특례), 둘째 부현회의원의 선거이다. 이토 히로부미나 야마가타 아리토모는 지역명망가를 국가의 관료로 흡수함으로써, 한편으로는 자유민권파를 억누르고 다른 한편으로는 중앙의 정치활동이 지방에 영향을 주지 않도록 디자인했던 것이다. 명치정부지도자는 서구의 자치를 신중하게 검토하여 지방제도의 모델을 추구했다. 특히 모델로서 프러시아가 중요했다. 못세가 야마가타에게, 로에스라가 이토에게 미친 영향은 너무나 유명하다. 그들은 함께 지방자치를 중요시했다. 지방자치가 체제의 성질을 결정한다는 것을 지도층에 가르치고 그것이 지도층의 인식을 변하게 했다(長浜政壽, 1952). 중앙지도층은 지방장악으로 획득한 권력을 조약개정이나 식산흥업, 부국강병에 사용하려고 했다.

위와 같은 전전의 지방자치는 중앙정부에 의하여 유도된 극히 중앙집권적인 체제였다고 할 수 있다. 그러나 전후의 개혁에 의하여 영미형의 모델이 대폭 도입된다.

2) 제2차 세계대전 이후

일본의 전후 지방자치시스템은 1945년의 패전과 동시에 그 형성에 관한 논의가 활발해지며, 50년대를 거치면서 '통합형자치'가 형성된다. 이의 형성과정을 논의하기 위해서는 패전부터 몇 가지로 시대를 나누어 고찰할 필요가 있다.

첫 번째 시대는 1945년부터 1950년대에 이르는 기간이며, 지방자치법 제정의 시대이다. 이 시대는 구지방자치법의 개정에서부터 시작하여 일본국헌법 및 지방자치법의 제정과 경찰, 교육, 소방제도의 개혁을 거쳐, 샤프권고에 이르는 일련의 과정이다. 이 기간에는 불과 5년에 불과하지만, 새로운 지방제도의 기본적 골격이 거의 대부분 형성되어 전후의 지방자치 시스템이 가동되기 시작한다.

두 번째 시대는 1951년에서 1956년에 이르는 '역코스'[5] 기간이며, 전후개혁의 수정과 재정재건의 시대이다. 이른바 역코스의 개혁이다. 이 시기에 일본은 샌프란시스코강화조약으로 주권을 회복하고, 1956년 12월에 일본이 국제연합(UN)에서 국제사회로 복귀하게 되는데, 첫 번째 시대에 이어서 지방자치법의 개정과 경찰, 교육제도가 수정됨과 동시에 정촌합병이 이루어지고, 신지방자치제도가 재편되어 확립된다. 한편 교육제도의 개혁을 비롯하여 전후 행·재정제도의 개혁 및 운영이 재편된다.

'역코스기'에 대한 평가는 엇갈리나 대체로 대다수의 학자들은 전후 일본 민주주의의 전개 및 경제적 번영은 전후개혁에 따른 것이라고 평가하면서 역코스기의 개혁 임펙트가 크지 않았다고 한다. 따라서 전후 지방자치 시스템은 거의 첫 번째 시대의 전후개혁에 의해 형성되었다고 할 수 있다.

이렇게 형성된 전후 지방자치 시스템은 1980년대까지 고도경제성장을 거치면서 큰 변화 없이 지속된다. 그러나 1990년대 들어오면서 일본의 버블경제가 붕괴되고 누적적인 재정적자가 급증하고 국가간의 무한경쟁에 들어가면서 기존의 지방자치 시스템이 충분히 작용하지 못하게 된다. 이에 따른 제도개혁의 목소리도 또한 높아지게 되었다.

---

5) 1952년의 샌프란시스코 조약을 통하여 일본이 독립되는데 이를 전후하여 연합군총사령부(GHQ)에 의하여 수행한 전후개혁을 부정하고 전전의 중앙집권적 시스템으로 다시 돌아가려는 일련의 움직임과 개혁들을 말한다.

3) 최근의 분권화 개혁

1990년대 중반부터 시작된 세 번째 분권개혁은 현재도 진행되고 있는 장기적인 과정이다. 따라서 세 번째의 지방분권개혁의 실적과 과제를 논하기 위해서는 약간의 시기구분이 필요하다. 개혁의 내용을 중심으로 하면 특징적인 세 개의 시기로 구분할 수 있다. 제1차 분권개혁은 1995년 지방분권추진법을 시발로 2000년 4월에 시행된 '지방분권의 추진을 도모하기 위한 관계법령의 정비 등에 관한 법률'(이하 지방분권일괄법이라 한다)의 제정으로 결실을 보게 되며, 제2차 분권개혁은 제1차 분권개혁의 후속조치로 시정촌 통합과 지방재정의 개혁이 주 내용인 삼위일체 개혁이 여기에 해당된다. 제3차 분권개혁은 2006년 12월에 성립한 지방분권개혁추진법에 의하여 추진되는 일련의 개혁들이다. 제1차 분권개혁은 지방분권추진법에서 규정한 지방분권추진위원회에서, 제2차 분권개혁은 지방분권추진위원회를 계승한 지방분권추진회의에서 이루어진 것이며, 제3차 분권개혁은 지방분권개혁추진법에서 규정한 지방분권추진개혁위원회에서 이루어지고 있다.

(가) 지방분권추진법 제정과 추진실적

지방분권추진법에 기초한 제1차 분권개혁은 1993년 중의원과 참의원에서 '지방분권 추진에 관한 결의'를 시작으로 1999년의 지방분권일괄법의 제정으로 결실을 맺는다. 지방분권일괄법은 475개의 개별 법률을 일괄적으로 개정하여 정비한 것이다. 총리부에 설치된 7인의 위원으로 구성되는 지방분권추진위원회가 5차에 걸쳐 권고를 하고, 이를 받아 정부가 지방분권추진계획을 작성했다.

이 중 지방분권일괄법의 골격을 형성하는 것은 지방분권추진위원회에서 작성한 '최종보고(분권형 사회의 창조)'이다. 여기서 주장하는 내용들이 대부분 정부의 지방분권추진계획으로 책정되어 지방분권일괄법이라는 형태로 나타났다.

그 주요 내용은 기관위임사무의 폐지를 필두로 총7개의 분야로 구성된다. 첫째 지금까지 융합형의 핵심적인 요소인 기관위임사무가 폐지되고, 지방의 사무를 자치사무와 법정수탁사무로 했다는 점, 둘째 국가와 지방자치단체간의 관계에 대한 새로운 관여의 원칙을 확립했다는 점, 셋째 지방자치단체의 자율성을 높이기 위해 국가의 권한을 도도부현에, 그리고 도도부현의 권한을 시정촌에 이양시켰다는 점, 넷째 지방자치단체가 의무적으로 설치해야 하는 필치규제를 폐지하거나 완화했다는 점, 다섯째 국고보조부담금의 정리합리화와 지방세 재원의 확충을 도모하려 했다는 점. 그러나 발본적인 개혁이 이루어지지 못하여 국회에서 부대결의로 지방분권일괄법 시행 후의 가장 큰 검토과제로 남겨졌다. 여섯째 지역주민의 요구에 신속하고 정확하게 대응하도록 지방자치단체의 행정체제를 정비했다는 점, 일곱째 공공사업과 국가가 수립 또는 관여하는 각종 개발정비계획을 수정했다는 점이다.

그러나 제1차 분권개혁은 미완의 개혁이었으며 많은 개혁과제를 안고 있었다. 지방분권추진위원회의 '최종보고'에서는 분권개혁을 완수하기 위해서는 계속해서 분권개혁을 단행해야 한다고 하면서 제4장에서 6개의 과제를 제시하고 있다. 6개의 과제란 ① 지방재정질서의 재구축, ② 지방공공단체의 사무에 대하여 법령에 의한 의무부과 및 통제의 완화, ③ 지방분권과 시정촌 합병추진을 고려한 새로운 지방자치시스템에 관한 검토, ④ 사무·사업의 이양, ⑤ 제도규제의 완화와 주민자치의 확충방안, ⑥ '지방자치의 본지'의 구체화이다.

(나) 지방분권개혁회의의 개혁

지방분권추진법은 한시법으로 이 법에 의하여 설치된 지방분권추진위원회는 2001년 7월 2일에 그 막을 내린다. 그러나 미완의 분권개혁을 계속해서 추진할 필요성 때문에 7월 3일에 지방분권개혁회의가 내각부에 설치되었다. 지방분권개혁회의는 기존의 지방분권추진위원회를 이어받는 것이다. 이 회의는 내각총리대신의 자문기관으로 내각부본부조직령 및 지방분권개혁추진회의령에 기초하여 3년간의 시한으로 설치되었다.

이 회의는 '사무 및 사업의 바람직한 방향에 관한 의견', '삼위일체 개혁에 관한 의견', '지방공공단체의 행재정개혁의 추진 등 행정체제 정비에 관한 의견' 등을 고이즈미 내각총리대신에게 제출한다. 이러한 의미에서 이 회의는 앞의 지방분권추진위원회의 역할과 유사하나 지방분권일괄법과 같은 포괄적인 법제상의 조치까지는 이르지 못했다는 점에서 양자가 다르다고 할 수 있다. 이 회의의 권고를 받아 이룩한 개혁 중 중요한 것은 시정촌 통합의 급진전과 삼위일체 개혁이다.

시정촌 통합은 행정체제의 정비라는 관점에서 명치유신 이후부터 계속적으로 추진되어 왔다. 명치 대통합, 소화 대통합에 이어 고이즈미 정권이 이룩한 통합을 평성 대통합이라고도 한다. 고이즈미 정권 이전에도 시정촌 통합에 관한 정책이 있었으나 어디까지나 자주적인 통합을 전제로 하는 것이어서 큰 성과를 거두지 못했다. 이에 고이즈미 정권 하의 경제재정자문회의는 2001년 6월에 '시정촌 통합과 광역행정을 보다 강력하게 촉신하여 실질적이고 조속하게 시정촌 재편을 촉진하는' 방침을 세워 강력하게 통합을 실행해 간다. 이에 지방자치단체의 저항도 있었으나 1999년도에

3,229개였던 일본의 지방자치단체는 2007년 3월에 1,804개로 1,400여개가 감소하게 되었다. 평성 대통합으로 시정촌의 규모와 능력이 확충되어 사무권한의 이양 등 지방분권의 수용체제가 정비되었다고 할 수 있다.

한편 고이즈미 정권의 구조개혁 과정 속에서 지방재정분권 과제는 삼위일체개혁이라는 이름으로 추진되었다. 삼위일체개혁이란 국고보조부담금(국고지출금), 지방교부세, 세원이양을 포함하는 세원배분에 관한 문제를 삼위일체로 개혁하는 것을 말한다. 이 삼위일체개혁은 경제재정자문회의가 매년 책정하고, 내각이 각의 결정에서 그 기본방침을 정하고, 그에 따라 중앙정부가 예산상의 조치를 취한다. 이 개혁에는 지방교부세 총액이 4년간 4조엔 이상 삭감하는 것, 국고보조부담금을 3조엔 가까이 삭감하는 것, 중앙정부가 지방자치단체에 3조엔 가까이 세원이양을 한다는 결정이 포함되어 있다. 이 개혁으로 크게 변화되지는 않았으나 과거 50년간 지방의 재원보장을 강화해 왔던 노선의 대전환이었다. 그리고 제1차 분권개혁에서도 성역으로 여겨졌던 국고보조금의 개혁이 이루어졌다는 점에서 큰 의미를 갖는다.

(다) 지방분권개혁추진법 제정

2006년 12월 8일에 제165회 국회에 제출된 지방분권개혁추진법안이 참의원본회의에서 찬성 다수로 가결되어 성립하고 12월 15일에 공포된다. 3년간의 한시법인 이 법률에 의하여 제3차 분권개혁이 시작된다.

지방분권개혁추진법 제정의 직접적인 배경은 2006년 7월에 각의 결정된 '경제재정운영과 구조개혁에 관한 기본방침에 관한 기본방침 2006'이다. 여기에는 '지방분권을 위해 관계법령을 일괄하여 개정함으로써 국가와 지방의 역할분담의 개선을 추진함과 동시에, 국가의 관여·국고보조부담금의 폐지·축소 등을 도모한다'고 되어 있다. 이를 받아 새로운 지방분권개혁의 추진체제 등을 정하기 위해 2006년 10월에 각의 결정되어 국회에 제출된 것이다.

지방분권개혁추진법은 제1차 지방분권개혁의 근거법으로 1995년에 제정된 지방분권추진법에 준하고 있다. 따라서 양자의 법 구조는 기본적으로 같으나 다음과 같은 몇 가지 점에서 차이가 있다. 첫째, 지방분권추진법이 5년의 한시법(1년 연장)이라면 지방분권개혁추진법은 3년의 한시법이다. 둘째, 법률의 명칭에 있어 차이가 있다. 즉 전자는 '지방분권'의 추진이고 후자는 '지방분권개혁'의 추진이다. 셋째, 지방분권개혁추진법은 국가의 새로운 책무들을 추가하고 있다. 즉 법제3조제1항에서 국가의 추진체제 정비의 책무, 법 제3조제3항에서 국가의 적절한 조치의 강구를 규정하고 있다. 넷째, 지방분권추진법에서는 필치기관의 정리 및 합리화이었으나, 지방분권개혁추진법에서는 지방공공단체 전반의 정리 및 합리화이다.

이 개혁은 현재 진행되고 있어 어떠한 형태를 보일 것인가는 좀 더 지켜봐야 할 것이다.

(4) 영　　국

1) 영국 지방자치의 변천

영국은 분리형으로서 영미형 지방자치의 모국이다. 영국은 전통적으로 지방세력가에 의하여 지배되었으나 19세기말에 통일적 지방제도가 제정되면서 월권금지의 법리(ultra vires)가 정착된다. 월권금지의 법리란 지방정부가 국가로부터 받은 수권의 범위를 넘어서 권한을 행사한 경우 재판을 통하여 무효가 되는 것을 말한다.

영국은 불문헌법 국가로 법률을 구속하는 헌법이 없다는 의미에서 국가가 제정한 법이 최고의 가치를 지닌다. 영국에서는 15세기 통일국가가 형성되었음에도 불구하고 귀족이나 신흥지주층 등 지방유력자의 영향력이 국회를 통하여 행사됨으로써 그들의 지배가 계속되었다. 18세기 후반에 시작된 산업혁명으로 구빈행정이나 도시행정 등 지방행정의 중요성이 대두되고, 도시상공업자의 대두와 선거권의 확대를 초래했다. 국회의 대부분을 차지하던 지방대표자들이 약화되면서 겨우 19세기말 통일적인 지방제도가 확립된다. 그러나 이 때 채용된 월권금지의 법리 때문에 또다시 지방정부가 국가로부터 계속 분리된다. 법률로 지방정부에 부여한 권한에 대해 국가는 원칙적으로 관여하지 않고 권한의 범위 내에서 서비스 공급을 지방정부의 재량에 맡겼기 때문이다. 그렇지만 국가에 유보된 권한에 대해서는 지방정부의 권한이 미치지 않는다. 그 결과, 국가와 지방은 상하관계라기보다는 구별된 독자의 직무영역을 갖게 되었다.

그러나 제2차 세계대전 후, 복지국가화가 시작되면서 국가의 관여가 많아진다. 복잡하고 전문성이 높은 행정서비스를 효율적으로 제공하는 집행기관으로서의 지방정부의 중요성이 높아졌기 때문이다. 1979년 이후 보수당인 대처 정부에서는 중층제에서 단층제로 지방정부의 규모를 확대하고, 지방의 자유재량권을 약화시켜 국가와 지방의 계층성을 강화시켰다. 분리형의 특징이 복지국가화가 진전됨에 따라 약화되었던 것이다.

1997년에 탄생한 블레어 노동당 정권은 민주화와 지역파트너십을 촉진시키기 위하여 적극적으로 지방정부의 개혁을 추진한다. 이는 국가에 의한 지방의 활성화라고 할 수 있는 것으로 지금까지 유지하고 있던 분리형의 전통과 영국형 지방자치의 변질을 의미한다. 현재 영국의 지방선거 투표율은 유럽국가 중에서 최저 수준이고 그 밖의 많은 현실들은 지방자치, 주민자치의 모국이라는 영국의 이미지와는 상당히 거리가 있는 것이다.

2) 월권금지의 법리의 제도화

지방행정이 기능을 하지 않는다고 인식하기 시작한 19세기 초, 영국에서는 전통적인 지방공동체와 국가의 특정목적을 위해 설립한 지방조직이 혼재하고 있었다. 지방공동체는 중세 이후 자치의 역사를 갖는 세 가지 즉 파리쉬(parish), 카운티(county), 버로우(borough)로 분류된다.

파리쉬는 교구를 기초로 법질서의 유지와 도로관리, 구빈활동 등 주민이 윤번제로 하는 극히 소규모의 단체로 주민자치의 원점이다. 카운티는 파리쉬 보다는 큰 구획으로 치안판사가 통치했다. 14세기부터 군주가 치안판사를 임명하였으며, 그 대부분이 지역의 귀족이나 신흥지주층이었다. 초기에는 치안판사가 사법기능만 가졌으나 점차 그 기능을 확대하여 행정전반을 담당하게 되었다. 버로우는 자치도시이다. 즉 국왕의 칙령으로 자치특권을 얻은 도시로 치안판사를 두지 않고 있다.

이들 자치적 공동체와는 달리, 행정수요가 확대됨에 따라 국가는 특정한 단일목적을 위한 행정조직(ad hoc authority)을 법률로써 공동체의 조직과는 다른 구획으로 설치했다. 파리쉬는 너무 작고, 카운티와 버로우는 새로운 행정서비스의 공급주체로서 국가의 관할 하에 들어가는 것을 거부했기 때문이다. 이들 조직은 도로건설과 관리, 가로등 관리나 도로청소로부터 시작하여 소방, 가스, 상수도의 공급, 학교, 위생 등으로 확대되었다.

19세기말 중층제를 기초로 하는 통일적인 지방자치제도가 도입되면서 월권금지의 법리가 제도화되었다. 이 법리는 1840년대에 철도회사를 규제하기 위해 설치된 것이 점차 버로우 등 자치도시로 확대되고 1888년 지방제도로 통일되어 제한열거수권방식으로 확립된 것이다. 지방단체는 법률이 수권된 범위 내에서 폭넓은 자치권을 가지나 수권된 권한의 범위를 넘어설 수 없다. 제한열거방식에 의한 수권은 입법과 사법을 통하여 결정되고 행정적 관계는 약하다. 때문에 행정이 복잡화, 다양화, 전문화됨에 따라 필요한 국가와 지방의 일상적인 의사소통이 극히 부족하다. 또한 통일적 제도에서 중세 이후 주민자치의 전통을 갖는 파리쉬 등 소규모 지역공동체는 준자치단체로서 그 의회에 법인격이 부여되어 있지 않다. 이것은 현재도 변함없다.

3) 제2차 세계대전 후의 지방제도 재편

제2차 세계대전 후 지방행정은 효율성을 중시하게 되어, 1960~70년대 영국의 지방제도는 북아일랜드를 제외하고 도시와 농촌, 그리고 광역(county)과 기초(district)의 2층제로 제도개편이 이루어진다. '요람에서 무덤까지'라는 슬로건으로 추진된 복지국가화로 19세기 말에 만들어진 지방제도가 충분히 기능을 하지 못하였다. 보다 균일하고 대규모의 지방제도를 만들기 위해 우선 런던지역을 개혁하고 마침내 기타 지역의 지방제도를 개혁했다. 1963년 런던정부법에서 대런던(Greater London) 의회와 그 산하의 32개 버로우의회와 런던시의회를 설치했다. 1972년 지방정부법에서는 런던 이외의 잉글랜드와 웨일즈의 지방제도를 재편하여 특별시를 폐지하고 광역(county)과 기초(district)의 중층제로 통일하였다. 그리고 각각의 층은 대도시(metropolitan) 지역과 대도시가 아닌(non-metropolitan) 지역으로 구분하였다. 1973년 스코틀랜드에서도 중층제가 도입되었으나, 북아일랜드에서는 1972년법에서 단층제가 도입되었다.

1979년 신자유주의를 주장한 대처 보수당 정부는 '작은 정부'를 위하여 지방정부에 대한 국가의 관여를 대폭 강화한다. 지방효율을 우선하여 지방제도의 단층제를 도모하였다. 1985년 지방정부법으로 1986년 대런던의회와 대도시카운티를 폐지하였다. 영국의 지방의회가 당초 잉글랜드의 도시부를 버로우와 대도시구로 하는 단층제로 전환한 것은 중층의 다른 의회여당으로부터 발생하는 불필요한 정치적 마찰을 회피하고 권한의 중복을 없앰으로 효율적인 지방정부를 기대한 조치였다. 그러나 실제 폐지된 광역자치체 권한의 상당부분은 중앙부처의 일선기관과, 실질적으로 정권여당의 영향력 하에 있는 각종 위원회와 준비정부기관(quango)에 위임되었기 때문에 중앙집권이 강화되고 지방행정이 복잡화되었다. 또한 지방행정의 효율화와 자기책임을 강화하기 위하여 지방정부의 전통적인 권한까지 개혁하였다. 1984년에는 16세기부터 지방정부가 완전한 통제권을 행사해왔던 지방세(rate)에 대해, 국가가 세율에 상한을 설치할 수 있는 과세제한권을 창설하고, 1990년에는 인두세라고 하는 커뮤니티 차아지(community charge)를 도입하였다(1993년 폐지됨). 한편 시장과의 경쟁을 적극적으로 도입하여 시영주택의 매각, 교육행정의 독립위원회로의 이관, 강제적 관민경쟁입찰세, 시빈헌장의 세정 등을 추신하였다. 이와 같은 대처성부의 일련의 개혁으로 지방행정의 효율화에 기여하였다고 할 수 있으나, 한편 지방정치의 약화를 초래하였다.

그 후 메이저 보수당 정권하에서 전반적인 단층제를 추구한다. 1990년 중반부터 잉글랜드의 비대도시권의 일부, 웨일즈, 스코틀랜드도 단층제(unitary, 통합자치단체)가 되어, 영국의 지방제도는 잉글랜드의 비대도시권의 일부지역은 예외지만 본래 단층제였던 북아일랜드와 함께 전반적으로 단층제가 되었다. 당시의 개혁플랜 작성에 노동당도 참가하여 개혁의 방향성을 블레어 노동당 정부도 계승하고 있었다.

1979년부터 18년간의 보수당 정부 하에서 국가의 지방정부에 대한 통제가 강화되었고, 시장에 의한 통제도 강화되어 지방정부의 권한은 대폭 축소되었다. 제2차 세계대전 후 복지국가화와 더불어 지방정부는 지역주민의 대표자로서의 기능보다는 행정서비스의 효율적인 관리자로서의 기능이 강화되었다.

4) 블레어 정권하의 개혁

1997년 18년만에 정권을 탈환한 블레어 노동당 정부는 지역의 민주적 대표성을 회복하기 위한 정책을 추진하였으나 국가 관여의 강도는 변함이 없었다. 1999년에는 주민투표를 거쳐 대런던청(Greater London Authority)을 설치하여 런던에 중층제를 부활시켰다. 영국에서는 예외적으로 직접선거의 시장을 도입함으로써 주민자치의 민주성을 강화하였다. 주민투표를 거쳐 스코틀랜드, 웨일즈, 북아일랜드에 의회를 설치하고 웨스트민스터의회로부터 일정한 권한을 이양하여 광역적인 지방분권을 추진하였다.

블레어 정부는 지방정부의 현대화를 내걸고 각종 개혁을 실시하였다. 제한열거에 의한 수권방식을 유지하면서도 사회적, 경제적, 환경적 복지의 촉진이라는 새로운 권한을 지방정부에 부여하여 주민의 요구에 대한 반응성을 높였다. 또한 강제경쟁입찰제를 폐지하고, 베스트 벨류를 키워드로 행정서비스에 대하여 지방정부가 지역주민과 의무적으로 협의하도록 하여 지방정부의 자주적 개선을 촉진했다. 직접적인 강제적 요소가 약화되고 지역과의 파트너십을 보다 중시하였지만, 시장과의 경쟁이라는 기본적 틀은 보수당 정부와 변함이 없었고, 오히려 보수당 정부 이상으로 통제하고 있다는 견해도 있다.

또한 블레어 정부는 지방의회의 개혁도 실시하였다. 의회가 입법기능과 행정기능을 겸임하여 비효율적이고 불투명한 운영을 한다고 비판받는 지방정부에 대해, 2000년에 직접선거에 의한 시장, 내각제 등 세 가지 모델에서 1가지를 선택하도록 했다.

직접선거에 의한 단체장을 도입하려고 하는 국가의 의도와는 달리, 결과적으로 '리더와 의원·내각제도'를 다수 채택하였다. 이는 일원대표제이며 종래의 제도와 별 차이가 없지만, 입법권과 행정권을 분리하는 것이다. 이밖에 파리쉬나 커뮤니티 등 준지방자치단체를 중심으로 지역주민과 지역기업의 파트너십을 촉진하는 시스템을 강화하였다.

(5) 미　국

1776년 독립하기 전까지 영국의 식민지였던 미국은 영국의 영향력 하에 있었다. 17세기 초 대서양안으로 들어온 영국인은 본국에서 배운 자치공동체를 형성했다. 이주자들 대부분은 본국의 절대왕정 하에서 정치적으로 혹은 종교적으로 박해를 받은 사람들로 그들이 신천지에서 만든 자치의 룰(rule)은 토크빌이 19세기 전반에 「미국민주주의론(Democracy in America)」에서 극찬을 한 바가 있지만, 주민에 의한 직접민주주의에 가까운 것이었다. 이와 같은 자치의 전통이 독립선언에서 구사된 자유, 평등, 민주주의에도 반영되었고, 영국과 마찬가지로 지방정부와 주정부의 관계는 분리형이고, 그 활동량은 대륙형의 통합형에 비하여 적다. 단일제를 취하여 영국과는 달리 미국은 연방과 주정부가 주권을 공유하는 연방제를 취한다는 점에서 오히려 분리의 특징을 보다 선명하게 갖고 있다. 그러나 복지국가화가 진전됨에 따라 분리의 정도는 약화되고 있다.

지방정부에 관한 권한은 주정부에 속한다. 미국은 독립 후 1787년, 당시 동부 13주가 그 권한의 일부를 제한열거로 수권하여 연방정부가 창설되었다. 미국의 연방제는 3권을 정부간 공유하는 직접연방제이다. 제한열거된 외교, 통화, 선전포고 등의 권한 이외의 권능은 주정부에 유보되어 있고, 지방정부에 관한 권한도 주에 속한다. 연방헌법에 지방자치에 관한 규정은 없으며, 판례상 지방정부는 주의 창조물이고, 지방정부는 고유한 자치권을 갖고 있지 않다. 지방정부의 자치권은 주법과 헌장(charter)에 의해 명시적으로 수권받은 범위 내에 머무르고, 위반시 사법통제(재판)에 따른다. 세계 각국으로부터의 이민으로 인종이나 역사, 언어까지도 다양한 50개주의 주헌법과 주법이 만든 지방정부는 다양하며, 미국합중국으로서의 통일적인 지방자치제도는 존재하기 어렵다.

1) 미국 지방정부의 구성

미국은 현재 지방정부의 수가 약 87,000여 개이며 명칭, 종류와 기능 등이 다양하지만 일정한 경향을 보이고 있다. 우선 군(county)과 기초단체 등 일반지방자치단체(약 39,000개)와 학교구나 특별구 등 단일한 목적으로 설립된 특별자치단체로 구별된다.

군(county)은 대부분의 주에서 볼 수 있는 광역자치단체이며, 주헌법의 대부분은 군을 주정부가 그 정책을 실시하기 위한 하부기관으로 설치하고 있다. 동부에서는 독립이전부터 식민지 정부의 하부기관이었으나, 현재는 선거에 의한 이사회(대부분 영국의 의회와 마찬가지로 입법기능과 행정기능을 갖는다) 외에, 요직(보안관, 재무관, 법무관 등)의 대부분을 직접선거에 의해 선출하는 독립된 지방정부로서의 성격을 갖추고 있다. 주정부의 하부기관과 지방자치단체의 이중적 성격을 갖는 지방정부라고 할 수 있다. 또한 군은 타운과 타운십으로 세분되며, 주정부의 행정을 실시한다. 타운과 타운십의 일부는 보다 광범위한 자치권을 추구하는 시(city), 타운(town), 빌리지(village) 등 지방자치단체(municipality)로 법인화되어 간다.

이들은 기본적으로 주민의 발의에 의해 창설(또는 폐지)되며, 주민들이 군의 단위인 타운, 타운십이 제공하는 일반적인 행정서비스 이상의 서비스를 필요로 하는 경우에는 스스로 자치단체헌장(municipal charter)을 제정하여 이를 주로부터 승인받아 법인격을 부여하는 것이다. 열거된 권한은 헌장마다 다르며, 같은 주내의 지방정부라고 해도 그 권한과 직제, 조직, 재정제도, 행정서비스의 내용이 다르다.

그러나 이와 같은 자치헌장(home rule 헌장)과는 별도로 많은 주에서는 복수(2~7종류)의 모델헌장을 준비하여 그 중에서 선택하게 하는 선택적 헌장(optional charter) 제도를 널리 채택하고 있다. 또한 시(city)는 타운의 관할을 벗어나고 빌리지(village)는 관할 내에 머무르는 것이 일반적이다. 그리고 미법인화지역도 많아 총인구의 40%에 가까운 1억명이 군으로부터 행정서비스를 받는데 그치고 있다. 카운티나 타운, 타운십을 준지방자치단체로 하여, 시와 일부 타운, 빌리지 등 지방자치단체와 구분하는 경우도 있다. 이들은 일반적 지방자치단체와는 달리 특별지방정부이며, 공립학교행정을 담당하는 학교구(school district)와 주택, 지역개발, 소방, 환경위생, 상하수도 등 특별한 목적으로 설립된 특별구(special district) 등이 있다.

2) 지방자치단체(municipality)의 기구

지역주민에 의해 법인화되고 보다 광범위한 자치권을 인정받는 지방자치단체(municipality)의 기구는 어떻게 되어 있는가? 일정 이상의 인구를 갖는 시(city)의 정부형태는 명칭이 주에 따라 다르나 그 기능으로부터 '시장·의회제', '의장·지배인제',

'이사회제'의 세 가지로 나눌 수 있다.

'시장·의회제'는 헌장에 정한 시장의 권한에 따라 강시장·의회제와 약시장·의회제로 나누어지며, 어느 것이나 직접 선거한 시장과 시의회를 가지며, 각각 행정기능과 입법기능을 분담한다. 다만 우리나라와는 달리 양자간의 신임관계가 없어 순수한 대통령제에 가깝다. 대부분의 시장은 상근으로 유급제이다. 중부대서양과 중서부의 대도시에 많으며, 규모가 클수록 시장의 권한이 강하다.

'의장·지배인제'는 직접 선출된 의회가 시지배인협회에 등록한 전문가 중에서 시지배인을 채용하는(혹은 면직하는) 제도로 시지배인(city manager)제라고도 한다. 유능한 시지배인을 다른 시로부터 스카우트하는 경우도 있다. 의회는 입법권과 행정전반의 감독권을 가지며, 지배인은 행정을 집행한다. 시지배인의 권한은 헌장에 따라 다르며, 의회의원이 돌아가면서 담당하는 경우도 있다. 동남부와 태평안연안의 1만명 정도의 중소도시에서 많이 채택하는 제도이다.

'이사회제'는 입법권과 행정권을 함께 갖는 이사회의 멤버를 직접 선출하는 제도이다. 5인 정도의 이사는 각각 특정한 업무(경찰, 소방, 공공사업 등)에 책임을 지고 위원회의 장으로 선임된다. 그들은 시의 의원인 동시에 행정관이기도 하다. 이사 중 1명이 의장으로 선임되고 시장직도 겸임한다. 미국에서 가장 역사가 오래된 제도이지만 채용하는 시는 극히 소수에 불과하다. 지방자치단체로서의 타운과 빌리지의 정부형태도 시와 마찬가지로 3~4개의 유형으로 나눌 수 있다.

위와 같은 제도 중에서 시지배인제는 20세기 초 시정개혁운동의 성과이다. 시정개혁운동은 이 외에도 미국 지방자치단체의 주요한 특징을 만들었다. 20세기 초 정당이 행정관의 직을 선거운동의 획득물로 취급하게 된 결과, 도시의 자치단체는 부패와 무능의 온상이고, 공금의 남용 등 재정파탄을 초래하였다. 이에 대한 반성으로 도시행정의 복잡화와 전문화에 견딜 수 있는 시정을 만들기 위한 개혁운동이 일어났다. 그 결과, 시지배인제나 무당파선거, 직접참정제도 등이 도입되었다. 현재도 미국 지방의회 의원 대부분이 정당공천을 받지 않은 무소속 의원이며, 정당이 후부자를 세우는 것을 금지하고 있다. 같은 영미형이면서도 지방의원의 80% 이상이 정당에 소속된 영국과는 대조적이다. 또한 주민에 의한 직접입법인 주민발안, 보다 소극적이지만 조례안에 대한 거부권을 부여한 주민투표, 공직자에 대한 해임청구 등을 대부분의 주헌법에서 도입하고 있다.

3) 복지국가화의 영향

미국의 지방자치도 복지국가화의 영향을 받고 있다. 일반적으로 미국 연방제는 레이어 케이크 연방제에서 마블 케이크 연방제로 변화해 왔다고 말한다. 연방정부와 주정부와 지방정부의 기능이 각층마다 명확하게 분리된 상태에서 이들 각층 정부의 기능이 행정분야마다 혼재되어온 변화를 지칭하는 것이다. 1929년 대공황을 계기로 케인즈 경제정책을 채택한 뉴딜 정책과, 인종차별과 빈곤 등 도시문제에 대한 뒤늦은 주정부의 대응, 환경문제의 대두 등으로 연방정부의 우월성은 급속히 높아졌다. 연방법으로 주에 대한 규제를 강화하고 빈곤구제프로그램 등을 중심으로 주정부뿐만 아니라 주정부를 경유하지 않고 지방정부에 직접 급부하는 연방보조금도 급증했다. 주정부의 지방정부에 대한 독점적 관할권은 약화되어 왔다고 할 수 있다. 또한 지방수준에서도 복지 등의 영역에서 기초자치단체에서 군으로의 권한이양이 보인다.

재정난 속에서 신연방주의를 주장하면서 등장한 레이건 정부는 주와 지방에 대한 보조금을 대폭 삭감하고 주의 자율성을 높이는 정책을 취했다. 클린턴 정부 이후도 작은 정부, 관민 파트너십의 기본자세는 변함이 없다. 완만하지만 주정부 및 지방정부의 자율성은 회복되고, 연방정부와의 거리는 멀어지고 있는 듯이 보인다.

(6) 기　　타

이상에서 대륙형(통합형)과 영미형(분리형)이라는 두 가지로 나누어 프랑스, 독일, 일본, 영국, 미국을 고찰하였다. 그러나 이러한 유형에 속하지 않는 국가들은 언급할 수가 없었다. 여기서는 대륙형과 영미형의 혼합형이라고도 하는 북유럽국가와, 대륙형과 영미형과는 관계없는 유형에 속하는 구소련권에 대하여 간단이 언급한다.

1) 북유럽국가

세계의 지방자치를 유형화할 때 대륙형과 영미형, 그 중간 혹은 혼합형의 세 가지로 나눌 수 있다. 덴터스와 로즈(Denters & Rose, 2005)는 대륙형과 영미형에 이어 북중유럽을 하나의 유형으로 분류하고 있다. 네덜란드, 덴마크, 노르웨이, 스웨덴, 핀란드 등의 국가가 이 유형에 속한다. 이 유형의 지방자치의 특징으로 지방정부가 포괄적인 권한을 가지고 있다는 점, 헌법에서 지방자치를 보장하고 있다는 점, 지방정부에서의 정치적 기능이 행정적 기능과 함께 중시된다는 점, 지방정부의 규모(지방공무원 수와 세출총액)가 크다는 점 등을 들고 있다. 이들 국가는 본래 대륙형의 국가였지만 복지국가화에 대응하여 변화한 결과 형성된 것이다. 이하에서는 그들 국가의 대표적인 예에 속하며, 대륙형과 영미형의 특징이 혼재하는 스웨덴에 관해서만 간단히 알아본다.

스웨덴에서는 다른 북유럽 국가와 마찬가지로 19세기 초에 프랑스의 영향을 받았지만 주민자치의 전통이 오래되었고 기원전 바이킹 시대부터 민회에 의한 자치를 행하고 있었다. 1960년대는 효율성을 높이기 위하여 자치단체의 규모를 확대하였고, 1970년대에는 지방분권을 추진하였으며, 1980년대 이후에는 규제완화의 결과 현재의 지방자치제도가 형성되었다.

지방제도는 중층제로 광역자치단체인 도와 기초자치단체인 코뮨으로 구성된다. 그 기능은 일반적 권한과 특정권한으로 대별된다. 일반적 권한은 지방정부 자신의 업무를 수행하는 권한이고, 주민의 이익을 위한 행위를 모두 포함한다. 이 권한의 범위를 결정하는 것은 최고행정법원이다. 지방정부의 결정에 대하여 주민이 소송함으로써 그 권한의 경계가 정해진다. 다만 최고행정법원의 판결은 소송을 제기한 당해 단체에 한하여 효력이 있으며, 다른 지방정부에는 미치지 않는다. 즉 그 지역의 주민이 그 지방정부의 권한을 결정한다는 것이다. 특정권한이란 국가의 특별법으로 지방정부에 부여된 권한·의무이다. 교육, 건축, 환경보호, 보건 등의 영역이 주된 것이다. 법률은 큰 틀을 정하고 중앙부처의 통달에서 집행의 세칙이 정해지지만, 국가의 보조금은 포괄적이고, 지방정부 재량의 범위는 넓다. 지방정부는 일원대표제이고, 직접 선거에 의한 지방의회가 각각의 위원회로 나누어져 입법기능과 집행기능의 두 가지를 모두 담당한다.

이와 같이 수권의 방식은 대륙형을 기본으로 하면서도 사법통제가 이루어지고 있다는 점, 의회에 의한 일원대표제를 취한다는 점 등은 영국의 의회제에 가까운 것이라고 할 수 있다.

2) 구소련권 국가

1917년의 볼셰비키혁명(10월혁명)으로 수립된 소비에트정권이 중심이 되어 1922년 말 소비에트연방으로 성립한다. 소비에트연방은 러시아연방을 포함하여 15개공화국(러시아 · 우크라이나 · 백러시아 · 카자흐 · 우즈베크 · 투르크멘 · 키르기스 · 타지크 · 몰도바 · 그루지야 · 아르메니아 · 아제르바이잔 · 라트비아 · 리투아니아 · 에스토니아)으로 구성되었다. 그러나 1991년 '8월사태' 이후 구소련은 해체되었다. 이들 구소련권 국가들은 지방자치에 있어서 다음과 같은 공통적인 특성을 가지고 있다(최창호,

2006).

① 형식적으로는 인민에 의하여 선출되는 지방대의원회의에 의하여 통치되는 기관통합주의에 입각하고 있다.

② 그러나 대의원회의는 명목상의 존재에 불과하고, 실제로는 그 회의에서 선출되는 간부회가 거의 모든 사항을 집행한다. 그러나 이러한 권력체계 뒤에 있는 공산당이 모든 것을 조정한다.

③ 사회주의의 속성상 지방정부가 공장이나 상점 등 경제부문의 관리기능도 수행한다.

④ 하급 지방행정단위의 각 기관은 상급단위의 해당 기능별 담당기관의 지휘·감독 아래 움직이고 그에 대하여 책임을 지기 때문에, 피라미드적 계층구조의 중앙집권 체제를 형성하고 있다.

위와 같은 구소련권 국가들의 공통적인 지방자치의 특징에도 불구하고 1990년대 이후 완전한 독립국가로서 새로운 국가의 기틀을 형성하기 위하여 지방자치법 도입 등 새로운 지방자치 시스템을 정비하고 있다. 이때의 모델은 서유럽 국가의 모델이다. 즉 대륙형과 영미형의 지방자치를 도입하고 있다고 할 수 있다.

제 3 절 지방자치의 현대적 경향

1. 역사적 개관

이상에서 주요국가의 지방자치의 연혁을 살펴보았다. 그러나 이러한 연혁들은 근대국가가 성립한 이후부터 현재까지 즉, 근대적 의미의 지방자치가 탄생한 후의 변천을 기술한 것이다. 시야를 조금 더 넓히면 근대국가 이전에도 지방제도는 존재했다. 중세시대나 절대군주시대에도 특징적인 지방제도는 존재했다. 이때는 근대적 의미의 지방자치가 성립하기 전으로 지방자치의 정도를 논할 수는 없고 지방의 자율성 정도는 논의할 수 있을 것이다. 이들 시대의 특징을 간단히 알아보자.

중세시대의 지방제도는 근대의 지방자치와는 다른 특징을 가지고 있었다(成田頼明, 1974: 6-7; 최창호, 2006: 79-80). 첫째, 그 지방이 근대적 통일국가가 성립하기 이전의 다원적·복합적 권력구조 속에서 '국가 속의 국가'로서의 성격을 가졌다. 둘째,

따라서 그 자체가 지방법을 제정하고 재판을 행하며 행정을 고유한 권능으로 행사하였고 그에 대한 상급의 감독권이 없었다. 셋째, 도시안의 시민의 자유는 보장되었으나 시민참여적 주민자치는 시행되지 아니하였다. 이러한 특징에서 유추해 볼 때, 지방은 소국가적, 주권적 지위를 향유하고 있었으므로 지방의 자율성은 극히 높았다고 할 수 있다.

중세시대의 정치적 분열상태를 극복하면서 성립한 절대군주국가는 군주를 정점으로 통일국가적 통치체제를 확립하였다. 이때의 특징은 지방을 국가의 중앙집권적 계층구조 속으로 흡수하여 지방의 자율성·독립성이 거의 없었다고 할 수 있다.

절대군주에 대한 권력을 제한하면서 성립한 근대국가에서의 지방자치는 국가를 전제로 성립한 것이어서 중세시대 만큼의 자율성은 인정되지 않았으나 절대군주시대 보다는 훨씬 많은 지방의 자율성이 인정되고 있었다.

그렇다면 현대국가의 지방자치는 어느 정도 보장되고 있을까? 집권으로 가고 있는가 분권으로 가고 있는가? 이를 알아보기 위해서는 다음 두 가지 점에 유의할 필요가 있다. 첫째, 현대국가의 시점이다. 논자에 따라서 현대의 시점을 다양하게 설정하고 있다. 제1차 세계대전 전후로 설정하기도 하고, 1929년 미국의 대공황, 제2차 세계대전, 50년대 냉전의 격화 등을 기점으로 설정하기도 한다. 행정학에서는 일반적으로 1929년 미국의 대공황 이후로 설정하는 것이 일반적인 것 같다. 이는 공황을 타개하기 위하여 케인즈 경제학에 의한 국가의 개입과 기능이 증대하면서 행정국가 현상이 나타나고 있기 때문이다.

둘째, 지방자치의 정도에 관한 논의이다. 논자에 따라 현대국가에서는 지방자치의 정도가 낮아지고 있다고 하는 한편, 다른 논자들은 지방자치의 정도가 높아지고 있다고 한다. 일반적으로 전자를 신중앙집권화라고 하고, 후자를 신지방분권화라고 한다.

그런데 각국의 예를 보아도 일정한 방향으로 가고 있다고 단정하기 어렵다. 과거의 과도한 지방분권체제를 유지해 온 영국과 미국은 대체로 신중앙집권화의 경향을 띠고 있는 반면, 과거의 중앙집권체제를 가지고 있었던 프랑스, 이탈리아, 독일, 일본에서는 신지방분권화로 나아가고 있다.

현대국가에 있어서 신중앙집권화와 신지방분권화에 대한 일반적인 경향은 현대국가가 끝나야만 바른 평가를 할 수 있겠지만, 이하에서는 그 논리와 요인을 우선 알아보고 그 현대적 경향을 잠정적으로 논하기로 한다.

2. 신중앙집권화와 신지방분권화

(1) 신중앙집권화

신중앙집권화는 현대에 있어서 지방자치가 쇠퇴하고 중앙집권으로 갈 것이라는 것이다. 근대국가에서는 국가의 권력이 시민의 손에 맡겨졌다. 국가가 시민에 관여하지 않는 최소 정부 혹은 작은 정부가 아름답다고 하는 자유방임의 시대였다. 이 시대는 지방자치가 최고조에 달했다고도 할 수 있다.

그러나 현대국가에서는 국가가 행정국가화되면서 국가의 개입이 다시 증가하기 시작한다. 1929년 미국의 경제 대공항을 계기로 케인즈 경제학에 기초한 국가의 개입이 증대하기 시작한 것이다. 뿐만 아니라 20세기 중반부터 '요람에서 무덤까지'라는 슬로건으로 유럽에서 대두한 복지국가화로 국가의 손이 시민사회나 지방에까지 미치게 된다. 국가는 국민적 최저수준(National Minimum)을 유지하기 위하여 국가의 보조금을 증대하고, 국가적 사무를 증대시켜 그 권한을 계속 확대시키고 있다는 것이다.

위와 같이 현대국가에서는 지방자치가 쇠퇴하고 위기에 봉착하여 신중앙집권화가 진전될 것이라고 한다. 많은 선행연구들은 지방자치의 쇠퇴요인(Robson, 1968; 김도창, 1981; 정세욱, 2000; 최창호, 2006)과 신중앙집권화의 촉진요인(成田頼明, 1974: 34-36; 정세욱, 2000; 최창호, 2006; 한국지방자치학회, 2000)을 논하고 있다. 그러나 이들 양자는 동전의 양면과 같은 것이어서 지방자치의 쇠퇴는 곧 중앙집권의 강화로 나타난다.

이하에서는 기존의 연구를 바탕으로 지방자치의 쇠퇴요인, 신중앙집권화의 촉진요인 및 그 형태를 고찰하기로 한다.

1) 지방자치의 쇠퇴요인

현대국가에서는 지방자치가 쇠퇴하여 위기에 봉착할 것이라고 하는 요인들로서 역사적 지반의 상실, 정신적 기초의 상실, 재정적 기반의 약화, 정당정치의 발달 등을 들고 있다(Robson, 1968; 김도창, 1981; 정세욱, 2000; 최창호, 2006).

(가) 역사적 지반의 상실

현대국가에서는 국가와 사회의 대립을 전제로 하던 근대 국가적 지방자치의 역사적 지반이 상실되었다는 것이다. 지방자치는 근대 초기의 국가와 사회의 2원적 대립에서 출발한 것이므로, 사회의 국가에 대한 투쟁의 일익을 담당하는 장치였다.

이것은 국가를 절대군주의 권력으로 보고 이에 대립하는 시민의 자유를 보장하려는 것이었다. 그러나 국가 군주적 권력의 해체를 통하여 국가와 사회가 동일화된 현대의 민주주의 아래에서는 지방자치는 이미 그 본래의 의미를 상실하게 된 것이다.

(나) 정신적 기초의 상실

현대국가에서는 주민의 향토애(Heimatsinn)의 약화로 인하여 지방자치의 정신적 기초가 상실되었다는 것이다. 지방단체는 단순한 지역적 단체라기보다는 대대로 함께 살아온 향토인들끼리의 인보적 단체라고도 할 수 있다. 그러나 산업화가 진행됨에 따라 취업기회에 따른 유량적 인간군의 발생으로 인하여 향토애와는 무관한 단순한 거주자의 지역집단 현상이 보편화되었다. 이에 따라 지방자치는 향토애의 정신적 기초를 상실하여 새로운 위기에 직면하게 된 것이다.

(다) 재정적 기반의 약화

현대국가에서는 지방재정의 궁핍으로 인하여 지방자치의 재정적 기반이 약화되었다는 것이다. 산업·교통의 발달로 지역 고유의 독자적 경제가 점차 전국적 국민경제에 편입됨에 따라 지방의 고유한 세원이 위축되고, 또한 지역경제가 불균형하게 발전함에 따라 지역세원의 격차를 초래하였다. 지방자치단체는 자연히 국가로부터 많은 재정적 원조를 받게 되고 중앙정부에 의해 그 불균형 조정을 받게 됨으로써 그 자신의 재정적 자립성을 점차 상실하였다. 따라서 지방자치단체의 재정적 자주성을 전제로 하는 지방자치는 이미 그 중대한 위기에 봉착하게 된 것이다.

(라) 정당정치의 발달

현대국가에서는 정당의 통제로 인하여 중앙에 예속되는 결과를 가져왔다는 것이다. 지방단체의 독립성은 중앙정부로부터의 통치적 자율성도 의미하지만, 동시에 정당으로부터의 정치적 중립성과 안정성도 의미하는 것이다. 전국적 조직망을 가진 정당이 자치행정에 개입할 때에는 지방자치 본래의 목적인 지방단체의 중립성과 안정성은 깨어지고 만다. 더구나 정당조직이 과두화함에 따라 그 전국적 조직은 지방자치에 큰 위해를 초래하게 되었다.

2) 신중앙집권화의 촉진요인

현대국가에서 중앙집권을 특히 촉진하는 요인으로서 과학·기술의 발달, 교통·통신수단의 발달, 주민의 생활권의 확대, 국민적 최저수준(National Minimum)의 유지, 공공재정 비중의 증대 등을 들고 있다(成田頼明, 1974: 36; 최창호, 2006:

95-96; 한국지방자치학회, 2000: 151).

(가) 과학·기술의 발달

현대국가에서는 과학·기술이 발달하고 이것이 행정의 과학화·기계화, 행정능력의 발달을 가져와, 행정에 있어서 중앙정부로 하여금 전국적인 규모에서의 주도권을 발휘할 수 있도록 하였다는 것이다.

(나) 교통·통신수단의 발달

현대국가에서는 교통·통신수단이 발달하고, 이것이 행정공간을 단축시켜 중앙정부가 전국 방방곡곡에 대한 즉각적인 지시와 통제를 가능케 하여 줌으로써 중앙정부의 지방자치 전체에 대한 지도성을 강화시켜 주었다는 것이다.

(다) 주민의 생활권의 확대

현대국가에서는 국민경제가 발달하고 지역간 교류가 증대함에 따라 주민의 생활권도 확대되었다. 따라서 사회·경제적인 문제도 특정지방에만 국한되기보다는 전국적인 규모로 확대됨으로써 중앙정부의 관여가 증대하게 되었다는 것이다.

(라) 국민적 최저수준(National Minimum)의 유지

현대국가에서는 지역 사이의 경제적·사회적 불균형으로 나타난 파행성을 국가전체의 입장에서 조정하고 모든 지방자치단체에서 국민적 최저수준이 유지되도록 중앙정부는 법령으로 지방자치단체의 급부를 의무화하는 경우가 많다. 또한 급부의 수준이나 내용을 법정화하기도 하고 중앙정부 직속의 특별지방행정기관을 설치하여 직접 급부를 행하는 등 국가의 관여를 확대해 가는 경향이 늘어가고 있다.

현대국가에서 이처럼 국가의 관여가 증대되는 것은 특히 도·농 사이의 재정적 격차, 구빈·위생행정의 격증 등에 따른 국가 보조금 행정의 증대에 수반하여 일반화되고 있는 것이다.

(마) 공공재정 비중의 증대

현대국가에서는 물가의 안정, 고용기회의 증대, 국가기술의 개선, 경제성장의 유지, 인플레이션의 억제 등은 공공재정의 계획적 운영 없이는 불가능하다. 그런데 공공재정은 국가재정과 지방재정의 공동보조 속에서 운영되어야 한다. 이에 중앙정부는 국가전체의 견지에서 지방자치단체의 재정을 조정하지 않을 수 없게 됨으로써 국가의 지방재정에 대한 관여가 확대되어 가고 있다는 것이다.

3) 신중앙집권화의 형태

신중앙집권화는 국가에 따라서 다양한 형태로 나타난다. 그 몇 가지 형태를 예시하면 다음과 같다(成田頼明, 1974: 36; 최창호, 2006: 94-95; 한국지방자치학회, 2000: 152).

(가) 사무의 상향적 흡수

기초자치단체의 사무 및 그 권한을 중간자치단체의 사무로, 또한 중간자치단체의 사무를 국가의 사무로 흡수하는 현상이 나타나고 있다. 이러한 사례로서는 구빈행정에 있어서 구빈의 개념을 보다 적극적으로 해석하여, 즉 구빈을 위한 교육기회의 제공 내지는 직업알선을 도모하려고 할 경우 기초자치단체의 능력으로는 불가능하다던가, 위생행정을 더욱 더 과학적으로 추진하기 위해서는 중간자치단체의 역할이 강조되는 것 등에서 흔히 볼 수 있다.

(나) 국가 직속기관의 증설

국가의 일선기관인 특별지방행정기관 또는 국가의 외곽단체의 성격을 갖는 특수법인의 설치가 늘어나고 있다. 이에 따라 지방자치단체의 권한사항이 이러한 기관의 권한사항으로 이관되는 경향이 늘게 되는 것이다.

(다) 국가계획기능의 확대

지역경제 및 지방재정에 대한 중앙정부의 계획기능이 확대됨으로써 중앙집권적인 행정운영이 강화되고 있다.

(라) 중앙통제의 강화

지방자치단체에 대한 국가의 관여 내지 통제가 강화되었다. 다만 현대에는 과거와 같은 후견적 감독보다는 재정·기술의 원조 등 비권력적 지도의 폭이 넓어진 것이 특징이다.

(마) 위임사무의 증대

국가가 지방자치단체 또는 지방자치단체 기관에 위임하는 위임사무가 증가하여, 지방자치단체의 사무 가운데 고유사무보다는 이러한 사무의 비중이 커지게 되었다.

(바) 공관적 사무의 증대

오늘날 중앙정부의 기능과 지방정부의 기능은 J. S.Mill이 「대의정치론」에서 상정했듯이, 각각 고유한 영역과 양자의 '교차영역'이 존재하며, 교차영역은 분명하게 구별하기 어려워 공동·공관방식에 의하여 처리해야 할 과제가 질적으로나 양적으로 증대하고 있다. 이는 현대사회에 있어서 대부분의 사무가 지방적 이해관계를 가지는 동시에 국가적 이해관계를 가지는 것으로 발전하고 있고, 이에 국가의 관여 폭이 넓어지고 있기 때문이다.

(사) 자치구역의 확대

지방자치단체의 구역이 재편성되었다. 소규모적 자치단체의 통·폐합, 중심도시와 주변지역의 통합, 광역행정체제의 발전 등 구역의 확대 현상이 도처에서 나타난 것이다.

(2) 신지방분권화

현대국가에서는 위와 같이 지방자치의 쇠퇴와 더불어 나타난 신중앙집권화의 경향이 있는 한편, 신지방분권화의 경향도 동시에 나타나고 있다.

20세기 중엽까지의 키워드는 복지국가였다. 자본주의가 초래한 부정적인 영향으로부터 사회와 시민을 지키기 위한 정부의 역할이 중요했다. 정부는 사회적으로나 경제적으로 다양한 규제를 하고 시민에게 복지서비스를 제공했다. 이를 통해 정부조직은 거대화되고 정부지출도 증대되었다. 지방에 대한 관여도 또한 증대되었다. 그러나 1970년대 이후 2차에 걸친 오일쇼크는 세계 각국의 경제에 심각한 영향을 주었다. 정부의 세수가 감소하고 지출이 확대되어 심각한 재정적 위기에 봉착했다. 이에 영국의 대처 정부, 미국의 레이건 정부를 비롯하여 세계 각국은 신자유주의적 사고에 입각하여 비대화된 공공부문에 대한 개혁을 단행했다. 공공부문에 시장원리를 도입하는 한편, 비대화된 중앙정부의 기능을 지방에 이양하기 시작했다. 신지방분권화도 이러한 과정 속에서 이해할 수 있다.

이러한 신지방분권화를 촉진하는 요인으로서 중앙집권의 폐해, 대중문명에 대한 염증, 국제화·세계화의 대두, 도시화의 발전, 정보화의 진전 등을 들 수 있다(최창호, 2006: 100-101).

1) 중앙집권의 폐해

중앙집권적 국정운영은 전국적·총량적 성과는 거두었지만 산업간의 불균형 성장, 지역간의 불균형 발전, 개인간의 소득격차를 발생시키고, 인구와 산업과 자본과 기회를 중앙(수도)으로 불러들여, 수도는 과밀의 폐해로 진통을 겪는 반면, 지방(특히 농촌)은 과소의 폐해가 극에 달하여 지역사회 파괴의 현상을 초래하게 되었다. 따라서 국가는 그 업무가 과중한 반면, 지방단체는 자주적 권한을 상실하고 모든 것을 국가에 의존하여 국가에 더 큰 부담을 안겨주었다. 이러한 폐해들을 시정하기 위하여 오늘날 지방분권화가 도모되고 있다.

2) 대중문명에 대한 염증

대중사회에 있어서의 획일화에 대한 인간의 염증이 고조되고 있다. 대량생산·대량소비·대중매체 등에 의하여 개인의 개성과 지역사회의 특수성이 상실되고, 획일적인 계량기준치로써 모든 현상을 단순 비교하는 이른바 비교의 비극(the tragedy of comparison)이 산출되는 것이 대중문명의 특징이다. 이러한 상황 속에서 인간은 대중매체가 주는 암시에 따라 타율적으로 판단하고 대량생산이 제공하는 바에 따라 피동적으로 선택하는 무력한 존재가 되고 있다. 지금까지의 이러한 대중문명에 대한 염증을 느껴 온 인간은 이제 자신의 고유가치와 개성 그리고 자주성을 추구하는 심리로 충만해 있는바, 이러한 심리상태가 지역사회의 고유성·자주성을 중시하는 지방분산화의 정신적 기초가 되고 있다고 하겠다.

3) 국제화·세계화의 내두

오늘날 산업의 발달 및 국제질서의 재편에 따라 각국은 문호를 개방하고 세계시장에 참여하여 경쟁을 벌이지 않으면 안되게 되었다. 이러한 시대에는 과거와 같이 국가가 외교·안보 장벽을 두껍게 쌓고 관세의 보호막을 통하여 자국의 국민과 기업 및 지역사회를 보호해 줄 수 없기 때문에, 각 국민과 기업과 지역사회는 직접 세계시장의 경쟁대열에서 스스로 경쟁하지 않을 수 없게 되었다. 국민과 기업과 지역사회는 국가의 지침이나 지도를 기다리기 이전에 스스로 국제경쟁력 있는 지식이나 상품, 문화를 스스로 개발하여 직접 세계시장에 참여하지 않으면 안되게 된 것이다. 이러한 국제경쟁 대응의 필요성이 오늘날 지방분권을 촉진하게 되었다.

4) 도시화의 발전

지속적으로 도시화가 진전함에 따라 인간의 정주 패턴이 바뀌고 있다. 도시의 발달추세를 보면, 현재 우리는 인구·산업이 하나의 점에 해당하는 도시에 집중되는 metropolis단계에 있지만, 이제 도시발전이 더욱 진행되면 이러한 인구·산업이 고속도로나 고속전철의 역세권을 따라 분산되면서 도시와 도시가 연접하는 허리띠형 도시를 형성하는 megalopolis의 시대를 거쳐, 나중에는 전국토가 모두 도시화되는 ecumenopolis의 시대가 올 것으로 전망되고 있다. 오늘날 이미 인간의 정주 패턴이 변하여 대도시의 도심에서 교외지역으로 분산하는 현상을 보이고 있고, 앞으로도 더욱 더

분산의 경향이 분명히 나타날 것으로 전망되고 있다.

5) 정보화의 진전

컴퓨터의 발달로 인간의 직장 근무양식이 바뀌고 있다. 직장근무가 과거에는 직원들이 하나의 사무실에 출근하여 서로 대면하면서 수동작업을 하는 형식으로 이루어졌으나, 이제는 모든 직원들이 각자 컴퓨터 터미널 하나씩을 가지고 전자입력작업으로 대신하게 되었다. 이러한 전자입력방식의 근무형식은 재택근무를 보편화시킬 것이고, 재택근무 현상은 곧 인간의 지방분산을 가능하게 할 것이다. 즉, 기왕에 재택근무를 할 바에는 인간은 인심 좋은 고향이나 공기 좋은 전원지역에 정주하여 건강하고 쾌적한 삶을 누리면서 직장근무를 하려는 경향을 뚜렷하게 보이게 될 것이다. 이러한 정보화의 진전은 지역사회의 복원을 가능하게 하여 지방분산화를 촉진하게 될 것이다.

3. 지방자치의 현대적 경향

위에서 살펴본 바와 같이 20세기 중후반부터 신중앙집권화의 요인과 신지방분권화의 요인이 동시에 작용하면서 나타나고 있다. 그러나 절대군주시대의 중앙집권과 중세시대의 지방의 절대적 자율성과는 근본적으로 차이가 있다.

우선 현대에서의 신중앙집권화와 절대군주시대의 중앙집권과의 차이부터 알아보자. 현대의 신중앙집권화는 근대적 의미의 지방자치를 전제로 하고 있다는 점에서 차이가 난다. 즉 신중앙집권화는, 첫째로 과거 절대주의 국가에서의 중앙집권이 억압적 집권이었던 것과는 달리 '지도적' 집권이고, 둘째로 과거의 중앙집권이 억압적 집권이었는데 비하여 '협동적' 집권이며, 셋째로 과거의 그것이 관료적 집권이었는데 비하여 '사회적' 집권이고, 넷째로 과거의 그것이 윤리적 집권이었는데 비하여 '기술적' 집권이라는 특질을 가지고 있다(최창호, 2006: 96).

현대에서의 신지방분권화는 중세시대의 지방제도와도 차이가 있다. 현대에서의 신지방분권화는 근대적 의미의 지방자치를 전제로 하고 있으면서도 다음과 같은 점에서 차이가 난다. 즉 신지방분권화는 첫째로 과거 자유방임주의 국가에 있어서의 지방분권이 절대적 분권을 이상으로 하였던데 비하여 '상대적' 분권이고, 둘째로 과거의 분권이 항거적 분권이었는데 비하여 '협조적' 분권이고, 셋째로 과거의 그것이 도피적 분권이었다고 한다면 이것은 '참여적' 분권이고, 넷째로 과거의 분권이 중앙권력에 대한 방어를 지향하는 소극적 분권이었던 것과는 달리 현대에서의 분권은 국가발전에의 동참을 지향하는 '적극적' 분권이라는 특징을 가지고 있다(최창호, 2006: 101).

이러한 현상들은 J. S. Mill이 말하는 '권력의 분산, 지식의 집중' 현상과 맥을 같이 하고 있다. 즉 분권의 단점인 비능률성과 집권의 단점인 비민주성의 두 가지를 함께 회피하는 새로운 형태의 지방자치이며, 지방자치의 민주화와 행정의 능률성을 동시에 조화시키기 위한 지방제도의 재편성을 의미하는 것이라고 하겠다.

이와 같이 신중앙집권화라고 하여도 지방자치의 장점을 전혀 무시하고 지방자치를 전적으로 부인하는 것은 아니며, 또한 신지방분권화라고 하여도 국가를 전제로 상호 조화·적응해 나가는 의미의 지방분권이다. 이러한 현상들을 이해하기 위하여 집권·분권을 재해석하고 이들의 상호의존이 증대되고 있음을 이하에서 알아보기로 한다.

(1) 집권·분권의 재해석

신중앙집권화와 신지방분권화는 현대에 있어서 중앙집권화되고 있는가, 지방분권화되고 있는가의 문제이다. 이것은 집권화와 분권화라고 하는 서로 다른 방향으로 작용하는 권력의 크기를 의미한다. 여기서 집권화와 분권화가 양자택일의 문제로, 즉 제로섬 관계로 상정을 하고 있다. 그러나 최근에는 양자의 관계를 제로섬 관계로 보지 않고 포지티브섬 관계로 인식하고 있다(西尾, 1990: 403). 즉 집권화와 분권화의 동시진행이 가능하다는 것이다.

한두 가지 예를 들어보자. 1960년대 미국에서 연방정부는 '빈곤과의 전쟁'의 일환으로 커뮤니티 활동사업을 창설했다. 이 사업은 연방보조금이 주와 시를 경유하지 않고, 즉 주와 시의 의사와는 관계 없이 일건사정방식으로 커뮤니티의 주민참여기관에 교부되는 것이다. 이러한 사업의 창설은 연방으로의 집권화인 동시에, 커뮤니티로의 분권화이다. 주와 시정부 권한의 일부를 연방과 커뮤니티가 분할하기 때문에 주와 시의 권한에 변화를 초래할 것이다. 이러한 현상들은 제로섬 관계로 파악하는 집권·분권으로는 이해하기가 쉽지 않다. 양자를 포지티브섬 관계로 파악하는 것이 더욱 효과적일 것이다.

집권화와 분권화의 현상은 일반적으로 제도개혁에 의해 일어난다. 그러나 제도개혁은 많은 경우 복합적인 개혁내용으로 구성되어 있다. 이를 종합적으로 평가하여 집권화로 가는지 분권화로 가는지를 판단하기는 극히 어려운 작업이다.

위와 같은 현상은 현대 지방자치에 있어서 어디에서나 관찰되고 있다. 이하에서 몇몇 예를 들어 좀 더 자세히 살펴보자.

(2) 상호의존의 형태

집권화와 분권화는 다양한 형태로 나타난다. 그러나 집권화의 형태라고 하든 분권화의 형태라고 하든 그것들을 좀 더 자세히 살펴보면 양자의 동시진행 내지는 포지티브섬 관계를 관찰할 수 있다. 앞에서 집권화의 양태에 관해서 고찰해 보았는데, 이들 중 많은 경우 양자의 동시진행 내지는 상호의존의 강화가 이루어지고 있다는 것을 알 수 있다.

첫째, 위임사무의 증대를 양자의 동시진행으로도 이해할 수 있다. 위임사무는 국가사무이다. 국가사무를 지방수준에서 처리할 때 국가가 취할 수 있는 방법은 두 가지가 있다. 하나는 국가가 특별지방행정기관을 설치하고 자기 공무원, 즉 국가공무원을 파견하여 처리하는 방법이 있고, 다른 하나는 국가가 자기의 사무, 즉 국가사무를 지방자치단체에 위임하여 처리하는 방법이 있다. 집권론자는 위임사무의 증대를 집권화의 형태로 이해하고 있다. 그러나 특별지방행정기관을 설치하여 처리하는 것보다는 지방자치단체에 위임하여 처리하는 것이 국가와 지방자치단체간의 관계를 밀접하게 하여 상호의존을 증대시킬 것이다. 즉 위임사무의 형태로 국가사무를 수행하면 위임된 범위 내에서 지방은 집행권을 가지며 이에 따라 인력과 예산이 증대될 것이다. 따라서 중앙과 지방은 상호 영향력을 주고받는 의존적 관계가 형성된다.

둘째, 공관사무의 증대를 양자의 동시진행으로 이해할 수 있다. 공관사무는 국가와 지방이 공동으로 처리하는 사무이다. 공관사무의 증대는 국가적 이해관계가 확대되는 동시에 지방적 이해관계도 증대된다.

셋째, 자치구역의 확대도 양자의 동시진행으로 이해할 수 있다. 자치구역이 확대되어 자치단체의 규모가 커지면 주민의 의사에 의한 주민자치가 약화된다는 관점에서 보면 신중앙집권화의 형태로 이해할 수 있다. 그러나 단체자치의 관점에서는 자치단체의 규모가 커지면 지방자치단체의 인력, 예산, 능력 등이 증대되고 이에 따라 중앙정부에 대한 교섭력이 증대되어 신지방분권화가 증대될 수도 있다.

(3) 지방자치단체의 국정참여

또 하나의 지방자치의 신경향으로서 신중앙집권의 부정적 측면을 극복하고 중앙정부와 지방정부가 보다 적극적으로 병립적 내지는 창조적 상호 협력관계를 형성하기 위하여 지방자치단체의 국정참여를 보장하려는 움직임도 주목할 만하다(한국지방자치학회, 2000: 156).

지방자치단체의 국정참여란 "지방자치단체의 제도 및 그 운영에 밀접한 관계가 있는 국가의 법령·정책 등의 입안 및 집행과정에 지방자치단체의 대표 또는 그 연합조직이 일정한 제도상의 보장 하에 직접 참여하여 지방자치단체의 의향을 국정에 반영시키는 것"을 의미한다(田口, 1988: 64).

지방자치단체의 국정참여도 많은 국가에서 관찰되고 있다. 영국에서는 지방정부연합회가 국가와 상호 대등한 입장에서 '파트너십을 위한 틀'을 체결하고 있다. 이 틀은 국가와 지방정부가 상호 대등한 국정의 파트너로서 상호의 의견을 존중하는 가운데 공동의 목표를 추진하자는 약속이다. 이러한 합의의 구체적 실현을 위하여 국가와 지방정부연합회는 중앙-지방 파트너십 회의를 정기적으로 개최하면서 국정의 중요한 과제를 해결하고 있다.

독일에서는 '협력적 연방제'를 채택하여, 지역의 자율성과 전국적인 균형발전을 도모하고 있다. 전체 국가사회를 위한 연방의 역할을 중시하면서도 동시에 주정부의 의지반영을 보장함으로써 주의 역할과 권한을 축소시키지 않고 있다.

일본에서는 지방자치단체장 및 의회의장 협의회인 지방6단체가 있고 이들 연합체가 있다. 이들 단체들은 지방의 이익과 관련된 사항에 대하여 의견을 개진하면서 지방의 이익을 국정에 반영하고 있다. 우리나라에서도 일본과 유사한 지방4단체가 있으며, 이들 연합체를 설립할 수 있는 법적 근거를 마련하고 있다. 앞으로 이를 통하여 지방이익과 관련된 국가정책에 지방의 의견을 반영할 것으로 사료된다.

(4) 상호의존의 강화

이상에서 알아본 바와 같이 현대국가에서는 집권과 분권이 제로섬 관계가 아닌 포지티브섬 관계이다. 따라서 현대국가에서는 신중앙집권화와 신지방분권화가 동시에 진행되면서 상호의존도가 높아가고 있다.

중앙정부는 국정사무를 지방에서 처리하는데 있어서 지방의 도움과 협조 없이는 그것을 효과적으로 수행할 수 없으며, 지방정부도 그 고유사무를 수행하는데 있어서 중앙정부의 행·재정적 지원 없이는 원활하게 수행할 수 없게 되었다. 즉 중앙정부는 정책의 집행을 지방정부에 의존하고 지방정부는 그 행·재정적 지원을 중앙정부에 의존하는 상호의존관계를 형성하게 된 것이다(西尾, 1990: 428-432). 이처럼 오늘날에 있어서 중앙정부와 지방정부가 상호 의존관계에 있다는 것은 서로가 상대방의 협력을 얻지 못하면 자신의 정책을 충분히 달성하기가 어려워진다는 것을 의미한다.

그런데 R. A. W. Rhodes는 영국의 분권·분리형의 지방자치를 염두에 두면서, 중앙정부와 지방정부가 보유하고 있는 행정자원과 이것에 기초한 권력관계의 관점에서 보면, 중앙정부는 입법권한(제도상의 권한)과 재원의 보유에 있어서 우월하다. 그러나 행정서비스를 집행하는 데 필요불가결한 조직자원(정책집행능력)과 정보자원(정보의 수집·처리능력)의 보유라는 측면에서는 지방정부보다 열등하기 때문에 양자간에 상호의존관계가 성립한다고 설명하고 있다(Rhodes, 1985: 19; 한국지방자치학회, 2000: 158).

위와 같이 현대국가에 있어서 지방자치의 새로운 경향이 상호의존의 강화라고 한다면, 국가사무든 자치사무든 중앙정부와 지방정부간의 긴밀한 협력이 없이는 수행하기 어렵다고 할 수 있다.

참고문헌

권영주.(2003). "일본형지방자치의 형성과 변용." 「한국지방자치학회보」 제15권 제4호, 한국지방자치학회.

김도창.(1981). 「일반행정법론」, 청운사.

김보현·김용래.(1990). 「지방행정의 이론과 실제」, 서울: 법문사.

손봉숙.(1985). 「한국지방자치연구」, 서울: 삼영사.

손정목.(1992). 「지방자치제도·자치사연구(하)」, 서울: 일지사.

이대희 외.(2001). 「한국의 행정사」, 서울: 대영문화사.

정세욱.(2000). 「지방자치학」, 서울: 법문사.

지방행정연구소편.(1990). 「지방자치법 축조해설」.

최창호.(2006). 「지방자치학(제5판)」, 서울: 삼영사.

한국지방자치학회편, 2000). 「한국지방자치론(제3판)」, 서울: 삼영사.

田口富久浩.(1988). "中央·地方關係と國政參加論." 「都市問題」 第79卷 第1號, 東京市政調査會.

笠京子.(2006). '各国の地方自治', 村松岐夫編. 「テキストブック地方自治」, 東洋経済新報社.

長浜政壽.(1952). 「地方自治」, 有斐閣.

成田頼明.(1974). 「現代社會と自治制度の變革」, 學陽書房.

西尾勝.(1990). 「行政学の基礎概念」, 東京大学出版会.

村松岐夫.(1994). 「日本の行政」, 中公新書.

村松岐夫.(1996). "日本における地方分權論の特質: 絕對概念から相對概念の分權へ." 「年報行政研究」.

Denters, B. and L. Rose (eds).(2005). *Comparing Local Governance: Trends and Developments*, Palgrave.

Robson, A. william.(1968). *Local Government in Crisis,* London: Allen & Unwin.

제 3 장

지방자치단체의 구성요소

제 1 절 개 관

우리 헌법은 제8장에서 "지방자치단체는 주민의 복리에 관한 사무를 처리하고 재산을 관리하며, 법령의 범위 안에서 자치에 관한 규정을 제정할 수 있다. 지방자치단체의 종류는 법률로 정한다(헌법 제117조). 지방자치단체에 의회를 둔다. 지방의회의 조직·권한·의원선거와 지방자치단체의 장의 선임방법 기타 지방자치단체의 조직과 운영에 관한 사항은 법률로 정한다(헌법 제118조)"라고 하여, 지방자치를 헌법상 제도적으로 보장하고 있다. 이 규정을 통해 지방자치는 헌법기관으로서 지방자치단체를 중심으로 실현된다는 것을 알 수 있다. 따라서 지방자치단체는 인간의 정주권(定住圈)을 기반으로 하여, 그 정주민(定住民)들로 하여금 그들의 공통적 생활사항을 스스로 처리하도록 헌법이 승인하고 있는 하나의 정치적 실체라고 할 수 있다.

국가가 영토·국민·주권의 세 가지 요소로 구성되듯이, 지방자치단체는 일정한 구역과 그 구역 안에 거주하는 주민, 그리고 일정한 범위의 자치권이라는 세 가지를 구성요소로 성립된다. 즉, 지방자치단체에 있어서 구역(area)은 그 장소적 요소가 되고, 주민(residents)은 인적 요소가 되며, 자치권(right of autonomy)은 법제적 요소가 된다.

제 2 절 지방자치단체의 의의와 종류

1. 지방자치단체의 의의

지방자치단체(지방정부)란 일정한 지역적 범위를 그 구역으로 하여, 그 구역안의 모든 주민에 의하여 자율적으로 구성된 기관이 중앙정부의 간섭을 받지 않고 자주적으로 그 지역의 공공사무를 처리할 수 있는 권능을 가진 법인격 있는 지역 단위의 공공단체를 말한다. 따라서 지방자치단체는 그 무엇보다도 기관의 자기선임원칙이 중요하며, 그 구성요소는 ① 장소적 요소로서의 구역, ② 인적 요소로서의 주민, ③ 법제적 요소로서의 자치권의 세 가지로 설명되고 있다.

2. 지방자치단체의 특질

지방자치단체는 다른 공·사 단체 또는 기관, 특히 특별지방행정기관과는 구별되는 몇 가지 기본적인 특징을 가지고 있다. 지방자치단체는 소송의 당사자 능력과 재산소유 능력 등을 가지며, 국법의 범위 내에서 행·재정적 독립성이 보장되는 자치권을 지니고 있다는 점에서 그 특질을 찾아 볼 수 있는데, 그 구체적인 내용은 다음과 같다(정세욱, 2000: 462-434; 이규환, 2006: 214-216).

(1) 법인으로서의 지방자치단체

지방자치단체는 법인격을 갖는다. 그것은 지방자치단체가 국가와는 별개의 독자적인 권리·의무의 주체임을 의미한다. 지방자치단체는 법인이기 때문에, 국가가 지방에서 행정집행의 편의상 설립한 법인격 없는 각종 특별지방행정기관이나 국가의 행정구역과는 구별된다. 지방자치단체가 법인이라는 사실은 각각의 독립적인 고유한 명칭을 가지고서 재산의 취득과 관리뿐만 아니라 사업을 운영할 수 있는 재정권의 주체가 되며, 아울러 소송을 제기하고 그 객체가 되는 등 권리·의무의 주체도 될 수 있음을 의미한다.

한편, 지방자치단체가 권리를 향유하고 의무를 부담하는 행위의 범위가 포괄적이라는 데 특징이 있다. 따라서 지방자치단체는 법률이 명시한 바에 따라 특별히 금지된 경우가 아닌 한 원칙적으로 자기책임 하에 어떠한 결정과 집행도 할 수 있다고 보아야 할 것이다.

(2) 공공단체로서의 지방자치단체

지방자치단체는 본래 공공적 사무의 집행이 그 존립의 근거가 된다는 점에서, 사법인과는 구별된다. 지방지치단체는 공공단체라는 성격에 입각하여, 그 공공적 임무를 수행하기 위한 여러 가지 실정법상의 특색이 인정되고 있다. 따라서 사법인에게는 인정될 수 없는 통치권 또는 지배권을 갖는다. 또한 사법인의 행위는 원칙적으로 정치성을 내포하지 않으나, 지방자치단체의 행위는 본질적으로 정치성을 내포하고 있으므로 주민·지방의회·정당·지역적 이익집단 등의 통제·감독 및 비판을 받게 된다.

그러므로 지방자치단체는 주민이나 지방의회가 지지하지 않는 사항을 집행할 수 없다. 일반적으로 지방자치단체의 행위는 사법인과는 달리 엄격한 법적 규제를 받는다. 지방자치단체에 대한 이러한 엄격한 법적 규제야말로 법치행정 또는 자치행정에 있어서 합법성이 강조되는 당연한 요청으로 간주되고 있다.

(3) 지역단체로서의 지방자치단체

지방자치단체는 일정한 지역을 그 기초로 하는 지역단체라는 점에서 공공조합 및 영조물법인 등 협의의 공공단체와 구별된다. 물론 공공조합도 일정한 지역을 단위로 하여 설립되지만, 그 지역은 공공조합의 구성요소가 아니고, 다만 조합원의 자격을 정하는 기준에 불과하다. 그러나 지방자치단체는 일정한 지역을 그 기관 구성의 기초로 하고, 그 지역안의 모든 주민을 지배하는 포괄적인 권능을 가지고 있으므로, 그 구역 내의 주민은 당연히 지방자치단체의 구성원이 되어 통치를 받게 되는 것이다.

(4) 자치권의 보유자로서의 지방자치단체

지방자치단체는 자치권을 가진다는 데 그 특질이 있다. 다른 공공단체는 특정한 목적을 위해 설치되고 그 목적의 범위 내에서 행정권을 부여받는 데 비하여, 지방자치단체는 국가로부터 그 구역 내에서의 포괄적인 지배권을 부여받고 있다. 지방자치단체가 중앙정부의 특별지방행정기관과 구별되는 근거는 바로 여기에 있다. 따라서 지방자치단체에게 행·재정상의 독자성이나 자주성이 인정되지 않는다면 이미 지방자치단체라고 할 수 없으며, 이러한 의미에서 지방자치단체가 자치행정권이나 자치입법권 등의 자치권을 가질 때만이, 비로소 국가의 하급행정기관과 구별될 수 있는 지방자치의 본질이 발현하게 되는 것이다.

3. 특별지방행정기관과의 차이

특별지방행정기관이라고 함은, 중앙정부의 공공사무를 지역적으로 분담·처리하기 위하여, 현지에 설립된 중앙정부의 하급기관을 말한다. 따라서 특별지방행정기관은 고유의 법인격은 물론 자치권도 가지고 있지 않다. 이러한 특별지방행정기관은 국가행정을 지방에서 수행하기 위한 국가의 직접적 대리인(field agent)으로서(김익식, 2002: 19), 지방자치단체와 몇 가지 점에서 구별된다. 첫째는 권한의 근거와 관련하여, 지방자치단체가 법률로 정한 업무에 관해 독립적인 결정권과 집행권을 가지고 있는데 반해, 특별지방행정기관은 중앙에서 확정된 사무의 집행권만 행사한다는 점이다. 둘째, 특별지방행정기관이 전국적인 업무를 다루는 데 반하여 지방자치단체는 지방적 업무를 다루고 있다는 점이다. 셋째, 특별지방행정기관의 행정서비스 특성이 특정분야, 전문분야에 국한하고 구체적이며 명료한 반면, 지방자치단체의 행정서비스는 일반적이고 종합적이며, 포괄적이고 때로는 불명료한 특성을 지니고 있다는 점이다(소진광, 2002: 26).

4. 지방자치단체의 종류

지방자치단체를 어떠한 기준에 의해 어떤 종류로 나눌 것인가 하는 것은 각 국가의 법 체제에 따라 다양하지만, 일반적으로 지방자치단체가 수행하는 기능의 종합성과 일반성 여부에 따라 보통지방자치단체와 특별지방자치단체로 나누어 설명할 수 있다. 보통지방자치단체는 그 목적·조직·구성·권능 등이 일반적인 성격을 가지고 있는데 비하여, 특별지방자치단체는 그 성격이 특수적·예외적·단일적인 경우를 말한다.

(1) 보통지방자치단체

우리나라 헌법 제117조 2항은 "지방자치단체의 종류는 법률로 정한다"라고 규정되어 있으며, 이를 근거로 지방자치법에서는 보통지방자치단체를 특별시·광역시·도·특별자치도와 시·군·(자치)구의 두 종류로 나누고 있다. 일반적으로 전자를 편의상 광역자치단체, 후자를 기초자치단체라고 약칭하여 부르고 있다.

광역자치단체란 중앙정부와 기초자치단체의 중간에 위치하고 있는 지방자치단체로서 상급자치단체라고도 한다. 광역자치단체는 두 개 이상의 기초자치단체가 관련된 광역적 사무, 일정한 지역적 단위에서 통일적 사무를 요하는 사무, 기초자치단체 상호간의 연락 및 조정에 관한 사무, 그리고 기초자치단체가 독자적으로 처리하는 것이 부적당하다고 판단되는 사무 등을 처리한다(최봉기, 2006: 187). 우리나라의 광역자치단체에는 특별시·광역시·도·특별자치도가 있다. 다만 특별자치도는 다른 광역자치단체와는 달리 기초자치단체가 없는 단일 계층제로서 제주도 하나만 있다.

기초자치단체는 주민과 가장 가까이에 있는 지방자치단체로서, 지역 주민의 일상생활에 필요한 공공서비스를 제공하는 등 주민들의 안전과 복리에 관한 업무를 담당하는 최소단위의 자치정부이다. 또한 기초자치단체는 그 유래나 기능면에서 자치적 성격이 매우 강한 지역사회 공공관리의 기본적 단위라고 할 수 있다. 우리나라의 기초자치단체는 시와 군, 그리고 특별시와 광역시 관할 구역 안에 존재하는 (자치)구가 있다.

(2) 특별지방자치단체

특별지방자치단체란 자치행정을 수행하는 과정에서 특정한 목적을 수행하거나 특정한 사무처리 혹은 사무의 공동처리를 위하여 정책적 필요에 의하여 설치되는 지방자치단체를 말한다(최봉기, 2006: 190). 따라서 특별지방자치단체는 보통지방자치단체에 비하여 그 기능·구역·조직 등이 특수한 경우를 말한다. 이러한 특별지방자치단체에는 특정한 목적이나 특수한 행정사무를 처리하기 위한 것과 광역행정방식에 입각한 행정사무의 공동처리를 위한 것이 있다.

특별지방자치단체는 독자적인 의회나 집행기관을 보유하고 있으며, 과세권·조례제정권·소송당사자능력·계약체결권 및 기타 재산권 등을 갖는 것도 있는데, 특히 미국의 특별구가 그 대표적인 경우이다. 또한 특정한 목적이나 행정사무를 처리하기 위해 형성된 특별지방자치단체는 특수사무처리단체라고도 한다. 미국의 교육구·위생구·소방구·급수구와 같은 특별구, 도시정부가 도시권내의 특수한 행정사무를 처리하는 영국의 특별행정기관, 일본의 특별구 및 재산구 등이 이에 속한다.

그리고 행정사무의 공동처리를 위해서 설립된 특별지방자치단체는 광역도시권내 행정사무처리단체라고도 하며, 프랑스의 Commune 조합·연합구·도시공동체, 독일의 Gemeinde 조합·광역연합 등이 이에 해당한다.

특별지방자치단체는 주민을 구성원으로 하는 것과 보통지방자치단체를 구성원으로 하는 것의 두 가지 종류가 있는데, 미국의 각 특별구, 스위스의 특별지방자치단체와 일본의 특별구 등은 전자의 예이고, 영국의 공동위원회 또는 특별행정기관, 프랑스의 Commune 조합, 독일의 Gemeinde 조합, 일본의 지방공공단체의 조합 등은 후자의 예에 속한다(이규환, 2006, 220-221).

우리나라의 특별지방자치단체에는 일반적으로 지방자치법에 의한 '지방자치단체조합'과 지방공기업법에 의한 '공기업조합'이 있다고 주장되고 있지만(이규환, 2006: 221; 정세욱, 2000: 448; 안용식 외, 2006: 226-227; 최봉기, 2006: 191-194), 지방자치단체조합은 헌법상 보장되는 지방자치단체가 아니라는 주장도 있다(이기우 외, 2007: 63-64). 지방자치법 제2조 ③항 및 ④항에 비추어 볼 때 지방자치단체조합이나 공기업조합이 특별지방자치단체인가에 대하서는 논란의 여지가 있다(이달곤, 2005: 175).

5. 지방자치단체의 계층구조

(1) 계층구조의 의의

지역에서 수행되는 자치행정업무는 매우 복잡하고도 다양하기 때문에, 이를 어느 한 계층의 지방자치단체나 행정기관만으로 처리하기에는 한계가 있을 수밖에 없다. 어떤 업무는 비교적 좁은 지역을 단위로 수행될 수 있는 데 비하여, 어떤 업무는 보다 광역적인 지역을 대상으로 처리되는 것이 보다 효율적일 수 있다. 그리하여 도시국가가 아닌 대부분의 국가에서는 좁은 지역을 관할하는 지방자치단체나 행정기관과 이들을 기준으로 보다 광범위한 지역을 관할하는 또 다른 지방자치단체나 행정기관들을 설치하여, 상호 유기적인 조화와 협력 속에서 위민행정(爲民行政)을 수행하고 있는 것이 일반적인 경향이다.

이처럼 지방자치단체 계층구조의 문제는 지방자치단체 상호간 기능배분의 문제와 밀접한 관련을 가지며, 자치구역의 문제와도 맞물려 있다. 일반적으로 보통지방자치단체는 일정한 구역과 주민, 그리고 자치권을 그 구성요소로 하며, 그 목적이나 사무처리의 범위가 제한되어 있지 않은 일반적 단체임을 그 특질로 하는 까닭에 이론상 그것은 일정한 구역에 하나만 설치되어 있으면 된다. 이를 단층제(single-tier system)라고 한다. 그러나 현실에 있어서는 보통지방자치단체가 그 구역의 일부를 구성요소로 하는 다른 보통지방자치단체를 가지고 있어서 지방자치단체가 중복되는 경우가 많다. 이를 중층제(multi-tier system)라고 한다. 중층제에 있어서는 주민들과 직접 접촉하는 가장 소구역을 기초로 하는 지방자치단체를 기초자치단체 또는 제1차적 자치단체라고 하며, 중앙정부와 기초자치단체의 중간에 위치하는 넓은 구역의 지방자치단체를 광역자치단체 또는 제2차적 자치단체라고 한다. 대체로 지역주민의 생활과 밀착된 공공사무를 처리하는 기초자치단체에게는 광범위한 자치권을 부여하고 있으나 광역자치단체에 대해서는 제한적인 자치권을 부여하는 경우가 많다(최봉기, 2006: 194).

(2) 행정계층과 자치계층

일반적으로 지방행정에 있어서 계층(tier)은 성격상 크게 두 가지로 나누어진다. 그 하나는 행정계층이고, 다른 하는 자치계층이다. 행정계층이란 법인격을 갖지 않은 지방행정기관간의 상·하 수직적인 지휘·복종관계의 체계를 말한다. 반면 자치계층이란 법인격을 가진 지방자치단체간의 업무처리 체계를 말한다.

원래 각 지방자치단체는 법적으로 상호 대등한 지위에 있으며, 그들 간에는 상·하관계란 있을 수 없다. 그러나 지방자치단체도 국가사무를 위임받아 처리하고 있는 바, 그러한 한도 내에서는 지방자치단체도 상급기관의 지시와 통제를 받을 수밖에 없다. 따라서 위임사무 처리에 있어서 감독기관과 지방자치단체 사이에 상·하 관계가 성립하며, 우리나라와 같이 자치사무를 처리하는 경우에도 그 지방자치단체의 처분이 위법하거나 현저히 부당한 경우에는 감독기관이 이를 취소 또는 정지할 수 있으므로, 그 감독기관과 지방자치단체 사이에 상·하 관계가 성립하고 있다고 볼 수 있다. 이 경우 감독기관이란 보통 기초자치단체에게는 광역자치단체가, 광역자치단체에게는 국가가 되기 때문에 국가와 광역자치단체, 그리고 광역자치단체와 기초자치단체 사이에 상·하관계가 성립하는 것을 볼 수 있게 된다.

우리나라의 경우, 지방자치단체에는 ① 특별시와 광역시 및 도·특별자치도, ② 시와 군 및 자치구의 2종으로 하고 있으며, 특별시와 광역시 및 도·특별자치도는 중앙정부의 직할 하에 두고, 시는 도의 관할 구역 안에, 군은 광역시와 도의 관할 구역 안에, 자치구는 특별시와 광역시의 관할구역 안에 두고 있다. 이처럼 하나의 지방자치단체가 다른 레벨의 지방자치단체 관할 구역 안에 있음으로 인하여 발생하는 여러 가지 상호작용 관계가 다름 아닌 자치계층간 관계인 것이다.

또한 우리나라에서는 인구 50만 이상의 대도시에 구(행정구)를 두고, 군에는 읍과 면을 두며, 시와 구에는 동을, 읍과 면에는 리를 두고 있는데, 이들 사이에도 상하관계가 성립하는바, 이것이 행정계층 관계가 된다.

(3) 단층제와 중층제

1) 의 미

한 국가에 자치계층이 하나 밖에 없는 경우에 이를 단층제라 하고, 그것이 둘 이상 있는 경우에 이를 중층제라 한다. 우리나라는 2층 구조를 가지고 있는바, 주민에 가장 가까이 있는 지방자치단체를 기초자치단체, 그리고 중앙정부와 기초자치단체 사이에 있는 지방자치단체를 광역자치단체라고 한다. 자치계층은 보통 2계층으로 구성된 나라가 대부분이지만, 프랑스나 이탈리아와 같이 자치계층이 3계층으로 이루어진 경우도 있다.

기초자치단체는 주민의 생활과 밀착된 공공사무를 처리하는 소규모의 자치단위로서, 지방자치가 발달한 대부분의 국가에서는 기초자치단체에 광범위한 자치권을 부여하고 있다. 그러나 광역자치단체에는 다소 제한된 자치권을 부여하고 있는 경우가 일반적이다. 다만 영국, 미국, 일본 등에서는 광역자치단체에도 기초자치단체와 같은 넓은 자치권을 부여하고 있다. 우리나라는 근대적 의미의 지방자치 역사가 짧고, 오랫동안 간직하여온 중앙집권체제로 인하여 기초자치단체보다 광역자치단체에 더 많은 권한이 부여되고 있는 실정이다. 광역자치단체에 어떠한 기능을 부여할 것인가 하는 문제는 지방제도에 있어서 중요한 문제 중의 하나이다(최창호, 2007: 135).

2) 단층제와 중층제의 장단점

단층제가 바람직한 가, 중층제가 바람직한 가에 대해서는 논란의 여지가 있을 수밖에 없다. 따라서 지방자치단체의 계층문제는 그 나라의 역사적 문화적 토양과 국토 면적, 인구 수 등을 고려하여 다루어져야 한다. 일반적으로 단층제의 장점은 중층제의 단점이 되고, 중층제의 장점은 단층제의 단점이 된다. 단층제와 중층제의 단장점을 살펴보면 다음과 같다(최봉기, 2006: 195-198; 정세욱, 2000: 451-454; 최창호, 2007: 135-137).

(가) 단층제의 장단점

① 단층제의 장점

1) 중복행정의 폐단방지와 행정의 신속성 확보

단층제는 중층제에 비하여 이중 행정이나 이중 감독의 폐단을 방지하고 신속한 행성을 노무할 수 있다. 우리나라와 같이 기초자치단체와 광역자치단체 사이의 사무배분이 명확하지 않은 경우에, 동일한 사무처리를 수준이 다른 두 지방자치단체에서 동일하게 처리하는 경우도 있을 수 있으므로 이중행정의 현상이 일어날 수 있다. 계층구조가 하나일 경우에 이러한 중복행정을 방지할 수 있게 된다.

2) 행정낭비제거와 능률증진

단층제의 경우 중층제에 비하여 여러 면에서 능률성을 확보할 수 있다. 즉 이중행정을 수행함에 따른 불가피한 낭비를 제거함으로서 상대적인 능률을 증진시킨다. 행정계층이 많을수록 사무처리가 지연될 뿐만 아니라 행정비용이 그만큼 증가하는 당연한 이치이다.

3) 행정책임의 확보

단층제는 중층제에 비하여 업무에 대한 행정책임을 명확하게 한다. 단층제하에서는 지방자치단체 계층이 하나이기 때문에 중앙정부와 지방자치단체간의 행정기능 배분이 쉽게 이루어지고, 조정 또한 쉽게 이루어질 수 있다. 따라서 행정책임의 불명확이나 책임전가, 행정 사각지대의 발생과 같은 문제가 제기될 가능성이 훨씬 줄어들게 된다.

4) 지역특수성과 개별성 존중

단층제는 중층제에 비하여 각 기초자치단체의 자치권이나 지역의 특수성과 개별성을 더욱 존중할 수 있다. 중층제를 채택하는 경우, 광역자치단체는 대개 그 구역안에 서로 성격이 다른 도시행정과 농촌행정, 그리고 인구·재정능력 등이 상이한 많은 지방자치단체를 포괄하게 된다. 이럴 경우, 광역자치단체는 관할 구역안의 기초자치단체가 갖는 지역적 특수성과 개별성을 충분히 고려하지 않고, 그 구역안의 모든 공공사무를 획일적으로 처리하기 쉬우며, 따라서 각 지역의 특수성이나 개별성이 희생되는 경우가 발생할 수 있다.

5) 중앙정부와 주민간 의사전달의 정확성과 신속성 확보

단층제는 지방자치단체가 중앙정부의 위임사무를 처리하는 경우, 그 사무에 관한 주민의 의사와 여론을 중앙정부에 신속하게 전달할 수 있고, 중앙정부의 정책이나 계획을 주민에게 신속·정확하게 주지시킬 수 있다. 중층제에 있어서는 경유기관이 추가되므로 중앙정부와 주민간의 의사소통이 지체되고, 또한 누수현상이 생길 가능성이 많다.

② 단층제의 단점

1) 효율적인 국토관리에 부적합

단층제는 국토가 광활하고 인구가 많은 나라에서 채택하기 곤란하다. 국토 면적이 넓은 나라에서 소구역을 기초로 하는 기초자치단체와 전국을 관할하는 중앙정부를 직접 연결시키는 것이 비효율적이기 때문이다.

2) 중앙집권화 방지

단층제를 채택하면 광역자치단체가 없으므로 기초자치단체의 능력으로 처리할 수 없는 사무를 바로 중앙정부가 처리하게 되어 중앙집권화의 문호를 개방하는 결과를 초래할 수도 있다. 또한 기초자치단체를 보호할 여과장치가 없어, 지방자치의 기반이 공고하지 않은 나라에서는 자칫 지방자치가 허구화될 우려가 있다.

3) 광역행정수요에 대응미흡

단층제는 일반적으로 소구역을 단위로 하기 때문에 광역적 행정이나 개발에 관한 사무의 처리에 부적합하다. 소구역 단위의 지방자치단체에서는 대규모사업이나 광역행정을 수행할 수 있는 행재정적 능력의 한계가 있기 때문이다.

(나) 중층제의 장단점

① 중층제의 장점

1) 행정기능의 분업적 수행 가능

중층제는 기초자치단체와 광역자치단체 간에 행정기능을 분업적으로 수행할 수 있다. 즉 행정기능이 양적으로 팽창하고 질적으로 고도화된 현대 사회에 있어서 일정한 구역 내의 모든 사무를 하나의 지방자치단체가 종합적으로 처리하기에는 너무나도 비효율적이다. 그러므로 주민의 일상생활에 직결되는 공공서비스는 주민과 가장 가까이에 있는 소구역의 기초자치단체가 담당하고, 광역적 행정기능이라든가 조정업무는 광역자치단체가 담당하는 이른 바 행정서비스 처리에 있어서 수직적 분업체계가 확립될 때 행정서비스의 제공이 보다 효율적으로 될 것이다.

2) 기초자치단체의 보완적 기능

중층제는 기초자치단체가 그 본연의 기능을 제대로 수행하지 못할 경우 광역자치단체가 이를 보완할 수 있다는 장점을 가진다. 즉 기초자치단체의 능력으로 적절히 처리할 수 없거나 처리하기 곤란한 사무, 또는 그 처리가 비경제적이거나 행정의 질을 저하시킬 우려가 있는 사무에 대하여는 광역자치단체가 그 능력과 기능을 보충하여 처리할 수 있다.

3) 역사적 맥락과의 일치

중층제는 역사적 이유에서 채택되기도 한다. 인간의 사회생활 역사를 회고해보면, 먼저 동·리나 촌락과 같은 근린 지역사회가 형성되어 거기로부터 인간의 단체생활이 영위되었던바, 이것이 발전하여 오늘날의 기초적 지방자치단체를 이루게 되었다고 볼 수 있다. 한편, 교통·통신수단이 아직 충분히 발달되지 못하였던 근대 이전의 국가에 있어서는 중앙정부가 전영토를 직접 통할해 나갈 수 없었으므로 영토를 여러 구역으로 구분하고, 거기에 지방관을 파견하여 통치권을 행사하는 것이 보통이었다. 이러한 국가의 통치구역이 발달되어 광역적 지방자치단체가 되었다고 할 수 있다.

4) 과도한 중앙관여로부터의 완충 역할

중층제는 정부간 관계의 원활한 유지에도 도움이 된다. 즉 중앙정부가 모든 기초자치단체를 직접적으로 감독할 수는 없기 때문에 중간적 감독기관을 설립하여 그 기관으로 하여금 기초자치단체를 감독하게 하는 한편, 국가의 강력한 간섭과 감독으로부터 기초자치단체를 보호하기 위하여 중간적 감독기관을 필요로 한다고 할 수 있는 것이다.

② 중층제의 장점

1) 행정기능의 중첩현상과 이중행정의 폐해

기초자치단체와 광역자치단체는 동일한 주민과 구역을 대상으로 하고 있으므로 두 지방자치단체 간에 명확한 기능배분이 이루어지지 않은 한 행정기능의 중첩현상 내지 이중행정의 폐단이 생기게 된다. 또한 기초자치단체는 중앙정부와 광역자치단체로부터 이중감독을 받게 되며, 따라서 구체적인 지시·감독내용이 서로 다를 때에는 기초자치단체에서 혼란을 일으킬 수도 있다.

2) 행정책임의 불명확화

기초자치단체와 광역자치단체 간에 기능배분이 명확하지 않을 때에는 행정책임이 모호해진다. 따라서 권한 사항에 대해서는 서로 자기 소관이라고 주장하는 반면, 책임 사항에 대해서는 자기 소관이 아니라고 회피·전가하는 폐단이 생기게 되며, 그 와중에서 주민들은 많은 불편을 겪거나 불의의 손해를 입게 된다.

3) 행정의 지체와 낭비 초래

지방자치단체에서 국가의 위임사무를 처리할 경우, 중앙정부의 사전적·적극적인 지도와 감독을 받아야 하므로 계층의 수가 많을수록 경유기관이 많아지는 까닭에 그만큼 행정은 지연되며, 그에 따르는 경비도 증가하게 된다. 아울러 계층 수가 많아지면, 중앙정부에 대한 주민 의사의 전달과 주민에 대한 중앙정부의 정보 전달이 느려지고 왜곡되기 쉽다.

4) 지역의 특성과 개성을 살린 시책 추진의 어려움

광역자치단체는 그 관할 구역 안에 여러 이질적인 지방자치단체를 가지고 있다. 농촌형 자치단체가 있는가 하면, 도시형 자치단체도 있을 수 있다. 이들을 포괄하고 있는 광역자치단체는 모든 행정기능을 획일적으로 처리하고자 하기 때문에, 자치행정의 큰 장점이라고 할 수 있는 지역적 특성과 개성을 고려한 업무처리가 이루어지기 어렵다.

(4) 계층구조의 동향

중층제가 가지고 있는 단점 때문에 하나의 구역 안에는 하나의 자치계층만을 설치하는 것이 이상적이라는 주장이 제기되고 있다. 즉 공공사무는 대개 이를 상·하 두 계층의 소관사항으로 명백히 분리할 수 없고, 따라서 모든 사무를 단일의 자치계층에 전속시킴으로써 행정책임의 명확화 등 이상적인 사무 처리를 할 수 있다는 것이다. 그러나 이 주장은 좁은 구역 안에 많은 인구가 밀집되어 있고 주민의 경제적·사회적 생활관계가 불가분의 관계에 있으며 각종 행정서비스를 종합적으로 제공할 재정적·행정적 능력을 가지고 있는 도시지역에서는 타당할지 모르나, 농촌지역에서는 그 실현이 불가능하다는 지적이 제기되기도 한다. 따라서 각국의 자치계층은 국토면적, 인구수, 인구밀도, 개발정도, 사회구조, 문화정도, 전통 등 여러 요인에 따라 그 나라의 실정에 적합하도록 설정되어야 한다고 볼 수 있다.

오늘날 지방자치를 실시하고 있는 나라들 중 많은 나라가 2계층제를 채택하고 있다(최창호, 2007: 139). 즉, 국가가 전국을 수개의 구역으로 구분하여 구역별로 통치권을 행사하였던 역사적 유산, 그리고 현대에 있어서의 일상생활 관련 사무와 광역적 사무의 분업적 처리의 요청, 중앙정부와의 연락·조정의 필요 등에 의하여 기초자치단체 외에 광역자치단체를 설치하여 자치계층을 2계층으로 하는 것이 일반적인 추세이다. 지난 1970년대의 각국의 지방제도 개혁에서도 대체로 2계층제가 채택된 바 있고, 앞으로도 많은 국가들이 특수사정이 없는 한 2계층제를 선호할 것이 예견되고 있다. 다만 프랑스가 1980년 지방제도 개혁을 하면서 3계층제를 채택한 바 있으며, 대도시 지역에서는 단층제를 채택한 경우도 있다(최창호, 2007: 137-139).

지방자치의 2층 구조에 있어서 광역자치단체의 지위나 성격에 관하여는 논란이 많다. 우리나라와 같이 중앙집권적 역사 전통을 가진 나라에서는 광역자치단체가 기초자치단체 위에 군림하는 경우도 있으나, 지방자치의 본래적 기능을 고려한다면 광역자치단체는 보충성의 원칙에 따라 기초자치단체를 보완해주는 보완적 자치계층이라고 할 수 있다.

제 3 절 지방자치단체와 구역

1. 문제의 제기

오늘날 민주주의를 지속적으로 유지·발전시키기 위한 한 방편으로서 지방자치의 위기 극복이 중요한 과제로 등장하고 있다. 이것은 현대사회가 지방자치단체에게 요구하는 각종 행정수요에 대하여 지방자치단체가 적절하게 잘 대응하고 있는가의 문제로 귀결된다고 할 수 있을 것이다. 그리하여 지방자치단체의 행·재정 능력, 즉 지방자치단체의 급부 능력의 향상이 주요 과제로 등장하고 있으며, 이러한 정부의 급부 능력 문제는 국가운영의 기본단위인 행정구역의 크기와 밀접한 상관관계가 있다. 그러므로 20세기 후반에 이르러 선후진국을 막론하고 정부의 급부 능력 조정이라는 차원에서 행정구역 재조정의 문제가 중요한 과제로 제기되고 있는 것이다.

그런데 현행 우리나라의 행정구역은 지방자치단체의 규모가 작고 지방행정사무가 단순했던 시대에 주로 주민의 편의를 중심으로 책정된 것이기 때문에 오늘날에는 많은 문제점을 안고 있는 것이 현실이다. 특히 우리나라의 행정구역은 1894년 갑오개혁과 1914년 일제 치하에서 획정된 이후로 근본적인 개편 없이 현재에 이르고 있는 실정이다. 이제까지 단편적으로 이루어진 행정구역 개편은 주민 편의나 국가경쟁력 제고의 차원에서 다루어졌다기보다 주로 통치의 편의나 관료의 이해관계에 따라 좌우되어 왔던 것이다.

그러한 현실을 고려할 때, 세계사적인 조류로서의 지방화와 주민편의 및 국가경쟁력 제고, 그리고 남·북 통일에의 적극적인 대응이라는 차원에서 행정 제도의 근본적인 토대라고 할 수 있는 행정구역을 시대에 맞도록 근본적으로 재편하는 일은 매우 중요한 국가적 과제 중의 하나라고 하지 않을 수 없다.

2. 행정구역 개편의 기준과 방법

(1) 구역개편의 기준

앞에서 논의한 대로 우리나라의 행정구역은 약 100여 년 전에 획정된 것이 근본적인 변화 없이 오늘에까지 이르고 있어, 현대가 요구하는 제반문제를 행정이 효율적으로 잘 대처할 수 있을 것인가에 대한 의문이 제기되고 있다. 따라서 시대적 변화에 대응하고 행정의 효율적인 수행을 위해 구역개편의 필요성이 강력히 요청되고 있다.

구역을 개편할 때 그 기준을 어디에 두어야 할 것인가? 지방자치단체의 구역을 개편하는 데 있어서 가장 기본적인 문제는 지방자치단체의 크기를 어느 정도로 하는 것이 적정한가 하는 이른바 규모의 적정화에 관한 것이다. 능률의 관점에서 본다면 지방자치단체의 규모는 가능한 한 넓어야 할 것이나, 이처럼 규모가 너무 큰 경우에는 지방자치의 중요한 가치인 주민 참여나 통제가 어렵게 되어 민주화에 지장을 초래하게 된다. 따라서 지방자치단체 구역의 크기 문제는 서로 상반되는 성격을 가진 민주성과 능률성을 동시에 어떻게 충족시킬 수 있는 것인가 하는 문제로 직결된다(오재일, 2002; 30-31).

지방자치단체 규모의 적정화에 대해서는 많은 학자들이 그 기준을 제시하고 있다. 밀스포(A.C.Millspaugh)는 공동사회, 행정능률, 행정편의, 자립재원 등 네 가지를(Millspaugh, 1936: 71-78), 영국의 지방행정위원회는 효과성과 편의성의 두 가지를(최창호·정세욱, 1980: 597), 와다(和田英夫)는 지리적 조건, 면적·인구·재정능력, 기능적 관할구역, 재정적·인사적 능력 네 가지를(和田英夫, 1965: 65-74), 김안제는 등질성(等質性), 거점성, 계획성 등 세 가지를(김안제, 1982: 559), 장지호는 행정능력, 기능적 구역, 공동사회, 구역의 관성, 행정의 접근성, 주민통제 등 여섯 가지를(장지호, 1982: 342) 제시하고 있다. 이러한 견해들을 바탕으로 여기에서는 행정구역개편의 기준, 즉 적정화의 기준으로서 공동사회성·행정능력·주민편의성·지역개발성 등 네 가지 측면에서 살펴보고자 한다.

1) 공동사회성

적정한 행정구역은 공동사회적 성격을 띠고 있어야 한다. 여기에서 공동사회(Community)란 그 공동체의 크기와 관계없이 지역민이 일상생활을 하는 데 있어서 불편을 느끼지 않는 심정적·공간적 범위를 말한다. 즉, 공동사회는 자연적·정신적·

사회적·경제적으로 자기완결적인 일체성을 갖는 생활권 및 지역경제권을 의미한다고 할 수 있다. 따라서 행정구역은 '우리'라는 의식 속에 모두가 공감대를 형성할 수 있는 정도의 일체성을 가질 수 있도록 구획되어야 한다. 행정구역이 이와 같이 공동사회적인 성격을 가지고 있을 때, 그 주민들은 공통적인 가치와 이해관계 속에서 상호 응집성과 유대성이 잘 발휘되어, 지역적 충성심 또는 애향심이 발휘되게 된다. 따라서 인위적으로 책정되는 지방자치단체의 구역은 바로 이러한 공동사회의 영역과 일치되어야 한다(장지호, 1982: 297).

그런데 이러한 공동사회는 다음의 세 가지 속성에 의하여 영향을 받는다(노융희, 1968: 160). 첫째, 생활권과의 일치이다. 행정구역이 주민들의 일상적인 생활범위와 관련되는 생활권과 일치하는 경우, 주민들은 지방자치단체에 보다 적극적인 관심을 갖고 참여하게 되어, 주민의 자치의식도 촉진되게 된다. 둘째, 전통과의 일치이다. 전통성은 그 지역사회가 오랫동안 지속되어 오는 동안 자연적으로 형성되는 것이기 때문에 지방자치단체 구역이 이 전통성과 일치하는 경우, 주민들의 지역사회에 대한 애착은 더욱 증대하게 된다. 셋째, 지형상의 일치이다. 산맥·하천·바다 등 지리적 여건은 주민생활에 여러 가지 영향을 미치고 있기 때문에 행정구역이 이러한 지형·지세에 일치할 때에는 공동사회 형성력이 훨씬 강해지는 것이다.

2) 행정능력

행정능력이란, 지방자치단체가 어느 정도 규모를 이룰 때 행정이 효율적으로 수행될 수 있는가 하는 규모의 적정성을 말한다. 이 행정능력을 구성하는 요소는 크게 나누어 물적 능력과 인적 능력으로 나눌 수 있다. 이 물적·인적 능력은 지방자치단체가 그 맡은 바 임무를 효율적으로 처리하는 데 실질적으로 아주 중요한 요인이 된다.

(가) 물적 능력

지방자치단체가 해당 지역 내의 행정수요에 효율적으로 대처하기 위해서는 충분한 재정적 능력을 구비하고 있어야 한다. 따라서 행정구역은 재정조달 가능성을 고려하여 획정되어야 한다. 왜냐하면 건전한 재정을 확보하고 있어야만 중앙정부에의 의존도를 줄이고, 더 나아가 주민들에게 충분한 서비스를 제공함으로써 지방자치 본래의 의도를 구현시킬 수 있기 때문이다. 자기의 재정으로서 해당지역의 행정수요를 감당할 수 없는 빈곤한 행정구역은 통합되거나 폐지되어야 한다. 재정적 견지에서 본다면 지방자치단체의 규모는 크면 클수록 좋다고 할 것이다.

(나) 인적 능력

지방자치단체가 현대 사회의 제반 요구에 능동적으로 대응하기 위해서는 충분한 인적 능력을 구비해야 한다. 이제까지 지방자치단체는 해당지역에 관한 사안이라고 하더라도 거의 중앙에서 결정된 사항을 중앙의 지시에 따라 집행하기만 하면 되었다. 그러나 자치시대의 도래와 함께 해당 지역의 문제는 해당지역에서 결정·집행하지 않으면 아니되게 되었다. 아울러 도시형 사회의 출현과 지식정보화 사회의 진전은 지방자치단체가 당면하고 있는 제반 과제도 예전과는 달리 복잡하고 해결하기 어려운 문제들이 많아, 행정담당자에게 있어서도 더 많은 지식과 통찰력이 요구되고 있다. 따라서 유능한 인재를 확보하기 위해서도 지방자치단체는 그 규모를 적정화하는 것이 필요하다. 유능한 인재의 부족은 일부의 지방적 사무를 지방자치단체로부터 중앙정부의 일선기관으로 이관케 하거나 중앙정부의 지방자치단체에 대한 통제를 초래하게 하는 원인이 되고 만다(김종표, 1978: 42). 이러한 점에서 필요하고 충분한 인력을 확보할 수 있도록 구역을 재조정하는 것이 필요하다.

3) 주민의 편의성

지방자치가 가지고 있는 본래적인 가치를 생각하여 볼 때, 지방자치단체의 구역은 주민이 행정을 잘 통제하고 감시할 수 있을 뿐만 아니라, 쉽게 관청에 접근할 수 있도록 책정되어야 한다. 이런 입장에서 보면 지방자치단체의 구역은 소규모인 것이 바람직스럽다. 주민의 행정구역과 관련된 편의성은 관청이용과 민중통제의 양면에서 파악해 볼 수 있다.

첫째, 주민의 관청 이용 면에서 볼 때 행정구역이 너무 넓음으로 인한 과도한 시간적·물질적 비용을 절약하고, 관청에 대한 주민의 접근성을 용이하게 하기 위해서 행정구역은 주민들이 정신적으로나 물질적으로 큰 부담 없이 쉽게 왕래할 수 있을 정도의 넓이가 되어야 한다.

둘째, 주민통제 면에서 볼 때 지방자치단체의 구역은 주민의 행정에 대한 통제가 효율적으로 행사될 수 있는 정도의 구역이어야 한다. 즉 지방자치단체에 대한 효과적 주민통제를 위해서는 주민이 공직자와 자주 접촉할 수 없을 정도로 넓어서는 안 된다. 구역이 너무 넓게 되면 ① 공직취임의 기회가 적어지고, ② 공동체 의식이 약화되어 주민들의 행정에 대한 관심이 약해지며, ③ 공직자의 지역에 대한 친근감을 잃게 된다(장지호, 1973: 212). 그리하여 행정이 주민들로부터 원격화 되어 주민들과의 유대감이 약화된다. 이는 결국 지방행정의 관료주의를 초래한다. 따라서 지방행정의 관료화를 방지하고 지방자치의 건전화를 위해서는 지방자치단체와 주민사이의 거리를 가깝게 함으로써 주민참여의 기회를 확대시켜야 한다.

4) 지역개발성

적정한 행정구역은 지역개발에 지장을 주지 않아야 한다. 관련된 개발자원은 가능한 한 동일 행정구역 내에 있고, 개발권역은 행정구역과 일치할 것이 요망된다(노융희, 1968: 161). 행정구역과 개발자원에의 일치성의 요구는 필연적으로 구역의 확대를 요구하여 오늘날의 광역행정을 초래하게 하였다. 행정구역은 그 자체가 가지는 보수성과 전통성으로 인하여 그 변경에는 많은 저항이 수반되어 쉽게 이루어질 수가 없는 경우가 많다. 따라서 구역을 개편할 때에는 미래의 지역개발 이익까지도 고려하여 종합적으로 이루어져야 할 것이다.

이상에서 살펴볼 때, 행정구역은 사회공동성이나 주민편의성의 견지에서 보면 적을수록 좋고, 행정능력이나 지역개발성의 입장에서 보면 클수록 좋다고 할 것이다. 전자의 입장은 행정의 민주화와 연관되고, 후자의 입장은 행정의 능률화와 관계된다고 볼 때, 결국 행정구역 개편의 문제는 현대 행정의 2대 과제라고 할 수 있는 행정에 있어서의 민주화와 능률화의 조화 문제와 관련된다고 하겠다.

(2) 구역개편의 방법

구역의 변경, 즉 개편 방법에는 여러 가지가 있지만, 여기에서는 자연적 원인에 의하는 경우와 인위적 원인에 의하는 경우로 나누어 고찰하고자 한다. 전자는 자연현상으로서 구역의 변화인데, 예를 들면 하천의 유역변경이나 토지의 함몰 또는 융기와 같은 자연현상의 변동에 따라 구역이 자연적으로 변화되는 경우를 말한다. 인위적 원인에 의한 변경이란 인간의 추구목표 내지 생활영위 여하에 따라 구역이 변경되는 경우를 말한다. 여기에는 폐치분합과 경계변경 및 구역재편의 세 가지 형태가 있다.

1) 경계변경

경계변경은 지방자치단체의 존폐와는 관계없이 단지 경계의 변화만을 가져오는 구역변경을 말하는 것으로서 법인격의 변화가 수반되지 않는다. 다시 말하면, 어느 지방자치단체 구역의 일부를 떼어서 다른 지방자치단체의 구역에 이관시키는 것을 말하는 것으로서 일반적으로 구역변경이라 할 때에는 경계변경만을 가리키는 것이 보통이다.

2) 폐치분합

폐치분합은 법인격의 변동을 수반하는 것으로서 단체의 신설 또는 폐지를 수반하는 구역의 변화를 의미한다. 여기에는 분할·분립·합체·편입 등 네 가지 종류가 있다(地方自治行政研究會編, 1983: 86). 분할이란 하나의 지방자치단체를 폐지하고, 그 구역을 분할하여 여러 개의 지방자치단체를 설치하는 것이다. 합체는 둘 이상의 지방자치단체를 폐지하여 그 구역에 새로운 하나의 지방자치단체를 설립하는 것이다. 편입은 하나의 지방자치단체를 폐지하고 그 구역을 다른 지방자치단체의 구역에 포함시키는 것을 말한다. 분립은 하나의 지방자치단체의 구역의 일부를 떼어서 거기에 새로운 지방자치단체를 설립하는 경우를 말한다.

3) 구역의 재편

구역재편이란 구역의 전면적 재획정이라고도 하는데, 이는 기존 지방자치단체 규모의 불합리성을 시정하기 위하여 구역을 일정한 기준에 의하여 전면적으로 재조정함으로써 지방자치단체의 규모가 전면적으로 재정립되는 것을 말한다. 이 방식에 의하여 책정되는 구역은 종전의 구역과는 전혀 다른 새로운 것이며, 그 규모는 재편 이전의 지방자치단체 규모에 비해 현격히 달라지는 것이 보통이다.

3. 우리나라 행정구역의 변천

우리나라 행정구역의 역사는 멀리 한사군의 군현제까지 소급할 수 있지만 근대적 의미의 행정구역은 갑오개혁 이후부터라고 할 수 있다. 전근대적이지만 수많은 개편을 겪으면서 유지되어 온 행정구역은 1894년의 이른바 갑오개혁으로 오늘날과 같은 행정구역의 골격이 형성되었다.

(1) 대한민국 정부 이전

1) 갑오시대

1895년 5월 칙령 제98호에 의하여 대대적인 지방제도의 개혁이 이루어지게 되었다. 즉, 조선 개국 이래 약 500년간 지속되어 오던 8도제가 폐지되고 23부제가 채택되었으며,

종래 부·목·군·현 등 다양하게 불려오던 하부 행정구역들이 군으로 통일되고, 이를 23부 밑에 두도록 하였다. 또한 모든 지방관의 계층을 새로 확립하였으며, 이제까지 지방장관이 가지던 군사권·재판권·경찰권을 분리하여 중앙관서의 각 기관이 관장토록 함으로써 지방행정체계에 커다란 변화를 가져왔다.

그러나 이러한 23부제는 소지역주의에 입각한 과다분할로 실제의 행정운영상 많은 어려움이 노출되었을 뿐만 아니라, 오랫동안 이어져 온 8도제를 충분한 검토도 없이 외압에 의하여 인위적으로 개편하였기 때문에, 전통과 현실 사이에 마찰이 일어 그 실시 1년 3개월 만에 폐지되고 말았다. 그래서 1896년 8월 칙령 제36호로 '지방제도·관제·봉급경비개정'의 건을 공포하여, 23부제를 폐지하고 13도제를 다시 채택하게 되었다. 이때의 13도제는 대체로 종래의 8도에 바탕을 두어 경기·강원·황해의 3개도를 제외한 충청·전라·경상·평안·함경 등 5개도를 남북양도로 분할한 것이었고, 이 13도 아래의 하부 행정구역으로는 부·목·군 등으로 구분하였는데, 수도인 한성부만은 정부직할 하에 두어 도와 그 격을 같이 하였다.

그리하여 1895년의 23부제와 1896년의 13도제에 입각한 두 차례의 대개편을 통하여 종래 모든 관료들이 왕에 대하여 직접 책임을 지던 평면적인 행정조직체계로부터, 책임분담을 원칙으로 하는 계층제에 입각한 이른바 '피라미드'형의 현대적 행정체제로의 전환을 보게 되었다. 우리나라의 현행 지방행정 구역체계는 이 13도제에서부터 그 기반이 확립된 것으로, 우리나라 지방행정 구역 발전사에서 차지하는 의의가 매우 크다고 할 것이다(김진봉 외, 1981: 47-51).

2) 일제시대

1910년 8월 한일합방과 함께 조선통독부가 발족되고, 바로 뒤이어 지방제도에 대한 정비가 단행되었다. 1910년 9월 칙령 제354호와 357호에 의하여 도 관찰사를 도 장관으로 개칭하고, 도의 하부 행정구역으로 부·군을 두며, 각 부·군에 면을 두었다. 그리고 이제까지 명백한 법제적 규정이 결여되어 있던 면을 지방행정의 최하급기관으로 인정함과 동시에 면·사·방·부·기타 여러 가지 명칭으로 불리던 것을 면으로 통일하였고, 그때까지 정부직할 하에 두었던 한성부를 경성부로 개칭함과 동시에 경기도 관할하에 두도록 하였다.

일제하에서의 대대적인 지방행정 구역 개편은 1913년에 이루어졌다. 즉, 1913년 12월 부령 제11호에 의하여 도의 관할구역과 부·군의 명칭 및 관할구역이 대폭 조정되었는데, 특히 이때 부·군 관할구역의 대폭적인 합병은 그 하부의 면과 동·리의 명칭과 관할구역의 대대적인 개편까지도 수반하였다는 점에서 가히 전면적 개편이었다고 할 수 있다. 오늘날의 각급 지방행정 구역의 명칭과 규모는 이때에 그 기틀이 확립되었다고 할 수 있다.

1913년 부령 제14호 '부제'에 의하여 부가 최초로 공법인인 자치단체로 되었으며, 1917년 부령 제1호 '면제'에 의하여 이제까지 단순한 행정구역에 불과하였던 면에 일정한 범위 내에서 공공사무를 스스로 처리할 수 있는 능력을 부여하였는데, 이와 관련하여 면을 지정면과 보통면으로 나누었다.

또, 1920년에는 제1차 지방제도 개정이 단행되어, 지방공공 사무의 폭이 넓어짐과 동시에 자문기관인 도 평의회, 부·면 협의회 등의 설치를 보게 되었다. 1930년에는 제2차 지방제도 개정이 이루어져 과거의 지정면이 읍으로 됨과 아울러 도와 읍이 공법인으로 되었고, 도·부·읍에 의결기관인 도회·부회·읍회가 설치되어, 그런 대로 한정적이나마 지방자치가 실시되었다(최창호, 1979: 35-36).

1913년 지방행정구역의 대규모 정리 이후로 1945년 해방에 이르기까지 행정구역은 큰 변화 없이, 면의 읍 승격이나 읍의 부 승격 같은 부분적인 행정구역의 조정만이 있었다.

3) 군정시대

1945년 8월 해방은 되었으나 남북 분단 및 미국과 소련의 신탁통치에 따른 절름발이 독립을 맞이하게 되었고, 행정구역 개편 문제는 이러한 정치적 영향을 받아 근본적인 개편 없이, 남북 분단에 따른 부분적인 행정구역 개편만이 있었다.

미군정은 지방제도에 관하여 일제법령의 효력을 그대로 지속시킴으로써 과도기적 통치를 행하였다. 즉, 경성부를 서울시로 개칭함과 아울러 1945년 11월 군정 법령 제22호로써 북위 38도선 이남에 인접한 행정구역을 조정하고, 1946년 3월에는 군정 법령 제60호로서 도회·부회·읍회 등의 지방의회를 해산하였다.

4) 행정구역 개편의 특징

근대화를 주체적으로 소화하지 못한 우리나라는 행정구역에 있어서도 우리의 역사적 유산과 문화에 맞도록 개편하지 못하고, 식민지 지배의 편의를 위하여 행정구역이 개편·정리되었다. 그리고 군정시대에는 과도기적 성격을 가진 채 일제시대의 산물을 그대로 답습함으로써 행정구역은 민족적 자주성 없이 외세에 의해 좌지우지되어 왔음을 알 수 있다.

(2) 대한민국 정부 이후

1) 제1·2공화국 시대

정부 수립과 함께 1948년 11월 법률 제8호로서 "지방행정에 관한 임시조치법"이 공포되어, 1945년 8월 현재의 시·도(道)·부·군·도(島)의 관할구역이 그대로 계승되었다. 곧이어 1949년 7월 법률 제32호로서 "지방자치법"이 시행됨으로써 우리나라는 최초로 근대적 의미의 지방자치가 실시되기에 이르렀다. 동법에 의하여 지방자치단체의 계층적 구조가 도와 특별시, 그리고 시·읍·면의 두 종류로 되었으며, 도와 특별시는 정부의 직속 하에 두고, 시·읍·면은 도의 관할 구역 내에 두었다. 또한 도의 관할 구역 내에 군을, 서울특별시와 인구 50만 이상의 시에 구를, 시·읍·면과 구에는 동·리를 두도록 하였다. 그리고 부를 시로, 울릉도를 울릉군으로 개칭하는 이외에는 종래의 행정구역을 그대로 계승하였고, 이를 변경하거나 폐치·분합하고자 할 때에는 법률로써 하도록 하였다.

한편 1950년대는 지극히 불가피한 경우를 제외하고는 지방행정 구역이 개편되지 않았다. 그러다가 1960년 4·19 이후에 출범한 제2공화국에서는 지방자치법을 대폭 개정하여 시·읍·면장 및 서울특별시장, 도지사의 공선제 등을 채택·실시하였으나, 정권의 단명으로 인하여 행정구역에는 손을 대지 못하고 5·16 군사쿠데타를 맞이하였다.

2) 제3·4공화국 시대

1961년 5·16 군사쿠데타의 발발로 모든 지방의회는 해산되었으며, 동년 9월 "지방자치에 관한 임시조치법"에 의하여 기초자치단체를 읍·면 대신에 군으로 개편함과 동시에 지방행정의 방향을 "지방주민의 자치로 행하게 함으로써 대한민국의 민주적 발전을 기함"에서 "능률화하고 정상화함으로써 지방자치행정의 건전한 토대를 마련함"으로 바뀌었다. 즉, 지방자치의 목적을 민주화보다는 능률화에 우선을 두었다고 할 수 있다.

1962년 1월에는 "서울특별시 행정에 관한 특별조치법"이 제정되어 서울특별시가 국무총리 직속으로 격상되었으며, 동년 11월에는 "부산시 정부직할에 관한 법률"에 의하여 부산시가 경상남도 산하로부터 분리되어 정부 직할로 됨으로써 서울시와 부산시는 다른 시와 달리 취급받게 되었다. 1970년대에는 이농현상과 경제성장의 가속화로 수도권과 공단지역에 인구가 몰리게 되어 많은 시들이 새로이 생겨났으며, 광주와 대전에도 구제(區制)가 도입되었다. 아울러 군청 소재지는 인구의 규모에 관계없이 모두 읍으로 되었다.

3) 제5·6공화국 시대

제5·6공화국 시대에도 공업위주 성장 정책의 영향으로 대도시 지역을 중심으로 하는 공단지역에 인구가 집중하여 대도시 주변지역에 많은 위성도시들이 탄생하였으며, 직할시의 승격이 정치적 고려에서 많이 이루어졌다. 즉 1981년 7월에는 대구시와 인천시가, 1986년 11월에는 광주시가, 그리고 1988년 1월에는 대전시가 직할시로 되었다. 또한 이 기간에는 행정구역의 명칭변경과 경계변경, 그리고 행정구역의 분립 등이 이루어졌다.

4) 문민정부 시대

김영삼 정부가 들어선 이래 사회 각 분야에서의 개혁이 진행되면서 지방행정구역의 개편도 함께 이루어졌다. 그간 내무관료 중심의 행정구역 개편이 이루어진 까닭에 행정구역의 불합리한 면이 많았다. 그 대표적인 예가 1994~1995년에 논의된 소위 도·농통합형 행정구역 개편 논의이다. 정부는 1994년 43개 군과 49개 시를 통합대상 시·군으로 선정하여 공청회와 여론조사식 주민 의견수렴 절차를 등을 거쳐 주민간의 갈등을 빚은 지역을 제외하고 1995년 1월 1일자로 제1차 도농통합시를 발족시켰으며, 그 뒤 5개 지역이 통합되어 모두 40개의 도농통합시가 성립하게 되었다. 그리고 1995년 대대적인 시·군 통합 추진 시 지역주민의 반대로 무산되었던 여수시·여천시·여천군 통합이 1998년 4월 1일 이루어져, 여수시로 되었다. 아울러 1995년 1월 1일부터는 자치시대에는 그 용어가 맞지 않는다고 하여 직할시가 광역시로 그 명칭이 바뀌었다.

5) 국민의 정부 시대

교통·통신의 발달, IMF 경제위기 등과 같은 지방행정을 둘러싼 환경 여건의 변화로 1980년대 이후 방만하게 운영되어 온 지방행정조직에 대하여, 국민의 정부는 구조조정 차원에서 기구와 인력을 축소·조정하였고, 그 동안 주민과 가장 밀접한 관계에 있던 읍·면·동에 대해서도 과소(過小) 동의 통·폐합과 함께 그 기능 전환

등을 추진하여 지방행정조직에 커다란 변화가 이루어졌다.

우선 지방자치단체의 구조조정 차원에서 1998년 6월말 현재 인구 5천명 미만인 과소 동의 통·폐합을 추진하여 총 274개의 동을 통·폐합하였다. 그리고 읍면동 사무소는 그동안 지방행정의 최일선 기관으로서 주민과 직접 만나는 역할을 담당하여 왔으나, 교통·통신의 발달과 생활권·경제권의 확대 등으로 읍면동 단위의 일반 행정기관성이 약화됨에 따라 그 기능과 역할을 새롭게 조정하는 차원에서 읍면동의 폐지와 기능전환의 문제가 검토되기에 이르렀다. 그리하여 국민의 정부 하에서는 구조조정이라는 차원에서 읍면동의 폐지를 시도하였으나, 읍면동 폐지에 다른 부작용 등을 고려하여 기능전환으로 방향을 전환하게 되었다. 그러나 읍과 면, 그리고 동의 역사와 역할이 다른 점을 고려하여 동일한 하부 행정기관이라고 하여 이를 획일적으로 다룰 수 있는가에 대한 문제점도 지적되고 있다(오재일, 1999: 100).

또한, 국민의 정부 하에서는 읍·면·동을 민원과 사회복지업무 중심으로 재조정하고, 여유 공간을 주민들의 참여와 생활 편의 공간으로 활용하고자 주민자치센터화하여 주민들로 구성된 주민자치위원회에서 이를 자율적으로 관리하도록 하였다.

6) 참여정부 시대

분권과 균형을 국정의 주요 과제 중의 하나로 내걸은 노무현 '참여정부'는 분권과제를 논의하는 과정에서 행정구역 개편의 중요성은 인정하지만, 지방자치단체 수용태세의 기본이라고 할 수 있는 '담을 그릇론' 논의가 자칫하면 분권과제의 수행에 지장을 준다는 의미에서 행정구역 개편 논의는 그 대상에서 제외하였다. 다만 분권과제의 시범적 실시라는 측면에서 2006년 제주도를 제주특별자치도로 법제화하면서, 제주특별자치도에 자치경찰제도 등을 도입하는 등 선구적 자치실험을 시도하였다.

이상의 주요 시대별 행정구역을 정리하여 보면 <표 3-1>과 같다.

7) 행정구역 개편의 특징

해방이후 군정기를 거쳐 대한민국 정부가 들어선 후, 우리나라 행정구역은 조선말기와 식민지 초기 외세에 의하여 책정된 것이 근본적인 개편 없이 오늘에 이르고 있다. 특히, 1980년대에 들어서면서 대중적 기반이 더욱 약화된 군사정권은 그 정권 유지의 주요 축이었던 내무 관료들의 기관팽창주의를 정치적으로 제어하지 못함으로써 오늘날 행정구역 개편 논의의 직접적인 계기가 된 행정구역의 난립성을 보여주고 말았다.

◈ 표 3-1 ◈ 행정구역 변천 내역

구분 연도	특별시	광역시	도	시	군	구	읍	면	동
1896			13	17(부)	331				
1910			13	12(부)	317			4,322	
1914			13	12(부)	218			2,518	
1945			13	21(부)	218		107	2,243	
1948	1		9	14(부)	133	8	73	1,456	
1949	1		9	19	134	9	75	1,448	
1953	1		9	19	135	9	75	1,448	
1955	1		9	24	139	9	73	1,426	
1960	1		9	26	139	15	85	1,382	
1963	1	1(직할시)	9	30	139	20	91	1,382	
1967	1	1	9	30	140	24	91	1,382	
1973	1	1	9	33	138	28	122	1,349	
1977	1	1	9	33	138	33	122	1,346	
1980	1	1	9	38	139	41	204	1,256	
1981	1	3	9	46	139	41	188	1,253	
1985	1	3	9	46	139	44	177	1,266	
1986	1	4	9	57	139	44	191	1,274	
1989	1	5	9	67	137	67	179	1,260	
1990	1	5	9	67	137	69	180	1,261	
1993	1	5	9	67	136	74	177	1,257	
1995	1	5(광역시)	9	67	98	88	193	1,240	
1996	1	5	9	72	93	90	193	1,236	
1997	1	6	9	71	94	90	196	1,231	
1998	1	6	9	72	91	90	195	1,230	
1999	1	6	9	72	91	90	195	1,230	
2000	1	6	9	72	91	90	196	1,229	
2001	1	6	9	74	89	88	200	1,223	
2002	1	6	9	74	89	88	205	1,217	2,097
2003	1	6	9	74	89	90	208	1,214	2,105
2004	1	6	9	77	88	91	209	1,211	2,151
2005	1	6	9	77	88	91	211	1,209	2,153
2006	1	6	9	77	88	95	209	1,208	2,168
2007	1	6	8(특별자치도1)	75 (행정시2)	86	69(일반구26)	212	1,206	2,166

주: 1948년 이후는 남한만의 행정구역이다.

자료: 1) 행정자치부. (2001).「지방행정구역발전사」. 16면.

2) 행정자치부. (2007).「지방자치단체 행정구역 및 인구현황」. 389면.

4. 우리나라 행정구역의 문제점

우리나라의 행정구역은 전술한 바와 같이 전통적인 농업사회의 틀을 벗지 못한 조선말기와 일제초기에 이루어진 것을 근간으로 하고 있으며, 시대의 변천에 따라 부분적인 개편을 겪으면서 오늘에 이르고 있다. 따라서 행정구역이 오늘날 사회가 요구하는 제반문제의 해결을 위해 민주적이고 효율적으로 잘 대응할 수 있느냐에 대한 의문이 제기되고 있다. 우리나라 행정구역의 문제점으로서는 다음과 같은 점들이 지적되고 있다.

(1) 계층구조의 과다

계층구조의 높이의 문제는 행정구역 넓이의 문제와 깊은 관련이 있다. 현행 우리나라 지방행정의 계층구조가 과도하게 다층으로 형성되어 있다는 점이다. 시· 도와 시·군·자치구의 자치 2계층과 읍면·동리 등 비자치 2계층이 있어, 모두 합하여 3~4계층의 구조를 이루고 있다. 이 4계층 중 전자의 2계층은 외국에서도 일반적으로 채택되고 있는 제도로서 문제될 것이 없다고도 할 수 있지만, 후자의 비자치계층이 문제된다. 특히 기초자치단체 밑에 비자치행정계층이 2계층이나 존재한다는 것은 효율적인 행정처리라는 측면에서 문제라고 아니할 수 없다. 즉 행정계층이 농촌지역에서는 4계층이고, 일반시 지역에서는 3~4계층이며, 특별시나 광역시에서는 3계층으로 되어 있다. 이와 같은 계층의 과다는 우리나라에 '터널행정'이라는 용어를 만들어내고 있으며 (박동서 외, 1982: 95), 의사소통의 왜곡과 시간적 지체 등을 초래하여 행정의 효율성 제고에 많은 지장을 주고 있다.

(2) 자치구역의 과대성

현재 자치구역인 군은 5·16 쿠데타 당시 단순한 행정단위에 불과하였던 것을 충분한 검증도 거치지 아니한 체, 이를 그대로 자치구역화 시킴으로써 문제점이 제기되고 있다. 즉, 1961년 "지방자치에 관한 임시조치법"에 의하여 기초자치단체를 읍면에서 군으로 하였다. 그런데 기초자치단체인 시·군·자치구의 평균면적이나 인구가 세계에서 그 유례가 없을 정도로 대규모화됨으로서 공동생활권에 의한 공동체의식이란 생각할 수 없게 되었다. 지방자치란 본래 주민들의 지연에 근거한 공동체적 의의, 즉 애향심을 기초로 그들간의 공통의 관심사를 공동으로 처리해 나가는 것을 그 본질로 하기 때문에 소규모적인 지방자치단체가 가장 이상적이라고 할 수 있다. 따라서 우리의 경우는 주요 선진제국과는 달리 기초자치단체의 축소문제가 고려되어야 한다. 지방자치의 본래적 취지가 아래로부터의 민주주의(grass-roots democracy)라는 것을 생각하여 볼 때, 현행 기초자치단체의 규모는 너무 크다고 하겠다.

(3) 주민의 생활권과 행정구역의 유리

교통·통신과 과학기술의 발달, 그리고 지역개발 등의 국토개발 사업이 이루어짐에 따라 하천이나 산맥 등 자연적 조건을 근간으로 책정되었던 지방자치단체의 경계는 사실상 그 의미를 잃어 가고 있다. 그 동안 급격하게 진행된 산업화와 도시화는 인간생활의 구조를 근본적으로 변화시키고 있으며, 또한 직강공사·댐건설·고속도로건설· 간척사업 등 각종의 건설 사업은 국토공간의 지리적 공간을 대폭 변혁시켜 주민의 생활권에 많은 변화를 일으킴으로써 비탄력적인 행정권과 탄력적인 생활권 사이에 괴리현상을 더욱 심화시키고 있다. 이러한 생활권과 행정권의 유리현상은 주민들에게 많은 불편을 주고 있다. 따라서 미래의 지역개발성을 고려한 생활권과 행정권의 일치라는 측면에서 행정구역의 재편되어야 한다.

(4) 지방자치단체간 규모의 불균형

지방자치단체의 구역이 동종의 지방자치단체 간에도 불균형이 심하다는 것이다. <표 3-2>에서 볼 수 있는 것과 같이, 도의 예를 보더라도 인구·면적·관할시군·예산규모·재정자립도 등에서 격심한 편차를 보이고 있으며, 이러한 현상은 시·군·구에

◈ 표 3-2 ◈ 지방자치단체 규모의 도단위 비교 (기준년도, 단위)

구 분	면 적 (2007, ㎢)	인 구 (2007.1, 명)	예 산 (2007, 억원)	관할시군 수 (2007, 개)	재정자립도 (2007, %)
최 고	19,026 (경북)	10,906,033 (경기)	113,668 (경기)	31 (경기)	66.5 (경기)
최 저	7,432 (충북)	1,494,559 (충북)	23,959 (충북)	12 (충북)	10.6 (전남)
최고 對 최저 비	7.1 : 2.9	8.7 : 1.3	8.2 : 1.8	7.2 : 2.8	8.6 : 1.4

주: 제주특별자치도는 제외함.

자료: 행정자치부(2007) 「2007 지방자치단체 기본현황」와 행정자치부(2007) 「지방자치단체 행정구역 및 인구현황」 등을 참조하여 작성함.

있어서도 마찬가지이다. 이러한 지방자치단체간의 불균형은 그 구역이 오래 전에 책정된 후, 지금까지 이루어진 산업화와 도시화에 의한 인구이동과 경제적 여건의 변화에도 불구하고 근본적인 개편이 없이 그대로 유지되어온 결과라고 할 수 있다. 지방자치단체간의 이러한 불균형은 지역발전의 불균형을 초래하여 국토의 균형적 발전을 저해할 뿐만 아니라 주민의 지역감정을 더욱 악화시킬 우려가 있다. 따라서 지방자치단체간의 균형화를 위해서라도 행정구역은 재편되어야 한다.

(5) 구역개편의 획일성과 단견성

해방이후 우리나라의 행정구역 개편의 과정을 살펴보면, 구역개편이 매우 획일적이고 단견적이다. 즉, 행정구역의 개편 시, 정치적 의도 혹은 '인구'를 주된 기준으로 삼아, 일반시의 광역시화 또는 읍의 시 승격이 주로 이루어져 왔다. 이러한 당국의 획일적이고 정치적인 행정구역 개편은 체계성과 역사성을 결여하여 많은 문제점을 야기하고 있다. 이제까지 우리나라의 행정구역은 국민적 합의 위에 주체적으로 이루어지지 않은 채 오늘에 이르고 있는데, 지식정보화 시대를 맞이하여 행정구역개편 문제는 식민지 잔재 청산, 국가경쟁력 제고, 남·북통일에의 대비 그리고 주민 편의라는 차원에서 거시적으로 이루어져야 한다.

(6) 구역개편의 행정주도성

지방행정구역 개편은 선거나 시민들의 생활에 지대한 영향을 미치는 매우 중대한 일이다. 그런데 우리나라의 지방행정구역 개편은 관료들, 특히 구내무관료의 기관팽창주의가 크게 영향을 미치고 있다. 군부독재시대에 정당성을 결여한 군사정권은 그 정권유지의 기반이 내무관료들의 부당한 선거개입에 의한 바가 매우 컸다. 그리하여 정치가 행정을 이끌지 못하고, 이끌려 가는 상황이 된 것이다. 도움을 받았으니 보답을 해야 하고, 그 보답이 일반시의 광역시 승격, 읍의 시 승격 등 직급을 상향·조정하여 관료들의 승진욕을 충족시켜 주는 것으로 나타난 것이다.

(7) 획일적인 도시제도

우리나라의 도시제도는 특별시·광역시·(보통)시 제도로 나누어지고 있다. 이 중 특별시와 광역시는 완전한 광역자치단체로서의 법인격을 가지고 있으며, 시는 인구 50만 이상인 경우에 약간의 특례제도를 인정하고 있지만 기본적으로 커다란 차이를 주지 않고 있다.

특별시 제도는 수도로서의 특성을 살린다는 의미에서 별 문제가 없으나, 광역시 제도는 기존의 도로부터 분리되어 도와 대등한 법인격을 가진 지방자치단체가 됨으로써 분리된 기존의 도와 광역행정 수요 등의 문제로 많은 마찰을 빚고 있어 문제가 되고 있다. 특히 내륙형 광역시에서 이러한 문제가 더욱 현저하게 나타나고 있다. 기존의 도와 새로이 승격된 광역시와의 갈등은 1990년대 중반이후 광주·전남 지역에서 시도 통합과 도청이전을 둘러싸고 전개된 갈등에서 잘 나타나고 있다(신원형외, 2000).

또한 도시의 규모와 능력에 따라 자치능력을 차별하여 인정하지 않고 획일적으로 취급함으로써 대도시가 무리하게 인접의 지방자치단체를 흡수 통합하여 광역시에로의 승격을 시도하는 경우도 생기도 있다. 기존의 대구·광주·대전·울산과 같은 대도시가 그러한 경우이며, 최근 경기도 일부 대도시나 도청 소재지의 대도시 지역에서 광역시에로의 승격을 둘러싸고 도와 갈등을 야기시키고 있는 사례에서 잘 알 수 있다. 따라서 중앙정부 차원에서 광역시 문제를 포함한 도시제도에 대한 근원적인 재검토가 요망된다. 이럴 경우 일본에서 실시되고 있는 도시의 규모와 능력에 따른 자치권의 차등인정에 따른 도시제도, 즉 지정시(指定市), 중핵시(中核市), 특례시(特例市), (보통)시와 같은 제도적 장치의 마련이 필요하다고 할 것이다.

제 4 절 지방자치단체와 주민

1. 주민의 의의

주민은 구역, 자치권과 함께 지방자치단체의 3대 구성요소의 하나가 된다. 지역의 공공사무를 자율적으로 처리하기 위하여 구성된 지방자치단체에 있어서, 자치행정에의 주민참여와 통제는 지방자치의 본질적인 요소가 된다. 지방자치단체란 본질적으로 주민들의 복리후생을 위하여 주민들에 의하여 자주적으로 설립된 지역의 공공단체이기 때문이다. 따라서 주민의 지위·의무 및 권리, 그리고 그 자세와 역할은 지방자치의 성공여부를 가름하는 중요한 잣대가 된다.

지방자치단체의 구역 안에 주소를 가진 자는 그 지방자치단체의 주민이 된다. 이에는 인종·국적·성별·연령 및 종교나 행위능력의 여하를 불문하며, 자연인이나 법인도 포함된다. 다만 주민등록을 주민자격의 취득요건으로 보아야 하느냐, 아니면 거주사실의 공증요건으로 보아야 하느냐에 관하여 견해가 나누어지고 있다. 따라서 이를 일률적으로 논할 수 없고, 후술하는 주민의 지위와 관련하여 그 해석을 달리하여야 한다(최창호, 2007: 369-370).

(1) 주민의 지위

주민은 지방자치단체의 구성원이나, 이에 그치지 않고 지방자치단체의 주체가 되기도 한다. 즉 지방자치단체는 본래 주민의 복리증진을 목적으로 주민들에 의하여 설립된 단체이기 때문에, 주민은 지방자치단체의 중핵으로서 지방자치단체의 모든 권능의 원천이 된다고 할 수 있는 것이다. 따라서 지방자치단체에 있어서 주민의 지위는 지방자치단체에 대한 주체적 지위와 지방자치단체의 구성원으로서의 지위로 대별하여 볼 수 있다.

1) 주체적 지위

주민의 주체적 지위란 주민이 주권재민자로서 지방자치단체의 통치권의 주체가 된다는 것을 의미한다. 이에 근거하여 주민은 지방자치단체를 구성하며, 선거권·피선거권·청원권·소청권 등 이른바 참정권을 행사하게 된다.

2) 구성원적 지위

주민의 구성원적 지위는 주민 개개인으로서 가지는 주민의 지위이다. 이에는 다음과 같은 지위가 포함되어 있다. 첫째 수익자로서의 지위이다. 주민은 지방자치단체의 활동으로부터 혜택을 받는다. 지방자치단체의 재산 및 공공시설을 이용하고 각종 서비스의 제공을 향수하는 경우가 그 예이다. 둘째, 의무부담자로서의 지위이다. 주민은 지방자치단체의 구성원으로서 일정한 의무를 부담한다. 자치업무의 비용(지방세)을 분담하는 경우가 그 예이다. 셋째, 피통치자로서의 지위이다. 주민은 지방자치단체의 구성원으로서 그 통치권의 대상이 된다. 주민이 지방자치단체의 권능에 복종하는 경구가 그 예이다.

(2) 주민의 범위

이상과 같은 주민의 지위를 주민등록과 관련시켜 보면, 주체적 지위를 취득하는 데에는 반드시 주민등록을 요하며, 따라서 이 경우에는 주민등록을 주민자격의 취득요건으로 보아야 한다. 그러나 구성원적 지위를 취득하는 데에는 주민등록이 불가결의 필수조건이 아니며, 따라서 이 경우에는 주민등록을 거주사실의 공증요건으로 볼 수 있을 것이다. 물론 30일 이상 거주할 목적으로 해당 지방자치단체의 관할 구역 안에 거주하는 자는 주민등록을 하여야 하며, 좁은 의미로는 그러한 사람만을 해당 지방자치단체의 '주민'으로 볼 수 있을 것이다.

2. 주민의 권리와 의무

(1) 주민의 권리

주민은 지방자치단체의 주체로서 또는 그 구성원으로서 선거권·피선거권·공무담임권, 주민투표권·조례제정청구권·주민감사청구권·행정참여권, 공공시설이용권, 행정서비스 향수권, 납세자 불복종권 및 배상·보상 청구권 등을 갖는다. 이러한 권리 가운데, 선거권·피선거권·공무담임권·주민투표권·조례제정청구권·행정참여권 등은 참정권에 해당하고, 공공시설이용권과 행정서비스 향수권 등은 수익권에, 불복과 보상 청구권 등은 쟁송권에 해당한다.

(2) 주민의 의무

주민은 이상과 같은 권리 외에 일정한 의무를 진다. 주민의 의무에는 어려 가지가 있으나, 이를 크게 비용분담과 법규준수의 의무로 나눌 수 있다. 특히 주민은 법령이 정하는 바에 따라, 그가 속하는 지방자치단체의 부담을 분담할 의무를 진다. 구체적인 부담의 내용으로서 지방세뿐만 아니라 분담금, 사용료, 수수료, 수익자부담금 등 지방자치단체가 주민에게 부과하는 부담을 포함한다.

3. 주민의 자세와 역할

근대적 의미의 지방자치가 뿌리를 내린 유럽의 역사에서 알 수 있듯이, 주민의 자세와 역할은 지방자치의 성공을 위하여 매우 중요하다고 할 것이다. 지방자치가 민주주의에 대하여 갖는 의의를 생각하여 볼 때, 민주주의를 정착시켜 나가야 하는 우리로서는 지방자치 실시의 의의를 결코 평가절하해서는 안되며, 아울러 주권재민자로서의 주민의 자세와 역할은 아무리 강조해도 지나치지 않을 것이다. 그리하여 지방자치의 실시에 있어서 의회와 장을 수레바퀴의 양쪽이라고 하지만, 그 근원은 주권재민자로서의 주민이라고 할 수 있을 것이다.

(1) 지방자치와 자치의식

지방자치의 성공을 위해 무엇보다도 중요하고도 결정적인 요소는 지방자치에 대한 시민들의 태도와 자세라고 할 수 있을 것이다. 시민들이 지방자치에 대하여 갖는 태도와 자세는 다름 아닌 자치의식이다. 다시 말하면, 자치의식이란 자치행정에 대하여 주민이 지니는 정치의식이라고 할 수 있으며, 더 나아가 자치행정 일반 또는 특정문제에 대해서 갖는 견해나 사고방식을 의미한다. 이러한 자치의식은 지역사회에 대한 귀속의식과 그것에 토대를 둔 지방자치단체에 대한 태도에서 잘 나타나고 있다. 따라서 자치의식이란 지역사회에 대한 애착과 정서적 일체감에 기초한 어떤 지역의 주민이라는 자각뿐만 아니라, 시민사회의 일원으로서의 자기주체성에 기인하여 자기의 생활을 개선해 나가기 위해 주위의 사람들과 협력해서 지역사회의 제 문제를 처리해 나가려는 생각과 태도를 말하는 것이다.

여기에서 '어떤 지역의 주민이라는 자각'은 공동체의식으로서의 지역사회의식이라고 할 수 있으며, '시민사회의 일원으로서의 자각'은 서구적 시민의식이라고 준별할

◈ 그림 3-1 ◈ **자치의식을 통해 본 주민의 유형**

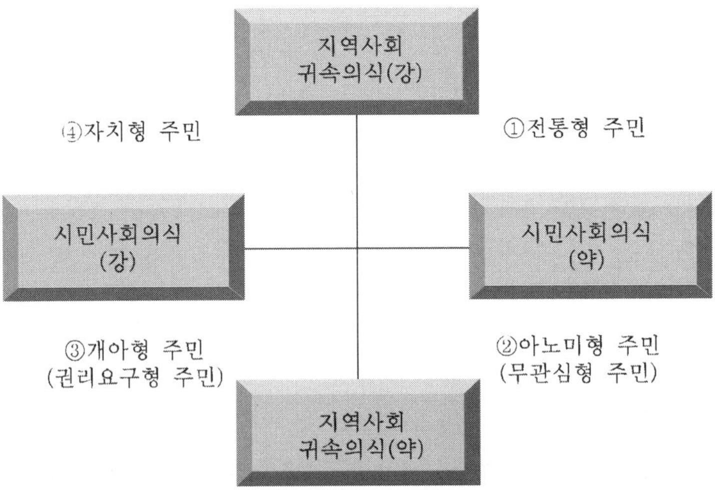

수 있다. 따라서 이러한 개념규정을 전제로 할 때, '시민의식의 강약'을 하나의 축으로 하고, '지역사회의식'을 또 하나의 축으로 하여 이들 두 축을 교차시키면, 그 특성에 따라서 <그림 3-1>과 같이 주민의 유형을 네 가지로 나눌 수 있을 것이다(강형기, 1989: 30-31). 즉 주민이 어떠한 자치의식을 갖느냐에 따라 주민의 유형화를 시도해 보면 다음과 같다.

위 그림 중 제1유형인 '전통형 주민'은 지역사회에 대한 귀속의식은 강하나 시민사회의식은 거의 갖지 않는 주민들이다. 이들은 당해 지역에 비교적 오랜 기간 동안 거주해온 저학력의 주민들로서, 스스로를 자치행정의 주체라고 생각하기보다는 행정의 객체로서 참여할 뿐인 수동적인 주민들이다.

제2유형인 '무관심형 주민'은 그들의 거주 장소가 대단히 유동적이므로 자신이 현재 살고 있는 지역사회에 대한 관심이나 귀속의식도 없으며, 또한 교육정도가 낮아 자치행정에 참여할 방법도 모르고 있는 계층으로서, 이러한 유형은 미조직 육체 노동자층에서 많이 나타난다. 이들은 자치행정에 대하여는 주체적 자아의식뿐만 아니라 객체적인 자아의식도 갖지 않으므로, 모든 것을 남에게 미루려 하며 최소한의 자치의식도 찾아보기 어렵다.

제3유형인 '권리요구형 주민'은 교육수준과 정치적 식견은 높지만, 외부에서 지리적으로 이주해온 이후, 아직 지역사회에 귀속감을 갖지 않기 때문에 공동체의 문제에 참여하려 하지 않는다. 이들은 행정의 객체로서, 그리고 더불어 사는 이웃으로서의 의무이행에는 무관심하지만, 자신과 관련된 구체적인 문제로 참여할 동기가 유발되면 급진적인 태도를 취한다. 오늘날 우리나라에서도 도시화·산업화는 이러한 계층의 주민들을 양산하고 있는데, 이들의 태도는 자치행정운영에 커다란 걸림돌이 되고 있다.

제4유형인 '자치형 주민'은 자신이 지역사회의 주체라는 자각 하에 지역사회의 문제해결과정에 참여하려 할 뿐만 아니라, 이러한 권리를 행사하기 위해서는 지역사회의 일거리나 지방자치단체의 행정활동에도 적극적으로 협조하려는 마음의 준비도 되어 있는 계층이다. 따라서 자치형 주민은 우리가 지향하는 가장 이상적인 주민형인 것이다.

이상과 같이 주민의 유형을 넷으로 분류해 볼 때, 우리나라는 전통형 주민으로 출발하여 1960년대 개발 시대를 거치면서 지역사회에 대한 귀속의식이 약화되고, 그러면서도 서구적인 시민의식도 성숙되지 못한 무관심형 주민으로 1980년대 중반까지 거쳐 왔다고 할 것이다. 즉 1960년대 이후 공업위주의 개발정책은 이농현상을 재촉하였고, 이는 자연부락 위주의 전통적 공동체의식을 해체시켰으며, 동시에 도시는 농촌으로부터의 유입인구에 의해 많은 도시문제를 일으키기 시작하였다. 이 시기는 주민들이 주권자로서의 의식보다는 아직도 관으로부터 혜택을 받고자 하는 수혜자의식이 강한 시기이기도 했다.

높은 경제성장과 교육열에 의하여 시민은 이제까지의 의존적 주민으로부터 탈피하고자 하는 노력을 계속해 왔으며, 그것은 1987년의 '6월 민주화 항쟁'으로 잘 나타나고 있다. 이후 주민은 관(官)에 대하여 자신의 의사를 강하게 개진하기 시작했으며, 때로는 이것이 사회문제화 되기도 했다. 즉 이제까지 공적 결정에 대해 수동적으로 따르기만 했던 주민들은 자신의 문제에 대해 관심을 가지기 시작했다. 그 단적인 예가 안면도 핵 폐기장 건설과 동강 댐 건설을 둘러싼 시민단체의 저항으로 대표되는 주민들의 저항이다. 더불어 도시화의 진전에 따라 도시 인구는 급성장했지만, 아직도 서구와 같은 시민의식이 성숙되지 못하고, 아울러 책임의식보다는 권리의식만이 사회에 팽배하는 합리성 부재의 권리요구형 사회가 되고 있다.

따라서 우리나라의 주민이 이와 같은 권리요구형 주민으로부터 권리와 책임이 조화를 이룬 자치형 주민으로 어떻게 변모시킬 것인가 하는 것은 선진국 시민으로 성숙해 나가는 데에 있어서 최대의 과제라고 하지 않을 수 없을 것이다.

(2) 자치의식과 주민의 자세

지방자치에 대한 주민의 태도 또는 의식을 자치의식이라 할 때, 지방자치의 성공을 위해서 무엇보다도 중요한 것은 자치의식이라 하지 않을 수 없을 것이다. 그런데 이 자치의식은 생활환경의식과 정치의식과의 상호교호 속에 살펴볼 수 있는 것으로서, 이는 행위에 대한 자기주체성(자치참여), 자기결정성(자치의식), 자기책임성(자치능력)을 의미한다(노융희, 1987:533-535). 이러한 자치의식의 고양을 위한 바람직한 주민의 자세는 어떠하여야 하는가?

1) 주인의식

여기에서 주인의식이란 스스로의 생각과 말과 행동을 자신의 책임 하에 자신이 결정하는 것을 말한다. 이 주인의식은 고도의 자각과 자율적인 판단이 전제되는 것으로서 나그네 의식과 다르다.

주인의식은 높은 시민의식에서 비롯된다. 스스로에 대한 자존심과 도덕심, 그리고 양식과 교양이 있는 곳에 시민정신은 고양될 것이다. 자유민주주의 사회에서 주인은 다름 아닌 시민이다. 주인이 된다는 것은 형식적인 요건이 아니다. 거기에는 주인다움이 있어야 한다. 남이 시켜서가 아니라 스스로 자각하고 자율하면서 자진하여 시민사회를 위해 생각하고 행동하고 실천하는 바가 있어야 할 것이다(김대환, 1983: 14-21). 주인의식을 실천하기 위해서는 다음과 같은 마음가짐이 필요하다(고범서, 1983: 22-32).

① 자율적 정신: 자율적 정신이 없이는 주인의식을 실천에 옮길 수가 없다. 자율은 다른 사람의 명령이나 지시에 의하여 행하게 되는 타율과는 달리, 스스로 자진해서 행함을 의미한다. 주인은 고용인과 달리 스스로 자기가 해야 할 일을 알아서 처리하고 그것에 대해 책임을 져야 하기 때문에 자율적 정신을 가져야 할 뿐만 아니라, 그 정신을 실천에 옮겨야 한다.

그런데 우리 국민이 이와 같은 자율적 정신을 가지기 위해서 불식해야 할 두 가지가 있다. 그 하나는 일제식민지 통치가 우리 민족의 의식 속에 남긴 피지배의식이요, 다른 하나는 1960년대 이후 경제성장을 주도한 행정적 관료주의가 남긴 수동적 타율의식이다.

② 사명의식: 주인의식을 실천에 옮기기 위해서는 사회 구성원 각자가 맡은 바 직책에 대하여 사명의식(책임의식)을 갖는 것이 필요하다. 주인은 다른 사람이 하라고 해서 하는 것이 아니라 자기의 일이므로 자기가 스스로 한다. 그리고 주인은 자기의 일이기 때문에 그 일에 대해서 더욱 관심이 깊고, 따라서 다른 사람이 보지 못하는 점까지도 볼 수 있다. 주인 아니면 무관심하게 지나버리고 말 것도 주인은 관심을 가진다. 주인의식을 가지고 자기의 직책에 임하는 사람은 깊고 세심한 관심을 가지게 되며, 주인의식이 없는 사람에게서는 찾아볼 수 없는 적극적인 열의와 깊고 자상한 관심을 가지게 된다.

③ 창의적 정신: 현재에 만족하고 더욱 더 향상되려고 하는 발전적 의욕이 없으면, 그것은 주인 역할을 제대로 한다고 할 수 없다. 주인은 더 나아지고 더욱 더 잘 되려고 하는 발전적 의욕을 가지고 있어야 하며, 그래야만 주인의 구실을 제대로 한다고 할 것이다. 이러한 발전을 할 수 있게 하는 원동력은 창의성이다.

아무런 창의력을 발휘하지 못하고 그저 하던 방식을 언제까지나 되풀이만 하는 주인은 결국 경쟁에서 패배할 수밖에 없을 것이다. 산업사회를 넘어 지식정보화 사회로 진입한 오늘날에 있어서는 더욱 그러하다. 정보와 아이디어 경쟁의 사회라고 할 수 있는 오늘날, 새로운 정보(기술)와 아이디어를 활발하게 창의적으로 개발하는 나라와 기업이 국제사회의 치열한 경쟁사회에서 살아남을 수 있다. 그렇기에 참다운 주인의식은 이어받은 것을 그대로 지키고 현상을 그대로 유지하는 것이 아니라, 쉬지 않고 새로운 가능성을 탐구하여 그것을 실현시키는 창의적 정신을 가지고 있지 않으면 안된다. 따라서 참다운 주인의식을 가지고 자기의 책임을 수행하려고 하는 사람은 무사안일주의에 안주할 수 없을 것이다.

④ 공동체의식: 인간은 고립적인 존재가 아니라 사회적 존재로 되어가고 있다. 농경적 전통사회에서는 가족단위 또는 부락단위의 공동체 생활을 영위하였다. 즉 전통사회에 있어서는 희생과 봉사는 가족의 테두리 안에, 그리고 상부상조는 부락단위로 대개 이루어져 왔다. 그러나 오늘날 우리는 상호의존적인 개방사회 속에 살고 있기 때문에, 이 전통적인 가족과 친족 중심의 인보(隣保)정신을 어떻게 확대시켜 승화시켜 나갈 것인가가 중요하다. "사고는 지구적으로, 행동은 지역적으로"라는 말에서 알 수 있듯이, 지역에 바탕을 둔 범지구적인 공동체의식이 필요하다.

2) 시민의식

유럽에서와는 달리, 우리의 역사에서는 시민이 역사의 주 무대로 등장한 경험이 거의 전무하다 해도 과언이 아니다. 그리하여 시민의식도 매우 낮고, 따라서 민주적 행동양식이 몸에 배인 것도 아니다.

주지하다시피, 민주사회에서는 시민 각자가 스스로 만든 질서를 스스로 지키지 않으면 안 된다. 민주사회는 지배자가 곧 피지배자이기 때문이다. 따라서 이 질서를 지키는 데는 시민 모두가 감시자의 역할을 하지 않으면 안된다. 시민 모두가 주인이기 때문이다. 이 감시자의 역할은 고발정신으로부터 나온다. 그런데 우리의 습관은 시키는 대로 해온 교육방식 때문에 고발정신이 매우 약하다. 적극적으로 참여하여 스스로 깨닫게 하기보다는 미리 못하게 하는 소극적 예방적 생활태도로 인하여 진취성이 매우 약하다. 우리에게는 "하지 말아라"하는 것이 "해도 된다"라는 것보다 더 많이 듣는 교육을 받아 왔기 때문에, 해서 좋은 것인지가 명확하지 않을 때는 아예 행동에 옮겨 놓지 않게 된다.

우리가 고발정신을 기르자면, 우선 각자가 일상생활에 있어서 일어나고 있는 일에 대하여 관심을 가질 필요가 있다. 대체로 도시화된 사회에서는 도시사회가 갖고 있는 익명성으로 인하여 남의 일에 대해 무관심해버리기 쉽다. 현대사회의 커다란 병폐의 하나로서 무관심이 지적되고 있음에서 알 수 있듯이, 이 무관심은 시민정신을 기르는 데 장애요소가 되고 있다. 그래서 도시는 담이 없지만, 담을 쌓고 사는 것이나 다름없이 서로가 서로의 일에 대해 모르고 있을 뿐만 아니라 알려고 하지도 않는다.

민주사회에서는 시민정신이 없으면 안 된다. 이 시민정신을 함양시키기 위하여 시민정신에 따라 행동으로 옮기는 시민에 대해서는 널리 알려 주위의 사람들에게 자극제가 되도록 해야 할 것이다. 시민이 당국에 어떤 불의나 질서파괴 등에 관하여 분개해서 고발을 했다고 해도 간혹 그것을 취급하는 기관에서는 오히려 '귀찮다'는 식으로 시민들의 고발정신을 흐려 놓는 사례를 가끔 볼 수 있다.

거리의 질서 지키기, 각종 불법행위의 고발, 의리를 위한 위험 감수와 같은 시민정신을 계발하고 유도하기 위한 노력들이 다각적으로 꾸준히 모색되어야 한다. 그렇게 함으로써만이 앞으로 더욱 가속화될 도시화 시대에 주민들의 안정되고 밝은 시민생활이 영위될 수 있을 것이다(김원, 1985: 39-41).

3) 집단이기주의의 극복

최근 우리사회에서 자주 사용되는 단어중의 하나가 집단이기주의이다. 권위주의적인 사회운영체제가 민주적인 체제로 전환되면서, 그 동안 개인이나 집단들이 비합리적이라고 느끼면서도 감내해 왔던 일들에 대해 이의를 제기하면서 사회는 급기야 사익(私益)의 전투장으로 변하고 말았다. 집단이기주의란 어떤 사회의 개개 집단들이 공익보다는 그들 집단의 이익을 최대의 가치로 보고, 그들의 사익을 극대화시키기 위하여 투쟁하는 것을 지칭한다.

그러면 이러한 집단이기주의는 왜 발생하게 되는가? 첫째로, 가치의 혼돈에서 방황하는 개인이나 집단이 사회변화에 대하여 단기적이고도 미성숙한 대처를 하기 때문이다. 우리는 1960년대부터 1990년대 초반에 이르기까지 성장 중심의 경제정책을 추진해 온 결과, 사회 전체적인 발전이나 내적 성숙에는 별로 관심을 갖지 못하였다. 즉 권위주의적 절대자가 시키는 것이 규범이었고, 소수의 사람들은 문제가 있다고 하였지만 대부분의 사람들은 큰 반발 없이 대통령이, 정부가, 힘 있는 사람이 시키는 대로 살아 왔다. 그러다보니 자연히 외부 지향적이면서 의존적인 삶의 양식에 익숙해져 있었다. 개인의 삶의 경로와 가치에 우선순위를 부여했던 사람은 소수에 불과하였다.

그런데 상황이 바뀌어 많은 사람들이 그러한 권위주의적 체제 속에 살 수 없다는 인식을 가졌고, 이러한 의식이 뭉쳐 1987년의 '6·29민주화 선언'을 얻어냄으로써 구체제로부터 형식상 탈각(脫却)되었다. 그러나 새로운 민주적 질서, 좀더 구체적으로 말한다면 절차적 민주주의를 지키는 수양에는 익숙하지 못했기에 많은 문제점이 제기되고 있는 것이다. 소위 시민이 국가운영의 주인 노릇을 하는 시민사회를 그토록 바라면서도 시민의 가치체계는 권위주의적 옛 양태를 벗어나지 못하고 있을 뿐만 아니라 시민사회를 움직이는 원동력인 시민의식은 재충전되지 못하고 있는 것이다. 내적 성찰을 통한 시민의 자질향상이 성숙된 민주사회 건설을 위한 필수적인 조건이라는 것을 우리는 인식해야 된다.

둘째로, 지도층의 무능과 부패를 들 수 있다. 특히 정치 지도자들의 단견과 이기적 행동은 우리사회 구성원에게 심각한 상처를 주었고, 좋지 못한 영향을 깊숙이 남겼다. 국가권력을 개인권력으로 착각하고 일차적인 인간관계를 통치과정이나 정치활동에서 제일 중시하는 지배집단이기주의를 정치인 스스로가 실천한 것이다. 특히 우리 역사에서 지방관은 단기간의 재임으로, 해당지역의 문제를 장기적 시야에서 근본적으로 해결하려는 의지보다 현직에서 보다 좋은 자리로 옮기고자 하는 관료적 이기심이 많은 상황에서 지역민을 사랑하려는 동기부여가 오래 갈 수 있었을 것인가는 매우 의문이다.

셋째로, 게임의 질서(rule of game)가 서지 않았기 때문이다. 근대국가 이전에는 신분제가 있어서 그 시대에 적절한 도덕과 규범이 삶의 전 영역을 에워싸고 있었으며, 인간의 이기심을 억제하게 하고 국민으로 하여금 조심하게 만들었다. 한편 서구에서는 시민사회가 형성되면서 거기에 맞는 시민의식이 정착되었다. 그러나 우리 사회는 식민지·해방·한국전쟁·갖가지 정변·대규모 부정사건 등을 거치면서 사회의 이해관계를 규정하는 규범에 심대한 혼란이 왔다. 이에 따라 정당한 순서와 질서를 지키면 손해 보는 세상이라는 의식이 자리 잡게 되었다. 이러한 요인 등에 의하여 발생한 집단이기주의는 하든(G. Harden)이 1960년대부터 이론화시키고 있는 '공유재산의 비극(the tragedy of the commons)'이라는 가설에 잘 나타나고 있다.

많은 학자들의 연구에 의하면, 공유재산이 일단 좀먹기 시작하면 그 해결방도가 용이하지 않는다고 한다. 따라서 그 사회에 엄격한 게임의 룰이 서지 않으면 모두가 좀 같은 존재로 변하여 서로를 불신하며, 진실한 말과 행동도 음모로 해석하는 음모설의 시대가 개막되고 만다.

이러한 사회문제를 어떻게 해결할 수 있을 것인가? 여기에는 크게 두 가지로 요약할 수 있다. 하나는 양식(consciousness)이고, 다른 하나는 지도자의 수범(垂範)노력(leadership)이다. 사회성원이 양식을 찾으면, 불신과 탐욕(貪慾)에서 일어난 공유재산의 비극에 종지부를 찍을 수 있음은 자명한 일이다. 그런데 문제는 과연 실제로 가능한가 하는 것이다. 둘째는 지도자의 수범 노력인데, 여기에서 지도자란 반드시 '제일 높은 사람'만을 뜻하는 것은 아니다. 물론 가장 영향력 있는 사람의 수범은 많은 사람의 인식과 형태를 변화시킬 것이고, 또 일차적으로 바람직한 것임은 두말할 여지가 없다. 문제는 내가 지도자인가 하는 창조적 소수(creative minority)가 비판적 대중(critical mass)을 형성하여 사회운동이나 시민사회의 길을 제시하면서, 그들이 실제로 행동할 때 가능하다(이달곤, 1991: 10-18).

집단이기주의를 논의할 때, 한 가지 짚고 넘어갈 것은 집단이기주의가 무조건 나쁜 것만은 아니라는 것이다. 문제는 집단이기주의를 인정하고 그것을 어떻게 극복해 나갈 것인가를 강구하는 것이 보다 바람직스럽다 할 것이다. 그 한 방편으로서 사회성원 모두가 협싱을 생활화시키는 일이다.

집단민원이나 집단이기주의가 발로되는 양상을 보면 대개 이해관계나 갈등 상황에서 당국이나 강한 집단이 비공개적으로 약한 집단을 일방적으로 장악하려고 하거나, 문제를 외면하거나 지연시킴으로써 생기는 경우가 많다. 권위주의적 체제로부터 민주적·공개적 사회로의 전환기에 처하여 있는 우리의 상황 하에서는 일단 집단이기주의를 인정하고, 그 해결을 위하여 이해당사자간의 협상과 타협을 통하여 문제를 해결하고자 하는 마음가짐이 중요하다.

민주주의 시민사회란 서로 정확하고 적절히 의사소통을 하며 상대를 적으로 인식하지 않는 융화적 태도에서 꽃피울 수 있다. 더불어 타협하고 조정할 줄 아는 지혜가 사회의 원동력이 된다. 집단이 이기적 투쟁을 벌일 때, 공직자가 하여야 할 가장 중요한 일은 전문가의 도움을 받아 집단 간의 이해관계를 조정하는 조정자로서의 역할이다.

4) 참여의식

여기에서 주민의 참여의식은 대표자를 뽑는 일에 적극적으로 관여하는 일, 즉 선거에의 참여와 아울러 자신이나 자신이 속해 있는 지역문제에 대하여 자발적으로 참여하여 해결해 나가는 주민참여(시민참여)의 두 측면에서 살펴볼 수 있는데, 여기에서는 후자에 한하여 살펴보고자 한다.

지역사회의 주민들은 지역사회 정책을 결정하는 주체자이다. 다시 말해서 지방자치는 지역사회 발전의 제도적 장치이므로, 주민들은 행정의 주체자로서 정책결정과정에서 주역이 되어야 한다는 것이다(유종해, 1990: 110). 즉 지난날 중앙의 일방적인 통제와 간섭으로부터 벗어나 지역의 문제는 해당 주민이 자발적으로 참여하여 해결해 나가야 하는 지방화 시대에 있어서 시민참여는 매우 중요하다. 전통적인 주민참여와는 달리, 지방화 시대의 주민참여는 사회형평의 원칙에 입각하여 보다 적은 양의 정치적 자원만을 가지고 있는 서민층, 소수인종, 그리고 행정행위에 의해 직접 영향을 받는 그러한 시민들을 포함하는 광범위한 대표성을 추구하도록 해야 한다(임성한, 1978: 355).

이처럼 지방자치에 있어서 시민참여가 핵심이 되는 또 다른 이유는 민주주의가 채택하고 있는 대의제도 그 자체가 경직화되어 있고, 아울러 정당과 관료의 체제가 민주적 운영과는 멀리되는 경향이 있기 때문이다. 여기에다 주민 입장에서는 생활수준과 의식수준의 향상에 의해 삶의 질에 대한 관심이 증대하고, 지역의 관리담당자인 지방자치단체에의 관여와 관심을 드높여 직접참여의 방법을 요구하게 된 데 그 원인이 있다고 할 것이다.

이와 같은 주민의 행정에의 참여는 지방자치단체의 의사결정 및 집행의 제반 과정에 어떠한 형식이나 방식으로 주민이 그 의사를 반영시키는 활동이라고 할 수 있을 것이다. 그것은 선거에서의 투표로부터 시작하여, 지방자치법에 규정되어 있는 주민소환제도 등 각종 직접 참정권과 청원권, 그리고 공청회에의 출석·진정·여론 등에 이르기까지 다양한 방식이 있다. 이들 참가에의 수단은 대의제 혹은 대표제에서 나타나는 간접민주제에 내재하는 대표와 민의와의 갭을 보완하기 위해 나타난 직접민주제의 현대적 재현이라 할 수 있을 것이다. 따라서 참가의 사상과 운동은 주로 간접민주제의 공동화(空洞化)에 대한 도전이라 할 수도 있다.

(3) 자치시대에 있어서의 주민의 역할

1990년대 지방자치의 완전 복원으로 이제까지 사회에 팽배해 있던 '중앙의 논리'와 '관청의 논리'는 점점 '지방의 논리' 또는 '시민의 논리'로 바뀌어 갈 것이다. 지역주민은 지금까지의 대표권 없는 납세자로서 통치의 객체에 머무르며 수익자 의식에 사로잡힌 '전통형 주민'에서 대표권을 인정받는 납세자로서 통치의 주체인 당사자 의식을 지닌 '자치형 주민'으로 전환되고 있는 시점에 있다. 이러한 전환기적 상황에서 시민이 지녀야 할 역할과 책임은 어떠하여야 하는가? 이를 유권자·납세자·감시자·참가자라는 네 가지 입장에서 살펴보고자 한다.

1) 유권자(주권자)로서의 주민

유권자란 주민주권의 원칙에 따라 인정되는 자치행정에의 참정권을 주민의 입장에서 표현한 개념이다. 자치행정하의 참정권으로 주민개인에게 인정되는 범위는 나라마다 다르지만, 대체로 선거·주민발의·주민투표·해직청구·청원·진정 등에 관한 참여의 권리와 자유를 뜻한다. 그러나 여기에서는 간접민주제의 참정권, 즉 선거권과 피선거권을 행사하는 주민의 자세와 역할에 대해서만 살펴보고자 한다.

선거(피선거)권의 법적 성격에 대해서는 많은 논의가 있는데, 권리와 의무의 2중적 성격을 인정하는 것이 통설인 듯하다. 즉 유권자의 선거(피선거) 참여는 한편으로는 자치행정에 대한 자기 개인의 뜻을 주장할 수 있는 기회임과 동시에 또 다른 한편으로는 선거라는 공무에 참가하는 것이기도 하다. 전자의 의미에서는 참정의 권리가 되고, 후자의 의미에서는 선거라는 공무집행의 의무로 된다. 따라서 권리란 '포기할 수 있는 권리'까지 포함하는 것이므로 기권도 권리의 행사라는 단순논리로 유권자들이 이유 없이 선거(피선거)권을 포기해서는 안될 것이다.

우리가 특히 주의할 것은 전통적 공동체의식의 파괴로 인하여 이미 동질성을 많이 상실하고, 다수가 승복할 권위를 잃어버린 현실을 바라볼 때, 목가적인 인화만을 앞세워 이해관계의 충돌이나 의견의 대립을 죄악시하는 자세는 자치의 존립을 부정하는 결과로 낙찰될 우려가 없지 않다는 것이다. 자치란 저절로 통치됨을 뜻하는 것이 아니고, 스스로 통치함을 뜻하기 때문이다. 그리고 스스로 통치한다는 것은 자율과 자기통치를 기반으로 대립된 의견을 통일시키고, 마찰을 일으키는 이해관계를 조정하는 노력을 뜻하는 것이다. 유권자로서의 시민이 이러한 노력을 기피하고 대립과 마찰이 없는 이상만을 추구한다면, 지방자치는 발붙일 곳을 잃게 될 것이다. 그러한 의미에서 무투표 당선은 바람직스럽지 못하다.

2) 납세자로서의 주민

주민의 재정적 부담은 자치행정의 전제이고 그 내용이기도 하다. 따라서 지방자치 실시에 있어서 무엇보다도 중요한 것은 납세자로서의 주민의 존재이다. 이들의 부담을 통해 마련된 재원으로 행정수요에 대응하는 서비스의 제공과 공공투자가 가능하기 때문이다. 자치행정의 목표는 최소의 주민부담으로 최대의 시민복지를 증진시키는 일이다. 여기에서 최소의 비용부담이란 부담의 절대액의 다소에 따른 것이 아니고, 공평한 부담과 효율적인 이용을 뜻한다. 따라서 납세자로서의 주민은 언제나 부담의 공평성과 행정공급의 효율성에 신경을 써야 하고, 그렇게 되도록 자치행정에 압력을 넣어야 한다.

우리나라의 지방재정은 국세 중심의 조세정책으로 인하여 그 기반이 매우 취약하며, 그 당연한 결과로서 중앙의존형 재정 속에 주민들의 수익자 의식을 크게 가꾸어 왔다. 이러한 수익자 의식은 정부의 서비스 제공을 하나의 혜택으로 간주하여 정부로부터 가능한 한 많은 혜택을 받고자 하는 의존 심리를 더욱 조장시켜 왔다. 이것은 행정수요를 무한하게 확대시키고, 아울러 주민의식 속에는 무임승차(free rider)적인 기질을 키워 왔다. 이것이 자치시대에 부적합한 것임은 두말할 필요가 없다.

결국 행정서비스도 국민(주민)이 낸 세금으로 이루어진다는 의식, 즉 납세자 의식이 중요하다. 지난 1989년 일본이 소비세(부가가치세)를 도입하는 과정에서 물가가 2.9%가량 올랐을 때, 일본 국민들은 어김없이 집권 자민당에 일격을 가하였다. 이는 다름 아닌 국민의 납세자 의식의 발로이다. 선진국일수록 납세자 의식은 강하다. 그리하여 '납세자 소송'이라는 제도까지 등장하고 있다. 자본주의 체제하에서는 수혜자로서의 국민이 아니라 납세자로서의 국민이 존재하게 될 때, 주권재민은 꽃피우게 될 것이다.

3) 감시자(통제자)로서의 주민

민주주의 국가에서의 주인은 국민(주민)이며, 따라서 앞에서 언급했듯이 주민은 주인의식을 가지고 행정이 누구를 위해서 행하여지고 있는가에 대하여 끊임없는 감시 혹은 통제를 하지 않으면 안 된다. 보통 인간은 자칫하면, 자의성이나 임의성을 가지기 쉽다. 주민의 선거에 의해 뽑힌 대표자도 선거기간 동안은 몰라도 일단 선출된 뒤에는 심부름꾼이라는 의식을 버리고, 주민 위에 군림하려는 경향이 있다. 주민은 투표를 하는 순간만 주인일지도 모른다. 그리하여 시정이나 의정 활동이 주민본위로부터 벗어나기 쉽다. 따라서 뽑힌 대표자들이 주민을 위한 시정 내지는 의정 활동을 할 수 있도록, 주민은 항상 감시 혹은 통제하지 않으면 안 된다.

이러한 감시자의 역할은 기본적으로 비판정신에 기초한 것으로서, 시정에 대한 관심으로부터 나온다. 현대 대중사회의 가장 큰 병폐의 하나로서 현대인의 무관심이 지적되고 있는 바에서 알 수 있듯이, 현대인은 갈수록 공동체의식 내지는 사회의식이 약화되고 있다. 이기적 자아만이 존재하고 있는 것이다. 주민들은 이러한 이기적 자아로부터 탈피하여 지역사회에 대한 관심과 애정을 가지고 대표자들이 과연 자신들을 위하여 활동하고 있는가를 감시하여야 할 것이다. 주민들이 비판 내지는 감시를 소홀히 할 때, 의혹사건이 발생하기 쉽다.

4) 참여자로서의 주민

1960년대 미국의 지방자치단체에서 새롭게 대두된 시민참여는 특정사업과 관련된 구체적인 쟁점의 문제, 또는 정책형성과정에서 소외된 소수계층의 문제로부터 비롯되었다. 이 참여운동은 시간이 경과함에 따라 특정 지역의 문제를 넘어 전국적으로 활발하게 되었고, 세계적으로 확산되었다. 각국에서는 폭발적인 참여에의 요구와 운동이 일어나, 이를 '참가의 분출 시대'(G. A. Almond) 또는 '참여 민주주의 시대'(R. A. Dahl)이라고까지 명명하고 있는 학자도 있다.

이와 같은 급속한 시민참가 전개의 배후에 대해서 이론이 분분하나, 대체로 ① 관리사회에 대한 반발, ② 관료제의 기능장애 혹은 행정의 경직성에 대한 저항, ③ 행정 국가하의 정부의 정책결정에 대한 독점에 기인하는 시민의 무력함과 그것에 대한 탈피에의 요구, ④ 자본주의의 고도화에 수반한 지역생활환경의 파괴에 따른 쾌적한 환경(amenity)운동의 전개, ⑤ 고도경제성장 플러스 효과에 의한 '시민'의 대량배출 등이다(안용식·최호준, 1979: 132-134).

이처럼 20세기 후반에 이르러 보편화된 행정에의 시민참가는 정책형성이나 계획결정에의 참가를 뛰어 넘어 공동의 결정과 책임의 공유로까지 발전하고 있다. 따라서 참여의 실효성을 확보하기 위해서는 지역사회에 살고 있는 주민이 '내가 지역사회의 주인이다'라는 주인의식과 함께 '열린 행정'을 위한 행정측의 적극적인 협력과 지원이다.

제 5 절 지방자치단체와 자치권

1. 자치권의 의의

우리나라 헌법 제8장 제117조 제1항에 "지방자치단체는 주민의 복리에 관한 사무를 처리하고 재산을 관리하며, 법령의 범위 안에서 자치에 관한 규정을 제정할 수 있다"라고 규정하고 있다. 이에 따라 지방자치단체는 헌법이 부여한 자치권에 의하여, 그의 관할구역과 주민을 통치하고 공공사무를 자기의 창의와 책임 하에 처리할 수 있는 법률적 권능을 갖게 되었다.

(1) 자치권의 개념

지방자치단체의 자치권이란 지방자치단체가 그 존립목적을 실현하기 위하여 가지는 일정한 범위의 권능을 말한다. 자치권에 대한 정의의 요체는 '국법이 인정한 범위'라는 한계성과 '독자적 권리'라는 자주성이라고 볼 수 있다. 따라서 자치권이란 국가의 주권이나 기본제도(헌법)에 의하여 창설된 국가에 의하여 부여된 권능이면서도 국가의 지방행정기관이 갖는 권한과는 달리 정치적·제도적으로 보장된 독자적 권능 또는 자율적 통치권능이라고 볼 수 있다.

(2) 자치권에 대한 학설

지방자치의 본질을 밝히는 하나의 지표로서, 법적인 측면에서의 자치권의 본질이란 무엇인가? 이 자치권의 본질, 즉 자치권 발생의 근거에 대해서는 약간의 차이가 있으나, 대체로 국가창설권설과 고유권설의 두 가지 견해로 대별되고 있는 경향이다.

1) 국가창설권설

이 설에 의하면 자치권은 국가로부터 근원한 것으로서, 국가가 지방자치단체에게 자치권을 부여 내지 허용한 것이지 그 자체가 본래적으로 가지는 고유한 권한이 아니라는 것이다. 즉 근대적 의미의 지방자치는 중앙정부가 스스로 국정전반을 처리하는 것이 적절하지 못하므로, 일정한 범위 내에서 지방적 이해에 관한 사항은 해당 지역에 법인격을 부여하여, 그 지역의 주민들로 하여금 자율적으로 지역의 행정 업무를 처리하게 한다는 것이다. 다시 말하면, 지방자치단체는 명령권을 행사하는데, 그것은 국가의 위임에 의해서만이 가능한 것이라는 것이다(김효전역, 1980: 619). 따라서 국가창설권설에 의하면, 자치권은 국가에 의해서 허용된 제도속의 권리라는 것이다. 이 학설은 다시 국권설과 제도적 보장설로 나눌 수 있다.

(가) 국 권 설

전래설·수탁설·승인설이라고도 언급되고 있는 이 견해는 자치권이 국가의 통치권으로부터 직접 발생한다는 것이다. 따라서 이 설은 고유한 지방주권을 부인하고 있다는 의미에서는 후술하는 제도적 보장설과는 같은 입장이지만, 자치권이 헌법에 의한 제도적 보장이 아니고 국가에 의해 국가권력이 지방자치단체에게 대행되도록 허용되었다는 점에서 그 차이를 찾을 수 있다. 이 입장에서 자치권을 살펴보면, 자치권은 국가의 승인[1] 내지 허용에 의해 생성되는 권리라는 것이다. 이 학설은 주로 독일의 공법학자들이 주장한 것으로서 종래에는 통설적 위치에 있었다(정세욱, 2000: 141). 국권설은 지방자치에 관한 규정이 헌법에 명문화됨으로써 그 의의가 많이 상실되어 오늘날 이 견해를 취하는 학자는 거의 없으며, 이 학설을 지지했던 사람은 자치권의 헌법상의 보장과 함께 대체로 제도적 보장설을 취하게 된다.

(나) 제도적 보장설

준독립설 또는 보장설이라고도 하는 제도적 보장설은 자치권이 국가의 통치권으로부터 근원된다고 보는 점에서 국권설과 그 맥을 같이 하나, 헌법에 지방자치의 규정이 명문화됨으로부터 지방자치제도가 보장된다고 보는 점이 국권설과 다르다. 즉 제도적 보장설은 지방자치의 의미를 헌법상의 보장에서 찾고 있다. 일반적으로 제도적 보장설은 그 기원을 바이마르 헌법에서 찾고 있으며, 우리나라와 일본 공법학자들의 통설 내지 다수설이 되고 있다(최창호, 2007: 53; 정세욱, 2000: 141; 高寄昇三, 1981: 30; 星野光男, 1982: 23). 여기에 속하는 제이론은 상세한 점에 있어서는 어느 정도의 차이점이 있지만, 고유한 지방주권을 부인하고 있다는 점에서 일치하고 있으며, 이러한 맥락에서 국권설과도 같은 발상에 의한 것이라고 할 수 있다.

2) 고유권설

이 학설은 전술한 국가창설설과 근본적으로 대립되는 견해이다. 고유권설에서는 자치권은 인간의 기본적 인권에서 나타나거나 혹은 이것과 유사한 자치권 고유의 권리라는 것이다. 즉 지방자치단체는 독립적인 인격과 지배권을 국가 이전부터 가지고 있다는 견해로서, 국가권력은 이것을 승인한 것이지 결코 창설한 것이 아니라는 것이다. 다시 말하면, 자치권은 국가의 인정에 의해서 발생한 것이 아니라, 국가 성립 이전부터 지방자치단체가 가지고 있는 고유의 권한이라는 것이다. 따라서 고유권설에 따르면, 지방자치단체가 가지는 권리는 그것이 외부(국가)로부터 주어짐으로써 발생하는

1) 자치권을 논하는데 있어서 승인이라는 용어를 사용할 때, 국가창설권론에서 사용되어지는 경우와 고유권론에서 사용되어지는 경우에 그 의미하는 바가 각기 다르다. 전자의 의미는 자치권이 국가에 근원한다는 의미에서 창설적 승인이라 한다면, 후자의 의미는 지방자치단체가 본래적으로 가지고 있는 자치권을 국가가 단지 확인해 준 것에 불과하다는 의미에서 수용적 승인이라고 할 수 있다.

것이 아니라, 개인의 기본권과 같이 그 자체로서 가지는 기본적인 권리라는 것이다. 그리하여 자치권은 인간이 가지는 기본권의 하나로서 간주되고, 따라서 헌법에서의 보장은 단지 이를 확인한 것에 불과하다는 것이다. 다만 자치권이 국가의 발전이나 존재에 저해되는 경우에 한하여 정부의 통제·감독이 허용되는 극히 자주성이 강한 고유의 권한이라는 것이다(高寄昇三, 1981: 31).

(3) 자치권의 특성

근대 민주주의 정치시스템 하에서의 자치권은 한 국가의 정치적 통일을 전제로 하여 국가의 영토를 적정한 단위로 구획하여, 지역의 공공 사무는 해당 지역 주민 스스로가 처리할 수 있도록 헌법상 보장된 권리라고 할 수 있다. 이러한 자치권의 특성은 다음과 같다(이규환, 2006: 95-96; 최창호, 2007: 207-208).

1) 예 속 성

자치권의 배분성이라고도 하는데, 지방자치단체의 자치권은 국가주권 아래의 권능이며, 그 범위는 국법에 의해 정해진다는 것이다. 국가와 지방자치단체 사이의 권능의 배분도 국가에 의해 정해지며, 그 권능의 행사도 국가로부터 일정한 감독과 통제를 받는다. 따라서 자치권은 국가로부터 수여된 권리이므로 국가와 지방자치단체 간의 사무배분 또는 기능배분 문제가 나타난다.

2) 자 주 성

자주성은 독립성 또는 자기책임성이라고도 하는데, 지방자치단체의 자치권이 일정 부분 예속성의 특징을 지닌 반면, 국가의 기본법(헌법)에 의해 보장된 권리로서 국가의 통치권으로부터 어느 정도의 독립성을 갖고 있다는 것이다. 이 자주적 권리가 지방자치단체의 권능과 중앙정부의 하급기관의 권한을 구별하는 기준이 된다. 만일 자치권을 가진 지방자치단체를 상급기관의 무제한적인 지휘·감독을 받는 하급행정기관의 지위와 동일시한다면 자치권의 본질은 상실되며, 헌법에 자치권을 보장한 의의가 없어지는 것이다.

독립성의 정도는 시대·나라·상황에 따라 다양하지만, 지방자치단체는 일정한 범위 내에서 자주적으로 입법·조직·인사·재정, 그리고 행정 운영상의 권한을 행사한다. 자치권이 자주성을 지니는 독자적인 권리라는 점은 지방자치단체의 자치입법권·자치조직권·자치재정권·자치행정권 등에서 잘 나타나고 있다.

3) 포 괄 성

포괄성은 보편성이라고도 하는데, 지방자치단체의 자치권은 원칙적으로 해당 지방자치단체의 관할구역 내에 있는 사람과 사물에 포괄적으로 미친다는 것이다(최창호, 2007: 208). 자치권이 미치는 인적 범위는 주민뿐만 아니라, 지방자치단체의 관할구역 내에 거주하는 자, 재산을 소유하거나 사업소를 가진 자 등 모두가 포함된다. 또한 자치권에 의해 처리되는 공공사무의 범위는 관할구역 내의 주민 복리에 관한 모든 사항이 된다.

2. 자치권의 종류

(1) 자치입법권

1) 의 의

자치입법권이란 지방자치단체가 자치법규를 자주적으로 제정할 수 있는 권능을 말한다. 우리 헌법 제117조 제1항은 "지방자치단체는 … 법령의 범위 안에서 자치에 관한 규정을 제정할 수 있다"고 규정하여 지방자치단체의 자치입법권을 명백히 보장하고 있다. 지방자치단체의 자치법규로는 현행법상 조례와 규칙이 인정되고 있다. 협의의 자주법은 조례만을 의미하지만, 보통 자치법규라고 할 때에는 조례와 규칙이 모두 포함된다(최창호, 2007: 208).

2) 종 류

(가) 조례제정권

조례는 지방자치단체가 법령의 범위 안에서 그 권한에 속하는 사무에 관하여 지방의회의 의결로써 제정하는 규범이다. 이러한 조례가 갖는 특징은 지역적응성과 선도성을 들 수 있는데, 이는 자치행정의 특질을 반영한 것으로 자치입법권의 기능이라고도 할 수 있다(猪野積編, 1997: 9).

지방의회의 조례제정권은 다음과 같은 범위에 한정하여 행사되어야 한다. 첫째, 지방자치단체의 소관 사무에 한정한다. 따라서 지방자치단체의 조례는 지방자치법 제11조가 규정하는 국가사무(외교·국방·사법·국세에 관한 사무 등)를 규정할 수 없고, 기초자치단체의 조례는 동법 제10조에 의하여 광역자치단체에 배정된 사무를 규정할 수 없다. 둘째, 조례는 지방자치단체 관할구역 안의 자치사무(고유사무)와 법령에 의하여 지방자치단체에 속하는 사무(단체위임사무)에 관하여 규정할 수 있다. 따라서 지방의회는 기관위임사무와, 단체장 전속사항에 관하여는 조례로 규정할 수 없다.

이러한 조례제정권의 범위에 속하는 사항에 대하여도 조례는 일정한 수준 한도 안에서만 제정·개정될 수 있다. 조례의 제정에 있어서 이러한 제정의 한계에 위반할 때에는 위법의 문제가 발생한다. 첫째, 지방자치단체의 조례는 국가의 법령이나 상급 지방자치단체의 법규에 위반해서는 안된다. 둘째, 지방자치단체의 조례는 주민권리 침해 사항에 대해서는 국회의 의결을 거친 법률의 위임이 있는 경우에 한하여 제정될 수 있다.

(나) 규칙제정권

규칙은 지방자치단체의 장이 법령 또는 그 제정을 위임한 조례의 범위 안에서 그 권한에 속하는 사무에 관하여 제정하는 규범이다(지방자치법 제23조).

규칙으로써 규정할 수 있는 사항의 범위는 다음과 같다. 첫째, 지방자치단체의 장(또는 교육감)의 권한에 속하는 모든 사무에 걸친다. 이에는 고유사무와 단체위임사무뿐만 아니라 기관위임사무도 포함된다. 둘째, 지방자치단체의 사무(고유사무와 단체위임사무)로서 법령에 의하여 조례규정대상으로 지정된 사항, 의회의 전속권한의 사항을 제외한 기타의 모든 사항을 규칙으로 제정할 수 있다. 셋째, 조례가 규칙에 위임한 사항 또는 조례의 실시를 위하여 필요한 사항도 규칙으로 규정할 수 있다.

그러나 규칙의 제정에는 다음과 같은 한계가 있다. 첫째, 규칙은 법령 및 그 제정을 위임한 조례에 위반해서는 안된다. 둘째, 시장·군수·지치구의 장이 제정하는 규칙은 시·도의 조례나 시·도지사가 제정하는 규칙에 위반해서는 안된다. 셋째, 규칙은 법령의 개별적인 위임이 없는 한 주민의 권리제한 또는 의무부과를 규정할 수 없고, 벌칙을 규정할 수도 없다.

(2) 자치조직권

1) 의　　의

자치조직권이란 지방자치단체가 자치행정을 위하여 자기의 조직을 자주적으로 만들 수 있는 권리 또는 권한을 말한다. 헌법에 기초한 지방자치법 등에서는 지방자치단체의 행정조직에 관한 대강만을 정하고, 구체적이고도 개별적인 행정조직의 세부사항은 이를 각 지방자치단체의 자주적인 결정에 맡기는 것이 일반적인 경향이다. 이렇게 하는 것이 지방자치의 정신에도 부응하기 때문에, 각국은 지방자치단체에 자주적인 행정조직 결정권을 인정하고 있다(최창호, 2007: 225).

2) 내　　용

국가가 지방자치단체에게 자치조직권을 인정하는 범위는 나라에 따라 다양하다. 대체로 영·미계 국가에서는 지방자치단체에 광범한 자치조직권을 인정하고 있다. 미국에서는 지방자치단체의 정부조직 및 행정조직이 지역 주민들이 자주적으로 만드는 자치헌장(home-rule charter), 주정부가 마련한 여러 가지 헌장 가운데 지역 주민들이 하나를 선택하는 선택헌장(optional charter), 지방자치단체를 공통적 특성(인구규모 등)에 따라 몇 개의 유형으로 나누고 주 의회가 이러한 유형에 따라 표준헌장을 정해주는 분류헌장(classified charter), 주 의회가 모든 지방자치단체에 일률적으로 적용되는 동일한 헌장을 제정하는 일반헌장(general charter), 주 의회가 법률에 의하여 각 지방자치단체에 특별한 헌장을 제정해 주는 특별헌장(special charter) 등 지방자치단체의 자치조직권이 폭넓게 보장되어 있다(정세욱, 2000: 162-164). 영국에서는 지방의회 의원의 정수, 의회 상임위원회의 종류, 행정조직의 구성·사무분장, 공무원의 정원·인사·급여 등에 자주적 결정권이 거의 완전하게 지방자치단체에 인정되고 있다.

반면, 자치권의 범위가 좁은 프랑스, 일본 등 유럽 대륙계 국가에 있어서는 지방자치단체의 자치조직권이 상당히 제한되어 있다. 1980년대 대대적인 지방분권화 개혁이 단행된 프랑스의 경우를 보더라도, 지방자치단체의 지방장관(국가위원)을 비롯한 주요 간부들이 국가공무원으로 보해지고, 특정 직원 및 위원의 임명에 내무부장관의 승인을 요하게 하고 있다.

우리나라의 경우에는 지방자치단체의 자치조직권의 범위가 매우 제한되어 있는 것이 특징이다. 지방자치단체의 행정조직 및 공무원의 인사에 관한 많은 사항이 법률 또는 대통령령으로 규정되고 있거나 감독기관의 승인을 얻도록 하고, 또한 조직이나 인사에 있어서 지방자치단체간의 균형 유지를 위해 필요한 권고권을 중앙정부에 인정하고 있다.

(3) 자치행정권

1) 의　　의

자지행정권이란 지방자치단체가 국가나 상급자치단체로부터 간섭을 받지 않고 자기의 사무를 자주적으로 처리할 수 있는 권한을 말한다. 우리나라 지방자치단체는 자치행정권을 헌법적으로 보장받고 있다. 즉, 우리 헌법 제117조 제1항에서 "지방자치단체는 주민의 복리에 관한 사무를 처리하고 …"라고 규정하고 있다.

2) 내 용

지방자치단체의 자치행정권을 인정하는 범위도 영·미법계와 대륙법계 사이에 차이를 보이고 있다. 영·미에서는 지방자치단체가 처리하는 사무는 원칙적으로 이를 모두 자치사무로 하고 이에 대한 국가의 관여도 입법적·사법적 관여와 기술적 조언 및 재정적 지원을 중심으로 하고 있으므로, 자치행정권의 범위가 매우 넓다. 이에 비하여, 대륙계 국가에서는 지방자치단체가 처리하는 사무 가운데 국가사무가 상당히 큰 비중을 차지하고, 지방자치단체에 대한 국가의 관여가 매우 많으므로 자치행정권의 범위가 좁다고 할 수 있다.

우리나라의 경우, 국가와 지방의 관계가 수직적인 데다가, 지방자치단체에 대한 중앙통제가 권력적·관료주의적이어서 지방자치단체의 자치운영권의 범위가 협소하다고 할 수 있다. 지방자치단체의 자치운영권에는 권력적 측면과 관리적 측면의 두 가지가 있다. 권력적 측면의 예로는 각종 통제·규제, 공용부담 등을 들 수 있고, 관리적 측면의 예로는 공공시설의 설치·관리, 민간 활동보조 등을 들 수 있다. 오늘날 자치행정에 있어서는 권력적 작용도 중요하지만, 주민에 대한 서비스의 제공을 내용으로 하는 비권력적 작용, 즉 관리적 작용도 매우 중요시되고 있다(최창호, 2007: 230- 231).

(4) 자치계획권

1) 의 의

자치계획권은 지방자치단체가 그 사무를 수행하기 위하여 구속력 있는 계획을 자주적으로 수립하고, 지방자치단체와 관련되는 상위계획의 수립에 참여하는 권리 또는 권한을 말한다. 자치계획권은 과거에는 자치운영권 속에 포함시켜 별도로 논의되지 않았으나, 오늘날의 행정에서 계획업무의 중요성이 커짐에 따라 자치권의 영역에 있어서 별도의 중요한 의미를 갖고 등장하게 되었다.

2) 내 용

자치계획권은 그 계획의 대상에 따라 물리계획, 사회계획, 경제계획, 복지계획, 도시계획, 농촌계획, 총괄계획, 개별계획 등 여러 가지로 나눌 수 있다. 그 중에서 국토공간계획과 관련하여 도시계획에서 지방자치단체의 자주성이 오늘날 특별히 중요한 문제로 대두되고 있다. 이러한 공간계획 분야가 과거 중앙집권시대에 계획의 결정권이 중앙에 집중되었던 분야이기 때문에, 오늘날과 같은 지방분권시대에 특별히 개선되어야 할 과제로 부상하고 있다.

(5) 자치재정권

1) 의 의

자치재정권이란 지방자치단체가 자기사무의 처리에 필요한 경비를 충당하기 위해 중앙정부의 간섭을 받지 않고 자주적으로 그 재원을 조달·관리하는 권리 또는 권한을 말한다. 헌법은 제117조 제1항에서 "지방자치단체는 … 재산을 관리하며 …"라고 규정하여 지방자치단체의 자주적인 재정권을 보장하고 있다. 자치재정권은 지방자치단체의 자주성을 실질적으로 보장하기 위한 것이다.

2) 내 용

지방자치단체의 자치재정권 확립의 핵심은 지방자치단체의 자주적 과세권 확립에 있다고 할 수 있다. 그러나 오늘날에는 조세법률주의와 함께, 전국을 하나의 경제단위로 하는 국민경제화의 경향이 강해지고 지역을 경계로 하는 지역경제가 취약해짐에 따라, 지방자치단체의 과세권에 원칙적인 제한이 따르고 있다.

지방자치단체의 자치재정권에도 두 가지 측면이 있다. 그 하나는 지방자치단체가 재원을 취득하기 위하여 주민에게 명령하고 강제하는 권력적 작용이고, 다른 하나는 그 재산을 관리하고 수입·지출을 실행하는 관리적 작용이다. 권력적 작용의 예로는 지방세의 부과·징수, 강제집행, 체납처분, 과태료 부과 등을 들 수 있고, 후자의 예로는 재산 및 기금의 보유·운영, 공기업의 경영, 예산·결산의 관리 등을 들 수 있다.

참고문헌

강형기.(1989). "지방자치 실시를 위한 마음의 준비는." 「지방자치」 9월호.
고범서.(1983). "주인의식 실천의 길." 「지방행정」 5월호.
김안제.(1982). 「환경과 국토」, 서울: 박영사.
김 원.(1985). "도시화와 시민정신." 「지방행정」 9월호.
김익식.(2002). "특별지방행정기관의 의의와 역할." 「지방행정」 589호.
김대환.(1983). "주인의식과 시민윤리." 「지방행정」 5월호.
김병준.(1991). "지방의회와 주민역할 및 책임." 「지방자치연구」 3(2).
김종표.(1978). "현대지방자치구역 재편성에 관한 연구." 단국대학교 대학원 박사학위청구논문.
김종표.(1984). 「현대지방행정론」, 서울: 일신사.
김진봉 외.(1981). "지방행정구역변천의 정치·사회적 배경에 대한 연구." 호서문화연구 제1호, 충북대학교 호서문화연구소.
김효전 역.(1980). 「일반국가학; Allgemeine Staatslehre」, 부산: 태화출판사.
노융희.(1968). "지방자치단체의 적정구역의 기준설정에 관한 연구." 「행정논총」 16(1), 서울대학교 행정대학원.
_____.(1987). "시민의 자세와 역할." 「비교행정」 제10호(1월호).
_____.(1987). 「한국의 지방자치」, 서울: 녹원출판사.
박동서 외.(1982). 「지방행정론」, 서울: 한국방송통신대학 출판부.
박지동 역.(1983). 「미국의 민주주의; Democracy in America」, 서울: 한길사.
유종해.(1990). "자치시대의 주민자치의식." 「지방행정」, 4월호.
서원우.(1985). "한국의 지방자치에 관한 법적 제문제." 「비교행정」 3호, (사)지방행정연구소.
소진광.(2002). "특별지방행정기관의 운영실태와 문제점." 「지방행정」 589호.
안용식·최호준.(1979). "지방주민의 군 행정참여에 관한 연구." 「연세대학교 사회과학논집」 제10집.
안용식·강동식·원구환.(2006). 「지방행정론」, 서울: 대영문화사.
오재일.(1999). "읍·면·동의 합리적 개선방안에 관한 고찰." 「지방행정연구」 13(1), 한국지방행정연구원.
_____.(2002). "남북행정구역의 변천과 발전방향." 「행정논총」 40(2), 서울대학교 행정대학원.

이규환.(2006). 「한국지방행정학」, 서울: 법문사.
이기우 외.(2007). 「지방자치법」, 서울: 대영문화사.
이달곤.(1991). "집단이기주의의 원인과 합리적 해소방안." 「지방자치」 6월호.
_____.(2005). 「지방정부론」, 서울: 박영사.
임성한.(1978). 「관료제와 민주주의」, 서울: 법문사.
장지호.(1973). 「지방행정론」, 서울: 진명문화사.
_____.(1982). 「지방행정론」, 서울: 대왕사.
정세욱.(2000). 「지방자치학」, 서울: 법문사.
조창현.(1991). 「지방자치론」, 서울: 박영사.
최창호.(1979). "한국지방행정구역개편에 관한 연구." 건국대학교 대학원 박사학위청구논문.
_____.(2007). 「지방자치학」, 서울: 삼영사.
최창호·정세욱(1980). 「행정학」, 서울: 법문사.
행정자치부(2001). 「지방행정구역발전사」.
_____.(2007). 「지방자치단체 행정구역 및 인구현황」.
_____.(2007). 「2007 지방자치단체 기본현황」.
허 영(1985). "지방자치에 관한 헌법이론적 조명." 「비교행정」 3호, (社)지방행정연구소.

地方行政研究會編.(1983). 「地方自治」, 東京; ぎょうせい.
和田英夫.(1965). 「現代地方自治論」, 東京: 評論社.
高寄昇三.(1981). 「地方自治の再發見」, 東京: 勁草書房.
山下建次.(1964). "制度保障の法的性格とその問題點." 「公法研究」第26號, 日本公法學會.
西尾勝.(1990). 「行政學の基礎概念」, 東京: 東京大學出版會.
星野光男.(1957). 「地方自治論」, 東京:ぎょうせい.
猪野積編.(1997). 「新地方自治法講座②;條例と規則(1)」, 東京:ぎょうせい.
成田頼明. "地方の時代」における地方自治の法理と改革." 「公法研究」 第43號, 日本公法學會.
新騰宗申.(1983). "新中央集權下の國と地方關係." 「年報行政研究19: 臨調と行政改革」, 東京: ぎょうせい.
地方自治制度研究會編.(1989). 「地方自治法關係判例解說第2集」, 東京: ぎょうせい.
Millspaugh, A. C.(1936). *Local Democracy and Crime Control*, Washington D.C.: Brookings Inc.

제 4 장 지방자치단체의 기능과 사무

제 4 장 지방자치단체의 기능과 사무

제 1 절 개　　관

지방자치가 부활된 지 십수년이 지났다. 그간 4번의 지방선거를 치르면서, 많은 지방자치제도의 변화를 가져왔다. 특히 주민소환제의 실시와 지방의회의원의 유급제 실시 등으로 한층 발전하는 지방자치의 모습을 보여주고 있다.

일찍이 1950년대 프랑스 지리학자 J.F. 구라비에는 "파리권 외에는 모두 사막과 같다"며 파리 집중화를 비판했고, 프랑스 정부는 이에 따라 1960년대에 북부지방과 남부지역의 격차 해소를 위해 지중해 연안개발을 위한 슈퍼 프로젝트를 추진하는 등 오늘날까지 지방분권에 많은 노력을 기울이고 있다.

이에 노무현 정부의 핵심과제도 지방분권으로 내세우며, 행정도시를 비롯 여러 가지 지방분권정책을 펼쳤었다. 이러한 지방분권의 이점으로는 다음을 들 수 있다(Jann, 1998: 231-232). 첫째, 지방의 특수성에 적합한 차별화된 정책을 형성·결정·집행할 수 있음으로써 행정의 생산성제고는 물론 주민의 만족도를 높여 행정의 정당성을 추구할 수 있다. 둘째, 결정과정에서 참여자와 실제사안이 매우 밀접하게 연계된다. 셋째, 비교적 복잡하지 않은 조직체계로 말미암아 결정과정에 있어서의 조정가능성이 제고되어 질 수 있다. 넷째, 실책의 원인과 결과에 대하여 신속하면서도 개선된 대응체계를 갖출 수 있다. 다섯째, 수직적인 의사전달체계에 대한 적은 부담을 가질 수 있다. 여섯째, 행정책임과 행정윤리에 대한 인식을 강화시킬 수 있다. 마지막으로, 혁신의 가능성을 제고시킬 수 있다(이승철, 2005: 26).

그러면, 이처럼 중요성이 부각되는 지방자치가 잘 되기 위해서는 무엇보다도 지방자치단체가 제기능을 수행하여야 한다는 것은 의심의 여지가 없다. 따라서 본 장에서는 이러한 지방자차단체의 기능은 무엇이며, 지방자치단체의 사무는 무엇인지에 대해서 기술해보고자 한다.

제 2 절 지방자치단체의 기능과 사무

1. 지방자치단체의 기능배분

지방자치단체의 기능은 국민의 생활과 직결되는 공공사무가 주를 이루고 있기 때문에 어떻게 배분하느냐에 따라 공공서비스의 양과 질이 달라진다. 지방자치 행정이 국민의 다양한 욕구에 적극 부응하기 위해서는 각급 자치단체 및 개별 자치단체의 능력에 맞는 공공사무의 배분이 전제되어야 한다. 국가와 각급 자치단체 및 개별 자치단체 사이의 공공사무의 배분은 그 사무배분을 통하여 국가와 각 자치단체의 역할과 권능을 배분하는 것이 되기 때문에 이를 기능배분이라고 한다(최창호, 2006: 141). 이러한 기능배분이 어떻게 나누어지느냐에 따라 공공사무의 질이 결정된다는 것을 감안할 때 매우 중요한 측면이라고 할 수 있다.

이러한 기능배분의 결정요인은 규범적 측면과 현실적 측면으로 나눠 볼 수 있다. 먼저, 규범적 측면에서는 합목적성과 효율성을 들 수 있다. 즉, 중앙정부나 지방자치단체의 존립 목적에 맞추어 사무를 배분하는 것으로, 국가의 주권 행사와 관련하여 국방이나 외교 기능은 중앙정부에 배분하고 주민들의 일상 생활과 직결되는 사무는 지방자치단체에게 배분하는 것이라는 합목적성에 부합되어야 하고, 또한, 가장 적은 비용으로 행정 서비스를 제공할 수 있는 지역적 크기에 따라 사무를 배분하는 것으로 규모의 경제에 따라 서비스 공급의 최적 규모가 될 수 있도록 사무를 배분하는 것이라는 효율성을 들 수 있다. 다음으로, 사무배분은 현실적으로 중앙 정치권이나 정부의 이해 관계와 지방자치단체의 행정적·재정적 능력과 주민의 자치 의식 수준에 의해 결정된다는 현실성을 고려해 볼 수 있다(정일섭, 2006: 160-161). 이처럼 기능배분의 결정은 합목적성과 효율성을 고려하여 결정하여야 한다. 이 밖에도 대응성, 가외성, 민주성 등의 행정이념도 기능배분의 결정요인으로 고려되어야 한다.

2. 지방자치단체 기능배분의 성격과 방식

국민의 생활을 최적화하기 위해서는 국가와 지방자치단체가 적절히 기능을 배분하여야만 한다. 그러나 국가와 각급 자치단체간의 기능배분의 문제는 다음과 같은 복합적인 성격을 가진 문제이다. 첫째로, 기능배분의 문제는 지방자치의 계층구조와 밀접한 관련을 가진다. 즉, 기능배분은 국가와 각 자치계층 사이의 기능의 배분의 문제가 되는 것이다. 둘째로, 기능배분의 문제는 지방자치단체의 관할구역과도 밀접한 관련을 가진다. 즉, 지방자치단체의 사무처리는 그 지방자치단체의 능력을 전제로 하고 있는 것이며, 그 능력은 현실적으로 구역의 크기에 의하여 결정되는 것이다. 셋째로, 기능배분의 문제는 중앙집권 및 지방분권과도 밀접한 관련을 가진다. 즉, 기능이 국가 또는 상급 자치단체에 집중적으로 배분되면 중앙집권체제가 되는 것이고, 반대로 기능이 지방자치단체, 특히 기초자치단체에 분산 배분되면 지방분권체제가 되는 것이다(최창호, 2006: 141-142). 이러한 기능배분은 100% 중앙에 치우치거나 100% 지방에 치우쳐 있는 경우는 드물다. 따라서 국가가 처한 환경에 따라 적절하게 중앙과 지방 사이의 기능배분이 요구된다.

이러한 국가와 각급 지방자치단체 사이에 기능을 배분하는 방식은 다음과 같은 세 가지로 대별될 수 있다. 첫째는 개별적 수권방식(principle of enumeration)이다. 이는 개개의 지방자치단체별로 개별법을 통하여 사무종목을 지정·배분하는 방식이다. 영국을 비롯한 오스트레일리아, 캐나다, 스웨덴, 덴마크 등에서 이 방식을 쓰고 있다. 둘째는 개괄적 (또는 포괄적) 수권방식(principle of universality)이다. 이는 지방자치에 관한 일괄법에서 지방자치단체의 계층이나 능력의 구별 없이 모든 자치단체에 포괄적으로 배분 규정하는 방식이다. 프랑스, 독일을 비롯한 유럽 대륙계의 많은 나라에서 이 방식을 채택하고 있다. 셋째는 절충적 수권주의(principle of unelecticism)이다. 이는 개별적 수권방식과 개괄적 수권방식의 특징을 절충한 방식으로서, 나이지리아와 일본 및 우리나라에서 이 방식을 채택하고 있다(최창호, 2006: 142). 우리나라는 광역자치단체의 사무와 기초자치단체의 사무를 예시하여 배정하고 있는데, 이는 예시적 개괄접근방식으로써 일종의 절충적 방식이라고 할 수 있다.

이처럼, 사무배분의 원칙에 따라서 사무배분이 이루어지는 구체적인 제도적 모습은 국가에 따라서 약간씩 차이가 있지만 크게는 3가지 종류로 구분되고 있다. 개별적 수권주의, 포괄적 수권주의, 절충적 수권주의가 이에 해당된다. 이에 대한 내용을 좀 더 구체적으로 살펴보면 다음과 같다(정재욱, 2001: 300).

(1) 개별적 수권주의

영국을 비롯한 캐나다·호주·스웨덴·덴마크 등에서는 지방자치단체마다 사무종목과 사무종류를 각각 개별적으로 위임·배분시켜 주고 있다. 영국의 경우, 각급 지방자치단체는 지방자치에 대한 일반법에 해당되는 지방자치단체법(Local Government Act)뿐만 아니라 특정 지방자치단체에게만 적용되는 무수한 개별 법률에 의해서도 사무배분과 관련 권한을 부여받고 있다. 이와 같은 방식을 개별적 수권주의(principle of enumeration)이라고 한다.

이와 같은 방식이 지니고 있는 장점으로는 각급 지방자치단체간의 사무배분이 명확하여 사무배분에 대한 중복성이 약하고, 이에 따른 책임한계가 명확하고, 자치행정의 기능이 확대 될 수 있는 가능성이 높다는 것이다.

그러나 다음과 같은 단점도 나타나고 있다. 즉 지방자치단체간의 개별성과 특수성을 강조하게 됨으로써 자치행정의 통일성을 저해하기 쉽고, 개별 법률의 제정에 따른 의회와 정치권의 권한강화와 지나친 시간 소요가 지적되고 있다.

(2) 포괄적 수권주의

프랑스나 독일은 물론이고 일본이나 한국과 같이 법률제정상 대륙법계에 가까운 국가들에서는 지방자치에 관한 일반법인 지방자치법이나 기타 관련 법률에서 모든 지방자치단체에 대한 개별적인 배려 없이 사무와 권한을 포괄적으로 규정하고 있다. 이와 같은 방식을 포괄적 수권주의(principle of universality)라고 한다.

그런데 이와 같은 포괄적 수권주의를 취하면 지방자치단체에게 광범위한 사무와 권한이 부여될 수 있을 것처럼 보이지만 실제로는 많은 차이가 나타나고 있다. 즉, 중앙정부는 각종 행정사무 분야에 대하여 다양한 특별법을 제정하여 지방자치단체로 하여금 이와 같은 행정사무분야에 대해서는 전혀 관여하지 못하게 하는 경우가 자주 나타나고 있기 때문이다.

우리의 경우를 보면, 지방자치법 제9조에서 6개 분야 58개 항목에 걸친 지방자치단체의 사무범위를 매우 포괄적으로 규정하면서도, 동법 제9조 2항 단서 조항에서 '다만, 법률에 이와 다른 규정이 있는 경우에는 그러하지 아니하다'라고 하여, 지방자치단체의 사무범위와 권한을 결정적으로 제한하고 있다. 현실적으로 중앙정부는 매우 다양한 범위에 걸쳐서 특별법을 제정하여 관련 사무를 직접 처리하고 있다.

따라서 포괄적 수권주의는 사무배분에 따른 외형적 융통성과 탄력성이 보장되고 있지만, 현실적으로는 지방자치단체 상호간의 사무배분의 불분명성과 이에 따른 책임성의 불명료성, 사무 처리에 따른 국가나 상급지방자치단체의 통제·감독기능의 강화

현상이 나타나고 있다.

(3) 절충적 수권주의

나이지리아에 있어서는 지방자치단체가 스스로 처리할 수 있는 지방사무의 종류와 수를 미리 목록표(list)로써 작성하여 둠과 동시에, 각급 지방자치단체의 자치행정수요, 행·재정 능력, 지방자치단체의 규모 등을 고려한 사전심사와 공청회를 통하여 당해 지방자치단체가 처리할 지방 사무를 지정하여 주게 된다. 이것을 절충적 수권주의(principle of unelecticism)이라고 한다.

3. 지방자치단체 기능배분의 원칙

국가와 각급 지방자치단체 사이에 기능이 합리적으로 배분되기 위해서는 일정한 원칙의 정립이 필요하다. 기능 배분에 대한 절대적인 원칙은 있을 수 없고 국가나 시대에 따라 달라질 수밖에 없는 것이다. 1949년 미국의 소프사절단(단장: Carl S. Shoup)이 일본의 실정을 조사하여 연합군사령관에게 제출한 보고서에 의하면 기능 배분에 관한 원칙으로 행정책임 명확화의 원칙, 능률의 원칙 및 지방공공단체 우선 및 시·정·촌 우선의 원칙을 제시했다(扳田期雄, 1979: 87-88). 1964년에 일본의 임시행정조사회가 연구·보고한 "사무배분에 관한 의견"에서는 현지성의 원칙, 종합성의 원칙 및 경제성의 원칙을 제시하고 있다(和田英未, 1965: 247-249). 기능 배분에 관한 1938년의 법률에 의하면, 프랑스의 기능 배분 원칙은 지방자치단체 간의 감독 금지의 원칙, 총체적 이양의 원칙, 단일 자치단체에의 배분 및 지방 행정계층 전문화의 원칙, 경비의 전액 보상의 원칙 및 점진 이양의 원칙이다(정재욱, 2001: 207-208). 이러한 여러 가지 원칙들을 종합하여 국가와 각급 지방자치단체 사이의 기능배분의 원칙으로서 중요한 것을 정리하면 다음과 같다.

첫째는, 불경합의 원칙이다. 즉, 국가와 각급 지방자치단체가 그 사무를 처리함에 있어서 서로 경합하지 아니하도록 사무의 소속과 그 처리 책임을 명확히 하여야 하는 것이다. 이 원칙을 권한·책임 명확화의 원칙이라고도 한다. 둘째는, 현지성의 원칙이다. 즉, 사무를 민주적으로 수행하기 위하여 주민의 행정참여와 통제가 용이한 기초자치단체에 가능한 한 많은 사무를 배분하여야 하는 것이다. 이 원칙을 기초자치단체 우선의 원칙이라고도 한다. 셋째는, 종합성의 원칙이다. 즉, 사무를 종합적으로 처리하기 위하여 국가의 특별지방행정기관보다도 일반지방자치단체에 사무를 집중적으로 배분하여야 하는 것이다. 이를 지역종합성의 원칙이라고도 한다. 넷째는, 경제성의 원칙이다. 즉, 정책의 능률적 집행을 위하여 사무를 각 단체의 규모, 행·재정능력, 인구수 등을 고려하여 최소의 비용으로 최대의 효과를 도모할 수 있는 단체에 배분하여야 하는 것이다. 이러한 원칙을 능률적 집행의 원칙이라고도 한다(최창호, 2006: 143-144). 기능배분의 원칙을 아래에서 구체적으로 살펴보면 다음과 같다.

(1) 지방자치단체 기능배분의 원칙

지방자치단체 기능배분의 원칙으로 다음을 들 수 있다(정일섭, 2006: 160-161).

(가) 현지성의 원칙

주민의 참여와 통제가 용이한 기초자치단체에 가능한 한 많은 사무를 배분해야 한다.

(나) 행정책임 명확화의 원칙

국가와 자치단체별로 사무를 명확히 해야 한다.

(다) 종합성의 원칙

행정사무는 중앙정부의 일선기관보다는 일반지방자치단체에 집중적으로 배분해야 한다.

(라) 경제성의 원칙

최소의 처리경비로 행정업무를 처리할 수 있도록 사무를 배분해야 한다.

(마) 통일성의 원칙

서비스의 수준을 전국적으로 일정하게 유지할 필요가 있는 행정사무는 중앙정부가 수행해야 한다.

(2) 우리나라의 기능배분의 원칙

정일섭(2006: 162-164)은 우리나라 지방자치법 및 지방자치 관련법을 통해 다음과 같은 사무배분의 원칙을 제시하고 있다.

1) 국가와 지방자치단체간 기능배분 원칙

(가) 국가사무 처리 금지의 원칙

지방자치단체는 법률에 다른 규정이 있는 외에는 국가사무를 처리할 수 없다고 규정하고 있다(지방자치법, 제11조).

(나) 상호 중복 금지의 원칙

지방분권특별법 제6조 ①에는 국가는 지방자치단체가 행정을 종합적·자율적으로 수행할 수 있도록 국가와 지방자치단체간 또는 지방자치단체 상호간의 사무를 주민의 편익 증진, 집행의 효과 등을 고려하여 서로 중복 되지 아니하도록 배분해야 한다고 규정하고 있다.

(다) 지방자치단체 우선의 원칙

국가와 지방자치단체 간에 사무를 배분함에 있어서는 지방자치법 제11조에 규정된 국가사무를 제외하고는 가능한 한 지방자치단체에 배분해야 한다고 규정하고 있다(중앙행정 권한의 지방 이양 촉진 등에 관한 법률, 제4조 제1항).

(라) 일괄성의 원칙

지방자치법 제9조 제2항 각호에 예시된 사무를 지방자치단체에서 가능한 한 독자적으로 처리하도록 할 것과 지방자치단체가 이양받은 사무를 자주적인 책임과 결정에 따라 처리할 수 있도록 이양되는 사무와 관련되는 일체의 사무를 가능한 한 동시에 이양하도록 규정하고 있다(중앙행정 권한의 지방 이양 촉진 등에 관한 법률, 제3조 제1항 ①, ③).

지방분권특별법 제6조 ③에는 국각가 지방자치단체에 사무를 배분하거나 지방자치단체가 사무를 배분 또는 재배분받는 지방자치단체가 그 사무를 자기의 책임하에 종합적으로 처리할 수 있도록 관련 사무를 포괄적으로 배분해야 한다고 규정하고 있다.

또한 국가는 권한 및 사무를 지방자치단체와 포괄적·일괄적으로 이양하기 위해 필요한 법적 조치를 마련하여야 한다고 규정하고 있다(지방분권특별법, 제9조 ②).

2) 광역과 기초자치단체간 기능배분 원칙

(가) 비경합의 원칙

시·도와 시·군 및 자치구는 그 사무를 처리함에 있어서 서로 경합하지 아니하도록 해야 한다고 규정하고 있다(지방자치법, 제10조 ③).

(나) 기초자치단체 우선의 원칙

서로 경합되는 경우에는 시·군 및 자치구에서 우선적으로 처리한다(지방자치법, 제10조 ③). 주민의 복리 및 생활 편의와 직접 관련된 권한 내지 사무는 시·군 및 자치구에 우선적으로 배분할 것(중앙행정 권한의 지방이양 촉진 등에 관한 법률, 제3조 제1항 ⑤)을 규정하고 있다.

(다) 능률성의 원칙

지방자치단체의 종류별 사무배분 기준(지방자치법, 제10조 ①)에서 시·도의 사무로 제시된 "행정처리 결과가 2개 이상의 시·군 및 자치구에 미치는 광역적 사무" 등은 능률적인 사무처리를 위한 기준으로 볼 수 있다.

또한 중앙행정 권한의 지방이양 촉진 등에 관한 법률 제3조 제 1항 ②에 의하면 사무배분은 자치단체의 여건과 능력을 고려해야 하고, ⑥에는 시·군·자치구의 전문적·기술적 능력을 초월하거나 업무의 성격상 시·도에서 처리함이 합리적인 사무는 시·도로 이양할 것을 규정하고 있는 바 이 또한 능률성에 입각한 기준을 제시한 것으로 볼 수 있다.

제 3 절 지방자치단체의 사무배분

지방자치단체의 사무란 지방행정사무를 의미하는 것으로, 지방자치단체가 수행할 것으로 기대되는 일정한 공공서비스 업무를 말한다. 여기에서 지방자치단체에 의하여 수행될 공공업무의 내용은 주민의 복리증진에 관련된 사안들이다. 우리 헌법 제117조는 "지방자치단체는 주민의 복리에 관한 사무를 처리하고 …"라고 규정하여, 지방자치단체의 존립목적이 주민복리에 관한 사무의 처리에 있음을 명백히 하고 있다. 주민의 복리는 주민의 모든 일상생활과 관련된 것으로서 그 내용은 매우 광범위하고, 지역에 따라 그리고 개인에 따라 다르게 나타날 수도 있다. 그러나 주민의 복리는 대체로 경제적으로 풍요하고 평등한 생활, 사회적으로 문화적이고 인간다운 생활, 환경적으로 편리하고 위생적인 생활의 영위를 그 주요 골자로 하고 있다.

이러한 주민복리의 중점도 시대에 따라 변한다. 즉, 과거에는 주민복리를 주로 경제면에 치중하였으나, 경제성장이 어느 정도 이루어진 오늘날에는 복리의 중점을 점차로 사회면과 환경면으로 옮겨가는 경향이 있다. 그리하여 오늘날에는 지방자치단체가 주민생활에 관하여 경제지표(economic indicator) 외에 사회지표(social indicator) 또는 환경지표(environmental indicator)를 설정하여 그 최저수준을 의미하는 시민적 최저수준(civil minimum)을 기준으로 사무를 처리하도록 하는 경향이 늘어가고 있다. 경제지표란 경제의 주요국면의 조건에 관한 척도로서 생산, 소비, 투자, 금융 등의 분야를 대상으로 하고, 사회지표란 사회의 여러 국면의 조건에 관한 척도로서 인구, 보건, 주택, 공안 등의 분야를 대상으로 하며, 환경지표는 생활환경의 질에 관한 척도로서 주거환경, 복지환경, 위락환경 등의 분야를 대상으로 한다. 시민적 최저수준은 주민이 안전·건강·쾌적·능률적인 생활을 유지해 나가는 데 필요한 최저의 조건으로 각 지방자치단체가 실행하지 않으면 안 되는 행정수준을 말한다(최창호, 2006 147-148). 그러나 앞으로는 최저의 조건을 유지하는 것은 물론 최상의 서비스를 제공할 수 있도록 지방자치단체가 주민의 복리 증진을 위해 다방면에서 노력을 경주하여야 한다.

한편, 사무배분의 필요성에는 중앙정부와 지방자치단체간에 있어서 국민, 즉 주민을 위한 행정의 민주화와 효율적 운영확보라고 하는 기술적·기능적 측면의 문제로 파악할 수 있다. 먼저 지방자치단체간의 사무분담의 필요성을 제기하면 지방자치단체의 모든 사무가 동일한 구역 내에서 동시에 광역지방자치단체와 기초지방자치단체에 의하여 시행되어서는 아니된다. 왜냐하면 성질상 불가피한 사무(존재사무) 등을 제외한 사무를 광역지방자치단체와 기초지방자치단체가 동시에 수행한다면 그것은 예산의 낭비를 초래할 뿐더러 행정의 혼란과 혼선을 가져올 수 있다. 그러한 사무는 광역지방자치단체와 기초지방자치단체 사이에 사무의 분담이 필요한 것이다(홍정선, 2000: 110).

한편, 사무배분의 필요성에 근거하여 다음과 같이 3가지 사무배분의 실익을 기대할 수 있다. 첫째, 행정행위에 대한 책임소재를 분명하게 한다. 중앙정부와 지방자치단체간에 명확한 사무구분이 없을 경우, 해당 행정사무의 수행이 가져 올 결과에 대해서 누가 책임을 질 것인가를 판단하기 곤란하다. 둘째, 지방자치단체의 고유한 사무를 법으로 명확히 규정함으로써 자치단체의 자율권을 확대시킬 수 있다. 셋째, 중앙정부의 지방자치단체에 대한 감독기준과 범위를 분명히 함으로써, 과도한 간섭을 배제하고 업무수행에 필요한 경비부담의 주체를 명료화 할 수 있다. 따라서 중앙정부, 광역자치단체, 기초자치단체 사이에 행정사무의 처리권한, 비용부담의 주체, 책임의 소재를 명확히 배분하는 것은 지방행정·재정제도의 개선에 결정적인 요인이 된다는 점에서 그 필요성은 매우 크다. 왜냐하면 중앙과 지방자치단체간의 사무가 어떻게 배분되었느냐에 따라 행정의 수행체제가 중앙집권적 또는 지방분권적으로 결정되고, 배분된 사무를 효율적으로 수행하기 위한 제도적 장치로서의 조직과 인력의 사무배분 정도에 따라 재조정되어야 하기 때문이며, 또한 행정사무의 실질적 수행을 보장하기 위한 재원도 정부간의 사무배분 여하에 따라 결정되어야 하기 때문이다(홍준헌, 2005: 25).

◈ 표 4-1 ◈ 국가별 사무배분원칙

국 명	원 칙
미 국	경제적 효율성·재정적 형평성·정치적 책임성·행정적 효과성
영 국	행정비용절감·행정 간소화·서비스의 주민밀착성·계층간 갈등제거
일 본	행정책임명확성·행정능률성·기초단체우선·현지성·경제성·종합성
프 랑 스	전문성·중복제정금지·동등보상·감독금지·기존단체의 이익보상
독 일	기초자치단체우선·보완성·법률적합성·전권한성·자기책임성
한 국	불경합성·기초자치단체우선

자료: 정순태(2005).

1. 사무종류의 분류

지방자치단체의 사무는 그 분류기준 여하에 따라 여러 가지로 나눌 수 있다(최창호, 2006: 148). 그러나 가장 일반적인 사무분류방법은 사무의 법적 성질에 따른 고유사무, 단체위임사무 및 기관위임사무의 3대 분류법이다.

우리나라에서는 지방자치단체의 사무에는 국가(또는 상급 자치단체)로부터 위임된 사무가 57.6%(기관위임 사무 47.0%, 단체위임사무 10.6%)이고, 자치사무는 42.4%

◈ 그림 4-1 ◈ 지방자치단체의 사무의 종류

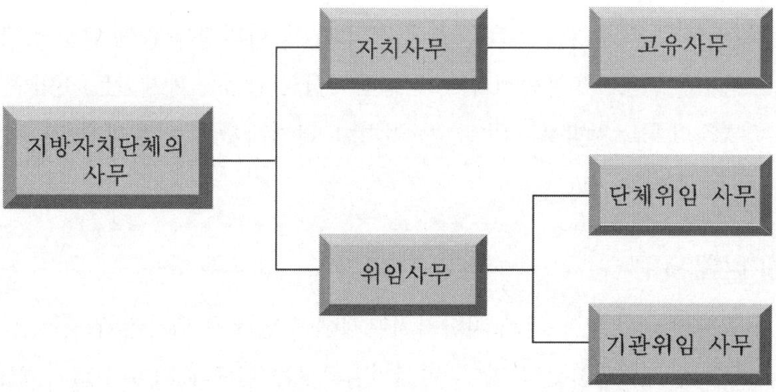

자료 : 최창호(2006: 148).

에 불과하다(최창호, 2006: 149). 이러한 실정 아래서는 자치사무의 혁신적인 확대화 조치가 없는 한 지방자치는 형식화 할 수밖에 없는 상황이다.

(1) 자치사무(고유사무)

지방자치단체의 존립 목적을 위하여 행하는 사무를 자치사무 또는 고유사무라 한다. 자치사무의 특징을 그 의의, 내용, 그에 대한 국가의 감독, 경비부담, 지방의회의 관여 등의 면에서 살펴보면 다음과 같다.

자치사무는 지방자치단체의 존립을 목적으로 하는 사무를 말한다. 지방자치단체는 원래 그 주민의 복리증진을 위하여 지방적 공공사무를 처리하는 것을 기본임무로 하는 바, 이러한 사무는 지방자치단체가 자기의 책임과 부담으로 처리하여야 한다는 의미에서 이를 '고유사무'라고 부르는 것이다. 법령에 "지방자치단체는 …를 행한다"라고 규정되어 있는 사무가 대체로 이에 해당한다. 자치사무는 지방자치단체가 자기의 책임과 부담으로 처리하는 사무로서 법령에 특별한 규정이 없는 한 지방자치단체의 재량으로써 자유로이 처리하는 것이 원칙이나 때로는 법률에 의하여 의무적으로 처리하게 되어 있는 경우도 적지 않다. 초등학교의 설치· 운영 · 오물처리, 청소사무 등이 후자의 예이다.

자치사무의 처리에 소요되는 경비는 지방자치단체가 전액 부담하는 것이 원칙이고, 국고보조금을 받는 경우에는 그것은 장려적 보조금의 성격을 가지게 된다. 자치사무는 지방자치단체의 고유사무이므로 그 사무의 처리에 주민의 대표기관인 지방의회가 당연히 관여하게 된다.

자치사무에 대한 국가의 감독은 소극적 감독, 즉 합법성에 관한 교정적 감독에만 한정되고, 적극적 감독, 즉 예방적 감독과 합목적성의 감독은 배제되는 것이 원칙이다 (최창호, 2006: 149). 지방분권의 경우 이러한 자치사무의 비율이 높게 나타나게 된다.

(2) 위임사무

국가 또는 상급 자치단체가 지방자치단체에게 법령에 의하여 위임하는 사무를 위임사무 또는 단체위임사무라 한다. 단체위임사무는 법령에 의하여 국가 또는 상급 자치단체로부터 그 지방자치단체에 위임된 사무를 말한다. 법령에 "…가 지방자치단체에 위임한다"고 규정하고 있는 사무 및 "시·도지사, 시장·군수가 …를 시행한다"

고 규정하고 있는 사무 중 국가적 이해관계와 지방적 이해관계가 있는 사무가 이에 해당한다.

단체위임사무는 개개의 법령에 의하여 지방자치단체에 위임된 사무이므로, 처리하지 않으면 안 되는 필요사무가 일반적이다. 법령에 의하여 지방자치단체의 위임사무로 규정된 예로는 조세 등 공과금징수, 하천보수·유지, 국도유지·수선 등을 들 수 있다. 단체위임사무는 지방적 이해관계와 전국적 이해관계를 동시에 가지고 있는 것이므로, 이 사무의 처리에 소요되는 경비는 해당 지방자치단체와 국가가 공동부담하는 것을 원칙으로 한다. 이 경우 국가가 교부하는 국가보조금은 부담금의 성격을 갖는다.

단체위임사무에 대한 국가의 감독은 합법성과 합목적성의 교정적 감독에 한정되고, 그 예방적 감독은 배제된다(최창호, 2006: 150). 단체위임사무는 국가 또는 상급자치단체로부터 위임된 사무이지만 자치단체 자체에 위임된 사무이기 때문에 해당 자치단체의 의결기관인 지방의회가 그 사무의 처리에 관여하게 된다.

(3) 기관위임사무

기관위임사무란 법령에 의하여 국가 또는 상급 지방자치단체로부터 지방자치단체의 집행기관(자치단체장, 교육감)에게 그 처리가 위임된 사무를 말한다. 법령에 "…가 시·도지사, 시장·군수에게 위임한다"고 규정하고 있는 사무가 이에 해당한다. 기관위임사무는 그 성질이 일반적으로 지방적 이해관계보다도 전국적 이해관계가 큰 사무이다.

기관위임사무의 처리에 소요되는 경비는 그 전액을 위임기관에 부담하는 것이 원칙이다. 이 경우에 수임기관에 교부되는 보조금은 의무적인 교부금으로서의 성격을 가진다.

기관위임사무는 해당 지방자치단체에 위임된 것이 아니라 그 집행기관에게만 위임된 사무이므로 그 처리는 집행기관의 전권에 속하는 것이며, 따라서 이에 관하여 지방의회는 관여할 바가 못된다. 지방자치단체의 집행기관이 기관위임사무를 처리할 때에는 그 취임기관의 하급기관으로서의 지위에서 처리하는 것이므로, 위임기관은 이에 대하여 거의 전면적으로 직무감독을 행할 수 있다. 이때의 감독은 합법성뿐만 아니라 합목적성의 감독도, 그리고 교정적 감독뿐만 아니라 예방적 감독도 가능하게 된다(최창호, 2006: 150-151). 보통 중앙집권의 경우 기관위임 사무의 비율이 높은 편이다.

2. 지방자치단체 사무의 구분

지방자치단체의 사무는 위와 같이 자치사무, 위임사무, 기관위임사무로 구분하고 있다. 이러한 사무배분의 실익(實益)은 다음과 같다. 첫째, 사무처리 효과의 귀속주체의 차이가 있다. 즉, 지방자치단체의 자치사무 및 단체위임의 처리효과는 당해 지방자치단체에 귀속되며, 기관위임사무의 처리효과는 그 사무를 위임한 다른 행정주체에 귀속된다.

둘째, 자치권·감독권의 범위의 차이이다. 지방자치단체의 자치사무에 대하여는 위법하게 처리된 경우에 한하여 주무부장관 또는 시·도지사(기초지방자치단체에 대한 경우)가 취소·정지할 수 있다. 그러나 단체위임사무와 기관위임사무에 대하여는 위법한 경우뿐만 아니라 부당하게 처리된 경우에도 주무부장관 또는 시·도지사가 취소·정지할 수 있으며, 기관위임사무에 대하여는 훈령·지시 등의 사전적 감독도 가능하다. 그러므로 자치사무의 처리에 있어서는 지방자치단체의 자치권이 많이 보장되지만, 기관위임사무의 경우에는 그것을 처리하는 지방자치단체의 자치권이 거의 보장되지 않는다.

셋째, 경비부담 및 손해배상책임의 차이를 들 수 있다. 자치사무는 지방자치단체 자신의 사무이므로 그 처리비용은 당해 지방자치단체가 스스로 부담하고, 단체위임사무와 기관위임사무의 처리에 소요되는 경비는 위임주체가 부담하는 것이 원칙이다. 지방자치단체의 사무(자치사무·단체위임사무)를 집행함에 있어서 공무원이 고의 또는 과실로 법령에 위반하여 타인에게 손해를 가한 경우 또는 지방자치단체가 관리주체가 되는 공공시설의 설치·관리상 흠으로 인하여 타인에게 손해가 발생한 경우에는 당해 지방자치단체가 그 손해배상책임을 진다. 그러나 기관위임사무의 위법한 처리로 인하여 발생한 손해나 위임한 공직관리의 흠으로 인하여 발생한 손해에 대하여는 궁극적으로 위임주체가 배상책임을 지는 것이 원칙이다. 다만 위임기관이 속한 지방자치단체가 비용부담자인 경우 국가배상법 제6조의 규정에 의하여 비용부담자로서 손해배상책임을 질 수도 있다.

넷째, 지방의회 통제의 불가를 들 수 있다. 자치사무 및 단체위임사무에 대하여는 지방의회가 의결·사무감사·행정조사·조례제정 등의 방법으로 그 사무처리를 통제할

◈ 그림 4-2 ◈ 지방자치단체의 사무

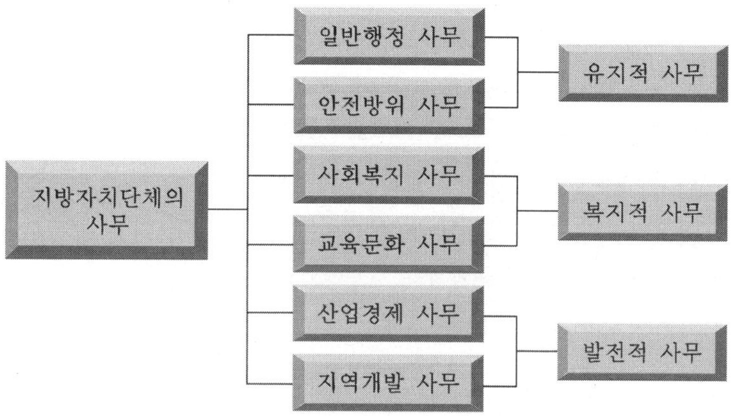

자료: 최창호(2006: 153).

수 있지만, 기관위임사무에 대하여는 원칙적으로 그것이 불가하며, 법령의 위임이 없는 한 기관위임사무에 대하여는 국회와 시·도의회가 직접 감사하기로 한 사무 이외의 것에 대해서만 당해 지방의회가 감사를 행할 수 있다.

한편, 지방자치법에서는 아래와 같이 지방자치단체의 사무를 6개 분야의 사무로 나누어 규정하고 있는데, 이러한 지방사무를 최창호(2006)는 성격상 <그림 4-2>와 같이 3대 카테고리로 나누고 있다.

지방자치단체는 사무를 처리함에 있어 첫째, 주민의 편의와 복리증진을 위하여 노력하여야 한다. 둘째, 조직과 운영을 합리적으로 하고 그 규모를 적정하게 유지하여야 한다. 셋째, 법령이나 상급 지방자치단체의 조례를 위반하여 그 사무를 처리할 수 없다(지방자치법, 제8조). 또한, 지방자치단체의 기능과 사무범위는 관할 구역의 자치사무와 법령에 따라 지방자치단체에 속하는 사무를 의미하며 아래와 같은 기능과 사무를 처리할 수 있다(지방자치법, 제9조).

(1) 지방자치단체의 구역, 조직, 행정관리 등에 관한 사무

지방자치단체의 사무로 우선, 구역, 조직, 행정관리 등에 관한 사무를 들 수 있다. 이를 살펴보면 다음과 같다(지방자치법, 제9조).

가. 관할 구역 안 행정구역의 명칭·위치 및 구역의 조정

나. 조례·규칙의 제정·개정·폐지 및 그 운영·관리

다. 산하(傘下) 행정기관의 조직관리

라. 산하 행정기관 및 단체의 지도·감독

마. 소속 공무원의 인사·후생복지 및 교육

바. 지방세 및 지방세 외 수입의 부과 및 징수

사. 예산의 편성·집행 및 회계감사와 재산관리

아. 행정장비관리, 행정전산화 및 행정관리개선

자. 공유재산관리(公有財産管理)

차. 가족관계등록 및 주민등록 관리

카. 지방자치단체에 필요한 각종 조사 및 통계의 작성

(2) 주민의 복지증진에 관한 사무

다음으로 주민의 복지증진에 관한 사무가 있다. 이를 살펴보면 다음과 같다(지방자치법, 제9조).

가. 주민복지에 관한 사업

나. 사회복지시설의 설치·운영 및 관리

다. 생활이 곤궁(困窮)한 자의 보호 및 지원

라. 노인·아동·심신장애인·청소년 및 부녀(婦女)의 보호와 복지증진

마. 보건진료기관의 설치·운영

바. 전염병과 그 밖의 질병의 예방과 방역

사. 묘지·화장장(火葬場) 및 납골당의 운영·관리

아. 공중접객업소의 위생을 개선하기 위한 지도

자. 청소, 오물의 수거 및 처리

차. 지방공기업의 설치 및 운영

(3) 농림·상공업 등 산업 진흥에 관한 사무

농림·상공업 등 산업 진흥에 관한 사무는 다음과 같다(지방자치법, 제9조).

가. 소류지(小溜池)·보(洑) 등 농업용수시설의 설치 및 관리

나. 농산물·임산물·축산물·수산물의 생산 및 유통지원

다. 농업자재의 관리

라. 복합영농의 운영·지도

마. 농업 외 소득사업의 육성·지도

바. 농가 부업의 장려

사. 공유림 관리

아. 소규모 축산 개발사업 및 낙농 진흥사업

자. 가축전염병 예방

차. 지역산업의 육성·지원

카. 소비자 보호 및 저축 장려

타. 중소기업의 육성

파. 지역특화산업의 개발과 육성·지원

하. 우수토산품 개발과 관광민예품 개발

(4) 지역개발과 주민의 생활환경시설의 설치·관리에 관한 사무

지역개발과 주민의 생활환경시설의 설치 및 관리에 관한 사무는 아래와 같다(지방자치법, 제9조).

가. 지역개발사업

나. 지방 토목·건설사업의 시행

다. 도시계획사업의 시행

라. 지방도(地方道), 시군도의 신설·개수(改修) 및 유지

마. 주거생활환경 개선의 장려 및 지원

바. 농촌주택 개량 및 취락구조 개선

사. 자연보호활동

아. 지방1급하천, 지방2급하천 및 소하천의 관리

자. 상수도·하수도의 설치 및 관리

차. 간이급수시설의 설치 및 관리

카. 도립공원·군립공원 및 도시공원, 녹지 등 관광·휴양시설의 설치 및 관리

타. 지방 궤도사업의 경영

파. 주차장·교통표지 등 교통편의시설의 설치 및 관리

하. 재해대책의 수립 및 집행

거. 지역경제의 육성 및 지원

(5) 교육·체육·문화·예술의 진흥에 관한 사무

마지막으로, 교육·체육·문화·예술의 진흥에 관한 사무가 있다. 이는 다음과 같다(지방자치법, 제9조).

가. 유아원·유치원·초등학교·중학교·고등학교 및 이에 준하는 각종 학교의 설치·운영·지도

나. 도서관·운동장·광장·체육관·박물관·공연장·미술관·음악당 등 공공교육·체육·문화시설의 설치 및 관리

다. 지방문화재의 지정·보존 및 관리

라. 지방문화·예술의 진흥

마. 지방문화·예술단체의 육성

(6) 지역민방위 및 소방에 관한 사무

가. 지역 및 직장 민방위조직(의용소방대를 포함한다)의 편성과 운영 및 지도·감독

나. 화재예방과 소방

3. 지방자치단체의 사무

(1) 시·도의 사무

시·도의 경우 ① 행정처리 결과가 2개 이상의 시·군 및 자치구에 미치는 광역적 사무, ② 시·도 단위로 동일한 기준에 따라 처리되어야 할 성질의 사무, ③ 지역적 특성을 살리면서 시·도 단위로 통일성을 유지할 필요가 있는 사무, ④ 국가와 시·군 및 자치구 사이의 연락·조정 등의 사무, ⑤ 시·군 및 자치구가 독자적으로 처리하기에 부적당한 사무, ⑥ 2개 이상의 시·군 및 자치구가 공동으로 설치하는 것이 적당하다고 인정되는 규모의 시설을 설치하고 관리하는 사무 등을 처리할 수 있다(지방자치법, 제10조).

(2) 시·군 및 자치구의 사무

시·군 및 자치구의 경우 시·도가 처리하는 것으로 되어 있는 사무를 제외한

사무를 처리할 수 있다. 다만, 인구 50만 이상의 시에 대하여는 도가 처리하는 사무의 일부를 직접 처리하게 할 수 있다. 이러한 배분기준에 따른 지방자치단체의 종류별 사무는 대통령령으로 정하고 있다. 특히, 시·도와 시·군 및 자치구는 사무를 처리할 때 서로 경합하지 아니하도록 하여야 하며, 사무가 서로 경합하면 시·군 및 자치구에서 먼저 처리하도록 하고 있다(지방자치법, 10조).

(3) 지방자치단체 사무의 제약

지방자치단체는 다음에 해당하는 국가사무를 처리할 수 없다. 다만, 법률에 이와 다른 규정이 있는 경우에는 국가사무를 처리할 수 있다(지방자치법, 제11조).

가. 외교, 국방, 사법(司法), 국세 등 국가의 존립에 필요한 사무

나. 물가정책, 금융정책, 수출입정책 등 전국적으로 통일적 처리를 요하는 사무

다. 농산물·임산물·축산물·수산물 및 양곡의 수급조절과 수출입 등 전국적 규모의 사무

라. 국가종합경제개발계획, 국가하천, 국유림, 국토종합개발계획, 지정항만, 고속국도·일반국도, 국립공원 등 전국적 규모나 이와 비슷한 규모의 사무

마. 근로기준, 측량단위 등 전국적으로 기준을 통일하고 조정하여야 할 필요가 있는 사무

바. 우편, 철도 등 전국적 규모나 이와 비슷한 규모의 사무

사. 고도의 기술을 요하는 검사·시험·연구, 항공관리, 기상행정, 원자력개발 등 지방자치단체의 기술과 재정능력으로 감당하기 어려운 사무

4. 자치구 사무의 특례

시·군과 다르게 자치구에서 처리하지 아니하고 특별시·광역시에서 처리하는 사무는 다음과 같다(지방자치법시행령, 제9조).

(1) 지방자치단체의 인사 및 교육등에 관한 사무

(2) 지방재정에 관한 사무

(3) 매장 및 묘지 등에 관한 사무

(4) 청소·오물에 관한 사무

(5) 지방토목·주택건설 등에 관한 사무

(6) 도시계획에 관한 사무
(7) 도로의 개설과 유지·관리에 관한 사무
(8) 상수도사업에 관한 사무
(9) 공공하수도에 관한 사무
(10) 공원 등 관광·휴양시설의 설치·관리에 관한 사무
(11) 지방궤도사업에 관한 사무
(12) 대중교통행정에 관한 사무
(13) 지역경제 육성에 관한 업무
(14) 교통신호기, 안전표시 등의 설치·관리 등에 관한 사무

5. 인구 50만 이상 시의 사무 특례

인구 50만 이상 시의 경우 즉, 자치구가 아닌 구가 설치된 시의 경우 사무는 다음과 같다(지방자치법시행령, 제10조).

(1) 보건의료에 관한 사무
(2) 지방공기업에 관한 사무
(3) 주택건설에 관한 사무
(4) 토지구획정리사업에 관한 사무
(5) 도시계획에 관한 사무
(6) 도시재개발사업에 관한 사무
(7) 환경보전에 관한 사무
(8) 건설기계관리에 관한 사무
(9) 자동차 운송사업에 관한 사무
(10) 지방공무원 인사 및 정원관리에 관한 사무
(11) 지적에 관한 사무
(12) 열 사용 기자재에 관한 사무
(13) 식품제조업(유가공품 제조업 및 식육제품업에 한한다)에 관한 사무
(14) 묘지·화장장 및 납골당의 운영관리에 관한 사무
(15) 사회복지시설에 관한 사무
(16) 고압가스에 관한 사무

(17) 도시가스에 관한 사무
(18) 지방채 발행 승인 신청

6. 현행(참여정부) 사무구분체계의 현황: 지방이양추진위원회

1991년 지방의회구성과 때를 같이하여 정부조직관리지침(국무총리훈령)에 의거 최초의 지방분권 추진기구인 지방이양합동심의회를 구성·운영해 왔으나 법정기구가 아닌 민·관 합동의 비상설협의체(부처과장급 공무원)인 관계로 제도적 뒷받침이 되지 않아 강력하고 체계적인 지방분권이 이루어지지 못하였다(이기우, 2005: 19).

그동안 지방이양합동심의회는 지방자치단체와 중앙부처로부터 권한이양대상사무를 연1회 조사 발굴하고, 그 사무에 대하여 합동으로 심의하여 중앙의 권한을 자치단체로 넘기는 작업을 실시해 왔으며 '91년부터 '98년까지 8년간 총 3,701건의 중앙사무를 심의하여 이 중 2,008건의 중앙권한내지 사무를 자치단체로 이양하기로 합의한 바 있었다.

1999년 1월 29일 중앙행정권한의 지방이양을 제도적으로 뒷받침하기 위하여 「중앙행정권한의지방이양촉진등에관한법률」을 제정하고 동 법에 의거하여 지방이양을 전담하는 기구로 '지방이양추진위원회'를 동년 8월 30일 발족하였다.

지방이양추진위원회는 학계·경제계·사회단체·연구단체 등 각계 민간전문가 12명과 관계부처장관, 자치단체장 등 총 20명으로 구성되었으며 위원회는 지방이양 기본방향을 설정하고 중앙행정권한의 지방이양 대상을 심의·의결하고, 국가와 지방의 사무소관과 광역과 기초자치단체간의 사무배분을 결정하는 등 지방분권의 중추적 역할을 담당하게 된다.

노무현정부의 출범이전부터 지방분권추진제를 어떻게 할 것인지에 대해서 논란이 많았다. 지방이양추진위원회를 폐지하고 한시적인 기구로 지방분권위원회를 구성하자는 안이 시민사회에서 강력하게 제기되었으나 추진기구를 정부혁신지방분권위원회과 지방이양추진위원회로 이원화하는 방안을 채택하였다. 지방분권작업이 참여정부에 한정된 작업이 아니라 지속적인 국가과제가 된다는 점, 위원회의 인력을 확보하는 것이 힘든 현실 속에서 지방이양추진위원회의 인력을 존치시켜 지방분권작업을 수행하는 위원회와 업무를 분장하는 것이 바람직하다는 판단에서 양 기구를 병립시키는 방안을 채택하였다.

정부혁신지방분권위원회가 추진하는 지방분권작업은 정부혁신지방분권위원회의 지방분권전문위원회가 중심이 되고 행정자치부를 비롯하여 관계부처가 협조하는 방식으로 추진되고 있다. 정부혁신지방분권위원회는 2003년 4월 7일 제정된 대통령령인 정부혁신지방분권위원회규정에 근거하여 출범하였다가 2004년 1월 16일에 제정된 지방분권특별법에 의하여 법률상의 기구로 위상을 갖게 되었다. 정부혁신지방분권위원회는 지방분권뿐만 아니라 행정개혁, 재정세제, 전자정부, 인사개혁, 혁신관리, 기록관리 등 중앙정부와 지방정부의 광범위한 개혁과제를 수행하는 한시적 기구이다. 지방분권작업으로 제1기 정부혁신지방분권위원회에서는 지방분권전문위원회에서 로드맵으로 20대과제를 설정하여 추진하고 있다. 이를 세분화하여 47대과제를 5개년종합계획으로 구체화하고 있으나 근본적인 내용은 로드맵 20대과제를 중심으로 하고 있다. 제2기 정부혁신지방분권위원회에서는 전문위원회를 대폭 조정하여 기획전문위원회와 평가전문위원회로 재편함에 따라 지방분권작업은 지방분권T/F협의회에서 관장하고 있다 (이기우, 2004: 20).

또한 김대중 정부 하에서 개별적인 사무의 지방이양을 추진해왔던 지방이양추진위

◈ 표 4-2 ◈ 국가, 지방 단위사무 현황

<table>
<tr><td colspan="2">국가사무, 지방사무 총계</td><td colspan="2">41,603</td></tr>
<tr><td colspan="2" rowspan="2">국가사무
(30,240: 73%)</td><td>중앙부처사무</td><td>17,172</td></tr>
<tr><td>특별행정기관</td><td>3,789</td></tr>
<tr><td rowspan="13">지방사무
(11,363: 27%)</td><td rowspan="2">시도사무
(5,318: 47%)</td><td>산하기관/소속기관</td><td>9,090</td></tr>
<tr><td>국가사무 민간위탁</td><td>180</td></tr>
<tr><td rowspan="2">시군구사무
(2,950: 26%)</td><td>시도자치사무</td><td>2,365</td></tr>
<tr><td>국가사무의 시도위임사무</td><td>947</td></tr>
<tr><td rowspan="9">시도/시군구사무
(3,095: 27%)</td><td>국가사무/시도사무</td><td>2,006</td></tr>
<tr><td>시군구의 자치사무</td><td>2,370</td></tr>
<tr><td>국가사무의 시군구 위임사무</td><td>210</td></tr>
<tr><td>국가사무의 시군구 재위임사무</td><td>13</td></tr>
<tr><td>시도자치구의 시군구위임사무</td><td>128</td></tr>
<tr><td>국가/시군구 사무</td><td>229</td></tr>
<tr><td>시도/시군구</td><td>1,443</td></tr>
<tr><td>국가사무의기도/시군구위임하사무</td><td>141</td></tr>
<tr><td>국가/시도/시군구 사문</td><td>1,511</td></tr>
</table>

자료: 한국지방행정연구원(2002: 11).

원회도 존치하게 되었다. 제2기 지방이양추진위원회의 임기가 끝나고도 제3기 지방이양추진위원회가 구성되지 못하고 1년에 가까운 업무의 공백기가 있었다. 2004년 6월 14일 제3기 지방이양추진위원이 임명됨으로써 새로운 출범을 하게 된 지방이양추진위원회도 기존의 방식을 탈피하여 단위사무를 중심으로 한 지방이양에서 포괄적인 기능이양을 추구하고 있다. 정부혁신지방분권위원회는 구체적인 기능의 이양작업을 한다는 점에서 양자는 상호보완적인 관계에 있으며, 전자가 한시적인 기구인데 비하여 후자는 상시적인 기구로서 특성을 가진다. 정부혁신지방분권위원회에서 추진하는 지방분권작업이 일부는 정치권의 무관심과 저항으로 추진이 불투명하게 되고 일부는 국회에 법률안으로 상정되어있거나 상정될 예정으로 있다. 정부혁신지방분권위원회가 한시적인 기구라는 점에서 그동안 추진해온 중요한 분권정책의 마무리작업을 서두르고 있다.

그동안 정부혁신지방분권위원회가 전면에서 지방분권작업을 추진해 왔고 지방이양추진위원회는 그늘 하에서 조용하게 중앙정부의 권한을 지방에 이양하는 작업을 수행해왔다. 정부혁신지방분권위원회의 활동이 마무리되어 감에 따라 앞으로 지방분권작업의 중심축은 지방이양추진위원회 쪽으로 바뀌어 갈 것으로 본다. 이에 따라 지방이양추진위원회는 지방이양작업의 활성화를 통하여 분권형 국가를 세우는데 중심적인 역할을 요구받을 것이다(이기우, 2005: 17).

7. 사무배분의 문제점과 개선방안

(1) 사무배분의 문제점

사무배분의 일반적인 문제점을 제시하여 보면, 다음과 같다(정순태, 2005).

1) 단체위임사무의 모호성

우선, 기관위임사무와의 구분이 곤란하다. 단체위임사무와 기관위임사무는 역사적인 뿌리가 같고 모두 국가업무에 속하는 사무라는 점, 지방자치단체의 공무원이 관여하여 업무를 처리하게 된다는 점, 지방의회의 관여가 배제된다는 점 등에서 공통점을 가지며 더구나 입법자가 양자의 구분을 분명히 의식하고 있지 않다는 점에서 양자의 구분이 반드시 의미를 가지는지에 대하여는 일부에서 의문이 제기된다. 그러나, 또 다른 일부에서는 단체위임사무는 지방자치단체에 위임된 사무이기 때문에 지방자치단체의 의결기관인 지방의회가 관여할 수 있다는 주장을 제기하고 있으며, 행정실무에서도 단체위임사무는 지방의회의 관여를 인정하고 있다(김홍래, 2005: 12). 다음으로, 자치사무와의 구분이 곤란하다. 본질적으로 단체위임사무는 국가나 지방자치단체에게 위임한 국가사무임에도 불구하고, 지방자치단체의 사무로 구분되어 사용되고 있다. 위에서 소개한 바와 같이 일부에서는 자치사무처럼 단체위임사무에 대한 지방의회의 관여를 인정하고 있다. 총무처가 발행한 중앙지방사무총람 총론에서는 단체위임사무를 별도로 구분하지 않고 자치사무에 포함시켜서 사무의 구분을 시도한 바 있다. 마지막으로, 근거규정이 모호하다. 지방자치법 제9조 제1항 후단은 "지방자치단체는 … 법령에 의하여 지방자치단체에 속하는 사무를 처리한다"고 규정하고 있다. 일반적으로 이를 단체위임사무의 근거규정으로 해석하고 있으나, 일부에서는 지방자치법 제9조 제1항은 "제11조에 속하는 국가사무를 포함하고 있지 아니하므로 실질적으로는 지방자치단체의 자치사무를 예시한 것으로 보는 것이 타당하다"고 해석하고 있다. 실제로 이 조항에는 위임에 관한 구절이 전혀 발견되지 않기 때문에 문자 그대로 해석한다면 이 조항을 단체위임사무의 근거규정으로 보아야 할 것인지는 불명확하다.

2) 기관위임사무의 반자치적 성격

기관위임사무는 지방자치단체장에게 위임된 사무로서 지방자치단체장은 그 사무의 처리에 있어서 중앙행정기관장의 일선기관의 지위를 가진다. 따라서 지방자치단체장은 중앙행정기관장의 전적인 통제 및 감독 하에 놓이게 된다. 이러한 단체장의 이중적 지위는 자치권을 갖는 지방자치단체의 수반인 단체장의 성격과 일치하지 않으며, 지방자치단체 사무 가운데 이러한 사무가 차지하는 비중이 높은 현실에서는 지방자치단체의 자율성이 크게 저하된다.

3) 공동사무의 사용

현재 법령상 인정되고 있는 사무의 종류에는 공동사무가 포함되어 있지 않으나, 실무에서는 자치사무, 기관위임사무와 함께 공동사무의 종류로 인정하여 사용하고 있다. 공동사무는 독일처럼 계층간의 유기적 협력관계가 없이는 효과적으로 처리할 수 없는 성질의 사무로 정의되기도 하고, 단순히 사무의 처리주체가 복수인 경우를 의미하기도 하는데, 우리나라 정부의 행정실무에서는 후자의 개념으로 사용하고 있다. 이러한 의미의 공동사무는 주로 보건복지부 관련 사무에 집중되어 있다. 홍준헌 등과 한국정치학회에 따르면 첫째, 공무원들이 공동사무를 제대로 구별하지 못하고 있고,

둘째, 재정분담의 노력 없이 국가의 지방에 대한, 광역자치단체의 기초자치단체에 대한 감독을 강화시켜 지방자치단체의 종합적인 행정수행을 방해할 우려가 있으며, 셋째, 중앙정부나 광역자치단체로 하여금 기능의 완전이양을 회피하는 수단으로 악용될 수 있다는 등의 문제점을 지적하고 있다.

(2) 중앙과 지방자치단체간 사무배분의 문제

지방자치단체간 또는 지방자치단체와 중앙정부간 사무배분의 문제점으로는 중앙집권적 사무배분 문제와 국가사무와 지방사무의 불명확 문제, 획일적인 사무배분의 문제 등을 들 수 있다(정일섭, 2006: 176-178). 이를 자세히 설명하면 다음과 같다.

1) 중앙집권적 사무배분의 문제

지방이양추진위원회가 한국지방행정연구원과 한국행정연구원에 의뢰해서 2001년 3월부터 2002년 1월까지 10개월간 법령에 의한 사무를 조사한 결과 지방사무는 총 41,603개 중 11,363개(27.31%)로 나타났다. 1994년 총무처가 조사한 결과에 의하면, 지방사무가 총 15,774개 사무 중 4,030개(25%)로 나타났는데(총무처, 1993: 21), 그에 비해 2% 상향된 것으로 나타난 것이다. 사무배분 분야는 2005년 9월 말 현재 참여정부 출범 전보다 2.4%포인트 증가한 49.1%로, 국가사무의 지방이양 추진(지방이양추진위원회)에 따라 전체 사무 중 지방사무의 비율은 27.6%로 0.3%포인트, 전체 위임사무 중 자치사무로 전환된 위임사무 비율은 24.6%로 12.5%포인트 증가했다(행정자치부 정책뉴스, 등록일 2005.12.15). 이는 그 동안 정부에서 지속적으로 권한의 지방 이양을 추진해 온 결과로 보인다. 하지만 여전히 지방사무의 비중은 취약할 뿐 아니라 단순 집행 사무의 비중이 크다(정일섭, 2006: 176-178). 또한, 지방자치단체의 계층별 사무배분에 대해서는 지방자치법 제10조 ①에 시·도와 시·군·자치구간의 배분 기준에 대해 규정하고, 구체적인 기능배분은 제10조 ②에서 "제1항의 배분기준에 따른 지방자치단체의 종류별 사무는 대통령령으로 정한다"고 규정하고 있어서 중앙정부가 광역과 기초간의 사무배분을 주도할 수 있게 되어 있다.

2) 사무배분의 불명확 문제

국가사무와 지방사무의 구분이 불명확하다(정일섭, 2006: 176-178). 지방자치법 제9조 ①에서는 "지방자치단체는 그 관할 구역의 자치사무와 법령에 의하여 지방자치단체에 속하는 사무를 처리한다"고 규정하고 제9조 ②에서는 지방자치단체의 사무를 예시하고 "다만, 법률에 이와 다른 규정이 있는 경우에는 그러하지 아니하다"라고 규정하여 국가사무와 지방사무의 구별이 불명확하다.

또한, 계층간 사무배분의 불명확을 들 수 있다. 단위 사무를 시·도나 시·군·자치구 중에서 어느 한 계층에 전적으로 배분하지 않고 두 계층에 사무배분을 하여 자치단체 간에 권한다툼이나 책임 전가의 문제가 발생할 수 있다. 지방자치법 시행령의 [별표 1]에 제시된 지방자치단체의 종류별 사무 중 아동상담소의 설치·운영이 시·도 사무(2. 주민복지 증진의 사무, 라의 5항)와 시·군·자치구의 사무(2. 주민복지 증진의 사무, 라의 6항)로 제시된 것이 그러한 예의 하나이다. 다음으로, 단위 사무의 계층간 분할 배분을 들 수 있다. 단위 사무를 한 자치계층에 전적으로 배분하지 않고 이를 분할해 동시에 시·도와 시·군·자치구에 배분하여 두 자치계층 간에 권한과 책임이 불분명한 문제가 발생할 수 있다. 지방자치법 시행령의 [별표 1]에 제시된 시·도 사무에는 보건교육 지도 감독(2. 주민복지 증진의 사무, 마의 3항)이, 시·군·자치구 사무에는 보건교육의 실시 및 지도·감독(2, 주민 복지 증진의 사무, 마의 4항)으로 배분된 것이 그런 예에 해당한다.

3) 획일적인 사무배분 문제

인구 50만 이상의 시나 자치구에 대한 사무배분에서는 예외가 적용되고 있지만 지방자치단체의 행정적·재정적 능력, 산업구조의 특성, 인구 규모 등에 따른 특성을 반영하지 못하고 대체로 일괄적인 사무배분이 이루어지고 있다(정일섭, 2006: 177-178). 또한, 기관위임사무는 국가적 이해 관계가 큰 사무로 사무처리에 소요되는 경비를 전액 국가가 부담하는 것이 원칙이나 국가가 이를 이행하지 않는 경우가 있어 지방의 재정적 부담을 가중시킨다.

(3) 중앙과 지방간 사무배분의 개선방안

1) 지방이양활성화를 위한 이양대상사무의 발굴

지방이양작업을 효율적으로 추진하기 위해서는 이양대상사무를 발굴하는 것이 무엇보다도 중요하다. 나머지 작업은 후속작업이므로 대상사무의 발굴과 선정이야말로 다른 작업의 선행조건이 된다고 볼 수 있다. 사무발굴은 지방자치단체와 지방이양추진위원회 자체조사 및 국가사무전수조사 용역 그리고 전국 시장·군수·구청장협의회 용역발굴 등을 통하여 이루어지고 있다.

현재 지방이양 대상사무는 주로 지방자치단체의 발굴노력에 의존하고 있기 때문에 중앙정부의 이양에 대한 태도가 소극적으로 나타나고 있다. 지방자치단체도 소극적으로 임하는 경우가 적지않아 지방이양을 통한 국가역할의 재배분은 이루어지지 못하고 있다(이기우, 2005: 26).

중앙행정권한의지방이양촉직등에관한법률 제3조는 "지방자치단체가 이양받은 사무를 자주적인 결정과 책임아래 처리할 수 있도록 이양되는 사무와 관련되는 일체의 사무를 가능한 한 동시에 이양할 것"을 규정하고, 지방분권특별법 제6조 제3항은 "국가가 지방자치단체에 사무를 배분하거나 지방자치단체가 사무를 다른 지방자치단체에 재배분하는 때에는 사무를 배분 또는 재배분받는 지방자치단체가 그 사무를 자기의 책임 하에 종합적으로 처리할 수 있도록 관련 사무를 포괄적으로 배분하여야 한다"라고 규정하여 포괄이양의 원칙을 선언하고 있다. 그럼에도 불구하고 여전히 단위사무중심의 파편적인 사무이양의 틀을 벗어나지 못하고 있다. 다만 제3기 지방이양추진위원회에서는 관련된 사무를 동시에 심사하도록 원칙을 정함으로써 진일보하긴 했으나 여전히 단위사무가 기준이라는 점에서 포괄적인 이양에는 이르지 못하고 있다.

중앙정부의 적극적인 역할을 기대하기는 여전히 어려울 것으로 본다. 그러므로 지방이양의 대상사무에 있어서 중심적인 역할은 지방자치단체와 지방이양추진위원회의 자체발굴에 맡겨져 있다. 먼저 지방자치단체의 발굴노력을 자극하기 위해서는 이양에 따른 행·재정지원의 보상이 선행되어야하고, 무엇보다도 중요한 것은 사무처리를 담당하는 공무원에게 동기를 부여하여 제안하도록 하는 것이 필요하다. 주기적으로 지방이양대상사무공모제를 실시하여 제안한 공무원에 그치지 않으며, 민간단체나 개인도 할 수 있도록 개방해 두는 것이 바람직하다. 또한 지방이양추진위원회 쪽에서도 자체 발굴작업이 필요하다. 특히 분권수요가 많은 영역을 중심으로 자체 연구를 발족할 필요가 있다. 예컨대, 건설분야, 교육분야, 문화분야, 산업분야, 보건복지 분야, 농수산분야 등에 집중적인 검토가 필요하다.

지방이양사무를 발굴하는데 무엇보다도 지방4단체 협의회의 역할이 매우 중요하다고 본다. 개별 지방자치단체로는 이양사무를 발굴하는데 한계가 있고, 지역사정에 따라 여건이 다를 수 있으므로 지방의 이익을 대변하는 협의회에서 이양대상사무를 적극적으로 발굴하는 것이 필요하다(이기우, 2005: 26).

2) 중앙-지방 기능배분의 개선

'지방이양'이란 중앙행정기관이 법령에 규정된 자기의 권한을 지방지치단체에 이양함으로써 중앙행정기관의 권한에 속하는 사무를 지방자치단체의 사무로 하고 지방자치단체는 자기의 권한과 책임아래 그 사무를 처리하는 것을 의미(중앙행정권한의 지방이양촉진등에관한법률 제2조)하며, 보다 포괄적으로 지방이양을 위한 중앙정부와 지방정부의 노력 및 활동을 지칭한다.

중앙-지방 기능이양의 원칙으로는 현지성의 원칙, 경제성의 원칙, 총체적 사무배분의 원칙, 동등보상의 원칙 등이며, 기능이양의 기준은 주민참여 및 신속한 대응이 요구되는 기능, 이미 지자체를 통해 수행되고 있는 기능, 지자체의 자치권과 자율성을 크게 제약하고 있는 기능, 업무의 성격상 현지성과 종합성이 요구되는 기능 등을 고려하여야 한다. 중앙-지방간 기능배분 원칙과 기준에 입각한 지방이양의 활성화가 무엇보다도 중요하며 이를 통해 지방화 시대에 걸맞은 지방자치기반 확충 및 지방행정 역량제고와 중앙과 지방간의 합리적 역할분담으로 새로운 국가행정 운영의 기틀 등이 마련돼야 될 것이다(박용성, 2005: 53).

수요자 중심의 이양대상사무 발굴과 함께 고려해야 할 가장 중요한 점은 정부기능 관리차원의 체계적 발굴체계의 확립이라고 할 수 있다. 지방이양은 단편적이고 임시적이고 부분적인 접근을 지양하고 국가적 차원에서 중앙과 지방간 기능조정이라는 체계적, 전체적 접근이 보다 필요하다고 할 수 있다.

지방이양 논의에 있어서 무엇보다도 중요한 것은 지방이양의 목적과 취지를 고려한 논의라고 할 수 있다. 지방이양 논의는 정치적 논의의 영역이기 보다는 중앙-지방의 기능재조정을 통한 행정의 효율적 운영의 확보 및 이를 통한 국가경쟁력 제고라는 측면이 강하다. 정치적 타협 또는 가치판단의 대상이기 보다는 행정적·기술적·기능적 고려의 대상이다. 즉, 정부기능의 합리적 배분과 분담을 통한 행정서비스 전달체계의 확립을 통해 지방화 시대에 걸맞은 지방자치기반 확충 및 지방행정 역량 제고와 중앙과 지방간의 합리적 역할분담으로 새로운 국가행정 운영의 기틀 등을 마련하는 계기가 되어야 한다(박용성, 2005: 60).

3) 지자체의 역량에 맞는 차별적인 권한이양

동일한 계층의 지자체라고 할지라도 지자체의 특성과 역량에 맞는 서로 다른 내용 및 수준의 권한을 행사할 수 있는 기준 및 지표의 설정이 필요하다. 인구 50만

이상의 시에 대한 특례 등을 적극 활용하여 지자체의 능력, 의지, 선호 및 특성을 고려한 지방이양체계의 확립이 필요하다고 할 수 있다.

차등적 배분을 통한 중앙정부의 지방정부에 대한 중앙행정기능 업무의 단계적 이양은 지방정부의 담당업무에 대한 의지와 능력을 감안하여 이양을 추진하는 것이다. 법·제도적으로 지방정부에 중앙정부의 환경행정을 일률적으로 이양하는 것이 아니라, 해당 지방정부의 환경행정업무의 전문성, 인력, 예산의 전반적인 사항을 고려하여 지방정부별로 차등하게 환경행정 업무를 이양하는 것으로 이러한 차등적 분권이 지양이양의 실질적 활성화 및 행정 능률 향상에 유리하게 작용하게 될 것이다. 중앙과 지방간의 환경정책 기능의 배분에는 행정의 효율성, 책임성, 전문성을 구현할 수 있는 합리적인 배분기준에 의하여야 한다. 중앙정부와 지방정부간 기능의 분담은 중앙정부와 지방정부간 원활한 업무관계의 선정이라는 관점에서 이루어져야 한다. 중앙정부가 주도하는 법·제도적인 규정이나 사무의 유형에서 단체위임 또는 기관위임 사무로 분담된 행정기능은 부서간의 갈등과 지역이기주의의 발생요인이 되고 있었다. 따라서 환경기능 업무는 환경행정 업무의 전문적 성격, 지방정부의 행정관리능력, 환경업무 전반에 걸친 주민참여 등의 합리적인 기준에 의하여 중앙정부와 지방정부간의 기능조정이 이루어져야 할 것이다.

참고문헌

김홍래.(2005). 「이제는 지방분권시대(Ⅱ)」, 한국지방행정연구원.

박용성.(2005). "지방이양추진체계 활성화에 대한소고." 「지방이양포럼」, 지방이양추진위원회.

이기우.(2005). 지방이양추진위원회 활성화 방향. 「지방이양 포럼」, 지방이양추진위원회.

______.(2004). 지방이양추진위원회 활성화 방향. 「지방이양 포럼」, 지방이양추진위원회.

이승철.(2005). 「지방자치행정론」, 한남대학교 출판부.

정일섭.(2006). 「한국지방자치론」, 서울: 대영문화사.

정순태.(2005). "중앙과 지방의 사무재배분 개선방안." 창원대학교 법학석사학위논문.

정재욱.(2001). 「한국지방자치의 기초이해」, 서울: 대명출판사.

지방자치법[일부개정 2007.5.17 법률 제8435호].

지방자치법 시행령[일부개정 2006.10.17 대통령령 제19702호].

최창호.(2006). 「지방자치의 이해」, 서울: 삼영사.

총무처.(1994). 「중앙·지방사무총람 1」.

한국지방행정연구원.(2002). 「법령상 사무전수조사를 통한 지방이양대사사무발굴 연구」.

행정자치부. 「정책뉴스」. 2005. 12. 15일자.

홍정선.(2000). 「행정학원론」, 서울: 박영사.

홍준헌.(2005). 중앙과 지방간 사무배분의 현실과 대책. 「지방자치」, 현대사회연구소.

扳田期雄.(1979).

和田英未.(1956).

부록: 지방자치단체의 종류별 사무

[대통령령 제20306호 전면개정 2007.10.04]

지방자치단체의 종류별 사무

구 분	시·도사무	시·군·자치구 사무
1. 지방자치단체의 구역, 조직 및 행정관리등에 관한 사무	법 제10조제1항 단서의 규정에 의하여 시·도와 시·군 및 자치구에 각각 공통된다.	
2. 주민의 복지증진에 관한 사무		
가. 주민복지에 관한 사업	1) 주민복지증진 및 주민보건향상을 위한 종합계획수립 및 지원 2) 시·군·자치구에 공통되는 복지업무의 연계·조정·지도 및 조언	1) 주민복지증진사업계획의 수립·시행 2) 시·군·자치구 단위 주민복지시설의 운영·지원 3) 주민복지상담 4) 환경위생증진 등 주민보건향상을 위한 사업 실시
나. 사회복지시설의 설치·운영및 관리	1) 사회복지시설의 수요판단과 지역별 배치 등 기본계획의 수립 2) 사회복지시설의 설치·운영 3) 사회복지법인의 지도·감독 및 지원 4) 사회복지시설 수혜자에게 비용수납 및 승인	1) 사회복지시설의 설치·운영 2) 사회복지시설 수혜자에게 비용수납 3) 사회복지법인에 대한 보조 및 지도 4) 사회복지법인 등의 시설 설치허가 및 그 시설의 운영지도
다. 생활이 어려운 자의 보호 및 지원	1) 생활보호실시에 따른 이의신청심사 2) 생활보호비용의 일정액 지원 3) 시·군·자치구에 대한 생활보호 보조금 지급 4) 생활보호기금의 적립 및 운용관리 5) 의료보호 진료지구의 설정 6) 의료보호시설의 지정 7) 의료보호기금의 설치·운용	1) 생활보호대상자 조사·선정 2) 생활보호대상자의 보호·관리 3) 생활보호의 실시(생업자금대여, 직업훈련, 취로사업, 수업료지급, 장제보호비 지급 등) 4) 생활보호비용의 일정액 지원 5) 생활보호대상자의 부양의무자에게 보호비용 징수 6) 생활보호기금의 적립 및 운용관리 7) 생활보호의 변경과 중지 8) 의료보호대상자 관리 및 의료보호의 실시(진료증 발급 등) 9) 의료보호기금의 설치·운용

라. 노인·아동·장애인·청소년 및 부녀의 보호와 복지증진	1) 노인복지사업계획 수립·조정 2) 경로사업의 실시·지원 3) 노인복지시설의 설치·운영 및 지원 4) 아동복지사업 종합계획 수립·조정 5) 아동상담소의 설치·운영 6) 아동전용시설의 운영 7) 아동보호조치 8) 아동복지시설의 운영·지원 9) 아동복지단체의 지도·육성 10) 장애인복지에 관한 종합계획 수립·조정 11) 장애인의 검진·재활상담 및 시설에의 입소 12) 장애인의 고용 촉진 13) 장애인의 편의시설의 설치지도·권고 14) 장애인복지시설 운영·지원 15) 청소년건전육성계획 수립·조정 16) 청소년시설의 설치·운영 17) 지방청소년위원회 운영(시·도 단위) 18) 청소년육성기본계획의 연도별 시행계획의 수립·시행 19) 청소년의 달 행사추진 20) 청소년단체 육성·지원 21) 공공청소년수련시설 설치·운영 22) 불우청소년보호지원 23) 부녀복지종합계획 수립·조정 24) 모자보건사업계획의 수립·조정 25) 부녀단체 육성·지원 26) 부녀복지시설의 운영·지원 27) 성매매피해자 등의 선도 및 직업교육·지원	1) 노인복지사업계획 수립·시행 2) 노인복지사업의 시행 3) 경로행사 등 경로사업의 실시·지원 4) 노인복지시설의 설치·운영 및 지원 5) 아동복지사업계획 수립·시행 6) 아동상담소의 설치·운영 7) 아동전용시설의 운용 8) 아동보호조치 9) 아동복지시설의 운영·지원 10) 아동복지단체의 지도·육성 11) 보호시설에 있는 고아의 후견인 지정 12) 장애인복지에 관한 계획수립 및 시행 13) 장애인의 파악·관리 14) 장애인의 검진·재활상담 및 시설에의 입소 15) 장애인의 고용 촉진 16) 장애인의 편의시설의 설치 지도 17) 장애인복지시설 운영·지원 18) 청소년선도대책수립·추진 19) 보호할 필요가 있는 청소년의 선도·계몽 20) 불우청소년보호 21) 청소년시설의 설치·운영 22) 지방청소년위원회 운영(시·군·구 단위) 23) 청소년지도위원 위촉 24) 청소년의 달 행사추진 25) 부녀복지에 관한 계획 수립·시행 26) 모자보건사업의 세부계획 수립·시행 27) 모자보건기구의 설치·운영 28) 모자보건대상자의 선정(수첩의 발급 등) 29) 임산부 및 영·유아의 건강관리 30) 부녀교실 운영 및 여성교육 31) 부녀단체 육성·지원 32) 부녀복지시설의 운영·지원 33) 성매매피해자 등의 선도 및 직업교육·지원
마. 국민건강증진	1) 주민건강의 증진에 관한 계획수립	1) 주민건강증진업무 세부계획수립

사업	2) 건강생활실천협의회 구성·운영 3) 보건교육 지도·감독 4) 영양개선업무 지도·감독 5) 구강건강사업계획 수립	2) 주민건강실천운동지원 3) 건강생활실천협의회 구성·운영 4) 보건교육의 실시 및 지도·감독 5) 영양개선업무 수행 및 조사 6) 구강건강사업의 수행
바. 보건진료기관의 설치·운영	1) 시·군·자치구 보건소 설치·운영비의 지원 2) 보건환경연구원의 설치 3) 시·도의료원의 설치·운영 4) 공중보건의사의 배치·지도 5) 보건진료소 설치·운영비의 지원	1) 보건소 및 지소의 설치·운영 2) 무의촌 및 오지 주민에 대한 순회진료 3) 보건진료소의 설치·운영
사. 전염병 및 그 밖의 질병의 예방과 방역	1) 전염병 예방을 위한 종합대책의 수립 및 주민 홍보 2) 전염병 예방시설설치 3) 전염병 예방·방역과 그에 따른 비용지원 4) 전염병 진료를 위한 대용기관의 지정 및 기관에 대한 경비보조 5) 그 밖의 질병의 예방과 방역	1) 전염병 예방을 위한 주민홍보·계도 2) 전염병 예방접종실시 3) 전염병 예방대용시설지정 및 운영 4) 전염병의 예방조치와 소독의 실시 5) 전염병환자의 격리수용 및 진료조치 6) 그 밖의 질병의 예방과 방역
아. 묘지·화장장 및 납골당의 운영·관리	1) 공설묘지·공설화장장 및 공설납골당의 설치·운영(도의 경우는 제외한다) 2) 재단법인이 설치하는 묘지·화장장 및 납골당의 허가 3) 재단법인이 설치한 묘지·화장장 및 납골당의 구역 및 시설변경과 폐지허가 4) 재단법인이 설치한 묘지·화장장·납골당의 이전명령, 시설개수 또는 허가취소 5) 분묘의 일제신고 6) 시체운반업 허가	1) 공설묘지·공설화장장 및 공설납골당의 설치·운영(자치구의 경우를 제외한다) 2) 매장·화장 및 개장신고와 묘적부관리 3) 종중·문중 또는 자연인이 설치하는 묘지·화장장 및 납골당의 허가 4) 종중·문중 또는 자연인이 설치한 묘지·화장장·납골당의 구역 및 시설변경과 폐지허가 5) 종중·문중 또는 자연인이 설치한 묘지 등의 이전명령, 시설개수 또는 허가취소 6) 무연분묘의 정리 7) 분묘의 개장명령 8) 무연분묘의 개장허가
자. 공중접객업소의 위생 개선을 위한 지도	1) 공중접객업소의 위생 개선을 위한 종합계획 수립	1) 공중접객업소의 위생개선을 위한 종합지도계획 수립·시행 2) 식품접객업소 시설의 설치지도 3) 식품접객업소의 위생등급 지정 4) 식품접객업소에 대한 현장검사·수거 등 5) 식품접객영업소의 영업허가 및

		취소 6) 위생접객업소의 등급 설정 7) 위생접객업 등의 허가 및 신고수리 8) 위생접객업 등의 휴업·폐업 신고수리 9) 위생접객업자등에 대한 공중위생 지도·명령 10) 위생접객시설의 개선명령 11) 위생접객업 허가의 취소등 제재처분 12) 공중이용시설 소유자 등의 신고 수리 13) 공중이용시설 관리상태의 검사 및 시정지시
차. 청소·오물의 수거 및 처리	1) 폐기물처리 기본계획수립 2) 일반폐기물(분뇨, 쓰레기등) 처리시설의 설치·운영(도의 경우는 제외한다) 3) 일반폐기물 처리업의 허가 및 지도·감독(일반폐기물 수집·운반업을 제외한다) 4) 광역 일반폐기물 처리시설의 설치·운영 5) 분뇨처리시설·오수처리시설·단독정화조 또는 축산폐수 처리시설의 설계 시공업의 등록 및 지도·감독 6) 일반폐기물처리사업자가 받아야 하는 일반폐기물의 처리수수료 요율결정 7) 일반폐기물의 처리수수료 요율결정(도의 경우는 제외한다)	1) 일반폐기물처리 기본계획수립 2) 일반폐기물(분뇨, 쓰레기등)처리시설의 설치·운영(자치구의 경우는 제외한다) 3) 일반폐기물처리업의 허가 및 지도·감독(일반폐기물수집·운반업만 해당된다) 4) 일반폐기물의 적정관리 조치 5) 일반폐기물 무단투기에 대한 지도 6) 일반폐기물의 처리수수료의 요율결정 7) 일반폐기물 다량배출자의 신고수리 및 관리 8) 일반폐기물 재활용신고의 수리 및 관리 9) 폐기물 처리에 관한 보고·검사 등 조치명령 10) 특별청소지역의 지정 및 조정 11) 특별청소지역내의 일반폐기물 수집·처리 12) 특별청소지역 내의 분뇨사용 제한 13) 분뇨·쓰레기 처리시설에 대한 개선명령 등 14) 오수처리시설·단독정화조 또는 축산폐수 처리시설의 설치 신고수리 및 관리 15) 대청소 실시계획의 수립·시행 16) 공중변소; 공중용 쓰레기용기

		및 쓰레기 적환장의 설치·유지관리
카. 지방공기업의 설치 및 운영	1) 지방공기업사업 운영계획 수립·시행 2) 지방공기업자산의 취득 관리·처분 3) 지방공기업 특별회계의 설치 4) 지방공기업 관련 지방채의 발행 5) 시·군·자치구 지방공기업에 대한 경영지도·조언 6) 지방공사의 설립·운영 7) 지방공단의 설립·운영	1) 지방공기업사업 운영계획 수립·시행 2) 지방공기업자산의 취득관리·처분 3) 지방공기업 특별회계의 설치 4) 지방공기업관련 지방채의 발행
타. 읍·면·동사무소의 주민자치센터 설치·운영에 관한 사무	읍·면·동사무소의 주민자치센터 설치·운영 지원	읍·면·동사무소의 주민자치센터 설치·운영
3. 농림·상공업 등 산업진흥에 관한 사무		
가. 늪지·보 등 농업용수시설의 설치 및 관리	1) 농업용수 개발사업-계획 수립·조정 2) 농업용수시설의 유지·관리 3) 전천후농업용수원 개발 4) 관정·양수장비 관리 지침 시달·지원 5) 농업용수시설 사업의 보조금 지원	1) 농업용수개발사업 추진 2) 관개시설의 유지·관리 3) 관정·양수장비 확보·관리 4) 소규모 농업용수시설의 유지·관리 5) 농업용수개발을 위한 농지개발계조직·운영
나. 농림·축·수산물의 생산 및 유통지원	1) 농림·축·수산물 생산사업의 지원 2) 농산물 생산기반 조성사업 지원 3) 양식사업 및 어업기반조성 계획의 수립·조정 4) 농작물 병충해 방제계획 수립·조정 5) 우량종자 보급의 권장과 안정공급 6) 농수산물 도매시장 개설·운영 (도의 경우는 제외한다) 7) 축산물 유통개선 지도 지원 8) 축산물 등급제 지도 지원 9) 도축장 허가 및 지도 감독 10) 경지이용도 제고대책 강구 지도 11) 농지 및 농지임대차의 관리 지도	1) 농림·축·수산물 생산지원 및 관리지도 2) 농산물 생산기반 조성사업의 시행 3) 양식사업 및 어업기반 조성을 위한 지도 및 지원 4) 식량작물 생산 장려 5) 농작물 병충해 방제계획 수립 및 조정 6) 농수산물 도매시장 개설·운영 (군과 자치구의 경우는 제외한다) 7) 가축시장 개설·운영에 대한 지도·감독 8) 축산물 유통개선 지도 9) 축산물 등급제 지도 10) 관영도축장 운영관리 11) 경지이용계획 수립 추진 12) 농지 및 농지임대차의 관리

다. 농업자재의 관리	1) 농기계·비료·농약 등 농업자재의 공급계획·시달 2) 농업기계의 공동이용 촉진·연구개발 3) 농업기계화 공동이용 시범단지 조성	1) 농기계·비료·농약 등 농업자재의 원활한 공급관리 2) 농업자재의 보유량 파악 및 관리지도 3) 농기계 수리센터의 설치 권장 4) 영농자재의 공급알선
라. 복합영농의 운영·지도	1) 도단위 복합영농사업 세부추진계획 수립·추진 2) 복합영농 시범단지 확정 3) 복합영농 시범사업 융자금 관리	1) 복합영농기획단 설치·운영 2) 복합영농권역 설정 및 시범단지 선정 3) 복합영농 시범마을 확정 4) 면 단위 복합영농지원협의회 구성 및 마을단위 복합영농 지도반 편성 5) 복합영농 시범단지 사업계획수립 지도 6) 복합영농생산 지원 및 출하조정
마. 농외소득사업의 육성·지도	1) 농어촌 소득원 개발 기본계획수립 2) 농어촌 특산단지 육성계획추진 3) 농어촌 특산품 전시판매장 설치계획 수립 4) 농어촌 휴양사업 추진	1) 농어촌 소득원 개발 시행계획수립 2) 농어촌 특산단지 육성·지원·지도 3) 농어촌 특산품 전시판매장 설치 및 지도·운영 4) 농어촌 휴양사업 지정개발 및 지원과 운영·지도
바. 공유림관리	1) 지역산림계획 작성 2) 산림병충해 방제 지도 3) 천연림 보육사업 지도 4) 농촌임산연료 수급계획 수립·추진 5) 특수조림지 관리 6) 공유림 관리를 위한 각종 사업소 운영	1) 산림경영의 인가 및 변경명령 2) 산림경영에 의한 시업신고 수리 3) 조림사업 추진 및 육림 관리 4) 산불예방, 도·남벌 단속 등 산림보호 5) 산림병충해 방제 6) 천연림 보육사업 추진 7) 입목벌채 등 산림 훼손 허가와 신고 수리 8) 입산통제구역의 지정 및 해제 9) 입산허가 10) 농촌임산연료 수급 지도 11) 지역공동산불예방활동 전개 12) 부정임산물 단속 등 임산물 반출·반입통제
사. 소규모 축산개발 및 낙농진흥사업	1) 소규모 축산 개발 및 낙농진흥사업 계획 수립·조정 2) 전업양축농가 육성사업 추진	1) 축산진흥·지방특화사업 추진 2) 초지조성 관리 및 사료작물 재배사업추진

	3) 초지조성 및 사료작물재배 사업계획 등 수립·조정 4) 종축장 운영 5) 보호종축의 지정 6) 가축 개량·증식·보호	3) 축산단지 조성 및 종축 관리 4) 가축개량·증식 및 유축농가 조성 5) 가축인공수정소 등록수리 6) 우량종축의 보급 7) 종축검사
아. 가축전염병 예방	1) 가축전염병 예방을 위한 검진·투약조치 등 2) 전염병 발생 가축의 격리·이동 제한 등 3) 가축전염병 예방을 위해 필요한 시설 설비 명령 4) 가축위생시험소 운영 5) 가축방역관의 위촉 및 지도·감독	1) 병든 가축의 신고수리 2) 가축전염병 예찰 및 발생보고 3) 가축전염병 예방 및 진료 4) 공수의와 가축방역관의 위촉 및 지도·감독 5) 동물병원 개설 신고수리
자. 지역산업의 육성·지원	1) 지역산업의 육성계획 수립추진 2) 지역산업에 관한 통계의 작성 유지 및 보급 3) 지역산업의 발전방향 제시 4) 지역 내 기업의 정보, 기술 및 자금의 알선 지원 5) 지역산품전시회 개최 및 구매자 유치 지원 6) 지역 내 노사관계 동향파악 및 지원 7) 지역산업 발전을 위한 공장 유치	1) 지역산업 육성을 위한 지원 2) 지역산업에 관한 통계의 작성·유지 및 보급 3) 지역 내 기업의 정보·기술 및 자금수요 파악 및 지원 4) 지역산품전시회 개최 및 구매자 유치 지원 5) 지역 내 노사관계 동향 파악 및 지원 6) 지역산업 발전을 위한 공장 유치
차. 소비자보호 및 저축의 장려	1) 소비자보호시책 수립 2) 물가 지도를 위한 시책 수립·추진 3) 소비자 계몽과 교육 4) 소비자보호 전담기구 설치·운영 5) 소비자보호를 위한 시험·검사 시설의 지정 또는 설치 6) 지방소비자보호위원회 설치 7) 민간 소비자보호단체 육성 8) 국민저축운동의 전개	1) 소비자보호시책의 수립·시행 2) 가격표시제 실시업소 지정·관리 3) 물가지도 단속 4) 소비자 계몽과 교육 5) 소비자고발센터 등 소비자보호 전담기구의 운영·관리 6) 민간 소비자보호단체의 육성 7) 저축장려 및 주민홍보
카. 중소기업의 육성	1) 지방중소기업 육성지원계획수립 2) 중소기업 창업 및 공장설립민원실의 설치·운영 3) 중소기업협동화 사업단지조성 지원 4) 중소기업이전 실시계획의 작성 5) 중소기업제품 구매 촉진 6) 중소기업 시범공단 조성 7) 중소기업 육성자금 융자	1) 지방중소기업 육성지원 세부계획의 수립·추진 2) 중소기업 창업계획의 승인 3) 중소기업 창업 및 공장설립민원실의 설치·운영 4) 중소기업협동화 사업단지 조성 지원 5) 중소기업이전 실시계획의 작성 6) 해당 지역 중소기업 제품의 구매 촉진

		7) 중소기업 육성보조금 지급 8) 중소기업 육성·지원업체의 선정·추천
타. 지역특화산업의 개발과 육성·지원	1) 지역특화산업 육성개발계획 수립·조정 2) 지역특화산업 업종선정 3) 지역특화산업 발전을 위한 지도 4) 지역특화산업 개발을 위한 연구 및 지원	1) 시·군·자치구 단위지역특화산업 육성개발계획 수립·시행 2) 지역특화산업체의 유치 3) 지역특화산업체의 육성·지원 4) 지역특화산업 생산물의 판로 개척
파. 우수토산품 개발과 관광민예품 개발	1) 민속공예산업 육성실시계획작성 2) 민속공예품 생산업체 지정 3) 공예품전시판매장 운영 4) 우수토산품 개발·보급	1) 민속공예산업 육성실시계획수립·시행 2) 우수토산품등의 개발·보급 3) 토산춤전시관 운영 4) 공예품등 전문생산업체 지원 5) 토산품등 생산기술전승자의 발굴·보호
4. 지역개발 및 주민의 생활환경시설 설치·관리에 관한 사무		
가. 지역개발사업	1) 지역개발사업 계획의 수립·조정 2) 국가개발계획과 지역개발계획과의 연계·조정 3) 새마을사업 종합계획 수립·추진 4) 농어촌 새마을 사업지도 5) 도시 새마을운동지도 6) 국토공원화 사업 지원 7) 취약지역 및 특수지역 개발	1) 지역개발사업 계획의 수립·시행 2) 읍·면·동 개발위원회의 설치·운영 3) 새마을사업 추진계획 수립·시행 4) 새마을 광역권사업 추진 5) 새마을 가꾸기 사업 추진 6) 소도읍 가꾸기 사업 시행 7) 농어촌 휴양지의 개발 8) 도시 새마을운동 추진 9) 국토공원화 사업의 추진 10) 취약지역 및 특수지역의 개발사업 시행
나. 지방토목·건설사업의 시행	1) 시·도 건설종합계획의 수립·조정 2) 토목·건설공사의 시행 및 지도 3) 국민주택 건설사업의 시행(도의 경우는 제외한다) 4) 국민주택사업 특별회계의 설치·운영(도의 경우는 제외한다) 5) 주택건설사업소 운영 6) 택지개발사업의 시행 7) 토지구획정리사업의 시행	1) 시·군·자치구 건설종합계획의 수립·시행 2) 토목·건설공사의 시행 및 지도 3) 당해 시·군·자치구가 시행하는 토목사업의 조사·측량·설계와 시공감독(일정 규모 이하) 4) 국민주택건설 사업의 시행 5) 택지개발사업의 시행 6) 국민주택사업 특별회계의 설치·

		운영(자치구의 경우는 제외한다) 7) 토지구획정리사업의 시행 8) 건축허가 등에 관한 업무 9) 무허가건축물 단속
다. 도시계획사업의 시행	1) 도시기본계획의 수립(도의 경우는 제외한다) 2) 도시계획구역의 입안(도의 경우는 제외한다) 3) 도시계획시설의 입안(도의 경우는 제외한다) 4) 도시계획 용도지역·지구의 입안(도의 경우는 제외한다) 5) 도시계획에 관한 기초조사(도의 경우는 제외한다) 6) 도시계획사업의 시행(도의 경우는 제외한다) 7) 도시재개발사업 기본계획수립 및 시행(도의 경우는 제외한다) 8) 도시계획도로의 유지·관리(도의 경우는 제외한다)	1) 도시기본계획의 수립(자치구의 경우는 제외한다) 2) 도시계획구역의 입안(자치구의 경우는 제외한다) 3) 도시계획시설의 입안(자치구의 경우는 제외한다) 4) 도시계획 용도지역·지구의 입안(자치구의 경우는 제외한다) 5) 도시계획에 관한 기초조사(자치구의 경우는 제외한다) 6) 도시계획사업의 시행(자치구의 경우는 제외한다) 7) 도시재개발사업의 시행(자치구의 경우는 제외한다) 8) 도시계획도로의 유지·관리
라. 지방도·시군 도로의 신설·개수 및 유지	1) 도로관리계획 수립 2) 특별시도 및 지방도의 노선인정과 폐지·변경 3) 특별시도·지방도의 신설·개축 및 수선 4) 특별시도·지방도의 점용허가 및 점용료 징수 5) 도로통행료의 징수 6) 접도구역의 지정·관리 7) 도로부속물의 유지·관리 8) 도로관리사업소의 설치·운영 9) 도로유지기동반 운영 및 수로원 관리	1) 시·군도관리계획 수립·시행 2) 시·군도의 노선인정과 폐지·변경 3) 시·군도의 신설·개축 및 수선 4) 시·군도의 점용허가 및 점용료 징수 5) 도로통행료의 징수 6) 접도구역의 지정·관리 7) 도로부속물의 유지·관리 8) 도로정비 및 수로원 배치·관리
마. 주거생활환경 개선의 장려 및 지원	1) 주거생활환경 개선계획 수립·조정 2) 농촌쓰레기 수거계획 수립·지도 3) 위생변소 개량사업계획 수립·시달 4) 새마을 환경정비사업계획 수립 5) 생활개선사업 지원·지도 6) 광고물관리 기본지침 수립·조정 7) 농어촌정주권 개발사업계획의 수립·조정	1) 주거생활환경 개선실천계획 수립·시행 2) 농촌쓰레기 수거 및 지도·단속 3) 위생변소 개량사업 시행 4) 새마을 환경정비사업 추진 5) 생활개선사업 추진 6) 광고물 설치허가와 신고수리 7) 광고물 정비·단속

	8) 농어촌 생활용수 개발사업계획의 수립·조정 9) 지역별 대기보전관리계획 수립·집행 및 배출시설별 배출량 조사	8) 광고물 제작업자 지도·단속 9) 농어촌정주권 개발사업 시행 10) 농어촌 생활용수 개발사업 시행
바. 농촌주택개량 및 취락구조개선	1) 농어촌주택개량 기본계획 수립·조정 2) 취락구조 개선사업 기본계획 수립·조정·지도 3) 취락구조 개선사업 추진 지도 4) 농어촌주택개량 융자금 관리 5) 농어촌주택개량 기술 보급·지도 6) 농어촌주택사업 특별회계 설치·운영 7) 농어촌주택표준 설계도서 및 자재의 연구·개발	1) 농어촌주택개량 사업 계획 수립·시행 2) 취락구조 개선사업 추진 3) 농어촌주택단지 조성 4) 농어촌주택개량 융자금 관리 5) 농어촌주택사업 특별회계 설치·운영 6) 농어촌주택 표준설계도서 및 자재의 보급
사. 자연보호활동	1) 지역환경보전계획 수립·시행 2) 자연생태계 보전지역 등 보호지역 관리 3) 자연환경 개선지역 지정·관리 및 개선계획 수립·시행 4) 도시자연공원 조성계획 수립·시행 5) 특정 야생동·식물 보호관리 대책 수립·시행 6) 자연보호계획 수립 7) 자연보호교육 및 홍보 8) 자연보호 시범학교 육성·지도 9) 심신수련장 조성·관리 10) 자연보호 명예감시관 위촉·관리 11) 자연보호 대상물 지정·관리 12) 자연학습원 조성·관리	1) 지역환경보전 세부시행계획 수립·시행 2) 자연생태계 보전지역 등 보호지역 관리 3) 자연환경 개선지역 지정·관리 및 개선계획 수립·시행 4) 도시자연공원 조성계획 수립·시행 5) 특정 야생동·식물보호관리 대책 수립·시행 6) 자연보호계획 수립·추진 7) 자연보호 시설물 설치 및 유지·관리 8) 자연보호 시범학교 육성 9) 자연보호 명예감시관 위촉·관리 10) 자연보호 지도·계몽 11) 자연보호 캠페인실시 및 지도
아. 지방하천·준용하천 및 소하천의 관리	1) 지방·준용하천 정비기본계획 및 오염하천 정화사업에 대한 종합계획 수립 2) 하천예정지의 지정 3) 지방·준용하천의 공사와 유지관리 4) 지방·준용하천의 점용허가와 점용료 징수 5) 하천부속물의 관리규정 제정 6) 지방하천 연안구역의 지정·고시와 그 구역 내에서의 공작물 설치 허가 등	1) 오염하천 정화사업 및 소하천정비계획 수립·시행 2) 오염하천 정화사업 및 소하천정비사업 대상지구 선정 3) 오염하천 정화사업 및 소하천정비사업지구 측량·설계 4) 소하천정비사업 기술지도반 편성·운영 5) 소하천공사와 보수 등 유지·관리 6) 하천감시

	7) 폐천부지의 교환 및 양여 8) 하천감시(사리채취단속 등)	
자. 상수도·하수도의 설치 및 관리	1) 상수도사업 기본계획 수립 2) 상수도의 신설·개축 및 수선(도의 경우는 제외한다) 3) 상수도공채 발행 4) 상수도사업 특별회계 설치·운영 5) 수도사업소 설치·운영(도의 경우는 제외한다) 6) 정수 및 수도시설관리소운영(도의 경우는 제외한다) 7) 공공하수도 정비기본계획의 수립(둘 이상 도·시·군의 통합계획수립만 해당한다) 8) 중수도 설치관리 권장 및 기술지원 9) 먹는물 공동시설의 위생관리계획 수립 10) 공공하수도의 설치·개축 및 수선(도의 경우는 제외한다) 11) 하수종말처리장의 설치와 유지·관리(도의 경우는 제외한다)	1) 상수도사업 기본계획 수립 2) 상수도의 신설·개축 및 수선과 이의 유지·관리(자치구의 경우는 제외한다) 3) 상수도공채 발행(자치구의 경우는 제외한다) 4) 상수도사업 특별회계 설치·운영(자치구의 경우는 제외한다) 5) 수도사업소 설치·운영(자치구의 경우는 제외한다) 6) 공공하수도정비 기본계획의 수립·시행(자치구의 경우는 제외한다) 7) 중수도 설치관리 권장 및 기술지원 8) 먹는물 공동시설의 위생관리 9) 공공하수도의 설치·개축 및 수선(자치구의 경우는 제외한다) 10) 하수종말처리장의 유지·관리(자치구의 경우는 제외한다) 11) 공공하수도의 점용료 및 사용료의 징수
차. 간이상수도의 설치 및 관리	1) 간이상수도 설치계획 수립·조정 2) 간이상수도사업 자금지원과 기술지도	1) 간이상수도 설치계획 수립·시행 2) 간이상수도 사업장 선정 3) 간이상수도공사의 지도 4) 간이상수도의 위생 및 수질 관리 5) 간이상수도의 폐쇄 결정
카. 도립·군립 및 도시공원, 녹지 등 관광·휴양시설의 설치 및 관리	1) 도립공원계획의 결정·고시 2) 도립공원의 지정·고시 및 관리 3) 도립공원 내 공원사업의 시행 및 공원시설 관리 4) 도립공원 보호구역의 지정·고시 5) 도립공원의 입장료·사용료 및 점용료징수 6) 관광지 및 관광단지의 조성계획 수립·집행 7) 관광휴양지의 관리 8) 도시공원 및 유원지 조성계획의 입안(도의 경우는 제외한다) 9) 도시공원·유원지의 설치 및 관리(도의 경우는 제외한다)	1) 군립공원계획의 결정·고시 2) 군립공원의 지정·고시 및 관리 3) 군립공원 내 공원사업 시행 및 공원시설 관리 4) 군립공원 보호구역의 지정·고시 5) 군립공원 입장료·사용료·점용료의 징수 6) 도시공원 및 유원지 조성계획의 입안(자치구의 경우는 제외한다) 7) 도시공원·유원지의 설치 및 관리(자치구의 경우는 제외한다) 8) 녹지의 설치 및 관리 9) 도시공원·유원지의 입장료·사용료·점용료의 징수(자치구의 경

	10) 도시공원·유원지의 입장료·사용료·점용료의 징수(도의 경우는 제외한다)	우는 제외한다) 10) 관광자원 개발·보존 11) 관광지 및 관광단지의 개발·시행 12) 관광휴양지의 관리 13) 유·도선업의 안전관리 및 지도감독
타. 지방궤도사업의 경영	1) 지방궤도사업 운영계획 수립 2) 지방궤도사업의 설치·운영 3) 지방궤도사업의 경영 평가 4) 지방궤도사업에 따른 요금 징수 5) 지방궤도사업 특별회계의 설치 6) 지하철도채권의 발행 7) 지하철도공사의 설립·운영	1) 지방궤도사업 운영계획 수립(자치구의 경우는 제외한다) 2) 지방궤도사업의 설치·운영(자치구의 경우는 제외한다) 3) 지방궤도사업의 경영 평가 4) 지방궤도사업 특별회계의 설치(자치구의 경우는 제외한다)
파. 주차장·교통표지 등 교통편의시설의 설치 및 관리	1) 주차장 정비 및 개발계획의 수립 2) 교통신호기, 안전표지 등의 설치 지도 및 지원 3) 관할 도로에 도로표지 등 설치	1) 주차장 정비 및 개발계획의 추진 2) 관할 도로에 도로표지 등 설치 3) 버스정류소의 유지·관리 4) 가로등의 유지·관리 5) 교통신호기, 안전표지 등의 설치·관리
하. 재해대책의 수립 및 집행	1) 시·도 방재계획의 수립·집행 2) 시·도 재해대책본부의 설치·운영 3) 시장·군수 및 자치구의 구청장이 실행할 응급조치 대행 4) 재해예방 및 재해응급대책의 추진 5) 재해구호 6) 재해복구사업의 추진 7) 지역수질오염사고 대책본부 운영	1) 시·군·자치구 방재계획의 수립·집행 2) 시·군·자치구 재해대책본부의 설치·운영 3) 수방단의 조직·운영 4) 방재훈련의 실시 5) 재해예방 및 재해응급대책의 추진 6) 재해방재를 위한 출동명령 등 행정조치 7) 재해발생 경계구역의 설정 8) 재해복구사업의 추진 9) 재해구호 10) 지역수질오염사고 대책반의 설치·운영 11) 지역수질오염사고 방재 및 대응체계 수립·운영
거. 지역경제의 육성 및 지원	1) 지역경제 육성계획의 수립 2) 지역경제 관련 정책의 종합조정 3) 공장정비 특별구역 내의 공업정비 실시계획 수립·시행 4) 지방공업단지의 조성·관리 5) 지방공업 장려지구 조성사업시행 6) 지역경제 육성을 위한 자금·세	1) 지역경제 육성 세부계획의 수립·시행 2) 지방공업개발 장려 및 지원 3) 지방공업단지의 조성·관리 4) 지역경제 육성을 위한 자금·세제 등의 지원 5) 농공지구의 지정·공고

	제 등의 지원 7) 농공지구 생산제품의 판매지원 8) 지역 민간경제 부문에 대한 산업기술정보의 제공 9) 상공회의소 등 상공단체의 육성·지원 10) 생산 및 유통시설의 적정배치 11) 유통산업 근대화 사업의 시행 및 지원 12) 유통단지의 조성 및 운영·관리(도의 경우는 제외한다) 13) 지방유통 근대화 추진위원회의 설치·운영 14) 대규모 소매점 개설허가(백화점, 쇼핑센터, 대형점) 15) 도매센터 개설허가 16) 연쇄화 사업자 지정 17) 지방도·소매업진흥 심의위원회의 설치·운영	6) 농공지구의 조성·분양 및 관리 7) 농공지구입주업체 승인 및 그 사업계획 승인 8) 농공지구 생산제품의 판매지원 9) 지역상공단체의 지도·육성 10) 주민 지역경제 교육 및 홍보 11) 유통산업 근대화 사업의 시행 및 지원 12) 유통단지의 조성 및 운영관리(자치구의 경우는 제외한다) 13) 시장 개설허가 14) 시장관리자 지정
5. 교육·체육·문화·예술의 진흥에 관한 사무		
가. 유치원·초등학교·중학교·고등학교 및 이에 준하는 각종 학교의 설치·운영·지도	1) 유아교육시행계획의 수립 2) 공립의 고등학교, 고등기술학교, 특수학교와 이에 준하는 각종 학교의 설립·경영 3) 공·사립의 고등학교, 고등기술학교, 특수학교와 이에 준하는 각종 학교의 지휘·감독	1) 유아교육시행계획의 수립 2) 공립의 초등학교, 중학교, 기술학교, 공민학교, 고등공민학교, 유치원과 이에 준하는 각종 학교의 설립·경영 3) 공·사립의 초등학교, 중학교, 기술학교, 공민학교, 고등공민학교, 유치원과 이에 준하는 각종 학교의 지휘·감독
나. 도서관·운동장·광장·체육관·박물관·공연장·미술관·음악당 등 공공 교육·체육·문화시설의 설치 및 관리	1) 공공도서관·문고의 설립·운영 2) 공공체육시설의 운영·관리(운동장·체육관·수영장 등) 3) 공립박물관 및 미술관의 설치·운영 4) 시민회관의 운영·관리(도의 경우는 제외한다) 5) 공공교육·체육·문화시설 이용자로부터의 사용료 징수 6) 기타 공공교육·체육·문화시설의 운영·관리 및 지원	1) 공공도서관·문고의 설립·운영 2) 공공체육시설의 운영·관리(운동장·체육관·수영장 등) 3) 공립박물관 및 미술관의 설치·운영 4) 시·군·자치구민회관 운영·관리 5) 문화원운영·관리(자치구의 경우는 제외한다) 6) 공공교육·체육·문화시설 이용자로부터의 사용료 징수 7) 기타 공공교육·체육·문화시설의

		운영·관리 및 지원
다. 지방문화재의 지정·보존 및 관리	1) 시·도지정문화재 및 문화재 자료의 지정·보존 및 관리 2) 시·도지정문화재 및 문화재자료의 보호물 또는 보호구역의 지정과 그 해제 3) 시·도지정문화재로 지정된 무형문화재의 보유자 또는 보유단체의 인정과 그 해제 4) 시·도지정문화재 및 문화재자료의 반출 허가 5) 관할구역 내 국유에 속하는 국가지정문화재 중 국가가 직접 관리하지 아니하는 문화재의 보존·관리	1) 시·도지정문화재 및 문화재자료의 보존·관리 2) 비지정문화재(향토유적 등)의 보존·관리 3) 지방민속자료 발굴·조사 4) 관할구역 내 국유에 속하는 국가지정문화재 중 국가가 직접 관리하지 아니하는 문화재의 보존·관리
라. 지방문화예술의 진흥	1) 지방문화예술의 진흥에 관한 시책강구·조정과 주민문화예술활동의 권장 및 보호육성 2) 지방문화예술진흥위원회 설치운영 3) 전문예술단체의 지정 및 지원·육성 4) 문화강좌 설치 기관 또는 단체의 지정·설치 및 운영경비지원 5) 문화산업의 육성·지원 6) 지방문화예술진흥기금의 조성 및 운용 7) 문화예술진흥 사업 및 활동이나 시설운영경비의 지원	1) 지방문화예술의 진흥에 관한 시책 강구·조정과 주민문화예술활동의 권장 및 보호육성 2) 향토문화의 발굴·지원·육성 3) 문화강좌 설치 기관 또는 단체의 지정·설치 및 운영경비 지원 4) 문화산업의 육성·지원 5) 문화예술진흥 사업 및 활동이나 시설 운영경비의 지원
마. 지방문화·예술단체의 육성	1) 지방문화 예술단체의 설치·운영 2) 민간문화 예술단체의 설치권장 및 지도·육성 3) 지방문화사업자에 대한 보조금 지원 및 지도·감독	1) 지방문화 예술단체의 설치·운영 2) 민간문화 예술단체의 설치권장 및 지도·육성
6. 지역민방위 및 소방에 관한 사무		
가. 지역 및 직장 민방위 조직의 편성과 운영 및 지도·감독	1) 시·도 민방위계획의 작성 2) 시·도 민방위협의회의 설치 3) 민방위대 조직관리·지도 4) 민방위경보발령	1) 시·군·자치구 민방위계획의 작성 2) 시·군·자치구 민방위협의 회의 설치 3) 직장민방위대의 편성 및 운영관리 4) 직장민방위대의 편성 신고수리와 그 지휘·감독

		5) 민방위경보 발령 6) 민방위시설의 설치 및 관리 7) 민방위 기술지원대의 편성·관리 8) 주민신고망 조직·운영 9) 시범민방위대 육성 10) 민방위대 교육훈련
나. 화재예방 및 소방	1) 소방기본계획 수립 2) 소방관서의 설치와 지휘·감독 3) 소방력 기준 설정자료 작성관리 4) 소방장비의 수급관리 5) 소방용수시설의 확충관리 6) 화재진압 및 구급업무 지휘·감독 7) 소방지령실 설치·운영 8) 화재경계지구 지정·관리 9) 소방응원규약제정 10) 화재 예방 활동 11) 소방홍보 및 계몽 12) 소방시설의 설치 및 유지관리의 지도·감독 13) 소방법령의 규정에 의한 인·허가 및 업무의 지도·감독 14) 소방 관계 단체의 지도·감독	

자료: 지방자치법시행령 제8조(별표 1).

제 5 장 지방자치단체의 기관구성

제 5 장 지방자치단체의 기관구성

제1절 서　　설

지방자치단체가 자치권을 토대로 주민에게 행정서비스를 효율적으로 제공하기 위해서는 지방자치단체의 조직으로서 기관을 필요로 한다. 즉, 단체의사를 결정하는 의결기관과 결정된 단체의사를 집행하는 집행기관이 그것이다. 대표적인 지방정부의 기관구성 형태는 의결기관과 집행기관을 단일기관에 귀속시키는 기관통합형, 의결기관과 집행기관을 각각 다른 기관에 분담하여 분리시키는 기관대립형, 두 가지 형태를 혼합한 절충형, 주민이 직접 참여하는 주민총회형 등으로 구분될 수 있다. 일반적으로 지방자치단체의 기관구성형태는 각 국가의 역사적 전통과 지방의 특수성(행정여건)에 따라 다양하게 채택되어 운영되는 경우가 많지만, 메이지 이후 일본이나 한국처럼 지방자치 역사가 일천한 국가는 지방정부의 구성 형태가 획일적이다.

1991년 지방자치 부활 이후 지방분권이 진전되고 있음을 고려할 때, 가장 시급하게 고려해야 할 문제 중 하나는 효율적이고 책임성 있는 지방정부의 조직 구성이다. 1949년 7월 제정·공포된 지방자치법에 따라 우리나라 지자체의 조직 형태는 이원대표제의 성격을 갖는 기관대립형이었다. 즉, 광역자치단체이든 기초자치단체이든, 도시형자치단체이든 농촌형자치단체이든, 대규모자치단체이든 소규모자치단체이든 각 자치단체가 처해있는 사회경제적 여건이나 단체의 자치역량의 차이를 불문하고, 모든 지자체가 획일적으로 기관대립형 정부조직형태를 채택해 왔다.

그러나 이러한 획일적 기관구성 형태에 대해서는 다양한 측면에서 문제가 제기되고 있다. 이원대표제의 성격을 갖는 기관대립형 정부구성 형태는 민주화 원리를 관철함과 동시에 수장과 의회 사이에 상호 견제와 균형(check and balance)의 기능이 작동하도록 하는 것이 목적이다. 그러나 민선 자치 출범 이후에도 양자간 견제와 균형의 원리는 당초의 기대와는 달리 제대로 실현되지 못했다는 비판적 견해가 지배적이다. 지방의회는 심의의 형식화, 비전문성 등으로 결정과정에서 적극적인 역할을 수행하지 못했을 뿐만 아니라 행정에 대한 감시기능도 저하하여 집행기관의 결정을 추인하는 기관으로 전락해 버렸다는 비판에 직면해 있다. 또한 의회의 구성원이 특정 계층에 편중되어 있어 주민대표기관으로서의 의미를 충분히 반영하지 못했다는 비판도 존재한다.

이러한 맥락에서 우리는 그동안의 민선자치 경험에서 제기될 수 있는 지방자치단체 기관구성상의 여러 문제점을 재고(再考)할 필요가 있다. 즉, 기관구성에 대한 제도 운영에 따른 문제점을 면밀하게 분석한 후, 책임성과 효율성을 제대로 담보할 수 있는 기관구성 형태를 모색해야 할 것이다. 기관구성 형태는 획일성을 고집할 필요성은 없으며, 여러 변수를 고려하여 다양화 방안을 모색해야 할 것이다. 지방분권의 진전은 지역의 통치에 있어서 자치단체의 권한·책임을 확대시키고, 정책선택의 기회를 증대시킨다. 여기서 새삼스럽게 제기되는 문제는 전술했듯이 자율적인 결정이나 집행의 기회를 충분히 살려서, '해당 지역에 필요한 정책·서비스의 질이나 양을 어느 정도 담보할 수 있는가'라는 점이다. 즉 '지자체의 업적과 성과를 얼마만큼 내실화할 수 있는가'의 문제로 요약될 수 있다. 이는 업적·성과를 극대화할 수 있도록 확대된 권한과 책임을 어떻게 조직화해야 하는가라는 지방정부 조직편제의 문제와 연결된다. 본 장에서는 지방정부의 지역통치의 수단이면서 자원이기도 한 기관 구성의 전망을 현행 제도에 구속되지 않는 전제하에 다양화라는 측면에서 고찰하고자 한다.[1)]

제2절 우리나라 지방자치단체의 기관구성 연혁

1. 지방자치단체의 기관구성 변천사

우리나라의 지방자치는 1948년 제헌헌법 제8장의 지방자치 규정으로 명문화되었다. 이후 1949년 7월 4일 지방자치법(법률 제32호) 제정으로 기초단체장(시·읍·면장)은

1) 일본에서는 2003년과 2004년에 걸쳐 사이타마현(埼玉県) 시키시(志木市)의 호사카(穂坂邦夫) 시장이 시티 매니저 특구 구상을 총무성에 제안한 바 있는데, 이는 기관대립형(대통령제)인 일본의 기관구성 형태 자체를 개혁하겠다는 것으로 기관구성을 자치단체 사정에 맞게 개혁하겠다는 것이다. 현행 헌법 하에서 기관구성 형태를 다양화할 수 있는 지에 대해 헌법상 해석이 엇갈리기 때문에 실현에는 이르지 못했으나 지방정부 기관구성의 다양화에 대한 관심을 불러일으킨 사례로 생각되며, 우리나라에도 시사하는 바가 크다고 생각된다.

의회에서 간선하는 반면, 광역단체장(서울특별시장, 도지사)은 대통령이 임명하도록 규정하였으며, 지방의원은 광역·기초 의회 모두 중선거구제에 의해 선출토록 규정하였다.

그러나 지방자치단체의 기관구성은 제1차 법개정(1949.12.15)으로 그 실시가 연기되다가 1952년 임시수도 부산에서 지방선거 실시가 공포되고 한강 이남 지역에서 기초의원선거(1952.4.25)와 광역의원선거(1952.5.10)가 처음으로 실시되었다. 그런데 전시라는 와중에 첫 지방선거가 실시된 것은 당시 이승만의 대통령직선 개헌을 관철하기 위한 反국회운동의 전략으로 평가된다. 이승만 대통령은 국회내 재선이 불가능해짐에 따라 관변단체를 동원하는 한편, 원외자유당이 지방의회를 장악하게 하여 권력기반을 쌓고자 하였다.

제2차 법개정(1956.2.13)은 기초단체장(시·읍·면장)의 주민직선을 비롯하여 임기 단축(3년), 의회불신임의결권 폐지, 광역의회의 소선거구제 도입이 주요 골자였다. 이 부칙으로 늦어도 8월 15일까지 선거를 실시하며, 임기만료 되지 않은 자를 포함한 총선거의 일괄실시를 포함하였다. 그러나 부칙이 쟁점이 된 제3차 법개정(1956.7.8)은 법정임기를 보장하는 것으로써 자유당의원들만의 표결로 통과되었으며, 그 결과 당시 기초단체장의 60%가 기득권을 인정받았다.

그런데 제3차 법개정의 정치적 배경에는 1956년 5월 15일 정·부통령선거에서 자유당 부통령후보(이기붕)의 낙선 및 도시지역의 야당우세로 자유당의 집권연장이 위협받는 상황 하에서, 지방행정조직을 장악하고 여당출신 단체장을 이용한 이승만정권의 장기집권의도가 깔려 있었다. 이와 같이 두 번째 지방선거 역시 중앙정치의 정략적인 의도하에서 기초의원 및 기초단체장 선거(1956.8.8)와 광역의원 선거(1956.8.13)가 실시되었다.

제4차 법개정(1958.12.26)도 자유당의원만으로 심의되었는데, 주요한 변화는 기초단체장의 임명제와 동·이장의 임명제 그리고 지방의원의 임기연장(4년) 등이었다. 이 역시 1960년 봄 정·부통령선거를 앞두고 지방행정조직의 동원을 목적으로 삼는 것이었다. 즉, 자유당은 장기집권의 책략으로 시읍면장을 여당인물로 임명함으로써 다가오는 대통령 선거(1960.3.15)에 대비하여 관권선거로 정권을 연장하려 하였다.

제2공화국 출범 후 제5차 법개정(1960.11.1)은 광역단체장(서울특별시장, 도지사)과 기초단체장 모두를 주민 직선으로 선출하고, 동·이장도 2년 임기의 직선제를 도입하였다. 또한 광역의원은 2인/3인 중선거구제로, 그리고 기초의원은 연기명제로 전환하였다. 전면적인 지방자치의 실시를 뜻하는 세 번째 지방선거는 광역의원선거

◈ 표 5-1 ◈ 지방자치법상 기관구성의 주요변천과 특징

구 분	지방의회	지방자치단체장	특 징
지방자치법 공포 (1949.7.4)	주민 직선	도지사·특별시장(대통령 임명) 시읍면장(지방의회 간선)	읍면 자치제 기초단체장 간선제
제1차 개정 (1949.12.15)	경과 규정에 의해 유보	경과 규정에 의해 시장은 대통령이, 읍·면장은 도지사가 임명	의회의 역할을 내무부 장관 혹은 상급 단체장이 수행
제2차 개정 (1956.2.3)	주민 직선	도지사·특별시장(대통령임명) 시·읍·면장(주민직선)	단체장에 대한 의회 불신임제도 폐지, 임기 축소(3년)
제3차 개정 (1956.7.8)	상동	상동	선거일까지 임기 만료되지 않은 자 종전 임기(4년) 보장
제4차 개정 (1958.12.26)	주민 직선	도지사, 특별시장, 시장(대통령 임명) 읍, 면장(도지사 임명)	단체장 전부 임명제로 전환 단체장 불신임제 채택
제5차 개정 (1960.11.1)	주민 직선	전부 주민 직선	4·19이후 12·12선거로 의회 구성, 단체장 선출
지방자치에 관한 임시조치법(1961.9.1)	의회 해산	전부 대통령 임명	5·16쿠데타로 지방의회 해산
제6차 개정 (1988.4.6)	주민 직선(1991년까지 미실시)	주민 직선(경과 규정에 의해 대통령 임명)	새로운 지방자치법 제정
제7차 개정 (1989.12.30)	상동	상동	단체장 직선 명문화 의원 선거 90.6.30 이내 단체장선거 91.6.30 이내
제8차 개정 (1990.12.31)	상동	상동	의원선거 91년 6.30 단체장선거 92.6.30이내
제9차 개정 (1991.5.23)	주민 직선(91.3.26/6.20 실시)	상동	정당 공천 허용 (기초의원 배제)
제10차 개정 (1991.12.31)	주민 직선	상동	정기회 집회일 조정
제11차 개정 (1994.3.16)	주민 직선	상동	주민투표제 도입
제12차 개정 (1994.12.20)	주민 직선	상동	직할시를 광역시로 단체장 연임 제한(3회)
제13차 개정 (1995.1.5)	주민 직선 (95.6.27실시)	주민 직선 (95.6.27실시)	단체장의 국가공무원 임용 제청권 부여
제14차 개정 (1995.8.4)	주민 직선	주민 직선	도농 복합시 설치 기준 완화
제19차 개정 (1999.8.31)	주민 직선	주민 직선	주민조례 제정 및 개폐청구 제도와 주민감사청구 제도 도입
제22차 개정 (2004.1.29)	주민 직선	주민 직선	인구 50만 이상의 대도시 특례
제24차 개정 (2005.1.27)	주민 직선	주민 직선	주민감사청구 요건 완화 주민소송 제도 도입
제26차 개정 (2006.1.11)	주민 직선	주민 직선	제주도 폐지, 제주특별자치도 신설
제27차 개정 (2006.4.28)	주민 직선	주민 직선	지방의회 윤리특별위원회 신설
제28차 개정 (2006.5.24)	주민 직선	주민 직선	선출직 지방공직자인 지방자치단체의 장 및 지방의회 의원에 대한 주민소환제 도입

자료: 강용기(1999: 74), 이기우 외(2007: 37-45).

(1960.12.12)를 시작으로 광역단체장·기초의원 (12.19), 기초단체장(12.26)을 선출하였다.

그러나 군사 쿠데타(1961.5.16)의 발발로 지방자치는 중단되고 그 후 30년간 중앙의 통제 하에 들어갔다. 5.16 군사혁명위원회는 국가재건비상조치법(1961.6.6)에 의하여 도지사, 서울특별시장, 인구 15만 이상 시의 시장은 국가재건최고회의의 승인을 얻어 내각이 임명하고, 기타의 자치단체장은 도지사가 임명하도록 하였다. 그 후 지방자치에 관한 임시조치법(1961.9.1)은 읍·면자치제를 폐지하고 군자치제를 채택하였으며, 시장과 군수는 도지사의 추천으로 내무부장관의 제청에 의하여 국무총리를 경유하여 대통령이 임명했다. 또한 부산직할시장과 도지사는 내무부장관의 제청으로 국무총리를 경유하여 대통령이 임명했으며, 서울특별시장은 국무총리의 제청으로 대통령이 임명하였다.

지방자치가 재개된 계기는 1987년 직선제 개헌과 노태우 후보의 지방자치 실시공약에 따른 것이었으나, 실시 시기가 미뤄지는 제7차 법개정(1988.4.6), 제8차 법개정(1989.12.30), 제9차 법개정(1990.12.31)을 거쳐 비로소 1991년 지방의원 선거(기초의원 3.26, 광역의원 6.20)만이 실시되었다가 1994년 3월 15일 공직선거 및 부정선거방지법이 제정된 이후 1995년부터 단체장을 포함하는 전면적인 동시 지방선거가 실시되었다.

요약하면, 우리나라는 의결기관과 집행기관을 대립시켜 놓는 기관분리형 정부조직이 기본 골격을 이루어 왔으며, 집행부 우위의 기관운영이 중심이 되어왔다. 즉, 역사적으로 단 한 차례 의회간선에 의한 기초자치단체의 통합형 기관구성이 초기에 시도된 적이 있으나 그 이후 모든 기초 자치단체와 광역 자치단체는 중앙임명 또는 주민직선에 의해 집행기관이 구성되는 분리형 기관구성이 채택되었다.

2. 역대 지방자치단체장의 선임방식과 기관운영의 역학관계

제 1, 2 공화국의 지방자치는 당선자의 자질 미흡과 청탁과 이권개입 등 미성숙한 기관운영을 보여주었다. 특히 제1공화국의 두 차례 지방선거는 중앙정부 및 정치권의 과도한 개입으로 자유당 일당독재와 장기집권, 권력남용의 폐해를 드러냈으며, 제2공화국의 지방자치 역시 주민들의 자치의식 결여와 낮은 참여율(1960년 광역단체장 투표율 40%미만)로 큰 기대를 얻지 못하고 풀뿌리 민주주의가 꽃피우기도 전에 짧은 역사를 마감해야 했다.

이 기간 동안 지방자치단체장 선거는 지방의회에 의한 간선제, 주민직선제, 임명제 등 다양한 선임방식이 적용 또는 도입되는 실험의 장이었다. 먼저, 간선단체장의 경험(정세욱, 2001: 578)으로써 1952년 구성된 기초의회에서 시읍면장을 선임하였던 당시, 기초단체장 입후보자는 돈으로 지방의회의원을 매수하여 당선된 사례가 적지 않았다. 또한 시읍면장을 당선시킨 의원들과 다른 시읍면장 입후보자를 지지한 의원들이 여파의원과 야파의원으로 갈라져 반목과 대립이 격화됨으로써 지방자치가 어려움에 직면하거나 마비되는 예가 많았다.

시읍면장은 주민에 대한 봉사, 주민을 위한 행정에 주력하기보다는 자신의 지위와 직접 관련되는 지방의회의원에게 보다 많은 관심과 주의를 기울임으로써 주민의 복지를 소홀히 하는 현상이 나타났다. 시읍면장이 지방의회의원의 청탁을 들어주지 않을 때에는 의원들이 그에 대한 앙심을 품고 시읍면장 불신임결의를 발의하는 예가 적지 않았다. 따라서 행정사무가 불공정하게 집행되는 폐단이 많았던 것으로 평가된다.

또한 시읍면장 경질건수가 적지 않아 간선제가 실시된 이래 불신임의결에 직면하여 사직한 시읍면장 수는 1,168명이었다. 그 중에서 불신임의결에 의한 해직이 66건, 의회해산이 18건에 달하여 기관운영의 불안정이 높았다.

한편, 1956년 기초단체장의 주민직선제 도입 실시이후 1958년 주민직선제를 폐지한 이유에는 당시 집권여당인 자유당의 정략적인 목적이 작용한 것이 사실이지만, 민선 단체장의 분리형 기관구성 하에서 제기된 다음과 같은 운영상의 폐단에도 주목할 필요가 있다(정세욱, 2004: 97-99).

첫째, 자치단체장을 직선제로 선출한 결과 선거제에서 오는 제약이 많아 자치단체장이 그 직무에 전념할 수 없었다.

둘째, 직선제는 유능한 인재나 행정/관리전문가를 자치단체장으로 선출하는데 도움이 되지 못했다.

셋째, 자치단체장이 유력한 지방토호세력의 압력을 받아 그들의 특수이익을 옹호하였고 선거구 주민을 만나는 일과 접대에 많은 시간을 빼앗겨야 했다.

넷째, 상급기관의 지시/감독을 경시하였고 개인적 용무로 자리를 비우는 등 근무가 성실하지 못했다.

다섯째, 영향력 있는 선거권자들의 무리한 인사청탁과 압력으로 자치단체 공무원의 인사가 정실에 치우쳤다.

여섯째, 차기재선을 노린 인기획득에 치우친 나머지 행정의 공정성을 잃는 사례가 많았다.

일곱째, 선거운동에 과다한 비용을 지출하였고, 그 부채를 갚기 위해 공무를 빙자하여 사리사욕을 추구하는 행위가 적지 않았다.

여덟째, 자치단체장 입후보를 둘러싼 주민간의 대립/마찰로 인하여 이웃간의 선린관계를 해치고 감정이 악화되는 예가 적지 않았다.

끝으로 제1공화국의 광역단체장 선임을 포함하여 중앙정부에 의한 임명(관선)단체장의 경험을 평가해 볼 때(최창호: 483-485), 관선단체장은 행정전념을 통한 행정전문화의 기여, 중앙정부와 지방자치단체 사이의 협조의 원활화 등의 장점을 가진다. 그러나 중앙정부에 의한 임명 단체장은 관료주의적 행정운영, 민의반영의 약화, 지방자치단체의 중앙에의 예속화 등의 단점을 가진다는 점에서 불완전한 지방자치의 운용이란 비판을 받는다.

3. 현행 분리형 기관운영의 공과

전면적인 지방자치가 재개된 1995년 이후 지난 10년 동안 우리 지방자치단체의 기관구성은 기관분리형 단 하나만이 존재하고 있다. 다음은 지방의회와 집행기관의 장이 각각 주민에 의해 선출되어 독립적인 기관운영을 수행하고 있는 현행의 제도적 성과를 살펴보도록 한다.

단체장에 대한 주민직선의 분리형 기관구성은 무엇보다 주민통제의 실효성을 제고할 수 있었고, 그에 따라서 주민중심의 행정구현이 가능해졌다는 긍정적 평가를 받는다. 각종 시민단체를 비롯하여 적극적인 주민의 등장으로 지방정책결정과정에 주민참여의 요구가 증대되고 있으며, 그런 배경에서 지방자치단체는 지방행정을 보다 투명하게 하기 위한 노력을 경주하게 되었다. 그 결과 지방자치단체의 행정정보공개조례제정, 주민감사청구제도, 인터넷홈페이지개설 등이 일반화되었다.

분리형 기관구성의 제도적 효과로써 자치단체장은 주민대표로서의 정치적 리더십을 발휘하여, 주민의 의사를 자치행정에 반영하기가 용이하였으며, 지방정치의 민주화를 가능하게 하였다는 점에서 민주주의의 교육장으로 자율과 책임을 갖춘 시민사회를 형성해 나가는데 기여하였다. 또한 행정서비스가 주민(고객)의 요구에 부응하여 제공되는 까닭에 서비스 질이 향상되기에 이르렀으며, 고객만족 행정 추구를 위한 행정서비스헌장의 제정이 보편화되었다.

또한 분리형 기관구성에서 임기 동안 신분이 안정된 자치단체장은 강력한 시정(도정) 사업추진이 가능한데, 이는 다른 한편에서는 단체장 독주의 큰 문제점으로 제기되기도 하였다. 지역경제발전을 추진하는 자치단체장은 지역특화산업을 강조하여 경제활성화에 매진할 수 있었고, 같은 맥락에서 지역의 문화재를 적극 발굴, 육성하여 지역의 관광산업과 연계하여 경제활성화를 도모하게 되었다.

분리형 기관구성을 취하는 현행 지방자치단체의 기관운영은 법·제도적인 면에서 지방의회와 집행기관간 권한의 불균형으로 위상과 관련한 소모적인 갈등이 제기되었다는 점, 그리고 지방정치의 현실적인 측면에서 독점정당의 권력강화 현상으로 인하여 분리형 기관구성의 취지라 할 수 있는 양 기관간 견제와 균형을 유지하기에 어려웠던 문제를 제기할 수 있다. 이는 무엇보다 지방자치의 기본적 기관인 지방의회의 역할이 크게 부각되지 못하였다는 사실에 기인한 것이다.

일반적으로 분리형 기관구성의 기본 취지는 지방의회와 단체장이 대등한 권력관계를 유지하게 함으로써 상호 균형과 견제를 통해 쌍방적인 협력관계를 지향하는데 있다. 그런데 만약 분리형 기관구성에서 양 기관이 권한의 불균형으로 일방적인 협력관계를 유도한다면 양 기관의 갈등과 대립이 줄어들 것으로 예상할 수도 있으나 이는 다른 한편으로 두 가지 문제를 제기할 수 있는 것이다.

첫째, '균형과 견제'라는 분리형 기관구성의 취지를 살리기 힘들 뿐 아니라 주민의 복리증진을 위한 양 기관의 건전한 정책대립과 다양한 이해조정 및 타협의 과정을 생략케 한다는 점에서 문제를 야기할 수 있다. 다만 이러한 대립과 긴장의 관계는 분리형 기관구성에서 수용되어야 할 발전적인 측면의 갈등도 포함되어 있음을 상기할 필요가 있다.

둘째, 권한의 불공정한 배분은 상호견제를 통한 균형적 관계 유지를 저해함으로써 오히려 양 기관의 갈등을 유발하게 될 수 있다. 즉, 분리형 기관구성에서 양 기관의 불균형한 권력관계는 양자간의 권한다툼으로 관계가 경색되고 나아가 기관운영에 지장을 초래할 우려가 높을 뿐 아니라 이는 결코 생산적이지도 발전적일 수도 없는 소모적인 갈등이란 점에서 경계되어야 할 것이다.

그런 점에서 무엇보다 지난 10년간 분리형 기관구성의 운용상 한계는 법·제도적인 측면에서 살펴 볼 수 있다. 즉, 지방의회와 단체장이 지닌 권한과 역량이 불균형으로 단체장에 대한 지방의회의 견제기능은 잘 발휘될 수 없었다. 이는 지방자치단체를 이끄는 단체장의 강력한 리더십을 확보하게 하는 효과를 지니게 하지만, 분리형 기관구성에서의 불균형한 단체장 우위의 권한배분은 지방의회와 비생산적인 갈등을 양산하는 부작용을 낳게 함으로써 지방자치단체의 효과적이고 원활한 기관운영에 장애가 되었다. 특히 1995년 6·27 지방선거의 실시로 출범한 민선단체장체제에서 단체장의 역할이 실제적으로 강화된 후, 지방의회의 위상과 관련된 문제와 함께 기관간 진정한 정책대립보다는 단체장과 지방의회간 힘겨루기 양상의 갈등사례가 빈번히 나타났다.

한편, 권한의 문제를 떠나 현실적으로 더욱 강화되어 나타나는 지방정치 권력구조의 정당독점화 현상은 지방자치단체 기관운영에 있어서 양 기관간의 상호 견제기능이 제대로 이루어지지 않는 문제요인으로 제기된다. 즉, 분리형 기관구성은 지방의회와 단체장의 양기관간 견제와 균형의 기본원리가 적용되어 권력의 전횡과 부패를 방지하는데 도움이 되어야 한다. 그러나 실제상황에서는 우리나라의 지역적 연고를 중시하는 특수한 정치성향으로 인해 기관대립형의 장점이 살아나지 못하고 있다.

이는 우리나라 선거의 특징적인 현상이라 할 수 있는 지역주의 투표행태와 관련된 것으로, 단체장과 지방의회가 하나의 정당에 의해 독점되기 때문에 정당을 통한 견제가 이루어질 수 없는 한계를 보여준다. 특히 1998년 6·4 지방선거 이후 거의 모든 광역자치단체의 경우가 1당 독점적인 정당지배 양상을 보인다는 것은, 단체장이나 대다수의 지방의회의원이 모두 같은 정당 출신이기에 서로에 대한 견제와 균형의 논리가 접근하기 어렵다는 것을 의미한다.

끝으로 행정운영의 전문성 측면에서 볼 때, 민선 단체장은 반드시 행정능력을 겸비한 인사가 자치단체장으로 되는 것이 아니므로 훌륭한 행정을 기대하기 어려웠다는 점도 한계로 지적된다. 또한 자치단체장은 선거에서 그 지위가 주어지는 까닭에 선거를 통해 안게 된 정치적 부채에 연연하게 되어 특혜의 제공이나 인사상의 배려 등으로 부패의 연결고리가 형성되기도 하였다.

제 3 절 기관구성의 유형

앞서 언급했듯이 지방자치단체가 자치권을 토대로 주민에게 행정서비스를 효율적으로 제공하기 위해서는 지방정부의 기관구성이 필요하다. 우리나라에서 일반적으로 알려진 대표적인 지방정부의 기관구성 형태는 의결기관과 집행기관을 단일기관에 귀속시키는 기관통합형, 의결기관과 집행기관을 각각 다른 기관에 분담하여 분리시키는 기관대립형, 두 가지 형태를 혼합한 절충형, 주민이 직접 참여하는 주민총회형 등이다. 그런데 이러한 유형분류는 <표 5-2>에서 보듯이 정치기관의 분업관계를 기준으로 구분한 것으로 볼 수 있는데, 기관대립형과 기관통합형이 현실의 복잡한 기관구성 형태를 잘 구분한 표현인지 다소 의문이다. 현실세계의 지방구성 형태는 매우 다양하기 때문에, 기관대립형과 기관통합형으로 단순 분류하는 것으로는 현실을 잘 설명할 수 없다, 예컨대 실제로는 일원대표제 모형(통합모형)인데, 직선에 의한 수장이 아닌 집행부 수장이 존재한다는 이유로, 이를 기관대립형으로 구분하여 혼란을 초래하는 경우도 있다.

여기서는 이러한 혼란을 피하기 위하여 '정치기관의 분업관계'와 '행정기능의 분업관계'를 기준으로 좀 더 구체적인 유형분류를 시도하였다. 행정기능의 분업관계를 기준으로 하면 융합모형과 분리모형으로 분류할 수 있는데, 아와 같은 구분은 뒤에서 설명하고 있듯이 신공공관리론과 관련하여 많은 시사를 얻을 수 있는 분류모형이다.[2)]

1. 지방정부의 기관구성 유형

(1) 지방정부 내 분업관계에 따른 기관구성 유형

여기서는 기관 구성의 다양화에 대한 논의에 앞서 지방정부 내 분업관계에 따른 주요 기관구성 형태에 대해 살펴보고자 한다.

분류의 첫 번째 기준은 지방정부 정치기관의 분업관계에 따른 것이다. 이 기준에 따라 주민으로부터 선출되는 대표기관의 형태는 이원대표제 모형(분립모형), 일원대표제 모형(통합모형) 및 직접참정 모형 등 세 가지 그룹으로 나눌 수 있다. 또 하나의 분류는 도시지자체 행정기능의 분업관계에 주목한 것이다. 이 유형은 도시지자체에서 정치의 활동영역과 오버랩되는 執政(executive)기능으로부터 집행영역에 속하는 집행관리기능(administration)을 분리하는지에 따라 두 그룹(융합모형, 분리모형)으로 나눈 것이다. 융합모형은 집정기능으로부터 집행관리기능이 분리되지 않고 집정기관이 집행기관을 통제하는 형태이다. 이에 반해 분리모형은 집정기능으로터 집행관리기능이 분리되어, 집정기능을 보유하는 기관이 집행관리기능이 있는 기관에게 집행기관의 통제를 맡기는 형태이다.

2) 기관구성 유형에 관한 논의는 日本都市センター. (2004)를 주로 참조하였음.

◈ 표 5-2 ◈ 지방정부 내 분업관계에 따른 주요한 기관구성 유형

<table>
<tr><th colspan="2" rowspan="2"></th><th colspan="3">정치기관의 분업 관계</th></tr>
<tr><th>이원대표제 모형
(분립모형)</th><th>일원대표제 모형
(통합모형)</th><th>직접참정 모형</th></tr>
<tr><td rowspan="2">행정
기능의
분업
관계</td><td>융합
모형</td><td>A
수장제
(강시장제, 약시장제)</td><td>C
카운실형, 이사회형,
참사회형, 의원내각제형</td><td>E
주민총회(타운미팅)형</td></tr>
<tr><td>분리
모형</td><td>B
수석행정관형(수장소속)
시지배인형(의회소속)</td><td>D
시지배인형</td><td>F
타운지배인형</td></tr>
</table>

자료: 日本都市センター.(2004: 30).

전술한 두 개의 분류 기준을 조합하면 <표 5-2>와 같이 여섯 개의 유형으로 나눌 수 있다.

A형은 수장과 의회가 모두 직선되는 이원대표제 모형의 전형으로 일반적으로 수장형으로 불린다. 단, 같은 수장형이라도 집정기능이 수장에게 있는지(강시장제), 아니면 선출직을 장으로 하는 행정기관이 다수 분립하는지(집행기관다원주의), 집행권한이 주로 의회에 귀속되는지(약시장제)에 따라 전혀 다른 제도설계가 된다. 또한 대런던시(GLA)와 같이 시장이 집정권을 갖지만, 의회의원이 집행기관을 통제하는 위원회에 소속하면서 집정기능의 일부를 담당하는 절충적 형태도 있다. 즉, 수장제 모형내에서도 다양한 형태의 변형이 있을 수 있다.[3]

---

3) 일본이나 한국과 같은 기관대립형(이원대표제)의 경우에도 실제 제도운용은 다양한 형태와 의미를 갖는다.

일본의 경우 현행 지방자치법 하에서 이원대표제는 수장과 의회 쌍방을 주민의 직접선거에 의해 선출하는 대통령제 구조를 기본으로 하면서 의원내각제적 요소를 가미한 절충형으로 불완전한 대통령제라고도 할 수 있다. 만약 대통령제 원리에 충실하다면 장은 본래 의회의 신임을 받아 선출되는 것이 아니라, 유권자 투표에 의해 선출되는 것이기 때문에 수장과 의회간에 어떠한 대립이 발생해도 의회는 장의 책임을 물을 자격이 없다. 그러나 현행 일본의 지방자치법 하에서 의회는 출석자 4분의 3이상의 특별 다수에 의해 장의 불신임을 의결할 수 있으며, 장도 이에 대항하여 의회를 해산하고 불신임 여부를 주민의 심판에 회부할 수 있다(지방자치법 178조). 이 조문은 명백히 의원내각제적 요소를 도입한 것이라고 할 수 있다. 단, 의결에 특별 다수를 필요로 했기 때문에 장의 불신임이 가결된 예는 적으며, 이 규정의 영향력은 그다지 크지 않다.

보다 실질적으로 대통령제와 차이가 나는 것은 장에게 정책실현을 위한 적극적인 권한이 부여되어 있다는 점이다. 미국형 대통령제에서는 법률 제정은 어디까지나 입법기관으로서 연방의회의 권한이며, 대통령 및 행정부는 적어도 공식적으로는 법안제출권과 예산제출권을 가지지 못한다. 미국에서도 실제로는 많은 중요 법안이 행정부에 의해 기초되지만, 그 경우에도

C형은 직접선거에 의해 뽑히는 주민의 대표가 의회의원뿐인 경우가 전형적인 일원대표제 모형이지만, 이 형태에도 다양한 제도적 변형이 있다. 즉, 집정기능이 의원간에 분담·공유되는지(카운실형), 의원간 호선 등에 의해 집정기능을 담당하는 기관을 분리추출하고 있는지(참사회형), 혹은 선거에서 다수파를 점한 정당파가 집정기능을 담당하는지(의원내각형)에 따라 여러 가지 변형이 생각될 수 있다.

E형은 의회를 두지 않고 주민이 직접 참정하는 타운 미팅 등의 주민총회 모형이다.

이상의 A, C, E 형은 집정기능과 집행관리기능이 융합된 형태를 전제로 지방정부 내의 정치기관의 분업관계를 축으로 순차 검토한 것이다.

한편 집정기능과 집행관리기능이 분리되어 분업관계가 제도화된 모형을 전제로 하면, 각각 B, D, F와 같은 형태로 나눌 수 있다. D는 이른바 전형적인 시지배인(city manager)제이다. 이원대표제 모형에서 집행관리기능을 도입한 것으로 B형을 생각할 수 있으나, 강시장제를 채택하는 지자체에서 시장 밑에 설치되는 것이 수석행정관(chief administrative officer)형이며, 약시장제를 채택하는 지자체에서 집정권을 갖는 의회 밑에 설치되는 것이 B형의 시지배인형이다. 또한 직접참정 모형에서 지배인을 두는 것이 F형이다.[4)]

대통령이 직접 의회에 제출하는 것이 아니라 자당의 유력의원(관할위원회의 위원장 등)에게 법안의 제출을 의뢰하여 의원입법의 절차를 따르게 되어 있다.

이에 반하여 일본의 지방자치법에서는 지방자치단체의 장은 조례안 기타 의안을 의회에 제출할 수 있다고 명기하고 있다(149조1호). 의원에게도 의안의 제출권은 있지만 의안의 제출이나 수정동의(修正動議)의 발의에는 의원정수의 12분의 1이상의 찬성이 필요하기 때문에 무소속의원 등이 단독으로 의안을 기초하여 제출하기는 쉽지 않다. 실제 대부분의 의회에서 수장이 제출한 의안이 압도적 다수를 점하고 있으며, 심의되는 안건의 주류를 이루고 있다. 또한 예산은 장이 조정하여 의회에 제안하는 것으로 되어 있으며, 의회가 예산안에 대해 대폭 수정을 가하는 것은 장의 예산제출권 침해에 해당한다는 이유로 허용되지 않는다. 즉, 권한배분의 면에서 일본의 지방자치법상 제도는 삼권분립형 대통령제와는 전혀 다른 것이며, 오히려 입법권과 행정권의 융합을 특색으로 하는 의원내각제에 가깝다고 할 수 있다.

대통령제와 의원내각제의 절충은 수장의 권한 강화라는 결과를 가져왔다. 직선제의 수장은 대통령과 마찬가지로 직접, 유권자로부터 신탁을 받는다는 정통성을 의회에 대하여 주장할 수 있는 입장에 있다. 게다가 엄격한 삼권분립을 특징으로 하는 미국의 대통령제와는 달리, 수장은 조례제출권, 예산편성을 통해 적극적으로 정책결정을 주도할 수 있다. 또한 수장에게는 의회가 의결해야 하는 안건을 의결하지 않는 경우 전결처분(專決處分)의 권한(179조)이나 의회가 의무적 제경비를 삭감한 경우에 필요한 경비를 예산에 계상할 수 있는 권한(177조)까지 부여되어 있다. 수장의 권한에 관한 규정이 개괄예시주의인데 반하여 의회의 의결사항에 관해서는 제한열거주의를 취하고 있는 점도 수장의 우위를 보강하고 있다. 수장은 구제도 이래 의회에 대한 우위를 그대로 유지한 채, 전후개혁에 의해 새로운 직선제 장이라는 정치적 우위를 아울러 가지게 되었다고 할 수 있다.

(2) 지방정부 기관구성 유형간 변천

앞서 논의한 유형은 어디까지나 이념형적인 분류이지만, 다음의 논의를 위해 다음과 같은 점을 확인해 두고자 한다.

첫째, 지방정부 기관구성 형태의 역사적 변천이라는 관점에서, 전술한 기관구성 유형간의 관계가 어떠했는지 살펴볼 필요가 있다. 예를 들면 미국 지방정부의 기관구성 형태의 발전과정을 극히 개략적으로 살펴보면 다음과 같다. 개척기 원시적인 자치형태로서 「타운미팅형(F형)」이 주류였으나, 이후 도시지자체에서 광범위하게 관찰되었던 「약시장제(A형)」으로부터 「강시장제(A형)」로 서서히 변화하는 한편으로 시정개혁운동이 전개됨에 따라 「이사회형의 의회(C형)」가 모색되었다. 그리고 시기적인 완급이 있기는 하지만 현재에 이르기까지 꾸준히 성장해 온 것이 「시지배인형(D형)」이다.

◈ 표 5-3 ◈ 미국 도시정부의 형태 추이(1915-2002년)

	시장제		위원회제		매니저제		기타		계	
	수	구성비	수	구성비	수	구성비	수	구성비	수	구성비
1915	n.a.		423	n.a.	51	n.a.	n.a.		n.a.	
1920	n.a.		477	n.a.	160	n.a.	n.a.		n.a.	
1929a	n.a.		n.a.		370	n.a.	n.a.		n.a.	
1929b	142	50.0	82	28.9	60	21.1	n.a.		n.a.	
1934	160	51.6	81	26.1	69	22.3	n.a.		n.a.	
1940	1,116	61.8	307	17.0	302	16.7	81	4.5	1,806	100
1950	1,163	57.2	302	14.9	495	24.3	73	3.6	2,033	100
1967	1,512	48.6	190	6.1	1,283	41.2	127	4.1	3,112	100
1975	1,801	46.9	162	4.2	1,658	43.2	219	5.7	3,840	100
1985	2,084	47.1	136	3.1	1,852	42.6	277	6.4	4,349	100
1988	3,686	55.3	173	2.6	2,356	35.3	451	6.8	6,666	100
1992	3,635	54.4	168	2.5	2,441	36.5	442	6.6	6,686	100
1996	3,319	49.8	154	2.3	2,760	41.4	435	6.5	6,668	100
1998	2,943	43.8	146	2.2	3,232	48.1	398	5.9	6,719	100
2000	2,988	43.7	143	2.1	3,302	48.3	399	5.9	6,382	100
2002	3,011	43.1	143	2.0	3,387	48.5	400	5.7	6,981	100

자료: 1915년부터 1985년까지는 平田美和子(2001: 10). 1988년 이후는 ICMA의 홈페이지내 "Form of Government Statistics"에서 작성. 日本都市センター.(2004: 26)에서 재인용.

4) 外山公美. (1991). シティ·マネージャー職概念の変遷過程. 「季刊行政管理研究」, 54號, 46面,

이는 <표 5-3>을 통해서 확인할 수 있다.

미국의 통치에서는 <표 5-4>에서 보듯이 「잭슨 민주주의」와 「개혁·진보주의」라는 두 가지의 사상이 기초를 이루고 있다. 이는 미국 지방정부의 기관구성에 있어서도 마찬가지이다. 기초 지자체의 기관구성은 주(州) 및 주 헌법에 의한 규제나 제도적 틀, 인구 규모 등의 요인, 역사적 연혁 등에 따라 다양한 형태를 띠고 있다. 주요한 제도로는 ① 「강시장제(Strong Mayor Plan)」, ② 「약시장제(Weak Mayor Plan)」, ③ 「위원회제(Commission Plan)」, ④ 「시회(市會)-시지배인제(Council- Manager Plan)」 등이 있다.

① 「강시장제(Strong Mayor Plan)」와 ② 「약시장제(Weak Mayor Plan)」는 「시장-의회제도(Mayor-Council Plan)」로 총칭된다. 양자 모두 직접선거에 의해 장을 선출한다는 점에서 공통점을 가지고 있다. 그러나 제도적 특징으로서 다른 간부직원에 대한 임면권 유무, 지배인에 준하는 직위의 유무, 의회와의 관계에서의 권한(예를 들면 예산제안권, 소집·해산권, 예산안의 개별부결권 유무), 그리고 시장 이외의 직위가 선거에 의해 어느 정도 결정되는지 등을 기준으로 강시장제와 약시장제로 구분된다.

예를 들면 약시장제의 경우에는 의회, 시장 외에도 조역, 경찰서장, 소방국장, 법무관, 의무·보건위생부장, 수입역(收入役), 고정자산평가관(固定資産評價官), 기

◈ 표 5-4 ◈ 미국에 있어서 두 가지의 통치이데올로기

	잭슨 민주주의	개혁·진보주의
행정이란	누구나 할 수 있는 간단한 것. 그러므로 선거에서 일반인으로부터 신임을 얻어 일반인이 행한다.	전문가가 특수한 능력을 행사해야 수행 가능. 그러므로 시험이나 자격에 의해 임명되어야 한다.
재판이란	누구나 할 수 있는 간단한 것. 그러므로 선거에서 대중으로부터 신임을 얻어 일반인이 행한다.	고도의 훈련을 받은 법률가에 의해 행해지는 것. 그러므로 유자격자가 운데 능력에 따라 선발해서 임명.
선거란	일반인의 의사를 통치시스템에 불어넣는 것(絕對善).	공화주의적 정통성의 근본(必要惡)
정당이란	선거에서 통합기능을 수행하는 제도	정치에 바이어스를 가져오는 악(惡)
지방의회 선거	다수의 의원을 당파적인 소선구에서 선출.	소수의 의원을 비당파적인 대선거구(全市一區)에서 선출.
지방정부 기관	강시장제 또는 시의회·시지배인제	약시장제

자료: Johnson et al., American Government 2nd ed., Appendix p.7를 토대로 작성. 日本都市センター.(2004)에서 재인용.

타 다수의 공직이 선거에 의해 결정된다. 한편, 강시장제의 경우 시장을 중심으로 시당국을 감시하는 감사위원에 해당하는 직(職)만 선거에 의해 결정된다. 그러나 수입역(收入役) 외에 기타 약간의 직선 직(職)이 있는 경우에도 강시장제도로 분류되는 경우가 있다. 이렇게 보면 강시장제와 약시장제에는 명확한 구분이 없으며, 상대적이고 연속적인 개념으로 이해하는 것이 적절할 것이다.

단, 양 제도 모두 문제가 있다. 약시장제의 경우 복잡하고 고도화하는 행정문제에 적절하게 대응하기 어렵다는 문제가 있다. 강시장제는 리더십을 발휘한다는 면에서는 일정한 효과가 기대되지만, 행정적인 비능률이나 부패·오직(汚職)을 배제하는 데는 일정한 한계가 있다는 점이 지적되곤 한다.

③ 「위원회제(Commission Plan)」란 의회와 수장의 대립관계를 지양한고 양자를 통합하기 위해 도입된 제도이다. 구성위원 각자가 시의회가 가지는 입법권의 행사자(行使者)인 동시에 시 당국을 분담·관리하는 행정권의 통괄자로서의 역할을 수행한다. 구성원인 위원은 비교적 소수이다. 위원은 전시(全市) 단위의 한개 선거구에서 선출된다. 위원회제는 권력의 균형과 억제라는 통치의 근본적 원리를 등한시하고 입법기능과 행정기능을 통합하는 데 그 특징이 있다. 그러나 이 제도에는 리더십을 발휘할 수 있는 기반이 상실된다는 난점이 있다.

④ 「시의회-시지배인(Council-Manager Plan)」이란 시민에 의해 선출된 시의회(5명에서 9명정도의 비교적 소수의 의원으로 구성됨)가 행정의 책임자로서 시지배인을 임명하는 제도이다. 시의회가 시지배인의 임면권을 가지고 있으며, 시지배인은 시의회에 대하여 책임을 진다. 시지배인은 행정기관의 책임자로서 광범위한 지휘권과 인사권을 갖는다.

이와 같이 미국 지방정부의 기관은 다양성을 가지고 있다. 다양한 선택지는 주(州) 내부에 있는 미자치화(未自治化) 구역(unincorporated area)이 새로운 지자체가 되기 위해 헌장(憲章)을 제정하는 경우 (주헌법의 규제 범위 내에서) 유효한 선택지가 된다. 그러나 이미 성립한 지자체의 경우에 제도 변경의 빈도를 보면 시지배인제로의 이행이 매년 10건 전후, 시지배인제로부터 타 제도로의 이행은 적은 수에 머물고 있다. 요컨대, 현재에는 제도적 안정기에 접어든 것으로 이해하는 것이 적절할 것이다. 그리고 제도 변경이 이루어지는 경우라도 기존의 제도에 대한 주민불만 때문이라기보다는 많은 경우 상징적 존재로 여겨져 왔던 시장이 실질적인 권능을 가지도록 하는 체제 선택이 이루어지고 있다.

한편 영국에서는 전통적인 카운실형의 의회(C형)에 대하여 2000년 지방정부법(地方政府法)에서 세 가지 선택지 가운데 선택을 강제하는 형태로 개혁이 이루어졌다. 즉, 직선 시장·내각형(mayor-cabinet), 의원내각형(leader-cabinet), 직선시장·시지배인형(mayor-manager)의 세 유형이다 그것인데, 본 고에서의 유형에 따르면 각각

◈ 표 5-5 ◈ 새로운 자치체 조직에 관한 시장의 개정 의향

		조속한 검토 필요성 있음	검토 필요성 있음	검토 필요성 없음	모르겠다	합 계
(1) 수석행정관 제도	회답	9	64	34	4	111
	%	8.1	57.7	30.6	3.6	100.0
(2) 시지배인 제도	회답	3	33	62	11	109
	%	2.8	30.3	56.9	10.1	100.0
(3) 카운실 제도	회답	4	29	60	16	109
	%	3.7	26.6	55.0	14.7	100.0
(4) 參事會제도	회답	2	24	62	20	108
	%	1.8	21.1	54.4	17.5	100.0
(5) 의원내각제도	회답	3	25	68	13	109
	%	2.6	21.9	59.6	11.4	100.0

주:(수석행정관제도)

장은 지역주민에 의해 직접공선되나, 장의 권한을 대폭 특정 행정전문직원에게 위임하여 전문적인 경영을 하게 하는 제도.

(시지배인 제도)

장은 지역주민에 의해 직접 공선되나, 권한은 거의 보유하지 않으며, 직접공선에 의해 선출되는 의회가 자치체의 권한을 보유한다. 단, 의회 자신은 세부적인 행정에 관여하지 않고 정책방침의 결정, 예산의 승인 조례제정 등의 기능을 담당. 행정집행에 관해서는 의회에 의해 임명되는 「지배인」이 책임을 지는 제도.

(카운실 제도)

장은 지역주민에 의해 직접 공선된다. 지역주민의 직접공선에 의해 선출되는 의회가 자치체의 최고의사결정기관임과 동시에 집행기관이다. 행정 분야 또는 지역별로 위원회 또는 보조위원회를 설치하여 행정의 집행을 담당하며 최종적인 책임을 지는 제도.

(참사회 제도)

직접 공선에 의한 의회가 직원 중에서 시의 내각에 상당하는 참사회를 선출하여 의장이 시장이 되어 행정을 집행하는 제도.

(의원내각제도)

정부(내각)의 존립이 의회의 신임을 필수요건으로 하고 있는 제도. 의회에서 다수당에 의해 내각을 조직하며, 내각은 의회에 대하여 연대하여 책임을 치고 각료는 원칙적으로 의석을 갖는다

자료: 日本都市センター.(2004: 132)

A형으로의 이행, C형 내에서 집정기능을 순화(純化)시킨 형태(캐비닛의 형성)에 대한 강조, B형으로의 이행이라고 할 수 있다. 이러한 이행은 모두 과거에 비해 집정기능을 입법기능으로부터 분리하여 리더십을 확립함으로써 효율성·투명성·책무성을 향상시키는 것에 착안한 것이다. 한편 이러한 체제(유형) 선택의 절차에 주민과의 협의가 의무화되어 있는 점에 주목할 필요가 있다.

일본의 경우는 시제정촌제(市制町村制) 이후 전전기(戰前期) 지자체 기관구성의 기본형은 C형에 속하는 것이었으며, 전후 A형으로 이행하였다. 최근 일본의 지자체를 상대로 설문조사한 기관구성 다양화에 관한 결과는 다음과 같다.

일본의 지방정부 기관구성은 현행 헌법과 지방자치법에 기초하여 직선 수장과 직선 의원으로 구성되는 의회제도라는 획일적인 제도 채용이 특징이다. 그러나 최근 이러한 획일적인 지방자치제도로부터 탈피할 것을 요구하는 목소리가 나오기 시작했다.

시장들에게 제도 개정을 요구하는 의향을 설문한 결과 76.5%의 도시 자치단체가 현행 직선 시장과 직선 의회제도 존속이 좋다는 회답을 보였다. 현행 제도의 근본적인 재검토의 의사를 보인 수장도 적지 않았다(日本都市センター, 2004: 129).

한편 시장을 상대로 지방정부 기관구성 개정 의향을 설문한 결과는 <표 5-5>와 같다.

2. 지방정부 기관구성의 논점

지방정부 기관구성의 선택지로서 미들 매니지먼트를 고려하는 경우, 집정(執政)과 집행(執行)의 분리 방법, 구체적으로 기업조직에서의 집행역(執行役), 혹은 미국 지방정부의 수석행정관에 해당하는 집행관리기능을 기관으로 설치하는 것도 생각해 볼 수 있다.

집정과 집행관리의 기능·권한을 분리하지 않고 수장이 통합하여 장악하는 것이 지금까지 통상적으로 생각되어온 형태이다. 미들 매니지먼트는 톱 매니지먼트에 흡수되어 미분화되어 있는 형태와 부시장이나 국장급 등 간부직원이 수장을 보좌하는 형태로 분임(分任)되는 형태가 있다. 실제로는 예산·인사의 권한을 집중적으로 장악하는 총무계통 조직이 중추가 된 관리체계가 많다.

그러나 이는 관리 단위를 분절시켜 각 단위의 권한과 책임을 명확하게 하려는 NPM형 발상과는 근본적으로 상이한 조직체계이다. NPM형 관리기술의 제도화를 전제로 한다면 중간 관리 수준의 강화는 불가결하다. 예를 들면 수장의 주요한 담임사무를 보조기관의 장인 집행관리자에게 대폭 위임하는 것도 생각해 볼 수 있을 것이다. 실질적으로 유형B의 수석행정관 제도를 채용하는 것이 현행법 테두리 내에서 가능하다(이를 「위임형 수석행정관」으로 부르기로 한다).

또한 법개정에 의해 새로이 수석행정관 제도를 설치하여 기관구성의 선택지로 하는 구상도 가능하다(이를 「법정형 수석행정관」으로 부르기로 한다).

현행법 내에서든 법 개정에 의해서든 이와 같은 수석행정관 제도 도입은 수장으로부터 어떠한 사무권한을 어느 정도까지 분담시킬지, 수석행정관의 역할을 맡을 인재를 어떻게 충원해야 할지(직원의 승진에 의한 내부충원으로 할지, 전문직에 걸맞은 자격요건을 정해 놓아야 하는지 등) 등과 선임절차(의회의 승인 필요 여부) 등에 대한 논의가 있어야 할 것이다.

그러나 이들 제도 설계를 둘러싼 논점에 더해 관심의 대상이 되는 것은 수장·수석행정관 사이의 정치적 관계가 현실적으로 어떻게 전개될 것인가라는 문제이다. 양자의 관계가 미국 시지배인 제도 연구에 있어서도 중요한 연구테마였다는 점을 상기하면 당연한 관심사가 될 것이다. 법적으로 가능함에도 불구하고 현실적으로는 광범위한 사무권한을 위임한 수석행정관이 설치되지 않는 이유는 무엇일까? 과연 수장이 그 리더십의 원천이 되는 권한을 스스로 축소할 수 있을지, 즉 강력한 리더십을 발휘할 수 있는 현행제도를 포기하고 집단지도체제 팀원의 일원인 수석행정관 등에게 권한을 이동하는 제도 선택을 허용할 것인가? 등의 의문이 제기될 수 있을 것이다.

이러한 의문 때문에 보다 현실적인 방안으로 중간 관리기능을 강화하여 집행관리기능을 명확히 하는 방안이 논의될 수 있을 것이다. 즉 보조기관의 간부 직원에게 집행관리기능을 부여하는 조직형태가 현실적인 선택지가 될 수 있다. 대표적인 사례로서는 복수의 부시장 설치, 사업부제의 도입 등, 담당업무·책임·권한을 명확히 하는 조직개혁으로 대응할 수 있다. 이와 같은 개혁은 최근 일본의 많은 지방정부에서 시도하고 있다. 이 경우 총무 계통 조직의 권한 일부를 새로운 관리 단위로 분산시키는 경우가 많은데, 이러한 점은 신공공관리론(NPM: New Public Management)적 발상의 영향으로 볼 수 있다. 또한 집행부문을 기획부문으로부터 분리하는 에이전시화(책임운영기관화, 독립행정법인화), 혹은 중간관리층의 간소화를 꾀하는 조직의 플랫화 등과 하위관리층의 변혁에 의해 중간관리층을 보완하는 방안 등도 생각해 볼 수 있다. 그러나 현실적으로 지방자치단체의 조직에는 법적인 획일적 구속이 있기 때문에 개혁이 어렵다.

법적인 구속으로부터 해방되어 오직 중간관리층을 중심으로 고려한다면 오히려 직선에 의한 수장제를 폐지하고 의회 소속하에 시지배인을 설치하는 기관구성 형태(D 유형)가 적합할 수도 있다. 단, 그 경우 시지배인은 현행 수장의 이미지 때문에, 강력한 리더십이 요구됨과 동시에 권한이상으로 정치적 영향력이 클 가능성이 있다. 이와 같이 시지배인을 의회가 얼마만큼 유효하게 제어할 수 있을지가 제도설계의 요체라 할 수 있다.

제 4 절 지방정부 기관구성 다양화 방안

1. 지방정부 기관구성 선택지의 정리 - 일본과 한국

전술한 논의를 고려하면 지방정부 기관구성의 선택 가능성은 <그림 5-1>과 같이 정리될 수 있을 것이다. 선택지는 현행법 테두리 내에서 가능한지, 지방자치법의 개정이 필요한지, 혹은 헌법개정이 필요한지 등을 기준으로 정리해 볼 수 있다. 일원대표

◈ 그림 5-1 ◈ 지방정부 기관구성의 선택지

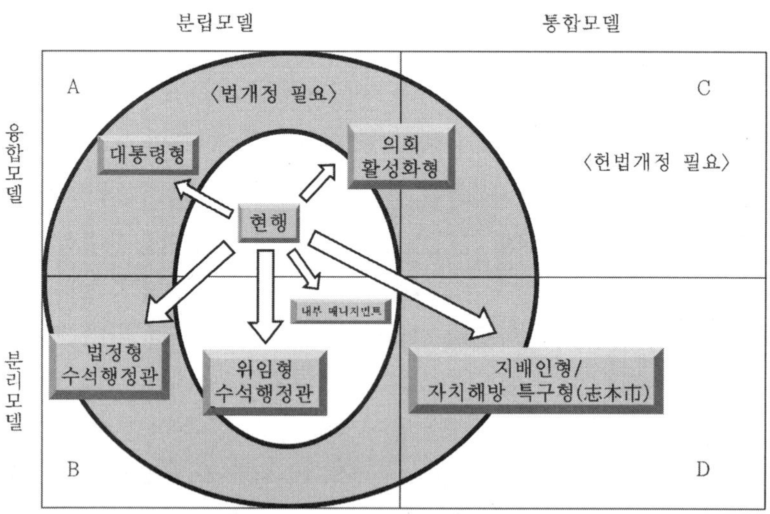

자료: 日本都市 센터(2004: 45).

제 모형(통합모형)은 헌법해석상 신중해야 할 유형이기 때문에, 현행 헌법 하에서 채택할 수 있는 선택지는 이원대표제 모형(분립모형) 속에서 행정기능의 분업관계 방식을 축으로 유형화할 수 있다.

우리나라의 경우 후술하듯이 헌법개정 없이 모든 선택지는 법률 개정이나 조례제정을 통해 가능하다고 볼 수 있다.

2. 법적 제약 검토

(1) 일 본

현행 헌법이 제정된 이래 지방자치에 관한 헌법이론의 관심은 주로 「지방자치의 본지(本旨)」(92조)의 의의, 지방자치권(지방통치권)의 근거, 지방공공단체의 구체적 내용(특별구의 이해, 이층제 등), 조례제정권의 한계 등에 초점이 두어져 왔다. 그리고 지자체 기관구성 법제에 관한 이론의 초점은 거의 중앙정부의 의원내각제와의 비교에 국한되었다. 즉 지방정부는 수장제를 채택하고 있다는 점에 초점을 두어왔다고 볼 수 있다. 과거 우카이(鵜飼, 1968) 교수가 집필한 헌법 개설서에 시지배인 제도에 관한 언급한 적이 있으며, 최근에는 나카무라(中村睦男) 교수가 지방정부 기관구성의 다양성에 관하여 언급한 바 있다(樋口 외, 1988: 1397 이하; 野中외, 2001: 349 이하). 그러나 앞서 언급한 논점과 비교하면 현행 기관구성 법제를 헌법이론적 시각에서 평가하거나 기관구성의 다양성에 대한 선행 연구는 거의 없다.

그런데 지방정부 기관구성의 골격은 기본적으로 헌법 93조가 정하고 있기 때문에, 우선 헌법 93조에 관한 해석론상의 문제점을 살펴본 뒤에, 헌법해석론상 어떠한 기관구성이 가능한지에 관해 살펴보고자 한다. 특히 기관구성에 관해서는 지금까지 기초지자체의 기관구성 형태로서 논의된 적이 있는 '시지배인'의 문제와 연관시켜 논의하고자 한다.

○ 헌법 93조에 대한 해석

헌법 93조는 다음과 같이 규정하고 있다.

「제93조 ① 지방공공단체에는 법률이 정하는 바에 따라 그 의사기관(議事機關)으로서 의회를 설치한다.

② 지방공공단체의 장, 의회의 의원 및 법률이 정하는 기타 이원(吏員)은 그

지방공공단체의 주민이 직접 이를 선거한다.」

우선은 이 규정이 지자체의 기관구성에 관하여 어떤 의미를 갖는지 살펴보고자 한다.

가. 조문(條文)상 해석할 수 있는 점

헌법 93조는 앞서의 규정에서 보듯이 아주 간단한 규정이다. 이 조문으로부터 ① 의사기관(議事機關)으로서의 의회 설치, ② 장(長)의 설치, 그리고 ③ 의원·장(및 기타 이원)의 직접선거(공선) 등이 규정되어 있음을 알 수 있다. 단, ②의 장의 선거에 관해서는 이 규정이 필치(必置)규정인지에 관해서는 논란이 있다. 즉, '장(長)을 설치하는 경우에 직접선거(공선)에 의한다'라는 취지로도 해석할 수 있다는 점에 유의할 필요가 있을 것이다.[5)]

나. 조문(條文)상 불명확한 점

한편, 전술한 바와 같이 간단하게 규정되어 있는 까닭에 93조가 침묵하고 있는 사항도 많다고 할 수 있다.

우선, 의회 권한의 내용이 명확하지 않다. 지자체의 의회는 「의사기관(議事機關)」인 것으로 되어있는데, 이에 대해서는 그 의미가 「그 지자체의 의사를 결정하는 기관, 또는 의사결정기관이라고 해석할 수 있는지」에 대한 논의가 존재한다(宮沢, 1978: 765). 그러나 무엇을 어떠한 형식으로 결정하는지, 그 결정이 어떠한 구속력을 갖는지는 분명하지 않다. 지자체의 권능을 규정한 94조의 주체는 어디까지나 「지자체」이며, 의회의 주요한 권능으로서 조례제정권을 들 수 있지만, 이것조차도 헌법이 명시한 바는 없다. 현실적으로 94조에서 말하는 「조례」란 지자체가 제정하는 법을 지칭하며, 지자체 장이 정하는 「규칙」도 이 속에 포함시켜야 한다는 해석이 헌법이론에서는 통설이다.

다음으로 장의 권한의 내용은 어떠한가? 이에 관해서는 「집행권의 장이며, 지방공공단체를 대표하는 직무를 수행하는 기관」으로 되어 있지만, 의회의 권능에 관하여 지적했듯이 지방공공단체의 권능을 규정한 94조의 주어는 어디까지나 「지방공공단체」이다. 또한 「집행권」을 말하면서 지방공공단체를 「대표하는 직무」라고 하는 경우에도 그 내용·행위형식·법적 효력은 의회의 권능과 마찬가지로 명료하지 않다. 또한 장의 구성에 관해서도 「독임제(獨任制) 기관일 것이 예정되어 있는 것으로 판단되지만,

5) 「시티매니저 제도를 일본에 도입하는 경우의 문제점(좌담회)」의 60쪽 이하 塩野宏·西尾勝의 발언 참조. 출처는 財團法人自治総合センター. (1984). 「シティ·マネージャー」.

합의제의 장을 설치하는 것도 반드시 본 조문이 금하고 있는 바는 아니라」라는 지적이 있다.

이처럼 지방자치의 조직법제의 근간이 되는 부분에 관하여 헌법의 규정이 반드시 명확하다고 할 수 없는 것은 자유롭게 제도를 설계할 수 있다는 해석도 조문상 가능하다고 할 수 있다.

(2) 한 국

○ 지방자치에 관한 헌법 규정

제8장 지방자치

제117조

① 지방자치단체는 주민의 복리에 관한 사무를 처리하고 재산을 관리하며, 법령의 범위 안에서 자치에 관한 규정을 제정할 수 있다.

② 지방자치단체의 종류는 법률로 정한다.

제118조

① 지방자치단체에 의회를 둔다.

② 지방의회의 조직·권한·의원선거와 지방자치단체의 장의 선임방법 기타 지방자치 단체의 조직과 운영에 관한 사항은 법률로 정한다.

일본에 비하면 지자체 장의 선임방법 기타 지자체의 조직과 운영에 관한 사항이 법률로 정하도록 되어, 제도 설계의 유연성이 크다.

3. 다양화 방안

미국은 연방제 국가체제로 구성·운영되고 있으며, 크게 연방정부와 주정부 그리고 지방자치단체가 상호 연계를 맺으면서 독립적인 정부체제를 이루고 있다. 법적 지위면에서 미국의 지방자치단체는 주정부에 의해 창설되는 것일 뿐만 아니라 자치단체에 부여되는 권한의 범위 역시 주정부에 결정된다는 데 그 특징이 있다. 즉, 주정부는 시자치단체(municipality)를 창설하고 그 권한을 제정하며 시자치단체가 채택 가능한 정부형태를 결정할 뿐만 아니라 심지어는 지방자치단체를 폐지할 수 있는 권한도 지니고 있는 것이다. 시와 빌리지 그리고 몇몇 주에서는 버러(borough)와 타운이 시자치단체로서의 법인격을 부여 받고 있다.

한편, 주정부에 의해 창조되는 지방자치단체의 자치권 범위와 기관구성 형태 등은 지방자치단체의 헌법이라 할 수 있는 헌장(charter)에 규정되어 있다. 주정부가 헌장을 부여하는 방식에는 특별법(special act), 분류법(classified law), 선택법(optional law), 홈룰(home rule) 등 네 가지가 있다. 특별법에 의한 방식은 지방자치단체가 헌장을 제정·수정할 때마다 주정부의 특별법 제정이 요구되는 것으로 가장 오래된 헌장부여 방식이나, 요즘에 와서는 대부분의 주헌법에 이를 금지하는 규정으로 이를 활용하는 빈도는 낮다. 한편 분류법은 주정부가 인구규모 등 일정한 기준에 따라 몇가지 유형의 헌장을 분류해 놓고 이에 해당하는 자치단체에게 동일한 헌장을 부여하는 방식이며, 선택법은 주정부가 두 가지 이상의 헌장을 제시해 놓고 지방자치단체가 주민투표를 통해 선택할 수 있는 방식이다. 끝으로 홈룰은 지방자치단체가 스스로 헌장을 기안·채택·수정할 수 있을 법적 권한을 부여하는 것으로 주정부의 헌법이나 법률에 의해 인정된다.[6] 특히 홈룰의 헌장부여방식이 주헌법으로 규정되어 있는 경우는 일반법에 의한 경우보다 지방자치단체의 법적지위가 확고히 보장된다 할 수 있다. 최근 통계(ACIR, 1993년)에 의하면 시자치단체에 홈룰을 인정하는 주정부는 48개이며, 카운티에 이를 인정하는 주정부는 37개로 나타나고 있으며,[7] 20만 이상의 도시에 약 2/3, 50만 이상 도시에 약 80%가 홈룰을 갖고 있다(황아란, 1997).

우리나라처럼 획일적 기관구성 형태를 가지고 있는 일본의 경우 지자체의 자율적 조직편제권에 대해서는 다음과 같은 해석이 가능하다(日本都市センター, 2004: 52-53). 일본헌법 제92조의 조문을 토대로 미국처럼 Home Rule Charter를 스스로 제정하여 모든 편제권이 있다고 할 수 있는 것인지 생각해 보아야 할 것이다. 그런데 법률 형태의 선택지로서 다양한 조직 형태를 마련하여 그 중에서 스스로 선택하여 결정하는 방식은 일본 헌법 92조가 부정하고 있지 않다. 이는 「지방자치의 본지(本旨)」의 해석과도 관련되는 것으로, 이와 같은 선택지 중에서 지방공공단체가 선택하는 제도는 오히려 바람직하다고도 할 수 있다. 95조의 지방자치특별법의 문제와 관련해서는 국가가

6) 단 홈룰을 인정받은 지방자치단체는 주정부의 헌법과 법률의 범위내에서만 자율권이 인정되며, 헌장 수정도 주법에 위반되지 않거나 주정부에 의해 선점되지 않는 사항에 대해서만 주의회의 승인없이 주민투표에 의해 수정할 수 있는 것을 뜻한다.

7) 홈룰을 채택하고 있는 주정부 가운데는 주정부내 모든 지방자치단체에 홈룰을 부여하는 주가 있는가 하면, 인구규모가 일정수준을 넘는 지방자치단체에게만 차별적으로 허용하는 주정부도 있다.

선택지를 제시한 뒤 주민이 투표를 통해 결정하는 것도 생각해 볼 수 있을 것이다. 문제는 법률의 규정으로부터 유리되어 지방공공단체가 스스로 조직을 편제할 수 있느냐의 문제이다. 여기서는 전전(戰前), 지방공공단체에는 고유사무로서 조직편제권이 있었던 점을 상기해야 할 것이다. 그렇다고 한다면, 기본적으로 헌법의 틀 내에서 자주편제권은 있다고 보아야 할 것이다. 단, 법률의 규정에 정면으로 반하는 조직편제는 불가능하다고 보아야 할 것이다.

우리의 경우도 미국 방식을 응용하여, 법률에 선택지를 유형화하여 선택하도록 하는 방법을 생각해 볼 수 있다. 이 경우 선택은 주민투표에 의하면 될 것이다. 또는 지방자치법에 기관구성 형태를 자치단체가 스스로 규정할 수 있게 하면, 조례로서 자유롭게 기관구성을 할 수 있을 것이다.

제 5 절 지방정부 기관구성의 과제

1. 지방정부 기관구성 개혁

현행 분리형 혹은 대립형 기관구성은 운영적인 측면에서 기관간 균형과 견제를 통한 책임성 확보에 큰 한계를 보여준다. 기관운영에 있어서 미흡한 의정활동에 대한 비판을 비롯하여 기관간 권한의 불균형으로 인한 단체장의 독주현상은 분리형 기관구성의 취지를 저해하는 요인으로 지적되고 있다. 특히 지방선거에서 나타나고 있는 지역패권주의 투표행태는 지역별 정당독점구도의 확산과 고착화를 보여주고 있어 정당정치를 통한 기관간 균형과 견제기능에 큰 한계를 노정시켜 오고 있다. 독점정당의 지역분할구도는 지방선거가 지방정치의 수준을 넘어서 과도한 중앙정치의 영향과 중간평가적 성격을 의미하는바, 지방자치의 고유한 의미를 퇴색시키는 심각한 문제를 보여주는 것이라 하겠다.

이러한 맥락에서 우리는 그동안 민선자치 10여 년의 경험에서 지방자치단체 기관구성이 제기한 여러 문제점을 고찰해 볼 필요가 있다. 즉, 10여 년 민선지방자치의 공과를 지방자치단체의 기관구성형태에 기초하여 평가해 보고, 현행 이원대표제에 기초한 기관구성의 한계와 문제점을 도출한 후, 새로운 지방정치행정 환경에 부합하고 지방분권화에 부응한 우리나라의 바람직한 지방정부 형태를 모색해야 한다.

한편, 본문에서 살펴보았듯이 미국이나 일본에서 시지배인제도나 수석행정관(CAO: Chief Administration Officer)제도의 도입이나 선호도가 높은 것은 지방정부의 재정상황과도 밀접한 관련이 있다(藤井, 2006). 우리나라의 경우 지방정부의 재정위기가 이들 국가들만큼은 아니지만, 효율적인 거버넌스 구축이라는 측면에서도 이들 제도의 도입을 생각해 볼 필요가 있다.

본문에서는 거버넌스의 관점에서 지방정부 기관구성의 기본유형을 제시하였으며, 현행 지방자치제도 하에서 채택이 가능한 선택지를 검토하여 주요한 유형을 살펴보았다. 무엇을 위한 지방정부 기관구성이 되어야 하는가? 그리고 누가 어떠한 유형의 리더십을 발휘하도록 설계해야 하는가? 좋은 거버넌스와 이를 실현하기 위한 지방정부 기관구성이 획일적으로 결정되는 것이 바람직하지 않다면, 각 지역 특성에 걸맞은 제도 선택이 불가결할 것이다. 또한 지방정부 기관구성의 규제 완화가 진전되면서 선택가능한 제도간 경쟁에 의해 제도가 다듬어지고 개선될 필요가 있다고 생각된다.

2. 지방의회의 역할 강화

(1) 주민대표기관으로서의 의회

이원대표제를 전제로 하여 견제와 균형을 담보하기 위해서는 지방의회가 중추역할을 담당해야 한다. 현행 제도 하에서 의회가 수장과 대등한 입장에 있다고 할 수는 없지만, 수장 권한이 아무리 강력해도 의회에는 수장에게 없는 독자적인 기능이 있다. 즉, 주민의 다양한 의견을 반영하는 주민대표 기능과 공개의 장에서의 심의를 통해 이해의 통합을 꾀하는 심의기능이다. 의회의 역할 강화란 결국 이러한 의회 본연의 기능을 어떻게 충실하게 회복할 수 있는가의 문제이다.

우선 의회의 주민대표기관으로서의 측면에 관하여 생각해 보자.

주민대표 혹은 민의의 반영이라는 개념 자체가 그다지 명확한 것은 아니다. 주민의 구성, 즉 성별, 연령이나 직업분포, 소득분포 등을 「거울처럼」 반영한 의회는 세계 어디에도 존재하지 않는다. 그러나 그럼에도 불구하고 지방의회의 현실이 민의(民意)와 너무 괴리되어 있다는 것이 최근 의회비판론의 최대 쟁점이다. 주민투표를 비롯한 직접민주제 방식에 대한 기대치가 점차 높아지고 있는 배경에는 의회에 대한 주민의 실망이라는 현실이 존재한다. 무작위로 뽑은 주민들이 지역의 중요 문제에 대해 논의하는 것이 보다 적절한 결론에 이를 수 있다는 평가도 존재한다. 의원구성의 국제비교를 보는 경우, 한국의 지방의회의원은 회사경영자, 자영업자, 단체간부 등이 비율이 높으며, 전문직이나 일반 노동자, 주부는 아주 드물다. 이 때문에 유권자의 의견을 정확히 반영하지 못하고 유권자와 의회 사이에는 괴리가 존재한다.

이러한 상황 하에서 수장과 의회 사이에 견제와 균형을 담보해내기 위해서는 의회의 비대표성(unrepresentativeness) 극복이 가장 중요한 과제가 될 것이다. 의원구성의 편향성에는 여러 가지 원인이 있을 것이다. 가령 선거제도가 편향성을 조장하고 있다면 선거제도의 개혁이 선결과제가 될 것이다. 비대표성 극복을 위한 또 하나의 과제는 선거에 대한 주민의 관심을 제고시켜 참여를 촉진하는 것이다. 도시지역에서 투표율이 50%에도 미치지 못하는 상황은 의회민주주의의 위기이다. 지방의회선거에서 매스미디어의 선거보도가 한정되어 있어 유권자가 후보자에게 알려질 기회가 많지 않기 때문에 좀처럼 선거에 대한 관심이 높아지지 않는다는 것이 현실적인 문제이다. 지방정치에서 정당화의 촉진은 이와 같은 상황을 개선하는 데도 일정한 도움이 될 것이다. 도시지역에서의 투표율 저하는 이미 명망가 선출형의 선거가 더 이상 의미가 없음을 의미하며, 도시지역 주민을 투표소로 향하게 하기 위해서는 정당이라는 판단기준의 존재가 유효하기 때문이다.

(2) 심의기관으로서의 의회

심의기관으로서 의회의 현 실태에 대해서도 일반적인 평가는 부정적이다. 지방의회의 회기가 한정되어 있을 뿐만 아니라 개회중이어도 본회의가 매일 열리는 것은 아니며, 정규 심의시간도 부족하다. 심의의 내용도 수장을 비롯한 집행기관에 대한 질문이 대부분으로 적극적인 정책제안은 발견하기 힘들고 의원끼리의 논쟁도 활발하지 않은 경우가 많다.

의회의 심의기능 강화는 유권자에게 정책결정과정을 「공개」하는 것의 중요성을 의원들이 자각하고, 이를 위한 궁리를 짜내는 것에서부터 출발해야 할 것이다. 발언시간 제한의 완화, 방청규칙의 재검토, 휴일·야간개회, 지구 순회 개최, 심의의 TV중계, 의사록의 정비·공개, 의회정보의 홍보 등 곧바로 실행에 옮길 수 있는 개혁도 얼마든지 있다.

또한 본회의와 상임위원회와의 역할 분담에도 재고의 여지가 있다. 물론 전문적인 심의를 행하기 위해서 위원회제도는 유효한 제도이며, 지방자치법에 의한 규제를 완화하여, 각 의회가 독자적인 판단으로 위원회를 설치할 수 있도록 해야 할 것이다. 그러나 많은 방청객이 보는 본회의장에서의 심의야말로 본래의 「보이는 정치」의 중심이며 실질적인 심의를 전부 위원회에서 처리하는 식의 방식은 문제이다. 본회의가 완전히 형식화하고 있는 국회의 현실은 외국과 비교해도 이례적인 것이며, 규모가 작은 지방의회가 그것을 흉내낼 필요는 없다.

그리고 의회는 심의를 통하여 주민과의 연대나 제휴를 꾀하여야 할 것이다. 수장의 공청활동 강화나 주민투표 실시 등 이른바 주민참여의 확대에 대하여 지방의회의 입장에서는 의회경시라고 비판하기도 한다. 그러나 의회가 주민대표기관이라고 주장하기 위해서는 선거 때만이 아니라 일상적으로도 솔선하여 주민의 목소리를 경청하려는 노력을 태만히 해서는 안 될 것이다. 참고인이나 공청회 제도는 더욱 적극적이고 유연하게 이용해야 할 것이며, 회의종료 전에 방청인으로부터 의견을 듣거나 의원을 파견하여 주민의 목소리를 청취하는 것도 한 방안이 될 것이다. 또한 의회가 주체가 되어 주민을 대상으로 설문조사를 실시하는 등의 방법도 검토할 가치가 있을 것이다.

3. 행정감시인가 정책결정인가

다음으로 생각해 보아야 할 것은 어떠한 의회의 모습을 염두에 두고 의회를 개혁할 것인가의 문제이다. 의회개혁론에는 의원입법을 활성화시켜 독자적인 정책입안 능력에 초점을 맞추는 「의회=정책형성기관」 모형과 집행기관의 결정을 감시·통제하는 것에 중점을 두는 「의회=행정통제기관」 모형을 생각해 볼 수 있다(江口, 1999). 어느 모형을 선택하느냐에 따라 구체적인 개혁의 방향은 달라질 것이다. 예를 들면 전자는 의원정수를 줄여 소수정예로 정책입안에 역점을 두도록 하는 개혁방향을 생각해 볼 수 있다. 후자의 경우는 주민의 다양한 견해를 대표하기 위하여 의원정수를 늘리고 그 대신 의원보수를 무상으로 하는 개혁방향을 생각해 볼 수 있을 것이다.

그런데 이들 기능들이 모두 의회의 중요한 기능들이며 어느 한 쪽만을 선택할 성질의 것은 아니다. 그러나 굳이 선택을 해야 한다면 우선 「의회=행정통제기관」 모형에 입각해 행정감시 기능의 강화를 꾀해야 할 것으로 보인다. 정책결정에 대한 영향력을 중시한 나머지 행정감시 기능을 경시하는 경향이 현재의 심의 공동화의 한 원인이라고 생각되기 때문이다.

행정감시의 경시도 국회와 공통되는 문제이다. 그러나 정부=여당 대 야당이라는 도식으로부터 벗어나기 어려운 국회와 비교한다면 이원대표제 하의 지방의회는 본래 비당파적인 행정감시 역할이 더 중요하다.

일본의 경우 행정감시를 위한 구체적인 권한으로서 지방자치법은 지방자치단체나 집행기관의 사무에 대한 검사권, 감사위원에 대한 감사청구권 및 관계인의 증언이나 기록의 제출을 강제할 수 있는 조사권(100條 조사권)을 규정하고 있다. 행정감시 기능을 강화하기 위해서는 우선 이들 권한을 강화할 필요가 있다. 단, 일상적인 행정감시에는 의회에서의 심의를 통해 행정의 문제점을 분명히 하여 유권자에게 제시하는 것이 가장 중요하다. 의회에 의한 행정감시는 직접적으로 행정의 결정을 뒤엎는 힘을 가지는 것은 아니며, 주민과 연대하여 여론을 환기시킬 때 비로소 커다란 영향력을 가질 수 있다.

또한 행정통제를 실효성 있게 하기 위해서는 의회가 독자적인 정책입안 능력을 보유하고, 경우에 따라서는 대안을 제시할 수 있는 힘을 배양할 필요가 있다. 그런 의미에서는 의원이 조례제안권의 보장이나 의회사무국의 충실 등 「의회=정책형성기관」 모형의 관점에서 의회개혁에도 적극성을 보일 필요가 있을 것이다.

참고문헌

김웅기.(2001). 「미국의 지방자치」, 서울: 대영문화사.
이기우 · 하승수.(2007). 「지방자치법」, 서울: 대영문화사.
정세욱.(2004). 「지방자치학」, 서울: 법문사.
채원호.(2006). "일본 지방정부의 기관구성 형태 연구." 한국지방자치학회 2005년도 동계학술대회발표논문(별쇄본).
_____.(2006). 지방정부 기관구성의 다양화: 쟁점과 선택지. 「자치행정」 2006년 10월호.
채원호 역.(2004). 「일본의 지방분권」, 한국지방자치단체국제화재단.
최진혁.(1999). "지방의회의 비교연구." 「한국지방자치학회보」
_____.(2002). "프랑스 신지방분권화의 정치/행정적 논리." 「한국정책학회 학술논문집」.
황아란.(1997). "외국지방자치제도와 기관구성." 한국지방행정연구원.

江口清三郎.(1999). "地方議會と 市民參加." 「都市問題」, 1999年2月號.
大山礼子.(2002). 首長 · 議會 · 行政委員會. 松下外編. 「自治体の構想 4 : 機構」, 東京: 岩波書店.
都道府縣議會制度研究會.(2005). 「今こそ地方議會の改革を: 都道府縣議會制度研究會中間報告」.
日本都市センター.(2004). 「自治体組織の多様化」. 自治体組織の多様化に關する調査研究報告書.
人見剛.(2000). "住民自治の現代的課題: 地方議會 · 住民參加 · 住民投票." 「公法研究」, 62.
平田美和子.(2001). 「アメリカ都市政治の展開: マシン-からリフォームへ」, 東京: 勁草書房
藤井英彦.(2006). "シティ·マネジャー制の導入を : 三位一体改革の推進力强化に向けて." Business&Economic Review 2006年3月号.
村上弘.(1995). "相乗り型無所屬首長の形成要因と意味." 「年報行政研究」, 30.
Meny, Yves.(1995). "Modele presidentiel et executifs locaux," *Wahl Nicholas et Quermonne, Jean-Louis. La France Presidentielle / L'influence du suffrage universel sur la vie politique.* Paris: Presses de sciences po.

제 6 장

지방재정

제 1 절 지방재정의 의의와 기능

1. 지방재정의 의의

재정은 국가 또는 지방자치단체가 공공욕구(public wants)를 충족시키기 위하여 필요한 수단을 조달·관리·운용하는 경제활동을 의미한다.[1] 즉 정부의 수입과 지출활동을 통틀어 재정이라고 할 수 있으며, 한 사회의 자원배분, 소득분배, 완전고용, 경제안정 및 경제성장에 영향을 주는 등 사회현상과 밀접한 관계를 맺고 있다(이필우, 1994: 20-21).

재정은 예산보다 넓은 개념이다.[2] 한 나라의 재정은 국가의 재정(中央財政)과 각 지방자치단체의 재정(地方財政)으로 구분된다. 국가재정과 지방재정에는 각각 일반회계예산, 특별회계예산, 기금 및 공기업예산이 포함된다.

지방재정(local finance, local public finance)은 지방자치단체의 수입·지출 활동과 지방자치단체의 자산 및 부채를 관리·처분하는 일체의 활동을 말한다(지방재정법 제2조). 즉 지방자치단체가 수행하는 자치활동을 경제적 측면에서 파악한 것으로서, 지방자치단체가 그의 기능 수행에 필요한 재원을 확보·관리·사용하는 활동을 의미한다.

지방자치단체는 독립된 행정주체로서의 지위나 권능뿐만 아니라 그 기반이 되는 독립된 경제주체로서의 지위나 권능이 보장되어 있다. 지방재정은 후자에 관한 것으로서, 지방행정·지방자치·지역경제 등과 불가분의 관계를 가지고 있다.

---

1) 재정(public finance, government finance)이라는 용어는 중세기 라틴어에서 비롯되어 처음에는 부정적인 의미를 지니고 있었으나 점차 긍정적 의미를 지니게 되면서 공공기관의 자금과 관련하여 사용되고 있다.

2) 예산을 일반적으로 'budget'이라고 표현하지만 학술적 용어로는 과정이라는 뜻을 함축하고 있는 'budgeting'이라고 한다.

2. 지방재정의 특징

(1) 국가재정과의 차이

(가) 재정구조의 다양성: 지방재정은 많은 지방자치단체의 재정활동으로 구성되어 있다. 지방자치단체마다 면적이나 지형 등의 자연적 조건이 다르고, 또 인구·산업구조·소득 등 사회경제적 조건에도 차이가 많다. 따라서 지방재정의 구조도 다양할 수밖에 없고 재정주체도 많다.

(나) 재정수입의 의존성: 지방자치단체는 본질적으로 자기의 사무를 자체수입으로 처리하는 것을 원칙으로 하지만 실제로는 국가위임사무도 많고 자주재원의 비율이 낮아 재정적으로 중앙정부에 의존하고 있다. 따라서 지방재정은 자율성을 원칙으로 하고 있지만 그것은 어디까지나 일정한 범위 안에서의 자율 또는 제한적 독립이라고 할 수 있다.

(다) 조세부담의 응익성: 국가재정의 세입은 원칙적으로 응능주의(應能主義)를 기초로 하는 데 비하여 지방재정은 응익주의(應益主義)를 적용할 수 있는 대상이 많다. 지방자치단체는 주민의 일상생활과 직접적으로 관련이 있는 행정활동을 하며 주민의 복지증진을 그 주요 책무로 하고 있다. 특히 상하수도·청소·도시계획 등의 직접적인 서비스 제공에 있어서는 이러한 활동의 수혜자로부터 사용료나 수수료 및 목적세를 징수하고 있고, 이러한 응익원칙에 의한 수입의 비중이 상대적으로 큰 편이다.

(2) 한국 지방재정의 특징

(가) 빈약한 재정자립기반: 지방자치단체가 그 기능을 효율적으로 수행하기 위해서는 자주적 재정기반을 확립하는 것이 기본적인 선결요건이다. 그러나 대도시지역을 제외하고는 재정력이 낮아 독자적으로 재정기능을 수행하는 데 한계가 있다.

(나) 경상비의 비중 과다: 경상비(또는 경상적 경비)는 매 회계연도마다 규칙적·계속적으로 소요되는 경비로서 지방자치단체가 행정활동을 수행하는데 필요한 일종의 고정적 경비다. 지방자치단체는 이러한 경비가 세출에서 차지하는 비중이 상대적으로 높은 편이다.

(다) 자체수입의 지역간 불균형: 자체수입의 지역간 불균형은 주로 지역경제 수준의 차이에서 기인하는데, 이러한 불균형이 지방자치단체의 자주적 발전을 저해하

는 요인으로 작용한다. 수도권인 경기도와 대도시의 자체수입 비중은 높은 편인데, 이것은 자체수입이 인구, 산업구조, 고용구조 등과 밀접한 상관성이 있음을 입증하는 것이다.

(라) 지방재정규모의 지속적 성장: GDP에서 차지하는 지방재정규모의 비중이 지속적으로 높아지고 있다. 지방재정규모가 그동안 크게 증가한 것은 국세의 지방이양(담배소비세·주행세·지방교육세), 새로운 세목의 도입(지역개발세·지금은 폐지된 종합토지세), 과세대상의 확대(레저세·농업소득세), 세율의 인상, 과표의 현실화 확대, 지방교부세의 법정교부율 인상 등에서 비롯되었다.

3. 지방재정의 유형과 운영원칙

(1) 지방재정의 유형

지방재정의 유형은 관점에 따라 여러 가지로 분류할 수 있으나 여기에서는 지방자치의 유형과 자체수입이 차지하는 비율을 중심으로 네 가지로 나누어 고찰한다. 그러나 지방자치의 유형구분이 점차 모호해지고 자체수입 비율도 유동적이어서 네 가지 유형으로 분류하는 데는 한계가 있다. 따라서 이러한 분류는 어디까지나 이념적 관점에서 분류한 것임을 전제로 한다. 자체수입비율은 나라마다, 그리고 한 나라에서도 시대에 따라 다양한데, 여기에서는 30%를 기준으로 구분한다(<그림 6-1> 참조).

A형은 지방적 사무를 중앙정부의 감독을 받으면서 처리하는 집권적 단체자치를 특징으로 하지만 자체수입비율이 높아 중앙정부의 지원에 크게 의존할 필요가 없어 재정적 통제는 약하다. 대표적인 국가로는 스웨덴과 덴마크를 들 수 있다.

B형은 단체자치를 특징으로 하면서 자체수입비율이 낮아 중앙정부의 지원에 의존해야 하므로 재정적 통제가 많을 수밖에 없다. 대표적인 국가는 프랑스·이탈리아·벨기에·네덜란드 등이다.

C형은 지방분권적 주민자치를 특징으로 하고 있으면서 자체수입비율이 높으므로 중앙정부의 통제는 매우 약하다. 특히 미국의 지방자치단체는 주정부의 감독을 받으므로 연방정부의 재정적 통제는 미약한 편이다.

D형은 주민자치를 특징으로 하나 자체수입비율이 매우 낮다. 영국은 지방자치단체의 규모가 비교적 큰 데도 불구하고 자체수입비율이 낮아 중앙정부의 재정지원에 크게 의존하고 있다.

각 나라마다 세무행정의 수준, 세원의 지역적 편재, 지방자치의 전통 등이 다르므로 어느 것이 바람직하다고 단정하기는 어렵다. 우리나라의 경우 아직까지는 세입집권화론에 더 비중을 두지 않을 수 없을 것 같다. 지방재정의 유형 중에서 A형이 지방자치를 위한 이상형이라고 볼 수 있으나, 우리나라는 B형에 가깝다고 할 수 있다.

◈ 그림 6-1 ◈ 지방재정의 유형

A 스웨덴·덴마크	C 미 국	고
		30%
B 네덜란드·벨기에·프랑스	D 영 국	저
단체자치(대륙형)	주민자치(영미형)	

(2) 지방재정의 운영원칙

(가) 건전재정의 운영: 지방자치단체는 그 재정을 수지균형의 원칙에 따라 건전하게 운영해야 한다.[3] 재정운영의 건전성을 측정하기 위해서는 주로 지방재정지표를 사용한다. 지방재정은 부득이한 경우를 제외하고는 한 회계연도는 물론이고 장기적으로도 세입과 세출이 균형을 유지하도록 운영해야 한다. 이를 위하여 재정적자가 발생하는 경우 가능하면 지방채 발행을 억제하고 안정적인 수입의 증가를 도모해야 하며, 결산 후 세계잉여금(歲計剩餘金)이 있을 때는 지방채의 원리금 또는 차입금의 상환에 우선적으로 사용해야 한다.

(나) 국가시책의 구현: 지방자치단체는 그 재정을 국가의 시책 또는 정책에 반하여 운영해서는 안 된다. 지방자치단체에 완전한 주권적 독립성을 부여하는 것은 아니므로 지방자치단체도 어디까지나 국가통치조직의 일부이기 때문에 국가시책과 조화되는 범위 안에서 그 재정을 운영해야 한다.

(다) 자주적 재정운영: 지방자치단체는 그 재정을 수지균형의 원칙에 따라 건전하게 운영해야 하며, 국가는 재정적 부담을 지방자치단체에 전가해서는 안 된다(지방자치

3) 우리나라의 「지방자치법」(제113조) 및 「지방재정법」(제3조)에서는 지방자치단체의 재정운영의 기본원칙으로서 건전재정의 운영을 규정하고 있다.

법 제113조 제1~2항). 지방자치단체도 국가 또는 다른 지방자치단체의 재정에 부당한 영향을 미치게 해서는 안 된다(지방재정법 제3조). 지방재정의 자주성을 높이기 위해서는 무엇보다도 지방자치단체의 자체수입을 늘려야 한다. 물론 지역적으로 세원이 편재되어 있고, 지방세의 세목과 세율을 법률로 규정하고 있기 때문에 한계가 있다.

(라) 지방의회의 의결: 지방자치가 실시됨에 따라 당연히 요구되는 원칙으로서 재정민주주의의 원칙이라고도 한다. 지방자치단체장은 지방채의 발행, 세입세출예산 외의 부담이 될 채무부담의 원인이 되는 행위, 보증채무부담행위 등을 하고자 할 때는 지방의회의 의결을 얻어야 한다. 지방자치단체의 예산도 지방의회의 의결을 얻어야 한다(지방자치법 제115조, 제118조).

(마) 회계연도의 독립: 각 회계연도의 경비는 해당연도의 세입으로 충당해야 한다. 해당 회계연도의 수입으로 경비를 충당함에 부족이 생긴 때에는 다음 연도의 수입을 앞당기어 이에 충당·사용할 수 있으나, 그 금액은 다음 연도의 세입세출예산에 편입해야 한다(지방재정법 제7조). 회계연도의 개시 일은 나라마다 다르고 역년(暦年; calendar year)에 일치되지 않더라도 그 기간은 특별한 경우를 제외하고는 모두 1년이다. 우리나라의 회계연도는 매년 1월 1일에 시작하여 그해 12월 31일에 종료한다(지방재정법 제6조; 지방자치법 제116조).

(바) 예산총계주의: 한 회계연도의 모든 수입을 세입으로 하고 모든 지출을 세출로 하며, 세입과 세출은 모두 예산에 편입해야 한다(지방재정법 제34조 제1~2항). 따라서 조세수입을 세입예산에 계상하는 경우 징수비용을 공제하고 순수입만을 계상해서는 안 된다. 이것은 지방재정의 모든 수지(收支)를 예산에 반영함으로써 그 전체를 분명히 함과 동시에 의회와 주민에 의한 재정상의 감독을 용이하게 하려는 데 그 목적이 있다.

4. 지방재정의 구조와 관련법률

(1) 지방재정의 구조

지방재정의 구조는 크게 지방자치단체의 일반재정과 특별자치단체의 재정인 지방교육재정으로 분류된다. 일반재정은 모든 지방자치단체가 기본적으로 운영하고 있는 일반회계, 지방자치단체의 여건에 따라 독립채산제로 특별사업을 운영하는 공기업특별회계, 일반회계와 구분하여 계리할 필요가 있는 기타특별회계로 구성되어 있다

(<그림 6-2> 참조).

일반회계(general account)는 지방자치단체의 중심적인 회계로서, 조세수입을 주요 재원으로 하는 일반적인 자치활동과 사업비를 경리한다. 예산단일의 원칙에 따라 지방자치단체의 예산도 일반회계예산 하나로 구성되는 것이 이상적이겠으나 현실적으로는 별도로 여러 개의 특별회계예산을 가지고 있다. 지방자치단체의 수는 현재 특별시 1, 광역시 6, 특별자치도 1, 도 8, 시 75, 군 86, 자치구 69개이므로 일반회계는 총 246개이다.

특별회계(special account)는 임시적이고 특별한 회계이다. 우리나라 지방자치단체의 특별회계는 공기업특별회계, 기타특별회계 및 교육비특별회계로 분류된다. 공기업특별회계는 지방자치단체가 직접 운영하는 기업을 위한 특별회계이고, 기타특별회계는 공기업특별회계 이외의 특별회계를 지칭한다. 「지방재정법」(제9조)에서 특별회계는 지방직영기업 그 밖의 특정사업을 운영할 때, 또는 특정자금이나 특정세입·세출로서 일반세입·세출과 구분하여 경리할 필요가 있을 때에 한하여 법률 또는 조례로 설치한다고 규정하고 있으므로 그 종류가 다양할 수밖에 없다.

그리고 교육비특별회계는 교육·과학 및 체육에 관한 사항과 관련된 기능을 수행하는 특별자치단체의 회계로서,[4] 지방교육재정은 광역자치단체별로 교육비특별회계에 일원화되어 있다.

◈ 그림 6-2 ◈ 지방재정의 구조

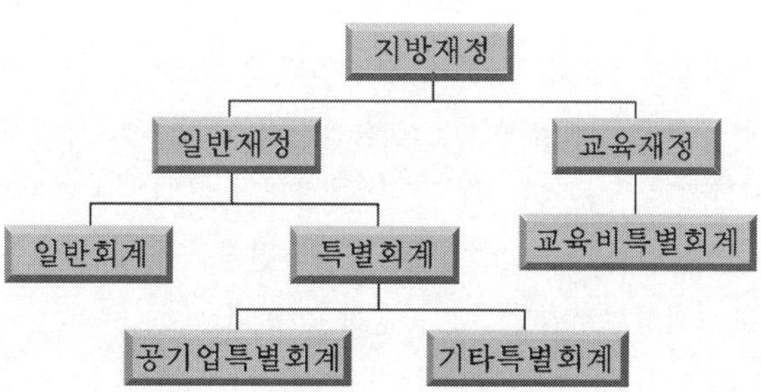

4) 교육비특별회계의 경우 지방자치단체장 또는 시·도지사는 교육감, 행정안전부장관은 교육과학기술부장관, 행정안전부는 교육과학기술부, 지방재정은 지방교육재정으로 각각 본다(지방재정법 제10조).

(2) 지방재정 관련법률

우리나라의 지방재정에 근대적인 제도가 채택된 것은 1909년「지방비법(地方費法)」(오늘날의 지방세법에 해당)이 제정된 때부터다. 이법은 중앙집권적 식민통치를 강화하려는 것이었지만 지방재정에 관한 최초의 법률이라는 데 그 의의가 있다. 그후 지방재정에 관한 여러 가지 법률이 제정되고 개정되었다.

「지방자치법」은 1949년에 제정된 후 여러 차례 개정되었다. 현재의「지방자치법」 제7장(재무)에서는 지방재정에 관한 기본적인 사항을 5개 절로 나누어 규정하고 있다.

「지방재정법」은 지방자치단체의 재정에 관하여「지방자치법」에 정한 것 이외의 필요한 사항을 규정하고 있다. 1963년에 제정된 이법은 지방자치단체의 재정 및 회계에 관한 기본원칙을 정하여 지방재정의 건전한 운영과 엄정한 관리를 도모함을 목적으로 한다.

국세는 세목별로 별개의 법률을 가지고 있는 데 비하여 지방세는 단일세법으로 되어 있다. 1961년에 제정된「지방세법」은 제1장(총칙), 제2장(도세), 제3장(시·군세), 제4장(목적세), 제5장(과세면제 및 경감) 등으로 나누고 그 각각의 부과 및 징수절차, 종류, 세율 등을 규정하고 있다.

1969년에 제정된「지방공기업법」은 지방자치단체가 직접 설치·경영하거나, 법인을 설립하여 경영하는 기업의 운영에 관한 필요한 사항을 정하여 그 운영을 합리화함으로써 지방자치의 발전과 주민의 복리증진에 기여하게 함을 목적으로 한다. 이 법은 지방공기업(지방직영기업, 지방공사와 지방공단, 민관공동출자사업)에 적용된다.

이외에도「지방교부세법」,「국세와 지방세의 조정 등에 관한 법률」,「보조금의 예산 및 관리에 관한 법률」,「공유재산 및 물품관리법」,「지방자치단체 기금관리기본법」,「지방자치단체 예산성과금 운영규칙」,「부담금관리기본법」,「지방자치단체를 당사자로 하는 계약에 관한 법률」,「조달사업에 관한 법률」 등이 있다. 지방교육재정에 관해서는「지방교육재정교부금법」에 규정하고 있다.

5. 지방재정의 기능

(1) 자원배분기능

일반적으로 자유주의 경제체제에서의 자원의 배분(allocation)은 시장원리에 의하여 이루어진다. 그러나 어떤 재화나 서비스는 그 공공성·비수익성·사회성·불확실성 등의 성격을 가지고 있어 시장기구만으로는 수요충족에 불충분하거나 시장기구에 의한 자원배분이 비효율적인 경우가 있다. 이러한 경우에 자원배분을 정책적으로 조정해야 한다.[5] 즉 상하수도·보건위생·교육·청소 등과 같이 공익성이 큰 재화나 서비스의 공급에는 국가나 지방자치단체가 개입하여 공정한 배분을 실현한다. 이러한 생활관련 서비스는 국가재정보다 지방재정의 활동을 통해서 주로 이루어진다.

그리고 특정한 재화나 서비스로부터 얻을 수 있는 편익(benefit)이 모든 사람들에게 공동으로 돌아가는 경우(소비의 비분할성)와 재화나 서비스에 대한 대가를 지불하지 않고도 그 효용을 획득할 수 있는 경우가 있다. 이러한 경우 시장실패(market failure)로 이어져 민간부문으로부터는 이에 해당하는 재화나 서비스의 공급을 기대하기 어렵다. 외부경제(external economies) 또는 외부불경제(external dis-economies)의 경우 사회적 비용은 감소하거나 증가하는데, 가격기구로부터 이탈되는 이러한 외부효과가 존재할 때는 민간부문으로부터의 투자나 사회적 비용의 부담을 기대할 수 없다(이필우, 1994: 44).

(2) 소득재분배기능

소득의 격차는 자본주의 경제체제의 필연적 결과이기는 하지만 경제활동의 지속이나 사회정의의 관점에서 보면 그 격차가 적은 것이 바람직하다. 소득의 재분배(distribution)는 재정의 수입과 지출 양면을 통해서 이룩할 수 있다.

수입측면에서는 누진세를 통하여 고소득층에 대해 중과(重課)하고 저소득층에 대해 경과(輕課)함으로써, 지출측면에서는 사회보장제도(국민연금·실업수당·사회보험 등)의 이전지출(transfer payments)에 의해 실현한다.

소득재분배정책은 지방자치단체의 역할로서는 부적당하다는 주장이 오래 전부터 있어 왔다(Stigler, 1957: 217). 그 이유는 소득재분배정책은 전국적 규모에서 통일적으로 이루어져야 한다는 것이다. 그러나 오늘날 지방세제에서도 정책세제(政策稅制)의 비중이 커지고 있고 국가의 복지적 급부도 지방자치단체의 협력을 통해서 이루어지고 있다. 사회보장 프로그램과 같은 것은 지방자치단체가 담당하는 것이 더 효과적이기

5) 경제학자인 Musgrave는 민간부문에 비하여 재정을 포함한 공공부문의 행동원리에 관한 경제이론이 체계화되어 있지 못하다고 지적하면서, 재정의 기능으로 자원배분의 조정, 소득 및 부의 분배의 조정, 경제안정의 조정을 제시하였다(Musgrave, 1984: 6-16).

때문에 지방자치단체 수준의 재분배정책(특히 지출정책)의 기능은 상당히 크다고 할 수 있다.

(3) 경제안정기능

일반적으로 경제안정기능은 총수요의 규제나 통화량의 조절 등에 의해 달성되므로 어디까지나 그것은 중앙정부의 역할로 간주되고 있다. 그 이유는 유효수요의 조정은 어떤 특정한 지역에서만 이루어져야 하는 것이 아니라 전국적으로 이루어져야 한다는 것이고, 지방자치단체는 경기부양정책을 강력하게 추진할 수 있는 금융력이 약하기 때문이다.

그러나 지방자치단체의 재정규모가 국민경제에서 차지하는 비중이 점차 커지고 있고, 특히 최근에는 지역개발이라는 측면에서 지방자치단체의 독자적인 역할이 부각되고 있다. 국가재정에 비하여 한계가 있지만 지방재정도 경기침체 때에는 공공사업을 확대하여 경기활성화에 기여할 수 있고, 반대로 경기과열 때에는 재정지출의 억제로 경기조절에 기여할 수 있다.

제 2 절 지방세입

1. 지방세입의 의의와 구조

지방자치단체가 그 활동에 충당하기 위하여 마련하는 재원을 지방수입이라고 하고, 한 회계연도의 지방수입을 지방세입이라고 한다. 세입(revenue)에는 1회계연도라는 기간이 함축되어 있다. 지방세입은 지방세출과 연결되어 균형을 이루는 것을 원칙으로 하며, 당해 지방자치단체의 활동의 토대를 이룬다. 오늘날 지방자치단체가 제공해야 할 공공재와 공공서비스는 계속 증대하고 그에 따라 지방재정 수요가 계속 팽창되고 있다

지방자치단체의 세입은 중앙정부에 비하여 그 종류가 다양한데, 지방세입은 자주재원과 의존재원, 일반재원과 특정재원으로 나눌 수 있다.

(1) 자주재원과 의존재원

자주재원(自主財源)은 지방자치단체가 직접 징수하는 수입으로서 흔히 자체수입이라고 하는데, 지방세와 세외수입으로 구성된다. 의존재원(依存財源)은 국가나 상급자치단체로부터 지방자치단체나 하급자치단체에 이전되는 수입으로서 지방교부세와 국고보조금이 대표적이다. 이러한 것들은 중앙정부의 재정지원의 성격을 띠기보다는 공공재원에 대한 재원분할의 성격을 띠면서 중앙과 지방자치단체 사이의 공통된 정책목표를 수행하고 있다는 점에서 이전재원((移轉財源)이라고도 한다.

자주재원의 비중이 클수록 세입구조가 안정적이라고 할 수 있다. 그러나 수입의 안정성이 곧바로 재정운영의 건전성·안정성과 연결되는 것은 아니다. 지방자치단체의 사무나 사업의 내용 및 성격에 따라 그에 필요한 재원이 국고에서 지원되기 때문에 자체수입이 적은 지방자치단체라도 재정운영의 건전성은 기할 수 있다.

(2) 일반재원과 특정재원

일반재원(一般財源)은 지방자치단체가 그 예산과정을 통하여 경비의 용도를 결정할 수 있는 재원을 말한다. 지방세수입 중 보통세수입, 세외수입의 일부, 지방교부세가 일반재원에 해당된다. 특정재원(特定財源)은 경비의 용도가 지정되어 있어 지방자치단체가 그 용도를 자유롭게 결정할 수 없는 재원을 말한다. 목적세수입, 세외수입의 일부, 국고보조금 등이 이 범주에 속한다.

일반적으로 일반재원의 비중이 높으면 지출의 선택범위가 넓어져 재정운영의 자주성·탄력성이 커진다. 그러나 일반재원의 비중만으로 재정운영의 자주성이 좌우된다고 단정하기는 어렵다. 의존재원의 비중이 상당한 현행 제도 하에서는 지방자치단체가 수행하고 있는 사업의 내용과 성격에 따라 일반재원의 비중의 의미가 달라지기 때문이다.

2. 지방세원의 배분

(1) 세원배분의 의의

세원배분(稅源配分)은 조세부담을 국가와 지방자치단체 간에 또는 광역자치단체와 기초자치단체 간에 적절하게 할당하는 것이다. 대체로 중앙정부가 국세로 과세하여 징수한 후 그중 일부를 지방자치단체에 교부해 줌으로써 지역간 경제력의 차이에서 오는 불균형을 조정하고 있다. 이러한 과정에는 자연히 중앙정부의 통제 내지 지방재정의 자주권 문제가 대두되므로 세원배분의 방법·정도·조정이 갖는 의의는 크다고 할 수 있다.

세원배분은 정치행정적 제도의 특성에 따라 달라진다. 연방제와 단일제에 따라 지방자치단체의 위상이 다르고, 또 연방제에 있어서도 지방자치의 운영형태가 다르기 때문이다. 그리고 세원배분은 국가와 지방자치단체 사이의 기능배분에 따라 달라지고, 세목의 성격에 의하여 영향을 받는다. 세목의 성격상 부담의 공평성을 저해하거나 고도의 과세기술이 요구되는 경우에는 지방세로의 배분이 어렵게 된다(이상희, 1992: 211-214).

(2) 세원의 배분방식

국가와 지방자치단체 간에 세원을 배분하는 방식에는 세원을 각기 독립적으로 이용하는 분리방식, 세원을 공동으로 이용하는 공동이용방식이 있다. 공동이용방식은 다시 중복방식과 공동세방식으로 나눌 수 있다.

분리방식(分離方式)은 일정한 과세대상에 대하여 국가와 지방자치단체 중 어느 한쪽만이 과세할 수 있게 하는 방식이다. 중복방식(重複方式)은 동일한 세원에 대하여 국가와 지방자치단체가 중복하여 과세하는 것이다. 공동세방식(共同稅方式)은 동일한 세원에 대하여 국가와 지방자치단체가 공동으로 과세하여 징수한 후 그것을 인구와 재정상태 등에 따라 일정한 비율로 배분하는 것이다. 동일한 세원을 공동으로 이용한다는 점에서는 중복방식과 유사하나 국가와 지방자치단체가 독자적으로 과세하지 않고 통일된 과세방식에 의해 공동으로 과세한다는 점에서 차이가 있다.

이상과 같은 방식들은 각각 장단점을 가지고 있으므로 어느 한 가지 방식만이 바람직하다고 할 수는 없다. 과세의 자주성의 관점에서 본다면 분리방식이 바람직하다고 할 수 있으나 현실적으로는 세원의 엄격한 분리가 어렵다. 일정한 범위 내에서의 세원의 중복적·공동적 이용은 불가피하다.

(3) 한국의 세원배분방식

우리나라는 분리방식을 원칙으로 하고 있다. 다만 세목에 따라서는 공동이용방식을 취하는 경우도 있다. 주민세소득할은 그 표준세율을 소득세액·법인세액·농업소득세액의 일정비율로 부과하고 있으므로 농업소득세할을 제외하고는 사실상 소득세와 법인세의 부가세적 성격을 띠고 있다.

그러나 기본은 분리방식을 취하고 있는데, 그것이 지방세입 구조를 빈약하게 하는 요인의 하나라는 지적도 있다(오연천, 1993: 95). 즉 세수의 신장성이 높은 소득 및 소비지출에 대한 과세가 국세에 집중되고, 세수의 신장성이 낮은 재산 및 수익에 대한 과세가 지방세에 집중되어 있어 지방세입 구조가 몇몇 지역을 제외하고는 건실하지 못하다는 것이다. 따라서 세수의 안정성과 신장성이 높은 세목에 대하여 국가와 지방자치단체가 공동 이용하는 방식도 세원 재조정의 일환으로 조심스럽게 대두되고 있다.

3. 지방세의 의의와 원칙

(1) 지방세의 의의

지방세(地方稅)는 지방자치단체가 재정지출에 충당하기 위하여 그 주민 또는 그 구역 안에서 일정한 행위를 하는 자로부터 직접적인 보상 없이 강제로 징수하는 재화를 말한다. 지방세는 과세주체가 지방자치단체라는 점에서 그 주체가 국가인 국세와 구별된다. 그리고 재정권에 의한 강제징수라는 점에서 세외수입과도 다르다.

(가) 강제적 징수: 지방세는 지방자치단체가 법률에 근거하여 강제적으로 부과하고 징수한다. 지방세는 당사자의 의사표시를 전제로 하는 사용료나 부담금 등의 수입과 구별된다.

(나) 일방적 징수: 지방세는 특정한 서비스에 대한 반대급부 없이 일방적으로 징수하는 것이다. 즉 조세를 납부했다고 하여 그 납세자가 그 반대급부로서 지방자치단체로부터 어떤 편익을 받는 것이 아니다. 경우에 따라서는 납세자인 동시에 서비스 수혜자인 경우도 있으나 그것은 어디까지나 간접적인 관계이고, 납세와 편익 사이에 직접적으로 연결되는 것은 아니다.

(다) 일반적 재원: 지방세는 지방자치단체의 일반적 재원으로 사용된다. 목적세와 같이 그 용도가 정해진 지방세도 있으나 그 경우에도 그 수입과 지출이 개별적·구체적으로 연결되는 것은 아니다.

(라) 금전납: 지방세는 금전으로 표시되고 금전(金錢)으로 납부하는 것을 원칙으로 한다. 예외적으로 물납(物納)이 인정되는 경우에도 물납은 그 물(物)의 사용가치에

착안해서 이루어지는 토지수용과 같은 공용징수와는 달리 그 물의 금전적 가치에 착안해서 인정되는 것이다.

(2) 지방세의 부과 근거

지방세의 부과 근거는 「헌법」을 비롯하여 「지방자치법」, 「지방세법」 등에 마련되어 있다. 즉 「헌법」(제38조)에서 모든 국민은 법률이 정하는 바에 의하여 납세의 의무를 진다고 규정하고 있고, 「헌법」(제59조)에서는 조세의 종목과 세율은 법률로 정한다고 규정하고 있는데, 국세와 더불어 조세체계를 형성하고 있는 지방세도 조세법률주의(租稅法律主義)를 원칙으로 한다.

주민은 법령이 정하는 바에 의하여 그 소속 지방자치단체의 비용을 분담하는 의무를 진다(지방자치법 제14조). 이에 근거하여 지방자치단체는 법률이 정하는 바에 의하여 지방세를 부과·징수할 수 있다(지방자치법 제126조). 그리고 「지방세법」(제2조)에서도 지방자치단체는 지방세로서 보통세와 목적세를 부과·징수할 수 있다고 규정하고 있다.

(3) 지방세의 원칙

지방세의 원칙은 지방세로서 적합한 세목은 어떠한 것이고 과세방식은 어떠해야 바람직한가 하는 과세행정의 준칙을 의미한다. 이것은 과세당국의 행정지침이 될 뿐만 아니라 세제(稅制)의 평가기준이 된다. 지방세의 원칙에 대해 논자마다 다양하게 제시하고 있는데, 여기에서는 다음과 같이 세 가지 측면에서 고찰한다.

1) 재정수입 측면에서의 원칙

(가) 세수의 안정성: 지방세의 세목은 세수(稅收)의 변화가 적은 것으로 해야 한다. 세수의 안정성 원칙은 국세의 경우에도 필요한 것이지만 지방세에서 더 절실히 요구되는 원칙이다. 그것은 세출구조면에서 지방자치단체가 공급하는 서비스가 대부분 주민의 일상생활과 직결되므로 이에 필요한 의무적 경비의 비중이 높고 또 인건비 등 경상적 경비의 비중이 높기 때문이다. 세수의 안정성을 위해서는 경기변동에 민감한 소비과세보다는 재산과세를 지방세로 하는 것이 바람직하다. 그러나 재산과세는 세수의 소득탄력성이 작기 때문에 세수의 신장을 기하기 어렵다.

(나) 세원의 보편성: 지방세의 세목은 그 세원(稅源)이 각 지방자치단체에 고르게

분포된 것이어야 한다. 이것은 지방자치단체간의 세수입의 균등화를 위해서 필요한 원칙이다. 국세의 경우 그 세원이 지역적으로 편재되어 있더라도 단일의 국고로 통합되므로 문제가 없으나 지방세의 경우에는 지방자치단체간에 세수입의 불균형을 초래한다.

2) 주민부담 측면에서의 원칙

(가) 부담의 응익성: 지방자치단체가 공급하는 재화나 공공서비스는 특정지역이나 특정인에게 한정되는 경우가 많으므로 그 편익을 받는 사람에게 그 편익의 크기에 따라 과세하는 것이 바람직하다. 국세의 경우는 일반적으로 각자의 능력에 따라 부담한다는 응능성(應能性)이 강조되는 데 비하여 지방세에서는 공공서비스로부터 받는 편익의 정도에 따라 부담한다는 응익성(應益性)이 강조된다. 그러나 부담의 응익성 원칙을 적용함에 있어서는 일정한 한계가 있다. 즉 편익을 받더라도 세부담의 능력이 없으면 징수가 불가능하고, 그 편익을 계산하여 과세표준을 정하기도 어렵고, 그리고 오늘날에는 특정 지방자치단체가 제공하는 서비스(소방·의료·환경개선 등)의 효과가 다른 구역으로까지 파급되는 경우가 많은데 이때 그 부담의 조정이 매우 어렵다는 것이다.

(나) 분담의 공평성: 일정한 구역 안에 거주하는 모든 주민에게 당해 지방자치단체의 경비를 공평하게 분담시켜야 한다는 것이다. 분담의 공평성 원칙에 충실한 세목으로는 주민세균등할이 대표적이다.[6] 그러나 공평성 원칙은 지방자치단체의 서비스가 구역 내의 모든 주민에게 평등하게 제공된다는 것을 전제로 할 때 성립되는데, 실제로는 수혜의 불평등이 존재하기 마련이다. 어떤 지방자치단체의 서비스와 시설의 편익은 당해 지방자치단체의 주민에게만 국한되지 않고 인접한 지방자치단체의 주민에게까지 파급된다.

3) 세무행정 측면에서의 원칙

(가) 부과·징수의 편의성: 세원의 포착, 조세의 부과와 징수, 세원의 관리가 용이해야 한다는 것이다. 이것은 납세자가 납부하기에 편리한 시일 또는 방법으로 과세되어야 하며, 세무행정비의 절약과 동시에 조세의 초과부담을 배제하자는 취지가

6) 주민세균등할은 담세능력과 관계없이 시·군 내에 주소(사업소나 사무소)를 둔 개인(법인)에게 시·군별로 균등한 금액을 부과하는 주민세다. 물론 여기에서의 모든 주민은 개별적 주민이 아니라 세대주를 말하는 것이므로 균등할의 납세의무자(세대주)와 생계를 같이 하는 가족은 제외되며, 그리고 기초생활보호대상자에게도 비과세된다.

담겨져 있다. 따라서 지방자치단체가 세원을 포착하여 조세를 부과·징수하는 데 비용이 많이 들고 전문적인 기술을 필요로 하는 세목은 지방세로서 적합하지 않다고 할 수 있다.

(나) 과세객체의 정착성: 과세객체가 당해 지방자치단체의 관할구역 안에 법률적·기술적으로 정착되어 있어야 한다는 것이다. 이것을 국지성(局地性) 또는 지역성(地域性)의 원칙이라고도 한다. 이러한 원칙은 세수의 안정적 확보와 납세자의 조세회피를 최소화시킬 수 있다는 데 그 의의가 있다. 오늘날 많은 나라에서 재산과세를 지방세의 근간으로 하고 있는 것도 바로 이러한 이유에서 비롯된다.

4. 지방세의 종류와 성격

(1) 지방세의 분류

1) 과세대상에 따른 분류

지방세는 과세대상, 용도의 지정여부, 과세주체, 세율구조 등에 따라 다양하게 분류할 수 있다(<표 6-1> 및 <6-2> 참조). 재산과세(財産課稅)는 재산의 보유 및 재산권의 이전을 대상으로 하는 것으로서 지방세의 주종을 이룬다. 여기에 해당되는 지방세는 보통세로는 취득세·재산세·등록세·자동차세가 있고, 목적세로는 공동시설세와 도시계획세가 있다. 다만 자동차세의 경우는 소비과세로 분류하기도 하는데, 논란의 여지가 있다. 재산과세는 다시 재산의 보유에 대한 과세(재산세·도시계획세·공동시설세·자동차세)와 재산권의 이전에 대한 과세(취득세·등록세)로 나눌 수 있다.

소득과세(所得課稅)는 소득을 과세대상으로 한다. 여기에 해당되는 지방세는 보통세로 주민세(소득할)·농업소득세가 있고, 목적세로 사업소세와 지방교육세가 있다. 소비과세(消費課稅)는 재화와 서비스의 생산·판매·소비과정에 부과된다. 여기에 해당되는 지방세는 보통세로 레저세·면허세·도축세·담배소비세·주행세가 있고, 목적세로 지역개발세가 있다.

2) 용도의 지정여부에 따른 분류

보통세(普通稅)는 특정한 지출과 연계되지 않고 일반지출을 위한 재원으로 사용되는 조세로서 조세체계의 주종을 이룬다. 목적세를 제외한 모든 세목이 보통세에 해당된다. 목적세(目的稅)는 특정한 지출목적을 위해 과세될 때 이것을 목적세라고 하는데, 지역개발세·공동시설세·사업소세·도시계획세·지방교육세가 여기에 해당된다. 목적세로 징수한 수입은 다른 목적을 위해서는 지출할 수 없다. 목적세는 응익과세의 성격이 강하다.

3) 과세주체에 따른 분류

도세·특별시세·광역시세는 도·특별시·광역시가 각각 과세권(課稅權)을 갖고 있는 조세를 말한다. 시세·군세·자치구세는 시·군·자치구가 각각 과세권을 갖고 있는 조세를 말한다.

◈ 표 6-1 ◈ **조세체계**

국세 (14)	내국세	직접세	소득세 법인세 상속증여세 부당이득세
		간접세	부가가치세 특별소비세 주세 증권거래세 인지세
	관세		
	목적세	교육세 교통세 농어촌특별세 종합부동산세	
지방세 (17)	도세 (7)	보통세	취득세 등록세 면허세 레저세
		목적세	공동시설세 지역개발세 지방교육세
	시·군세 (9)	보통세	주민세 재산세 자동차세 주행세 농업소득세 담배소비세 도축세
		목적세	도시계획세 사업소세
	특·광역시세 (13)	보통세	취득세 등록세 레저세 주민세 자동차세 주행세 농업소득세 담배소비세 도축세
		목적세	도시계획세 공동시설세 지역개발세 지방교육세
	자치구세 (3)	보통세	면허세 재산세
		목적세	사업소세

주: 시·군·구의 종합토지세는 재산세로 합해지고, 종합부동산세가 국세로 신설됨.
자료: 「지방세법」, 제6조.

4) 세율구조에 따른 분류

과세표준에 관계없이 일정한 금액으로 정해져 있는 조세를 정액세(定額稅)라고 하고, 세율이 과세표준의 일정비율로 정해져 있는 조세를 정률세(定率稅)라고 한다. 정액세에 해당되는 지방세는 주민세균등할이고, 정률세는 다시 비례세와 누진세로 나눌 수 있다. 비례세(比例稅)는 과표의 증감 또는 대소와 관계없이 세율이 일정하게 적용되는 것으로서 취득세와 등록세가 여기에 해당된다. 비례세는 지방자치단체의 주요 수입원으로서의 역할을 한다. 누진세(累進稅)는 과표의 크기가 증가함에 따라 세율이 증가하는 것이다. 누진세는 소득계층 또는 소득수준의 단계(income bracket)에 따라 상이한 세율이 적용된다. 누진세에 해당되는 지방세로는 재산세가 있다.

이외에도 의무세와 임의세, 법정세와 법정외세, 독립세와 부가세, 종가세와 종량세 등이 있으나 우리나라의 지방세체계와는 비교적 관련이 적기 때문에 생략한다.

(2) 지방세의 체계

1) 지방세 체계의 변천

우리나라에서 근대 재정제도로서의 예산회계제도와 조세법률주의가 최초로 실시된 것은 1894년 갑오경장 이후다. 그 당시의 세목은 지세(地稅), 호별세(戶別稅), 인삼세(人蔘稅), 사금세(砂金稅) 및 항세(港稅) 등이 있었으나 모두 국세였고 지방세는 전혀 없었다.

그리고 1909년에 「지방비법(地方費法)」을 제정하여 지방단체로서 도(道)를 설정하였으나 그 당시의 한성부 및 각 도는 국가기관인 한성부윤 및 각도 관찰사가 관할하는 행정구역에 불과하였고 지방자치단체로서의 조직은 없었다. 다만 지방관청의 경비가 점차 팽창되어 이에 대한 재정의 확보가 절실히 요청되었을 뿐만 아니라 지방에

◈ 표 6-2 ◈ 지방세의 구조별·체계별 분류

		보통세	목적세
재산과세	특별시·광역시세	취득세·등록세·자동차세	공동시설세·도시계획세
	도세	취득세·등록세	공동시설세
	시·군세	재산세·자동차세	도시계획세
	자치구세	재산세	–
소비과세	특별시·광역시세	레저세·도축세·담배소비세·주행세	지역개발세
	도세	레저세·면허세	지역개발세
	시·군세	도축세·담배소비세·주행세	–
	자치구세	면허세	–
소득과세	특별시·광역시세	주민세·농업소득세	지방교육세
	도세	–	지방교육세
	시·군세	주민세·농업소득세	사업소세
	자치구세	–	사업소세

주: 지방자치단체 예산개요에서는 면허세·지역개발세·지방교육세·사업소세·자동차세를 기타로 분류하기도 한다.

있어서의 재정주체의 확립이 필요하였으므로 한성부윤 및 각 도 관찰사가 과징(課徵)하는 지방세를 많이 신설하였다.

일제 초기에는 종래의 세목을 답습하였으나 점차 지방재정이 팽창함에 따라 지방세제는 3차례(1927년, 1936년, 1940년)에 걸쳐 개혁되었다. 그 당시 도세(道稅)는 17개, 부세(府稅)는 17개, 읍·면세(邑·面稅)는 12개 세목이었다(지방세정연감, 2001: 561).

1949년 「지방세법」이 제정된 이후 여러 차례 개정되면서 지방세의 세목수, 세율구조, 과세대상 등이 변천되어 왔으나, 기본적으로는 상위 지방자치단체와 하위 지방자치단체 사이의 세원의 분리를 유지하여 왔다.

우리나라의 현행 지방세체계는 도세와 시·군세, 특별시세·광역시세와 자치구세로 구성되어 있다. 도세가 7개, 시·군세가 9개(종합토지세 폐지), 그리고 특별시세·광역시세가 13개, 자치구세가 3개(종합토지세 폐지)다. 지방세를 구조별·체계별로 나누어 보면 <표 6-2>와 같다.

2) 지방세 체계의 특징

(가) 중앙집권적 세원배분: 국가와 지방자치단체에 대한 세원의 배분은 세원의 분포·정부형태·사무배분 등 여러 가지 요인에 의하여 결정되는데, 우리나라는 국세의 비중이 지나치게 높다.[7] 지방세의 비중이 낮을수록 국고(國庫)에 의존할 수밖에 없다.[8]

(나) 획일적 조세체계: 지방자치단체의 특성과는 관계없이 「지방세법」에 따라 광역자치단체와 기초자치단체별로 동일한 세목을 동일한 세율로 과세하고 있다. 그것은 조세부담의 전국적 균형을 도모하기 위함이다. 물론 일부 세목(지역개발세와 자동차세)에서는 표준세율과 제한세율을 채택하고 있으나 법정외세목은 금지되고 있어 그 신축성의 범위가 매우 한정되어 있다.

(다) 재산과세 중심: 소득과세와 소비과세는 소득이나 소비의 증가에 따라 자연히 세수(稅收)가 탄력적으로 증가하므로 세수의 신장성이 높은 데 비하여, 재산과세는 세수의 증가를 위해서는 재산가액의 재평가 절차가 필요하고 과표(課標)를 인상할

---

7) 오랫동안 국세가 80%, 지방세가 20% 수준을 유지하고 있다. 국세 중 약 50% 정도는 다시 지방교부세나 국고보조금 형태로 지방자치단체에 이전된다.

8) 국고(national treasury)는 국가가 소유하는 화폐를 보관하고 수입·지출을 관리하는 기관을 말하고, 국고금(國庫金)은 국고에 속하는 현금(나랏돈)을 말한다. 국고은행(國庫銀行)은 국고금을 관리하는 은행으로, 나라에 따라서는 별도의 은행에서 담당하기도 하나 우리나라에서는 중앙은행인 한국은행에서 담당하고 있다.

경우 납세자의 저항을 초래하기 쉽다. 지방세의 주종은 재산세·취득세·등록세·도시계획세 등 재산관련 조세이다. 그 결과 세수의 안정성은 높지만, 반면에 세수의 신장성과 탄력성이 낮으므로 추가적 재원조달이 어렵다. 지방세의 유형을 소득과세, 소비과세, 소득과세, 기타로 분류할 경우 재산과세가 세목도 많고 비중도 50%를 넘고 있다. 다른 많은 나라의 지방자치단체에서도 재산세를 주된 세원으로 하고 있으나, 연방정부·주정부·지방자치단체가 그 수입을 배분하는 독일의 공동세(소득세·법인세·부가가치세·영업세)는 우리에게 시사하는 바가 크다고 하겠다(Gunlicks, 1986: 122-123).

(라) 세원의 지역적 편재: 세원의 대도시 편중은 국세의 경우도 마찬가지이지만 국세의 경우는 단일의 중앙정부의 수입이 되므로 큰 문제는 되지 않는다. 문제는 지방세의 경우로서 세원의 지역적 편재가 지방자치단체간의 재정력의 불균형을 초래한다는 것이다. 세원이 지역적으로 편재되어 있는 상황에서는 지방세를 확충하더라도 모든 지방자치단체의 세수증대에 기여하는 것은 아니다. 비교적 세원이 풍부한 지방자치단체에는 더 많은 세수가 기대되지만 세원이 빈약한 지방자치단체에는 그 효과가 없어 오히려 지방자치단체간의 재정력 격차를 심화시킬 수도 있다.

(마) 세목별 증가율의 저조: 지방세의 세목별 증가율이 물가상승을 감안하면 저조한 편이다. 그 이유는 지방세에는 신장성이 높은 소득과세나 소비과세가 적고 신장성이 낮은 재산과세가 많기 때문이다. 그리고 지방세 체계상 많은 비중을 차지하고 있는 정액세의 세율을 물가상승에 따라 적기에 조정하기 어렵다.

(3) 지방세의 성격과 효과

1) 재산과세의 성격과 효과

재산과세(財産課稅)는 재산을 소유한다는 사실에 근거하여 과세되는 정적 재산세(재산세·자동차세·공동시설세·도시계획세)와 재산권의 이전 사실에 대해 과세되는 동적 재산세(취득세·등록세)로 나눌 수 있다.[9] 동적 재산세를 거래세라고도 한다.

재산과세는 조세의 전가 내지 재산평가의 부정확성으로 인하여 논란이 많다. 토지에 과세되면 토지는 공급 측면에서 상대적으로 한정되어 있기 때문에 그 조세가 토지가격의 인상형태로 토지구매자에게 전가된다. 건물에 대한 과세는 전가되지 않고 건물소유자가 부담하게 되지만 건물이 임대되었을 때 건물세(建物稅, 우리나라의 재산세에 해당)가 부과되면 건물소유자는 이를 추가적인 건물유지비로 간주하고

9) 재산세를 재산보유세와 재산거래세로 나누기도 한다(유훈, 1995: 135-152).

임대료를 인상하여 전가시킨다.

그리고 재산과세는 납세자의 담세능력이나 납세에 따른 편익이 고려되고 있지 않다는 점에서 불공평하다. 부동산을 소유하고 있다는 것만으로 담세능력이 있다고 할 수는 없다. 소득창출 효과가 전혀 없는 부동산도 있기 때문이다.

2) 소비과세의 성격과 효과

소비과세(消費課稅)는 재화 및 용역의 생산·판매·소비과정에 부과하는 조세로서, 그 부담은 소비자가 이미 조세액이 포함된 재화가격을 지불하는 형태로 이루어진다. 소득과세는 거래요소(要素去來)의 판매자, 즉 가계의 순소득에 부과되는 데 비하여 소비과세는 생산물(生産物)의 판매자, 즉 기업의 조수입(粗收入: 경비를 공제하기 전의 수입)에 부과된다. 소비과세의 범주에 해당하는 것으로서 국세는 부가가치세·관세 등이 대표적이고, 지방세는 보통세인 레저세·담배소비세·도축세·면허세·주행세와 목적세인 지역개발세가 있다.

참여정부는 국가균형발전 차원에서 국세인 부가가치세의 일부를 지방세로 돌리기 위한 지방소비세(가칭)를 신설하는 방안을 검토한 바 있다. 여기에서 말하는 지방소비세는 부가가치세 중 일정비율(20~30%)을 광역자치단체에 나누어주는 공동세제도를 신설한다는 것이다. 그러나 지방소비세 역시 잘 사는 지역에서 더 많이 걷히게 되는 등 지역간 균형발전의 취지를 살리지 못한다는 반론이 많이 제기되었다. 찬성론자들은 지방의 자주적 재원 마련에 도움이 된다는 것이고, 반대론자들은 지역간 재정 불균형을 심화시킨다는 것이다.

3) 소득과세의 성격과 효과

소득과세(所得課稅)는 소득(income)에 대하여 부과하는 것으로서 지방세 중 특별시·광역시와 시·군의 보통세인 주민세와 농업소득세, 기초자치단체의 목적세인 사업소세와 도세인 지방교육세가 있다.

소득과세의 장점은 세수가 크고 부담능력에 따른 과세가 가능하며 누진율의 적용으로 소득재분배기능과 경기조절기능을 수행할 수 있다는 것이다. 그러나 단점은 정확한 세원 포착이 어려워 납세의무자의 허위신고와 탈세의 우려가 있다는 것이다. 근로소득은 원천 징수하므로 세원 포착에 어려움이 없으나 영업소득·자유직업소득·이자소득 등은 세원 포착이 매우 어렵다. 따라서 고정소득자와 사업자 사이에 과세불공평의 문제가 발생하게 된다.

이러한 단점이 있음에도 불구하고 소득과세는 경제적 효율성의 측면에서 다른 조세에 비하여 우수하다. 물론 소득세의 부과는 근로의욕을 감퇴시켜 노동 대신에 여가를 선호하게 하고 저축보다 소비를 조장한다는 지적이 있으나 일반적으로 다른 조세에 비하여 시장의 자원배분기능을 덜 왜곡시키고 경제적 중립성을 높일 수 있다.

5. 지방세외수입

(1) 지방세외수입의 의의와 특징

지방세외수입(地方稅外收入)은 지방세수입 이외의 모든 자체수입을 말한다. 넓은 의미의 지방세외수입은 지방세수입과 의존수입을 제외한 모든 수입을 말하며, 여기에는 실질적 세외수입과 명목적 세외수입이 포함된다. 일반회계의 세외수입뿐만 아니라 특별회계의 사업수입·사업외수입까지 포함된다.10)

좁은 의미의 지방세외수입은 명목적 세외수입을 제외한 실질적 세외수입을 말한다. 즉 일반회계의 경상적 세외수입과 특별회계의 사업수입을 의미한다.

가장 좁은 의미의 지방세외수입은 실질적 세외수입 중에서도 경상적 세외수입만을 말한다. 이때의 세외수입은 일반회계에만 국한되기 때문에 지방세입 구조에서 세외수입의 비중이나 역할을 파악하기 어렵다. 과거와는 달리 상·하수도, 병원 등 사업적 성격의 업무가 대부분 특별회계로 전환되었기 때문이다.

세외수입은 세입증대방안으로 이용될 수 있기 때문에 많은 나라에서 중요시하고 있다. 특히 우리나라처럼 지방자치단체의 과세자주권이 극히 제한되어 있는 경우 자체수입을 늘릴 수 있는 실질적인 방법은 세외수입을 개발·확충하는 수밖에 없기 때문에 지방재정에 있어서 세외수입의 중요성은 매우 크다고 하겠다. 지방세외수입은 자주재원이고, 지방자치단체의 서비스에 대한 반대급부로 징수하는 경우가 많으므로 강제로 징수하는 지방세에 비하여 주민들의 조세저항이 적다.

(2) 지방세외수입의 분류

1) 실질적 세외수입과 명목적 세외수입

세외수입은 수입의 계속성·사업성 여부에 따라 실질적 세외수입과 명목적 세외수

10) 광의의 세외수입 개념은 자체수입의 총량적 규모를 파악하는 데는 유용하지만 성격이 다른 여러 수입원이 포함되어 있기 때문에 개별수입원의 효과를 분석하는 데는 적합하지 못하다.

입으로 나눌 수 있다. 실질적 세외수입은 일반회계의 경상적 세외수입과 특별회계의 사업수입으로서, 서비스의 제공에 대한 반대급부로서 이용자 또는 사용자가 부담하는 것을 의미한다. 명목적 세외수입의 대부분이 공공부문 내부에서의 재원이전의 성격을 띠고 있는 데 비하여 실질적 세외수입은 공공부문과 민간부문 사이의 자원배분의 결과로 파생되는 세입이라고 할 수 있다.

명목적 세외수입에는 일반회계의 임시적 세외수입과 특별회계의 사업외수입이 포함된다. 명목적 세외수입은 광의의 세외수입이기는 하지만 임시적 성격이 강하고, 서비스에 대한 보상적 비용부담과는 무관한 이월금이나 전입금과 같은 회계상의 수입이다. 따라서 명목적 세외수입이 늘어났다고 하여 그 만큼 지방재정규모가 커졌다고 할 수는 없다.

2) 경상적 세외수입과 임시적 세외수입

경상적 세외수입은 매년 정기적으로 징수되는 세외수입이다. 여기에는 사용료·수수료·재산임대수입·사업장수입·징수교부금·이자수입 등이 포함된다.

임시적 세외수입은 특정한 회계연도에 일시적으로 발생하는 수입을 말하는데, 여기에는 재산매각수입·융자금회수·이월금·기부금·지방채·전입금·부담금·잡수입·과년도수입 등이 포함된다.

3) 일반회계 세외수입과 특별회계 세외수입

일반회계 세외수입은 경상적 세외수입과 임시적 세외수입을 말한다. 특별회계 세외수입은 사업수입과 사업외수입이라는 항목으로 구분하고 있으며, 특별회계 수입은 다시 공기업특별회계 수입과 기타특별회계 수입으로 세분하고 있다.

<그림 6-3>과 같이 우리나라 지방세외수입의 분류체계는 복잡·다양할 뿐만 아니라 일반회계와 특별회계로 나누어져 계리(計理)되기 때문에 동일한 성격의 수입이 양분되어 계상(計上)되고 있다. 예컨대 이월금·지방채·전입금·잡수입 등은 일반회계의 임시적 세외수입과 특별회계 사업외수입에 양분되어 있어 동일한 수입항목의 규모를 파악하기 어렵다. 그리고 특별회계는 수입의 내역을 사업별로만 구분하고 있어 그 내역을 정확하게 파악하기 어렵다.

◈ 그림 6-3 ◈ 지방세외수입의 분류

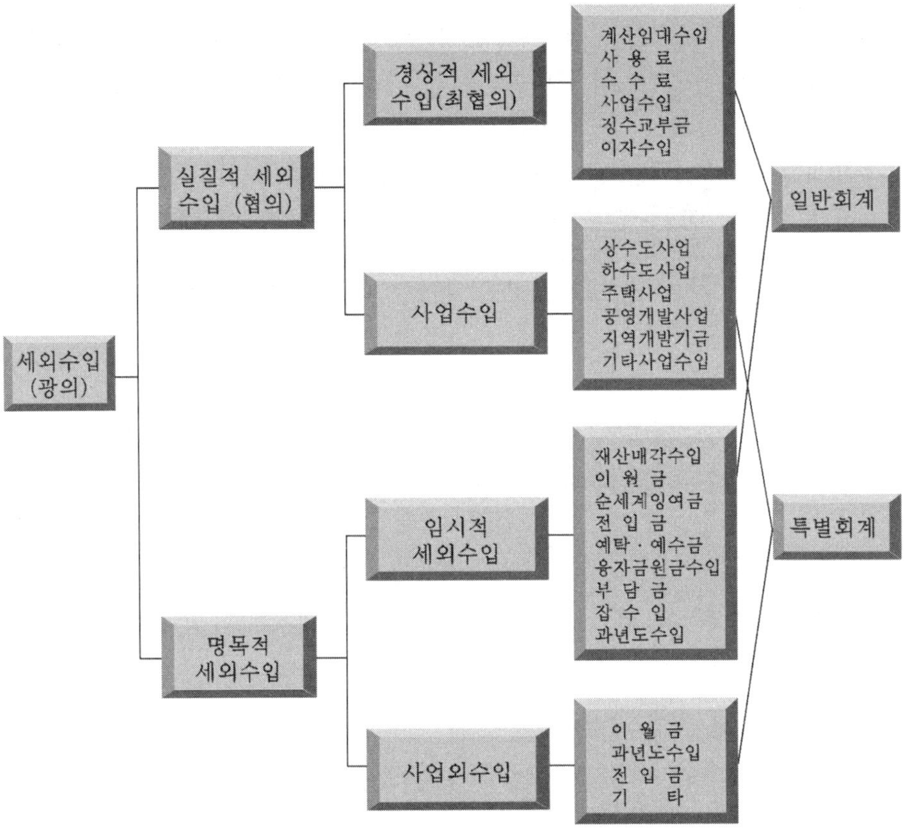

주: 1) 기타 사업수입은 주차요금, 통행료수입, 청산금수입, 분담금수입 기타.
2) 이월금은 국고보조금 사용잔액, 시·도비보조금 사용잔액, 전년도이월사업비.
자료: 행정자치부, 2005년도 지방자치단체 예산개요, p. 33.

(3) 지방세외수입의 종류

1) 사용료·수수료

사용료(使用料)는 공공시설의 사용으로 인하여 얻은 편익에 대해 그 대가로 징수하는 것으로서, 시설의 유지·관리비와 건설비를 회수하는 데 그 목적이 있다.[11]

11) 여기에서 공공시설이란 지방자치단체가 주민의 복지를 증진하기 위하여 조례로 설치한 시설을 말하고, 재산이란 현금 외의 모든 재산적 가치가 있는 물건 및 권리를 말한다.

공공시설의 이용에 대한 사용료는 그 공공시설로부터 주민이 받는 서비스에 대한 것을 모두 포함하기 때문에 일반적으로 사용하는 '사용의 대가'와는 그 개념이 다르다. 사용료의 개념에는 임차행위(賃借行爲)에 대한 대가(공설운동장의 사용료·도로점용료), 서비스의 대가(국공립학교의 수업료·병원의 진찰료), 매매대금(지하철의 운임·상하수도의 사용료) 등이 포함된다.

수수료(手數料)는 공기업을 제외한 일반행정기관이 제공하는 행정서비스에 대한 대가이다. 즉 수수료는 지방자치단체의 특별한 활동(서비스)에 의하여 편익을 받는 경우에 그 서비스에 소요되는 경비를 징수하는 것이다.[12] 수도사업소에서 제공하는 행정서비스에 대한 대가는 그 제공의 주체가 지방공기업이기 때문에 공공요금이라고 하지만, 구청이나 시청에서 제공하는 행정서비스(민원서류)의 대가는 수수료라고 한다.

사용료와 수수료는 실비(實費)로 징수한다는 점과 개별적인 보상원칙에 의하여 편익을 받는 사람으로부터 징수한다는 점에서 비슷하여 양자를 합하여 넓은 의미의 수수료라고 하기도 한다. 그러나 사용료는 특정인이 지방자치단체의 시설을 이용함으로써 발생하는 데 비하여 수수료는 지방자치단체가 공권력을 행사함에 의하여 발생하는 것이다. 사용료는 소비자가 서비스의 이용을 거절할 수 없거나 서비스의 공급을 피할 수 없는 경우가 많다. 물론 상수도 사용료와 같이 소비를 줄이면 그 부담을 줄일 수 있는 경우도 있다. 수수료는 지방자치단체로부터 서비스를 받을 때 부담하는 일종의 행정비용이므로 서비스를 받지 않는 경우에는 부담할 필요가 없다(Downing, 1987:

◈ 그림 6-4 ◈ 요금의 결정 기준

	기초적	특정적
필수적	A 가정의 상하수도 요금	B 사업장의 상하수도 요금
선택적	C 복지시설의 이용료	D 문화시설의 입장료

12) 수수료의 징수대상과 그 요율은 「지방자치법」(제128조 제1항)과 수많은 법령 및 조례에 규정되어 있다.

161-162).

일반적으로 요금수준은 서비스가 개인에게 주는 경제적 이익을 상한으로 하고, 그 비용을 하한으로 하되 공공서비스가 필수적·선택적·기초적·특정적이냐에 따라 요금을 결정하는 것이 바람직하다(<그림 6-4> 참조).

A (필수적·기초적 서비스): 일반가정의 상하수도 사용료나 오물수거 수수료, 주민등록 등·초본의 발급 증지대, 화장장 사용료, 위생처리장 사용료는 원가보상률의 70% 수준으로 최소화하는 것이 바람직하다.

B (필수적·특정적 서비스): 기본적 소비 이상의 상하수도 사용이나 대량의 폐기물 처리 등에 관한 요금은 이용자부담원칙을 적용하여 원가보상률의 90% 수준으로 하는 것이 바람직하다.

C (선택적·기초적 서비스): 저소득층이나 노인들이 이용하는 시설에 관한 요금, 예방접종 요금은 가능한 한 원가보상률의 80% 수준으로 낮게 책정하는 것이 바람직하다.

D (선택적·특정적 서비스): 골재 채취료나 무역업허가 수수료 등과 같이 특정인이 특정한 편익을 받는 서비스에 대한 요금은 서비스의 목적 및 편익계층을 고려하여 원가보상률의 100%로 현실화하는 것이 바람직하다.

2) 부 담 금

부담금(負擔金)은 특정한 공익사업이나 공공시설의 설치로 인하여 특별한 이익을 받는 자 또는 이해관계자에 대하여 그 사업에 소요되는 경비의 전부 또는 일부를 부담시키기 위하여 부과하는 것을 말한다.[13] 일반적으로는 법정부담금 중 사회보험료,

---

13) 「지방재정법」(제21조 등)에서는 부담금(負擔金)이라고 하고, 「지방자치법」(제129조)에서는 분담금(分擔金)이라고 하고 있다. 분담금은 지방자치단체가 그 재산 또는 공공시설의 설치로 인하여 주민의 일부가 특별한 이익을 받는 경우에 그 이익을 받는 자로부터 그 이익의 범위 안에서 징수하는 것을 말한다. 부담금은 주로 지방자치단체가 처리해야 할 사무로서 국가와 지방자치단체 상호간에 이해관계가 있는 경우에 그 원활한 사무처리를 위하여 전부 또는 일부를 나누어 부담하는 것을 말한다.
그러나 부담금과 분담금을 구분할 실익은 없고, 법적 성질에도 차이가 없다. 일반적으로 공익사업에 소요되는 경비의 일부가 부과되는 경우가 많고, 또한 부담의무자가 여러 사람인 경우 그들이 경비를 분담하는 경우가 많기 때문에 이러한 점을 감안하여 분담금이라는 용어를 사용하는 것으로 생각된다. 따라서 분담금은 경비의 일부를 분담시키는 것을 강조하고자 할 때 사용하는 것이 바람직하다. 「부담금관리기본법」(제2조)에서는 부담금을 중앙행정기관의 장, 지방자치단체장, 행정권한을 위탁받은 공공단체 또는 법인의 장 등 법률에 의하여 금전적 부담의 부과 권한이 부여된 자가 분담금·부과금·예치금·기여금 그 밖의 명칭에 불구하고 특정 공익사업과 관련하여 법률이 정하는 바에 따라 부과하는 조세 외의 금전지급의무라고 정의하고 있다.

행정요금, 행정제재금을 제외한 특별부담금을 의미한다.

최근 그 개념을 확대 해석하는 경향이 있다. 즉 특정한 사업보다 더 넓은 의미의 공익사업을 위하여 공용부담이 행해지는 경우가 많아서 그 부담이 특정인이나 특정재산권에 한한다고 보기 어렵게 되었다.

특정한 사업의 경비에 충당하기 위하여 부과한다는 점에서 목적세와 유사하다. 그러나 부담금이 그 사업과 특별한 관계에 있는 자에게 그 관계에 부응해서 부과하는 데 비하여 목적세는 당해 사업의 수혜자가 포괄적이고 그 편익을 개별적으로 확정하기 어렵기 때문에 일반인에게 그 담세능력에 따라 부과한다. 그 산정원칙도 조세는 담세능력원칙을 적용하고, 부담금은 사업소의 소요경비나 이해관계를 기준으로 비용부담원칙을 적용한다.

부담금은 특정사업과의 특별한 관계에 따라 수익자부담금, 원인자부담금, 손괴자부담금, 오염자부담금, 개발부담금으로 나눌 수 있다(이상희, 1992: 326). 기타 환경개선부담금, 교통유발부담금, 대기환경오염배출부담금, 산림전용부담금 등이 있다.

3) 기타 세외수입

(가) 재산수입(財産收入): 지방자치단체가 보유하고 있는 재산, 자금 및 기금으로부터 얻는 수입을 말한다.[14] 재산의 교환에서 발생하는 교환 차익도 이에 해당된다. 재산수입은 주로 재산임대수입과 재산매각수입으로 이루어지고 있다.

(나) 기부금(寄附金): 주민이나 단체의 자발적 의사에 의해 지방자치단체에 납입되는 것을 말한다. 여기에는 그 용도의 지정이 없는 일반기부금(一般寄附金), 반대급부나 지방자치단체의 일정한 부담을 조건으로 하는 부담기부금(負擔寄附金) 등이 있다. 기부금의 형태는 현금이 주종을 이루지만 노동이나 현물의 제공도 포함된다. 기부금은 주민에게 불공평한 부담이 되기 쉬울 뿐만 아니라 반대급부와 같은 어떤 의도가 숨겨진 경우가 많기 때문에 지방자치단체의 수입원으로서 바람직스러운 것만은 아니다.

(다) 징수교부금(徵收交付金): 국세, 시·도세, 하천이나 도로의 사용료 등을 시·군·자치구가 징수할 경우 징수위임기관인 국가나 시·도에서 교부하는 것을 말한다. 징수교부금은 형식적으로는 징수에 소요되는 경비를 보상하는 성격의 것이지만 실질적으로는 재원배분의 성격도 지니고 있기 때문에 넓은 의미의 보조금에 가깝다고

14) 공유재산(公有財産)은 그 용도에 따라 행정재산(공용재산·공공용재산·기업용재산), 보존재산 및 잡종재산으로 구분한다(공유재산 및 물품관리법 제5조).

할 수 있다.

(라) 전입금(轉入金)과 이월금(移越金): 전입금은 해당 지방자치단체 내의 다른 회계나 기금으로부터 이동되는 것으로서 회계상의 수입을 말한다. 특별회계에서 일반회계로 전입되기도 하고 반대로 일반회계에서 특별회계로 전입되는 경우도 있다. 이월금은 경비의 성질상 또는 특정한 사유로 인하여 전년도에 지출을 하지 못하고 금년도 세입에 이입된 것으로서, 여기에는 명시이월금·사고이월금·계약비이월금 등이 있다.

(마) 기타 세외수입(稅外收入): 이외에도 이자수입·융자회수금·과년도수입·잡수입·공기업수입 등이 있다. 지방세외수입의 항목상 잡수입에 포함시키고 있는 것으로는 복권발행수입·과태료·변상금·보상금 등이 있다.

제 3 절 지방세출

1. 지방세출의 의의와 특징

지방세출(地方歲出)은 지방자치단체가 그의 업무수행을 위하여 지출하는 한 회계연도의 모든 지출을 말하며, 지방경비(地方經費)라고도 한다. 지방세출은 지방자치단체 활동의 재정적 표현일 뿐만 아니라, 지방자치단체의 존립과 재원조달의 정당성의 기반을 이룬다.

지방재정에서는 일반적으로 세입, 특히 자주재원의 확충에 중점을 두어 온 것이 사실이지만 세출도 소홀히 할 수 없는 분야이다. 세입이란 세출을 전제로 이루어지는 것이고, 한정된 세입을 효과적·능률적으로 사용하는 것이 중요한 과제가 되기 때문이다. 지방세출의 특징은 다음과 같다.

(가) 세출규모 및 구조의 다양성: 지방자치단체는 그 수가 많을 뿐만 아니라 지방자치단체마다 규모와 자연적·경제적 조건도 다양하므로 지방세출의 규모와 구조도 다양할 수밖에 없다.

(나) 중앙의존성: 지방세출은 그 규모나 구조에 있어서 국가(또는 상급 자치단체)로부터 지원되는 이전재원에 의하여 크게 영향을 받는다. 지방세출이 중앙의존적일 수밖에 없는 이유는 지방교부세·국고보조금 등의 배정방법이나 배정기준에 따라

좌우되기 때문이다.

(다) 지역적 한계성: 지방세출은 국가세출과는 달리 기본적으로 일정한 지역을 중심으로 이루어지는 것이므로 지역적 한계성을 지닌다.

(라) 지방세출의 경직성: 지방세출의 경직성은 주로 특정재원과 국고보조사업에서의 지방비 부담에서 비롯된다. 지방재정 중에서 의존수입, 특히 그 용도가 정해져 있는 특정재원이 차지하는 비중이 높고, 대부분의 국고보조사업이 지방비부담을 수반하기 때문이다. 물론 지방세출에서도 인건비가 경직성의 주요 요인으로 작용하고 있다. 자체수입으로 인건비마저 충당하지 못하는 지방자치단체도 상당수 있다.

2. 지방세출의 분류

(1) 회계별 분류

지방세출을 회계별로 분류하면 일반회계와 공기업특별회계 및 기타특별회계로 나눌 수 있다. 일반회계는 지방자치단체의 일반적인 재정활동을 대상으로 하고, 일반재원이 그 기초가 되며, 지방세출의 중심적인 회계다.

공기업특별회계는 지방자치단체가 직접 운영하는 공기업(지방직영기업)을 대상으로 한다. 지방공기업이라도 간접경영방식인 지방공사, 지방공단, 제3섹터 등은 별개의 법인체이므로 회계도 독립된다. 현재 우리나라에는 상수도사업, 하수도사업, 공영개발사업, 지역개발기금 등의 공기업특별회계가 있는데, 이러한 것들은 「지방공기업법」의 적용을 받는다. 기타특별회계는 공기업특별회계 이외의 특별회계로서 그 수가 많아지면 예산구조가 복잡해지고 통제가 어렵게 되므로 최근 줄여가고 있는 추세다.

(2) 기능별 분류

기능별 분류는 지방자치단체의 주요 기능에 따라 세출을 분류하는 것으로서, 그 목적은 예산정책의 수립을 용이하게 하고 의회의 예산심의를 돕는 데 있다. 이러한 분류는 지방자치단체의 활동, 즉 예산의 내용을 개략적으로 알리는 데 가장 좋은 방법이라고 하여 '시민을 위한 분류(citizen's classification)'라고도 한다. 우리나라는 1963년대 이후 그 기능유형을 여러 차례 조정하였는데, 현재는 세입예산의 경우 지방세, 세외수입(경상적 수입과 임시적 수입), 지방교부세, 교부금, 보조금(국고보조금과 시도비보조금), 지방채로 나누고, 세출예산의 경우 일반행정비, 사회개발비, 경제개발비, 민방위비, 지원 및 기타경비로 나누고 있다.

(3) 품목별 분류

품목별 분류는 지출대상을 중심으로 분류하는 것으로서 중앙정부의 성질별 분류에 해당된다. 지방자치단체에서는 세출을 인건비, 물건비, 이전경비, 자본지출, 융자 및 출자, 보전재원, 내부거래, 예비비 및 기타로 나누고 있다. 이러한 항목들은 다시 여러 개의 세항목(細項目)으로 나누어진다.

3. 지방예산의 의의와 종류

(1) 지방예산의 의의

지방예산(地方豫算)은 일정한 기간에 있어서 지방자치단체가 그의 목표를 성취하는 데 필요한 사업들을 수행하기 위한 예산을 말한다. 여기에서 말하는 예산은 공적예산(public budget)을 의미한다. 사기업의 예산은 사적예산(private budget)으로서 최대의 이윤추구를 목표로 하는 데 비하여 지방자치단체의 예산은 공공의 복지증진을 위하여 존재한다.

일정한 기간이란 1회계연도를 의미한다. 회계연도(fiscal year)는 수입과 지출을 구분·정리하여 그 관계를 명확하게 하기 위한 예산의 유효기간으로서, 대부분 1년을 단위로 하지만 그 시점은 다양하다. 1회계연도의 수입을 세입이라고 하고 1회계연도의 지출을 세출이라고 하므로 지방예산은 지방자치단체의 세입·세출의 예정적 계산이라고 할 수 있다.

지방예산은 지방자치단체의 의도의 표현인 동시에 사업수행을 통제하는 수단이다. 지방자치단체는 자원의 이용에 관하여 주민에게 알리고 주민의 요구를 반영시켜야 하는데, 이때 지방예산이 바로 정보의 매개체 역할을 한다.[15)]

15) 2007년도 지방예산의 규모는 순계로는 111조 9,864억원, 총계로는 143조 7,210억원이다. 예산순계는 지방자치단체 회계간, 시·도와 시·군·구 간 중복 계상분을 공제한 금액으로 전국 및 시·도와 시·군·구를 포함한 재정규모 파악시 활용된다. 예산총계는 그러한 중복 계상분을 공제하지 않고 단순 합산한 금액으로 주로 지방자치단체 재정규모를 총괄적으로 파악할 때 활용된다. 국가예산 대비 지방예산의 비율은 총 재정사용액 기준으로 중앙정부 42.3%, 지방자치단체 43.6%, 지방교육재정 14.1%다. 지방예산의 순계규모를 회계별로 보면 일반회계 77.3%, 특별회계 22.7%다. 지방자치단체별로 보면 광역자치단체 62.5%(특별시 13.6%, 광역시 17.4%, 도 29.5%, 특별자치도 2.0%), 기초자치단체 37.5%(시 23.2%, 군 9.9%, 자치구

(2) 지방예산의 종류

1) 일반회계예산

일반회계예산은 지방자치단체의 일반적 활동에 관한 세입세출을 중심으로 편성한 것으로서, 지방자치단체의 중심적인 예산이다. 일반적으로 예산이라고 하면 일반회계예산을 지칭하며, 그 재원은 주로 세금수입이다. 그것은 주민의 공공복지의 증진을 위하여 공급하는 순공공재에 관련되므로 이념측면에서 기업성(수익성)보다는 공공성(공익성)이 강조된다.

2) 특별회계예산

특별회계예산은 특정한 세입으로 특정한 세출에 충당하기 위하여 편성한 예산이다. 예산은 예산통일의 원칙에 따라 하나로 편성하는 것이 이상적이지만, 사업 중에는 기업성을 중요시해야 할 사업이 있으므로, 이러한 사업의 능률적 운영을 위하여 별도의 예산을 편성하게 된다. 특별회계는 기업회계의 원칙을 적용하게 되어 있어 각 특별회계의 성격에 따라 일반회계와 다른 특례를 인정하고 있지만, 그 외에는 일반회계예산에 준한다.

3) 본 예 산

본예산은 회계연도 개시 15일 전(시·군·구는 10일 전)에 지방의회의 의결을 거쳐 확정된 당초예산을 말한다. 이것은 상대적 개념이어서, 집행 중인 예산을 지방의회의 의결을 거쳐 변경하였을 경우 처음에 의결된 예산을 본예산이라고 한다.

4) 수정예산

수정예산(修正豫算)은 지방자치단체가 예산을 편성하여 의회에 제출한 후 의결되기 전에 변경한 예산을 말한다. 지방자치단체장은 회계연도마다 예산을 편성하여 회계연도 개시 50일 전(시·군·구는 40일 전)까지 지방의회에 제출해야 하는데, 예산을 제출한 후 부득이한 사유로 인하여 그 내용의 일부를 수정할 필요가 발생하기도 한다. 지방의회에 제출되어 있는 상태의 예산을 지방자치단체장이 변경한 것을 수정예

4.4%)다.

2007년도 지방예산 중 국가의존율은 38.0%다. 지방예산의 재원별 세입내역을 보면 자체수입(지방세+세외수입)은 58.9%, 의존수입(지방교부세+국고보조금)은 38.0%, 지방채 3.1%다(행정자치부, 2007년도 지방자치단체 예산개요, 7-12).

산안이라고 하고, 이것을 지방의회가 의결한 경우 수정예산이라고 한다.

5) 추가경정예산

추가경정예산(追加更正豫算)은 지방의회의 의결을 거쳐 성립된 다음 집행 중에 있는 예산을 변경한 것을 말한다.[16] 지방자치단체는 이미 성립된 예산에 변경을 가할 필요가 있을 때에는 추가경정예산을 편성할 수 있는데(지방재정법 제45조), 이것도 지방의회의 의결을 얻어야 한다(지방자치법 제121조). 추가경정예산은 본예산의 사항과 금액을 추가하거나 수정한 것이므로 일단 성립되면 본예산과 추가경정예산을 통산하여 집행한다.

6) 준 예 산

예산안이 회계연도 개시 전까지 의회에서 의결되지 않은 경우에 대처하기 위한 제도가 준예산 또는 잠정예산이다. 우리나라에서는 1948년 이후 1960년까지는 이를 가예산(假豫算)이라고 하다가 그 후 준예산(準豫算)이라고 개칭하였고, 영국과 일본에서는 잠정예산(暫定豫算)이라고 한다.[17]

지방의회에서 새로운 회계연도가 개시될 때까지 예산이 의결되지 못한 때에는, 지방자치단체장은 지방의회에서 예산이 의결될 때까지 일정한 목적을 위한 경비는[18] 전년도예산에 준하여 집행할 수 있다(지방자치법 제122조). 준예산에 의하여 집행된 예산은 해당연도의 예산이 성립되면 그 성립된 예산에 의하여 집행된 것으로 본다.

사실상 회계연도 개시 전까지만 예산이 의결되면 예산집행에 별 문제가 없는데, 「지방자치법」(제118조 제2항)에서 시·도 의회에서는 회계연도 개시 15일 전까지, 시·군·자치구 의회에서는 회계연도 개시 10일 전까지 예산을 의결해야 한다고 규정하고 있다. 이것은 예산심의의 충실성보다는 15일 내지 20일의 여유기간을 둠으로써 회계연도 개시 전 의회통과를 보장하려는 데 역점을 둔 것이라고 할 수 있다.

---

16) 일본에서는 이것을 보정예산(補正豫算)이라고 한다. 영국에서는 여름추경예산과 봄추경예산을 상례적으로 사용하고 있고, 미국에서는 추경 또는 초과지출 예산법안을 수시로 제출할 수 있도록 하고 있다.

17) 잠정예산(暫定豫算)은 예산이 성립하지 않은 경우에 일정한 범위 내에서 예산지출을 허용하는 제도이다. 영국에서는 Vote on Account, 미국에서는 Continuing Resolution이라고 한다. 우리나라의 준예산과는 의회의 의결, 사용기간, 사용의 연례화 등에서 다소 차이가 있고, 잠정예산을 사용하는 나라간에도 차이가 있다.

18) 일정한 목적이란 ⓐ 법령이나 조례에 의하여 설치된 기관 또는 시설의 유지·운영, ⓑ 법령 또는 조례상 지출의무의 이행, ⓒ 이미 예산으로 승인된 사업의 계속을 말한다(지방자치법 제122조).

제 4 절 지방예산과정

1. 예산과정의 의의와 과목구분

(1) 예산과정의 의의와 내용

예산과정(budget process)은 예산의 편성·심의(의결)·집행·회계검사(결산)가 단계적으로 순환되는 것을 말한다. 예산의 네 과정이 완료되는 데는 대체로 3년이 걸리는데, 이것을 예산과정의 주기(週期)라고 한다. 즉 1차 연도는 편성·심의과정, 2차 연도는 집행과정, 그리고 3차 연도는 회계검사과정에 있게 된다. 어느 한 시점을 기준으로 하든 3개 회계연도(fiscal year: FY)의 예산이 동시에 진행된다. 다시 말하면 예산은 연속적 과정(ongoing process)으로 연결되기 때문에 1년 중 어느 시점에서 보든지 네 과정 중에서 세 과정이 동시에 진행되고 있다는 것이다.

예산과정에서는 지역주민, 이익집단, 지방의회, 지방자치단체장과 예산담당 공무원, 행정안전부장관과 각 중앙행정기관의 장 등 많은 사람들이 직접·간접으로 참여하여 각자의 의사를 반영시킨다. 예산의 내용은 예산총칙, 세입세출예산, 계속비, 채무부담행위, 명시이월비로 구성된다(지방재정법 제40조).

(가) 예산총칙(豫算總則): 세입세출예산, 계속비, 채무부담행위 및 명시이월비에 관한 총괄적 규정, 지방채 및 일시차입금의 한도액, 기타 예산집행에 관하여 필요한 사항을 정하고 있다.

(나) 세입세출예산(歲入歲出豫算): 예산의 핵심부분이다. 1회계연도 내에 있어서 달성해야 할 수입과 지출의 추계라고 정의할 때의 예산은 바로 세입세출예산을 말하는 것이다.

(다) 계속비(繼續費): 공사나 제조, 기타의 사업으로서 그 완성에 수 연도를 요하는 경우 소요경비의 총액과 연도별 금액에 대하여 미리 지방의회의 의결을 얻어 수년도에 걸쳐 지출할 수 있도록 하는 것이다. 계속비로 지출할 수 있는 연한은 해당 회계연도로부터 5년 이내로 제한하고 있으나, 계속사업의 규모가 커지면서 장기화되자 「지방재정법」 개정(1994.12.22.)에서 지방의회의 의결로 그 연한을 연장할 수 있도록 하였다. 계속비제도는 회계연도독립의 원칙에 대한 하나의 예외적인 조치이다. 이것은 일단 착수된 예산사업이 중단되어 예산을 낭비하는 일이 없도록 하기 위한 것이다.

(라) 채무부담행위(債務負擔行爲): 법령 또는 조례에 의한 것과, 세출예산·명시이월비 또는 계속비 총액의 범위 안의 것을 제외하고 지방자치단체가 채무부담의 원인이 될 계약을 체결하거나 기타의 행위를 하는 것을 말한다. 채무부담행위는 미리 예산안에 반영하여 지방의회의 의결을 얻어야 한다. 지방의회의 의결을 얻었다고 하여 다음 회계연도 이후에 지출할 수 있는 권한까지 부여받은 것은 아니고, 다만 채무를 부담하는 행위를 할 권한만 부여받은 것이므로 다음 회계연도 이후의 지출에 대해서는 다시 지방의회의 의결을 얻어야 한다.

(마) 명시이월비(明示移越費): 세출예산 중 경비의 성질상 해당 회계연도 내에 그 지출을 끝내지 못할 것이 예상될 때, 그 취지를 세입·세출예산에 명시하여 미리 지방의회의 의결을 얻어 다음 회계연도에 사용할 수 있는 경비를 말한다. 명시이월을 하는 비목과 금액은 예산안에 수록되어야 한다. 이월제도의 또 다른 하나인 사고이월비(事故移越費)는 예산안에 수록되지 않는다. 이것은 해당 회계연도 내에 지출원인행위를 하고 불가피한 사유로 인하여 그 연도 내에 지출하지 못한 경비와 지출하지 아니한 그 부대경비(마무리 감독비나 준공검사비 등)의 금액을 다음 회계연도에 넘겨서 사용하는 것을 말한다(지방재정법 제50조 제2항).

이월제도는 회계연도독립의 원칙에 대한 또 하나의 예외로서 한국과 일본에서 채택하고 있다. 예산의 이월을 허용하는 이유는 특정사업에 대한 예산의 뒷받침이 일시적으로 중단되는 것을 예방하고, 또 연도 말에 가서 예산을 무리하게 사용하는 것을 예방하기 위함이다.

(2) 예산과목의 구분과 설정

예산의 과목구분과 설정은 예산을 기능별·성질별·조직별로 분류한 것으로서 예산편성의 통일성 유지와 재정운영상황의 분석 및 재정정책의 수립, 그리고 예산편성과 집행의 기초가 된다. 따라서 지방자치단체는 예산과목 구분과 설정에서 정하는 바에 따라 예산을 편성해야 한다.

세입세출예산은 그 내용의 성질과 기능을 고려하여 장·관·항으로 구분하며, 세출예산의 경우 세항 및 목으로 세분화할 수 있다(지방재정법 제41조). 세입예산의 장·관·항·목의 구분과 설정, 세출예산과 계속비의 장(章)·관(款)·항(項)·세항(細項)·목(目)의 구분과 설정은 행정안전부장관이 정한다.[19]

19) 세세항(細細項)과 세목(細目)은 법령상의 과목은 아니지만 예산편성의 내용을 체계적으로 분

2. 예산안의 편성

(1) 예산안 편성의 의의

예산안 편성은 지방자치단체가 사업계획을 수립·분석한 다음 선정된 사업계획에 자금을 배정하는 과정이다. 의회를 통과하기 전까지는 하나의 '안(案)'에 불과하므로 '예산안(豫算案)'이라고 하는 것이 정확한 표현인데, 「지방자치법」(제118조)에서는 예산안, 「지방재정법」(제36조)에서는 예산으로 표기하고 있다.

지방자치단체의 예산담당기관은 재원이 한정되어 있기 때문에 각 부서의 요구를 모두 수용할 수가 없으므로 사업의 효과성 등을 고려하여 우선순위가 높은 것부터 자금을 배정하게 된다.

2005년부터 지방자치단체의 예산편성과정에서부터 시민단체와 주민의견을 적극 수용하는 경향이 나타나고 있다. 시민단체들이 선심성 예산이나 예산낭비 사례를 지적하고 나서는가 하면, 실효성이 없거나 효과가 불분명하다고 재심의를 요구하는 등 지방자치단체의 방만한 예산운용에 대한 감시가 활발하게 전개되고 있다. 예산을 편성하기 전에 예산설명회를 개최하는 지방자치단체도 늘고 있다.

민선 지방자치단체장들은 선출직이라는 특성상 선심성 예산편성에서 자유롭지 못한 것이 사실이다. 이에 시민단체들은 예산편성과정에 참여하기 위한 제도적 보장을 요구하고 있다. 실제로 그러한 움직임이 가시적으로 나타나고 있다. 예컨대 대전 대덕구의 주민참여예산제(2005년 도입), 전북 진안군의 주민자율예산편성제(2005년 도입), 전북 남원시의 홈페이지의 주민의견수렴제(2005년 9월) 등을 들 수 있다.

예산의 투명성·책임성과 재정의 건전성·효율성 제고에 기여하도록 하기 위해서는 예산편성과정에 주민참여를 보장할 필요가 있다. 그러나 시민단체는 예산편성에 관하여 비전문가 집단이기 때문에 시민단체들이 유능한 전문가들을 어떻게 활용하느냐에 달려 있다고 할 수 있다.

총액인건비제도는 2005년 2월 말부터 경북과 부천 등 10개 지방자치단체에서 시범실시한 후 2007년부터 전면 도입되었는데, 그 의미는 인건비 총액을 정하고 그 한도 내에서 지방자치단체장이 재량권을 갖고 기구와 인력을 조정하는 것을 말한다.

류하기 위하여 사용하고 있다.

(2) 예산안 편성의 절차

(가) 중기지방재정계획의 수립: 지방자치단체장은 재정을 계획성 있게 운용하기 위하여 매년 중기지방재정계획을 수립하여 지방의회에 보고하고, 이를 행정안전부장관에게 제출해야 한다. 이때에는 행정안전부장관이 정하는 계획수립절차 등에 의하여 당해 중기지방재정계획이 국가계획 및 지역계획과 연계되도록 해야 한다. 행정안전부장관은 각 지방자치단체의 중기지방재정계획을 기초로 관계 중앙행정기관의 장과 협의하여 매년 종합적인 중기지방재정계획을 수립하고 이를 국무회의에 보고해야 한다.[20]

(나) 예산편성기본지침 등: 예산편성기본지침은 예산안 편성의 방향과 기준을 정한 것이다. 이것은 지방자치단체가 예산안을 편성함에 있어 국가의 재정운용 및 주요 시책방향에 대한 정보를 제공함으로써 국가와 지방자치단체 간의 시책과 재정을 유기적으로 연계하기 위하여 필요한 것이다.

예산편성기본지침은 지방재정의 운영에 있어 기본이 될 뿐만 아니라 법령 성격을 갖춘 기본지침이기 때문에 지방자치단체는 예산을 편성함에 있어 여기에 제시된 건전재정운영원칙과 주요 경비별 예산편성기준에 따라 편성해야 한다. 그러나 예산편성기본지침은 지방재정운영의 기본질서를 유지하고 건전재정 운영을 유도하기 위함인데, 지나치게 세분화되면 지방자치단체의 자율성을 제약하게 된다.[21]

행정안전부장관은 국가 및 지방재정의 운용여건, 지방재정제도의 개요 등 지방자치단체의 재정운용에 필요한 정보로 구성된 회계연도별 지방자치단체재정운용업무편람을 작성하여 자치단체에 보급할 수 있다. 지방재정의 건전한 운용과 지방자치단체간 재정운용의 균형을 확보하기 위하여 필요한 회계연도별 지방자치단체 예산편성기준을 마련하는데, 이것은 행정안전부령으로 정한다(지방재정법 제38조).

(다) 예산요구서의 작성: 도의 경우 행정(1)부지사 소속의 기획관리실장은 매 회계연도의 예산편성방침을 정하여 전년도 8월 20일까지 행정(2)부지사 소속의 담당관·과장 또는 행정(2)부지사 소속의 기획예산담당관 및 관서의 장[22]에게 통보해야

20) 중기지방재정계획의 수립에 관한 지방자치단체장의 자문에 응하게 하기 위하여 각 지방자치단체에 지방재정계획심의위원회(그 구성 및 운영은 조례로 정함)를 둔다(지방재정법 제33조 제1~6항).

21) 영국에서는 과도한 지출을 하는 자치단체의 예산액에 한도를 설정해 주는 지출상한제(capping)를 채택하고 있다. 우리나라에서도 지방자치단체의 여건을 고려하는 지출상한제를 도입하였다.

한다. 예산편성방침을 통보 받은 각 기관의 주무자는 그 소관에 속하는 다음 연도의 예산요구서를 작성하여 소속 실·국장 또는 관서의 장의 결재를 받아 지정된 기일까지 본청 예산담당관 또는 기획예산담당관에게 제출하되, 세입예산은 반드시 행정(1)부지사 소속의 세정과장과 자치행정국장의 합의를 받아야 한다.

(라) 예산요구서의 사정: 예산요구서가 제출되었을 때에는 본청 예산담당관 또는 기획예산담당관은 이를 종합 조정하여 의견을 붙이고 기획관리실의 심사를 거쳐 지방자치단체장의 사정(review)을 받아야 한다. 조정 또는 심사를 할 때에는 본청 기획관리실장 또는 기획행정실장과 본청 예산담당관 또는 기획예산담당관은 의회사무처장, 주관 실·국장 또는 과장과 제1관서의 장의 설명을 들어야 한다.

(마) 예산안 편성: 지방자치단체장은 예산을 편성하는 때 중기지방재정계획과 재정투융자사업에 대한 심사결과를 기초로 해야 하며(지방재정법 제36조 제3항), 재정투융자사업에 관한 예산을 편성하고자 하는 경우에는 그 사업의 필요성 및 사업계획의 타당성 등에 대한 심사를 해야 한다(지방재정법 제37조). 그리고 지방자치단체장은 예산편성과정에 주민이 참여할 수 있는 절차를 마련하여 시행할 수 있다(지방재정법 제39조).

(바) 예산결정의 통지: 예산담당관은 예산안이 결정되었을 때에는 본청 과장 또는 기획예산담당관, 도의회 사무처장 및 제1관서의 장에게 그 소관에 속하는 예산안의 결정내용을 통지해야 한다. 그러한 통지를 받은 후 즉시 설명서를 작성하여 행정(1)부지사 소속의 예산담당관에게 제출해야 하고, 예산담당관은 이를 총괄하여 예산안설명서를 작성하여 도지사의 결재를 받아야 한다.

(사) 명시이월요구서의 작성: 본청 과장·기획예산담당관·제1관서의 장은 명시이월할 필요가 있을 때에는 명시이월요구서를 작성하여 예산요구서와 같이 본청 예산담당관 또는 기획예산담당관에게 제출해야 한다.

(아) 예산의 의회 제출: 지방자치단체장은 회계연도마다 예산을 편성하여 시·도는 회계연도 개시 50일 전까지, 시·군·자치구는 회계연도 개시 40일 전까지 지방의회에 제출해야 한다(지방자치법 제118조 제1항).

22) 여기에서 관서의 장이라 함은 도의회 사무처장, 제1관서(도의 소속행정기관 중 지출원을 설치한 기관), 기타 관서(도의 소속행정기관 중 제1관서를 제외한 관서)의 장을 말한다.

3. 예산안의 심의

(1) 예산안 심의의 의의

예산안 심의는 집행기관이 편성한 예산안을 지방의회가 분석·검토하여 확정하는 것을 말한다.[23] 지방자치단체의 예산안 심의는 지방의회의 기능에 속한다. 지방의회는 주민의 대표기관으로서 집행기관의 사업계획을 검토하고 그에 관한 재정규모를 최종적으로 확정한다.

지방의회가 예산안을 심의·확정하는 것은 집행기관에 대한 재정통제의 수단이 된다는 데 그 의의가 있다. 그러나 예산규모의 팽창, 사업의 전문화, 정보 및 전문지식의 부족 등으로 인하여 지방의회의 통제에는 한계가 있다. 예산안 심의의 기능은 다음과 같다

(가) 사업수준의 결정: 예산안 심의에서의 정책형성은 사업수준 및 예산총액의 결정이라는 두 가지 측면이 있다. 전자는 주로 각 상임위원회의 사업내용 검토를 통해서 이루어지고, 후자는 예산안을 종합심사하는 예산결산특별위원회에서 이루어진다. 사업계획은 집행기관에서 확정되고 있지만 그에 필요한 예산은 예산안 심의를 통하여 최종적으로 승인되므로 형식적으로는 지방의회가 사업수준을 확정한다고 볼 수 있다.

(나) 이익표명: 지방의원들이 누구의 이익을 표명하는가에 대해서는 일률적으로 말하기 어렵지만 대체로 선거구민·특정지역·특정분야의 이익을 표명한다고 볼 수 있다. 전체적으로 볼 때 지방의회는 예산안 심의를 통하여 주민의 의사를 반영하는 역할을 수행한다.

(다) 집행기관 통제: 지방의회가 예산안을 심의하는 과정은 집행기관의 활동을 검토 또는 통제하는 기회가 된다. 특히 예산안 심의과정에서의 정책질의는 감독·통제의 좋은 기회가 된다.

(2) 예산안 심의의 절차

(가) 지방자치단체장의 제안설명: 지방자치단체장은 예산안을 제출한 후 지방의

23) 「헌법」(제54조)에서는 심의(審議), 「국회법」(제45조, 제83조의 2, 제84조)에서는 심사(審査) 그리고 「국회법」 (제84조의 2)에서는 심의(審議), 「지방자치법」(제35)조에서는 심의(審議)라고 표현하고 있다.

회 본회의에서 제안설명을 한다. 이것은 예산안이 작성된 배경과 기본내용을 언급하는 것이다. 제안설명이 끝나면 지방의회는 해당 지방자치단체의 사무를 감사·조사할 수 있다.[24] 행정사무감사의 결과는 신년도의 예산안 심의에 반영되므로 행정사무감사·조사를 예산안 심의절차에 포함시킬 수도 있으나 엄밀한 의미에서의 심의절차는 아니다.

(나) 상임위원회의 예비심사: 지방의회의 의장은 지방자치단체장의 제안설명이 있은 후 예산을 소관 상임위원회에 회부하여 예비심사하도록 한다. 이때 지방의회의 의장은 심사기간(약 5일)을 정할 수 있으며 상임위원회가 이유 없이 그 기간 내에 예비심사를 마치지 아니한 때에는 이를 예산결산특별위원회에 바로 회부할 수 있다. 각 상임위원회는[25] 소관 전문위원(각 상임위별 1명)의 검토보고에 이어 질의·토론을 거친 후 표결에 부치고, 그 결과인 예비심사보고서를 의장에게 제출한다.

(다) 예산결산특별위원회의 종합심사: 지방의회의 의장은 예산안에 각 상임위원회의 예비심사결과보고서를 첨부하여 종합심사하도록 예산결산특별위원회에 회부한다. 예산결산특별위원회의 심사를 거친 예산안의 수정동의는 의원 1/3 이상의 찬성이 있어야 의제로 채택된다.

(라) 본회의의 의결: 지방의회의 의장은 예산결산특별위원회의 심사보고서를 본회의에 회부한다. 이때 예산을 각 부문별로 회의에 부칠 수 있고, 만일 예산결산특별위원회에서 다시 심사할 필요가 있는 사항이 발견된 때에는 의회의 의결로 그 사항에 한하여 기간을 정하여 재심사를 요구할 수도 있다. 의원 정수가 극히 적어 예산결산특별위원회의 설치·운영이 용이하지 않은 경우에는 예산안을 본회의에서 바로 심사할 수 있다.

본회의에서는 종합심사 결과에 대한 정책질의와 찬반토론을 하고 표결을 하되, 회계연도 개시 15일 전(시·군 및 자치구는 10일 전)까지 의결해야 한다(지방자치법 제118조 제2항).

(마) 이송·고시: 예산안이 의결되면 지방의회의 의장은 3일 이내에 이를 해당

24) 지방의회는 매년 1회 당해 지방자치단체의 사무에 대하여 시·도에 있어서는 10일, 시·군 및 자치구에 있어서는 7일의 범위 내에서 감사(監査)를 실시하고, 지방자치단체의 사무 중 특정 사안에 관하여 본회의 의결로 본회의 또는 상임위원회로 하여금 조사(調査)하게 할 수 있다(지방자치법 제36조 제1항).

25) 기초의회의 경우 의원정수가 41인 이상이면 상임위원회를 5개 이내, 31인 이상 40인 이하이면 4개 이내, 13인 이상 30인 이하이면 3개 이내로 설치할 수 있다.

지방자치단체장에게 이송해야 한다. 지방자치단체장은 지체 없이 시·도에 있어서는 행정안전부장관에게, 시·군 및 자치구에 있어서는 시·도지사에게 보고하고 그 내용을 고시해야 한다.[26]

(바) 재의의 요구: 지방자치단체장은 지방의회의 의결이 예산상 집행할 수 없는 경비를 포함하고 있다고 인정되는 때에는 그 이유를 붙여 재의(再議)를 요구할 수 있다. 그리고 법령에 의하여 지방자치단체에서 의무적으로 부담해야 할 경비 및 비상재해로 인한 시설의 응급복구를 위해 필요한 경비를 삭감하는 의결을 한 때에도 재의를 요구할 수 있다(지방자치법 제99조). 재의의 요구는 지방의회가 폐회 중인 때에도 할 수 있으며, 재의를 요구받은 지방의회는 부득이한 사유가 없는 한 재의 요구서가 도착한 날로부터 10일 이내에 이를 재의에 붙여야 한다(지방자치법 시행령 제37조 제1항).

4. 예산의 집행

(1) 예산집행의 의의

예산집행은 지방의회에서 의결한 예산에 따라 집행기관이 수입과 지출을 실행하는 모든 행위를 말한다. 예산집행은 예산에 내포된 계획들을 실천에 옮기는 것, 즉 예산의 행동단계라고 할 수 있다(박영희·김종희, 2006: 229). 예산집행에는 채무부담행위와 지출원인행위,[27] 예산 성립 이후의 세입세출이 포함된다.

예산의 집행과정에서 지방의회는 재정적 한계(financial limitation)를 엄수하라고 요구하고, 집행기관은 예산 성립 후의 여건변화에 적응하기 위하여 신축성(flexibility)을 유지할 수 있어야 한다고 한다. 요컨대 지방의회는 통제권을, 집행기관은 재량권을

26) 예산의 보고는 행정안전부장관이 시달하는 'LBIS 공통화일형식에 의한 예산편성결과 자료디스켓', '지방예산편성결과 종합보고서', '추경예산편성결과보고서식'에 의하여 지정된 기일 내에 해야 한다. 예산의 고시는 지방자치단체의 공보나 일간신문에 게재하거나 게시판에 게시해야 한다.

27) 채무부담행위(債務負擔行爲, 중앙정부의 경우 국고채무부담행위라고 함)는 법령 또는 조례에 의한 것과, 세출예산액·명시이월비·계속비의 총액범위 내의 것 이외에 지방자치단체가 채무부담의 원인이 될 계약의 체결 그 밖의 행위를 하는 것을 말하며, 미리 예산으로 지방의회에 제출하고 승인을 얻어야 한다(지방재정법 제44조 제1항). 지출원인행위(支出原因行爲)는 지출의 원인이 되는 계약 및 이미 법령이나 계약에 따라 발생된 지출의무를 이행하기 위하여 세출예산에서 지출하기로 결정된 행위를 말한다. 공무원의 임명이나 출장명령도 봉급이나 여비의 지출원인이 되므로 지출원인행위에 해당된다.

더 많이 확보해야 한다는 것이다.

(2) 예산집행의 절차

(가) 예산 및 자금배정계획서 작성: 예산이 성립되면 지방자치단체장은 세입세출, 계속비, 채무부담행위, 명시이월비를 포함한 예산배정계획서를 작성해야 한다. 예산배정계획서는 각 부서가 작성하여 제출하는 세입예산월별징수계획서와 세출예산월별지출계획서를 근거로 작성해야 한다(지방재정법 시행령 제56조 제1~2항).

(나) 예산의 배정 및 재배정: 예산의 배정(apportionment)은 지방자치단체의 장(또는 기획관리실장)이 각 부서가 일정한 기간동안 집행할 수 있는 예산액을 정해주는 것을 말한다. 예산배정제도의 목적은 일년 동안 예산집행의 균형을 유지하도록 지출을 통제하려는 데 있다. 즉 연도 초에 예산을 과다하게 사용하여 연도 말에 예산부족을 초래하는 일이 없도록 하고, 세입이 당초의 예상보다 적은 경우 세출을 이에 맞추어 삭감하려는 것이다.

예산의 재배정(allotment)은 지출원인행위에 관한 사무를 위임받은 공무원이 그 사무를 재위임하는 경우 배정된 세출예산의 범위 안에서 재 위임받은 경리관별로 세출예산배정계획서를 작성하고 이에 따라 세출예산을 배정하는 것을 말한다(지방재정법 시행령 제85조).

(다) 세출예산의 집행: 세출예산의 지출원인행위는 세출예산의 배정범위 내에서 해야 한다. 각 과장은 공사·제조·용역의 도급, 물건의 매입·수리·운반 등에 관하여는 본청 회계과장 또는 행정관리과장에게 그 집행을 요구(일상경비 제외)해야 한다.

세출예산의 배정을 받았다고 할지라도 상급 관청의 허가·승인 또는 의회의 의결을 요하는 것으로서 그 결정이 없을 때, 재원의 전부 또는 일부를 교부금·보조금·지방채·기타 특정수입에 의하는 것에 있어서 그 연도 또는 매분기의 해당 수입이 확정되지 아니한 때에는 그 세출예산을 집행할 수 없다.

(3) 예산집행의 신축성 유지방안

예산집행의 신축성(伸縮性)은 예산집행에 있어서 경제사정 등의 변화에 대응할 수 있도록 집행기관에게 일정한 범위 내에서의 재량권을 부여하는 것을 말한다. 예산집행의 신축성은 정세변화에의 적응, 경제안정, 사업계획의 효과적인 수행과 경비절약 등을 위해 필요하다. 예산집행에 있어서 신축성을 유지하기 위한 방안은 다음과 같다.

(가) 예산의 이용(移用) 및 이체(移替): 예산의 이용은 예산이 정한 장·관·항의 금액을 상호 융통하는 것을 말한다.[28] 지방자치단체장은 세출예산에 정한 목적 외에 경비를 사용하거나 세출예산이 정한 각 장·관·항 사이에 상호 이용할 수 없다. 다만 예산집행상의 필요에 의하여 미리 예산으로서 지방의회의 의결을 얻은 때에는 이용할 수 있다(지방재정법 제47조 제1항). 이체는 지방자치단체의 기구, 직제 또는 정원에 관한 법령이나 조례의 제정 또는 개폐로 인하여 관계 기관 사이에 직무·권한 기타의 변동이 있을 때 그 예산을 변경시키는 것을 말한다(지방재정법 제47조 제2항).

(나) 예산의 전용(轉用): 예산의 각 세항 또는 목의 금액을 상호 융통하는 것으로서, 비교적 그 규모가 크고 다양하다. 지방자치단체장은 대통령령이 정하는 바에 의하여 각 항 내의 예산액 범위 안에서 각 세항 또는 목의 금액을 전용할 수 있다. 전용한 경비의 금액은 세입세출결산서에 이를 명시하고, 그 이유를 기재해야 한다(지방재정법 제49조). 그러나 인건비·시설비·상환금(원금과 이자는 상호 전용 가능)은 전용할 수 없다. 회계연도 경과 후에도 예산을 전용할 수 없으며, 업무추진비에 충당하기 위하여 다른 비목에서의 전용도 할 수 없다(지방재정법 시행령 제55조).

(다) 예산의 이월(移越): 예산을 다음 회계연도에 넘겨서 사용하는 것으로서, 여기에는 명시이월과 사고이월이 있다. 이월을 허용하는 이유는 사업의 일시적 중단을 예방하고, 배정된 예산을 연도 말에 가서 무리하게 사용하는 것을 예방하기 위함이다.

(라) 계속비(繼續費): 지방자치단체장은 공사나 제조 그 밖의 사업으로서 그 완성에 수년을 요하는 것은 소요경비의 총액과 연도별 금액에 대하여 지방의회의 의결을 얻어 계속비로서 수년도에 걸쳐 지출할 수 있다. 그 연한은 해당 회계연도부터 5년 이내로 하되, 필요하다고 인정되는 때에는 지방의회의 의결을 거쳐 다시 그 연한을 연장할 수 있다(지방재정법 제42조). 계속비의 회계연도별 소요경비의 금액 중 해당 회계연도 내에 지출하지 못한 금액은 해당 계속비의 사업완성연도까지 차례차례로 이월하여 사용할 수 있다(지방재정법 제50조 제3항).

(마) 회계연도 개시 전의 예산배정: 지방자치단체의 예산이 성립된 경우에 일정한 사항에 관하여는 회계연도 개시 전이라도 이를 배정할 수 있다. 회계연도 개시 전에 예산을 배정할 수 있는 사항은 교통이나 통신이 불편한 지방에서 지급하는 경비,

28) 미국에서는 관(appropriations account)간의 자금 융통을 transfer라고 하고, 항(program element)간의 융통을 re-programming이라고 한다.

여비, 외국에서 지급하는 경비 등이다(지방재정법 시행령 제57조).

(바) 예비비(豫備費)[29]: 예측할 수 없는 예산외지출 또는 예산초과지출에 충당하기 위하여 상당하다고 인정되는 금액을 예산에 계상하는 예산을 말한다. 예비비의 지출은 다음 연도 지방의회의 의결을 얻어야 한다(지방재정법 제43조; 지방자치법 제120조). 예산외지출은 예산편성 당시에는 전혀 예측할 수 없었던 사태가 발생하여 경비지출을 필요로 하는 경우를 말하고, 예산초과지출은 지출항목에 일정한 금액을 계상하였으나 그 후에 사정의 변경으로 예산액이 부족하여 추가로 경비를 지출하는 것을 말한다.

새로운 사태의 발생이나 사정변경의 정도가 경미한 경우에 한하여 예비비로 충당해야 하며, 만일 그 정도가 큰 경우에는 추가경정예산(追加更正豫算)을 편성하는 것이 바람직하다.

예비비의 사용은 비교적 자유로운데, 업무추진비와 보조금(긴급재해대책 보조금 제외)에 대하여는 예비비의 지출을 할 수 없다(지방재정법 시행령 제48조). 그리고 지방의회에서 부결시킨 용도를 위하여 예비비를 사용하는 것은 바람직하지 못하다. 그것은 의회의 의도에 어긋나기 때문이다. 예산 성립 이전부터 존재하던 사태를 위하여 예비비를 사용하는 것도 바람직하지 못하다. 그것은 '예측할 수 없는' 것이 아니기 때문이다. 예비비의 비중이 높을수록 예산집행의 신축성은 커지겠지만 지방의회의 예산의결권이 침해되므로 대체로 세출예산의 2%를 넘지 않는 것이 바람직하다.

(4) 수입과 지출의 특례

1) 수입의 특례

수입은 지출을 위한 재원이 되는 것이므로 현금의 수납이 있더라도 보관금(保管金)과 같은 세입세출 이외의 현금이나 일시차입금은 수입이라고 하지 않는다. 그러나 매각대금이나 지방채발행수입은 비록 재산의 감소나 부채의 증가를 수반하더라도 수입으로 취급한다.

지방세 그 밖의 세입의 징수는 법령과 조례 또는 규칙이 정하는 바에 의하여 지방자치단체장이 하되, 소속 공무원에게 위임하여 징수하게 할 수 있다(지방재정법

29) 예비비제도의 내용은 나라마다 다르다. 영국은 민정비긴급기금(Civil Contingency Fund)에서 차입하여 지출한 후 예산초과지출의 추인(追認)의 형식을 취하고 있다(Bramley and Stewart, 1981: 48), 미국은 대통령에게 일괄 계상된 긴급자금(Emergency Fund)과 재해구제자금(Disaster Relief Fund)이 있어 이것으로 국가안보상의 긴급사태와 자연재해에 대비하고 있다(경제기획원, 1979: 155).

제61~62조). 지방자치단체장 또는 그 위임을 받은 공무원을 징수관(徵收官)이라고 하고, 지방세 및 기타의 세입을 수납하는 공무원을 수입금출납원(收入金出納員)이라고 한다.

징수관은 현금수납의 직무를 겸할 수 없는데(정원이 3인 이내인 관서는 제외), 징수기관과 수납기관을 분립시키는 이유는 수입사무의 전문화를 기하고 동시에 책임한계를 분명히 하기 위함이다. 징수·수납은 세입조사결정→납입고지→세입금 수납의 과정을 거친다. 그러나 예외적으로 다음과 같은 경우가 있다.

(가) 지난 회계연도 수입과 지출금의 반납: 출납이 완결된 연도에 속하는 수입과 예산 외의 수입은 모두 현 회계연도의 세입으로 편입해야 한다(지방재정법 제65조). 전자는 지난 어느 연도에 납부하도록 고지하였으나 기한 내에 납입되지 않았다가 그 후에 납입된 것을 의미하는데, 이러한 수입은 본래 소속할 연도의 출납이 이미 완결되었으므로 납입되는 연도(현년도)의 세입에 편입해야 한다. 그리고 정상적인 절차에 의하여 세출로서 지출된 금액은 출납폐쇄기한이 경과되지 아니한 때에는 각각 지출한 세출의 해당 과목에 반납할 수 있다. 이러한 금액을 출납폐쇄기한(회계연도 종료 후 2월)이 경과되지 아니한 때에는 각각 지출한 세출의 해당 과목에 반납시켜 사용할 수 있다.

(나) 과오납금(過誤納金)의 반환: 과오납금의 반환은 환부(還付)하는 회계연도의 수입금 중에서 환부한다. 다만 과오납된 회계연도의 출납폐쇄기한이 경과되지 아니한 경우에는 과오납된 회계연도의 수입금 중에서 환부한다(지방재정법 제66조).

2) 지출의 특례

협의의 지출은 다시 지출행위와 지급행위로 나누어진다. 지출행위(支出行爲)는 지출원인행위에 따라 지출의사를 결정하고 이를 이행하기 위하여 지급명령을 발하는 행위이고, 지급행위(支給行爲)는 지급명령에 의하여 직접 현금을 지불하는 행위이다.

지출원인행위는 지방자치단체장이 하되, 소속 공무원에게 위임하여 이를 수행할 수 있다. 지방자치단체장으로부터 지출원인행위를 할 수 있는 권한을 위임받은 공무원을 경리관(經理官, 중앙재정의 경우는 財務官)이라고 한다(지방재정법 제67조). 그리고 지출행위에 의하여 해당 지방자치단체의 금고에 대하여 지급명령을 발하는 공무원을 지출원(支出員, 중앙재정의 경우는 支出官)이라고 한다(지방재정법 제69조). 경리관·지출원 및 현금출납의 직무는 서로 겸할 수 없다(지방재정법 제75조). 지출·출납은 지출원인행위 → 지급명령 → 지급의 과정을 거치는데, 다음과 같은 예외규정을 두고 있다.

(가) 관서의 일상경비(日常經費): 지방자치단체장은 관서를 운영하는 데 드는 일상경비로서 그 성질상 출납원으로 하여금 현금지급을 시키지 아니하면 사무수행에 지장을 초래할 우려가 있다고 인정되는 경우에는 일상경비출납원에게 현금을 지급하게 하기 위하여 필요한 자금을 지출원으로 하여금 교부하게 할 수 있다(지방재정법 제72조).

(나) 선금급(先金給)과 개산급(槪算給): 선금급은 경비의 성질상 정상적인 절차에 따라 지급하면 사무 또는 사업에 지장을 초래할 우려가 있어 미리 지급하는 것을 말한다. 개산급은 채무의 이행 시기가 도래하기 전에 미리 지급한다는 점에서 선금급과 같으나 지출할 금액이 확정되지 않은 상태에서 어림셈하여 지급하는 것을 말한다. 개산급은 채무가 확정된 후에 정산(定算)을 필요로 한다. 지출원은 운임, 용선료, 여비 그 밖에 대통령령이 정하는 경비로서 그 성질상 미리 또는 어림셈하여 지급하지 않으면 사무 또는 사업에 지장을 초래할 우려가 있는 경우에는 선금급 또는 개산급으로 지급할 수 있다(지방재정법 제73조).

(다) 도급경비(都給經費): 지출원은 읍·면·동의 출장소 그 밖의 특수한 경리를 필요로 하는 기관의 경비로서 특히 필요하다고 인정되는 것에 대해서는 대통령령이 정하는 바에 의하여 사무비의 전부 또는 일부를 도급경비로서 지급할 수 있다(지방재정법 제74조).

(라) 지난 회계연도 지출: 지난 회계연도에 속하는 채무 확정액으로서 지출하지 않은 경비를 현 회계연도의 세출예산에서 지출할 수 있다. 이것은 본래 채권자의 부당한 손해를 구제하기 위한 것인데, 만일 이를 무제한으로 인정하면 예산이 부족할 때 지출하지 않고 다음 해에 지출하여 연도소속 구분을 문란하게 할 우려가 있다. 따라서 그 지출액은 경비소속 연도의 각항 금액 중 불용으로 된 금액을 초과하지 못하도록 하고 있다(지방재정법 제76조).

5. 결산과 회계검사

(1) 결산의 의의와 기능

결산(決算)은 한 회계연도에 있어서의 지방자치단체의 수입과 지출의 실적을 확정된 계수로 표시하는 절차이다. 결산은 집행기관이 지방의회의 의도대로 예산을 집행하였는가를 확인하는 것이고, 또한 장래의 예산안 편성이나 재정운영에 참고하기 위한 것이다.

결산은 원칙적으로 예산과 일치되어야 하겠지만 실제로는 예산이 성립된 후 전년도에서의 이월, 불용액의 다음 연도로의 이월, 예비비 지출 등으로 인하여 완전히 일치되기가 어렵다.

결산은 그것이 정당하기만 하면 예산집행에 대한 집행기관의 책임을 해제시키는 효과가 있다. 물론 이것은 정치적 책임을 해제시킨다는 것을 의미하는 것이지 관계공무원의 부정행위에 대한 변상 또는 형사책임을 해제시킨다는 것은 아니다.

결산업무의 흐름은 다음과 같다. ⓐ 회계연도 종료(매년 12월 31일) → ⓑ 결산작성기준 통보(행정안전부에서 시·도, 해당연도 12월 또는 다음 해 1월) → ⓒ 출납폐쇄(다음 해 2월 말) → ⓓ 세입세출 출납사무 완결(다음 해 3월 말) → ⓔ 결산서 작성(다음 해 4월 말) → ⓕ 지방자치단체장에게 결산보고(다음 해 5월 19일) → ⓖ 결산검사완료(다음 해 6월 20일) → ⓗ 지방의회에 승인요청(다음 해 6월 말)의 순으로 진행된다.

결산의 기능은 첫째, 의회가 세입세출예산 집행의 과정을 최종적으로 확인 검증하고 잘못된 점과 개선사항을 도출하여 다음 회계연도의 예산편성과 심의자료로 활용할 수 있다. 둘째, 결산제도를 통하여 지방자치단체장으로 하여금 행정적·재정적 사무처리나 사업시행 등에 신중을 기하도록 할 수 있다. 셋째, 결산승인이라는 절차를 거침으로써 지방자치단체장의 1년간의 예산집행 결과에 대한 책임이 명확하게 된다. 넷째, 재정운영 실태와 성과를 알림으로써 주민의 신뢰성을 제고하고 지방의회의 재정통제 수단으로 활용할 수 있다.

(2) 결산의 절차

1) 결산의 준비

예산의 집행은 원칙적으로 회계연도 내에 행해져야 하며, 결산은 예산이 구체적으로 집행된 실적이기 때문에 출납사무의 완견을 전제로 작성된다. 그러나 지방자치단체의 출납은 회계연도 종료 후 2월로 폐쇄하도록 규정(지방재정법 제8조)하고 있다. 매 회계연도에 속하는 세입세출의 출납을 폐쇄하고 출납사무를 완결함으로써 지방자치단체의 세입세출액 및 세계잉여금이 확정된다.

2) 결산서의 작성 및 제출

지방자치단체장은 출납폐쇄 후 80일 이내에 결산서 및 증빙서류를 작성하고,

검사위원의 의견서를 첨부하여 다음 연도 지방의회의 승인을 얻어야 한다. 승인을 얻은 때에는 이를 5일 이내에 시·도에 있어서는 행정안전부장관에게, 시·군 및 자치구에 있어서는 시·도지사에게 각각 보고하고 그 내용을 고시해야 한다(지방자치법 제125조).

세입세출의 결산은 세입세출예산과 동일한 구분에 의하여 작성하며, 세입에는 세입예산액·징수결정액·수납액·불납결손액·미수납액을, 그리고 세출에는 세출예산액·전년도 이월액·예비비사용액·전용 등의 증감액·초과지출액·예산현액·지출액·다음 연도 이월액·불용액을 명백히 하여야 한다(지방재정법 제51조).

지방자치단체장은 해당 지방자치단체의 재정상태 및 운용결과를 명백히 하기 위하여 발생주의와 복식부기 회계원리를 기초로 하여 행정안전부장관이 정하는 회계기준에 따라 거래의 사실과 경제적 실질을 반영하여 회계처리하고 재무보고서를 작성해야 한다(지방재정법 제53조). 그리고 지방자치단체장은 검사위원에게 결산검사에 필요한 서류를 제출하는 때에는 재무보고서에 공인회계사의 검토의견을 첨부해야 한다.

세입세출결산서에는 검사위원의 검사의견서를 첨부하여 다음 회계연도 6월 말일까지 이를 지방의회에 제출해야 한다. 지방의회에 제출하는 세입세출결산에는 세입세출결산보고서, 계속비결산보고서, 지방자치단체의 채권·채무에 관한 보고서, 재무보고서를 첨부해야 한다(지방재정법 시행령 제59조).

3) 결산의 검사 및 승인

(가) 결산검사의 절차: 검사위원의 결산검사는 결산의 지방의회 제출을 위한 전제조건이라고 할 수 있다. 결산검사위원으로 하여금 검사하게 하는 것은 회계에 관한 한 검사위원이 지방의원보다 전문지식과 경험이 많기 때문이며, 그 의의는 집행된 예산의 합법성과 적정성을 판정한다는 데 있다.

(나) 검사위원의 선임: 지방자치단체장은 지방의회에 결산처리 일정의 협의와 함께 해당 지방자치단체의 재정규모를 감안한 결산검사위원의 수를 정하여 선임을 의뢰해야 한다. 검사위원의 수는 시·도의 경우에는 5인 이상~10인 이하, 시·군·자치구의 경우에는 3인 이상~5인 이하로 하되, 그 정수·선임방법·운영 및 실비보상에 관한 사항은 지방자치단체의 조례로 정한다(지방자치법 시행령 제46조의 2).

(다) 결산검사 사항: 검사위원의 결산검사 사항은 ⓐ 세입세출의 결산, ⓑ 계속비·명시이월비 및 사고이월비의 결산, ⓒ 채권 및 채무의 결산, ⓓ 재산 및 기금의 결산, ⓔ 금고의 결산 등이다. 검사위원은 지방자치단체장 및 금고에 대하여 검사에

필요한 자료를 요구할 수 있으며, 그 요구를 받은 지방자치단체장 및 금고는 특별한 사유가 없는 한 이에 협조해야 한다(지방자치법 시행령 제47조 제1~2항).

(라) 결산의 제출: 검사위원(대표검사위원)은 결산검사 종료 후 10일 이내에 검사의견서를 해당 지방자치단체장에게 제출해야 한다(지방자치법 시행령 제47조 제3항).

(마) 결산의 심사 및 승인: 결산이 지방의회에 제출되면 지방의회는 집행기관의 예산집행결과를 평가하고 그 책임을 명백히 한다. 결산도 예산과 마찬가지로 소관 상임위원회에서 예비심사를 하고 예산결산특별위원회에서 종합심사를 한 후 본회의의 회의에 부친다.

지방자치단체의 결산은 지방의회의 승인을 얻어야 한다. 지방의회의 결산 승인은 제1차 정례회의 회기 내에 이를 처리해야 한다(지방자치법 시행령 제46조). 지방의회의 승인을 얻은 때에는 지방자치단체장은 이를 5일 이내에 시·도에 있어서는 행정안전부장관에게, 시·군·자치구에 있어서는 시·도지사에게 각각 보고하고 그 내용을 고시해야 한다(지방자치법 제125조 제2항).

4) 잉여금의 처리

세입세출예산을 결산하면 잉여금이 발생하는 경우가 많다. 이것을 세계잉여금(歲計剩餘金)이라고 한다. 이러한 잉여금은 초과징수액, 예산불용액,[30] 벌과금 등 기타 수입을 합한 것이다. 지방자치단체는 매 회계연도에 있어서 세입세출 결산상 잉여금이 있는 때에는 다른 법률에 의한 금액과 이월금을 공제한 잉여금은 그 잉여금이 생긴 회계연도의 다음 회계연도까지 세출예산에 구애됨이 없이 지방채의 원리금의 상환에 이를 사용할 수 있다(지방재정법 제52조).

(3) 회계검사의 의의와 목적

1) 결산과 회계검사

지방의회가 선임한 검사위원의 결산검사와 지방자치단체에 대한 감사원의 회계검사는 어떤 관계인가. 「감사원법」(제20조)에서 규정하고 있는 회계검사에는 지방자치단체의 회계가 포함되어 있다.

한편 「지방자치법」(제125조 제1항)과 「지방자치법 시행령」(제46조의 2)에서는 지

30) 불용액(unencumbered balance)이란 승인된 예산에서 지출원인행위 또는 지출하거나 이월(사고이월)하지 아니한 예산상 미집행금액을 말한다. 불용액은 흔히 예산절약, 낙찰차액, 예산잔액 등에 의하여 발생한다(불용액=세출예산현액－지출액－다음연도 이월액).

방자치단체의 결산서는 지방의회가 선임한 검사위원으로 하여금 검사하도록 규정하고 있다. 따라서 지방자치단체의 회계검사(會計檢査)는 감사원의 임무이고, 결산검사(決算檢査)는 검사위원의 임무가 된다.

지방의회가 검사위원을 선임하고 지방자치단체의 결산을 검사하게 한 것은, 우리나라의 감사원이 미국이나 영국과는 달리 행정부(대통령)에 소속되어 있기 때문에 지방자치단체의 독립성을 강화하기 위해서라고 보여 진다. 그러나 감사원은 지방자치단체의 회계검사뿐 아니라 지방자치단체의 사무와 지방공무원의 직무를 감찰하고, 지방의회도 매년 해당 지방자치단체의 사무에 대하여 감사·조사를 하기 때문에 자치권 차원에서 종종 갈등을 초래하기도 한다.

2) 회계검사의 의의

회계검사는 예산을 정확하고도 효과적으로 집행하기 위하여 거쳐야 할 예산과정의 마지막 과정이다(Musgrave and Musgrave, 1984: 45). 예산을 집행하는 모든 행정기관은 그들이 행하는 지출원인행위와 그에 따른 지출이 예산 및 관련법규에 합치되도록 해야 하는 책무를 지고 있다(Ott and Ott, 1977: 48).

품목중심의 전통적 예산제에서의 회계검사는 지출의 적법성을 중요시하였으므로, 이때의 회계검사는 해당 조직의 재정적 활동과 그 수지의 결과를 확인·검사하고 그 결과를 보고하기 위하여 장부의 기록을 체계적으로 검사하는 행위를 의미하였다. 즉 회계기록을 그 대상으로 하고, 그것의 적부(適否)에 관한 비판적 검증으로 그 결과에 대한 검사인의 의견표명이 있기만 하면 되었다. 합법성만을 강조하는 이러한 회계검사는 예산집행을 법률이나 예산이라는 형식에 합치시키는 것에만 급급하게 하여 프로그램의 능률성이나 효과성에 소홀하게 하고 예산의 합법적 낭비를 초래하기도 하였다.

그러나 회계검사의 의의도 예산기능의 변화에 따라 달라졌다. 즉 프로그램중심의 예산제에서의 회계검사는 회계기록의 검증뿐만 아니라 프로그램의 능률성과 효과성까지도 그 대상으로 하고 있다.

3) 회계검사의 목적

(가) 책임확보: 회계검사의 목적은 회계와 관리 및 사업성과의 책임을 확보하는데 있다. 행정기관 또는 공무원은 예산 및 관련법규에 따라 예산을 적법하게 지출해야 하고, 보고서 작성이나 회계기록에 있어서도 허위·누락 없이 정확하게 해야 할 책임이

있다. 이러한 책임을 다하지 못하면 회계검사에 의하여 회계책임을 지게 된다. 그리고 공무원은 한정된 자원을 효율적으로 이용하고 관리해야 할 책임이 있는데, 이러한 책임은 회계검사 및 직무감찰에 의하여 확보될 수 있다.

(나) 정보제공: 예산의 각 과정에는 여러 기관이 참여하고 있는데, 회계검사는 재정활동과 사업운영의 효율성을 높이기 위한 제도개선에 있어서 유용한 정보를 제공한다. 만일 개선할 사항이 있다고 인정할 때에는 법령의 제정·개정 또는 폐지를 위한 조치나 행정상·제도상의 개선을 해당 기관 또는 감독기관의 장에게 요구할 수 있다. 그리고 회계감사는 새로운 정책의 결정이나 기존의 정책을 수정하는 데 필요한 정보를 제공한다.

(다) 예산집행통제: 예산이 지방의회에서 심의·의결될 때와는 달리 예산집행에 대한 지방의회의 통제력은 사실상 미미하다. 그러나 회계검사 또는 결산검사가 체계적으로 이루어지고 그 결과를 다음 연도의 예산심의에 반영되기만 한다면 지방의회는 회계검사를 통하여 예산집행을 충분히 통제할 수 있다.

(4) 감사결과의 처리

(가) 변상판정(辨償判定): 감사원은 감사의 결과에 따라 회계 관계 직원에 대한 변상책임의 유무를 심리·판정한다. 해당 기관의 장은 변상판정서를 송부 받은 날로부터 20일 이내에 이를 변상책임자에게 교부하여 감사원이 정한 기한 내에 변상하게 해야 한다. 만일 변상책임을 이행하지 않으면 해당 기관의 장은 관계 세무서장에게 위탁하여 「국세징수법」중 체납처분의 규정을 준용하여 이를 집행한다(감사원법 제31조).

(나) 징계요구: 감사원은 징계사유에 해당하거나 정당한 이유 없이 감사를 거부하거나 자료의 제출을 해태(懈怠)한 공무원에 대하여 징계요구를 그 소속장관 또는 임용권자에게 할 수 있다. 그리고 법령 또는 소속단체가 정한 문책에 관한 규정의 적용을 받지 아니하는 단체 등의 임원이나 직원의 비위가 현저하다고 인정한 때에는 그 임용권자 또는 임용 제청권자에게 해임요구를 할 수 있다. 징계요구 또는 문책요구나 해임요구를 받은 기관의 장은 감사원이 정한 기한 내에 해당 절차에 따라 처분을 행해야 한다(감사원법 제32조).

(다) 시정요구: 감사원은 감사의 결과 위법 또는 부당하다고 인정되는 사실이 있을 때에는 소속장관·감독기관의 장 또는 해당 기관의 장에게 시정요구나 주의 등을 요구할 수 있다(감사원법 제33조).

(라) 개선·권고·고발: 감사원은 감사의 결과 법령상·제도상 또는 행정상의 모순이 있거나 기타 개선할 사항이 있다고 인정할 때에는 국무총리·소속장관·감독기관의 장 또는 해당 기관의 장에게 법령 등의 제정·개정 또는 폐지를 위한 조치나 제도상·행정상의 개선을 요구할 수 있다(감사원법 제34조). 그리고 감사원은 감사의 결과 범죄혐의가 있다고 인정할 때에는 이를 수사기관에 고발해야 한다(감사원법 제35조).

제 5 절 지방재정조정제도

1. 지방재정조정제도의 의의와 목적

(1) 지방재정조정제도의 의의

지방재정조정제도는 지방자치단체간의 재정력의 격차를 조정하기 위하여 중앙정부가 지방자치단체에, 또는 지방자치단체 상호간에 재정을 지원하는 제도를 말한다. 여기에서 '지원'이라는 의미를 강조하여 지방재정지원제도라고 표현하기도 한다(유훈, 1995: 186). 지방재정조정은 중앙정부에서 시·도로, 그리고 시·도에서 시·군·구로 이전되는 것이 일반적이지만, 나라에 따라서는 지방자치단체 상호간에도 이전되는 경우가 있다.

지방재정조정제도는 첫째, 재원의 배분방식에 따라 세입배분방식과 세출배분방식으로 나눌 수 있다. 세입배분방식(歲入配分方式)은 중앙정부가 그 세입의 일부분을 직접 지방자치단체에 이전하는 것으로서, 과거의 지방양여금이 대표적이다.[31] 상급지방자치단체가 하급지방자치단체에게 세수입의 일정비율을 이전해 주는 징수교부금도 여기에 해당된다. 세입배분방식에 의한 수직적 조정은 대부분 그 절차와 규모가 법정화되어 있으므로 지방자치단체로서는 재정계획의 수립이 용이하다.

세출배분방식(歲出配分方式)은 중앙정부가 그 세입의 일부분을 세출예산의 형태를 거쳐 지방자치단체에 이전하는 것으로서, 국고보조금이 대표적이다. 지방교부세는 내국세수입의 일정비율을 지방자치단체에 이전한다는 점에서 세입배분방식에 해당되

31) 지방양여금제도는 그동안 국고보조금 성격의 사업과 보통교부세 성격의 재원이 포함되어 제도의 정체성에 문제가 있었고, 지방자치단체의 자율성을 가로 막고 중앙정부의 통제수단으로 작용해 왔다고 하여 「지방양여금법」이 폐지(2005. 12. 29.)되었다.

지만 중앙정부의 일반회계 세출예산에 계리되고 있다는 점에서 세출배분방식에도 해당된다. 이러한 방식에 의한 조정은 중앙정부의 예산정책 또는 재정정책의 변화에 따라 재원의 규모가 좌우되기 때문에 세입배분방식에 의한 조정에 비하여 지방재원확보의 예측성과 안정성이 낮아지기 쉽다.

둘째, 용도의 지정여부에 따라 특정보조금(specific grants)과 일반교부금(general grants)으로 나눌 수 있다(King, 1984: 86-87). 특정보조금(特定補助金)은 특정사업에 사용하도록 그 용도가 지정된 것으로서, 선택적 보조금(selective grants) 또는 조건부 보조금(conditional grants or categorical grants)이라고도 한다. 특정보조금에 해당되는 전형적인 예는 우리나라의 국고보조금을 들 수 있다.[32]

◈ 표 6-3 ◈ 지방교부세와 국고보조금의 비교

	지방교부세	국고보조금
근거 법령	지방교부세법	보조금의 예산 및 관리에 관한 법률
재원 구성	내국세의 19.24% ◦ 보통교부세: 분권교부세 및 양여금 도로사업 보전분을 제외한 교부세 총액의 96% ◦ 특별교부세: 분권교부세 및 양여금 도로사업 보전분을 제외한 교부세 총액의 4% ◦ 분권교부세: 내국세총액의 0.94%(05~09년간 배분)	국가의 일반회계 또는 특별회계예산으로 계상
용도	◦ 보통·분권교부세: 용도지정 없이 자치단체 일반예산으로 사용 ◦ 특별교부세: 용도지정, 조건부여 가능	용도와 조건이 지정되어 특정목적의 재원으로 사용
배분 방법	◦ 보통교부세: 단체별 기준재정수입액과 기준재정수요액을 산정한 후 부족액을 기준으로 포괄 배분 ◦ 특별교부세: 지역현안, 재해대책 등의 신청 사업에 대하여 사업의 타당성 등을 종합적으로 심사하여 사업별로 교부 ◦ 분권교부세: 경상적 수요와 비경상적 수요의 합계액	소관 부처별 중장기사업계획 등을 고려하여 매년 정부예산으로 정함
성격	◦보통·분권교부세: 일반재원(자주재원) ◦특별교부세: 일반재원(특정사업)	특정목적재원(의존재원 성격)

자료: 행정자치부, 2007년도 지방자치단체 예산개요, p. 37.

32) 특정보조금은 다시 정액보조금(定額補助金)과 정률보조금(定率補助金)으로 나눌 수 있다. 정액보조금(lump-sum specific grants)은 국가가 지방자치단체의 자체부담과 관계없이 일정한 금액을 보조하는 것이고, 정률보조금(matching specific grants)은 특정사업에 대한 지방자치단체의 자체수입에 의한 부담규모에 따라 재정지원규모(보조금액)가 변하는 것을 말한다.

일반교부금(一般交付金)은 보조금을 받는 지방자치단체가 그 보조금을 스스로의 판단에 따라 사용하는 것으로서, 비선택적 교부금(non-selective grants) 또는 비조건부 교부금(unconditional grants)이라고도 한다. 일반교부금은 다시 정액교부금과 조건부교부금으로 나눌 수 있다. 정액교부금은 지방자치단체의 조세징수 노력과 관계없이 일정한 금액이 교부되는 것이고, 조건부교부금(effort-related general grants)은 지방자치단체의 조세징수 노력의 결과에 따라 교부금의 규모가 달라지는 것이다.

셋째, 규모의 법적규정에 따라 국고보조금과 지방교부세로 나눌 수 있다. 국고보조금은 지원되는 재정의 규모가 중앙정부의 예산정책에 의해 좌우되고, 지방교부세는 법적으로 규정되어 있다(<표 6-3> 참조).

(2) 지방재정조정제도의 목적

(가) 재정불균형의 조정: 지방재정조정제도는 지역간 재정불균형을 조정한다. 수직적 조정은 중앙정부와 지방자치단체 사이의 수직적 재정불균형을 조정하려는 것이다. 이러한 목적을 위해 마련된 것이 미국의 세입분할제도(revenue sharing)와 영국의 지방교부금제도(RSG: rate support grant)이다. 수평적 조정은 지방자치단체간의 재정불균형을 조정하려는 것이다. 이러한 목적을 위한 것으로는 독일의 역교부금제도와 캐나다의 교부금제도를 들 수 있다.

(나) 최저 공공지출수준의 유지: 모든 지방자치단체의 주민은 해당 지역의 재정력의 차이에 관계없이 가능한 한 전국적 수준에서 일정한 수준의 서비스를 받아야 한다. 그러나 동급의 지방자치단체간에도 재정력의 격차가 심화되었고, 그 결과 자체수입만으로는 최저한의 공공수요마저 충족시키지 못하는 지방자치단체가 상당수 나타나게 되었다. 지방재정조정제도는 최저 공공지출수준을 유지하는 데 기여한다. 공공서비스에는 사적 욕구의 경우와는 달리 가치판단의 문제가 개입되어 공공지출의 대상이나 최저수준에 대해 단언하기는 어렵다. 그러나 어떠한 것이든, 어떠한 수준이든 그것이 존재하는 것은 틀림없다. 대체로 생명과 재산의 보호, 생활보호, 생활환경의 개선 등과 같은 공공서비스는 필수적인 것으로 받아들여지고 있다

(다) 자원배분의 효율성 제고: 지방재정조정제도는 국가적 차원에서 자원배분의 효율성을 제고하려는 데 그 목적이 있다. 어떤 지방자치단체는 다른 지방자치단체가 생산하는 공공재나 공공서비스의 비용을 부담하지 않고 편익확산(benefit spillover)에

의해 편익을 누리는데, 이것을 외부편익(external benefit) 또는 외부경제(external economies)라고 한다. 반면에 어떤 지방자치단체는 생산하는 공공재나 공공서비스의 비용을 부담하면서도 비용확산(cost spillover)에 의해 편익을 온전히 누리지 못하는 경우도 있다. 이것을 외부비용(external cost) 또는 외부불경제(external dis-economies)라고 한다.

이러한 외부효과의 정도를 정확하게 측정하기란 매우 어렵고, 실제로 지방자치단체 차원에서는 외부효과를 고려하지 않고 각각 공공재나 공공서비스의 공급수준을 결정하기 때문에 국가전체로 볼 때 과소 또는 과다 생산되어 자원배분의 비효율을 초래한다. 이러한 문제는 중앙정부가 지방재정조정을 통하여 공공재나 공공서비스의 내용과 생산을 조정함으로써 어느 정도 해소할 수 있다.

(라) 재정지출의 형평성 제고: 지방재정조정제도는 지방자치단체간의 재정지출의 형평성(equity)을 제고하려는 데 그 목적이 있다. 조세부담률이 동일한 주민들이라도 실제로 받는 편익은 다른 경우가 있는가 하면, 부유한 지역의 주민들이 빈곤한 지역의 주민들에 비해 조세부담률이 낮으면서도 더 많은 편익을 받는 경우도 있다.

재정력이 강하고, 그래서 조세부담률이 낮은 지역으로 거주지를 이동하면 되겠지만 거주이전이 그렇게 간단한 것은 아니다. 거주이전에는 비용이 들게 마련이고, 취업기회나 자녀교육 등 다른 요인에 의하여 거주이전이 제한되기 때문에 다른 지역으로의 자유로운 이전은 극히 일부에 불과하다.

(마) 자구노력의 촉진: 지방재정조정제도는 지방자치단체의 자구노력을 촉진하는 데 그 목적이 있다. 특히 조건부교부금처럼 지방자치단체의 자체수입 증대 노력과 결부시키는 것을 중심으로 재정지원을 하면 자구노력을 더욱 촉진할 수 있다. 그리고 님비(NIMBY: not in my back yard)와 핌피(PIMFY: please in my front yard 또는 PIMBY: please in my back yard) 현상으로 인하여 지역간 또는 지방자치단체간의 갈등과 분쟁이 나타나고 있다. 이러한 현상의 해소에도 지방재정조정제도가 유용한 수단이 될 수 있다.

2. 지방교부세

(1) 지방교부세의 의의와 특징

1) 지방교부세의 의의

지방교부세(地方交付稅)는 국세수입의 일부를 지방자치단체에 교부하여 그 재정을 조정함으로써 지방행정의 건전한 발전을 기하는 제도이다. 법률적으로는 국가가 재산적 결함이 생기는 지방자치단체에 교부하는 금액을 말한다(지방교부세법 제1조, 제2조 1호).[33]

지방교부세는 재정조정기능과 재원보장기능을 한다. 전자는 지방자치단체간의 재정력 격차를 해소하기 위하여 지방교부세의 적정한 배분을 통해 지방자치단체 상호간의 과부족을 조정하고 균형화를 도모하는 것을 의미한다. 후자는 지방교부세 총액을 법정화하여 지방재원을 보장하고, 기준재정수요액과 기준재정수입액이라는 기준설정을 통하여 지방행정의 계획적인 운영이 가능하도록 필요한 재원을 보장하는 것을 의미한다.

지방교부세는 지방행정의 건전한 발전을 기하려는 것이므로 중앙정부는 지방교부세를 이용하여 지방행정의 자주성을 손상시켜서는 안 된다. 지방교부세는 본래 그 용도의 제한이 없는 지방자치단체의 일반재원이므로 원칙적으로 중앙정부가 일방적인 판단에 의해 결정한다거나 그 사용에 관여해서는 아니된다.

2) 지방교부세의 특징

(가) 일반재원: 지방교부세 중 보통교부세는 일단 배분되면 지방자치단체의 자주적인 판단에 따라 사용할 수 있는 일반재원이다. 국가가 그 사용목적을 제한하거나 조건을 붙이지 않는다는 점에서 국고보조금과 다르다.

(나) 재정력의 불균형 시정: 지방교부세는 각 지방자치단체의 기준재정수요액과 기준재정수입액을 비교하여 배분액을 결정한다. 자체수입이 빈약한 자치단체일수록 보다 많은 지방교부세를 배분받을 수 있으므로 지방자치단체간의 재정력의 불균형을 시정하는 데 기여한다.

(다) 지방자치단체의 고유재원: 지방교부세는 국가가 지방자치단체를 대신하여

33) 지방교부세라는 명칭은 그 재원이 내국세 총액의 일정비율을 법령에 명문화하고 있는 우리나라와 일본의 제도에서 연유한 법률적 용어이고, 지방교부금(地方交付金)이라는 명칭은 지방교부세라는 명칭보다 더 일반적이고 경제적인 용어이다.

징수하는 지방세라는 성격을 가지고 있다. 지방교부세는 중앙정부에 의해 배분되지만 그 배분비율이 법정화(지방교부세법 제4조)되어 있을 뿐만 아니라 그 사용이 제한되지 않는다는 점에서 지방세의 대체재원, 또는 중앙정부를 통한 간접과징 형태의 지방세라고 할 수 있다.

(2) 지방교부세의 재원과 종류

지방교부세의 재원은 해당연도 내국세(목적세 및 종합부동산세와 다른 법률에 의하여 특별회계의 재원으로 사용되는 세목의 해당 금액은 제외) 총액의 1924/10000 (19.24%)에 해당하는 액과 전전년도 내국세의 정산액(내국세 예산액 및 종합부동산세 예산액과 각각의 결산액의 차액)으로 한다(지방교부세법 제4조, 제5조 제2항).

분권교부세의 재원은 내국세 총액의 94/10000에 해당하는 액으로 하고, 보통교부세의 재원은 분권교부세액을 제외한 교부세 총액의 96/100에 해당하는 액으로 하며, 특별교부세의 재원은 분권교부세액을 제외한 교부세 총액의 4/100에 해당하는 액으로 한다(지방교부세법 제4조 제2항).

우리나라의 지방교부세는 법정교부세(general share tax)로서, 보통교부세·특별교부세·분권교부세로 구분된다. 과거에는 증액교부금(increased amount share)이 있었으나 폐지되었다. 보통교부세(普通交付稅)는 지방자치단체간 매년도의 기준재정수입액이 기준재정수요액에 미달하는 자치단체에 대하여 그 미달액(재정부족액)을 기초로 교부하는 것이다(지방교부세법 제6조 제1항). 기준재정수입이 기준재정수요를 초과하는 단체에는 교부하지 않는다. 보통교부세는 각 지방자치단체의 기본적인 행정수준 유지를 위하여 일반재원으로 사용된다.

특별교부세(特別交付稅)는 보통교부세를 보완하는 기능을 수행하고 있는데, 보통교부세의 산정방법으로는 포착할 수 없는 특정한 지역현안수요가 있을 때(특별교부세 재원의 1/2), 그리고 보통교부세의 산정기일 후에 발생한 재해로 인하여 특별한 재정수요가 있거나 재정수입의 감소가 있을 때(특별교부세 재원의 1/2) 교부한다(지방교부세법 제9조 제1항).[34)]

분권교부세(分權交付稅)는 국고보조사업을 이양 받은 지방자치단체에 대하여

34) 보통교부세는 자치단체의 재정조달능력을 넘는 일반적 재정수요에 대처하기 위하여 중앙정부가 제공하는 세입분할방식(歲入分割方式)의 성격을 띠고 있는 데 비하여, 특별교부세는 지방자치단체의 재정능력으로는 감당하기 어려운 임시적 또는 예측불허의 특별한 수요에 대응하기 위하여 마련된 중앙정부의 재정원조 성격을 내포하고 있다고 할 수 있다.

교부한다. 지방이양사업과 관련된 인구수 등의 통계자료, 종전의 국고보조금 지원수준 등을 감안하여 대통령령이 정하는 바에 따라 산정한다(지방교부세법 제9조의 2).

이외에도 「지방교육재정교부금법」의 적용을 받는 지방교육재정교부금(education grants to local government)이 있다.[35] 그리고 특별시·광역시가 해당 자치구에 교부하는 조정교부금(control grants)이 있는데, 이것은 특별시·광역시의 시세(취득세·등록세) 수입 중 일정액을 확보하여 관할 자치구 상호간의 재원을 조정하기 위한 것으로서, 그 조정방법은 자치구 재원조정에 관한 조례로 정한다.

(3) 지방교부세의 산정

1) 보통교부세의 산정

(가) 보통교부세의 산정원칙: 지방교부세는 매년도 1월 1일 현재로 산정하여 교부한다. 각 지방자치단체장은 교부세의 산정에 필요한 자료를 행정안전부장관에게 제출(전년도 8월 31일까지)해야 한다. 행정안전부장관은 제출받은 교부세 산정자료가 사실과 같게 작성되었는지의 여부를 확인하기 위하여 각 지방자치단체장(자치구 제외)이 비치·관리하고 있는 대장(교부세 산정에 필요한 자료의 기초가 되는 사항을 기재)을 검사할 수 있다.

보통교부세는 매년도 기준재정수입액이 기준재정수요액에 미달하는 지방자치단체에 대하여 그 미달액(재정부족액)을 기초로 산정하여 교부한다. 자치구에 대하여는 기준재정수요액과 기준재정수입액을 각각 해당 특별시 또는 광역시의 기준재정수요액 및 기준재정수입액에 합산하여 산정하고, 이를 해당 특별시 또는 광역시에 교부한다(지방교부세법 제6조 제1항).[36]

■ 기준재정수요액－기준재정수입액=재정부족액(조정률 적용)≒보통교부세

각 지방자치단체의 재정부족액의 합계와 보통교부세로 마련된 총액이 일치되기가

35) 지방교육재정교부금의 재원은 해당연도 내국세(목적세, 종합부동산세 및 다른 법률에 의하여 특별회계의 재원으로 사용되는 세목의 해당 금액은 제외) 총액의 194/1000에 해당하는 금액과, 해당연도 「교육세법」에 의한 교육세 세입액 전액에 해당하는 금액으로 한다. 그 중 96/100에 해당하는 금액은 보통교부금, 4/100에 해당하는 금액은 특별교부금이라고 한다(지방교육재정교부금법 제3조).

36) 자치구를 합산 정산하는 이유는, 자치구는 시·군과 달리 도로·상하수도·도시계획 등 14개 사무를 시에서 직접 처리하고 지방세 운영이 시세 중심이기 때문이다. 이와 같이 행정·세정 측면에서 특례적인 부분이 많기 때문에 「지방자치법」 제160조에 의하여 시 본청에서 직접 산정하여 교부하도록 하는 자치구재원조정제도를 운영하고 있다.

어렵기 때문에 양자를 일치시키기 위하여 조정률을 적용한다. 조정률(調整率)은 교부세 총액이 재정부족액을 완전히 충족시키지 못하므로 이를 조정하기 위한 비율을 말한다.

■ 조정률=보통교부세 총액÷재정부족액 총액

(나) 기준재정수요액의 산정: 기준재정수요액은 각 지방자치단체가 합리적이고 적정한 기본행정수준을 유지하는 데 필요로 하는 표준적인 재정수요로서, 각 지방자치단체가 실제 지출하고자 하는 경비의 실적치가 아닌 이른바 '지방자치단체가 존립하는 데 필요한 최소한의 기본수요'를 의미한다. 기준재정수요액은 각 측정항목별로 측정단위의 수치를 해당 단위비용에 곱하여 얻은 금액을 합산한 금액으로 한다(지방교부세법 제7조 제1항).

■ 기준재정수요액=기초수요액+보정수요액±수요인센티브

기초수요액(基礎需要額)은 지방자치단체별 기본행정 수행을 위한 기본경비로서 측정단위의 수치에 단위비용을 곱하여 산출하고(항목별 측정단위 수치×단위비용×보정계수), 보정수요액(補正需要額)은 기초수요액 외에 추가시키는 것으로서 보정수요는 측정항목으로 설정되지 않은 항목 중 보편타당하면서도 그 규모가 커서 수요로 반영되지 않을 경우 재정력 격차가 심화될 것이 예상되는 것을 그 대상으로 한다.

(다) 기준재정수입액의 산정: 기준재정수입액은 각 지방자치단체의 재정수입을 합리적으로 측정하기 위하여 산정한 금액을 말한다. 의존수입, 임시적 수입, 특정목적을 위한 수입 등은 보편적 수입이 아니므로 안정적인 재정지원을 위하여 산정대상에서 제외된다.

■ 기준재정수입액=기초수입액(보통세 추계액의 80%)+보정수입액+수입인센티브

기초수입액(基礎收入額)은 지방세 중 보통세 수입액의 80%다. 나머지 20%는 유보재원(留保財源) 또는 자유재원(自由財源)이라고 한다. 기준세율을 80%로 하는 이유는 지방자치단체별 행정운영에 필요한 여유재원의 보장 및 지방세의 징수노력 등 자체수입 증대 의욕을 고취하기 위함이다. 보정수입액(補正收入額)은 기초수입액 외에 추가되는 수입이다. 지방교부세법(제8조 제3항)은 기준세율로 산정한 각 지방자치단체의 기준재정수입액이 매우 불합리한 경우에는 이를 보정할 수 있다고 규정하고 있는데, 이는 보통세수입만으로는 지방자치단체의 실제적인 수입정도를 반영하기 어렵기 때문이다.

2) 특별교부세의 산정

행정안전부장관은 지방자치단체장이 특별교부세의 교부신청을 하는 경우에는 이를 심사하여 교부하는데, 그 사용에 관하여 조건을 붙이거나 용도를 제한할 수 있다(지방교부세법 시행령 제9조 제1~2항). 지방행정 및 재정운용 실적이 우수한 지방자치단체에 대하여 특별교부세를 교부할 수 있다(지방교부세법 시행령 제9조의 2).

특별교부세의 교부대상별 교부기준은 첫째, 지역현안수요(地域懸案需要)에 대한 특별교부세는 국가적 행사, 지방공공시설의 설치 등으로 인하여 특별한 재정수요가 있는 경우에 교부한다. 그 교부 시기는 해당 수요가 발생한 때이나, 특별한 사유가 발생한 경우에는 행정안전부장관이 합리적으로 조정할 수 있다.

둘째, 재해대책수요(災害對策需要)에 대한 특별교부세는 각종 재해 등으로 인하여 소요되는 지방비부담분을 보전할 필요가 있는 경우에 교부한다. 그 교부 시기는 재해가 발생한 때이나, 특별한 사유가 발생한 경우에는 행정안전부장관이 합리적으로 조정할 수 있다.

3) 분권교부세의 산정

분권교부세의 운용기한은 2005~2009년(5년간)이며, 2010년부터는 폐지하여 보통교부세로 통합된다. 분권교부세는 해당 지방자치단체(시·도, 시·군·구)에 직접 교부한다. 분권교부세는 국고보조사업을 이양 받은 지방자치단체에 교부한다. 분권교부세는 지방이양사업과 관련된 인구수 등의 통계자료, 종전의 국고보조금 지원수준 등을 감안하여 산정한다. 행정안전부장관은 분권교부세를 교부하고자 하는 때에는 해당 지방자치단체장에게 그 교부의 결정을 통지해야 한다(지방교부세법 제9조의 2).

분권교부세는 이양사업의 성격을 분석하여 크게 경상적 수요와 비경상적 수요로 구분하여 산정한다. 즉 자치단체별 수요액(경상적 수요+비경상적 수요)에 조정률을 곱하여 산정한다. 조정률은 담배소비세의 최근 3년간 징수실적을 고려하여 산정한다.

경상적 수요는 광역단위로 평균교부액과 국고보조금 지원 관련 통계를 적용하여 산정한 후, 지방자치단체별로는 평균교부액 비중에 따라 산정한다. 여기에서 경상적 수요의 대상은 사업의 성격상 일정수준의 계속적인 재정수요를 필요로 하는 사업으로서, 종전 보조금 평균교부액 수준과 이양사업 관련 통계 등을 감안하여 객관적인 산식화가 가능한 사업을 말한다.

비경상적 수요는 불특정 지방자치단체를 교부대상으로 하는 일반수요와, 관계부처 및 지방자치단체의 특정목적사업을 교부대상으로 하는 특정수요로 구분된다. 비경상적 수요는 매년 지방자치단체의 사업계획을 심사·지원하던 사업으로서, 일률적으로 보조금 평균교부액 수준을 적용하여 배분하는 것이 불합리한 사업이 그 대상이다.

3. 국고보조금

국고보조금(國庫補助金)은 국가의 위임사무와 시책사업 등에 대한 사용범위를 정하여 그 경비의 전부 또는 일부를 보조하는 것과 재정상의 지원을 하기 위하여 교부하는 것을 말한다. 일반적으로 국고위탁금, 국고부담금, 국고보조금 등으로 나눌 수 있다.[37)]

국고보조금은 지방교부세와 더불어 가장 보편적인 지방재정조정제도의 하나이다. 지방교부세제도가 없는 나라에서도 국고보조금제도는 대부분 채택하고 있다. 현재 우리나라에서는 국가와 지방자치단체 사이의 연계를 보다 강화하고 국가의 정책적 필요에 따른 지방자치단체 사업의 지원 또는 국가위임사무의 수행을 위하여 사업비의 일부 또는 전부를 지방자치단체에 대한 보조금으로 국고에서 지원하고 있다.[38)]

국고보조금은 재원이전의 형식을 통하여 지방자치단체의 재정력을 보완한다는 점에서 지방교부세와 공통적인 성격을 가지고 있다. 특히 지방교부세 중 특별교부세는 지방자치단체의 특정한 수요에 연계되어 배분된다는 점에서 지방자치단체에 대한 재원보조의 성격을 띠고 있다. 그리고 포괄보조금은 사용목적이 상당히 일반화되어 있어 사실상 지방교부세와 유사한 면을 내포하고 있다.

그러나 국고보조금은 목적·용도·운영방식 등에서 지방교부세와 비교할 때 다음과 같은 특징이 있다. 첫째, 국고보조금은 그 용도가 정해진 특정재원이라는 점에서 일반재원으로 사용되는 지방교부세와 다르다.

둘째, 국고보조금은 지방비부담(地方費負擔)을 수반한다. 국고보조금(이를 기준보조금이라고 함)에는 정도의 차이는 있지만, 보조사업마다 지방자치단체의 부담이

37) 즉 국가의 사무를 지방자치단체에 위임하였을 경우 그 경비를 부담하는 국고위탁금(國庫委託金), 지방자치단체가 행하는 사업 중 그 성질상 국가의 책임정도에 따라 그 경비의 전부 또는 일부를 부담하는 국고부담금(國庫負擔金), 지방자치단체에 대해 특정사업의 실시를 권장하거나 지방자치단체의 재정을 지원하는 협의의 국고보조금(國庫補助金) 등이다.

38)시·도 역시 시책상 필요하다고 인정되는 때 또는 시·군 및 자치구의 재정사정상 특히 필요하다고 인정되는 때에는 예산의 범위 안에서 시·군 및 자치구에 보조금을 교부할 수 있다(지방재정법 제23조 제1~2항).

수반된다. 그러나 지방교부세는 지방비부담과 본질적으로 관련이 없다.

셋째, 국고보조금은 그 총액규모가 법정화되어 있지 않고 매년 국가의 예산과정을 통하여 결정한다. 즉 중앙정부가 재정여건, 정책목표, 예산정책 등을 고려하여 결정한다. 이에 비하여 지방교부세는 「지방교부세법」에 그 지원 규모가 정해져 있다.

넷째, 국가시책의 구현에 소요되는 경비에 대한 국고보조율(기준보조율)과 지방비부담률은 법령으로 정한다(지방자치법 제114조 제2항). 지방교부세는 기준재정수요액과 기준재정수입액의 차액(부족액)을 지방교부세 총액의 범위 내에서 조정하여 배분한다. 그리고 지방교부세는 단일통로를 거쳐 지방자치단체에 이전되는 데 비하여 국고보조금은 중앙의 각 부처별로 다양한 통로를 거쳐 이전된다.

국고보조금은 여러 가지 기준에 따라 분류할 수 있는데(Musgrave, 1984: 532), 일반적으로 그 용도의 지정 및 범위에 따라 조건부보조금과 포괄보조금, 보조방식에 따라 직접보조금과 간접보조금, 배분방법에 따라 정률보조금과 정액보조금으로 나눈다.

어떤 사업을 국고보조사업으로 선정할 것인가 하는 문제는 시대와 상황에 따라 다를 수 있으므로 단정적으로 말하기 어렵다. 일본에서는 건설, 미국에서는 교육, 영국에서는 주택분야의 사업이 국고보조금에서 큰 비중을 차지하고 있으며, 한국에서는 보건복지사업이 가장 큰 비중을 차지하고 있다. 국고보조사업의 선정문제는 근본적으로 중앙정부가 특정사업을 추진함에 있어서 어떤 재정정책수단을 사용하는 것이 경제적 효율 및 공평을 달성할 것인가 하는 문제로 귀결된다.[39)]

---

39) 우리나라의 경우 국고보조금 지급대상 사업의 선정에 있어서 객관적 기준이 미흡하다고 지적되고 있다. 보조사업 선정의 객관적 기준이 미흡하여, 사업의 성격상 중앙정부가 추진해야 할 사업임에도 불구하고 지방자치단체로 하여금 사업을 추진토록 하면서 소요경비의 일부를 분담시키거나, 지방자치단체의 고유기능임에도 불구하고 국고보조를 통해 추진하려는 사례가 발생한다(김완순, 1986: 510).

최근 「보조금의 예산 및 관리에 관한 법률」의 개정으로 기준보조율의 법령규정사항이 확대(117→157건)되고, 국고보조에 따른 지방자치단체간 지방비부담기준 조정에 관한 지방자치단체의 자율성을 확대하였다. 즉 국고보조사업 중 138개 지방비부담사업에 대하여 지방자치단체간 기준부담률을 규정하고, 광역단체가 기초단체의 재정여건을 감안하여 차등 보조할 수 있는 근거를 마련하였으며, 시·도와 시·군·구가 상호 협력하여 기준부담률을 정하도록 재량권을 부여하였다.

4. 시·도비보조금 등

(1) 시·도비보조금

광역자치단체가 기초자치단체의 재정 조정을 위하여 교부하는 것으로는 시·도비보조금, 조정교부금, 재정보전금이 있다(<표 6-4> 참조). 시·도비보조금은 시·도가 시책상 필요하다고 인정할 때 또는 시·군·자치구의 재정사정상 특히 필요하다고 인정할 때 예산의 범위 안에서 시·군·자치구에 교부하는 것이다(지방재정법 제23조 제2항).

◈ 표 6-4 ◈ 광역자치단체의 기초자치단체 재정조정제도

	시·도비보조금	조정교부금	재정보전금
근거 법령	· 지방재정법 제23조 · 지방재정법 시행령 제29조	· 지방자치법 제160조 제1항 · 지방자치법 시행령 제57조	· 지방재정법 제29조
재원	· 시·도의 일반회계 또는 특별회계	· 특·광역시세인 취득세와 등록세 중 조례로 정하는 일정액[1] · 일반교부금과 특별교부금으로 운영[2]	· 광역시·도의 징수교부금 중 조례로 정하는 일정액 – 일반재정보전금 90% – 시책추진보전금 10% – 특별재정보전금(경기도 해당)
용도	· 특정한 지원 대상사업 재정수요 충당(용도 지정)	· 용도 지정 없이 기초자치단체의 일반재원으로 사용	· 용도 지정 없이 기초자치단체의 일반재원으로 사용[3]
배분 방법	· 지원사업별 사업우선순위 등에 의거 지원	· 기초자치단체별 재정부족액을 기준으로 포괄 배분	· 인구, 징수실적, 해당 시·군의 재정사정 기타 대통령령이 정하는 기준에 따라 배분

주: 1) 서울 50%, 부산 51%, 대구 52%, 인천 50%, 광주 70%, 대전 68%, 울산 58%.
2) 특별교부금은 서울 10%, 부산 5%, 대구 10%, 인천 10%, 광주 10%, 대전 10%, 울산 10%.
3) 시책추진보전금은 시장·군수가 요청하는 사업 또는 시·도지사가 필요성을 인정하는 사업.
자료: 행정자치부, 2007년도 지방자치단체예산개요, p. 58.

(2) 조정교부금

조정교부금(調整交付金)은 특별시장 및 광역시장이 시세 수입 중의 일정액을 확보하여 조례가 정하는 바에 의하여 해당 지방자치단체의 관할구역 안의 자치구 상호간의 재원을 조정하는 것을 말한다(지방자치법 제160조). 이때 조정재원은 시세

중 취득세와 등록세로 하며, 자치구 상호간의 재원조정방법을 정하는 조례에는 조정교부금의 교부율, 산정방법 및 교부시기 등이 포함되어야 한다(지방자치법 시행령 제57조).

(3) 재정보전금

재정보전금(財政補塡金)은 시·도지사(특별시장 제외)가 시·군에서 징수하는 광역시세·도세(공동시설세 제외)의 27%(인구 50만 이상의 시와 자치구가 아닌 구가 설치되어 있는 시의 경우에는 47%)에 해당하는 금액을 시·군에 배분하는 것을 말한다. 이때 인구, 징수실적, 해당 시·군의 재정사정 그 밖에 대통령령이 정하는 기준에 따라 해당 시·도(특별시 제외)의 관할구역 안의 시·군에 배분해야 한다(지방재정법 제29조).

재정보전금의 종류로는 ⓐ 시·군의 행정운영에 필요한 재원을 보전하기 위한 일반재정보전금, ⓑ 시·군의 지역개발사업 등 시책추진을 지원하기 위한 시책추진보전금, ⓒ 보통교부세가 교부되지 않는 시·군에 대하여 그 재정적 결함을 보전하기 위하여 지급하는 특별재정보전금이 있다(지방재정법 시행령 제36조). 재정보전금 중 일반재정보전금과 특별재정보전금은 용도지정 없이 기초자치단체의 일반재원으로 사용되지만, 시책추진보전금은 시장·군수가 요청하는 사업 또는 시·도지사가 필요하다고 인정하는 사업에 사용해야 한다.

제 6 절 지방공기업

1. 지방공기업의 의의와 설립동기

(1) 지방공기업의 의의와 특징

1) 지방공기업의 의의

지방공기업(地方公企業)은 지방자치단체가 주민의 복지증진을 위하여 직접·간접으로 경영하는 사업 중 「지방공기업법」의 적용을 받는 사업을 말한다. 지방자치단체는 일반적인 공공수요를 충족시키기 위하여 권력적 활동으로서의 일반적인 행정활동을 수행할 뿐만 아니라 특정한 재화나 서비스를 제공하기 위하여 비권력적 활동으로서의 기업활동도 수행한다.

공익사업(public utility)은 주민의 일상생활에 꼭 필요한 재화나 서비스를 제공하는 사업으로서, 공익성이 크고 지역적으로 독점이 보장되며, 요금이나 서비스에 대하여 공적 통제를 받는다. 전기·수도·가스·우편·전신·전화·교통 등이 대표적이다. 이러한 공익사업은 주민의 복지증진을 목적으로 하는 지방공기업으로 경영하는 것이 바람직하고, 실제로 대부분의 공익사업은 지방공기업이 담당하고 있다. 그러나 지방공기업과 공익사업이 동일한 것은 아니다. 지방공기업의 주종을 이루는 것이 공익사업이지만 나라에 따라서는 공익사업을 민영(民營)으로 하는 경우도 있기 때문이다(김종희, 2006: 492)

지방자치단체의 일반행정은 공공수요를 충족시키는 활동이고 그 효과가 특정인에게 분할되는 것이 아니므로 그 비용은 대부분 조세에 의하여 충당된다. 이에 비하여 지방공기업은 그 효과가 특정인에게 귀속되므로 재화나 서비스를 제공받는 주민으로부터 그 대가를 받아 경비를 충당한다. 지방공기업의 대상은 주로 지역주민 또는 지역산업이고, 그 목적은 해당 주민의 복지증진 또는 지역산업의 발전이며, 그 목적을 달성하기 위하여 기업적으로 경영한다.

2) 지방공기업의 특징

(가) 지역성: 지방공기업의 경영주체인 지방자치단체가 행정적으로 지역성을 띠고 있기 때문에 지방공기업의 재화나 서비스도 지역 내에서 생산되고 분배된다. 따라서 그 재화나 서비스의 형태·내용·요금이 지역에 따라 다를 수 있다. 물론 지방공기업이 지역성을 띤다고 하여 그 범위가 지방자치단체의 행정구역과 반드시 일치하는 것은 아니다. 지방직영기업의 경영에 관한 사무를 광역적으로 처리하기 위하여 지방자치단체조합을 설립할 수 있다(지방공기업법 제44조).

(나) 공익성: 지방공기업은 주민의 복지증진과 같은 공익성 추구를 그 존립 목적으로 한다. 주민의 복지증진은 지역경제의 성장과 불가분의 관계에 있으므로 지방공기업이 반드시 공익성만을 추구해야 하는가에 대해서는 논란의 여지가 있다. 그러나 지방공기업에 있어서 '公'은 그 소유가 공적이고 그 경영의 주요 목적이 공공복지의 증진에 있음을 의미한다.

(다) 기업성: 지방공기업은 기업적으로 운영되어야 한다. 형식적인 측면에서의 기업성은 독립채산제나 수익자부담원칙에 따라 재화나 서비스의 대가로서의 요금수입에 의하여 경비를 충당함을 의미한다. 그러나 이러한 의미의 기업성만을 강조해서는

지방공기업의 공익성을 기대하기 어렵다. 내용적인 측면에서의 기업성이 중요하다. 즉 조직·인사·예산 등에서의 문제점을 적극적으로 개선하고, 경영환경의 변화에 신속하게 대응하며, 기업가 정신을 발휘하는 등의 기업성이 필요하다(김종희, 2006: 494-495).

(2) 지방공기업의 설립동기

(가) 주민의 복지증진: 지방공기업의 공통적인 설립동기로는 우선 주민의 복지증진을 들 수 있다. 주민의 복지증진을 도모하는 것은 지방자치단체 그 자체의 존립목적이기도 한데, 수도·교통·의료 등의 특정사업은 지방공기업의 형태로 경영하는 것이 더 바람직하다.

(나) 공익사업의 특성 유지: 지역적 독점성이 강한 공익사업은 대체로 공영방식으로 운영하는 것이 바람직하다. 물론 공익사업에도 사기업이 참여할 수 있지만 사기업은 이윤추구에 역점을 두고 있고 그 경영에 주민의 의사가 반영되기 어렵다. 따라서 독점적인 공익사업은 지방공기업으로 하여금 낮은 요금으로 양질의 서비스를 공급하게 하는 것이 바람직하다.

(다) 민간부문의 참여 부재: 주민의 복지향상을 위하여 필요한 사업이라고 하더라도 충분한 이윤이 보장되지 않거나 막대한 시설자금이 소요되는 경우에는 민간부문이 참여하지 않는다. 지하철사업, 수익성이 없는 노선의 버스사업, 도서나 벽지의 병원사업 등은 지방자치단체가 지방공기업 형태로 참여할 수밖에 없다.

(라) 종합적 경영: 사업의 성질상 관련사업과 종합적·체계적으로 경영하는 것이 더 효율적인 경우도 있다. 예컨대 대도시의 교통사업은 지하철 건설, 외곽도로 건설, 도시구조의 변경, 버스노선 등과 연계하여 지방자치단체나 그에 의해 설립된 법인에 의하여 종합적인 계획 하에 경영하는 것이 바람직하다.

(마) 생활행정수요의 충족: 국가는 권력행정을 기본으로 하고 서비스행정은 부차적으로 수행하는 데 비하여, 지방자치단체는 권력행정과 더불어 서비스행정을 수행하는 것을 그 본래의 사명으로 한다. 따라서 주민의 일상생활과 밀접한 관련이 있는 상하수도사업이나 교통사업은 지방자치단체가 지방공기업의 형태로 운영하는 것이 바람직하다.

(바) 세외수입의 증대: 모든 지방자치단체는 국회에서 제정한 법률(지방세법)에 의하여 일정한 세목과 세율에 따라 세금을 부과하고 징수하므로 지방자치단체가

독자적으로 재정수요를 해결하는 데는 한계가 있다. 지방자치단체의 노력 여하에 따라 그 확충이 가능한 것은 세외수입인데, 지방공기업은 바로 세외수입을 늘리기 위한 방안의 하나가 된다.

2. 지방공기업의 종류

지방공기업은 지방자치단체의 일반행정조직이나 자방자치단체장 산하의 외청형태로 지방자치단체가 직접 경영하거나 별도의 독립된 법인을 설립하여 간접관리하는 방식으로 운영하기도 한다. 전자를 지방직영기업, 후자를 지방공사와 지방공단이라고 한다.

우리나라의 「지방공기업법」에서는 지방공기업의 종류를 조직형태, 경영방식, 지방자치단체의 출자지분 등을 중심으로 지방직영기업·지방공사·지방공단·민관공동출자기업(제3섹터) 등으로 구분하고 있다.

◈ 표 6-5 ◈ 지방공기업의 유형

유 형	조직형태(성격)	관리방식	경 영 자	지자체 출자비율
지방직영기업	행정조직(행정기관)	직접경영	관리자	100%
지방공사	법인(일종의 회사)	간접경영	사장 부사장 이사	1/2 이상
지방공단	법인(일종의 공공기관)		이사장 부이사장 이사	100%
민관공동출자기업(제3섹터)	상법상의 주식회사	공동경영	사장 부사장 이사	1/4~1/2 미만 또는 1/4 미만
	민법상의 재단법인			

(1) 조직형태별 분류

1) 지방직영기업

지방직영기업(地方直營企業)은 지방자치단체가 직접 설립·경영하는 사업을 말하는데, 그 명칭은 1992년의 「지방공기업법」 개정 때부터 사용되기 시작하였다. 지방직영기업은 지방자치단체가 소속공무원과 행정조직을 통하여 직접 경영함으로써 공공성을 제고할 수 있다.

지방직영기업은 그 경영주체가 지방자치단체이므로 원칙적으로 일반행정기관에 적용되는 법령의 적용을 받고,[40] 지방직영기업의 직원은 지방공무원이며 그 임용방법

40) 우리나라의 경우 그 예산과 회계는 「지방공기업법」의 적용을 받도록 하고 있고, 이 법에 규

과 근무조건은 일반공무원과 동일하다. 그리고 지방직영기업의 예산은 특별회계로 계리(計理)되지만 일반회계와 마찬가지로 매년 지방의회의 의결을 얻어야 한다.

2) 지방공사·공단

지방공사와 지방공단은 지방자치단체가 법인의 형태로 설립·운영하는 공기업을 말한다. 1980년 「지방공기업법」 개정 때 도입되었다. 지방공사(地方公社)는 지방자치단체가 단독 또는 다른 지방자치단체와 공동으로 설립할 수 있는데, 우리나라의 경우 자본금의 1/2을 초과하지 아니하는 범위 안에서 지방자치단체 외의 자로 하여금 출자하게 할 수 있도록 하고 있다. 지방공단(地方公團)의 경우에는 지방자치단체가 전액 출자하고 민간의 출자는 허용되지 않는다.

지방자치단체가 지방공사 또는 지방공단을 설립하고자 할 때에는 그 설립· 업무 및 운영에 관한 기본적인 사항을 조례로 정해야 한다(지방공기업법 제49조 제2항). 다른 지방자치단체와 상호규약을 정하여 공동으로 설립할 수 있다(지방공기업법 제50조 제1항).

3) 민관공동출자기업

민관공동출자기업(民官共同出資企業)은 지방자치단체가 「지방공기업법」의 의무적용사업을 효율적으로 수행하기 위하여 자본금 또는 재산의 1/2 미만을 출자 또는 출연하여 지방자치단체 외의 자(외국인 및 외국법인 포함)와 공동으로 주식회사(출자법인) 또는 재단법인(출연법인)을 설립하는 경우로서, 흔히 혼합기업 또는 제3섹터라고 한다. 우리나라의 민관공동출자기업은 대부분 주식회사 형태를 취하고 있다.

제3섹터는 지방자치단체의 출자 비중이 낮기 때문에 지방자치단체가 경영권을 장악하지 못할 수도 있다. 제3섹터는 자본주의와 공기업의 특징을 조화시킨 것이라고 하기도 하고, 민간부문과 공공부문의 나쁜 점만을 나타내는 것이라고도 한다(Robson, 1962: 27). 그러나 최근 많은 나라에서 널리 채택하고 있고, 우리나라에서도 그 수가 점차 증가하고 있다.

(2) 경영방식별 분류

1) 직접경영방식

직접경영방식(直接經營方式)은 지방자치단체가 직접 지방공기업에 관한 사무를

정한 것을 제외하고는 「지방자치법」과 「지방재정법」의 적용을 받도록 하고 있다.

처리하는 것을 말한다. 그 조직은 지방자치단체의 사업본부·사업단·사업소·국 또는 과 등의 형태로 운영된다. 지방공기업의 사업 중에는 상하수도와 같이 지역주민의 일상생활과 밀접한 경우가 많기 때문에 공공성의 확보 및 행정의 종합성을 위해 지방자치단체가 직접 경영하고 있다.

직접경영방식의 장점은 지역주민의 일상생활에 불가결한 공공서비스의 지속적인 공급, 지역주민의 의사 반영, 장기저리(長期低利)의 자금조달 용이, 낮은 요금정책 유지 등이다. 그 단점은 경직적이고 비능률적인 경영, 행정구역에 의한 경영의 제약, 경영악화에 대한 위기의식 내지 책임의식의 결여 등이다.

2) 간접경영방식

간접경영방식(間接經營方式)은 지방자치단체가 자본금의 1/2 이상 출자한 법인을 설립하고 이를 통하여 간접적으로 경영하는 것을 말한다. 지방공사·공단 및 제3섹터가 여기에 해당된다. 간접경영방식이 증가하고 있는 이유는 민선자치단체장의 경영마인드 부각, 경영방식의 다각화 등에서 비롯되기도 하지만 동시에 지방공기업의 설립을 지방자치단체의 구조조정의 한 수단으로 활용할 수 있었다는 데에도 그 원인이 있다.

간접경영방식은 장점은 민간부문의 자금 유치, 자주적 책임경영을 통한 효율성 제고, 민간의 기술이나 전문지식의 활용에 의한 직접경영방식의 한계 극복 등을 들 수 있다. 그 단점은 공공성의 확보 곤란, 방만한 경영으로 인한 사업효율 저하, 서비스의 안정적 공급 곤란 등이다.

3) 위탁경영방식

위탁경영방식(委託經營方式)은 지방자치단체가 시설을 건설하고 소유하되 그 경영을 민간에게 맡기는 것으로서, 간접경영방식의 일종이다. 위탁경영에 적합한 사업은 민간부문에서 그 사업의 경영에 정통하고 전문적 기술이 풍부하여 양질의 서비스를 제공할 수 있는 것이어야 한다. 즉 수도요금이나 가스사용료의 징수, 관광시설의 관리, 청사의 보수, 청소사업 등이 적합하다. 일부 의료원이나 시립병원(이천, 마산, 군산, 영등포)도 그 경영을 대학병원에 위탁하고 있다. 그러나 위탁경영의 계약자(受託者)가 수익에 치중하는 경우 서비스가 열악해 지고, 의회를 통한 주민의 의사반영이 어렵다는 단점이 있다.

위탁경영방식은 경영의 전반을 위탁하는 완전위탁과 사업의 일부만을 위탁하는 부분위탁으로 나눌 수 있다. 완전위탁은 레저시설이나 관광사업 등 비교적 공익성이 낮거나 주민의 일상생활과 직결되지 않는 사업에 적합하다. 부분위탁은 수도사업에 있어서의 검침이나 수금과 같이 단순 반복 작업이면서 경영의 능률향상이나 원가절감이 가능한 사업에 적합하다.

(3) 제3섹터

1) 제3섹터의 의의와 필요성

제3섹터(the third sector)란 공공부문(제1섹터)과 민간부문(제2섹터)이 공동출자하여 사업체를 만들고 이를 통하여 동일한 역할을 수행하는 방식을 말한다. 일종의 민관협력(民官協力)의 방식이라고 할 수 있는데, 여기에는 자본뿐만 아니라 시설·인력·기술 등의 협력도 포함된다. 법률적으로는 지방자치단체가 자본금 또는 재산의 1/2 미만을 출자하고 민간부문이 나머지를 공동출자하여 설립한 상법상의 주식회사 또는 민법상의 재단법인을 말한다. 따라서 민(民)과 관(官)이 공동출자하여 사업체를 만들었다고 해도 주식회사나 재단법인이 아니면 제3섹터라고 할 수 없다.

제3섹터방식의 의의는 지방공기업의 경직성이나 순수 민영화에서 나타나기 쉬운 이윤추구를 해소하면서 공익성과 수익성을 동시에 달성할 수 있다는 데 있다. 공공부문에서는 민간자본의 활용, 지역경제의 활성화, 경영의 전문화, 공공부문과 민간부문의 역할 분담 차원에서 필요하다. 민간부문에서는 이윤동기, 위험분산, 공신력 획득 차원에서 필요하다(김종희, 2006: 515-516).

2) 일본의 제3섹터

일본의 지방공사에는 공법상의 지방공사와 사법상의 지방공사가 있다. 공법상의 지방공사는 지방자치단체가 전액출자하고 있으므로 제외되며, 사법상의 지방공사 중 민관합자일 경우에만 제3섹터라고 한다.[41)]

제3섹터라는 용어가 공식적으로 사용되기 시작한 것은 1973년의 경제사회기본계획에서부터이고, 1983년부터 민활정책(民活政策)을 적극적으로 추진하기 시작하였

41) 그러나 지방자치경영 실무에서는 각기 목적에 따라 제3섹터를 다르게 정의하고 있다. 즉 자치성은 종래 민법이나 상법에 의하여 설립된 법인 중에서 지방자치단체가 25% 이상 출자한 법인을 제3섹터라고 하였으나, 1993년부터는 출자비율에 관계없이 민광공동출자법인이면 모두 제3섹터로 보고 있다. 「민활법」(民活法 : 민간사업자의 능력 활용에 의한 특정시설의 정비촉진에 관한 임시조치법)에서는 조세특별조치를 받을 수 있는 제3섹터를 복수의 지방자치단체가 1/4 이상 출자하고 있는 법인으로 보고 있고, 「NTT법」에서는 NTT 무이자 대상이 되는 제3섹터를 지방자치단체가 출자하고 있는 법인을 모두 포함하고 있다.

다.[42] 1987년 6월「민도법」(民都法: 민간의 도시개발 추진에 관한 특별조치법)에 따라 민간도시개발추진기구를 설립하고, 이 기구로 하여금 양호한 시가지 형성과 도시기능의 유지 증진을 도모하도록 하였다. 이 기구는 일본개발은행 등과 제휴하여 장기저리(長期低利)의 융자를 하였고, 그 주요 대상사업은 도시개발정비사업이었다.[43]

일본에서 제3섹터방식으로 경영하고 있는 분야는 리조트(resort)개발사업, 비즈니스 인큐베이터(business incubator)사업,[44] 경량전철의 건설, 버스사업, 지역산업진흥센터, 농산물과 임산물의 가공 및 유통, 재택복지 서비스의 하나인 홈헬프(home help, 가정봉사원 파견) 서비스 등이다.

3) 한국의 제3섹터

지방자치단체가 출자법인 또는 출연법인을 설립하고자 하는 경우에는 주민복리 및 지역경제에 미치는 효과, 사업성, 출자·출연의 타당성 여부 등을 미리 검토해야 한다(지방공기업법 제77조의 3 제1~2항).

(가) 지방공사형 제3섹터:「지방공기업법」의 개정(1980년)에서 간접경영방식인 지방공사제도를 도입함으로써 간접경영의 길을 마련하였다. 즉「지방공기업법」제53조 제2항에서 지방공사의 운영을 위하여 필요한 경우에는 자본금의 1/2을 초과하지 아니하는 범위 안에서 지방자치단체 외의 자로 하여금 출자가 가능하도록 규정함으로써 지방공사형 제3섹터를 제도적으로 보장하였다. 그리고「지방재정법」(제15조)에서도 지방자치단체가「지방공기업법」의 적용범위 내의 사업에 민간과 공동으로 출자할 수 있도록 규정하였다. 지방공사형 제3섹터가 최초로 설립된 것은 1992년의 장흥표고유통공사다. 이 공사는 특이하게 주민과 관의 공동출자로 설립되었기 때문에 제4섹터라고도 한다.

(나) 주식회사형 제3섹터: 우리나라에서는 현재 지방자치단체가 1/4~1/2 미만 출자한 경우와, 지방자치단체가 1/2 미만 출자한 경우를 구분하고 있지만 모두 주식회사 형태를 취하고 있다. 이것을 사법인형 제3섹터라고도 한다(배용수, 1995: 71-74).

---

42) 일본에서의 민관협력(民官協力)은 1913년 縣과 民의 공동출자에 의하여 설립된 사또(左渡)기선 이후 1950년대 후반에 그 수가 급격하게 증가하였다.

43) 일본의 전체 지방공사 중 제3섹터가 차지하는 비중은 광역자치단체일수록 높다. 都道府縣이 74.7%, 指定都市가 58.1%, 市町村이 40.0%다(日本地域政策硏究會編, 1993: 8).

44) 비즈니스 인큐베이터는 어떤 사람이 사업을 시작할 때 정부가 창업준비에서부터 사무실과 공장을 마련해 주어 정상화될 때까지 지원하는 제도를 말한다. 비즈니스 인큐베이터에 들어간 기업은 일정한 수준에 이르면 다른 곳으로 독립해야 한다.

우리나라의 최초의 주식회사형 제3섹터는 분뇨의 수거·처리를 목적으로 1962년에 설립된 부산위생주식회사인데, 이것은 부산시와 민간이 공동으로 출자하여 설립하였다. 그후 경북개발(농산물판매), 대구개발(지하상가와 주차장 관리), 인천개발(주차장 관리, 1992년에 인천시 주차시설관리공단으로 업무 이관), 경기개발(건설자재생산), 대전종합개발(쓰레기 처리 및 주차장 관리, 1993년에 대전한밭공사로 업무이관) 등이 설립되었으나 새로운 지방공사로 흡수되었거나 명맥만 유지하고 있는 상태이다. 경남개발, 강원개발, 제주관광 등은 설립되었다가 곧 폐업되었다.

1994년에는 경남무역, 경북통상, 제주교역이 주식회사형 제3섹터로 설립되었다. 이러한 회사들은 주로 농수축임산물과 관련된 해외시장의 정보수집, 판매망 조직, 직판장 설치 운영, 및 수출입 업무 등을 대행하고 있다.

(4) 지방공기업의 현황

2007년 7월 30일 현재 우리나라의 지방공기업은 총 367개다. 직접경영사업 227개, 간접경영사업 140개(지방공사 43개, 지방공단 69개, 제3섹터 28개)다.

지방공기업법의 적용사업은 크게 의무적용사업과 임의적용사업으로 나눌 수 있다. 의무적용사업은 지방자치단체가 실시하는 특정사업이 일정규모 이상일 경우에 반드시 공기업의 형태를 취하도록 하는 사업을 말한다.

의무적용사업(義務適用事業)은 「지방공기업법」(제2조 제1항)에서 8종, 즉 수도사업(간이상수도사업 제외), 공업용수도사업, 궤도사업(도시철도사업 포함), 자동차운송사업, 지방도로사업(유로도로사업에 한함), 하도수도사업, 주택사업, 토지개발사업

◈ 표 6-6 ◈ **지방공기업의 현황**(2007.7.30 현재)

<table>
<tr><td rowspan="2">직접경영
사업
227</td><td>상수도</td><td colspan="2">하수도</td><td colspan="2">공영개발</td><td>지역개발기금</td></tr>
<tr><td>108(특·광역시 7,
시 76, 군 25)</td><td colspan="2">64(광역시 6,
시 58)</td><td colspan="2">39(광역시·도 3,
시·군 36)</td><td>16(광역시·도 16)</td></tr>
<tr><td rowspan="6">간접경영
사업
140</td><td rowspan="2">지방공사
43</td><td>지하철</td><td>도시개발</td><td>기타</td><td colspan="2">지자체 50% 이상 출자</td></tr>
<tr><td>7</td><td>16</td><td>17</td><td colspan="2">3</td></tr>
<tr><td rowspan="2">지방공단
69</td><td colspan="2">시설관리</td><td colspan="3">경륜</td></tr>
<tr><td colspan="2">67</td><td colspan="3">2</td></tr>
<tr><td rowspan="2">제3섹터
28</td><td colspan="2">자자체 25-50% 미만 출자</td><td colspan="3">지자체 25% 미만 출자</td></tr>
<tr><td colspan="2">17</td><td colspan="3">11</td></tr>
</table>

자료 : 행정자치부, 지방공사·공단 현황(2007).

으로 규정하고 있다.

임의적용사업(任意適用事業)은 지방자치단체의 조례가 정하는 바에 의하여 임의로 적용되는 사업을 말한다. 일정한 사업 중 경상경비의 5할 이상을 경상수입으로 충당할 수 있는 사업으로서 이러한 임의적용사업은 지방직영기업, 지방공사 또는 지방공단이 경영하는 경우에는 조례가 정하는 바에 의하여 「지방공기업법」을 적용할 수 있다.[45]

3. 지방공기업의 조직 및 인사관리

(1) 지방직영기업의 조직관리

1) 지방직영기업의 관리자

지방직영기업의 관리자는 지방직영기업의 일상적 운영에 관하여 독자적 권한을 가지고 있으며 그 업무에 관하여 대표한다. 지방자치단체장 및 지방의회는 주민의 복리증진이라는 입장에서 총괄적인 통제를 한다.

관리자는 지방직영기업의 업무를 관리·집행하게 하기 위하여 사업마다 두는 것이 원칙이나 예외적으로 동질 또는 유사한 사업에 있어서는 2 이상의 사업에 걸쳐 1인을 둘 수 있다(지방공기업법 제7조 제1항). 유사한 사업의 경우 2 이상의 사업에 걸쳐 1인의 관리자를 두는 것은 1인의 책임자로 운영하는 것이 보다 능률적이고 지방자치단체의 규모와 기구의 간소화에도 도움이 되기 때문이다.

지방직영기업의 관리자는 해당 지방자치단체의 공무원 중 지방직영기업의 경영에 관하여 지식과 경험이 풍부한 자 중에서 지방자치단체장이 임명한다(지방공기업법 제7조 제2항). 관리자의 임기를 임기제로 하는 경우 그 임기를 2년으로 하고 경영성과에 따라 연임하게 할 수 있다(지방공기업법시행령 제3조 제1항). 임기제의 채택은 관리자로 하여금 일정한 기간동안 직무에 전념하게 하기 위함인데, 문제는 그 2년이라는 기간이 과연 경영능력을 발휘하기에 충분하겠는가 하는 것이다. 물론 경영성과에 따라 연임할 수 있지만 경영 전문화의 필요성이라든지 관리자가 지방자치단체장의 보조직원이라는

45) 일정한 사업이란 ⓐ 민간인의 경영참여가 어려운 사업으로서 주민복리의 증진에 기여할 수 있고, 지역경제의 활성화나 지역개발의 촉진에 이바지할 수 있다고 인정되는 사업, ⓑ 의무적용사업 중 대통령령이 정하는 기준에 미달하는 사업, ⓒ 체육시설 및 관광사업(여행업 및 카지노업은 제외) 등을 말한다(지방공기업법 제2조 제2항).

지위를 지닌다는 점에서 볼 때 그 임기가 너무 짧다고 할 수 있다.

2) 지방직영기업의 직원

지방직영기업 직원의 신분은 지방공무원이다. 그동안 지방직영기업의 문제점의 하나로 관리자뿐만 아니라 직원들의 전문성이 미흡하다는 점이 지적되어 왔다. 이를 해결하기 위한 방안으로 1989년에 행정직군에 기업행정직렬, 시설직군에 수도토목직렬을 신설하였다. 그러나 임용시험의 과목은 기업행정직렬은 일반행정직렬과 같고, 수도토목직렬은 일반토목직렬과 같기 때문에 직무의 전문화를 위한 구별의 효과가 의문스럽다. 대도시의 규모가 큰 지방직영기업에서는 전문성 있는 직원의 확보가 그런대로 가능하겠지만 기초자치단체에서는 여전히 한계가 있다.

3) 지방자치단체조합

지방자치단체는 지방직영기업의 경영에 관한 사무를 광역적으로 처리하기 위하여 필요한 때에는 규약을 정하여 공동으로 지방자치단체조합을 설립할 수 있다(지방공기업법 제44조). 이때 조합이 경영하는 지방직영기업에 대해서는 관리자를 두지 아니하며, 관리자의 권한은 해당 조합장이 행한다. 그 조합장은 관계 지방자치단체장이 공동으로 임명하되, 그 자격 및 임기는 관리자와 동일하다(지방공기업법 제45조 제1~2항).

(2) 지방공사·공단의 조직관리

모든 지방자치단체는 지방공사·공단을 설립할 수 있다. 이때 그 설립·업무 및 운영에 관한 기본적인 사항을 조례로 정해야 하고, 주민복리 및 지역경제에 미치는 효과와 사업성 등 지방공기업으로서의 타당성 여부를 사전에 검토해야 한다(지방공기업법 제49조 제1~3항).

(가) 이사회: 지방공사에는 그 업무에 관한 중요 사항을 의결하게 하기 위하여 이사회를 두는데, 이사회는 사장과 부사장을 포함하여 이사로 구성된다(지방공기업법 제62조 제1~2항). 사장과 감사는 지방자치단체장이 임면한다(지방공기업법 제58조 제2항). 이사는 상임이사와 비상임이사로 구분하고, 사장을 포함한 상임이사의 정수는 이사정수의 50/100 미만으로 한다(지방공기업법시행령 제55조 제1~2항). 이사회라는 의결기관을 두고 있어 형식상으로는 복수책임제를 취하고 있지만 사장이 전적으로 경영책임을 지고 있기 때문에 실질적으로는 단독책임제라고 할 수 있다.

(나) 경영지도법인: 지방공기업의 경영지도·자문 및 평가업무를 전문적으로

지원하게 하기 위하여 지방자치단체는 공동으로 경영지도법인을 설립·운영할 수 있다. 이 경우 행정안전부장관의 설립인가를 받아야 한다(지방공기업법 제78조의 3).

(다) 지방공기업경영진단반: 행정안전부장관은 지방공기업의 효율적인 경영을 위하여 필요한 지도·조언 또는 권고를 행하는데(지방공기업법 제78조 제2항), 이를 위하여 지방공기업경영진단반을 구성·운영할 수 있다. 이 경우 행정안전부장관은 외부 전문기관에 위탁하여 경영진단을 할 수 있다. 경영진단은 해당 공기업의 조직과 인사관리, 재무회계 등을 엄밀히 분석하여 문제점이 있을 경우 임원의 해임·조직개편·민영화 등 경영개선 명령을 내리게 되며 이를 이행하지 않으면 지방자치단체장이나 공기업 대표자는 형법상의 직무유기로 고발 조치된다. 모든 지방공기업이 경영진단을 받는 것은 아니다. 지방자치단체장이 경영평가 후 제출하는 경영평가보고서와 재무제표 등을 분석한 결과 특별한 대책이 필요하다고 인정되는 지방공기업이 그 대상이다.

(라) 지방공기업 경영진단위원회: 행정안전부장관은 지방공기업 경영진단의 전문적·기술적 분야에 관한 자문에 응하게 하기 위하여 필요하다고 인정되는 경우에 관계 전문가로 구성된 지방공기업경영진단위원회를 운영할 수 있다. 경영진단위원회는 행정안전부에 둔다.

(3) 지방공사·공단의 인사관리

지방직영기업의 관리자와 직원은 지방공무원이므로 여기에서는 지방공사·공단의 임직원의 인사문제만을 고찰한다. 지방공사·공단의 임원은 사장(공단은 이사장), 부사장(공단은 부이사장), 이사, 감사를 말한다.

(가) 임원의 임명: 사장과 감사는 지방자치단체장이 임면한다. 사장을 임명할 때는 사장추천위원회에서 추천한 자 중에서 임명해야 한다. 부사장 및 이사는 지방자치단체장의 승인을 얻어 사장이 임면한다. 비상임이사의 경우에는 지방자치단체의 감사담당부서의 공무원으로 하여금 겸임하게 할 수 있다.

(나) 임원의 임기: 사장·부사장·이사 및 감사의 임기는 모두 3년이다(지방공기업법 제59조 제1항). 지방공기업의 자주성 측면에서 보면 임원의 임기가 긴 것이 바람직하다고 하겠으나 반면에 통제가 어렵다. 임원의 임기를 지방자치단체장의 임기와 같은 4년으로 상한선을 정하되, 지방공기업의 특성(전문성)이나 지방자치단체의 규모(광역 또는 기초)에 따라 그 기간 내에서 자율적으로 정할 수 있도록 하고, 동시에 매년 임원의 일부를 교체하는 시치임기제를 고려해 볼 필요가 있다.

(다) 자격요건: 임원의 자격요건은 적극적 요건과 소극적 요건으로 나누어 볼 수 있다. 적극적 요건으로 우리나라의 「지방공기업법」 제58조에서 지방공사의 사장과 감사는 "지방공기업의 경영에 관한 전문적인 식견과 능력이 있는 자"라고 규정하고 있다. 소극적 요건을 의미하는 결격사유에 관해서는 「지방공기업법」 제60조에서 규정하고 있다. 이외에도 지방공기업의 사업과 금전상 이해관계가 있는 자는 당연히 임원이 될 수 없고, 지방의회의 의원도 지방공사와 지방공단의 임직원을 겸할 수 없다.

(라) 임원의 수: 사장과 부사장을 포함한 이사 약간인을 두며, 이사 및 감사의 수는 정관으로 정한다. 따라서 임원의 수는 이사회나 지방공사·공단의 규모에 따라 다르다.

(마) 신분·벌칙: 지방직영기업의 직원과는 달리 지방공사·공단의 임직원은 공무원의 신분을 갖지 않는다. 그러나 형법상 뇌물죄(형법 제129와 132조)의 적용에 있어서는 지방공사·공단의 임원은 공무원으로 본다.

(바) 겸직금지·보수: 지방공사의 임직원은 그 직무 이외의 영리를 목적으로 하는 업무에 종사하지 못하며, 임원은 지방자치단체장의 허가 없이, 직원은 사장의 허가 없이 다른 직무(영리가 목적이 아닌 직무)를 겸할 수 없다(지방공기업법 제61조). 이것은 지방공기업의 경영에 전념하게 하려는 데 그 취지가 있다. 임직원의 보수는 유능한 사람을 확보할 수 있는 수준이어야 한다. 지방직영기업의 경우는 일반공무원과 마찬가지로 공무원의 보수규정에 따르지만, 지방공사·공단의 경우는 경영평가 결과에 따라 이사회가 정하는 보수규정에 따른다.

4. 지방공기업의 예산과정

지방직영기업의 예산은 예산총칙과 해당 지방직영기업의 사업운영계획에 따라 작성한 그 사업연도의 수익과 비용에 관한 수익적 수입과 지출에 관한 예정(事業豫算이라고 함), 해당연도의 자산·부채·자본의 신규 증감액에 관한 자본적 수입과 지출에 관한 예정(資本豫算이라고 함) 및 그에 관련되는 자금의 운영계획을 그 내용으로 한다(지방공기업법 제25조).

예산의 내용은 예산총칙, 사업예산(수익적 수입과 수익적 지출), 자본예산(자본적 수입과 자본적 지출), 자금운용계획으로 구분되며, 예산과목은 관·항·세항·목으로 구분된다. 지방공사·공단은 사업계획과 연계하여 예산을 작성해야 하며, 사업계획서 및 예산은 지방직영기업에 준하여 작성한다.

(1) 지방직영기업의 예산과정

(가) 예산안의 작성: 지방직영기업의 예산안은 해당 관리자가 작성한다. 지방자치단체장은 이를 조정하여 의회에 제출하는 권한만 가지고 있고, 관리자가 작성한 예산안을 수정할 때에는 관리자의 의견을 들어야 한다(지방공기업법 제26조 제2항). 지방직영기업의 관리자가 예산안을 작성할 때에는 예산편성기본지침에 따라 합리적인 원가기준에 의하여 경비를 산정하여 예산에 계상해야 하고, 예산상 수입과 지출의 예정은 연도 중의 기업의 재정집행에 비추어 합리적으로 해야 한다.[46]

(나) 예산안의 제출: 지방자치단체장은 관리자가 작성한 예산안을 조정하여 사업연도 개시 전에 지방의회에 제출해야 한다. 예산안을 의회에 제출할 때에는 관리자가 작성한 사업운영계획 기타 대통령령이 정하는 서류를 함께 제출해야 한다(지방공기업법 제26조 제3항).

(다) 예산안의 심의: 이사회의 의결로 확정되는 지방공사·공단의 경우와는 달리 지방직영기업의 예산안은 매년 지방의회의 의결을 얻어야 한다. 「지방공기업법」에서는 지방직영기업예산안의 심의에 관하여 별도로 규정하지 않고 있는데, 이것은 일반회계예산과 같이 「지방공기업법」의 규정을 적용할 수 있기 때문이다. 시·도의 장은 회계연도 개시 40일 전까지, 시·군·구의 장은 35일 전까지 지방의회에 제출하고, 시·도 의회는 회계연도 개시 15일 전까지, 시·군·구 의회는 10일 전까지 의결해야 한다(지방자치법 제118조).

(라) 예산의 집행: 지방직영기업의 관리자는 지방의회의 의결을 얻은 예산에 의하여 그 업무를 집행해야 한다. 이때 관리자는 지방직영기업의 적절한 경영관리를 위하여 필요한 계획을 수립하고 이에 따라 예산을 집행해야 한다. 그리고 재고자산의 구매, 공사의 도급 등 자금의 지출에 직접 관련되는 지출은 해당 연도의 사업예산 및 자본예산을 기초로 하여 작성한 자금운영계획에 의하여 집행해야 한다(지방공기업법 제28조 제1~2항; 지방공기업법 시행령 제21조 제1항).

(마) 회계 및 결산: 관리자는 지방직영기업의 회계업무를 통할하며, 필요한 경우에

46) 지방직영기업의 매 사업연도의 예산편성기본지침은 지방자치단체의 일반회계 및 다른 특별회계의 예산과 구분하여 따로 행정안전부장관이 주무부장관과 협의하여 작성하고 전년도 7월 31일까지 통보해야 한다(지방공기업법 제23조).

는 기업출납원과 현금취급원 기타 회계관계공무원을 둘 수 있다(지방공기업법 제34조 제1~3항). 지방직영기업의 사업연도가 끝나면 관리자는 모든 장부를 마감하고 결산을 해야 한다. 즉 관리자는 매 사업연도 종료 후 2월 이내에 해당 지방직영기업의 결산을 작성하고, 이를 해당연도의 사업보고서 및 대통령령이 정하는 서류를 해당 지방자치단체장에게 제출해야 한다(지방공기업법 제35조 제1~2항).

(바) 회계감사 및 의회승인: 지방자치단체장은 결산 및 사업보고서와 기타 서류에 공인회계사의[47] 회계감사보고서를 첨부하여 다음 연도 지방의회에 제출하여 승인을 얻어야 한다(지방공기업법 제35조 제3항). 일반적으로 지방자치단체의 결산검사는 검사위원이 행한다. 다만 지방직영기업에 한하여 지방자치단체별 「결산검사위원 선임 및 운영에 관한 조례」에 의거 공인회계사의 회계감사로 갈음할 수 있다.

(2) 지방공사·공단의 예산과정

(가) 예산의 확성: 지방공사·공단의 예산은 이사회의 의결로 확정된다(지방공기업법 제65조 제1~2항). 이를 위하여 지방공사·공단의 사장은 매 사업연도의 사업계획 및 예산을 해당 사업연도 개시 전까지 편성하여, 이를 이사회 개최 30일 전까지 이사에게 송부해야 한다(지방공기업법 시행령 제58조 제2항).

(나) 예산의 집행: 행정안전부장관은 지방공사·공단의 예산 및 결산에 있어서 공통적으로 적용해야 할 사항에 관한 지침(공통지침)을 작성·통보(전년도 7월 31일까지 지방자치단체장에게 통보)할 수 있다. 예산 및 결산의 운영에 관하여 필요한 사항은 이 공통지침의 범위 안에서 지방자치단체장이 정한다(지방공기업법 제66조의 2 제1~2항).

(다) 결산: 지방공사·공단은 매 사업연도의 결산을 해당 사업연도 종료 후 2월 이내에 완료하고, 결산서를 작성하여 대통령령이 정하는 서류 및 지방자치단체장이 지정하는 공인회계사의 회계감사보고서를 첨부하여 지체 없이 지방자치단체장에게 보고하여 승인을 얻어야 한다(지방공기업법 제66조 제1~2항). 지방공사·공단의 결산절차는 지방직영기업과 큰 차이가 없으나, 다만 결산승인이 지방직영기업은 지방의회, 지방공사·공단은 지방자치단체장의 승인을 얻는다는 점에서 차이가 있다.

---

47) 공인회계사는 지방자치단체장이 지정하되, 지방직영기업은 지방직영기업의 관리자(지방공사·공단은 지방공사·공단의 장)가 추천할 수 있다.

참 고 문 헌

경제기획원.(1979). 「각국의 예산제도 비교」, 서울: 경제기획원.

김종희.(2006). 「지방재정론」, 서울: 범론사.

박영희 · 김종희.(2006). 「신재무행정론」, 서울: 다산출판사.

배용수.(1995). 「제3섹터의 이해」, 서울: 지방자치경영협회.

안용식.(1994). 「현대공기업론」, 서울: 박영사.

안용식 · 원구환.(2001). 「지방공기업론」, 서울: 대영문화사.

오연천.(1993). 「한국지방재정론」, 서울: 박영사.

이계식.(1991), 「지방재정조정제도론」, 서울: 한국개발연구원.

이상희.(1992). 「지방재정론」, 서울: 계명사.

이필우.(1994). 「재정학개론」, 서울: 법문사.

유 훈.(1995). 「지방재정론」, 서울: 법문사.

행정자치부.(2000). 「지방재정연감」.

_________.(2007). 「2007년도 지방자치단체 예산개요」.

_________.(2007). 「2007년도 지방공기업 예산편성기준」.

日本地域政策研究會 編.(1993). 「地方公社總攬」, 東京: ぎようせい.

井上孝男.(1986). 「公營企業」, 東京: ぎようせい.

坂田期雄.(1981). 「地方公營企業」, 東京: 第一法規.

Dowing, Paul B.(1987). User Charges and Service Fees. in James H. Carr, ed., *Crisis and Constraint in Municipal Finance*, New Jersey: Center for Urban Policy Research.

Etizioni, Amitai.(1973). The Third Section and Domestic Missions, *Public Administration Review*, 33-4.

Gunlicks, Arthur.(1986). *Local Government in the German Federal System*, Durham: Duke University Press.

King, D. N.(1984). *Fiscal Ties: The Economics of Multi-Level Government*, London: George Allen and Unwin.

Levitt, Theodore.(1973). *The Third Sector : New Tactics for A Responsive Society*,

New York: American Press.

Lynch, Thomas D.(1979). *Public Budgeting in America,* Englewood Cliffs, New Jersey: Prentice-Hall.

McGill, Michael E. and Wooten, Leland M.(1975). Management in the Third Sector. *Public Administration*, 35-5.

Ott, David J. and Attiat F. Ott.(1977). *Federal Budget Policy*. Washington, D. C.: The Brookings Institution.

Robson, William A.(1962). *Nationalized Industry and Public Ownership*, London: George Allen and Unwin.

제 7 장 지방자치단체 상호간의 관계

제 1 절 광역행정의 의의 및 필요성

광역행정이란 지방자치법에 규정되는 지방자치단체의 행정구역에만 국한되지 않고 그 구역을 넘어서 발생하는 일정한 행정수요를 처리하기 위하여, 기존의 행정구역은 물론 그 영향권 내에 있는 주변의 몇몇 지방자치단체를 포함하는 광역을 대상으로 하여, 행정업무를 통일적·종합적으로 처리함으로써, 행정의 효율성(능률성과 효과성), 민주성 및 합목적성을 높이고자 하는 지방행정방식(행정체제)을 말한다. 전통적으로 지방자치는 각 자치구역을 중심으로 독립적으로 지방자치를 실시한다는 고정관념이 지배적이었다. 즉 이는 자치구역이란 관할구역 안에 거주하는 주민들을 대상으로 필요한 서비스를 제공하는 데에 초점이 두어져 왔다. 지방자치가 부활하기 이전의 임명제 단체장시절에는 지방자치단체간 문제가 주로 국가의 관여에 의하여 조정되어 왔으나 민선단체장 이후부터는 지방분권적인 행정의 수행 상 중앙정부의 입김은 점차 약화되어 가고 자치단체간 협력의 요구가 증대되고 있다. 특히 행정구역과 개발구역의 불일치로 광역적인 지역개발사업 추진이 어려움을 겪고 있다. 게다가 사회생활의 광역화, 복잡화, 상호의존성의 증대는 지방자치단체 상호간의 협력 필요성을 더욱 증대시키고 있다. 그러나 지방자치단체들이 행정서비스를 제공함에 있어서 상호 협력하게 하는 동기는 집단편익에 근거한 공공의 이익과 경제적 및 정치적 기회에 근거한 사적 이익에서 출발하고 있으며, 그 역할이나 필요성이 점차 증가하고 있는데 이를 구체적으로 살펴보면 다음과 같다.

첫째, 교통과 통신수단의 발달이다. 광역행정이 촉진되는 요인은 여러 가지 측면에서 살펴볼 수 있는데, 무엇보다 중요한 것은 구역이나 경계의 개방(boundary free)시대의 도래와 밀접한 관련이 있다. 이를 촉진하는 것으로는 먼저 교통·운송수단의 발달과 이로 인해 일상생활의 활동성이 증대되고 광역화된다는 점에서 찾을 수 있다. 다시 말하면 교통·수송수단의 발달은 주민들의 활동범위를 증대시키고 지역 간의 이동성을 높이게 된다. 이는 기존의 자치구역이나 행정구역의 물리적·공간적 거리 개념을 변화(확장)시키게 되고, 이로 인해 기존의 자치권역이나 행정권역과 주민들의 활동권역과 불일치 문제를 노정시키게 된다. 통신수단의 발달은 시·공간의 개념을 초월하게 되고 온라인과 네트워크로 연결된 정보화 사회는 기존의 권역의 한계성을 무의미하게 하는 요인으로 작용하고 있다.

둘째, 규모의 경제실현에 효과적이다. 지방자치단체간의 협력을 통한 서비스 공급은 효율성과 규모의 경제를 실현할 수 있고 중복과잉투자의 문제를 내재화함으로써 집단의 편익을 증진시키는 역할을 한다. 지역공간상으로 산재해 있는 지방자치단체들 간의 한정된 자원을 효율적이고 능률적으로 활용함으로써 지역주민들의 생활편의를 도모할 수 있으며, 지방자치단체활동의 외부효과(공해의 발생 등)와 사회적 비용을 타지역에 전가시키지 않고 지역 간에 적절히 분배할 수 있다는 점이다.

셋째, 편익과 비용의 일치에 대한 요구이다. 광역행정은 지역간 협력을 통해서 집단편익에 근거한 공공이익과 이해당사자들의 경제적·정치적 기회제공을 통하여 사적 이익을 이끌어 낼 수 있다. 지역간 협력체제는 지속적인 협력과정 속에서 상호신뢰를 증진하고 거래비용을 최소화할 수 있을 때 발전할 수 있다.

넷째, 생활권역과 자치권역 및 행정권역의 간격 확대를 들 수 있다. 실제 주민들의 활동공간은 확대됨에도 불구하고 이들 공간과 법적·제도적 공간의 불일치로부터 초래되는 문제이다. 즉 경제권역이나 교통권역, 생활권역이나 행정권역이 확대됨에도 불구하고 자치구역이나 행정구역은 경직적인 특성으로 인하여 실제 주민들의 활동공간과 제도상의 공간이 서로 상이함으로 인하여 주민들의 일상생활의 불편성이 증대되고 있다는 점이다.

다섯째, 도시화 추세로 인한 도시의 인구집중과 행정서비스의 광역성(廣域性)의 증대이다. 급격한 도시화의 진행은 도시지역을 확대하고 그 외연을 더욱 팽창시키는 요인으로 작용하고 있다. 이는 모도시를 중심으로 한 도시지역과 그 배후지인 농촌지역과의 상호 협력을 필요로 한다. 즉 배후지인 농촌지역은 도시가 제공하는 편익시설을 이용할 수 있으며, 반면에 도시지역은 도시지역에 입지가 어려운 님비시설의 입지를 필요로 하고 있다.

여섯째, 지역이기주의로 인하여 지방자치단체간 발생할 수 있는 갈등을 예방할 수 있다. 자치단체들 간에 환경기초시설이나 체육시설 등과 같이 공동으로 필요한 시설을 건설하여 활용함으로써 자치단체간 발생하는 갈등이나 분쟁을 사전에 예방할 수 있다.

마지막으로 서비스 제공의 형평성을 제고한다. 지방자치단체들 간의 인구규모, 소득, 서비스의 질 등이 매우 다양하며 재정상의 불공평한 문제들에 대하여 공평의 기회를 제공하는 역할을 한다. 더불어 지방자치단체들 간의 협조행정체제를 강화함으로써 지역간 행정협조가 이루어질 수 없는 제도적 공백으로 인한 예산의 낭비나 주민들의 불만 등을 해소하는 역할을 한다.

이와 같이 광역행정의 필요성이 점차 증가하고 있음에도 불구하고 현실적으로 이를 저해하는 요인도 병존하고 있다.

첫째, 납세자가 주변도시나 지역과의 인구를 위해 시설투자를 할 경우 반발이 예상된다. 광역행정을 함으로써 규모의 경제의 실현 등을 통하여 예산의 낭비를 줄일 수도 있지만 지방자치단체들간 절대적 형평성을 기하기란 그리 쉽지 않다. 이 경우 혜택이 다른 자치단체에 비하여 상대적으로 적다고 판단되는 지역의 주민들의 반대나 반발이 제기될 수 있다.

둘째, 대도시권내 수많은 소도시들이 각각의 토지이용계획을 갖고 배타적인 지역지구제를 채택할 때 이질적이거나 바람직하지 않은 사회계층의 토지이용을 거부하는 장치가 될 수 있다. 광역행정은 흔히 도시지역과 인접의 도농혼합지역과 이루어지는 것이 일반적인데, 이 경우 도시적 성격의 토지이용계획과 농촌성격이 강한 도농혼합지역과의 토지이용계획의 성격이 상호 충돌할 개연성이 높으며 이를 빌미로 상호 협력을 저해하는 요소로 작용할 소지가 있다.

셋째, 지역이기주의의 발호에 따른 갈등의 증폭이다. 지방자치 실시에 따른 부작용의 하나가 바로 자치구역을 중심으로 나타나는 지역이기주의의 발생과 확산이다. 즉 선호시설은 적극적으로 자기지역에 유치하기를 원하지만, 반면에 기피시설은 자기지역에의 입지를 반대하기 마련이며 이로 인한 갈등이 적지 않게 표출되고 있는 것이 현실이다.

넷째, 지역 정서적 요인이나 정치적 요인에 의한 장애를 들 수 있다. 우리나라의 정치지형은 지역할거주의가 유달리 강하다. 비록 경제적으로 광역행정을 통하여 상호이익이 된다하더라도 지역정서나 정치적 요인에 의하여 상호협력이 원활하지 못하는 경우를 들 수 있다.

제 2 절 광역행정의 유형

현대 국가에서 행정환경은 과학기술의 발달에 따른 제반여건의 변화와 경제활동의 광역성 및 다양성 때문에 한 자치단체에 국한되어 경제, 사회, 문화, 정치 활동을 하기가 어렵다. 이에 따라 지방자치 상호간의 협력이 필연적으로 요구되고 있다. 광역행정은 관련 자치단체가 각각의 관할구역의 범위를 넘어서는 공공서비스를 제공함에 있어서 주민들 생활권에 편리하도록 공급될 수 있도록 공동협력의 노력을 실천하는 수단인 것이다. 광역행정은 재정능력, 경제성, 행정능력의 보완 등을 통하여 공동의 이해관계가 있는 자치단체들이 포괄적 또는 부분적으로 공동의 행정권한이 미치는 범위 내에서 협력하는 제도이다.

◈ 그림 7-1 ◈ 지방자치단체들 간 광역행정이 이루어지는 유형

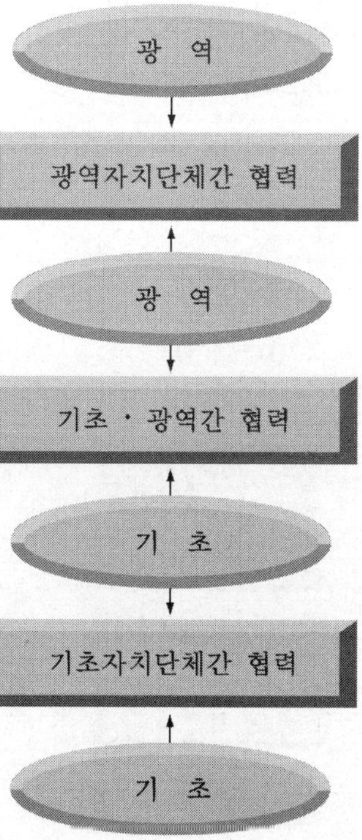

지방자치단체들 간에 광역행정이 이루어지는 유형은 <그림 7-1>에서 나타나는 바와 같이 기초자치단체와 기초자치단체간 협력, 기초자치단체와 광역자치단체간 협력, 광역자치단체와 광역자치단체간 협력을 통해서 이루어지는 방법이다. 이외에도 이들 자치단체와 중앙정부의 특별지방행정기관과 지방자치단체와 광역행정이 이루어지는 경우를 상정할 수 있으나, 여기서는 대부분의 광역행정이 지방자치단체간의 관계에서 이루어지고 있음으로 이를 중심으로 고찰하고자 한다.

한편 법률적 지위에 따라 광역행정이 이루어지는 형태를 분류하면 <그림 7-2>와 같다. 우선 조직체를 구성하는 경우와 조직체를 구성함이 없이 광역행정을 수행하는 경우로 나눌 수 있으며, 전자에는 다시 법인체를 구성하여 하는 경우와 법인체를

◈ 그림 7-2 ◈ 법률적 지위에 따른 자치단체들 간 상호협력방식의 분류

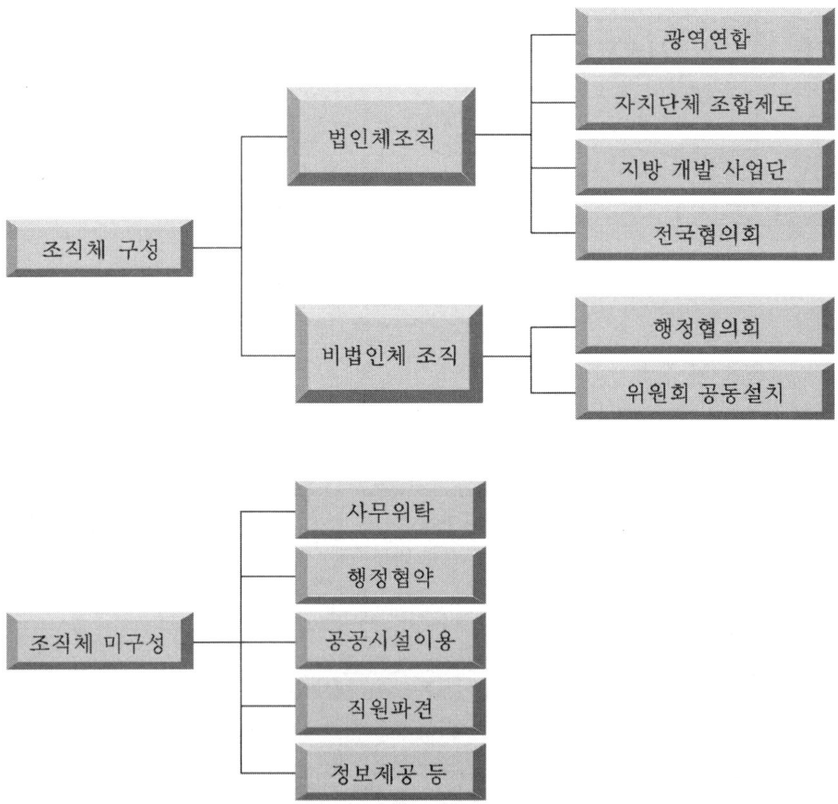

자료: 지방행정연구원(2002), 18.

구성하지 않는 경우로 구분할 수 있다. 법인체를 구성하는 경우에 해당하는 것이 지방자치단체조합제도, 지방자치단체간의 연합체인 광역연합, 지방개발 사업단, 전국 협의회 제도를 들 수 있다. 한편 별도의 법인체를 구성할 필요는 없으나 광역행정을 위한 협의체가 필요한 것으로는 행정협의회나 위원회의 공동설치 등과 같은 것이다.

다른 한편으로 특정한 조직을 구성할 필요가 없이 자치단체간 상호협력을 통한 광역행정이 이루어지는 형태로는 사무위탁, 행정협약, 공공시설의 이용 등을 들 수 있다. 또한 보다 넓은 의미에서는 지방자치단체간 정보의 교류나 직원의 상호파견 등을 통하여 지방자치단체간 협력체제를 유지할 수도 있다. 이러한 방법들은 제도적 기반에 구애됨이 없이 상호 필요에 의해 탄력적으로 대응할 수 있다는 장점이 있다.

제 3 절 외국의 광역행정수요에 대한 대응방식[1)]

광역행정의 방식과 관련하여 세계 각국에서는 그 나라의 지방자치에 대한 상황에 따라 다양한 광역행정방식을 채택하여 시행하고 있다. 이러한 다양한 광역행정방식을 일정한 기준에 따라 분류하는 것은 어려우나 그동안 몇몇 학자들에 의해 분류되고 있는 내용을 중심으로 살펴보면 다음과 같다.

우선 Bollens와 Schamandt는 기존 지방자치단체의 정치행정체제의 개편여부와 그 정도에 따라 광역행정방식을 통합적 접근방법(comprehensive approach)과 부분적 접근방법(incremental approach)으로 대별하고 있다. 전자는 지방자치단체의 정치행정체제에 상당한 구조적 변화와 권한의 집중화를 초래하는 방법이며, 후자는 통합적 접근방법이 광역문제를 효율적으로 처리하지 못하게 되자 기존의 정치행정체제를 유지하면서 관계 자치단체간의 협의나 기능이양을 통하여 광역행정을 수행하는 방식이다(Bollens & Schamandt, 1982: 302-376). 그리고 Walsh는 광역행정을 시행하여 온 세계 13개 대도시를 분류하여 광역행정방식을 세 가지 방법으로 대별하고 있는데 협력체제방법, 특별기구설치방법, 광역권정부방법이 그것이다(Walsh, 1969: 58-86).

한편 정세욱(1991: 778-798)은 광역행정방식을 처리주체에 의한 분류, 협력방식에 의한 분류, 강제성에 따른 분류로 구분하고 있으며, 김원(1982: 184-199)은 협력체제

1) 여기에서 소개하고 있는 광역행정방식에 대한 내용은 2000년 한국지방자치학회에서 발간한 「한국지방자치론」을 중심(pp. 503-518)으로 하여 재구성한 것임.

방법, 단일기구설치방법, 이원제 접근방법으로 구분하고 있다. 이상과 같은 분류방식을 고려하여 여기서는 Bollens와 Schamandt의 분류를 중심으로 하되 하나의 접근방법을 추가하였다. 즉 통합적 접근방법, 부분적 접근방법 및 이원적 접근방법이다.

1. 통합적 접근방법

통합적 접근방법은 다수의 기존 지방자치단체를 해체하여 단일정부로 통합하여 이 단일정부로 하여금 광역업무를 포함한 행정사무를 관장하게 하는 방식이다. 이는 자치단체의 정치행정체제에 상당한 구조적 변화와 권한의 집중화를 초래하는 접근방법으로, 여기에는 통합(consolidation), 편입(annexation), 분리(separation), 시·군 통합(city·county consolidation) 등의 유형이 있다.

(1) 통 합

이는 수개의 군소자치단체를 통폐합하여 하나의 단일정부를 만드는 것으로 주로 중심도시에 인근의 군소자치단체를 통합시키는 것이다. 이러한 통합방식은 편입과 함께 19세기부터 20세기 중반까지 미국과 캐나다에서 주로 사용하여 도시성장에 따른 광역행정문제를 해결하는데 많은 기여를 하였다. 또한 이 방법은 일본에서도 널리 사용되었는데 기초자치단체인 시·정·촌을 통폐합하는 작업을 계속한 결과 1953년 약 1만개에 달하던 시·정·촌의 수를 1991년에는 약 3천여 개로 감소시켰다. 최근 일본에서도 지방자치단체에 대한 대합병이 이루어졌다. 이를 명치 대합병, 소화 대합병에 이어 해이새이 대합병이라고도 한다. 해이새이 대합병으로 1999년도에 3,229개였던 일본의 시정촌 수는 2007년 3월에 1,804개로 1,400여 개가 감소하게 되었다(권영주, 2007: 13). 우리나라의 경우 시·군 통합이 이에 해당된다.

(2) 편 입

중심도시에 도시화된 인접지역을 편입시키는 것으로 중심도시의 관할구역을 넓혀 광역문제를 해결하는 방식이다. 이는 주로 미국에서 활용한 것으로 오늘날 미국의 주요 대도시는 이 방법에 의하여 성장하였다. 예를 들어 오클라호마시(Oklahoma City)는 1950년 약 50평방마일의 구역을 갖고 있었는데 1970년에는 약 12배 확대되어 630여 평방마일로 되었다. 또한 휴스턴(Houston)을 인구가 가장 많은 뉴욕시보다 훨씬 크게 만들었고 그 밖에 달라스(Dallas), 캔자스시(Kansas City), 산디에고(San Diego) 등이 뉴욕시만큼 크게 되었다. 그러나 최근에 와서는 소규모 편입을 제외하고는 이 방법이 널리 사용되어지지 않고 있다. 우리나라에서도 과거 서울 등 대도시들의 행정구역확대가 여기에 해당한다.

(3) 분 리

이는 군(county)으로부터 일정지역을 떼어내어 새로운 자치단체를 만드는 것이다. 이는 특정한 지역 또는 비자치단체인 도시를 그 구역을 넓힌 후 군으로부터 분리시켜 새로운 자치단체를 설립하는 것이다. 미국의 경우 1851년의 볼티모어(Baltimore), 1902년의 덴버(Denver), 1876년의 세인트 루이스(St. Louis), 1856년의 샌프란시스코(San Francisco) 등이 그 대표적 예이다. 우리나라에서도 과거 읍의 시 승격이 이에 해당한다.

(4) 시·군통합

이는 전술한 통합과 동일한 것이나 군(county)을 중심으로 인접 시(municipality)를 통합한다는데 그 특징이 있다. 이러한 시·군통합은 세 가지 유형으로 구분할 수 있는데, ① 하나의 군과 수개의 시를 통합하여 새로운 단일광역정부를 설치하는 것, ② 시와 군의 통합으로 대부분의 기능이 통합되지만 군의 일부기능은 그대로 남는 경우, ③ 시와 군의 일부기능만 통합하는 것 등이다.

이러한 시·군 통합이 19세기까지에는 주로 주법(State Legislative Acts)에 의하여 강제적으로 이루어져 왔으며 그 대표적 지역은 뉴올리언스(New Orleans), 보스턴(Boston), 필라델피아(Philadelphia), 뉴욕(New York) 등이다. 그러나 20세기에 들어오면서 주민들의 반대와 법적인 문제로 인하여 대부분의 시·군 통합안이 무산되었다. 즉, 시·군 통합의 유형에서도 알 수 있듯이 시·군통합이 반드시 전체 시와 군의 구조와 기능의 합병을 의미하는 것이 아니기 때문에 일정한 전제하에서 이루어졌다는 것이다. 1963년의 내쉬빌(Nashville)시와 주변의 데이비슨(Davidson)군의 통합과 1967년 잭슨빌(Jacksonville)과 두발(Duval)군의 통합은 서비스지구에 대한 합의를 전제로 이루어졌다. 그 하나는 일반서비스지구(general service district)이며 다른 하나는 도시서비스지구(urban service district)이다. 전자는 통합된 전지역을 포괄하는 것으로 새로운 정부는 소방, 공안, 보건, 위락 및 공원, 교육, 가로와 고속도로 그리고 복지와 같은 서비스를 제공하고 이에 소요되는 재원은 전 주민들로부터 충당하고 있다. 반면 후자는 통합되기 이전의 중심도시, 즉 내쉬빌이나 잭슨빌 만을 대상으로 하여 새로운 정부가 상수공급, 하수처리, 가로조명 및 청소, 쓰레기 수집 및 처리 등의 서비스를 제공하는데 이에 필요한 정비를 중심도시의 시민들이 부담하고 있다.

(5) 장·단점

통합적 접근방법은 그 방식에 따라 다소의 차이는 있으나 다음과 같은 장점을 갖고 있다.

첫째, 규모의 경제를 실현시킬 수 있어 서비스 공급에 있어 효율성을 제고할 수 있다. 둘째, 서비스의 혜택이 인접지역에 유출됨으로써 나타는 무임승차현상을 최소화시킬 수 있다. 셋째, 과세구역과 서비스이용권역을 일치시킴으로써 형평성을 제고시킬 수 있다.

한편 이 접근방법은 다음과 같은 단점을 갖는다. 첫째, 관료주의적 운영·관리로 인하여 서비스 효과가 저하될 가능성이 있다. 둘째, 구역이 넓어지기 때문에 주민수요에 대한 정부의 대응성이 저하될 수 있다. 셋째, 주민과 행정의 거리가 멀어지므로 주민참여와 통제가 약화될 수 있다. 넷째, 변화에 대한 주민이나 기존 자치단체의 저항이나 반발이 생겨날 수 있다는 점을 지적할 수 있다.

2. 부분적 접근방법

부분적 접근방법은 기존의 정치·행정체제와 이에 따른 행정구역별 관할권은 그대로 유지하면서 관계 자치단체간의 협의나 기능이양을 통하여 광역사무를 처리하는 것이다. 여기에는 합의·협정(agreement), 기능이양(transfer of functional responsibility), 협의회구성(council of government), 기관의 공동설치 등의 유형이 있다.

(1) 합의·협정

이는 2개 이상의 자치단체가 단일 또는 복수의 서비스를 제공하기 위한 합의를 통하여 협정을 체결하는 것이다. 이러한 협정은 세 가지 형태로 나눌 수 있는데, 첫째는 하나의 자치단체가 하나 또는 둘 이상의 자치단체에 단일서비스를 제공하는 것이고, 둘째는 둘 또는 그 이상의 자치단체가 공동으로 단일서비스를 관리하는 형태이며, 셋째는 둘 또는 그 이상의 자치단체가 비상상태의 경우 상호원조제공과 같은 대기계약(standby contract)의 형태이다. 그런데 대부분의 합의계약은 첫 번째 형태로 이루어지고 있다.

이러한 합의·협정의 장점으로는 ① 저렴한 비용으로 소규모 자치단체의 서비스수준을 높을 수 있으며, ② 기능과 조직의 중복을 피할 수 있어 규모의 경제를 살릴 수 있으며, ③ 계약을 통하여 전문인력의 활용이 가능하며, ④ 정치구조의 현상유지가 가능하여 정치적 실현가능성이 높다는 점이다. 반면에 단점은 ① 계약에 의해 제공되는 서비스가 각 자치단체의 이해타산에 의해 좌우될 수 있으며, ② 서비스 제공자가 독점적 행위를 할 가능성이 있으며, ③ 계약에 의한 것이기에 서비스제공의 영속성이 보장되지 않을 우려가 있다. 이러한 단점으로 인하여 지방정부간의 계약에 주정부나 연방정부의 참여가 필요한데, 이를 위해 주 또는 연방정부가 계약의 임의성을 방지하거나 영속성을 보장하는 중재자로서의 역할이 요구되고 있다. 우리나라 지방자치법에 규정되어 있는 사무위탁이 이에 해당된다.

(2) 기능이양

기능이양은 자치단체의 특정기능을 다른 자치단체에 이양하는 것으로 이 경우 주로 상위자치단체에게 이양하는 것이 일반적이다. 이러한 기능이양은 당해 자치단체가 자발적으로 할 수 있거나 법률에 의하여 강제할 수도 있다. 특히 도시권에 속한 모든 자치단체가 특정기능을 상위정부에 이양할 때 이를 기능통합이라 한다. 이 방법은 합의·협정과는 달리 이양 받는 자치단체가 그 기능에 관한 모든 책임과 권한, 정책결정, 재원조달 및 관리에 관한 모든 것을 가지고 있다. 여기서 중요한 것은 광역서비스 중에 어떠한 기능을 어느 단계의 상위정부에게 이양하느냐하는 문제이다. 즉 기능이양의 원칙에 관한 것인데 각 광역기능의 고유한 특성으로 인하여 전체 광역서비스를 포괄하는 세부적 기능이양 원칙을 제시하는 것은 불가능하지만(Bayler, 1979: 65), 일반적으로 다음과 같은 기준이 제시되고 있다(Bollens & Schamandt, 1982: 164-165).

① 경제적 기준으로서 광역서비스를 공급하는 정부단위가 인접 자치단체로의 서비스 유출현상과 이에 따른 사회적 비용을 극소화시킬 수 있도록 충분히 큰 관할구역을 가져야 한다.

② 행정적 기준으로서 관할구역이 지리적으로 기능수행에 효과적이어야 하며,

관련 자치단체간의 마찰을 조정하고 주민의 수요와 투입자원의 균형을 유지하기 위한 수단적 권한이 구비되어야 한다.

③ 정치적 기준으로서 기능수행과정을 주민이 통제할 수 있는 조직적인 체계가 마련되어 능동적인 주민참여의 기회가 보장되어야 한다.

한편 지방정부의 광역서비스에 대한 책임과 권한은 인정하면서 광역서비스의 과다한 비용부담을 상위정부 또는 중앙정부가 덜어주는 이른바 재정이양이라는 방식도 있다. 이러한 재정이양은 세 가지 유형으로 이루어지는바 ① 특정사업에만 사용할 수 있는 보조금 ② 지방정부가 해당 재원의 지출에 대하여 재량권을 가지는 교부금 ③ 긴급한 사무를 다루기 위한 특별재정이양 등이 그것이다.

(3) 협 의 회

이 방법은 가장 최근에 제도화된 자치단체간의 협력방식으로서 미국의 연방체제에 있어 제4의 구성요소 또는 계층(fourth component or layer)이라 불린다(Bollens & Schamandt, 1982: 367). 이 정부 간 협의회는 대도시권지역에서의 공통사무를 조사·연구, 토론 및 결정하기 위한 자발적인 정부 간 협의기구이다. 이 협의회는 강제적인 집행력과 재정력을 갖고 있지 않기 때문에 일반적 의미의 자치단체는 아니며 다만 광역적 사무에 관한 자치단체간의 조정역할만을 수행하고 있다.

미국의 경우 최초의 협의회는 1954년 디트로이트(Detroit)지역의 Supervisors Inter-County Committee이며, 그 후 워싱턴(Washington), 애틀란타(Atlanta), 샌프란시스코(San Francisco) 및 시애틀(Seattle) 등지에서 설치되었으나 1965년까지 대도시권지역에서 협의회가 설치된 곳은 9개에 불과하였다(Bollens &. Schamandt, 1982: 368). 그러나 1965년 이후 협의회의 설치가 급속하게 증가하여 '70년대 말에 이르러서는 그 수가 600개(SMSA지역에 250개, 농촌지역에 350개)에 달하였다. 이와 같이 협의회의 설치가 활발하게 이루어진 이유는 두 가지 측면에서 찾아볼 수 있다. 하나는 이 협의회가 단순한 협의기구에 불과하기 때문에 지방자치단체의 자율권을 침해하지 않으며, 다른 광역행정체제와 같이 자치단체의 구조변화를 초래하지 않기 때문에 그 채택이 용이하다는 점이다. 다른 하나는 연방정부의 적극적인 유인책으로서 지방자치단체가 특정사업을 위한 연방정부의 보조금을 신청할 때 이 협의회로 하여금 그 사업에 대한 검토권한을 부여함으로써 보조금 획득에 영향을 미치게 하였다는 점이다.

이러한 협의회는 광역적인 목표를 달성하기 위한 조정적·자문적 역할을 수행할 수 있다는 긍정적인 평가가 있기도 하지만, 한편으로는 비정부단위로서 강제적인 재정권과 집행권이 없는 '이빨 없는 호랑이'로 인식되고 있으며 나아가 연방정부의 보조금을 좇는 기구로 전락될 수도 있다는 비판이 있다. 이러한 비판에 대처하기 위하여 1967년 Minneapolis와 St. Paul지역에서 미래 협의회의 원형이라 불려지는 이른바 Twin Cities Model이라는 협의회가 설치되었다. 이는 기본적으로 광역적 계획 및 조정기구로서 전통적인 협의회에 비해 심사 및 권고기능에 있어 보다 큰 권한을 갖고 있다. 즉 관할구역이 수개의 자치단체에 걸치는 특별구의 계획안이나 프로젝트를 승인하거나 보류시킬 수 있는 권한을 가지고 있으며 또한 특정한 광역적 집행기관에 대한 인사 및 재정통제권을 갖고 있다.

한편 일본에서도 보통지방공공단체사무의 일부 또는 보통지방공공단체의 장, 위원회 또는 위원의 권한에 속하는 국가, 다른 지방공공단체 및 기타 공공단체의 사무의 일부를 공동으로 처리하기 위하여 지방공공단체협의회를 설치할 수 있도록 하고 있다. 일본에서는 다음과 같은 세 가지 종류의 협의회를 설치·운용하고 있다. 첫째, 관리집행협의회이다. 이는 사무의 일부를 공동으로 관리·집행하기 위한 목적으로 설치된다. 둘째, 사무의 관리·집행에 있어 연락·조정을 하기 위한 연락·조정협의회가 있다. 셋째, 계획작성협의회이다. 이는 최근 지방행정의 광역화 경향이나 지역개발을 종합적·계획적으로 추진할 필요성이 증가됨에 따라 이에 대처하기 위하여 설치된 협의회이다. 특히 광역시정촌권 등 새로운 권역행정을 추진하기 위한 광역행정체제라 할 수 있다. 우리나라의 도시권행정협의회가 여기에 해당한다.

(4) 기관의 공동설치

광역행정을 담당할 기관을 공동으로 설치하는 것으로 여기에는 두 가지 유형이 있다. 첫째, 행정의 실효성을 제고하기 위하여 행정사항별로 광역행정기관을 설치하는 방식으로서 주로 미국에서 많이 활용되고 있다. 1966년 설립된 워싱턴 대도시권교통권(Washington Metropolitan Area Transit Authority)이 그 대표적이다. 이 기관은 광역적인 대도시권철도(Metro rail)를 운영·관리하고 있다. 이 철도는 1976년에 운행을 시작하였으며 새로운 대중수송수단으로 주목되고 있다. 이 기관은 워싱턴대도시권의 관계자치단체의 의하여 구성되었으며 메릴랜드(Maryland) 및 버지니아(Virginia)주의 교통국도 협력하고 있다. 둘째, 자치단체 집행기관의 간소화, 전문인력의 확보,

재정의 절약 등을 도모하기 위하여 두 개 이상의 자치단체가 협의에 의하여 자치단체의 내부조직을 공동으로 설치하는 것으로 주로 일본에서 활용되고 있다. 일본의 경우 ① 집행기관으로 위원회 또는 위원(단, 지방노동위원회와 공안위원회 제외,) ② 집행기관의 부속기관, ③ 보통지방공공단체의 장, 위원회 또는 위원의 사무를 보조하는 직원이나 서기 ④ 전문위원 등을 공동설치 할 수 있다(일본 지방자치법, 제252조의 7 제1항).

(5) 장·단점

부분적 접근방식의 장점으로는 첫째, 기존 행정구역의 공간적 패턴을 변화시키지 않고 서비스 구역을 공간적으로 확대시킬 수 있다. 둘째, 규모의 경제를 실현시킬 수 있어 운영·관리의 효율화를 도모할 수 있다. 셋째, 지방자치단체 본래의 지위를 유지하면서 공동으로 사무를 처리할 수 있으며 그 절차가 간편하다. 한편 단점은 첫째, 자기와 유사한 수준의 자치단체와 협정이나 협의를 하려는 경향으로 지역 내 자치단체간의 불균형문제를 심화시킬 가능성이 있다. 둘째, 주민의 수요에 대한 자치단체의 대응성이 약화될 수 있다. 셋째, 법적 구속력이 약하기 때문에 지속성을 가질 수 없다는 점이다.

3. 이원적 접근방법

이원적 접근방법은 기존의 행정구역별 관할권은 인정하면서 광역행정을 담당하기 위한 새로운 자치단체를 설치하는 것으로 동일한 지역을 두 개의 자치단체가 관할한다는 점에서 지방적 연방주의적 개념으로 인식할 수 있다. 이러한 접근방법으로는 연합체(federation), 조합, 특별구(special district), 지방개발사업단, 공사(corporation) 등의 유형이 있다.

(1) 연 합 체

이는 둘 이상의 자치단체가 각각 독립적인 법인격을 유지하면서 광역도시권에 새로운 자치단체연합정부를 설치하여 이 정부로 하여금 광역적 업무를 처리케 하는 방법이다. 이 방법은 주로 캐나다에서 채택하고 있는데 그 대표적 예가 토론토연합정부(The Municipality of Metropolitan Toronto)와 몬트리올도시공동체(Communauturbaine de Montreal)이다.

이러한 연합체를 구성함으로써 나타날 수 있는 장점으로는 첫째, 모든 광역적 사무를 단일기관에서 계획·집행하므로 행정의 효율성을 제고시킬 수 있다. 둘째, 지역 간 균형발전이나 복지수준의 균등화를 거시적 입장에서 일관성있게 추진할 수 있다. 셋째, 독자적인 재정권(기채권 포함)을 가지고 있으므로 업무를 탄력적으로 수행할 수 있다. 반면으로는 첫째, 기존 자치단체의 권능을 침해하기 때문에 자치단체의 반발이나 저항을 초래할 수 있다. 둘째, 기존 자치단체와의 명확한 기능배분이 이루어지지 않으면 업무의 중복을 가져와 행정의 낭비를 가져올 수 있다. 셋째, 책임소재를 불명확하게 하거나 주민의 관심을 저하시키게 되어 주민통제나 주민에 대한 책임성이 약화될 수 있다. 넷째, 시간이 갈수록 연합체의 사무가 증가되어 기존 자치단체는 점차 그 고유영역을 상실하여 연합체의 출장소화되는 경향이 있다. 다섯째, 주정부의 보조금 증가로 자율성이 점차 약화되고 있다.

(2) 지방자치단체조합

지방자치단체조합은 자치단체의 사무중의 한 개 또는 수개를 공동처리하기 위하여 두 개 이상의 자치단체가 합의에 의하여 규약을 정하여 설치하는 법인격을 가진 공공단체이다. 이는 기존의 지방자치단체를 구성원으로 하며 특정한 기능을 수행하기 때문에 특별지방자치단체라 할 수 있다. 이러한 조합에는 일부사무조합(또는 목적조합)과 복합사무조합이 있다.

일부사무조합이란 두 개 이상의 자치단체가 그 사무 중의 하나를 공동처리하는 특별지방자치단체로서 고유의 직원을 두고, 독자의 재산을 보유하며, 조례를 제정할 수 있다. 다만 구성원이 주민이 아닌 자치단체이므로 주민에 대한 직접적인 과세권을 가지지 아니한다. 이러한 일부사무조합의 대표적인 예는 프랑스의 시·읍·면 조합(syndicat de communes)을 들 수 있다. 조합의 목적은 매우 한정된 특수성을 가진 단일 공공서비스에 엄격히 제한되고 있으며, 시·읍·면간에 이익이 되는 사업에만 조합을 설립할 수 있도록 되어 잇다. 그리고 조합의 설립에 참여하는 모든 자치단체는 개별성, 자유발의성 및 공평성이 보장되고 있다. 즉, 시·읍·면 조합은 해당 시·읍·면의 의회가 선출한 2명의 대표들로 구성되는 위원회가 관리한다. 이러한 평등주의적 대표성은 조합제도의 전형적 특성으로 간주되고 있다(정세욱, 1989: 456-457).

한편 독일에서는 지방자치단체나 지방자치단체조합이 그들의 개별적 업무를 공동으로 처리하기 위하여 목적조합을 설치·운영하고 있다. 이러한 목적조합은 주로 특수학교, 시민대학, 종합병원, 요양시설, 하수시설, 상수공급 등과 같은 업무를 처리하기 위하여 설립되고 있다. 이는 주로 일반법, 즉 지방협력법의 규정에 의해 설립되는데 그 동기에 따라 ① 조합참여자들의 자유로운 합의에 의해 설립되는 임의조합, ② 법률의 규정에 의한 목적조합, ③ 감독관청의 설립명령에 대한 의무조합 등이 있는데 그 대부분은 임의조합이다. 그리고 자치사무와 위임사무 모두에 대하여 목적조합을 설치 할 수 있으나 기관차용(Organleihe)에 의하여 수행되는 기관위임사무는 제외하고 있다. 이러한 목적조합의 의결 및 집행기관으로는 조합총회와 조합장이 구성되어 있고 그 재원은 주로 수수료와 사용료에 의해 충당되고 만약 재원의 부족시 그 부족액은 조합구성원의 할당금(Umlage)으로 보충한다. 그 밖에 특별법으로도 일정한 목적조합이 결성되어 있다. 그러나 한 가지 주의해야 할 점은 지방자체단체조합이라는 것이 있는데 목적조합과는 그 개념상 구별된다. 지방자치단체조합에는 게마인데연합(Verbandsgemeinde)이 있는데, 이는 게마인데와 크라이스(Kreis)의 중간에 해당되는 일종의 지방자치단체이다.

복합사무조합은 프랑스에서는 1959년부터, 일본에서는 1974년부터 채택된 공동처리방식으로 종래 자치단체가 전기, 가스, 교통, 치수, 쓰레기, 분뇨, 상·하수도, 소방 등의 사무를 공동으로 처리할 경우 하나의 사무마다 일부사무조합을 설립하던 것을 보완하여 복수의 사무를 하나의 조합에서 처리하도록 한 것이다. 즉, 종래에는 하나의 사무마다 일부사무조합을 결성해야 했으므로 조합이 난립되어 책임소재가 모호하고 사무를 처리하는 데 상호연락·조정이 곤란하고 사무처리의 중복이 발생하는 등 문제점이 야기되었다. 이러한 폐단을 없애기 위하여 복수의 사무를 하나의 조합에서 처리하도록 하였다. 이렇게 함으로써 일부사무조합의 통합에 의한 조직기구의 간소화와 정원감축을 도모할 수 있고 계획의 수립단계에서 사업의 집행에 이르는 전과정을 단일의 기구에서 담당하여 보다 효과적인 업무수행이 가능하게 되었다. 이러한 조합구성에 의한 협력방식은 프랑스와 독일, 그리고 일본에서 적극적으로 활용하고 있다. 일부사무조합이 가지는 장점은 우선 법인격을 가진 독립적 주체에 의하여 광역사무가 처리되므로 각 사무별 특성에 맞는 운영방식을 채택할 수 있어 행정의 효과성을 높일 수 있다.

조합은 지방자치단체에 이익이 되는 사업을 위하여 조합이 구성되므로 각 자치단체의 자율성과 평등성이 보장될 수 있다. 그러나 조합의 난립으로 인하여 상호 관련되는 사무를 관할하는 조합 간에 책임소재가 불분명해지고 사무처리의 중복이나 공백이 생길 가능성이 있어 오히려 비능률을 초래할 수도 잇다. 한편 복합사무조합의 경우 다수의 관련사무를 종합적으로 처리한다는 점에서 기능의 중복은 피할 수 있으나 광역성이 큰 사무처리에는 적합하지 않을 뿐만 아니라 전문성이 일부사무조합에 비해 저하 될 수 있다. 우리나라의 경우 수도권매립지 운영관리조합이 1991년 11월부터 설치·운영되어 왔으나 2000년 7월부터는 그 법적 지위가 "수도권매립지관리공사"로 변경되었다. 하지만 2003년에는 지방자치정보화조합이 설치되었으며, 가장 최근에는 2005년 2월에 수도권교통조합이 설치되었다.

(3) 특 별 구

이는 특정한 광역행정사무를 처리하기 위하여 일반행정구역이나 자치구역과는 별도의 구역을 설정하여 이를 관할하는 지방자치단체를 구성하는 방식이다. 이 특별구는 일정한 구역을 갖고 그 구역내 주민에 의해 공선의회를 구성하며, 과세권, 조례재정권 등을 가지고 있으므로 일반적인 지방자치단체와 거의 유사하나 그 기능이 단일하고 특별한(single and special) 목적수행에 있다는 점에서 차이가 있어 특별지방자치단체라 할 수 있으며 이러한 의미에서 특별구(special district)라 불리운다.

전술한 지방자치단체조합도 특별구를 설정하는 결과가 되지만 지방자치단체조합은 자치단체간의 협의에 의하여 설립되기 때문에 자치단체가 구성원이 되는 반면, 특별구는 지방행정체제 또는 지방자치단체를 처음부터 그렇게 정하고(Chandler & Plano, 1982: 221-222) 주민을 그 구성원으로 하는 데 큰 차이가 있다.

이러한 특별구는 주로 미국에서 많이 활용되고 있으며, 설치유형은 수행하는 사무의 수에 따라 단일기능 특별구와 다목적 특별구가 있는데 대부분 단일기능특별구이며, 사무의 종류는 해충구제로부터 대중교통에 이르기까지 약 250여 종에 달하고 있는데(Bollens & Schamandt, 1982: 359-360) 소방, 상수도, 주택(재개발포함), 하수처리 등의 사무에서 많이 이용되고 있다.

이러한 특별구의 대표적 예로서는 뉴욕-뉴저지항만청(공항, 교량 등 교통시설), 세인트 루이스(St. Louis)의 지역의 이주(二州)개발청(대중교통), 샌프란시스코만지역의 지역공원구(지역공원), 시카고권 교통청, 세인트루이스의 하수구(하수처리), 남캘리포니아의 상수구(상수공급), 샌프란시스코지역의 대중교통구(대중교통) 등이 그것이다.

특별구는 다음과 같은 장점을 갖고 있다. 첫째, 특별구는 공공서비스를 위한 재원마련에 있어 보다 큰 신축성을 갖고 있다. 즉, 사용료와 수수료에 의해 운영자금을 마련하고 지방채에 의해 자본적 지출을 충당하므로 재원확보에 공평성을 기할 수 있으며, 연방이나 주정부의 기금을 확보하는데 용이하다는 것이다. 둘째, 그 구성이 용이하다. 즉 주의 수권법에 의해 그 설치가 자유로우며 신축적인 경계를 가지고 있어 수요지역과 서비스권역을 일치시키는 것이 가능하다는 점이다. 셋째, 대체로 하나의 목적으로 가지고 있으므로 자격을 갖춘 전문인력의 확보가 용이하며 따라서 효율적인 운영을 기할 수 있다.

반면에 특별구는 다음과 같은 문제점을 갖고 있다. 첫째, 그 재원을 사용료와 지방채에 의존하기 때문에 그 운영이 주민의 시야로부터 가려져 보이지 않는 정부라는 비난이다. 일반적으로 특별구는 선거구민들로부터의 흥미와 관심을 거의 끌지 못하고 있어 그 집행부와 일반 주민보다는 자신들이나 계약을 맺는 상대방에게 혜택이 돌아가는 결정을 내리기 쉬운 사교클럽 같은 분위기를 만들어 낼 수 있다는 것이다.

둘째, 대도시권(SMSA)에 있어 어떤 기능에 대한 특별구의 설치필요성이 있을 경우 이를 설치하여 왔기 때문에 지방정부체제의 분열·할거를 조장하여 왔다는 점이다. 따라서 대도시권에 있어서는 특별구로 인하여 지방정부상호간의 협력과 조정이 오히려 어렵게 되고 있다. 셋째, 권역설정이 곤란하다는 점이다.

(4) 지방개발사업단

일정한 지역의 종합개발계획에 따라 특정한 공공시설의 건설, 용지의 취득 또는 조성 그리고 토지구획정리사업에 관계되는 공사를 종합적으로 실시하기 위하여 둘 이상의 관계 지방공공단체가 공동으로 설치하는 특별지방자치단체로서 일본에서 채택하고 있는 제도이다. 사업단은 다른 지방공공단체와 같이 구역, 권능 및 구성원을 가진다. 사업단의 구역은 사업단을 구성하는 보통지방공공단체의 구역을 포괄하는 구역이고, 그 권능은 법에 규정된 사업을 실시하는 것이며, 그 구성원은 사업단을 설치하는 보통지방공공단체이다.

그런데 사업단은 지방공공단체의 사무를 공동처리하는 특별지방공공단체인 점에 있어서는 일부사무조합과 같은 성격을 가진다고 할 수 있으나, 사업단은 건설사업의 능률적·탄력적인 처리·집행을 목적으로 설치되는 것이므로 양자 간에는 다음과 같은 차이점이 있다.

첫째, 사업의 범위이다. 일부사무조합이 공동처리할 수 있는 사무는 원칙적으로 제한이 없으나 사업단은 그렇지 않다. 사업단이 할 수 있는 사업은 주택, 공업용수, 도로, 항만, 상수도, 하수도, 공원녹지 등 법에 규정된 것 중에서 당해 지방공동단체의 사무에 속한 사무에 한정된다. 또한 일부사무조합은 특정한 사무를 처리하기 위하여 설치되는 데 반해 사업단은 상기한 사업을 종합적으로 실시하기 위하여 설치되므로 그 사업은 일정한 지역의 종합개발계획에 기초를 두어야 한다.

둘째, 사업단의 권능이다. 조합은 규약이 체결되면 공동처리하는 사업에 관해서는 독자적 권능을 행사할 수 있는 반면, 사업단은 규약에 의해 설치되어도 그것에 의해 직접 독자적인 활동을 할 수 없으며 설치단체로부터 사무를 위탁받아 활동을 하게 된다. 그리고 위탁사무의 실시가 완료되었을 경우 사업단은 해산하게 되므로 그 존속이 한시적이다.

셋째, 사업단의 조직이다. 조합의 경우 대부분 의결기관(조합의회)과 집행기관(관리자 등)이 설치되어 이른바 장·의회 대립형 기관구성을 하고 있다. 반면 사업단은 집행기관으로서 이사장, 이사 및 감사가 있으며 이사장과 이사로 구성되는 이사회에서 사업단의 의사를 결정한다. 이와 같이 사업단의 조직체계가 다른 지방공공단체나 조합과 다른 이유는 사업단이 모든 지역개발서업을 담당하지 않고 일정한 범위내의 건설사업을 시행하며 또 그 존재가 한시적이기 때문에 그 사업을 능률적·탄력적으로 수행하기 위해서 조직면에서 간소화가 요구되기 때문이다.

(5) 공 사

공사는 특별한 목적을 위해 관계법에 의거하여 중앙정부가 특정지역의 자치단체와 협의하여 설립할 것을 명령하여 설치되는 것으로 영국의 도시개발공사(Urban Development Corporation)가 그 예이다. 영국의 도시개발공사는 대도시권을 재건하기 위해 설립되었는데 그 구체적 목적은 ① 토지와 건물의 이용도 제고, ② 새로운 산업의 유치촉진, ③ 매력적인 환경의 창출, ④ 주택 및 공공시설의 확충 등이다.

이러한 목적을 달상하기 위하여 동 공사에는 ① 토지 및 기타 재산의 취득·관리·처분권 ② 건설 및 기타 행위의 실행권, ③ 수도, 전기, 가스, 하수도 등의 서비스 공급권, ④ 그 밖에 필요한 권한이 부여되어 있다. 이 공사의 집행기관은 연방정부(국무장관)가 관련단체와 협의하여 임명하며, 필요한 직원은 공사가 직접 채용한다. 이 공사는 한시적인 것으로 그 임무가 끝나면 해산되며, 계약에 의해 공사의 일부기능을 지방자치단체에 이관할 수 있다. 또한 국무장관은 공사의 해산을 명할 수도 있다.

이러한 모든 것이 의회의 승인과 관련자체단체와의 충분한 협의로 이루어지며 영국에는 Merseyside Development Corporation과 London Docklands Development Corporation이 설치되어 있다.

(6) 장·단점

이원적 접근방법에는 다양한 유형이 포함되어 있어 일괄적으로 그 장·단점을 말하기가 곤란하나 다음과 같은 장점을 갖고 있다. 첫째, 전문화된 기관이 특정문제의 해결에 전념할 수 있어 행정의 능률성을 제고시킬 수 있다. 둘째, 특정기관은 일반적으로 의결권, 집행권, 기채권 등을 가지고 있으므로 업무를 탄력적으로 처리 할 수 있다. 셋째, 지역간 균형이나 복지수준의 균등화를 거시적 입장에서 일관성 있게 추진할 수 있다. 반면에 단점으로는 첫째, 기존 자치단체와 명확한 기능배분이 이루어지지 않으면 기능의 중복을 가져와 행정의 낭비를 초래할 수 있다. 둘째, 기존 자치단체의 자율성을 침해할 수 있다. 셋째, 책임소재를 불명확하게 하고 지방자치에 대한 주민의 관심을 저하시키게 되어 주민통제가 약화될 수 있다.

이상에서 설명한 통합적·부분적·이원적 접근방법을 요약·정리하면 <표 7-1>과 같다.

◈ 표 7-1 ◈ 광역행정 접근방법

접근방법	유 형	내용 및 채택사례
통합적 접근 방법	통 합	·수개의 군소자치단체를 통폐합하여 단일정부화
		·일본의 시·정·촌 폐치 분합
	편 입	·중심도시에 도시화된 인접지역을 편입시킴
		·20세기초 미국과 캐나다에서 주로 활용 (Oklahoma, Dallas, Kansas, San Diego)
	분 리	·군(County)으로부터 일정지역을 분리시켜 자치단체화
		·미국에서 주로 활용(Baltimore, Denver, San Francisco)
	시·군 통 합	·미군의 특별한 통합방식
		·군(County)을 중심을 중심도시와 주변지역 통합
		·Nashville, Davidson County의 통합과, Jacksonville, Duval County 군의 통합
부분적 접근 방법	합의협정	·자치단체간 단일(복구)서비스제공 협정체결
		·생산자-소비자협정, 상호부조협정, 시설공유협정
	기능이양 (상위정부 대행)	·특정사무의 권한을 상급자치단체에 이양(재정이양만 하는 경우도 있음)
		·도시·군개발체제(urban county development)나 종합시·군계획

<table>
<tr><td rowspan="2"></td><td rowspan="2"></td><td>(comprehensive urban county plan)에 의해 이루어짐</td></tr>
<tr><td>·L.A County와 Dade County가 대표적 예</td></tr>
<tr><td rowspan="8"></td><td rowspan="4">협의회</td><td>·광역서비스에 대한 협의와 자문의 역할 수행</td></tr>
<tr><td>·계획권·집행권·예산권 등이 전혀없음.</td></tr>
<tr><td>·미국의 Council of Governments(COG)</td></tr>
<tr><td>·최근 계획적·집행권을 갖는 협의회 태동(Twin Cities Model)</td></tr>
<tr><td rowspan="2">기관의 공동설치</td><td>·자치단체 내부조직의 일부를 공동설치(일본)</td></tr>
<tr><td>·행정사항별로 광역행정기관 설치(미국)</td></tr>
<tr><td rowspan="2">기 타</td><td>·일본의 지방행정연락회의와 직원의 파견제도</td></tr>
<tr><td>·미국의 구역외 관할권의 인정, 행정응원제</td></tr>
<tr><td rowspan="15">이원적 접근 방법</td><td rowspan="2">연합체</td><td>·둘 이상의 자치단체가 각각의 법인격(관할구역)을 유지한 채 광역사무만을 처리하기 위한 새로운 자치단체 설치·계획권 및 집행권을 가지나 과세권은 없음</td></tr>
<tr><td>·캐나다의 Toronto와 Montreal이 대표적 예</td></tr>
<tr><td rowspan="3">조 합</td><td>·지방자치단체를 구성원으로 하는 특별지방자치단체</td></tr>
<tr><td>·일부사무조합(목적조합)과 복합사무조합으로 구분</td></tr>
<tr><td>·프랑스, 독일, 일본에서 활용</td></tr>
<tr><td rowspan="4">특별구</td><td>·별도의 구역을 정하여 주민을 구성으로 하는 특별지방자치단체</td></tr>
<tr><td>·계획권 및 집행권뿐만 아니라 과세권도 가짐</td></tr>
<tr><td>·단일목적 특별구와 다기능 특별구가 있음</td></tr>
<tr><td>·미국에서 주로 활용</td></tr>
<tr><td rowspan="2">지방개발 사업단</td><td>·특정한 지역의 개발을 위한 한시적 성격의 특별지장자치단체</td></tr>
<tr><td>·일본에서 활용</td></tr>
<tr><td rowspan="2">공 사</td><td>·중앙정부와 지방자치단체가 협의·설치하는 한시적 성격의 공공단체</td></tr>
<tr><td>·영국의 도시개발공사가 대표적 예</td></tr>
</table>

자료: 한국지방자치학회(2000), 「한국지방자치론」, 518.

제 4 절 한국의 광역행정 방식과 실태

1. 행정구역의 변경

지방자치단체들 간에 광역적으로 발생하는 문제에 대응하는 방법으로 우선 행정구역의 변경을 들 수 있다. 이는 기존의 구역을 변경함으로써 단일정부에 의한 광역기능의 처리가 가능하도록 하는 방법이다. 여기에는 새로운 광역자치단체를 창설하는 "시-도 분리방식," 복수의 지방자치단체를 생활권단위로 통·폐합하는 "시-도 통합방식" 및 기존의 대도시정부가 인접자치단체의 구역일부를 흡수하는 "편입방식"이 있다. 지방자치법 제5조에서는 지방자치단체의 구역변경이나 폐치·분할에 관하여 규정하고 있다.

시·도분리방식은 기존의 도안에서 중심도시의 인구가 증가하여 대도시관리를 일원화하기 위하여 기존의 도에서 분리하는 방식으로 1995년 경상남도에서 기초자치단체인 울산시가 울산광역시로 분리한 사례가 이에 해당한다. 또한 편입방식은 1995년에 민선 지방자치단체장 체제를 출범시키면서 이전의 임명제 단체장체제시절인 직할시를 광역시체제로 전환하면서 부산, 대구, 인천, 대전 및 광주시 주변의 시·군을 편입시킨 경우가 이에 해당한다.

지방자치에 대한 전통이 오래된 선진국에서는 구역의 개편이 쉽지 않다. 반면에 그 동안 우리나라는 구역의 변경을 통하여 광역문제를 해결하고자 하는 시도가 빈번하였다. 그 까닭은 지방자치에 대한 경험이 일천한 점, 권위주의적인 행정체제로 인하여 중앙정부가 피편입지 행정단위에 불이익을 감수시키는 설득력이 강했다는 점과 피편입지역 주민들의 저항이 상대적으로 미약한 것에도 그 원인을 찾을 수 있다. 하지만 이제 지방자치도 점차 성숙되어지고 있으며 주민들의 자치의식 및 권리의식이 점차 강해짐으로 인하여 과거와 같은 권위주의적 접근에 의한 구역개편은 쉽지 않으리라 여겨지며, 이를 위해서는 주민들과의 공감대형성이 무엇보다 중요하다.

2. 사무위탁

(1) 사무위탁에 대한 규정 및 장·단점

사무위탁에 대해서는 지방자치법 제151조에서 규정하고 있다. 즉 동조 1항에 의하면 지방자치단체나 그 장은 소관사무의 일부를 다른 지방자치단체나 그 장에게 위탁하여 처리하게 할 수 있다고 규정하고 있으며, 이 경우에 지방자치단체의 장은 사무위탁의 당사자가 시·도나 그 장이면 행정자치부장관과 관계 중앙행정기관의 장에게, 시·군 및 자치구나 그 장이면 시·도지사에게 이를 보고하도록 하고 있다. 동조 2항에서는 사무위탁을 하기 위해서는 관계 지방자치단체간 협의에 따라 규약을 정하고 이를 고시하도록 하고 있다. 이 규약에 포함되어야할 사항으로는 사무를 위탁하는 지방자치단체와 위탁받는 지방자치단체, 위탁사무의 내용과 범위, 위탁사무의 관리와 처리방법, 이에 따른 경비의 부담과 지출방법, 그 밖에 사무위탁에 관하여 필요한 사항 등이다. 또한 지방자체단체나 그 장은 사무위탁을 변경하거나 해지하려면 관계 지방자치단체나 그 장과 협의하여 그 사실을 고시하고, 행정자치부장관과 관계 중앙행정기관의 장 또는 시·도지사에게 보고하도록 하고 있다. 사무가 위탁된 경우에 위탁된 사무의 관리와 처리에 관한 조례나 규칙은 규약에 다르게 정하여진 경우

외에는 사무를 위탁받은 지방자치단체에도 적용하도록 하고 있다.

사무위탁에 대한 장점 및 단점과 주요 대상사무를 살펴보면(지방행정연구원, 2002: 29), <표 7-2>와 같이 정리할 수 있다. 우선 사무위탁의 장점으로는 첫째, 협력과 분업의 기능성으로 합리적인 행정 방식의 확보가 가능하다는 점이다. 둘째, 새로운 권리주체 및 그에 따른 조직을 설치하지 않아 조합이나 여타 방식에 비하여 비용이 상대적으로 적게 소요된다. 셋째, 사무위탁에 관한 법적 규율이 그다지 까다롭지 않으며, 당사자 간의 의사에 의한 구체적 내용결정이 가능하여 융통성과 적응성이 높다는 점이다. 다시 말하면 사무위탁은 기존의 자치단체의 체제를 그대로 유지하면서 타자치단체와 협력이 가능하고, 비용이 많이 들지 않아 경제적이며, 의사결정 측면에서도 신속성과 유연성이 크다는 이점을 가지고 있다. 하지만 사무위탁에 대한 규약 제정시 지방의회의 참여가 명문화 되어 있지 않아 주민들의 의견반영이 원활히 이루어지지 않을 수 있고, 규약의 내용으로 들어가는 사무범위나 집행 방법 등에 대한 구체적인

◈ 표 7-2 ◈ 사무위탁의 장·단점 및 주요 대상사무

구분	내용
근 거	- 지방자치법 제151조 제1항: 지방자치단체 또는 그 장은 소관사무의 일부를 다른 지방자치단체 또는 그 장에게 위탁하여 처리하게 할 수 있음
장 점	- 협력과 분업의 기능성으로 합리적인 행정 방식의 확보가 가능 - 새로운 권리주체 및 그에 따른 조직을 설치하지 않아 조합방식에 비하여 비용절감 가능 - 사무의 위탁에 관한 법적 규율이 그다지 까다롭지 않으며, 당사자 간의 의사에 의한 구체적 내용결정이 가능하여 융통성과 적응성이 강함
단 점	- 지방의회의 참여가 명문화 되어 있지 않아 주민들의 의견반영이 원활히 이루어지지 않음 - 규약의 내용, 사무범위나 집행 방법 등에 대한 구체적인 절차나 규정 미비로 인한 문제 - 아직까지 광역협력사업에 대한 경험이 많지 않아 효율적 수행에 어려움
대 상 사 무	- 하나의 지방자치단체가 수행하기에 문제되는 사무, 또는 시설을 이미 운영하고 있는 경우에 다른 지방자치단체가 이를 이용하고자 하기를 원할 때 - 다른 지방자치단체가 수행하는 것이 보다 효율적인 경우 - 부대비용이 적게 드는 경우 - 광역이 기초에 또는 기초자치단체간 위탁하여 사무수행의 현지성 제고 필요시
사 례	- 상·하수도, 시설(화장장, 납골당, 박물관 등)이나 장비(소방용 헬기 등)의 공동이용, 세금의 부과 및 징수, 도로의 건설 및 관리, 상수도, 쓰레기처리, 농수산물의 생산 및 판매

자료: 강인성(2007) 및 지방행정연구원(2002)의 자료를 중심으로 재구성.

절차나 규정이 또한 미비한 문제를 안고 있다. 또한 아직까지 광역협력사업에 대한 경험이 많지 않아 중앙과 지방을 비롯한 계층간 또는 동일 계층간의 위탁 가능한 사무의 분류나 구분이 체계적으로 이루어지지 않는 단점이 있다.

사무위탁이 주로 이루어지는 대상사무는 ⅰ) 한 지방자치단체가 수행하기에 문제되는 사무, 또는 시설을 이미 운영하고 있는 경우에 다른 지방자치단체가 이를 이용하고자 하기를 원할 때, ⅱ) 다른 지방자치단체가 수행하는 것이 보다 효율적인 경우, ⅲ) 부대비용이 적게 드는 경우, ⅳ) 광역자치단체가 기초자치단체에 또는 기초자치단체간 위탁하여 사무수행의 현지성 제고 필요시 등이다. 예를 들면 세금의 부과 및 징수, 도로의 건설 및 관리, 상수도, 쓰레기처리장, 화장장, 납골당, 박물관의 이용 등을 들 수 있다.

(2) 위탁현황

1) 사무위탁현황

1995년 민선자치단체장체제가 출범한 이후 2006년까지의 사무위탁 현황을 살펴보면 <표 7-3>과 같다. 지난 12년간에 걸쳐 55건의 사무위탁이 이루어졌고 2000년도에 가장 많은 21건의 사무위탁이 이루어졌으며, 그 다음으로는 2003년에 10건이 이루어졌으나 2006년에는 하나도 없는 것으로 나타났다. 분야별 현황을 살펴보면 <표 7-4>에서와 같이 지난 12년간 상하수도처리 관련 사무위탁이 23건(41.8%)으로 가장 많이 실행되었고, 그 다음으로 쓰레기처리가 12건(21.8%)으로 나타났다. 위탁기관별로 살펴보면 <표 7-5>에서와 같이 기초자치단체와 기초자치단

◈ 표 7-3 ◈ 사무위탁 연도별 현황

합계	95	96	97	98	99	00	01	02	03	04	05	06
55	2	1	2	2	5	21	5	5	10	1	1	–

자료: 행정자치부(2007), 내부자료.

◈ 표 7-4 ◈ 사무위탁 분야별 현황

합 계	상·하수처리	쓰레기처리	묘 지	도로건설	행정기능	교 육	수익사업
55	23	12	1	7	5	3	4
비율(%)	41.8	21.8	1.8	12.7	9.0	5.5	7.3

자료: 행정자치부(2007), 내부자료.

◈ 표 7-5 ◈ **사무위탁 기관별 현황**

합 계	광역-광역간	광역-기초간	기초-기초간	지방-민간간
55	14	7	34	-
비율(%)	25.5	13.7	61.8	

자료: 행정자치부(2007), 내부자료.

체간의 사무위탁이 가장 많은 34건(61.8%)을 차지하였고 다음으로 광역자치단체간의 사무위탁이 14건(25.5%) 처리되었다. 위탁이 이루어지는 형태는 주로 같은 계층 수준, 즉 광역자치단체는 광역자치단체끼리, 그리고 기초자치단체는 기초자치단체끼리 사무위탁이 이루어지고 있는 것으로 나타나고 있다.

2) 사무위탁내역

민선자치단체장체제가 부활한 이후인 1995년부터 2006년까지의 55건에 대한 사무위탁내역을 지면상 여기서 모두 고찰할 수는 없지만 년도 별로 대표적인 사례에 대해 관련업무, 관련 지방자치단체, 위탁내용이나 그 효과를 중심으로 살펴보면 다음과 같다. 1995년에 광역공설묘지의 개발 및 관리와 관련하여 여수시와 여천시 및 여천군 3개 시군이 26억원의 경비를 공동으로 부담하여 공설묘지를 확충하여 여수시에서 위탁관리하고 있다. 1996년에는 순천시와 광양시간에 생활폐기물 위탁 및 반송처리사무 위탁을 체결하여 광양읍에서 발생하는 생활폐기물을 순천시에 위탁 처리하고 있다. 1997년에는 서울시와 고양시간에 난지하수처리장 위탁하여 고양시 창릉천 수계 생활오수를 서울시 난지하수처리장에서 처리하고 비용을 부담하고 있다. 1998년에는 안산시와 양주군 간에 상수원보호구역 관리를 위하여 안산시에서 양주군에 상수원보호구역 단속 업무를 위탁하고 있다. 1999년에는 울산시와 경남 양산시간에 하수도사용료 부과징수사무 위탁을 체결하여 울산시가 관할구역인 웅상지역의 하수도 사용료 부과·징수사무를 양산시에 위탁하고 있다. 2000년에는 서울 구로구와 경기도 광명시간에 구로·광명자원회수시설의 공동이용과 지원을 위해 구로구 쓰레기는 광명자원회수시설에서 광명시 하수는 서울시 하수처리장에서 상호 교환하여 처리하도록 하고 있다. 2001년에는 울산시와 부산시간에 공무원위탁교육을 위해 울산광역시 공무원(2002: 719명)을 부산공무원교육원에 위탁교육으로 중복투자 방지 및 정보교류 촉진을 도모하고 있기도 하다. 2002년에는 경기도 시흥시와 인천시간에 정수장건설사용 협약을 체결하여 인천 수산정수장을 인근 시흥시가 건설비를 부담(8.3%)하고 통합운영하도록 하고 있다. 2003년에는 부산 연제구와 전남 보성군 간에 특산물 위탁판매를 위한 자매결연기관을 체결하여 특산품의 홍보와 위탁판매를 통하여 경제교류 및 협력을 증진하고 있다. 2004년에는 서울시 중구와 동대문구간에 음식물류 폐기물 광역처리 협약을 체결하여 동대문구에서 건설한 음식물류 폐기물 처리시설에 중구의 음식물을 위탁처리 함으로써 시설운영비를 30% 절감하고 음식물류 폐기물의 안정적인 처리를 도모하고 있기도 하다. 또한 2005년에는 울산관역시의 중구와 북구간에 “음식물류 폐기물 위탁처리 협약”을 체결하여 울산 북구에서 발생되는 음식물류 폐기물을 중구의 음식물자원화시설에 위탁처리 하도록 하고 있다.

(3) 사무위탁의 한계

사무위탁은 일종의 서비스계약의 한 형태이다. 하나의 자치단체가 자치사무를 다른 자치단체에 위탁한다는 측면에서 법적으로 구체적인 절차나 방식이 구체화되어 있지 않으므로 까다롭지 않고 당사간에 융통성이 큰 이점이 있다. 반면에 현실적용에 있어서는 정형화된 절차나 형식이 없이 관례에 따라 당사자간 협약에 대부분의 결정사항이 위임되어 있어 협력경험이 부족하고 협상문화가 발달하지 못한 우리 형편에서는 오히려 아직까지 이 제도가 지니는 장점을 제대로 활용하지 못하고 있는데 그 한계점을 살펴보면(강인성, 2007: 33) 다음과 같다.

첫째, 자치단체간 협약의 체결이나 또는 규약의 제정 시 지방의회의 참여(의결을 거치도록 하는 등)가 제도화되어 있지 않아 규약의 내용에 대한 충분한 의견수렴이 미흡한 실정이다. 지방정부의 최고의사결정기관이어야 할 의회의 검토가 간과된 채 집행부 중심으로 위탁이 이루어지는 것은 문제의 소지를 가지고 있다.

둘째, 사무위탁의 범위나 수탁사무의 사무집행방법 및 필요한 경비의 조달·지원방법 등 사무위탁 관련 구체적 법 규정이나 세부절차가 미흡한 채 모든 것을 협의에 따라 규약에서 정해야 하는 부담이 있다. 너무 세부적인 세항을 법조문화하여 지방자치단체의 자율성이나 협력을 훼손하는 것은 문제가 있지만 적어도 지자체의 조례 등을 통하여 법적인 제도지원이 이루어질 필요는 있다.

셋째, 중앙정부 차원에서 사무위탁에 적합하고 또한 가능한 사무를 파악하여 이를 적극적으로 위탁하도록 자치단체에 권장하는 정보공유체제나 유인체제가 미흡하여 활용이 부진하다. 중앙정부의 광역행정관련 부서에서 사무위탁의 현황 등을 파악하고는 있으나, 실무수준을 넘어 행정서비스의 공공위탁과 민간위탁 모두를 포함한 사무위탁의 실효성과 효율성을 높이는 데는 크게 노력을 기울이지 않고 있다.

3. 행정협의회

(1) 법적 기반 및 내용

지방자치법 제 152조 1항에서는 지방자치단체는 2개 이상의 지방자치단체에 관련된 사무의 일부를 공동으로 처리하기 위하여 관계 지방자치단체 간의 행정협의회를 구성할 수 있도록 하고 있다. 또한 행정협의회 구성에 있어서 지방자치단체의 장은 시·도가 구성원이면 행정자치부장관과 관계 중앙행정기관의 장에게, 시·군 또는 자치구가 구성원이면 시·도지사에게 이를 보고하도록 되어 있다. 동조 2항에서 지방자치단체는 협의회를 구성하려면 관계 지방자치단체 간의 협의에 따라 규약을 정하여 관계 지방의회의 의결을 각각 거친 다음, 이를 고시하도록 법제화 되어 있다. 즉 행정협의회에는 사무위탁에서 미비되어 있는 지방의회의 의결과정을 거치도록 되어 있다. 아울러 동조 3항에서는 행정자치부장관이나 시·도지사는 공익상 필요하면 관계 지방자치단체에 대하여 협의회를 구성하도록 권고할 수 있도록 하고 있다. 이 협의회의 규약에는 사무내용, 조직구성, 재정운용 등의 사항을 명시하도록 하고 있다.

또한 협의회에서 합의가 이루어지지 아니한 사항이 있을 경우에는 관계 지방자치단체의 장이 조정을 요청할 수 있게 되어 있다. 이 경우에 시·도 간의 협의사항에 대하여는 행정자치부 장관이, 시·군 및 자치구 간의 협의사항에 대하여는 시·도지사가 조정할 수 있으나, 관계되는 시·군 및 지차구가 2개 이상의 시·도에 걸치는 경우에는 행정자치부장관이 조정할 수 있도록 하고 있다. 이 협력방식은 각 자치단체가 법인격을 가지고 권리주체로서 다양한 광역사무를 자발적으로 협의하여 처리할 수 있다는 장점이 있다. 아울러 규모의 경제를 통한 경제적 효율성과 합리성을 높이는데 기여할 수 있다. 반면에 법인격을 갖추지 않는 비상설기구인 관계로 협의회를 통한 합의사항이나 결정에 구속력이 약하고 분쟁해결능력과 실무적 집행력이 떨어진다는 단점을 가지고 있다(강인성, 2007: 34).

(2) 현　　황

1) 광역 및 기초행정협의회

행정협의회와 관련하여서는 먼저 자치단체 성격에 따라 광역행정협의회와 기초행정협의회로 구분할 수 있다. 또한 행정협의회 운영과 관련하여서는 권역별 협의회와 기능별 협의회로 나누어 살펴 볼 수 있다.

(가) 광역행정협의회

2007년 12월을 기준으로 한 광역행정협의회 구성현황을 살펴보면 <표 7-6>과 같다. 광역행정협의회는 7개 권역 22개 자치단체가 참여하고 있다. 수도권에는 서울시를 비롯하여 인천, 경기도, 강원도 및 충청북도의 5개 자치단체가 참여하고 있으며, 2003년에 구성된 황해권에는 인천광역시, 경기도, 충청남도, 전라북도 및 전라남도가, 가장 최근 2004년에 구성된 호남권에는 광주광역시, 전라북도, 전라남도로 구성되어 있다.

◈ 표 7-6 ◈ 광역행정협의회 구성현황

권 역	자치단체	구성연월일
7개권역	22개 자치단체	
수도권	서울특별시, 인천광역시, 경기도, 강원도, 충청북도	88.11.16
부산권	부산광역시, 경상남도	71. 9.22
대구 대도시권	대구광역시, 경상북도	89. 4.19
광주·전남권	광주광역시, 전라남도	89. 3.21
충청권	대전광역시 충청북도, 충청남도	95. 3. 3
황해권	인천광역시, 경기도, 충청남도, 전라북도, 전라남도	03. 2.21
호남권	광주광역시, 전라북도, 전라남도	04.12.15

자료: 행정자치부(2007), 내부자료.

(나) 기초행정협의회

<표 7-7>은 기초행정협의회의 현황을 보여주고 있다. 기초행정협의회는 53개 권역에 221개의 자치단체가 참여하고 있다. 먼저 경기권에는 수원, 성남, 의정부, 중부, 평택, 동두천, 서부수도, 동부권의 8개 권역이 있는데, 여기서 가장 먼저 구성된 것은 수원시, 의왕시, 화성시 및 용인시로 구성된 수원권으로 1981년 4월 21일 구성되었다. 가장 늦게 구성된 것은 성남시, 구리시, 남양주시, 하남시, 용인시, 이천시, 광주시, 여주군, 가평군 및 양평군으로 구성된 동부권으로 1995년 10월 18일 구성되었다. 강원권에는 춘천, 치악, 강릉, 동해, 태백, 설악, 영평정권 등 7개 권역으로 이 중에서 최근에 구성된 것은 원주시와 횡성군으로 구성된 치악권으로 2000년 4월 10일 구성되었다.

한편 충북권에는 청주, 북부, 중부, 남부권 등 4개 권역이, 충남권에는 천안, 보령, 서북해안, 중부, 백제금강권 등 5개 권역이, 전북권에는 전주, 군산, 무진장, 남원,

◈ 표 7-7 ◈ 기초행정협의회 (괄호 안은 구성 년, 월)

시·도	참여 자치단체	권 역
합 계	221개 자치단체	53개
경 기	48개 자치단체	8개 권역 수원(81.4), 성남(81.4), 의정부(81.4), 중부(81.8), 평택(88.8), 동두천(81.9), 서부수도(93.10), 동부권(95.10)
강 원	24개 자치단체	7개권역 춘천(95.9), 치악(00.4), 강릉(81.3), 동해(95.1), 태백(95.9), 설악(94.9), 영평정권(96.1)
충 북	12개 자치단체	4개권역 청주(87.11), 북부(96.5), 중부(90.11), 남부권(90.9)
충 남	18개 자치단체	5개 권역 천안(89.1), 보령(93.6), 서북해안(89.3), 중부(95.2), 백제금강권(97.10)
전 북	16개 자치단체	5개권역 전주(95.5), 군산(96.5), 무진장(97.1), 남원(97.4), 군산서천권(97.8)
전 남	41개 자치단체	8개권역 서남해안(96.7), 순천(86.5), 여수순천광양(98.11), 북부(95.6), 남해(95.12), 영산강유역(99.3), 21세기 뉴리더행정협의회(02.8), 장수벨트권(03.6)
경 북	32개 자치단체	8개권역 동해(95.4), 북부(96.3), 경산(95.4), 고령성주(95.5), 구미(95.12), 상주문경(95.12), 원전소재지자체(04.5), 지역발전혁신권(04.6)
경 남	30개 자치단체	8개권역 마창연담(93.12), 진사연담(83.3), 울산도시(69.5), 한려수도(96.10), 밀창(95.4), 거창(90.5), 서낙동강(96.10), 서부권행정협의회(98.5)

자료: 행정자치부(2007), 내부자료.

군산서천권 등 5개 권역이, 전남권에는 서남해안, 순천, 여수순천광양, 북부, 남해, 영산강유역, 21세기 뉴리더행정협의회, 장수벨트권 등 8개 권역이, 경북권에는 동해, 북부, 경산, 고령성주, 구미, 상주문경, 원전소재지자체, 지역발전혁신권 등 8개 권역이, 경남권에는 마창연담, 진사연담, 울산도시, 한려수도, 밀창, 거창, 서낙동강, 서부권행정협의회 등 8개 권역으로 구성되어 있다.

2) 권역별 협의회

2006년을 기준으로 권역별 협의회의 운영현황을 살펴보면 <표 7-8>에서와 같이 협의안건은 97건에 달하고 있다. 안건내용을 중심으로는 지역개발관련 안건이 43건(44.3%)으로 가장 많았고, 그 다음으로 일반행정이 12건(12.4%), 도로교통이 11건

◈ 표 7-8 ◈ **권역별 협의회**

협의회	상정 안건수	안건유형					
		일반 행정	도로 교통	비선호 시설	물관리	지역 개발	기 타
총 계	97 (100%)	12 (12.4)	11 (11.3)	10 (10.3)	5 (5.2)	43 (44.3)	16 (16.5)
광주·전남권 광역행정협의회 (06.7.28)	14	1	2	–	1	8	2
충청권광역행정협의회 (06.6.19, 12.11)	12	1	1	–	2	6	2
호남권 광역행정협의회 (06.12.14)	9	–	2	–	–	6	1
서부수도권 행정협의회 (06.2.16, 11.2)	2	–	1	–	–	–	1
경기중부권 행정협의회 (06.6.27, 10.11, 12.13)	11	9	–	–	–	–	2
설악권 행정협의회 (06.11.22)	4	–	1	–	–	1	2
중부권 행정협의회(충북) (06.7.27, 11.2)	5	–	–	2	–	3	–
남부권 행정협의회(충북) (06.2.13)	5	–	–	–	–	4	1
북부권 행정협의회(충북) (06.2.23)	5	–	–	–	–	5	–
장수밸트행정협의회 (06.3.16)	3	–	–	–	–	2	1
서남해안권 행정협의회 (06.11.15)	8	1	–	–	–	6	1
원전소재지자체행정협의회 (06.2.7, 2.15, 3.30, 8.17, 9.27)	7	–	–	7	–	–	–
북부권 행정협의회 (06.4.5, 8.28, 11.28)	12	–	4	1	2	2	3

자료: 행정자치부(2007), 내부자료.

(11.3%) 등의 순서로 나타났다. 권역별로는 광주전남권 광역행정협의회가 가장 많은 14개(14.4%)의 안건을 상정하였고, 다음으로 충청권 광역행정협의회와 북북권행정협의회가 12개의 안건을 상정하였다. 특히 원전소재지자체 행정협의회의 개최는 다섯 차례로 가장 많은 협의회를 개최하여 활발한 협의활동을 한 것으로 나타났다.

3) 기능별 협의회

2006년을 기준으로 기능별 행정협의회의 운영실적을 살펴보면<표 7-9>에서와 같이 259개의 안건을 상정하여 협의하였다. 그 중에서 지역개발관련 안건내용이 83건

(32.0%)으로 가장 많았고 물관리(44건, 17.0%)와 일반행정(42건, 16.2%) 관련 안건도 많이 협의한 것으로 나타났다. 협의회별로는 경기도시장 군수협의회에서 32개(12.4%)의 가장 많은 안건을 상정하였고, 다음으로 전국시도지사협의회가 30개(11.6%)의 안건을 상정하여 협의하였다. 협의회 개최 횟수를 살펴보면 한강수계 관리 실무위원회가 6차례의 협의회를 개최하였고, 수도권대기질개선 광역협의회 실무협의회가 4차례의 협의회를 가진 것으로 나타났다.

◈ 표 7-9 ◈ 기능별 협의회

협의회명 (개최횟수)	상정 안건수	안건유형					
		일반 행정	도로 교통	비선호 시설	물관리	지역 개발	기타
총 계	259	42	24	1	44	83	65
전국 시도지사협의회(06.8.8)	30	15	3	–	1	4	7
수도권대기질개선광역협의회 실무협의회 (06.4.4, 7.21, 8.31, 11.30)	17	–	5	–	–	–	12
한강수계 관리 실무위원회 (06.2.20, 3.28, 5.16, 7.19, 11.1, 12.20)	21	–	–	–	21	–	–
잠실권역 물관리협의회 (06.5.12, 12.21)	7	–	–	–	7	–	–
부울경광역교통실무협의회 (06.2.23, 7.14)	5		5				
지역균형발전협의체 (06.9.20, 12.11)	2						2
동남권관광협의회 (06.3.7, 4.19, 12.22)	20					18	2
동해안관광진흥협의회 (06.2.23, 12.14)	14					12	2
경기도시장군수협의회 (06.1.18, 7.20, 10.26)	32	12	1	1	1	2	15
중부내륙중심권행정협력회 (06.11.15)	6		1			3	2
전국시도지사협의회 실무협의회 (06.2.17)	2	2					
청주·청원광역행정실무자협의회 (06.5.15, 10.19)	7	1	1				5
백제권관광시장·군수협의회 (06.3.8)	2					2	
금강권관광협의회 (06.4.14, 11.8)	5					3	2

호남권정책협의회 (06.12.14)	9		2			6	1
전국동주도시교류협의회 (06.3.28, 6.8)	2						2
섬진강환경행정협의회 (06.6.21, 7.27)	9				8		1
형산강살리기광역협의회 (06.4.18, 11.21)	4				4		
경상북도시장군수협의회 (06.1.27, 7.13, 9.12)	12	1	3		1	3	4
전국고추주산단지시장군수협의회 (06.3.21, 8.25)	2						2
사과주산지시장군수협의회 (06.10.26)	4					2	2
남해안중심시군 부단체장협의회 (06.2.7, 3.21, 5.9)	4	1				1	2
서부경남관광협의회 (06.2.21, 6.15, 9.20)	5					5	
전국마늘주산단지시군광역협의회 (06.11.23)	10					9	1
가야문화권지역 발전·혁신 역협의회 (06.12.12)	4					4	
지리산권자치단체장협의회 (06.2.261)	3					3	

자료: 행정자치부(2007), 내부자료.

(3) 행정협의회의 한계

행정협의회는 협력대상사무에 제한이 없어 주민의 생활영역이 점차 확대되어 가는 추세에 비추어 볼 때 활용도가 계속 증가할 것으로 예상되어지지만, 제도 자체가 갖는 분쟁해결능력과 실무적 집행력의 부족과 관련하여 본질적인 한계점이 있는 것으로 지적되고 있다. 특히 사전협의를 통한 협력사업의 실시에 초점을 두기보다는 사후적인 갈등해결의 역할을 감당하다보면 지방분쟁조정위원회의 기능과 역할에 있어서 제도의 차별화가 이루어지지 않을 수도 있다. 행정협의회의 한계점을 살펴보면(강인성, 2007: 40), 하나는 행정협의회는 지방자치단체조합과 달리 협력을 위한 별도의 조직체를 구성하지 않는 비상설적 기구일 뿐 아니라 산하에 실무위원회도 구성되어 있지 않아 집행력이 미흡하다는 점이 지적되고 있다. 다른 하나는 제도의 초기부터 줄곧 지적되어 온 문제점으로써 행정협의회의 합의사항이나 결정에 대해 구속력이 미흡하여 협력의 실효성이 저하된다는 점이다.

행정협의회는 복수의 지방자치단체의 결합이지만 별개의 법인격을 갖지 않으므로 권리의무의 주체가 될 수 없으며 결정의 구속력도 인정되지 않는다. 따라서 합의사항의 미이행시 이행촉구 및 미이행으로 피해가 발생했을 시에 손해배상을 위한 소송을 제기할 수 있을 뿐이다. 행정협의회에 의한 사무의 공동처리가 교착상태에 빠지는 것을 방지하기 위하여 합의가 이루어지지 않을 때 상급기관의 조정과 직무이행명령권 등을 규정하고 있지만, 이 또한 당사자의 조정요청이 있을 경우에만 제한적으로 성립하는 조치로 근본적인 해결수단은 되지 못한다. 이에 대해 모든 합의사항에 구속력을 인정하자는 주장, 구속력을 인정하는 사항을 법규에 명시하자는 주장, 상급기관의 직권조정을 인정하자는 주장 등 다양한 대안이 제시되고 있으나 어느 것도 자치단체의 자율성을 침해할 소지가 있어 근본적 한계를 벗어나지 못하고 있다.

4. 지방자치단체조합

(1) 법적 기반 및 내용

지방자치법 제159조 1항에서 2개 이상의 지방자치단체가 하나 또는 둘 이상의 사무를 공동으로 처리할 필요가 있을 때에는 규약을 정하여 그 지방의회의 의결을 거쳐 시·도는 행정자치부장관의, 시·군 및 자치구는 시·도지사의 승인을 받아 지방자치단체조합을 설립할 수 있다고 명시하고 있다. 다만, 지방자체단체조합의 구성원인 시·군 및 자치구가 2개 이상의 시·도에 걸치는 지방자체단체조합은 행정자치부장관의 승인을 받도록 되어 있다. 동조 제2항에서는 지방자체단체조합은 법인으로 하여 법인격을 부여하고 있으며, 지방자치단체조합회의와 지방자치단체조합장 및 사무직원을 둘 수 있게 되어 있다. 지방자체단체조합회의의 위원과 지방자치단체조합장 및 사무직원은 지방자치단체조합규약으로 정하는 바에 따라 선임하게 된다. 지방자치단체조합회의는 지방자치단체조합의 규약으로 정하는 바에 따라 지방자치단체조합의 중요 사무를 심의·의결하며 지방자치단체조합이 제공하는 역무에 대한 사용료·수수료 또는 분담금을 조례의 범위 안에서 정할 수 있게 되어 있다.

지방자치단체조합장은 지방자치단체조합을 대표하며 지방자치단체조합의 사무를 총괄하도록 되어 있다. 지방자치단체조합의 규약에는 사무의 내용을 비롯하여 조직구성과 재정운용, 그리고 운영에 관한 사항을 명시하도록 되어 있다. 이 조합의 지도·감독은 시·도가 구성원인 지방자치단체조합은 행정자치부장관의, 시·군 및 자치구가 구성원인 지방자치단체조합은 1차로 시·도지사의, 2차로 행정자치부장관의 지도·감독을 받게 되어 있다. 그리고 지방자치단체조합의 구성원인 시·군 및 자치구가 2개 이상의 시·도에 걸치는 지방자치단체조합일 경우에는 행정자치부장관의 지도·감독을 받도록 하고 있다.

(2) 현　　황

<표 7-10>에서와 같이 지방자치단체조합의 현황을 살펴보면 광양만권 경제자유구역청, 부산·진해 경제자유구역청, 인천경제자유구역청의 3개의 경제자유구역청과 지방자치정보화조합, 부산·거제간 연결도로 건설조합, 부산·김해경량전철조합, 수도권교통조합의 4개의 조합을 운영하고 있다. 한편 인천경제자유구역청의 경우는 지방자치단체조합의 법적요건인 2개 이상의 지방자치단체가 설립주체가 아니며 인천시내에 출장소를 설치한 성격을 지니고 있으므로 지방자치단체조합으로는 분류할 수 없다는 점을 주의할 필요가 있다.

(3) 지방자치단체조합의 한계

지방자치단체조합이 외국에서와는 달리 활용이 극히 부진한 이유는 한마디로 지방자치단체의 법적 성격이 불분명한데다 조합의 설립 및 운영과 관련하여 자치단체의 자율성이 매우 제약되어 있다. 따라서 지방자치단체에서는 이 제도의 활용을 기피하는 경향이 있는데 이를 구체적으로 살펴보면(강인성, 2007: 44), 첫째로 자치단체로서 독립법인의 지위가 확실히 보장되지 않고 있고, 독립적 의결기관의 성격을 조합회의가 갖지 못하고 있다. 둘째, 조합구성에 있어서 선출직인 지방의회의원 중심이 아닌 공무원과 전문가가 참여하는 등 책임소재가 불분명하고 조합의 설립, 조직, 운영에 관한 법적 규정이 미비되어 있어 활동에 제약을 받을 수밖에 없다. 셋째, 행정자치부장관의 조합에 대한 설립승인권과 지나치게 강력한 감독권을 인정함으로써 조합의 자율성이 침해될 우려가 있을 뿐 아니라 조합의 설립과 운영에 대한 조합 자체의 자율성이 제약(행정처분권, 직원채용권, 파견공무원에 대한 선택·거부권 등의 제약)되어 있어 활용이 부진해지는 원인이 되고 있다. 참고로 수도권매립지운영관리조합이 1991년 11월에 서울시, 경기도, 인천시, 김포시 등 4개 지방자치단체가 공동으로 수도권지역에서 발생하는 지역폐기물의 처리와 자원화 할 목적으로 설립하였으나 내부운영관리상의 비효율과 김포시 및 지역주민들과의 잦은 마찰로 인하여 2000년 7월에 "수도권매립지관리공사"로 전환되는 우여곡절을 겪기도 하였다.

◈ 표 7-10 ◈ 지방자치단체조합 현황

조합 명칭	지방자치 정보화조합 (03.1.21)	광양만권 경제자유구역청 (04.1.20)	부산·진해 경제자유구역청 (04.1.20)	부산·거제간 연결도로건설 조합 (03.6.4)	부산·김해 경량전철조합 (04.2.16)	수도권 교통조합 (05.2.4)
구성	15 시도 (서울시 제외)	전라남도/경상남도	부산광역시/경상남도	부산광역시/경상남도	부산광역시/김해시	경기도/서울시/인천시
위치	서울시	전남도 관내 (민원처리 지소 경남관내)	부산, 경남 관내(영구청사 미정)	부산시 관내	김해시 관내	서울시
조합 회의	- 위원 16인 (시·도 기획관리실장) -위장·부의장 조합회의 선출 -임기 2년	-위원 11인 (전남7, 경남3, 재경부1) -임기2년(1회 연임) -의장·부의장 조합회의 선출	-위원 13인 (부산6, 경남6, 재경부1) -임기2년(1회 연임) -의장·부의장, 조합회의 선출	-위원 7인 (시·도별 3인, 비장의원 및 조합장추천1) -임기3년(연임가) -의장·부의장, 조합회의 선출	-위원 9인 (부산4, 김해4, 조합장 추천1) -임기2년(1회 연임) -의장·부의장, 조합회의 선출	-위원 15인 (서울5, 경기5, 인천3, 건교부2) -의장·부의장, 조합회의 선출 -임기2년
집행 기관	-조합장: 행자부장관 추천, 조합회의 의결·선임, 임기3년(1회 연임)	-조합장: 전남·경남지사 공동임명, 임기3년(연임가능)	-조합장: 부산시장·경남지사 공동임명, 임기3년(연임가능)	-조합장: 경남도·부산시 순차 임명, 임기3년	-조합장: 자치단체 협의 선임, 임기2년(1회 연임가능)	-조합장: 행자부·서울시·경기도, 인천시 순차임명
	-사무직원: 조합장이 임명하는 고유직원, 파견공무원	-사무직원: 파견공무원	-사무직원: 파견공무원	-사무직원: 파견공무원	-사무직원: 파견공무원	-사무직원: 파견공무원과 조합에서 임용한 계약직 공무원

자료: 행정자치부(2007), 내부자료.

5. 지방자치단체간 협력사업

(1) 협력사업의 주요내용

지방자치단체간 협력사업은 지방자치법에 법제화되어 있지는 않지만 2개 이상의 지방자치단체가 협약 등을 체결하여 자기 책임하에 공동으로 사업을 추진하는 사업방식이다. 이것이 사무위탁과 다른 점은 사무위탁이 자신의 사무일부를 타자치단체에 계약 방식을 통하여 위임하는 것인데 비하여, 이 협력사업은 공통의 사무를 직접 공동으로 처리한다는 데에 있다.

이러한 협력사업은 법적인 구속이 없이 기존의 행정구역을 유지한 채로 권리주체의 형성이나 변경을 요하지 않고 자발적으로 필요 당사자간에 계약을 통하여 사무를 처리할 수 있기 때문에 자율성과 융통성이 크다는 장점을 지니고 있다. 하지만 협력의 절차나 방식이 법제화가 되어 있지 않고 당사자간의 자율적인 합의에 의존하기 때문에 합의도출 및 신의성실에 입각한 집행 등에 어려움이 있다는 점이 약점으로 지적되고 있다.

(2) 현 황

1) 민선이후 협력사업 현황

민선자치단체장체제가 부활한 이후 1995년부터 2006년까지 지난 12년간의 지방자치단체간 협력사업을 살펴보면 <표 7-11>과 같다. 먼저 지금까지 전체 254개의 협력사업이 실시되었고, 1999년도에 가장 많은 29건의 사업이 실시되었으며, 그 다음으로 2003년도에 28건의 협력사업이 실행되었다. 분야별로 협력사업의 현황을 살펴보면 <표 7-12>에서와 같이 우선 단일 분야로 행정협의회나 사무위탁과 마찬가지로 지역개발 관련 협력사업이 75건으로 가장 많았고, 행정기능을 포함한 기타의 분야가 100건으로 숫자적으로 가장 많은 사업이 실시되었다. 그 이외에도 폐기물처리(29), 상수도관리(28), 그리고 하수처리(22) 분야도 많은 사업이 이루어졌다.

협력기관별 현황을 보면 <표 7-13>에서와 같이 사무위탁에서와 마찬가지로 주로 같은 계층수준에서 협력사업이 수행되었다. 광역자치간의 협력사업이 전체 254건의 사업 가운데 157건으로 가장 많았고, 기초자치단체간의 협력사업도 80건에 이르렀다. 반면에 계층수준을 달리하는 협력사업은 광역과 기초간의 사업이 16건 그리고 지방과 중앙정부간의 사업이 1건으로 활발하지 못한 것으로 나타났다.

◈ 표 7-11 ◈ 연도별 협력사업 현황

합계	95	96	97	98	99	00	01	02	03	04	05	06
254	11	4	12	22	29	23	57	8	28	20	16	24

자료: 행정자치부(2007), 내부자료.

◈ 표 7-12 ◈ 분야별 협력사업 현황

합 계	상수도 관리	하수처리	폐기물 처리	지역개발	행정기능 등
254	28	22	29	75	100
비율(%)	11.0	8.7	11.4	29.5	39.3

자료: 행정자치부(2007), 내부자료.

◈ 표 7-13 ◈ 기관별 협력사업 현황

합 계	광역-광역간	광역-기초간	기초-기초간	지방-중앙 등
254	157	16	80	1
비율(%)	61.8	6.3	31.5	0.4

자료: 행정자치부(2007), 내부자료.

2) 2006년도 협력사업 현황

2006년도의 현황을 살펴보면 <표 7-14>에서와 같이 전체 26건의 협력사업 가운데 행정기능 관련 전반적인 사업이 14건으로 가장 많았고, 다음으로 지역개발이 6건의 사업이 이루어졌다. 그리고 협력기관별 현황에 있어서는 <표 7-15>에서와 같이 주로 광영자치단체간의 협력사업이 이루어져서 전체 24건의 사업 가운데 20건의 사업이 진행된 것으로 나타났다.

◈ 표 7-14 ◈ 2006년도 협력분야별 현황

합 계	상수도 관리	하수처리	폐기물처리	지역개발	행정기능 등
24	1	1	2	6	14

자료: 행정자치부(2007), 내부자료.

◈ 표 7-15 ◈ 2006년도 협력기관별 현황

합 계	광역-광역간	광역-기초간	기초-기초간	지방-중앙 등
24	20	1	3	-

자료: 행정자치부(2007), 내부자료.

3) 협력사업의 주요내역

1995년 민선자치단체장 체제가 부활 이후 협력사업은 총 254건이 발생하였는데 이들에 대한 구체적 내역을 모두 살펴볼 수는 어렵지만, 그 중에서 몇 사례를 중심으로 살펴보면 다음과 같다(행정자치부 내부자료, 2007). 지방자치가 부활한 초기에는 주로 쓰레기 소각장문제나 음식물 쓰레기 처리와 관련한 협력사업이 활발하였다. 이를 테면 1998년에 추진된 광명시 자원회수시설 공동이용과 관련하여 서울시 구로구와 경기도 광명시간 양 지방자치단체가 추가환경시설을 건립함이 없이 상호시설을 공동사용하기로 합의하였다. 또한 음식물쓰레기 재활용 광역화와 관련하여서는 1995년 서울시 강동구 외 8개 자치구가 음식물쓰레기 퇴비·사료화 시설을 공동으로 이용하기로 하였다. 광역과 광역 및 기초자치단들과의 협력하는 사례도 나타나고 있다.

수자원의 이용 및 관리와 관련하여서는 대구시와 경남 창녕군간에 대구시가 경남 창녕군 일부지역에 2000년 상수도 공급을 위한 협약체결을 체결하였으며, 대구시와 경상북도는 1998년 운문댐 원수를 공급받는 지자체가 원수 및 정수 배분량에 따라 환경기초 시설비와 관리비용을 공동으로 부담하여 원수의 수질보전을 위한 노력을 기울이고 있다. 시·도 경계의 광역도로 개설과 관련하여 1998년 광주시와 전남은 광주대~화순시 앵남간 도로와 나주시 노안~광주시 옥동간 도로 확장 및 포장사업을 상호협력하여 추진하였다. 시설의 공동이용과 관련하여 1999년 대전시, 충북 및 충남이 충청권 소방학교 공동운영으로 비용절약 및 협력체제를 구축하기도 하였다. 경기도 여주군과 양평군은 2000년 주암지구 경지정리사업을 통하여 군계의 경지정리사업 공동으로 추진하였다. 뉴 밀레니엄 공동프로젝트를 추진하기 위하여 1999년 강원도, 경기도, 서울시, 인천시 및 충북도의 5개 광역자치단체가 한강 역사문화탐방, 한강유역 홍보 책자 발간, 관광안내판 설치 도로싸이클 대회, 해외관광 판촉을 위한 협력사업을 체결하였다.

또한 영상산업을 육성하기 위하여 광역자치단체들뿐만 아니라 기초자치단체까지 포함한 광역로케이션지원 Network구축코자 부산시, 울산시, 경상남도 및 경주시가 2001년부터 영화촬영장 유치를 위해 공동으로 노력하고 영상산업의 발전을 통해 지역균형발전을 도모하고자 하고 있다. 2006년 7월에는 대구시와 인접한 경북 경산시와 대구광역교통권 교통카드 호환 및 공동 환승할인제 도입을 위하여 대구-경산 간 대중교통 환승무료 할인제를 시범실시(2006.10.28)한 이후 대구-경산 광역권 대중교통 활성화에 관한 업무협약을 체결(2006.10.30)하여 시·도민간 교통편의를 제공하고 있다.

(3) 협력사업의 한계

지방자치단체간 협력사업은 자율성을 가장 많이 보장하는 제도이다. 즉 이 제도의 가장 큰 장점은 협력대상, 협력형태, 협력내용 등에 특별한 제약이 없이 자치단체 당사자간 자유로운 합의에 기초하여 협력을 추진할 수 있다는 점이다. 하지만 이 제도가 자치단체간의 상호신뢰와 신의성실에 입각한 자율성을 보장하는 협력체제이지만 다른 제도들과는 달리 아직까지 지방자치법 등 별도의 법률에 협력의 세부절차나 방식이 규정되어 있지 않고 있다. 모든 것을 당사자간의 합의에 의존하기 때문에 협약을 체결하기까지 합의에 이르는 과정이 쉽지 않은 문제점이 있고, 앞에서 살펴본 사무위탁을 확대해석하고 준용하여 자치단체간 협약을 통해서 사업을 진행하고 있는 형편이다. 즉 자치단체간 협력사업의 유형별 표준모델이 정립되고 보급되지 않은 채 관행이나 관례에 의존하고 있어 제도의 활성화에 제약을 받고 있는 데 그 한계점을 살펴보면(강인성, 2007: 47),

첫째로 협력사업의 활성화에 걸림돌은 협력사업을 통해 경제적 효율성이나 비용절감을 추구하기 보다는 확보된 예산은 지출하고 보자는 사고가 만연되어 있어 협력사업의 활성화를 위해 노력하기 보다는 많은 예산을 확보하여 사업수행과 비용지출에 만족하는 경우가 많다.

둘째, 자치단체의 장이나 담당 공무원이 자치단체간 협력사업으로 인해 권한이나 이권이 축소되거나 업적이나 성과가 퇴색하지 않을까 우려하는 것도 협력사업에 소극적인 이유로 작용한다. 또한 즉흥적이고 선거를 의식한 전시적이고 단기간에 성과를 낼 수 있는 사업에 치중하는 경향이 있어서 시간과 노력이 소요되는 협력사업을 기피하는 경향이 있다.

셋째, 지역이기주의와 지리적 경계에 사로잡혀 가급적 독자적인 사업을 추진하고자 하고 자치단체의 경계를 뛰어넘는 사업을 회피하는 경향이 뚜렷하다. 그리고 무엇보다도 자기 자치단체라는 편협한 인식 속에서 상대 자치단체에 대한 인내와 양보에 기반을 둔 협상전략과 문화가 형성되지 못해 협력사업을 위한 합의에 도달하지 못하고 중도에서 포기하는 수가 빈번히 발생하고 있다.

제 5 절 지역이기주의와 지방정부간의 갈등[2)]

1. 지역이기주의

(1) 지역이기주의와 님비증후군(NIMBY syndrome)

지역이기주의란 지역을 단위로 한 집단적 의사표출에 의한 갈등양상을 지칭한다. 이러한 갈등은 선호시설에 대한 자기지역에의 유치경쟁과 혐오시설이나 기피시설에 대한 자기지역에의 입지반대를 통하여 나타나고 있다. 여기서 선호시설이란 특정시설의 입지에 따르는 이익이 여타지역에 비하여 그 지역사회에 집중적으로 응집되어 나타나는 시설을 지칭한다. 반면에 혐오시설이란 특정시설의 입지에 따르는 불이익이 그 지역사회에 집중적으로 응집되어 나타나는데 비하여 혜택은 전체사회에 균등하게 배분되어 비용과 편익발생 간에 불공평성이 나타나는 시설을 말한다. 님비(NIMBY)에 대한 의미는 그들의 이웃에 환영받지 못하는 개발이나 시설 등이 입지할 때 공동체집단이 취하는 방어적인 태도 및 거부하는 성향을 지칭한다. 최근 지역이기주의의 심화로 인하여 지역마다 님비현상이 점증하고 있으며, 이와 관련하여 사회적으로 님비신드롬(NIMBY phenomenon or NIMBY syndrome) 또는 'N(not or no) 현상' or 'N 증후군'으로 불리기도 한다. 님비신드롬은 혐오시설에 대한 '부정의 현상', '저항의 현상'과 지역이기주의에 따른 '갈등의 현상', '이기의 현상', '지역의 현상' 및 지역의 보전이나 환경보호를 위한 '보존의 현상'을 그 특징으로 한다. 지역이기주의에 따른 NIMBY현상과 관련하여 다양한 용어들이 사용되고 있는데, 이를 정리하면 다음과 같다.

- NIMBY(Not In My Back Yard): 자기지역에 불이익이 되는 혐오시설이나 기피시설의 입지를 무조건적으로 반대 또는 거부하는 것을 의미
- NOOS(Not On Our Street): 우리 주변에 안 된다는 의미로 NIMBY와 유사한 의미를 지님
- LULU(Locally Unwanted Land Use): 원하지 않는 토지이용을 뜻하는 것으로 NIMBY와 유사

2) 여기에서 소개하고 있는 광역행정방식에 대한 내용은 2000년 한국지방자치학회에서 발간한 한국지방자치론을 중심(pp. 530-541)으로 하여 재구성한 것임.

- NIMTOO(Not In My Term Of Office): 내 임기 중에는 안 된다는 의미
- NIABY(Not In Anybody's Back Yard): 위험한 핵폐기물 처리시설 등과 같은 것을 어느 지역에도 입지시킬 수 없다는 것을 의미하는 것으로 NIMBY보다 강렬한 의미가 내포
- BANANA(Build Absolutely Nothing Anywhere Near Anybody): 어디에든 아무것도 짓지 마라는 의미로 주로 환경보호론자들이 주장하고 있음
- CAVE(Citizens Against Virtually Everything) Groups: 어떠한 시설의 입지도 거부하는 것으로 주로 성장자체를 반대하는 사람들의 집단이 주장하고 있음
- NOPE(Not On Planet Earth); 지구상에서는 절대로 안 된다는 강렬한 거부의지가 강함
- PIMFY(Please In My Front Yard): 선호시설 등과 같이 자기지역에 이익이 되는 시설의 입지를 강요하는 것으로 NIMBY와 반대되는 의미
- YIMBY(Yes In My Back Yard): 선호시설의 입지를 주장하는 의미로 PIMFY와 유사

1995년 직선단체장체제의 출범과 함께 각 지역에서의 소위 '지역이기주의 혹은 집단이기주의'로 불리는 현상이 광범위하게 다양한 형태로 표출되고 있어서 지역간·집단간 갈등과 분규가 첨예화되고 있는 실정이다. 언론을 통하여 널리 알려진 바 있는 안면도 핵폐기물 처분장 건설 반대 및 오히려 그 반대로 경주시 등이 저준위 핵폐기물 처리시설을 서로 유치하기 위한 운동을 대표로 하여 92년 4월에 발생한 김포 수도권 쓰레기 매립장 건설 반대운동, 현대식 소각시설 설치와 관련하여 발생한 서울 상계동지역과 경기도 군포시 산본지역 쓰레기 소각장 건설 반대운동 등은 대표적인 지역이기주의의 사례로 손꼽힌 바 있다. 그리고 '93년에 일어났던 약사와 한의사간의 한약 조제권 분쟁, 의대정원의 증원에 대한 의사들의 반대성명, 사법시험 합격자 확대조치에 대한 변화들의 반발 등은 대표적인 집단이기주의의 사례로 지적되기도 하였다.

이와 같이 증폭되는 갈등의 대부분은 과거로부터 누적되어 온 갈등상황에서 비롯되었거나 정치·사회의 민주화, 자치화, 자율화 과정에서 새로운 이익대립과 갈등이 조성됨으로써 확대된 정치공간과 기회구조를 통하여 표출의 길을 찾은 결과로 볼 수 있다. 이러한 갈등은 농업사회에서 산업사회로 전환되는 산업화 과정에서 필연적

으로 나타나는 현상으로서 이를 어떻게 해소 내지 관리하느냐에 따라 한편으로는 사회의존과 성장에 필요한 쇄신적 변동을 야기시키는 사회발전의 계기로 삼을 수도 있으며, 다른 한편으로는 다원주의 사회를 지향하는 우리 사회의 큰 물결을 표류시켜 정치·사회의 안정을 크게 해칠 수도 있다.

갈등은 언제나 사회를 해롭게 하는 것만은 아니다. 건설적인 갈등의 부재는 오히려 정체된 사고방식, 부적절한 의사결정, 독재와 획일주의, 사회의 침체를 가져와서 사회발전의 기회를 상실케 하는 반면, 갈등의 순기능적인 측면에서는 창조와 성장, 민주주의와 다양성, 자기실현의 기회를 확대시켜서 사회를 바람직하게 변동시키는 계기가 된다. 그러나 지역·집단 이기주의형 갈등은 그 근본적 해결이 불가능한 채 갈등이 끊임없이 반복되는 경향을 보이고 그런 과정에서 갈등의 당사자는 물론 전체사회는 상당한 진통과 혼란을 겪게 된다.

물론 그 동안 억압되고 왜곡되었던 국민 개개인 또는 집단의 요구와 의사가 표출되는 것은 지극히 자연스럽고 오히려 바람직스러운 것이다. 권위주의 체제 그리고 관치행정 시대에 자신의 이익을 국익이라는 명분 아래 표현하지 못하고 포기해야 했고, 또 집단이 되기를 두려워하였던 지역주민들의 집단의사표시와 집단이익의 실현 움직임을 전부 단순하게 지역 또는 집단이기주의로 매도하려는 또 다른 지역·집단이기주의적 태도는 갈등문제의 본질을 호도하는 것이다.

문제는 지방정치·행정체제가 복잡하고 다양한 지역주민들의 이익과 요구 등의 투입요소를 근본 것으로 해소하고 관리하여 얼마만큼 제도화하느냐 하는 것이다. 왜냐하면 갈등의 관리를 제도화하는 것이 지역·집단이기주의 문제를 해결해 나가는 기초가 되기 때문이다. 지방자치의 정착을 통하여 민주화 시대를 열어가는 시점에서는 지방자치시대에 증폭되고 있는 갈등을 지방자치 이념과 자치행정의 원리에 적합한 갈등관리전략으로 해결해 나가야 한다. 모든 갈등을 지역·집단이기주의로 간주하여 적대시하고 원천적으로 봉쇄했던 과거의 갈등 해결방식으로는 자치시대의 갈등도 역기능적 갈등으로 변모할 가능성이 높아지는 반면, 갈등의 순기능적 역할로 얻어지는 건강하고 활력 있는 사회의 도래는 불가능하다(최병대, 2008: 353-354).

앞으로 지방자치제도가 본격적으로 정착하게 되면 자치권의 신장뿐만 아니라 주민의 자치의식과 권리의식이 크게 신장되어 주민복지구현의 극대화와 지역개발의 불균형 및 부정적 영향의 극소화를 위한 문제해결과정에서 갈등의 발생빈도는 더욱 늘어날 것이고 각종 특수이익을 추구하는 지역사회와 이익집단들의 활동도 더욱 활발해 질 것으로 예상된다.

따라서 주민들 사이의 이해관계 대립으로 갈등이 첨예화 될 것이고 지방정부와 주민 및 이익집단들 사이의 마찰이 잦아질 것이다. 지역·집단간의 갈등은 우리사회에 지방자치를 뿌리내리고 궁극적으로는 정치적 민주화와 사회적 자율화를 정착시키는 일시적 동요로 볼 수도 있고(김병준, 1991: 43), 지방자치제하의 자연스럽고 바람직스러운 행위로 인정될 수도 있겠지만, 이와 같은 갈등현상이 우리 사회에 확산·심화되면 사회발전은 물론 지역발전에 커다란 저해요인이 된다. 특히 지역·집단간의 갈등이 제대로 관리되지 못할 때 지역·집단이기주의 행동으로 표출될 수밖에 없기 때문에 결국 사회구성원 모두가 직접 피해당사자가 된다. 따라서 첨예화되고 있는 지역·집단간 갈등과 분규가 이기주의화되지 않도록 하고 나아가 갈등을 사회발전의 계기로 삼기 위해서는 이를 적절히 관리할 수 있는 방안이 마련되어야 한다(육동일, 1995: 7-8). 서울시가 청계천복원공사를 진행하면서 이해관계집단들과의 기존의 전통적인 협상방식인 DAD(decide, announce, defence)방식[3]에서 대안적 분쟁해결(ADR: alternative dispute resolution)방식으로 전환함으로써 큰 성과를 거두었음은 교훈이 되고 있다. 청계천복원사업이 착공되기까지 약 1년동안 청계천 상인들과 4,300여 차례의 설득과 협상 및 조정의 과정을 거쳐 청계천이 복원될 수 있었다(박명현, 2008: 6).

(2) 지역이기주의의 발생원인과 특성

1) 지역이기주의의 발생원인

발생원인에 따라 다양한 형태의 갈등현상으로 나타나는 지역이기주의는 혐오시설의 설치결정에 직접관련된 내재적 원인과 사전에 예방하거나 억제하지 못함으로써 내재적 원인을 유발하는 외재적 원인이 복합적으로 작용해 나타난다.

우선 내재적 요인으로서는 특정한 혐오시설이 어떤 지역에 입지하는 경우 첫째, 시설입지에 따라 그 지역게 미쳐지는 부정적인 외부효과(예: 소음, 악취, 대기 및 수질오염, 교통체증, 경관훼손, 건강과 생명의 위협, 돌발사고, 지역이미지손상, 지가하락 등)가 집중되는 대신 그 편익은 사회전체에 미치게 됨으로써 느끼는 불공평함과

3) DAD(decide, announce, defence)방식은 이해관계자들(집단)의 참여나 동의, 절차 등을 무시한 채 정부의 일방적인 정책결정(decide)과 발표(announce) 및 방어(defence)하는 형태를 취하는 갈등관리방식을 지칭하는 것으로 주로 권위주의 정부시절에 행하여진 방식이다.

상대적 박탈감에 대한 반발로 나타난다. 둘째, 혐오시설의 설치에 반대하는 주민운동은 자신들의 생활권, 경제권 및 환경권 보호 등과 같은 강력한 유인이 작용하게 되므로, 주민들의 조직화에 대한 동기가 강할 뿐만 아니라 조직화에 드는 비용이 저렴하기 때문이다.

다음의 외재적 원인으로는(정회성, 1991: 302) 주로 주민의 의식과 혐오시설의 입지선정절차에서 비롯되는 것으로 첫째, 국민들의 생활수준향상에 따른 쾌적한 환경에 대한 욕구가 증대되는 반면, 국내외적으로 환경사고의 증가에 따른 잠재적 위해시설에 대한 공포감이 증대되고 있다. 둘째, 사회민주화와 지방자치제의 정착에 힘입어 주민들의 권리의식이 높아지는 한편, 혐오시설에 대한 무조건적인 거부감은 개인주의를 넘어서 이기주의로 남용되고 있다. 셋째, 시간과 경비의 부족 및 철저한 보안 등으로 인해 부적절한 입지선정이 이루어지고 있으며 환경영향평가에 대한 주민의 불신이 상존하고 있다. 넷째, 입지선정과정에서 주민반발을 예상한 밀실행정으로 충분한 대민홍보와 주민의 여론수렴 등 주민참여에 의한 정책결정의 민주적 절차가 무시되고 있다. 마지막으로 혐오시설입지에 따른 지역사회에 적정한 피해보상이 미흡하며, 주민 정부간의 갈등을 조정할 수 있는 제도적 장치가 미비되어 있다.

2) 지역이기주의의 특성

지역이기주의는 다른 사회문제에 비해 심각성, 복잡성, 불확실성, 난해성 등의 특성을 띤다. 이를 살펴보면 첫째, 문제의 심각성이다. 유해폐기물을 비롯해 각종 혐오시설의 설치에 책임이 있는 국가와 지방정부가 느끼는 심각성은 지방자치제의 활성화와 더불어 증폭되어 있다. 둘째, 문제의 복잡성이다. 지역이기주의를 보는 시각이 부정론과 긍정론으로 나뉘어 있고, 지역이기주의의 발생원인이 다양하다는 점이다. 또한 문제해결에 관련된 이해당사자들이 다양하고, 해결주체가 다원화되어 문제가 한층 복잡해진다. 셋째, 문제의 불확실성이다. 지역이기주의는 혐오시설의 입지와 관리능력의 확실성에서 비롯되는 위해가능성에 대한 두려움에서 비롯된다. 넷째는 문제해결의 난해성이다. 혐오시설의 입지에 따르는 문제는 공간상에서 비용과 편익의 구조적 불공평성에서 기인하는 만큼 복잡한 이해관계가 얽혀있고, 그에 따른 이해당사자들 모두를 만족시킬 수 있는 해결방안을 도출하기가 쉽지 않다.

(3) 지역이기주의의 갈등양상과 특징

1) 지역이기주의의 갈등양상

지역이기주의 현상은 우리나라뿐만 아니라 세계적인 현상이며, 그 대상도 혐오적인 도시공공시설의 입지에서부터 공장·댐·도로 등의 광역적 지역개발사업에 이르기까지 다양하다. 이는 갈등의 당사자에 따라 크게 나누어 주민과 정부 간의 갈등, 지방자치단체들 간의 갈등, 중앙정부와 지방자치단체와의 갈등의 세 가지로 구분할 수 있다. 그러나 현실적으로 이와 같이 단순한 형태로 나타나기보다는 이들이 중첩되어 복합적 갈등의 양상을 보이는 경우가 많다. 예를 들어 "중앙정부(A)-지방자치단체(B)-지역주민(C)"이나 "지방자치단체(B1)-지방자치단체(B2)-지역주민(C)"의 경우를 생각할 수 있는데, 이들 3주체가 각각 갈등을 빚는 것이 아니라 어느 한 편과는 공조관계를 유지하는 반면, 다른 한편과는 갈등을 빚는 것이 일반적이다. 이러한 관계를 실제 발생했던 갈등사례에 비추어 살펴보면 다시 다음과 같은 세 가지 유형으로 분류할 수 있다.

우선 제1의 유형으로 중앙과 지방자치단체가 공조하고 지역주민들과의 갈등을 빚는 경우로, 안면도핵폐기물처리장의 경우 과학기술부와 충청남도가 공조하고 주민과 갈등을 빚었다. 그리고 여주쓰레기매립장 건설에 있어서 환경부와 여주군이 공조하여 추진하여 지역주민의 반대에 부딪친 경우이다.

제2의 유형으로 지방자치단체끼리 공조하여 당해 지역주민과 갈등을 빚는 유형으로 보은군과 상주군이 공조하여 보은군내 주민들과 마찰을 빚은 보은쓰레기매립장 설치의 사례를 들 수 있다.

마지막으로 제3의 유형으로 지방자치단체와 해당 지역주민이 공조하여 인접자치단체나 중앙정부와 갈등을 빚어내는 경우로서, 강북수원지의 건설에 있어 남양주군과 지역주민이 서울특별시와 갈등관계를 유지한 예를 들 수 있다.

2) 정부와 주민간의 갈등사례

민선자치시대에는 자치권이 강화될 뿐만 아니라 주민의 자치의식과 권리의식이 크게 신장되어 각종 특수이익을 추구하는 지역사회와 이익집단들의 활동이 더욱 활발해지기 마련이다. 이에 따라 정부와 주민들 사이, 그리고 주민들 사이의 이해관계 대립으로 갈등이 심화되어 온 것도 사실이다. 대구 위천국가공단사업의 경우 그 갈등이 영호남에 이어 영남의 남북대결이라는 새로운 지역감정으로 비화되기도 했다. 상습 가뭄지역인 경북 경주시와 전남 장흥군이 추진중인 대현댐 확장과 탐진댐 건설사업도 지역 주민들의 반발로 무산되었다. 경북 상주시 화북면 일대 문장대 용화온천 개발을 둘러싸고 충북 괴산군과 경북 상주시 주민간에도 갈등이 첨예화되었다. 그 외에도 쓰레기 매립장, 소각장, 하수종말처리장, 장애인 시설, 원자력 발전소 등 각종 혐오시설의 설치가 실제로 중앙정부 또는 자치단체와 주민간의 분쟁과 갈등이 빈번하였다. 한편으로는 지역발전과 지역경제 활성화에 기여하는 선호시설을 각 자치단체가 적극 유지하려는 이른바 PIMFY 현상도 갈등의 요인이 되기도 하였다. 그 결과 각종 국책사업이 차질을 빚는가 하면 주민들의 정부에 대한 불만과 불신도 첨예화되는 등 주민과 자치단체간의 갈등을 해결하지 못해서 지역·집단이기주의의가 비하되는 문제도 심각하였다. 급기야 중앙정부는 '단체장 징계' 및 '국책사업특별법' 제정 같은 중앙정부차원의 집권적 처방을 구상하여 물의를 빚기도 하였다.

이와 같이 민선자치를 계기로 선거참여 이외의 주민참여 및 주민운동이 증가한 것은 사실이다. 지역집단간의 갈등은 제대로 관리되지 못할 때 지역·집단이기주의 행동으로 표출될 수밖에 없기 때문에 결국 사회구성원 모두가 직접 피해 당사자가 되고 만다. 따라서 첨예화되고 있는 지역·집단 간 갈등과 분규가 이기주의화되지 않도록 하고 나아가 갈등을 사회발전의 계기로 삼기 위해서는 이를 적절히 관리할 수 있는 방안이 마련되어야 한다(육동일, 1999: 88-89).

(4) 지역이기주의의 관리방안

지방자치의 활성화와 함께 심화될 지역·집단 간의 갈등은 그 근본 원인이 권위주의 시대 억압된 주민들의 욕구가 분출되고 민주주의의 결핍에 기인한다는 사실을 인식하고 정치·사회체제의 정당성, 합리성, 공정성 확보를 통한 견고한 민주주의 공동체를 확립해야 한다. 모든 갈등은 지방자치가 활성화된 그 체제 속에서 제도화되어 민주적인 절차로 합의에 도달함으로써 해결되어야 한다. 그렇지 않으면 모든 지역·집단 간의 갈등은 결국 지역·집단이기주의로 전락할 것이다.

우리 사회에서의 지역·집단간 갈등은 주로 체제의 모순, 정부에 대한 불신, 정책의 비일관성, 행정의 소극성과 형식성, 행정정보의 미공개, 정당한 보상제도와 방법의 미비, 주민참여의 배제 등이 그 주요 발생요인이 되어 갈등과정에서 지역·집단이기주의 현상으로 표출되고 있음을 알 수 있다. 그러므로 지역·집단간 갈등은 정치·사회체제의 개혁, 정부의 신뢰성 회복, 정책의 일관성과 융통성의 조화, 정보의 공개, 주민의 정책결정과정에의 참여, 정당한 보상체계의 정비, 타협과 협상을 통한 합의가 그 핵심이 되어 갈등당사자들 뿐만 아니라 전체 사회구성원들의 조화와 협력으로 풀어가야 한다. 이것이 바로 지역·집단협력주의가 지향하는 논리이자 본질이 된다.

결국 지역·집단협력주의는 지역·집단간 갈등의 해소를 통해 공익증진이라는 사회의 공통된 목표를 달성하여 위하여 시민(다수와 소수)과 정부가 함께 협력하고 노력하는 것을 의미한다. 이는 지역·집단 이기주의와는 구별하여 그 개념을 "공익이나 다른 집단의 정당한 이익과의 공존을 전제로 하여 자기지역이나 집단의 이익을 추구하며, 자기지역·집단이익의 실현을 관철하기 위해 합법적·제도적 집단행동을 선택함에 따라 궁극적으로 사회에 바람직한 결과를 초래하는 현상"으로 이해 할 필요가 있다.

이와 같은 지역·집단협력주의가 사회에 정립되어 갈등관리의 철학적 기반과 경험적 근거가 되기 위해서는 다음과 같은 조건과 요소들이 강조되고 충족되어야 할 것이나(육동일, 1999: 28-30). 첫째, 다수와 소수가 협력하여 조화를 이루기 위해서는 공리주의와 정태적, 철학적 전제들이 변증법적으로 통합될 수 있도록 정치적·사회적 합의의 과정과 절차가 민주적이고 합리적으로 제도화되어야 한다.

둘째, 다수의 이익과 소수의 이익이 조화를 이룰 수 있도록 공익결정의 기준과 절차가 고도화되어 공동체의 논리, 소수의 참여, 타협과 협상의 제도적 혜택과 비용 및 부담의 형평성 보장, 그리고 보상체계가 합리적으로 정립되어 있는지 지속적으로 점검한다.

셋째, 갈등은 새로운 체제와 구조를 정립하고 새로운 가치체계와 제도를 창조함으로써 사회의 안정과 통합에 기여하는 긍정적 측면이 있는 만큼, 갈등의 효과적 관리를 통해 순기능적 역할을 극대화시켜 나간다.

넷째, 합법적·평화적 집단의사 표현은 제도적으로 활성화되고 법적으로 보장되어 민주적 절차에 의해 이해가 조정되게 함으로써 정책결정의 현실성을 높이고 정책과정의 오류를 예방하고 교정토록 한다.

다섯째, 정부는 갈등문제의 해결자, 조언자, 협력자로서의 역할을 강화하고 그 개입은 최소화하여 최소한의(작은) 국가(정부)의 역할을 유지토록 하는 것이 바람직하며, 시민과 정부 간에는 상호신뢰가 구축되어야 한다.

여섯째, 지역·집단이기주의의 관리를 위해서는 거시적 차원에서 견고한 민주주의적 공동체와 자치행정체제의 구축, 행정의 신뢰성 확보, 그리고 사회윤리의 확립이 요구된다. 중범위적 차원에서는 협상원칙의 정착, 중재적 행정 활성화, 위기·불확실성·감축상황에서의 행정관리능력 향상, 인간 중심 개발전략으로의 전환, 지방의회의 내실화, 보상체계의 정비, 주면참여의 제도화, 정보공개의 입법화, 행정PR의 전문화 등이 이루어져야 한다. 그리고 미시적 차원에서는 개인윤리의 확립, 시민의식과 지역공동체 의식의 조화, 시민과 공무원 의식구조의 변화가 필수적 과제가 된다.

마지막으로 권력의 분권화를 통한 지방자치의 정착은 지역·집단·갈등의 심화를 의미하는 것으로 전망할 것이 아니라 지역·집단갈등의 심화를 실질적으로 해소해 나가는 제도적 장치라는 차원에서 지역·집단협력주의를 내면화함으로써 갈등을 관리해 나가고 궁극적으로 사회의 안정과 발전을 도모해 나아가야 할 것이다.

2. 지방자치단체간의 갈등과 분쟁조정

(1) 지방자치단체간의 갈등의 원인과 특징

지방자치단체간의 갈등은 광역지역 내에서 각 자치단체의 권한과 이해관계가 서로 얽혀, 국가나 광역지역의 전체이익보다는 당해 지방자치단체의 권한이나 이익에 집착하는 과정에서 발생하는 현상이다. 이러한 정부간 갈등현상은 때로는 지역주민에게 보다 바람직한 서비스를 제공하고 지방자치기능을 활성화하며, 자치단체간의 상호이해와 협력의 증진이라는 순기능을 갖기도 하지만, 자칫 갈등이 심화되어 마찰과 분쟁으로 이어져 적절한 시기에 자치단체들의 협력에 의해 해결되어야 할 광역적 사업이나 정책이 지연되어 행정의 비능률을 초래하거나 주민생활의 질을 저하시키는 요인으로 작용하기도 한다.

이와 같은 지방정부간의 갈등은 대체로 다음과 같은 원인에 의해 발생한다. 첫째, 급속한 도시화와 산업화에 따른 생활권과 경제권의 확대로 단일행정주체가 독자적으로 처리하기에 적합하지 않은 광역행정수요가 증대되어, 지방자치단체들 간 공동의사결정과 상호협조의 필요성에 대한 압력이 갈등원인을 제공한다. 둘째, 지방자치의 실시에 따라 지방자치단체의 자율성이 증대되는 반면 그에 상응하는 책임과 의무가 그에 부응하지 못하여, 타 자치단체와의 갈등의 소지가 증가하게 된다. 셋째, 주민들의 삶의 질, 특히 환경문제에 많은 관심을 갖게 됨에 따라 자신의 지역에 각종 광역처리시설 중에서 특히 혐오시설에 대한 입지를 반대하는 운동이 거세어지고 있다. 이러한 지역이기주의 현상은 자치단체간의 상호협조를 어렵게 하는 요인이 되고 있다. 넷째, 각 지방자치단체들의 정책에 대한 우선순위와 특정사안에 대한 상호인지가 다르기 때문에 자치단체간의 상호협력이 어려운 경우가 발생하게 된다. 또한 공동사업추진에 있어서의 비용분담문제 등으로 인해 지방자치단체 간에 다양한 형태의 갈등과 마찰을 유발하고 있다.

사실 지금까지는 지방자치단체 간 갈등이 있다 하더라도 강력한 중앙행정체제하에서 중앙정부나 상급단체에 의해 타율적이고 권위적으로 운영되어 왔기 때문에 갈등이 분쟁으로 심화되어 커다란 부작용을 가져오지 않았던 것이 사실이다. 그러나 주민들의 지역의식과 환경의식이 점차 높아져가면서 지역이기주의 현상의 팽배는 장차 지방자치단체 간에 분쟁으로 발생하게 될 개연성이 높아질 것이다.

(2) 중앙정부 및 지방자치단체간의 분쟁사례

민선체제출범 이후 사무배분 면에서는 큰 변화를 보지 못했지만 중앙-지방관계는 종전의 상하 수직적 통제관계에서 수평적 경쟁관계로의 변모하기 시작되었다고 볼 수 있다. 실제로 민선단체장들은 더 이상 중앙의 눈치를 보지 않고 지역주민의 여론과 의사를 존중하게 되었고 자치단체의 자율성을 확보하여 중앙으로부터의 권한과 기능의 이양 및 중앙통제의 완화를 요구하는 바 분권운동을 지속적으로 전개해 왔다. 민선단체장협의회들의 지속적인 분권화 요구는 그 대표적인 사례라고 볼 수 있다. 지방의회도 협의체를 구성하여 분권화 운동을 전개하였다. 즉 시·도의회의원 합동 세미나를 개최하고 대다수 의원들의 서명을 받아 지방자치 발전을 저해하는 각종 관료법령 등을 개정해 줄 것을 국회에 청원하고 또 지방자치제 발전을 촉구하는 결의안을 전달하는 등 민선자치 이후 상당한 활동을 전개했다.

이와 같은 자치단체의 자율성 확보노력과 운동은 자연히 중앙정부와의 갈등을 초래하였다. 민선단체장 부활이후인 1995년부터 2002년까지 발생한 갈등사례는 년평균 18건이 발생하였으며, 참여정부 2003년부터 2006년까지는 연평균 14.5건이 발생한 것으로 나타났다. 정부간 갈등은 광역과 기초자치단체간에는 지도·지원관계가 많으며 이해관계가 적어 상대적으로 갈등이나 분쟁이 적은 반면, 중앙과 지방자치단체간이나 동급(광역과 광역 및 기초와 기초) 지방자치단체 상호간은 이해관계 등이 첨예한 관계로 분쟁이나 갈등의 발생도 많이 발생하고 있다. 2006년의 경우 광역과 광역간에는 13건, 기초와 기초간에는 9건, 중앙과 지방간에는 7건이 발생한 반면에 광역과 기초간에는 2건이 발생하였으나 2002년부터 2005년까지는 한건도 발생하지 않았다(<표 7-16> 참조).

◈ 표 7-16 ◈ **정부간 갈등발생현황**(2002-2006)

구 분	2002년			2003년			2004년			2005년			2006년		
	발생	해소	관리	발생	해소	관리	발생	해소	관리	발생	해소	관리	발생	해소	관리
계	9	7	25	21	11	35	11	18	28	7	10	25	19	14	30
광역간	1	3	6	14	5	15	4	6	13	3	4	12	3	2	13
기초간	6	1	12	3	3	12	5	8	9	2	1	10	8	9	9
광역-기초간	-	-	-	-	-	-	-	-	-	-	-	-	2	1	1
중앙-지방간	2	3	7	4	3	8	2	4	6	2	5	3	6	2	7

자료: 행정자치부(2007), 내부자료.

한편 2006년에 발생한 갈등을 유형별로 보면 19건 중에서 일반행정, 비선호시설, 지역개발 및 물관리가 각각 4건이며, 도로·교통이 3건으로 행정구역, 화장장건립, 쓰레기매립장, 상·하수도 관련분쟁이 대부분이며 점차 교통·환경분야로 확대될 전망이다. 또한 2006년말을 기준으로 관리중인 분쟁 30건에 대한 현황은 <표 7-17>과 같이 나타나고 있다. 30건 중에서 복지시설 및 위험시설과 관련한 것이 11건으로 36.7%를 점하여 가장 높은 비중을 보이고 있다.

◈ 표 7-17 ◈ **유형별 갈등발생 현황**(2006)

구 분	계	일반행정 (행정구역, 조직, 재정)	비선호 시설 (복지시설, 위험시설)	물관리 (상·하수도, 댐, 하천)	지역개발 (공단, 택지, 공유수면 등)	도로·교통 (교통시설, 교통행정)	기 타
계 (%)	30 (100)	8 (26.7)	11 (36.7)	6 (20.0)	3 (10.0)	2 (6.7)	

자료: 행정자치부(2007), 내부자료.

(3) 지방자치단체간의 분쟁조정제도

자치단체간의 분쟁을 조정할 수 있는 제도적 장치로는 크게 나누어 '당사자간조정제도', '제3자에 의한 조정제도', '사전예방장치'로 분류할 수 있다. 우선 당사자간에 조정하는 방식은 지금까지 언급되어온 광역행정방식으로 구역변경, 행정협의회, 지방자치단체조합, 사무위탁방식이 있다. 따라서 여기에서는 제3자에 의한 조정방식과 사전예방장치에 대해 살펴보기로 한다.

1) 제 3자에 의한 조정방식

이 방식은 다시 지방자치단체분쟁조정위원회와 지방환경분쟁조정위원회 그리고 헌법재판소에 의한 방식으로 구분할 수 있다.

(가) 지방자치단체분쟁조정위원회에 의한 갈등조정

지방자치법 제148조에서 제150조까지는 지방자치단체 상호간의 분쟁조정에 관하여 규정하고 있다. 제148조에는 지방자치단체 또는 장의 상호간에 분쟁이 있을 때에는 당사자가 광역단체의 경우에는 행정자치부장관이, 그리고 기초자치단체의 경우에는 시·도지사가 당사자의 신청에 의해 이를 조정할 수 있도록 한다. 그리고 행정자치부장관 및 시·도지사가 분쟁을 조정하고자 할 때에는 자신의 소속 하에 있는 지방자치단체분쟁조정위원회의 심의와 관계중앙행정기관의 장과 협의를 거치도록 하고 있다.

(나) 지방환경분쟁조정위원회에 의한 갈등조정

환경오염피해분쟁조정법 제2조에는 환경부에 중앙환경분쟁조정위원회와 각 시·도에 지방환경분쟁조정위원회를 설치하여, 환경오염의 피해로 인한 분쟁을 조정하도록 하고 있다. 각 위원회가 분쟁을 조정할 때에는 각각 알선위원회, 재정위원회, 조정위원회를 구성하여 각 단계를 거치도록 하고 있다.

(다) 헌법재판소에 의한 갈등조정

헌법 제111조 제1항 4호에 의하면 지방자치단체상호간의 권한쟁의에 관한 심판을 헌법재판소의 관장사항 중의 하나로 하고 있다. 헌법재판소의 권한쟁의에 관한 심판은 피청구인의 처분 또는 부작위가 청구인의 권한을 침해할 현저한 위험이 있거나 이미 침해한 경우에는 존부 또는 범위에 대한 심판 그리고 피청구인의 처분 또는 부작위에 대한 취소 및 무효확인심판 등이 있다.

2) 사전예방장치에 의한 갈등방지

광역적 시설의 설치를 제도적으로 보장함으로써 자치단체간의 갈등과 분쟁을 사전에 예방할 수 있는 장치로 광역계획구역제도와 도시교통정비기본계획제도를 들 수 있다.

(가) 광역계획구역의 지정

최근 우리 도시계획법에 새로 도입된 광역계획 구역제는 도시별 기능분담에 관한 사항, 환경보전, 도로·철도·고속철도·운하·쓰레기처리장 및 오물처리장·유류저장 및 송유설비, 가스공급설비시설 및 기타 대통령령으로 정하는 광역시설에 관한

계획을 건설교통부장관이 지정한다. 또한 시·도지사, 시장·군수가 입안할 자를 지정하거나 국가계획과 관련되는 경우는 건설교통부장관이 직접 광역계획을 입안하고 있다. 이는 시·도간, 시·군간 광역행정수행을 위한 계획행정의 토대를 마련한 것으로 도시계획법상의 관련규정이 충분히 정비되어 있지는 못하였지만, 광역행정의 필요성을 도시계획법에 충분히 반영한 것이다.

(나) 도시교통정비기본계획의 수립

도시교통정비촉진법에서는 교통정비를 촉진하고, 교통수단 및 교통체제를 효율적으로 운영관리하기 위하여 특별·광역시 시장은 건설교통부장관이 지정·고시하는 각 교통권역에 도시교통정비기본계획(광역교통계획)을 수립하도록 하고 있다. 기본계획을 수립함에 있어 중심도시의 시장 등은 교통권역과의 관계를 고려한 유출입교통대책, 도로·철도의 광역교통망체계를 고려하여야 하며, 또한 해당교통시설의 관리청 및 관할 도지사 또는 시장·군수와 협의를 해야 한다고 규정하고 있다. 또한 광역기능 중 가장 중요한 광역교통체계의 기반을 마련한 것으로 장차 행정체제의 개혁에 중요한 역할을 담당하게 될 것이다.

제 6 절 각급 지방자치단체간의 수직적 관계

지방자치단체란 각각의 지방자치단체가 독립된 개체로서의 법인격이 부여된다는 데 그 본질이 있다. 다시 말하면, 지방자치단체가 인구규모가 크든 작든, 지역이 크든 작든 동등한 개체로서의 법인격이 중요시된다는 점이다. 현재 우리나라의 지방자치제도는 지방자치단체를 기초자치단체와 광역자치단체로 구분하고 있는데, 원칙적으로 기초자치단체 상호간이나 광역자치단체 상호간에는 대등한 관계가 성립한다.

그러나 자치단체 상호간에 수직적 관계 또는 비대등 관계가 성립하는 경우도 있는데, 이는 지방자치단체로서의 광역자치단체(시·도)와 기초자치단체(시·군·구)의 관계, 국가기관으로서의 광역자치단체장(시·도지사)과 지방자치단체로서의 기초자치단체(시·군·구)의 관계 및 국가기관으로서의 광역자치단체장(시·도지사)과 기초자치단체장(시·군·구의 장)의 관계로 나누어 볼 수 있다(김기옥, 1990: 158-167; 지병문, 1991: 171-178).

1. 광역자치단체와 기초자치단체의 관계

지방자치법 제2조 제1항에서는 지방자치단체의 종류를 '특별시·광역시·도'[4]와 '시·군·구'로 대별하고 있다. 또한 동법 제3조 제1항에서는 "지방자치단체는 법인으로 한다."라고 규정하여 모든 지방자치단체에 대하여 법인격을 부여하고 있다. 그러나 모든 지방자치단체가 법인격을 부여받는다고 해서 시·군·구(이하 '기초자치단체'라 칭함)가 특별시·광역시·도(이하 '광역자치단체'라 칭함)와 반드시 대등한 지방자치단체가 된다는 것을 의미하는 것은 아니다.

지방자치법 제10조에서는 광역자체단체와 기초자치단체의 사무배분에 관한 기준을 제시하고 있는데, 동조 제1항 1호에 규정된 광역자치단체의 사무는 다음과 같다.

가. 행정처리 결과가 두 개 이상의 시·군 및 자치구에 미치는 광역적 사무

나. 시·도 단위로 동일한 기준에 따라 처리되어야 할 성질의 사무

다. 지역적 특성을 살리면서 시·도 단위로 통일성을 유지할 필요가 있는 사무

라. 국가와 시·군 및 자치구간의 연락·조정 등의 사무

마. 시·군 및 자치구가 독자적으로 처리하기에 부적당한 사무

바. 2개 이상의 시·군 및 자치구가 공동으로 설치하는 것이 적당하다고 인정되는 규모의 시설의 설치 및 관리에 관한 사무

한편 동조 제2항 2호에서는 기초자치단체인 시·군 및 자치구에 대한 사무기준을 제시(동조 제1항 1호에 규정된 사무를 제외한 사무)하고 있다. 이와 같이 시·군·구라는 기초자치단체와 별도로 시·도라는 광역자치단체를 설치하는 목적은 여러 기초자치단체간에 광역적으로 걸쳐 발생하는 일에 대한 처리나 기초자치단체간의 조정 등에 관한 일을 처리하기 위한 것이다. 다시 말하면, 우리나라 지방자치단체는 지방자치단체 종류별 사무배분에 관한 지방자치법의 근본취지에 비추어 볼 때 광역자치단체와 기초자치단체간에 수직적 관계가 형성되고 있음을 내포하고 있다.

그러나 이는 지시·통제 중심의 수직적 관계가 아니라 광역자치단체와 기초자치단체간의 효율적인 업무수행을 위한 기준으로서의 의미가 더욱 크다. 지방자치법 제10조 제3항에서 "시·도와 시·군 및 자치구는 그 사무를 처리함에 있어서 서로 경합하지 아니하도록 하여야 하며, 그 사무가 서로 경합되는 경우에 시·군 및 자치구에서

4) 1995년 1월 5일 개정된 지방자치법(법률 제4877호)에 의해, 기존의 광역자치단체인 특별시·직할시·도가 특별시·광역시·도로 변경되었다.

우선적으로 처리한다."라고 규정함으로써 기초자치단체의 중요성을 강조하고 있다.

2. 국가기관으로서의 광역자치단체장과 기초자치단체의 관계

지방자치단체는 자치사무를 지방자치단체 스스로가 처리하는 데 그 근본취지가 있다. 그러나 다른 한편으로 지방자치단체가 국가사무를 위임받아 처리하는 경우가 있다. 따라서 이 경우에는 지방자치단체가 국가의 일선기관으로서의 기능을 수행하는 데 따른 수직적 관계가 형성된다. 지방자치법 제156조에서 국가사무 또는 시·도 사무 처리에 대한 지도·감독에 관한 규정을 두고 있는바, 시·군 및 자치구가 위임받아 처리하는 국가사무에 대하여는 시·도지사(광역자치단체장)의 지도·감독을 받는다고 하여, 이 경우 기초자치단체는 국가의 위임사무 처리에 있어서 국가기관으로서 광역자치단체장과의 수직적 관계를 명확히 설정하고 있다.

한편, 행정적·재정적 사항에 걸쳐서 광역자치단체장(시·도지사)은 기초자치단체와 수직적 관계가 형성되는 경우가 적지 아니하다. 지방자치법 제158조에서는 지방자치단체의 자치사무에 대한 감사규정을 두고 있는데, 이에 의해 광역자치단체장(시·도지사)은 기초자치단체인 시·군 및 자치구의 자치사무에 관하여 보고를 받거나 서류·장부 또는 회계를 감사할 수 있다. 자칫하면, 이 규정은 지방자치 본래의 정신을 위축시킬 우려가 없지 않음으로써 그 동안 논란의 대상이 되어 왔었다. 그러나 1994년 3월 16일 개정된 지방자치법에서는 단서규정을 두어 ''이 경우 감사는 법령위반사항에 한하여 실시한다''라고 규정하여 그 범위를 보다 명확하게 하고 있기는 하다.

지방자치법 제157조에서는 위법·부당한 명령·처분의 시정에 관하여 규정하고 있다. 즉, 시·군 및 자치구의 사무에 관한 그 장의 명령이나 처분이 법령에 위반하거나 현저히 부당하여 공익을 해한다고 인정될 때에는, 시·도지사가 기간을 정하여 서면으로 시정을 명하고, 그 기간 내에 이행하지 아니할 때에는 이를 취소하거나 정지할 수 있도록 하고 있다. 이 경우 자치사무에 관한 명령이나 처분에 있어서는 법령에 위반하는 것에 한하도록 하여 보다 엄격하게 적용하도록 하고 있다.

또한 지방자치법 제159조 1항에서는 기초자치단체 의회의 의결이 법령에 위반되거나 공익을 현저히 해한다고 판단될 때에는 광역자치단체장(시·도지사)이 기초자치단체에 대하여 재의를 요구할 수 있도록 규정하고 있다. 동조 2항에서는 재의의 결과 재적의원 과반수의 출석과 출석의원 2/3 이상의 찬성으로 전과 같은 의결을 하면 그 의결사항은 확정된다. 만약 재의결된 사항이 법령에 위반된다고 판단되는 때에는 지방자치단체의 장은 재의결된 날부터 20일 이내에 대법원에 소를 제기할 수 있도록 하고 있다(지방자치법 제159조 3항).

이와 같이, 자치사무에 대한 감사, 위법·부당한 명령·처분의 시정, 지방의회의결의 재의와 제소 등에서 광역자치단체장과 기초자치단체간에는 수직적 관계가 형성되고 있다.

3. 국가기관으로서의 광역자치단체장과 기초자치단체장과의 관계

기초자치단체의 장이 국가의 사무나 시·도의 사무를 위임받아 처리하는 기관위임사무에 대해서는 국가의 일선기관으로서의 지위에 처하게 된다. 지방자치법 제156조에서는 이 경우에 기초자치단체의 장은 광역자치단체장의 지도·감독을 받도록 규정하고 있다. 만약, 지방자치단체의 장이 법령의 규정에 의하여 그 의무에 속하는 국가위임사무 또는 시·도 위임사무의 관리 및 집행을 명백히 해태하고 있다고 인정되는 때에는 광역자치단체장(시·도지사)은 기간을 정하여 서면으로 기초자치단체의 장에게 그 이행을 명령할 수 있도록 규정하고 있다. 이 경우 기간 내에 이를 이행하지 아니한 때에는 당해 지방자치단체의 비용부담으로 代執行(대집행)하거나 행정·재정상 필요한 조치를 강구할 수 있도록 하고 있다(지방자치법 제157조의 2).

또한, 지방자치법 제159조 지방의회 의결의 재의와 제소에 관한 규정에서 기초자치단체 의회의 의결이 법령에 위반되거나 공익을 현저히 해한다고 판단될 때에는 시·도지사가 재의를 요구할 수 있고, 재의를 요구받은 기초자치단체의 장은 지방의회에 이유를 붙여 재의를 요구하여야 한다. 한편, 지방자치법 제159조 4항에서는 지방의회에서 재의결된 사항이 법령에 위반된다고 판단됨에도 불구하고 당해 기초지방자치단체의 장이 소(訴)를 제기하지 아니할 때에는 시·도지사는 당해 기초자치단체의 장에게 제소를 지시하거나 직접 제소 및 집행정지결정을 신청할 수 있도록 규정하고 있다.

이상에서 살펴본 바와 같이 기관위임사무의 처리, 위법·부당한 명령·처분의 시정, 지방의회 의결의 재의와 제소 등에서 광역자치단체장과 기초자치단체의 장간에 수직적 관계가 형성되고 있다.

제 7 절 지방자치단체 각 기관간의 협력체제

지방자치제를 정착시키고 지방자치 본래의 장점을 살리기 위해서는 정책결정에 대한 중앙의 권력이 분권화 되는 것이 필수적이다. 상당수준의 분권화를 이루자면 지방자치단체 상호간의 수평적인 관계와 지방정부 지원조직의 형성이 무엇보다도 절실히 요청되고 있다.

중앙정부의 권력과 지방의 정치권력간에는 피할 수 없는 갈등과 경쟁이 존재하기 마련이다. 중앙정부는 지방정부에 대하여 지배적인 권력을 축소시키지 않으려 할 것이며, 반대로 지방정부는 가능한 한 중앙정부의 간섭으로부터 벗어나려고 할 것이다. 이 같은 상황에서 개개의 지방정부가 거대한 중앙정부와 대결하기에는 적지 않은 한계상황에 직면하게 될 것이다.

따라서 다수의 지방정부는 지방의 이익과 정책을 형성하고 대표해야 할 필요성이 있다. 보다 발전된 정부간 관계를 구축하기 위해서는 지방자치단체 각 기관과의 협력체제가 필요하다. 이러한 점에서, 여기서는 지방의회간 협력체제와 기능 및 지방자치단체 집행기관간의 협력체제를 중심으로 살펴보기로 한다.

1. 지방자치단체간의 협력체제 구축

(1) 의 의

각기 법인격을 가진 개개의 지방자치단체는 스스로의 책임과 권한의 범위 내에서 자치정부를 운영해 나가지만, 경우에 따라서는 다수의 지방자치단체가 협력체제를 구축하여 공동으로 어떤 문제나 현상에 대응해 나가는 것이 효과적이거나 그럴 필요성이 있는 경우가 적지 않다. 이는 크게 두 가지로 나누어 볼 수 있는데, 하나는 다양한 지방자치단체의 다양한 의견을 공동의 의견으로 수렴하여 대외 협상능력을 향상시키거나 지방자치단체 공동의 이익을 위한 것이고, 다른 하나는 지방자치단체들 간에 존재할 수 있는 비권력적 갈등관계나 상호보완관계를 통하여 지방자치단체 상호간에 공동의 선을 추구하는 것이다(조일홍, 1994: 146-149).

1988년 지방자치법이 개정되고 지방자치제 부활이후 지방자치단체들 간의 협력체계 구축과 관련하여 그 동안 법적 기반이 미비하여 임의단체로 발족되어 활동하여오던 협의체가 1999년 8월 31일 지방자치법에서 「지방자치단체 상호간의 관계」에 관한 내용을 규정하고 있는 제8장에서 제4절을 신설하여 「지방자치단체의 장등의 협의체」에 관한 규정을 신설함으로 제도적 기반이 갖추어지게 되었다(지방자치법 제154조의 2).

(2) 지방자치단체간 연합조직의 기능

지방자치단체간의 협력체제인 연합조직이 갖는 기능은 다양하지만[5] 크게 다음과 같이 구분해 볼 수 있다(Chi, 1993: 285-287).

1) 지방정부를 위한 이익단체로서의 역할

개개의 지방정부가 중앙정부나 상호 자치단체에 영향력을 행사하기에는 제약이 따를 수밖에 없다. 따라서 중앙정부에 비해 상대적으로 소규모의 지방정부는 서로간에 전국적으로 또는 지역적으로 협력(연합)에 의하여 중앙정부의 국정활동에 상당한 영향력을 증대시킬 수 있다. 다시 말하면, 지방정부 공동의 의견이나 이익을 대변할 수 있는 이익단체로서의 역할을 수행한다.

2) 조정자로서의 역할

지방자치단체간의 연합조직은 조정자로서의 역할을 수행한다. 여기서는 두 가지로 나누어 볼 수 있는데, 하나는 지방자치단체 스스로들 간에, 다른 하나는 지방자치단체와 중앙정부나 상급자치단체간의 관계로서 파악할 수 있다.

각 지방자치단체는 각기 처한 상황에 따라 다양한 목소리를 낼 것이며, 때로는 지방자치단체 상호간에 협력해야 할 부분도 적지 않을 것이다. 이 경우 지방자치단체 연합조직은 지방자치단체간에 상충된 의견을 사전에 조정하거나 협력하는 기능을 수행할 수 있다.

다른 한편으로는, 중앙정부와 지방정부간의 상충되는 의견이나 정책들에 대하여 사전에 지방자치단체 연합조직과 조정·협력함으로써 마찰을 축소시킬 수 있는 협상의 파트너로서의 역할을 수행할 수 있다.

3) 지방자치단체 상호간을 매개하는 매개자로서의 역할

각기 다른 지방자치단체에서는 지역적 특성에 따라 각기 다양한 정책들이 도출될 것이다. 지방자치단체 연합조직은 각종 아이디어나 정보를 수집하고 매개하여 지방자

5) Chi 교수는 지방자치제도가 성숙된 미국의 지방자치단체간 연합조직이 갖는 기능은 대변자, 주창자, 자문자, 협상자, 동원자, 감독자, 촉진자, 중개자, 훈련자, 소집자의 역할을 한다고 한다.

치단체 발전을 위한 산파역을 수행할 수 있다. 이는 지방행정의 환경을 변화시키고, 지방자치를 풍요롭게 하기 위해 지방자치단체 상호간을 매개하는 매개자 또는 촉매자로서의 역할을 한다.

2. 지방의회간의 연합조직

지방자치단체의 기관은 주민을 대표하여 의사를 결정하는 의결기관과 결정된 의사를 집행하는 집행기관으로 나누어지는데, 여기서는 먼저 지방의회간의 연합조직을 중심으로 살펴보기로 한다. 지방의회간의 연합조직으로는 크게 의회의장단협의회와 의회협의회로 구분해 볼 수 있다.

(1) 의회의장협의회

의회의장협의회는 주민을 대표하여 의사를 결정하는 지방의회 의원들의 대표인 의장들의 협의체이다. 현재 지방의회 의장협의회의 구성과 활동은 지방자치법제154조의 2조에 및 동 시행령 제54조의 2조에 의하여 규정되어 있다. 동협의회는 상호간 교류와 협력을 증진하고, 공동의 문제를 협의하기 위하여 전국단위의 시·도의장협의회와 시·군·자치구의장협의회를 설립할 수 있다. 이는 가입이 강제되는 것이 아니라 자유의사에 의한 참여가 보장된다. 다시 말하면, 어떤 지방의회의 의장이 그에 반드시 참가해야 한다거나, 또는 그 활동의 내용과 관련하여 어떠한 합의사항이 법적으로 특별한 효력을 갖지는 못한다. 단지 이 협의회에 참가하는 지방의회의장이 그 권한의 범위 내에서 자발적으로 참가하고 그 합의에 의하여 동협의회 운영에 관한 규약을 만들고, 그 범위 내에서 상호간의 관계 등을 설정할 수는 있다. 동 협의회는 설립 후에는 행정자치부장관에게 신고하여야 한다. 동 협의회는 지방자치에 직접적인 영향을 미치는 법령 등에 관하여 행정자치부장관을 거쳐 정부에 의견을 제출 할 수 있다(지방자치법 제154조의 2).

전국 시·도의회의장협의회는 1991년 임의단체로 발족되었다. 당시에는 울산광역시의회가 창설되기 전이기 때문에 15개 시도의회의장으로 구성되었다. 협의회 운영을 위한 재정확보는 연간 100만원의 연회비와 특별회비로 충당하였으며, 사무국은 별도로 설치하지 않았다. 협의회가 법정단체화한 것은 2000년에 들어서이다. 1999년 지방자치법 개정에 따라 지방자치단체의 장 등이 협의체를 법률규정에 근거하여 구성·운영할 수 있는 지방자치법 제154조의 2의 규정 신설에 따라 2000년 3월 17일 법적 기구로 설립되었다.

전국시·군·자치구의회의장협의회는 1991년 11월 1일 각 시·도별 시·군·자치구의 회의장 대표자가 대전광역시 중구의회에서 모임을 갖고 동 협의회를 구성하여 분기 1회씩 회의를 개최하면서 전국시·군·자치구의회운영에 필요한 정보교환과 공동관심사의 협의·조정 및 상호 친목도모를 목적으로 운영되어 왔다. 그 기간 동안 시·군·자치구의회의장협의회는 협의회의 운영경비를 회원들의 회비로 자체 조달하는 등 어려운 행·재정적 여건 하에서 지방자치 관련법령에 대한 개선의견을 행정부 및 국회에 제출하여 많은 제도개선을 이루었고, 또 시·도별 현안사항에 대해 상호 이해를 바탕으로 한 협조를 위한 역할을 하였다.

협의회의 사단법인화의 노력과 지속적인 위상 및 기능강화의 요청에 의하여 1999년 8월 31일 지방자치단체의 장 등의 협의체를 구성할 수 있는 법률규정(지방자치법 제154조의 2)이 신설되고 2000년 3월 27일 설립총회를 갖고 4월 12일 행정자치부에 설립 통보를 함으로써 구성되었다.

(2) 지방의회협의회

1) 지방의회협의회의 구성 및 지위

지방의회협의회는 각 지방자치단체의 의회들의 연합체이지만 우리나라의 지방자치법에는 이에 대한 규정은 없다. 즉 지방자치법에는 이에 대한 아무런 규정이 없어 지방의회 스스로가 연합체를 조직하는 것은 매우 자유로우며 그 지위는 의장협의회와 유사하다고 볼 수 있다.

2) 지방의회협의회의 조직

지방의회협의회는 전국적 조직과 지역별 조직으로 구분할 수 있다. 전자의 경우에는 전국적으로 광역자치단체 의회협의회와 기초자치단체 의회협의회를 둘 수 있으며, 후자의 경우에는 각 지역단위별로, 즉 서울시, 경기도, 수도권, 강원도 등의 지역별로 지방의회협의회를 구성할 수 있을 것이다. 참고로 지방의회간 연합조직의 형태를 그림으로 나타내면 <그림 7-3>과 같으며 각 연합체는 상호간 및 중앙정부와 교류체계를 구축하게 할 수 있다.

◈ 그림 7-3 ◈ 지방의회 간 연합조직

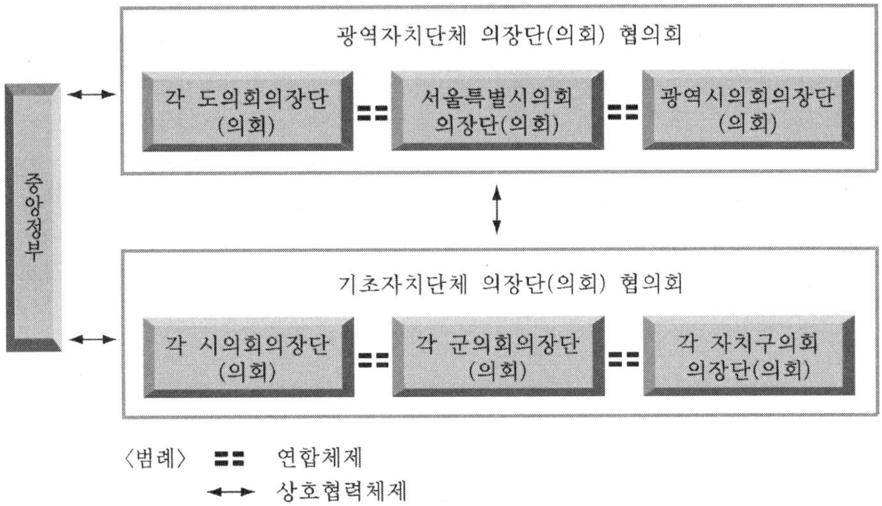

* 지역별 조직은 지역단위별로 의회의장단 또는 의회가 구성원이 되어 협의회를 구성하는 형태임.
* 지방자치단체장간의 연합조직도 이와 유사한 형태로 구성될 수 있음.
자료: 한국행정연구원(1990), 「지방자치단체의 전국적 협력방식에 관한 연구」에서 재구성.

3. 지방자치단체 집행기관간의 협력체제

현행 우리나라 지방자치법의 제8장에서는 지방자치단체 상호간의 협력에 관한 근거규정을 마련하고 있다. 즉, 지방자치단체는 다른 지방자치단체로부터 사무의 공동처리에 관한 요청이나, 사무처리에 관한 협의, 조정, 승인 또는 지원의 요청이 있을 때에는 상호 협력할 것을 요청하고 있는데, 이를 위해 사무의 위탁(제141조), 행정협의회(제142조-148조), 지방자치단체조합(제149조-154조), 지방자치단체의 장 등의 협의체(제154조의 2)에 관한 규정을 두고 있다.

지방자치단체 집행기관간의 협력체제는 크게 두 가지 측면에서 살펴 볼 수 있는데, 하나는 지방자치단체장간의 협력체제이고 다른 하나는 지방자치단체간의 협력체제이다.

(1) 자치단체장간의 협력체제

과거 우리나라는 1950년대에 짧은 지방자치의 경험 중에서도 전국 시장연합회가 구성된 적이 있었다. 이 연합회의 목적은 지방자치의 지속적인 발전을 도모하고 민주행정을 건설하기 위하여 전국 각 지방자치단체간의 상호협력을 도모함과 아울러 중앙정부와 지방정부의 상호협력에 의하여 지방행정의 원활화를 기하고자 하는 데 있었다. 이 연합회는 집행부의 성격을 강하게 지닌 연합체로서, 당면한 정부시책을 능률적으로 집행하고 각 시에서 제기되는 복잡다기한 사항을 각 시의 대표들이 취합하여 행정자치부와 상호협의·조정하는 데 그 근본적인 의의가 있었다(한국지방행정연구원, 1992: 49-52). 현행 지방자치법에는 상호간의 교류와 협력을 증진하고, 공동의 문제를 협의하기 위하여 전국적인 협의체로서 시·도지사협의회와 시장·군수·구청장협의회를 설립할 수 있고, 설립할 경우에는 지체없이 행정자치부장관에게 신고하도록 규정하고 있다(동법 제154조의 2).

전국 시·도지사협의회는 1999년 1월 전국시·도지사협의회 구성관련 15개 시·도 의견수렴이 이루어져 협의회 구성시기, 기능, 대표, 회의주기, 회의방법, 합의사항 이행력 확보방안, 사무국 설치, 재정, 실무협의회 구성운영 등을 논의하여 1999년 1월 23일 규약안을 확정하고 협의회가 발족되었다. 1999년 협의회가 구성되었을 뿐 사무처의 공식 발족은 2004년 11월 이루어졌다. 한편 전국시장·군수·구청장협의회는 「지방자치법 제154조의 2」 지방자치단체협의체를 구성할 수 있는 설립근거를 토대로 2000년 4월 26일 공식 출범하였다.

(2) 자치단체간의 협력체제

1) 자치단체간의 협력체제 형성의 의의

지방자치단체는 독립된 법인격을 가진 단체로서 자치단체 상호간에 대등한 관계를 가지는 것이 원칙이다. 각기 독립된 법인격체로 운영되는 지방정부는 경우에 따라서 상호협의하거나 공동보조를 취할 필요성이 있으며, 이에 자치단체간 협력체제를 형성하는 데 두 가지 의의가 있다.

하나는 교통·통신의 발달, 생활권 및 경제권의 확대, 도시화의 진전, 행정수요의 고도화 및 다양화는 지방행정의 환경을 변화시켰고, 이는 지방자치단체의 행정구역을 넘어 처리하지 않으면 안될 광역행정서비스가 점증하게 되고, 또한 행정서비스의 제공에 있어서 합리성과 높은 효율성을 요구하고 있다. 따라서 지방자치단체간의 협력체제는 개개 지방자치단체의 능력을 보완하고, 사무처리의 효율성을 높이며, 광역행정의 요구에 대응하기 위하여 절실히 요청된다.

다른 하나는 다양한 지방자치단체의 의견을 수렴하여 중앙정부에 그 의견 등을 개진할 수 있다. 물론 개개 지방자치단체가 중앙정부에 대해 의견 등을 개진할 수도 있지만, 지방자치단체가 공동으로 연합하여 대응할 경우에는 보다 지방의 목소리를 강하게 전달할 수 있을 것이기 때문이다. 우리나라의 현행 지방자치법과 같이 중앙과 지방자치단체간의 기능배분에 있어 지방자치 본래의 정신에 미흡한 부분(예를 들면 지방자치단체의 사무범위를 규정하고 있는 지방자치법 제9조 제2항 등)이 상존하는 경우에 지방자치단체간 협력(연합)체제의 존재의의는 더욱 의미를 지닌다고 할 수 있다.

2) 협력체제

지방자치단체들 간의 협력체제는 크게 둘로 나누어 볼 수 있다. 하나는 전국적인 지방자치단체들 간의 협력체제, 즉 전국 광역지방자치단체연합체와 전국 기초지방자치단체연합체이다. 다른 하나는 지역별로 지방자치단체들 간의 협력체제를 구성하는 것이다. 이에는 각 지역별 광역자치단체들 간의 연합체와 기초자치단체들 간의 연합체로 구성될 수 있다. 예를 들면, 수도권에 있어서 수도권 광역자치단체연합체와 수도권 기초자치단체연합체 등과 같다. 이 협력체제가 앞서 살펴본 지방자치단체장간의 협력체제와 다른 것은 전자는 그 구성원이 지방자치단체인 데 비하여, 후자는 지방자치단체 집행기관의 대표인 단체장이 그 구성원이기 때문이다.

(3) 방　법

지방자치법이 규정하고 있는 지방자치단체간의 협력체제방식은 크게 세 가지로 행정협의회, 지방자치단체조합 및 사무의 위탁에 관한 것들이다. 행정협의회와 지방자치단체조합 및 사무의 위탁은 이미 앞에서 설명되었기 때문에 생략하기로 하고, 여기서는 지방자치단체의 장 등의 협의체(제154조의 2)에 대한 내용을 중심으로 살펴보기로 한다.

먼저 전국시·도지사 협의회에 대하여 살펴보기로 한다. 본 협의회의 구성목적은 시·도 상호간의 교류와 협력을 증진하고 지방자치단체의 공동문제를 협의함으로써

◈ 표 7-18 ◈ 4대 협의회의 목적과 주요사업

협의회	목 적	주요사업
전국시·도지사 협의회	시·도 상호간의 교류와 협력을 증진하고, 지방자치단체의 공동문제를 협의함으로써 지역사회의 균형발전과 지방자치의 건전한 육성에 기여함	① 지방자치발전을 도모하기위해 필요한 정책 및 시책연구 ② 지방자치단체의 공동 현안에 대한 논의 및 조사연구 ③ 시·도간 공동이익과 관련된 공동관심사 의견수렴 및 연구 ④ 지방자치에 영향을 미치는 법령, 기타사항에 관하여 정부에 대한 의견개신 또는 국회에 대한 의견 제출 ⑤ 지방자치발전을 위한 시·도간 정보교환 및 교류 ⑥ 기타 협의호의목적을 달성하기 위해 필요한 사업
전국시장·군수·구청장 협의회	시·군·구 상호간의 협력을 증진시키고 지방자치의 건전한 발전에 공헌함	① 각 지방자치단체의 공동 현안에 대한 정보 교환 및 조사연구 사업 ② 지방자치에 영향을 미치는 법령 및 국가정책에 관하여 의견 개진 및 건의 ③ 지방자치의 건전한 발전을 도모하기 위한 시책입안 및 개선방향 건의 ④ 기타 협의회의 목적을 달성하기 위해 필요한 사항
전국시·도의회 협의회	지방자치발전과 지방의회운영에 관하여 상호간의 교류와 협력을 증진하고, 공동의 문제를 협의함	① 각 시·도 협의회 의견수렴 및 지방의회의 의사를 국회, 정부 및 관련기관에 반영시키기 위한 조치 ② 2개 시·도 이상 관련 및 공동사항 협의 조치 ③ 지방의회의 발전에 기여할 수 있는 사항의 조사 및 연구 ④ 지방자치법 제154조의 2제3항의 규정에 의한 지방자치에 직접적인 영향을 미치는 법령 등에 관하여 정부에 의견 제출 ⑤ 지방자치에 관련된 사항에 대한 각종정보, 자료의 수집·교환 ⑥ 기타 협의회의 목적달성을 위하여 필요한 사항
전국시·군·자치구의회의장협의회	국회 및 중앙정부와 전국시·군·자치구의 회의장협의회 상호간의 협력증진과 공동관심사를 협의·조정하여 중앙 및 지역간의 화합을 이루고, 지방자치 발전과 나아가 국가발전에 기여함	① 전국 시·군·자치구의회 의견을 수렴하여 국회와 중앙정부 등 관계기관에 건의 및 조정·협의한다. ② 시·도 및 시·군·자치구상호간의 공통 관심사항 협의 및 조정 ③ 전국시·군·자치구의회 위상정립 및 기능강화와 의정활동 지원·홍보 ④ 지방자치제도, 발전 및 주민 복리증진과 지역사회발전을 위한 조사연구 및 자료배부 ⑤ 국회 및 중앙정부의 대국민 정책홍보 ⑥ 기타 협의회 발전을 위한 제반사업

자료: 각 협의회 정관 또는 회칙.

◈ 표 7-19 ◈ 전국시·도지사협의회 중앙건의 안건 목록

연번	회수	안 건	건의기관	제출 시·도
1	1	지방재정확충을 위한 세제 개편	행정자치부	각 시·도 공동
2	1	국립공원 관리권 지방위임 추진	환 경 부	서울·인천·경기·강원·충북
3	1	산업단지내 배출업소 관리권한 일원화	환 경 부	울 산
4	1	지방자치관련 제도개선 공동 건의	행정자치부, 건설교통부	경 기
5	1	「자치경찰제」도입관련 「시·도」건의사항	경 찰 청	서 울
6	2	지방재정 확충방안 건의	행정·건교·산자·농림·환경·기예처·산림청	부산·대구·인천·광주·대전·전남·경북·제주
7	2	환경관련 제도개선 추진	환경·행정자치부	대구·울산·경북
8	3	의료보호사업 지방비 부담기준 개선	행정자치부	전 북
9	3	중앙지원사업 지방비 부담 하향조정 건의	행정자치부	경 남
10	4	지방채발행 승인제도 개선	행정자치부	대 구
11	4	자동차세 차등과세시 지방재정 보전대책	행정자치부	광 주
12	4	지방자치단체 해외사무소 활성화	행정자치부	충 남
13	4	「신용보증재단 및 연합회 설립」관련 건의	중소기업청	경 남
14	5	「학교용지확보에관한특별례법」관련 시·도 재정 부담 경감방안 마련	기획예산·재경·교육·건교	서 울
15	5	광역(소각)시설 확충관련 정책건의	환경부·건설교통부	인천·전북
16	6	지방자치법 개정추진관련 공동건의	행자부, 국회행정자치위	〃
17	7	대도시권 광역도로건설사업 국고보조 확대	건설교통부	부산광역시
18	7	국세(숙박및유흥음식업분의 부가가치세)의 지방이양 및 지방소비세 신설	재정경제부	울산광역시
19	7	지방자치단체 조직관리권 강화 방안	행정자치부	경 기 도
20	8	교통관련 범칙금의 지방수입 전환 건의	건설교통부	울산광역시
21	9	장사시설확충을 위한 국유림 사용 건의	산림청	대구광역시
22	10	소도읍 육성사업 국고지원 건의	행정자치부	전라북도
23	수시	행정기구설치 자율권 부여	행정자치부	〃
24	수시	정원 자율운영권 부여	행정자치부	〃
25	수시	자치단체소속 국가공무원의 지방직 전환	행정자치부	〃
26	수시	교통범칙금 국가·지방 공동재원화	경 찰 청	〃
27	수시	지방교육재정부담제도 개선	행정자치부	〃
28	수시	자치경찰제 도입	행정자치부	〃
29	수시	특별행정기관의 시·도 이관	행정자치부	〃
30	수시	지방분권 특별법 제정	행정자치부	〃

자료: 전국시·도지사 협의회, 2005. www.nga.or.kr.

지역사회의 균형발전과 지방자치의 건전한 육성에 기여하는데 있다. 본 협의회의 주요기능은 ① 지방자치발전을 도모하기 위해 필요한 시책입안과 관련한 사항, ② 지방자치에 영향을 미치는 법령, 기타 사항에 관하여 정부에 대한 의견개진 또는 국회에 대한 의견서 제출, ③ 시·도간의 공동이익과 관련된 공동관심사 논의, ④ 지역화합 및 교류증진 도모, ⑤ 각 시·도가 얻은 경험과 정보 교류, ⑥ 기타 지방자치의 발전과 협의회 운영에 필요한 사항 협의 등이다.

참고로 4대 협의체의 목적과 주요사업 및 그동안 전국시·도지사 협의회가 중앙정부에 건의한 주요안건의 목록은 <표 7-18> 및 <표 7-19>와 같다. 정관의 목적을 비교해보면 회원상호(시도, 시군자치구)간의 교류와 협력증진과 지방자치발전, 지역의 균형발전에 공헌하는 것을 목표로 하고 있다. 또한 주요 사업도 4개 협의회 공히 지방자치 발전 시책연구, 공동 현안 논의, 대정부 의견개진 등에 집중하고 있다.

(4) 4단체 협의회의 영향력

그 동안 4단체별 협의회의 영향력을 살펴보면 <표 7-20>과 같다. 지방자치단체 협의회가 대정부 건의한 774건에 대하여 수용(일부수용을 포함)은 212건(27.4%)의 저조한 비율로 나타났다. 검토 및 미회신 안건을 '미수용' 안건에 포함할 경우 전체안건 774건 중 69.9%가 이에 해당되며, 지방자치단체 4개 협의체의 건의안 중 2/3가 수용되지 않고 있음을 보여준다. 이는 전국적 지방자치단체 협의회가 중앙정부에 폭넓게 영향을 미치고 있지 못함을 말해주는 것이다.

시·도지사협의회는 분석대상인 대정부 건의 총 72건 중에서 기수용과 미회신은 없고 미수용이 33.3%, 검토가 27.8%, 수용이 38.9%로 '수용'이 높다. 시·도의회의장협의회는 분석대상인 대정부 건의 총 158건 중에서 미수용이 26.6%, 검토가 38.0%, 수용이 34.2%로 '검토'되는 정책안건이 타 협의회에 비해 비교적 높다. 시장·군수·구청장협의회는 미수용이 38.3%, 검토가 25.2%, 수용이 24.4%, 기수용이 3.7%, 미회신이 8.5%로 미수용이 38.3%로 타 협의회에 비해 비교적 높다. 시·군·자치구의회의장협의회는 미수용이 12.5%, 검토가 58.3%, 수용이 12.5%, 미회신이 16.7%, 검토가 58.3%로 타 협의회에 비해 압도적으로 높다.

이는 지방의회 연합회에 대해서 중앙정부는 검토라는 식으로 소극적 대응을 함을 알 수 있다. 반면 시장·군수·구청장협의회는 건의는 많으나 시·도지사협의회에

◈ 표 7-20 ◈ 지방자치단체 협의회별 영향력

건의실적 / 대정부 건의주체	건의건수		미수용		검 토		수용(일부 수용 포함)		기수용		미회신	
	계	비율(%)	건수	비율(%)	건수	비율(%)	건수	비율(%)	건수	비율(%)	건수	비율(%)
시·도지사협의회	72	100	24	33.3	20	27.8	28	38.9	0	0	0	0
시·도의회장협의회	158	100	42	26.6	60	38.0	54	34.2	2	1.3	0	0
시장·군수·구청장 협의회	520	100	199	38.3	131	25.2	127	24.4	19	3.7	44	8.5
시·군·자치구의회 의장협의회	24	100	3	12.5	14	58.3	3	12.5	0	0	4	16.7
총 계	774	100	268	34.6	225	29.1	212	27.4	21	2.7	48	6.2

자료: 김태한(2007), 「지방자치단체 협의회의 정책영향력에 관한 연구」, 91.

비해 미수용이 많아 효율적으로 국정운영에 참여를 하지 못함을 알 수 있다. 이에 비해 비록 미수용과 검토도 많으나 수용이 많은 시·도지사협의회는 타 협의회에 비해 중앙정부에 상대적으로 높은 영향력을 미치는 것으로 나타났다.

지방자치단체들의 협의체 구성의 목적은 자치단체 상호간의 우호 및 협력증진도 중요하지만 지방자치 발전을 위한 중앙정부와의 협상력을 높이는데 있다. 지금까지 4개의 협의체가 각각 독립적으로 구성되어 활동하고 있으며 어느 정도 성과를 거두고는 있으나 기대한 만큼의 효과를 얻지 못하고 있다. 이와 같은 4단체 협의회의 영향력을 감안할 때 앞으로 한층 영향력을 높일 수 있는 방안이 필요하다.

이를 위해 먼저 4대 협의회, 즉 「전국시·도지사협의회」는 물론 「전국시·도의회의장협의회」, 「전국시장·군수·구청장협의회」 및 「전국시·군·구의장협의회」는 모임을 정례화하여 중앙정부에 대해서 뿐만 아니라 광역지방자치단체나 기초지방자치단체 상호간 건설적인 협력관계를 모색해 나갈 필요가 있다. 또한 중앙정부에 대하여 4대 협의회의 협상역량을 더욱 높이기 위해서는 4개의 전국연합체가 각기 따로 운영되는 「전국시·도지사협의회」, 「전국시·도의회의장협의회」, 「전국시장·군수·구청장협의회」 및 「전국시·군·구의장협의회」가 통합하거나 연대하여 「4대 연합협의체」를 결성하여 한목소리로 결집할 필요가 있다. 즉 4대 협의회가 하나로 통합된 형태의 연합체가 필요하다. 「4대 연합협의체」가 중앙정부에 대하여 의견을 제출한 경우에는 중앙정부의 답변을 의무화하도록 하고 일정기간 내 이행여부 및 적절한 조치를 강구할 수 있도록 하는 제도적 장치를 구축할 필요가 있다.

4. 각국 지방자치단체간의 연합조직

아직까지 우리나라는 지방자치에 대한 경험이 일천하고 오랫동안 자치단체의 장이 중앙정부에 의해 임명되었던 시기에서는 지방자치단체간의 상호협력체제에 대한 필요성이 상대적으로 약하고 그 협력체제도 매우 미약한 상태이었다. 그러나 1995년 직선 자치단체장이 등장되면서 지방정부 스스로의 필요에 의해 지방자치단체간의 협력체제는 매우 활성화될 것으로 기대된다.

참고로, 오랜 기간을 통해 지방자치제도가 정착되어 온 외국의 지방자치단체간 협력체제 구축실태를 살펴봄은 앞으로 우리나라 지방자치단체간 협력체제가 정착하는 데 어떤 시사점을 줄 수도 있을 것이다. 여기서는 미국, 일본, 독일을 중심으로 살펴보기로 한다.

(1) 미 국

미국의 중앙정부는 구조적으로나 기능적으로 매우 복잡하다. 즉, 연방정부, 주정부 및 지방정부간의 권력 및 기능의 배분은 혼란스럽다. 그러나 미국의 정부간 관계에 있어서의 특징은 하위정부가 다른 어떤 국가들보다 더 많은 자율성을 갖고 있다는 점이며, 이것은 지방자치단체간의 협력체제 구축의 기본 토대가 되고 있다(Chi, 1993: 283-305).

미국의 지방자치단체들의 연합조직은 구조적 및 기능적 유형에 있어서 매우 다양하다. 각 연합조직은 상이한 설립목적을 갖고 독특한 환경하에서 설립되었다. 미국 지방정부의 전국적인 연합조직을 정확히 분류하기는 어렵지만, 크게 두 가지의 범주, 즉 일반목적을 가진 것과 전문목적을 가진 것으로 구분할 수 있다.

일반목적을 가진 시정부 연합조직 중에서 가장 큰 세 가지는 전국 시연맹(NLC: National League of Cities), 미국 시장회의(USCM: United States Conference of Mayors) 및 국제 시·군관리연합(ICMA: International City/County Management Association)이다.

NLC는 모든 시의 선출직 공직자들로 구성된 조직으로 도시지역 지도자들을 대상으로 하는 시정부연합 중 가장 큰 조직이다. USCM은 인구 3만명 이상의 도시 시장들의 모인으로, 미국내 이런 시는 약 950개가 있고, 그 중 약 600여 개의 시가 여기에 가입하고 있다. ICMA는 모든 지방정부들의 고위직 공직자를 포함하는 임명직 공직자들의 전국적

조직이다. 이들 조직은 워싱턴의 연방정부에 대하여 지방정부의 이익을 위하여 광범위한 로비활동을 벌이며 화원들에게 다양한 서비스를 제공하고 있다.

소규모 시(City)와 읍(Town) 정부에 대해서는 전국 읍·면연합(NATaT: National Association of Towns and Townships)과 소도시전국연합(NASCI: National Association of Small Cities International) 두 종류의 큰 전국적 연합조직이 있다.

군(County)단위 전국연합조직으로서는 전국 군연합(NACO: National Association of Counties), 군 공직자전국연합(NACA: National Association of Council Administrators) 및 군 연합집행부 전국위원회(NCCAE: National Council of County Association Executives) 등이며, 이 가운데 NACO는 군 연합조직 중에서 가장 규모가 크고 영향력이 높다.

주정부의 전국적 연합조직으로서는 전국 주지사연합(NGA: National Governors' Association), 주의회의원 전국회의(NCSL: National Conference of State Legislatures) 및 주정부위원회(CSG: Council of State Governments) 등이다.

전문목적을 가진 지방 및 주정부의 전국적 연합조직은 무려 20여개가 넘는데 그 중 중요한 것을 살펴보면 다음과 같다. 시를 대상으로 하는 것으로는 대도시 하수처리기관연합(Association of Metropolitan Sewerage Agencies), 주요도시 건물관리자연합(Association of Major City Building Officials), 대도시 수도기관연합(Association of Metropolitan Water Agencies), 미국 및 캐나다의 도시재정관리자연합(Municipal Treasurers Association of the U.S. and Canada) 등이 있다.

군을 대상으로 하는 연합조직으로는 군 농업기관 전국연합(National Association of County Agricultural Agents), 군 지역개발 전국연합(National Association of County Community Development), 군 엔지니어 전국연합(National Association of County Engineers), 군 보건관계자 전국연합(National Association of County Health Offcials), 군 재정관계자 전국연합(National Association of County Treasurers and Finance) 등이 있다.

이외에도 주 및 지방정부의 합동연합체인 주 및 지방정부 아카데미(Academy of State and Local Government)와 주 및 지방정부 관리증진연맹(Coalition to Improve Management in State and Local Government)이 있다. 지금까지 미국에 있어서 주요 지방정부들의 전국적 연합조직에 대해 살펴보았는데 이를 정리해 보면 <표 7-21>과 같다.

◈ 표 7-21 ◈ 미국 지방정부들의 전국적 연합조직

목 적	종 류
일반목적	(1) 전국 시연맹(National League of Cities, NLC) (2) 미국 시장회의(United States Conference of Mayors, USCM) (3) 국제 시군관리연합(International City/County Management Association, ICMA) (4) 전국 읍면연합(National Association of Towns and Townships, NATaT) (5) 전국 소도시연합(National Association of Small Cities International, NASCI) (6) 전국 군연합(National Association of Counties, NACo) (7) 군 공직자연합(National Association of County Administrators, NACA) (8) 군 연합집행부 전국위원회(National Council of County Association Executives, NCCAE) (9) 지역위원회 전국연합(National Association of Regional Council, NARC) (10) 전국 주지사연합(National Governors' Association, NGA) (11) 주의회의원 전국회의(National Conference of State Legislatures, NCSL) (12) 주정부위원회(Council of State Governments, CSG)
전문목적	(13) 군 농업기관 전국연합(National Association of County Agricultural Agents) (14) 군 지역개발 전국연합(National Association of County Community Development) (15) 군 엔지니어 전국연합(National Association of County Engineers) (16) 군 보건관계자 전국연합(National Association of County Health Officials) (17) 군 인사관리자 전국연합(National Association of County Human Services Officials) (18) 군 기획관리자 전국연합(National Association of County Planners) (19) 군 재정관계자 전국연합(National Association of County Treasures and Finance) (20) 미국 및 캐나다의 도시재정관리자연합(Municipal Treasures Association of the U.S. and Canada) (21) 대도시하수처리기관연합(Association of Metropolitan Sewerage Agencies) (22) 주요도시건물관리자연합(Association of Major City Building Officials) (23) 미국 시인력관리자회의(U. S. Conference of City Human Services Officials) (24) 대도시수도기관연합(Association of Metropolitan Water Agencies)
주 및 지방정부 합동연합체	(25) 주 및 지방정부 아카데미(Academy of State and Local Government) (26) 지방정부관리증진연맹(Coalition to Improve Management in State and Local Government)

자료: Manfred Ziemak & Chang-hyun Cho, eds.(1993), 「The Role of Local Government Association and Local Autonomy」, Center for Local Autonomy, Hanyang University.

(2) 일　본

일본의 지방정부간 전국적인 연합조직으로는 크게 여섯 가지가 있다. 전국 도(현)지사연합(National Governors' Association), 전국 도(현)의회의장연합(National Association of Chairmen of Prefectural Assemblies), 일본 시장연합(Japan Association of City Mayors), 전국 시의회의장연합(National Association of Chairmen of City Assemblies), 전국 읍면연합(National Association of Towns and

◈ 표 7-22 ◈ 일본 지방자치단체 연합조직의 역할

지방 5단체	기　능
전국 지사연합 (National Governors' Association)	도도부현(道都府縣)을 대표하는 연합체로서 지방자치단체의 사무를 관장하는 대표적 집행기관임과 동시에 국가 및 상급자치단체의 기관위임사무를 관리·집행하는 기관으로서 중요한 성격을 갖고 있다. 도도부현 상호간의 연락, 제휴를 긴밀히 하여 지방자치의 원활한 행정운영과 지방자치의 발전을 도모함과 광역행정, 통일행정, 연락·조정행정, 보충행정을 처리한다.
일본 시장연합 (Japan Association of City Mayors)	전국 각 시간 연락협조를 도모하고, 시정의 원활한 운영과 진전을 꾀하고, 지방자치의 번영에 기여하고 있다. 특히 시정에 관한 중앙, 지방의 연락조정 및 시 또는 시직원의 공통이익에 관한 것을 주임무로 한다.
전국 읍면(정·촌)연합 (National Association of Towns and Villages)	도도부현, 정(町)·촌(村) 상호간의 연락협조를 도모하고 지방공공사무의 원활한 운영과 지방자치의 진흥발전에 기여한다. 특히 기초자치단체로서 주민과 밀접하게 관련된 고유사무기능을 처리, 관장하여 주민복지사업에 중요한 역할을 수행한다.
전국 도(도부현)의회의장연합 (National Association of Chairmen of Prefectural Assemblies)	전국 각 도도부현의 연락을 유지하고, 기초자치단체인 시정촌(市町村)을 포괄한 광역적인 문제에 공동대처하여 지방자치의 발전을 위하여 최선의 노력을 한다.
전국 시의회의장연합 (National Association of Chairmen of City Assemblies)	전국 시의회 의장의 연합조직으로서 지방자치의 확충, 강화와 도시의 번영, 발전을 도모하며 전국 각 시의 상호협력과 지방의회의 발전을 도모함.
전국 읍면(정·촌)의회의장연합 (Japan National Association of Chairmen of Towns and Villages Assemblies)	기초적 지방공공단체로서 도도부현에 속하는 사무이외의 지방자치의 고유사무기능을 일반적으로 처리한다. 또한 도도부현, 시·정·촌 공통의 사무를 처리할 때에는 서로간에 경합되지 않도록 한다.

자료: 한국지방행정연구원(1990), 「지방자치단체의 전국적인 협력방식에 관한 연구」, 105~106면으로부터 재작성.

Villages) 및 전국 읍면의회의장연합(Japan National Association of Chairmen of Towns and Villages Assemblies)으로 이들은 지방 6단체(Six Local Association)라고 부른다(Koike, 1993: 271-282).

이들은 일본 지방자치법에 의해 공공조직으로 분류되고, 정치적 색채를 띠지 않고 있다. 각 단체는 지방의회의 의장들이나 지방정부의 선출직 단체장들로 구성되어 있다. 이들의 기능 중 가장 중요한 기능은 지방자치에 대한 그들의 요구를 실현시키기 위해 중앙정부에 압력을 가하는 일종의 압력기관으로서, 지방정부의 이익을 증진시키기 위하여 통상 연합행동을 취하고 있다. 일본 지방자치단체 연합조직의 구체적인 역할을 살펴보면 <표 7-22>와 같다.

(3) 독 일

독일에는 크게 세 가지 종류의 지방정부 연합조직이 있다(Morisse, 1993: 214-237). 첫째는, 독일 도시연합(German Association of Cities and Towns)인 DST (Deutche St·dtetag)로, 이는 도시와 광역도시 복합체(Conurbations)의 중심도시들의 연합체이다. 둘째는, 독일 읍정부연합(German Association of Towns and Municipalities)인 DSTGB(Deutsche Stardt und Gemeindebund)인데, 이는 주로 대도시 인근지역과 농촌지역의 중소도시 및 읍들이 구성원으로 되어 있다. 셋째는, 군의 연합체인 독일 군연합(German Association of Counties)인 KLT(Deutsche Landkreistag)로, 독일의 426개의 군을 대표하는 연합조직이다.

독일에 있어서 이들 연합조직은 공법상의 공공법인이 아니고 단순히 사법을 적용받는 사법상의 사단에 불과하다. 이는 아마 사법상의 연합체가 공공조직보다 훨씬 신축성을 지닐 수 있으며, 국가의 제도적 틀에서 벗어남으로써 보다 자유로운 활동을 전개할 수 있기 때문이다.

독일에 있어서 지방자치단체연합이 수행하는 기능은 ① 연방정부와 주정부에 대하여 지방적·정치적 견해를 대변하고, ② 공동결정권에 따라 연방정부, 연방하원, 주의회에 지방정부의 일반적 관심사와 경험을 대변하며, ③ 회원들간의 상호경험을 공유하는 것을 촉진하고, ④ 지방정부와 관련된 모든 문제에 대하여 회원정부들에게 자문을 하고, ⑤ 회원들에 대한 정보를 제공하고, ⑥ 지역 공동의 이익에 기여하는 단체들을 지원하는 것 등이다.

참고문헌

강인성.(2007).「협력적 행정서비스 전달을 위한 광역행정체제연구」, 서울: 한국지방행정연구원).

김기옥.(1990).「한국지방자치론」, 서울: 정경사.

김병준.(1991). "자치단체간의 갈등, 분권을 위한 일시적 동."「지방자치」, 지방자치연구소(1991. 9).

권영주.(2007). "일본의 시정촌 합병과 지역자치 활동."「자치행정」, 지방행정연구소, 7월호

김원.(1982.)「도시행정론」, 서울: 박영사.

김태한.(2007). "지방자치단체 협의회의 정책영향력에 관한 연구." 한양대학교 박사학위청구예비논문.

김학로,「지방행정의 이론과 실제」, 서울: 박영사.

노융희.(1987).「한국의 지방자치」, 서울: 녹원출판사.

박명현.(2008).「청계천: 갈등과 협상의 법칙」, 서울: 환타지아.

오석홍.(1991). "집단민원에 대한 정부의 시각 바뀌어야 한다."「지방자치」, 지방자치연구소 (1991. 9).

육동일.(1995). "지방자치제하의 지역·집단이기주의에 관한 연구."「지방자치연구」 제7권 제2호.

______.(1999). "지방자치 운영성과와 과제에 관한 연구."「한국지방자치학회보」 제11권 제4호, 한국지방자치학회.

전국시·도지사 협의회.(2005). 내부자료.

정세욱.(1989).「지방자치론」, 서울: 법문사).

______.(1991).「지방행정학」, 서울: 법문사).

정회성.(1994). "환경오염시설의 입지저항과 극복방안."「환경리포트」 제8호, YMCA 국제환경정보교육센터.

조일홍.(1994). "직선단체장하의 정부간 관계."「단체장 직선하의 지방자치: 과제와 전망」, 서울: 한양대학교 지방자치연구소.

지방행정연구원.(2002).「지방자치단체 조합제도 발전방안」, 보고서요약.

지병문.(1991).「한국 지방자치의 이해」, 서울: 풀빛.

최병대.(2008).「자치행정의 이해」, 서울: 대영문화사.

한국지방자치학회.(2000). 「한국지방자치론」, 서울: 삼영사.

한국지방행정연구원.(1988). 「대도시권 광역행정체제에 관한 연구」.

_________________.(1994). 「지방자치단체간 분쟁조정방안」.

_________________.(1990). 「지방자치단체의 전국적 협력방식에 관한 연구」.

_________________.(2002). 「지방자치단체 조합제도 발전방안(보고서요약)」.

행정자치부.(2007), 내부자료.

Bayley. L. G.(1979). *Local Government: Is It Manageable?*, Oxford: Pergamon Press).

Bollens, J. C. & H. J. Schamandt.(1982). *The Metropolis: Its People politics, and Economic Life* 4th ed., New York: Harper & Row Publishers.

Chandler, R. C. & J. C. Plano.(1982). *The Public Administration Dictionary*, New York: Jphn Wiley & Sons.

Chi, Keon Soo.(1993). "Local Government Association and Local Autonomy in the U.S.A," *The Role of Local Government Associations and Local Autonomy*, Center for Local Autonomy, Hanyang University.

Koike, Osamu.(1993). "Local Government Association in Japan," *The Role of Local Government Associations and Local Autonomy,* Center for Local Autonomy, Hanyang University.

Morisse, Karl August.(1993). "Local Government Association and Local Government in Germany,'' *The Role of Local Government Associations and Local Autonomy,* Center for Local Autonomy, Hanyang University.

Walsh, A. M.(1969). *The Urban Challenge to Government*, New York: Praeger).

Ziemek, Manfred & Chang-hyun Cho.(eds.)(1993). *The Role of Local Government Association and Local Autonomy*, Center for Local Autonomy, Hanyang University.

제 8 장

국가와 지방자치단체의 관계

제 1 절 개 관

1. 국가와 지방자치단체의 관계와 정부간 관계

우리나라의 지방자치를 이해하는 데 반드시 필요한 항목이 국가와 지방자치단체와의 관계이다. 우리나라의 국가와 지방자치단체와의 관계를 논의하기에 앞서 국가와 지방자치단체라는 용어의 개념을 명확히 할 필요가 있다. 우선 국가와 지방자치단체와의 관계를 의미하는 용어는 국가마다 매우 다양하게 사용되었다. 미국에서는 1930년대 뉴딜정책이 개시되면서 공공사업을 위한 연방정부의 보조금이 증대되어 연방정부와 주정부, 연방정부와 지방정부의 관계는 상호의존적, 상호협력적 관계를 형성하게 되었다. 주정부를 제외한 채 연방정부와 지방정부 사이에 형성된 직접적인 보조금 관계에 대하여 주정부가 거세게 반발하였다. 이러한 부정적인 저항과 반발을 치유하고자 아이젠아워 대통령이 구성한 것이 정부간관계자문위원회이다. 이러한 시대적 상황을 배경으로 하여 학문적으로도 정부간 관계라는 용어가 사용되기 시작하였다(Anderson, 1960; Wright, 1988). 정부간 관계라는 용어대신에 연방주의(Elazar, 1987), 다계층 거버넌스(Hooghe and Marks, 2003)라는 용어가 사용되기도 한다.

일본의 경우 정부간 관계라는 용어는 1970년대 초부터 사용되기 시작하였으나(新藤, 1989) 학자들간에 본격적으로 사용되기 시작한 것은 1980년대에 들어서면서 부터이다(新藤·武智, 1995). 일본에서는 중앙정부만을 통치주체인 "정부"라고 표현하였으며 지방정부는 통치주체로 보지 않는 중앙집권적인 성향이 강했다. 따라서 정부간 관계라는 용어보다는 "지방제도 및 지방자치(Horie and Nishio, 1997)," "국·지방관계," "중앙·지방관계"(西尾, 1990; Horie and Nagata, 1999), "국과 지방공공단체의 관계"(社會保障硏究所, 1995), "전국정부와 지방자치체의 관계"(秋月, 2001)라는 용어가 빈번하게 사용되었다. 매스컴에서 정부간 관계라는 용어가 사용되지 못한 데에는 중앙정부와 지방정부간의 관계를 의미하는 정부간 관계가 국제관계(International Relations)를 나타내는 정부간 관계와 혼동될 가능성이 컸기 때문이다(秋月, 2001). 그런데, 국·지방 관계가 변화된 데에는 일본 내에서의 정치과정의 변화가 주요한 원인이었다. 점차 지방자치단체를 통치주체로 인식하여야 한다는 규범적 주장도 주요한 원인이 되었다(Koike and Wright, 1998).

앞 장에서 다른 필자들께서도 명확히 하셨듯이 그 동안 우리나라에서는 국가는 중앙의 정치주체인 중앙정부를 의미하였으며 지방의 정치주체를 지방정부라고 명명하기 보다는 지방자치단체라는 용어를 사용하여 왔다. 1990년 이전부터 학자들 간에 정부간 관계라는 용어를 사용하기 시작하였으며 참여정부가 출범한 이후 정부혁신지방정분권위원회 산하에 정부간 관계 TF를 구성함으로써 정부에서도 정부간 관계라는 용어가 사용되기 시작하였다. 현재는 지방자치단체는 제도상의 용어로, 지방정부는 학술상의 용어로 정착되어 가고 있다.

학술상의 관점에서 보면 국가는 중앙정부와 지방정부의 통합체로 보는 것이 타당하며 지방의 정치·행정의 주체는 지방의 통치주체를 의미하는 지방정부라고 부르는 것이 타당할 것이다. 이런 관점에서 볼 때 국가와 지방자치단체의 관계는 중앙정부와 지방정부간의 관계를 의미하는 것이며 1953년 미국 행정부에서 사용되고 1960년대 학술적으로 다루어 진 이후 외국에서 사용되기 시작한 "정부간 관계"라는 용어도 우리에게도 적절한 것이다(Anderson, 1960).

2. 정부간 관계의 의의

우리가 국가와 지방자치단체의 관계를 정부간 관계로 명명하는 것은 우리나라의 정치와 행정을 이해하는데 중요한 의의를 가지고 있기 때문이다. 앞에서도 언급하였듯이 우선 지방의 정치와 행정의 주체를 통치주체인 정부로 인식한다는 것이며, 중앙정부와 지방정부가 비교적 상호 수평·대등한 것으로 이해하는 것이다.

그런데 학술상으로 사용되는 정부간 관계는 매우 다의적이다. 무엇보다도 정부간 관계는 제도적인 관계뿐만 아니라 중앙정부와 지방정부간의 행태적인 관계를 의미한다. 최근 우리나라의 경우 국가와 지방자치단체와의 관계는 주로 제도적인 측면을 강조하는 한편 정부간 관계는 제도적·행태적 관계를 모두 포함하는 것으로 사용되고 있다. 현재 우리나라에서는 중앙정부라는 용어보다는 국가라는 용어가 보다 친숙하고

본 교재가 주로 대학생을 위한 것이기 때문에 정부간 관계라는 용어 대신에 국가와 지방자치단체의 관계라는 용어를 사용하였으며 국가와 지방자치단체의 관계도 주로 제도적인 측면에서 맞추어 논의하였다.

3. 국가와 지방자치단체의 관계의 역사적 발전

우리나라의 국가와 지방자치단체의 관계는 시대별로 크게 대분하여 논의할 수 있다. 학자에 따라 구분하는 시점이 상이하나 필자는 제도의 정착이라는 관점에서 1948년 이전, 1948년부터 1960년, 1961년부터 1990년, 1991년부터 2002년, 그리고 2003년 이후로 대분하여 논의하였다. 필자가 제시한 각 시점은 제도의 변경으로 국가와 지방자치단체의 관계가 크게 변화된 때이다.

(1) 1948년 이전

우리나라는 전통적으로 중앙집권적이며 권위적인 체제를 유지·발전시켰고 여기에는 유교사상이 깊이 관련되어 있었다. 이외에도 단일민족의 단일언어, 상대적으로 작은 국토가 중앙집권적 체제를 유지하게 된 배경이라고 할 수 있다(Choi and Wright, 2004). 상대적으로 지방의 자율이 요구되는 상황이 거의 없었다고 할 수 있다.

1910년 이후 일본의 지배 하에서도 중앙집권체제는 더욱 강화되었다. 중앙집권체제 하에서 국가와 지방의 관계는 상호 수직·종속의 관계였으며 국가는 지방을 지도하고 감독하는 지위를 유지하였다. 지방에서 자율적인 정치와 행정의 실현이 가능하지 않았다. 현재의 관점에서 볼 때 어느 정도 자율성을 지닌 지방자치단체의 존재는 1948년 새로운 헌법이 지방자치를 규정하고 지방자치를 보장함으로써 가능하였다.

(2) 1948년부터 1960년

1948년부터 1960년에 이르는 시기는 우리나라의 국가와 지방자치단체의 관계라는 제도적인 관점에서 매우 역사적인 시대이다. 우리나라의 최초 현대적 헌법이 1948년 제정되면서 지방자치에 관한 규정 제8장을 헌법의 내용에 포함하였다. 이러한 규정은 외국의 예에서 보는 바와 같이 지방자치를 중앙정부와 지방정부간에 국가권력의 배분으로 이해하고 이를 제도화하는 결실을 거두었다는 의의를 지녔다. 구체적으로 정치·행정권력의 영토적·지리적 배분을 명시하지는 않았지만 지방자치의 존재를 보장하였다는 것만으로도 커다란 의의를 갖게 되었다.

헌법의 규정에 따라 지방자치에 관한 구체적인 법률이 1949년 제정된 지방자치법이다. 1949년 지방자치법은 서울특별시와 도를 광역지방자치단체로, 시·읍·면을 기초자치단체로 하는 2계층의 자치행정체제를 규정하였다. 양자 모두 기관대립형이며 단체장은 의회 해산권을, 지방의회는 단체장의 불신임권을 가졌다. 광역자치단체의 장은 대통령이 임명하며 기초자치단체의 장은 선거로 선출하는 것으로 하였다. 1949년 지방자치법의 실행은 한국전쟁으로 연기되어 1952년 최초의 지방선거가 실시되었다. 1960년 지방자치법의 제정으로 광역지방자치단체장도 선거에 의하여 선출하는 것으로 되었다.

이 시대의 국가와 지방자치단체의 관계는 최초로 헌법에서 지방자치의 존재를 인정하였다는 데에서 확인하여야 할 것이다. 비록 국가와 지방자치단체간의 영토적·지리적 정치·행정권한의 배분을 규정하지는 않았지만 지방자치단체의 존재와 의의를 인정하는 헌법의 규정으로 우리 역사상 처음으로 선거에 의한 지방의회를 구성하게 되었다.

그럼에도 기초지방자치단체의 장은 선거에 의하여 선출되었으나 광역자치단체의 장은 대통령이 임명함으로써 국가와 지방자치단체의 관계는 상호 수직·종속의 관계라고 보아야 할 것이다. 이 시기에 지방자치법이 5차례 개정되었으나 법의 개정작업이 중앙정부에 의하여 주도된 점도 그러한 상황을 대변하고 있다. 1960년 지방자치법의 개정으로 광역자치단체의 장도 선거에 의하여 선출하게 된 것은 지방자치는 물론 국가와 지방자치단체의 관계에 일대 전환을 의미하였다(정세욱, 2000).

1960년 지방자치법의 개정은 1960년 4·19 학생 혁명에 기인하였기 때문에 제도의 성격이 종전과 비교하여 더욱 민주적인 성격을 띠게 되었다. 그러나 1960년 지방자치법에 기초한 지방자치체제는 1961년 「지방자치에 관한 특별조치법」에 의하여 무기한 연기되는 상황을 맞게 되었다.

(3) 1961년부터 1990년

국가와 지방자치단체의 관계는 물론 지방자치의 관점에서 이 시기는 암흑기라고 표현할 수 있다. 1961년 5·16 군사정권의 출범으로 지방자치가 폐지되는 운명을 맞게 되었다. 그 간 10여 년간이 경험을 토대로 지방자치가 더욱 발전될 수 있는 계기가 소멸되었다. 국가발전 및 경제발전을 위하여 중앙정부의 권력이 더욱 강화되어야 한다는 논리 하에 지방자치단체는 단순한 지방행정기관으로 전환되었다.

1962년 헌법의 개정으로 분위기가 성숙될 시점까지 지방자치의 실시가 연기되었으며 1972년 유신헌법에서는 조국의 통일 전까지 지방자치의 실시가 유보되었다. 제3공화국은 지방자치를 낭비와 비효율의 대명사로 간주하는 분위기였다.

1980년대에 들어 지방자치의 필요성이 인정되는 분위기였으나 지방자치 재개의 시점에 대하여 언급을 회피함으로써 결국 지방자치의 재출범은 이루어지지 않았다. 1980년 개정된 헌법은 "지방자치는 단계적으로 도입한다"라고만 규정하였다.

지방자치 실시의 분위기는 1988년 노태우 정부 하에서 우호적으로 반전되었다. 우선 헌법의 개정으로 지방의회의 구성을 제한하였던 조건을 철폐하였으며 이에 기초하여 지방자치법의 개정이 이루어졌다. 1988년 지방자치법의 개정으로 지방자치는 새로운 국면으로 전환되었다. 노태우 정부는 지방자치의 실시를 위하여 획기적인 조치들을 단행하였다.

1988년 지방자치법은 지방자치단체의 자치행정체제로 2계층제를 도입하면서 광역자치단체로서 서울특별시, 직할시,[1] 도를 설치하였으며 기초자치단체로서 시, 군, 구를 규정하였다. 기초자치단체의 지방의회는 1년 이내에 광역자치단체의 지방의회는 2년 이내에 선거를 실시하도록 규정하면서 지방자치단체의 장의 선거는 잠정적으로 연기하는 조치를 단행하였다. 1988년 지방자치법에 의하여 이제까지 적용되었던 「지방자치에 관한 임시조치법」은 폐지되었다.

국가와 지방자치단체의 관계의 관점에서 이 시기를 평가하면 1988년에 이르러 지방자치제도의 변화가 이루어지긴 하였으나 국가와 지방자치단체의 관계는 정부간 관계라고 보기보다는 행정간 관계로 보는 것이 타당하다. 지방에는 선거에 의한 자치단체가 존재하지 않았고 중앙정부의 내무부가 지방행정을 강력하게 지도·감독·통제하였기 때문에 지방의 자율성은 기대할 수 없었다. 따라서 국가와 지방자치단체의 관계는 앞 시기보다도 강화된 수직·종속의 관계였었다고 할 수 있다.

(4) 1991년부터 2002년

1991년 개정된 지방자치법에 따라 1991년 3월 기초의원 선거, 1991년 6월 광역의원 선거가 30년만에 역사적으로 실시되었다. 비록 지방자치단체의 장의 선거는 실시되지 않았으나 지방의회의 구성만으로도 지방자치의 발전이라는 관점에서 시사하는 의의는

1) 후에 광역시로 개칭됨.

매우 컸었다(김순은, 1992). 1995년 6월 지방선거에서 지방자치단체의 장의 선거가 지방의원 선거와 동시에 실시됨으로써 최소한 외형적으로는 지방자치단체가 지방정부의 형태를 갖추게 되었다.

뿐만 아니라 이 시기에 중앙정부는 세계의 분권화 흐름에 맞추어 지방분권 및 지방이양을 위한 노력을 보였다. 1991년부터 1998년까지 중앙정부는 지방이양합동심의회를 구성하고 지방이양합동심의회를 통하여 중앙행정기능의 지방이양을 위한 기초자료를 조사하게 하였다. 그 결과 총 3,701건의 행정사무를 심의하여 2,008건의 중앙행정사무를 지방정부로 이양할 것을 확정하였다. 2,008건 가운데 1,639건의 중앙행정사무가 지방으로 이양되었다(지방이양추진위원회, 2001).

그러나 지방이양의 실적은 매우 미미하였다(심상돈, 1999; 홍준현, 2003; 지방이양추진위원회, 2001; 이승종, 2005). 이에 대한 대안으로 제시된 조치가 "중앙행정권한 지방이양 촉진 등에 관한 법률"이었다. 김대중 정부는 지방이양추진위원회라는 새로운 제도적 기구를 통하여 중앙행정권한을 지방으로 이양하려고 하였다. 이러한 시도는 당시 우리나라 지방자치단체의 사무가 중앙정부의 사무와 비교할 때 너무 적다는 비판에 기초하였다. 총 국가의 사무 중 지방정부가 차지하는 비율이 일본이 34%, 프랑스 40%, 미국이 50%인 반면 우리나라는 25%에 머물고 있었다(Choi and Wright, 2004).

이 시기의 특징을 정부간 관계라는 관점에서 간략하게 요약하면 지방자치 및 지방분권을 위한 단계적 조치가 이루어졌다는 점이다. 국가와 지방자치단체의 관계에서 보면 상하·수직관계가 다소 개선된 면이 있었다고 할 수도 있으나 중앙정부 우위의 행정이 이 시기에도 계속되었다(김순은, 2005; 이승종, 2003; 홍준현, 2000).

(5) 2003년 이후

21세기에 들어 앞에서 언급하였듯이 우리나라에서 추진된 10여 년간의 지방분권 개혁에 대한 미미한 실적으로 지방분권 개혁의 새로운 시도가 제안되고 주장되었다. 이러한 분위기에 힘입어 지방분권 개혁은 2002년 대통령 선거과정을 거치면서 대통령 선거의 중요한 공약으로 발전되었으며 당시 노무현 민주당 대통령 후보는 민주노동당 후보를 제외하고는 지방분권을 포함한 지방화 정책으로 구체적이고 혁신적인 공약을 제시하였다(김순은, 2003). 새롭게 출범한 참여정부 하에서 노무현 대통령은 정부혁신지방분권위원회를 설치하여 매우 강도높고 적극적으로 지방분권 개혁을 추진하려고 노력하였다(이승종, 2005). 참여정부가 출범한 이후에는 2003년 7월 지방분권 추진 로드 맵의 발표, 2003년 12월 지방분권특별법의 제정, 2004년 11월 지방분권 5개년 종합실행계획을 각각 발표하였다. 이같은 일련의 조치와 정책들이 계획된대로 성과를 거두지는 못하였으나 지방분권의 분위기를 쇄신하는 데에는 크게 기여하였다(김순은, 2006a).

제 2 절 국가기관과 지방자치단체의 관계

1. 국가와 지방자치단체의 관계 모형

국가와 지방자치단체의 관계를 이해하기 위해서는 이제까지 제안된 국가와 지방자치단체의 관계에 대한 학술적 모형을 이해하여야 한다. 물론 국가마다 다소 상이하기 때문에 본 교재에는 미국, 영국, 일본에서 대표적으로 소개되고 있는 학자의 모형을 논의하였다.

(1) 미국의 모형

미국의 정부간 관계는 우선 미국의 연방제에 대한 이해를 전제로 출발하여야 한다. 왜냐하면 미국의 정부간 관계의 제도적 토대가 연방제이기 때문이다. 미국의 연방제에 대한 모델은 크게 경쟁적 모델과 상호의존모델로 대분할 수 있다. 경쟁적 모델은 연방제 출범 후 초기단계에 발전된 이론으로서 중앙정부 강화 연방제(Nation-centered Federalism), 주정부 강화 연방제(State-centered Federalism), 공동 연방제(Dual Federalism)로 대분된다. 상호의존 모델은 제2단계 모델로서 정부간의 협력이 강화된 형태이다. 협력적 연방제(Cooperative Federalism), 창조적 연방제(Creative Federalism), 새 연방제(New Federalism) 등이 상호의존 모델에 속한다. 1960년 이후 정부간 협력이 강화된 이후 기능적인 측면에 초점을 맞춘 모델이 Picket-fence Federalism, Bamboo-fence Federalism 등이다. 본 교재에서는 행정기관간 모형에 대한 후자의 논의는 생략하고 전자에 대하여 논의하였다.

1) 경쟁적 모델

초기의 연방제에 관한 모델은 연방정부의 권한을 강화하는 중앙정부 강화 연방제(Nation-centered Federalism)이었다. 중앙정부 강화 연방제의 초석은 당시 워싱톤 행정부의 재무장관이었던 해밀턴과 대법원장 마샬(John Marshall)에 의하여 놓여졌다. 해밀턴은 연방주의자(Federalist) 논문을 통하여 연합국가보다 강력한 연방정부의 필요성을 역설하였다. 마샬 대법원장도 주정부의 권한에 일정한 제한을 강조하면서 연방정부의 정치·행정 권한을 강화하는 사법적 판단을 내렸다.

강력한 중앙정부의 대한 의구심은 미국의 건국초기부터 있었다. 강력한 중앙정부는 국민의 기본권을 보장하는데 적합치 않다고 판단하였기 때문이었다. 연방주의자 논문들에 대해서도 당시 뉴욕주 주지사였던 클린턴과 게리, 메이슨 등은 헌법안에 대한 서명을 거부함으로써 강력한 중앙정부의 출범에 대하여 반대 의사를 표시하였다. 주정부 강화 연방제 모형은 연방헌법이 성립된 지 10년이 지나면서 구체적으로 제기되었다. 연방정부의 탄생으로 연합헌법에 비하여 권한이 제약된 주정부를 중심으로 주정부 강화 연방제 주장이 제기되었다. 주정부 강화 연방제는 해밀턴과 마샬의 주장에 대한 반박이었다. 중앙정부 강화 연방론자와 주정부 강화 연방론자의 전쟁이 남북전쟁이라고 할 수 있다.

남북 전쟁 후 연방론자의 승리에도 불구하고 중앙정부 강화 연방제가 일반화되지 않고 공동 연방제 이론이 발전되었다. 정부의 권원(權源)으로 중앙정부와 주정부 양자를 모두 인정하여야 한다는 것이다. 태니(Taney) 대법원의 판례에 있어서도 중앙정부와 주정부는 서로 간섭받지 않는 독자적인 정치·행정적 권한이 있음을 확인되었다. 연방정부와 주정부는 서로의 정치·행정 영역이 인정되며 이 범위 안에서 상호간의 간섭은 있어서는 안된다는 주장이다. 연방정부와 주정부 사이에 명확한 기능의 분리가 바람직하다. 남북 전쟁으로 공동 연방제의 이론이 일반화되었으나 뉴딜 정책의 시작으로 새로운 이론의 필요성이 제기되어 상호의존 모델이 발전되었다.

2) 상호의존 모델

경쟁적 모델과 비교하여 상호의존 모델은 공동의 목적을 달성하기 위하여 다양한 레벨의 정부간에 권한과 책임이 공유되어 있다는 것에 기초하고 있다(Nice, 1987). 경쟁적 모델이 정부간의 제로 섬 게임을 전제로 한 반면 상호의존 모델은 윈-윈 전략에 기초한다. 상호의존 모델 하에서 다양한 레벨의 정부가 보유한 정치권한은 일방만이 이익을 보는 게임이 아니라 상호에게 이익이 되는 것이다. 대표적인 모델이 협력적 연방제, 창조적 연방제, 새 연방제이다(Grodzins, 1966).

협력적 연방제는 미국 연방제 하에 있는 연방정부, 주정부, 지방정부 상호간의 협력을 전제로 하고 있다. 미국의 파트너십(The American Partership)(Elazar, 1962)이라는 책에서 미국 연방제의 특징을 상호협력으로 묘사하면서 협력적 연방제가 설득력을 가졌다. 특정 정부만의 노력보다는 다양한 정부간의 공동적 노력이 목표달성에 유리하다는 판단 위에 레벨이 상이한 정부간의 협력에 초점을 맞춘다.

두 번째의 상호의존 모델이 창조적 연방제이다. 창조적 연방제는 협력적 연방제가 진일보된 형태라고 할 수 있다. 창조적 연방제는 1962년 록펠러(N. Rockefeller) 주지사에 의해 처음 사용되었다. 하버드 대학 강연에서 제기된 창조적 연방제에 대한 아이디어는 존슨 대통령이 즉위하면서 정책에 반영되었다. 즉 1960년대 존슨 행정부의 정부간 관계를 적절히 대변하는 모델이었다.

빈곤, 도시의 폐허 등의 문제를 해결한다는 공동목적을 달성하기 위해서는 연방정부, 주정부, 지방정부 상호간의 협력뿐만 아니라 민간부문과의 협력도 필요하다고 이론화하고 있다. 창조적 모델에 따르면 기존의 정부형태가 문제해결에 적절히 못하다고 판단되면 새로운 형태의 반공반민 조직이나 순수 민간조직을 창설하여 문제해결을 추진하게 된다. 민간부분과 정부부분과의 협력관계가 창조적 연방제의 특징이다.

상호의존 모델의 세 번째 형태가 새 연방제이다. 새 연방제는 닉슨-포드 버전과 레이건 버전으로 구분된다(Nice, 1987). 새 연방제는 존슨 행정부의 창조적 연방제에 대한 비판으로부터 출발하였다. 존슨 행정부는 위대한 사회(Great Society)를 건설하기 위하여 다양한 프로그램을 개발하였다. 이러한 프로그램들이 명시적 보조금(Categorical grants-in-aids)에 의하여 운영되었기 때문에 주정부나 지방정부의 자율성과 재량이 거의 보장되지 않았다. 이러한 연방정부의 간섭과 통제에 대한 비판으로 새 연방제가 제안되었다. 닉슨-포드 버전의 새 연방제는 창조적 연방제에 주정부 강화 연방제의 아이디어를 가미한 형태라고 할 수 있다. 구체적으로 명시적 보조금을 포괄보조금(Block grants-in-aids)으로 전환하면서 새 연방제를 열어 나갔다. 레이건 버전의 새 연방제는 연방정부와 주정부, 연방정부와 지방정부간에 보조금을 통한 관계를 더욱 축소하였다. 연방정부의 지방정부에 대한 간섭과 참여를 더욱 축소하는 관계를 발전시키면서 공동 내지 주정부 강화 연방제와 유사한 연방제 형태를 발전시켰다.

3) Wright 교수의 정부간 관계 모형

상기와 같은 연방제의 모델을 기초로 하여 Wright 교수는 연방정부와 주정부 및 지방정부의 관계를 크게 세 가지 형태로 —자치모형(Coordinate-Authority Model), 계층모형(Dominant-Authority Model), 협상모형(Overlapping Model)— 나뉘어 논의하였다(Wright, 1988). 자치모형은 연방정부와 주정부의 관계가 거의 독립적이며 자치적이라는 것에 초점을 맞추고 있다. 19세기 말 브라이스(Bryce)의 사상에 기초하여 발달된 자치모형은 공존 연방제(Dual Federalism)의 개념 하에 발달된 모형이었다.

계층모형은 연방정부는 주정부를, 주정부는 지방정부를 지시 또는 통제할 수 있는 관계의 형태를 상징하고 있다. 계층모형에서는 연방정부와 주정부와의 관계에 주정부와 지방정부에 적용되는 딜론의 법칙을 적용된다. 계층모형은 연방정부의 정책이 연방정부의 주정부나 지방정부에 대한 영향력이나 지시에 따라 집행될 수 있음을 암시하고 있다. 계층모형은 연방정부에 정치·행정 권한이 집중되어 있고 주정부나 지방정부는 단순한 행정기관으로 인식하고 있다고 할 수 있다. 연방정부에 정치·행정권한이 집중되어 있다는 것은 많은 연구에서 확인되고 있다. 권력 엘리트적 관점, 기술·다원주의적 관점, 경제 연방주의적 관점, 행정지향적 관점의 연구들이 연방정부에의 정치권력 집중을 주장하고 있다. 계층모형이 미국의 정부간 관계를 대표하는데 타당성이 높은 것은 사실이나 정부간 관계의 두드러진 현상을 설명하는데에는 미흡한 점이 많다. 행정적 정부간 관계를 나타내는 Marble-cake federalism, Picket-fence federalism, Bamboo-fence federalism 등이 행정적 계층모형을 뒷받침하는 연방주의 이론이다.

협상모형은 상기의 자치모형과 계층모형의 대안으로 제시된 모형이다. 자치모형과 계층모형은 상기의 논의에서 알 수 있듯이 상호 대칭되는 개념이다. 자치모형이 연방정부와 주정부의 독립성과 자치성에 초점을 두고 있는 반면 계층모형은 연방정부의 권력적 우월성을 강조하고 있어, 주정부와 지방정부가 연방정부에 종속되는 것으로 인식한다. 이러한 자치모형과 계층모형이 미국의 복잡하고 다양한 정부간 관계를 대변하지 못하다는 비판으로 제시된 것이 협상모형이다. 협상모형은 자치모형이 발전된 형태로 볼 수 있다. 많은 면에서 연방정부, 주정부, 지방정부는 상호 독자성이 인정되고 있다. 그럼에도 불구하고 연방정부, 주정부, 지방 정부가 공통적으로 관련되어 있는 영역이 많다고 보는 것이 협상모형이다.

(2) 영국의 모형

1) 통제모형

(가) 집행기관 모형(Agency Model)

영국의 중앙정부와 지방정부간의 정부간 관계를 집행기관모형으로 설명하기 시작한 것은 벤덤의 공리주의까지 소급된다. 벤담은 공리주의의 실현을 위하여 중앙정부의 피조물인 지방정부는 중앙정부의 정책과 지시에 따라 단순히 집행기능만을 담당하는 것으로 인식하였다. 이것은 지방정부가 정책의 집행과정에서도 재량권을 행사할 수 없는 행정주체로서 파악하려는 주장이다.

이러한 모델은 1930대 이후 지방정부의 기능들이 중앙정부로 이전되는 상황이 계속되면서 더욱 설득력을 얻었다. 1980년대부터 1990년대 초반까지 중앙정부의 통제가 강화되었던 보수당 정부의 정부간 관계를 묘사하는 데에도 원용되었다. 집행기관모형에 따르면 지방정부라는 용어보다 지방행정이라는 용어가 적절하며 이러한 주장은 우리나라의 1960년부터 1990년까지의 지방행정에도 그대로 적용된다. 이러한 주장에 따르면 현재의 특별지방행정기관과 지방정부는 크게 차이점이 없다(Wilson and Game, 1998).

(나) 대리인 모형(Stewardship Model)

집행기관 모형에 대한 비판으로부터 파생된 모형으로서 지방정부의 다양한 산출물에 주목한다. 중앙정부에 정치·행정의 권한이 집중된 점과 중앙정부의 지방정부에 대한 통제와 규제가 강력하다는 점에는 집행기관 모형에 동의하면서도 지방정부는 중앙정부의 통제와 규제 하에서도 나름대로의 재량권을 행사할 수 있다는 점을 강조한다(Chandler, 2001). 재량권에 기초하여 지방정부의 성과가 다양하게 산출된다는 점에 초점을 맞춘다. 지방정부는 대리인의 관점에서 중앙정부에 다양한 정책적 건의도 할 수 있으나 재량권의 범위 내에서 이루어져야 한다.

1980년대 이후 영국의 지방정부가 보여 준 정치·행정 행태는 19세기 이전의 주인(Landlord)과 대리인(Steward)의 관계와 유사하다는 점에 착안하여 제시된 모형이다. 대리인 모형은 지방행정이라는 표현보다는 지방정부로서의 특징을 부각하려는 점에 특징이 있다. 상기에서 논의한 대리인 모형과 집행기관 모형은 중앙정부와 지방정부의 공식적 관계를 설명·묘사하는데 초점을 둔 것이라고 할 수 있다. 중앙정부가 지닌 헌법적, 법률적 우위를 전제로 중앙정부와 지방정부간의 정부간 관계를 설명하기 때문이다. 통제모형은 중앙정부와 지방정부간의 정부간 관계를 상호·복종관계로 인식하고 있다.

2) 협력모형

(가) 상호의존 모형(Power-dependence Model)

상기의 집행기관 모형과 대리인 모형이 중앙정부와 지방정부간의 제도적·공식적 관계에 초점을 맞춘 반면 본 절의 상호의존 모형과 파트너십 모형은 중앙정부와 지방정부간의 비공식적·작업적 관계에 주목한다. 상호의존 모형은 정치권력을 절대적으로 파악하지 않고 상황에 따라 가변적일 수 있다는 점을 강조한다. 상호의존 모형은 중앙정부와 지방정부가 보유하고 있는 다양한 자원과 양자간의 협상을 정부간 관계의 주요한 특징으로 파악한다(Rhodes, 1986, 1988).

중앙정부와 지방정부는 헌법 및 법률적 지위, 정치적 정당성, 주민의 여론을 동원할 수 있는 능력, 중앙 및 지방재정, 인사, 재산, 서비스와 관련된 조직의 능력, 정보와 지식 및 자료 등의 다양한 자원을 보유하고 있다. 이러한 자원에 기초하여 지방정부는 중앙정부에, 중앙정부는 지방정부에 각각 의존하고 있다. 구체적인 정책과정에는 다양한 자원에 따라 상호간에 다양한 형태의 협상을 통하여 양자간의 관계가 결정된다. 지방정부는 지방정부가 보유한 각종 자원을 근거로 중앙정부의 일방적 지시를 제어하거나 보완한다. 지역의 사정에 정통한 지방정부는 지역의 아이디어를 중앙정부의 정책과정에 반영하여 지방의 현장과 중앙이 조화를 이루는 정책을 유도하기도 한다.

(나) 파트너십 모형(Partnership Model)

앞에서 논의한 집행기관 모형, 대리인 모형, 상호의존 모형은 중앙정부와 지방정부간의 정부간 관계를 상호·복종 또는 상호·불평등하다고 전제하고 있다. 반면 파트너십 모형은 중앙정부와 지방정부가 상호·대등하다는 것을 강조한다. 파트너십 모형에 따르면 지방정부도 중앙정부와 상호·대등한 관계 속에서 국정을 수행하는 과정에 없어서는 안 될 중앙정부의 파트너이다. 지방정부도 중요한 정치주체로서 인정되고 중앙정부와 대등한 관계 속에서 공동으로 정책을 수행한다. 지방정부가 진정으로 국정의 정책 파트너가 되는 셈이다.

파트너십 모형은 1930년대 이후 강화된 중앙정부의 권한과 기능에 대하여 지방정부의 역할과 기능을 보호하려고 제창되었던 다소 규범적 성격의 모형이었다(Davies,

1972). 지방정부는 단순한 중앙정부의 집행기관이 아니라 독자적인 정치적인 역량을 가진 정치주체로서 국정의 동반자로 인식하여야 한다는 주장이었다.

중앙정부와 지방정부간의 정부간 관계가 화목한 신랑·신부에 비유되기도 한다. 중앙정부와 지방정부간의 상호·협력적인 관계를 강조하기 때문이었다. 규범적 성격의 파트너십 모형이 영국 중앙정부와 지방정부간의 정부간 관계를 묘사·설명하는데 적합하게 된 것은 20세기 말이었다. 20세기말 영국의 정치적 상황은 새롭게 전개되었다. 우선 중앙집권적 방식으로 지방정부의 정책을 추진하였던 보수당 정부가 물러나고 지방분권적 성향이 강한 노동당 정부가 1997년 출범하였다. 이와 때를 맞추어 지역별, 계층별로 구성되었던 지방정부협의체들이[2)] 1997년 지방정부연합회(Local Government Association)로 통합되었다. 1997년 설립된 지방정부연합회가 설립되면서 제시한 첫 번째의 전략적 목표가 중앙정부와 상호 대등한 파트너십을 구성하는 것이었다. 지방정부연합회의 전략적 목표는 노동당 정부의 지방화 정책과 일치되어 중앙정부와 지방정부간 상호·대등한 파트너십을 형성하는데 기여하게 되었다(최영출, 1999, 2002).

노동당 정부는 1997년 지방정부연합회와 "파트너십을 위한 틀(A Framework for Partnership)"이라는 문서에 서명한 이후 지방정부와 관련된 각종 공식문서에서 중앙정부와 지방정부간의 정부간 관계가 상호·대등한 파트너십 관계에 있음을 명시하였다(Office of the Deputy Prime Minister, 2005). 최소한 작업적 관계에 있어서 노동당 정부는 지방정부를 국정의 대등한 파트너로서 인정하였다. 이 같은 중앙정부와 지방정부간의 파트너십관계는 2007년 12월 중앙정부와 지방정부간에 새로운 협약(Central-local Concordat)이 체결됨으로써 더욱 공고하게 되었다.

(3) 일본의 모형

1) 상하수직·통제모형

현실적 운영에 있어서는 일본의 지방공공단체는 지방정부로서 적절한 대우를 받고 있지 못하다. 예를 들면 1980년 행정개혁 과정에 있어서 중앙정부는 지방정부를 정치·행정의 동반자로서 대접하지 않고 지방정부도 이에 대한 적절한 인식이 없었다(新藤, 1989). 일본의 중앙정부도 입법적 관여, 사법적 관여, 행정적 관여를 통하여

2) 당시에 잉글랜드에는 런던구정부와 대도시권 구역정부를 포함한 대도시권협의회(Association of Metropolitan Authorities), 광역지방정부를 대표하는 카운티협의회(Association of County Council), 기초지방정부를 대표하는 구역정부협의회(Association of District Council), 런던구정부를 대표하는 런던구정부협의회(London Borough Association) 등이 있었다.

지방정부와의 관계를 형성하고 있다. 입법적 관여는 법률의 위임이나 법률의 집행을 위한 명령에 따른 관여로서 일반 제도적인 성격을 띠고 있는 반면 사법적 관여는 사후적인 성격을 띠고 있다.

중앙정부와 지방정부와의 관계는 대부분 행정적 관여에 의하여 이루어지고 있다. 행정적 관여는 권력적 관여와 비권력적 관여로 대분된다. 전자의 경우 승인, 인가, 명령, 지휘감독, 지시, 허가, 취소 등의 용어가 사용되고 있으며 1994년 총무청 조사에 의하면 1,218건 업무영역에서 권력적 관여가 이루어지고 있다(鳴海, 1996). 비권력적 관여는 보고, 계출, 통지, 제출, 권고, 협의, 조언 등에 의하여 이루어진다. 2,075건의 영역에서 비권력적 관여가 발생하고 있다. 이같은 자료는 영국의 정부간 관계가 공식적인 측면에 초점이 있고 일본의 정부간관계가 비공식적인 측면에 초점이 있다는 주장을 뒷받침하고 있다.

일본의 정부간 관계를 특징지우는 또 하나의 요인이 기관위임사무이다(鳴海, 1996; 新藤, 1989). 기관위임사무는 법률상의 용어라기보다는 학문상의 용어로서 사용되고 있다. 학문상으로 정의된 기관위임사무는 국가의 사무 중 법률 또는 명령에 의하여 지방정부의 장에게 집행을 위임한 사무를 의미한다. 사무를 집행함에 있어 지방정부의 장은 재량권이 없는 것이 보통이다. 지방정부의 장은 기관위임사무를 집행함에 있어 중앙정부로부터 감독과 지시를 받고 보고 등의 의무를 갖고 있다. 일본의 경우, 행정개혁 이전의 후생성, 농림성, 문부성, 건설성[3] 등에 집중되어 있었다. 기관위임사무의 집행과정에는 지방정부의 재량권이 없기 때문에 중앙정부와 지방정부 사이에 종할행정이 발생하는 주요 원인이 되고 있다. 중앙정부에게 부여된 직무집행명령권, 중앙정부의 대집행제도 등이 지방정부의 재량을 용납하지 않고 있다. 기관위임사무에 관한 한 일본의 정부간 관계는 지방행정기관모델이 타당하다고 판단된다.

2) 상호수평·대등모형

일본의 정부간 관계는 분권적인 막부체제, 명치헌법의 중앙집권체제, 전후 평화헌법에 의한 자치체제 등을 거쳐 발전하였다. 명치헌법 하에서는 중앙정부는 지방정부에 대하여 일반적 후견인으로서의 간여가 일반적이었다. 그러나 전후 헌법과 지방자치법에 의하여 상위 지방정부의 완전자치화, 선출직 지사제, 내무성의 해체, 중앙정부의

3) 2000년대 행정개혁으로 후생성은 후생노동성, 농림성은 농림수산성, 문부성은 문부과학성, 건설성은 국토교통성으로 통합 또는 개칭되었다.

일반 후견인적 지위의 폐지 등을 통하여 중앙정부와 지방정부가 상하 종속관계라기보다는 법률적으로는 수평관계로 발전하였다. 아울러 전전과는 달리 중앙정부와 지방정부와의 관계는 권력적 관계에서 비권력적 관계로 변화하였다(鳴海, 1996).

일본의 정부간 관계를 법률적인 측면에서 보면 커다란 변화와 발전이 이루어졌다고 할 수 있다. 아울러 1999년 지방분권일괄법의 제정으로 지방분권이 이루어짐으로써 중앙-지방과의 관계는 종전과는 비교도 될 수 없을 만큼 수평·대등한 관계로 발전하였다(Muramatsu, 2001). 앞 절에서 설명하였던 기관위임사무의 폐지는 지방정부의 지위를 제고하는데 기여하였다.

2. 국가와 지방자치단체의 제도적 관계

(1) 정치·행정의 제도적 관계

1) 헌법적 규정

(가) 외국의 헌법적 규정

① 미국과 영국의 헌법적 규정

국가와 지방자치단체의 관계는 통상 제도나 전통에 기초한 관행적 원리에 의하여 결정되는 것이 일반적이다. 국가와 주정부와의 관계, 주정부와 지방정부와의 관계를 헌법에서 다루고 있는 국가는 미국이며 후자는 영국에서 예를 찾을 수 있다. 미국 헌법 수정조항 10조는 연방정부와 주정부의 지리적 정치·행정의 권한을 규정하였으며 대부분의 주헌법에서 주정부와 지방정부의 관계를 규정하고 있다. "유보권한(Reserved Power)"이라고 불리는 미국 헌법 수정조항 10조에서 연방정부에게 명시적 부여한 정치·행정권한 이외의 것은 주정부에 속한다고 명시하였으며 미국의 각 주헌법은 특별법을 이용하여 지방정부의 정치·행정권한의 침해하였던 사례를 예방하기 위하여 지방정부의 보호조항을 두고 있다.

영국 지방정부의 지위와 역할은 전통적으로 의회의 우월성(Supremacy of Parliament)과 월권 무효의 법칙(Principle of Ultra Vires)에 결정되었다. 헌법상 지방정부의 지위가 보장되지 않는 영국의 경우 지방정부는 의회에서 결정된 법률에 따라 신설 또는 폐지되기도 하고, 지방정부의 권한 또는 의무 등이 결정된다(Byrne, 1994). 월권금지의 원칙은 의회의 우월성과는 표리관계에 있는 원칙으로서 지방정부는 중앙의회가 제정한 법률이 부여한 권한과 기능만을 행사하며 권한을 초월하는 행위는 무효거나 불법으로 처벌의 대상이 된다는 것을 의미한다. 법원이 지방정부의 의결이 월권이라고 판시하면 해당 지방정부나 지방의원은 처벌의 대상이 된다. 일반인이 법률에서 금지하는 사항을 제외하면 모든 행동을 자유롭게 할 수 있는 반면 영국의 지방정부는 법률에서 구체적으로 부여된 권한만을 행사할 수 있음을 의미한다.

② 1국가 2체제 헌법적 규정

헌법에서 국가와 지방자치단체의 관계, 특히 일국가 다체제를 규정한 국가도 있다. 포르투갈에서는 1974년 독재정권이 붕괴되면서 민주화 열풍에 힘입어 지역의 자치권 요구가 확대되었다. 그 때까지 포르투갈의 식민지 대접을 받아오던 마데이라는 중앙정부에 대한 자치권을 요구하게 되었다. 그 결과 1976년 제헌국회에서 마데이라에 대한 자치권을 인정하는 헌법을 개정하였고 마데이라 정치행정법(Political and Administrative Statute of the Autonomous Region of Madeira)이 제정되어 강력한 자치권이 보장되었다.

홍콩은 상기의 사례와는 다소 상이하다. 1840년부터 영국의 지배를 받아오던 홍콩이 1997년 7월 1일 중국에 반환되면서 중국이 홍콩에 대한 주권을 회복하였다. 그러나 중국은 지난 홍콩의 역사와 전통 및 경제적 상황을 고려하여 "일국가 다체제"의 연방원리를 수용하였다. 주권이 회복된 홍콩에 사회주의의 제도와 정책을 적용하는 대신에 기존의 경제체제를 유지할 것을 결정하였다. 이를 위하여 중국 헌법 제31조에 기초하여 중화인민공화국 홍콩특별행정구 특별법을 제정하였다. 이 법에 의거하여 홍콩의 정치와 행정은 홍콩특별행정구가 담당하게 되어 "일국가 다체제"라는 연방원리가 적용되게 되었다(김순은, 2006b).

(나) 우리나라의 헌법적 규정

앞에서 언급하였듯이 우리나라 헌법에서 최초로 지방자치를 규정한 것은 1948년의 제헌헌법이었다. 제헌헌법은 제8조 제96조와 제97조 두 개 조항을 규정하고 지방자치단체는 법령의 범위 안에서 지방의 고유사무와 국가가 위임한 사무를 처리할 수 있음을 제도적으로 보장하였다. 지방자치가 헌법적으로 보장되었다는 데에는 커다란 의의가 있으나 국가와 지방자치단체의 수직적 정치·행정권한의 배분에 관하여 구체적으로 규정하지 않았다. 향후 헌법 개정이 이루어지면 이런 점이 보완되어야 할 사항이다.

현행 헌법의 규정 때문에 2003년 출범한 참여정부가 제주특별자치도라는 역사적인 차등분권을 추진함에 있어서도 혁신적인 방안보다는 각종 법령의 특례라는 보수적인 방식을 택할 수밖에 없었던 이유가 되었다(Kim, 2007). 향후 헌법 개정의 논의가 본격적으로 진행되면 선진국의 각종 체제에 부응하는 분권적인 제도의 도입이 이루어져야 할 것이다. 이러한 관점에서 국가와 지방자치단체간 정치·행정권한의 배분이 헌법에서 다루어져야 한다.

2) 지방자치법

우리나라의 지방자치는 물론 국가와 지방자치단체의 관계를 규정하는 일반적 제도가 지방자치법이다. 아울러 각종 법령에서 국가와 지방자치단체의 관계를 규정하고 있고 이러한 규정들은 일반법과 특별법의 관계 상 지방자치법에 우선하여 적용된다. 여기서는 지방자치법 상의 규정을 논의하였다.

(가) 위임사무

국가는 법령에 다른 규정이 없으면 시·도와 시·군 및 자치구에서 시행하는 국가사무는 시·도지사와 시장·군수 및 자치구의 구청장에게 위임하여 행하며 “지방자치단체의 장은 그 지방자치단체의 사무와 법령에 따라 그 지방자치단체의 장에게 위임된 사무를 관리하고 집행한다”(지방자치법 제102조와 제103조). 국가가 시·도나 시·군·자치구의 장에게 위임하여 처리하는 사무를 학술상 기관위임사무라 부른다.

기관위임사무에 관한 한 지방자치단체는 자치단체라기보다는 상위 정부의 하위행정기관의 지위를 갖는다. 이러한 법적 성격 때문에 지방자치단체가 중앙정부의 하위행정기관으로 인식되는 배경이 되어 지방분권에 관한 개혁논의가 개시될 때마다 기관위임사무의 폐지가 주요한 이슈가 되어 왔다(홍준현, 2003).

일본의 경우 1995년 이후 지방분권 논의가 본격적으로 개시될 때 기관위임사무의 폐지가 중요한 개혁의 대상이었으며 1999년 지방분권일괄법으로 기관위임사무가 폐지되었다(김순은, 2001). 폐지된 기관위임사무의 일부는 국가사무, 일부는 지방자치단체의 고유사무로, 일부는 새로운 법정수탁사무로 전환되었다.

(나) 국가의 지도·감독

우리나라의 제도 중 국가와 지방자치단체의 관계를 규정하는 일반적인 제도가 지방자치법 제9장인 국가의 지도·감독이다. 지방자치법은 제9장에서 지방자치단체의 고유사무 및 위임사무를 대분하여 국가의 지도·감독을 구체적으로 규정하고 있다. 이에 대해서는 뒤에서 논의하였다.

(2) 재정의 제도적 관계

1) 국가와 지방자치단체의 재정적 관계

(가) 국가와 지방자치단체의 재정적 상황

국가와 지방자치단체의 관계 중에서 중요한 영역 중의 하나가 재정적 관계이다. 국가마다 상이하지만 국세와 지방세의 세원을 배타적으로 규정하는 것이 일반적이다. 국가는 주로 세원의 규모가 크고 세원의 분포가 지역적으로 불균등한 세원을 국세로 하며 상대적으로 세원의 분포가 지역간에 균등한 경우에는 지방세로 하는 경향이 있다.[4] 1950년대 이후 지방정부가 제공하는 대부분의 서비스가 지역주민 중심으로 이동함에 따라 주민세가 주요한 지방세의 세원이 되기도 하였다. 영국 대처수상은 기존의 재산세를 폐지하고 인두세 개념의 Poll tax를 도입하였다가 주민세의 역진성 때문에 중도하차하기도 하였다.

지방자치단체의 제한적인 세원으로 지방자치단체는 지방세를 중심으로 한 자주재원만으로는 지방재정을 운영할 수 없는 것이 일반적인 현상이다. 특히 국가가 소득재배분의 역할을 수행하여야 하는 상황 하에서는 지역간의 소득재배분을 위한 재원확보라는 차원에서도 국가의 재정은 지방재정보다 월등히 우월하다. 국가의 재정에서 지방세가 차지하는 비율을 보면 일본이 30% 정도, 영국이 10% 이내이며 우리나라가 30% 수준에 머물고 있다. 우리나라를 3할자치라고 부르는 것은 지방재정에 기초한 것임을 알 수 있다.

지방재정이 열악하다 보니 지방자치단체는 중앙정부가 지원하는 의존재원에 기초하여 지방재정을 운영할 수 밖에 없으며 일반적으로 교부금, 포괄보조금 또는 양여금,[5] 명시보조금 등이 중앙정부로 받는 재정적 지원형태이다. 뿐만 아니라 우리나라의 경우 지방자치단체가 발행하는 지방채에 대하여 중앙정부의 관여가 인정되고 있다.

(나) 국가의 재정지원 제도

① 교부금

일반적으로 국가는 크게 3가지 방식으로 지방정부의 재정을 지원하고 있다. 우선

4) 종전에는 지방정부가 제공하는 대부분의 서비스가 지역주민의 재산과 관련되어 있었기 때문에 재산세가 주요한 지방정부의 세원이었다(김순은, 1998).

5) 양여금은 참여정부하에서 폐지되었다.

지원하는 재정에 부가되는 조건의 유무 및 정도에 따라 크게 교부금, 양여금, 국고보조금으로 구분하다. 미국에서는 교부금(General Revenue Sharing), 포괄적 보조금(Block Grants-in-aid), 명시적 보조금(Categorical Grants-in-aid)로 구분되기도 한다.

교부금은 통상 지방자치단체에 지원하는 재정적 지원에 중앙정부의 조건이 부가되지 않는 재원으로서 지방자치단체는 지역의 사정에 맞추어 자유롭게 사용할 수 있는 재원이다. 보통 행정구역의 면적, 인구, 표준재정수요액 등에 기초한 공식에 따라 배분되는 재원이다. 지방자치단체간의 재정불균형을 조정하는 재원으로서 지방자치단체의 관점에서 가장 선호하는 재원이다. 주로 교부세의 산정방식에 관련하여 지역마다 이견이 있을 수 있으며 합리적인 공식의 산정에 학자 및 행정가들은 관심을 갖는다.

중앙정부가 지원하는 재원 중 재원의 용도와 이와 관련된 조건이 붙지 않기 때문에 지방자치단체가 가장 선호하는 재원이지만 산정 공식이나 방식에 따라 지원되는 재정의 규모가 변경되기 때문에 공정한 산정방식의 선정과 관련하여 중앙정부와 지방자치단체, 지방자치단체 상호간에 다양한 이견들이 표출된다. 이 과정에서 국가와 지방자치단체의 관계가 형성된다.

② 포괄보조금

중앙정부가 지원하는 재정지원 가운데 교부세보다는 조건이 많으며 국고보조금보다는 지방자치단체의 재량이 인정되는 제도가 포괄보조금제도이다. 중앙정부가 부가하는 다양한 재원의 용도와 조건 등이 특정 지방자치단체에는 적합지 않는 경우가 다수 발생한다.

미국은 1960년대 "위대한 사회(Great Society)"를 건설한다는 명분하에 다양한 사회복지 프로그램이 실행되었다. 특히 이러한 사회복지 프로그램들이 엄격한 재원의 용도가 부가된 국고 보조금으로 집행되어 특정 지역에서 소기의 목적을 거두지 못하는 정책 사례가 다수 발생하였다. 특정지역에서는 오히려 재원의 낭비만을 초래하였다는 비판이 제기되었다(Bardach, 1977).

1960년 말 국고 보조금의 폐단을 치유하기 위하여 미국 연방정부가 취한 제도가 포괄 보조금 제도이다. 재원의 사용처가 구체적으로 정해진 명시 보조금을 프로그램의 성격을 고려하여 포괄적으로 통합하였다. 대표적인 정책이 지역개발정책(Community Development Block Grant)이었다. 지역개발프로그램은 이전에 존재하였던 7개의 명시적 보조금을 통합하여 탄생된 포괄보조금이다(Kim, 1991). 우리나라에서 지역균형발전 특별회계의 설치 이전에 존재하였던 양여금이 일종의 포괄 보조금이라 할 수 있다.

③ 명시 보조금

중앙정부가 지방자치단체에 지원하는 재원 중에서 재원의 용도와 조건이 구체적으로 제시된 형태가 명시 보조금이다(Categorical grants-in-aid). 재원에 부가된 사용처와 조건 등이 엄격하여 명시적 보조금을 집행함에 있어서는 중앙정부의 조건을 충실히 준수하여야 한다.

명시 보조금은 지방자치단체의 재량이 전혀 반영될 여지가 없다. 주로 중앙정부가 국가의 제반 사정을 고려하여 전국적으로 통일적 기준이나 최소수준(national minimum)의 달성 등을 위하여 집행하는 재정적 지원이다. 비록 지방자치단체의 재량이 반영될 여지는 없으나 국가의 목표와 최소수준(national minimum)의 달성을 위하여 정당성이 인정되는 제도이다.

2) 우리나라의 국가와 지방자치단체의 재정적 제도

우리나라의 중앙정부는 다양한 제도를 통하여 지방자치단체의 재정에 관여하고 있다. 지방세에 해당하는 세목과 세율도 중앙정부의 법률로 정해지고 있으며 지방자치단체는 법령이 허용하는 범위 안에서 세율을 조정할 수 있다. 자주재원이 부족한 우리나라의 지방자치단체는 지방교부세, 국고보조금, 국가균형발전특별회계, 지방채를 통하여 재원을 확보하고 있으며 이러한 제도가 우리나라의 중앙정부와 지방자치단체의 재정적 관계를 설정하는데 중요한 근거가 되고 있다.

① 지방교부세

상기에서 논의한 교부금과 유사한 우리나라의 제도가 지방교부세이다. 지방교부세는 중앙정부가 지방자치단체의 재정적 격차를 시정하고 지방자치단체의 재원을 확충하기 위하여 채택된 제도이다. 현재 우리나라에서는 내국세 총액의 18.3%를 지방교부세로 확보하여 지방자치단체에 교부하고 있다. 국가균형발전특별회계에 의한 분권교부세를 포함할 경우 내국세의 19.13%가 된다.

지방교부세는 우선 재정적 지원에 중앙정부의 관여나 조건이 없기 때문에 지방자치단체의 자주적 재원의 성격을 띠고 있다. 아울러 중앙정부는 지역간의 재정적 격차에 따라 지방교부세의 지급을 차등함으로써 지방재정의 조정기능을 수행한다. 아울러 지급하는 방식에 있어서 지방자치단체별 기준재정수요액과 기준재정수입의 차이를 고려하기 때문에 지방자치단체의 재원을 보장하는 기능을 수행하고 있다(최봉기,

2006). 이외에 우리나라에서는 기준재정수요액의 산정이 어렵거나 특별한 재정수요가 있는 경우를 대비하여 특별교부세 제도가 마련되어 있다.

② 국고보조금

지방자치단체가 수행하는 행정사무 또는 사업의 경비에 대하여 중앙정부는 그 경비의 일부를 보조금, 부담금, 교부금 등의 명칭으로 지급할 수 있다. 이러한 제도를 국고보조금이라 하며 국고보조금은 자금의 용도가 지정된다는 점에서 지방교부세와는 다르다. 현행 우리나라에서는 부담금, 교부금, 협의의 보조금으로 구분하여 시행하고 있다.

③ 국가균형발전특별회계

2003년 출범한 참여정부는 지방분권과 국가균형발전에 정책적 우선순위를 두었다. 참여정부 이전에도 국가균형발전 정책이 없었던 것은 아니었으나 대통령 산하 위원회를 중심으로 종합적으로 추진한 예는 처음이다. 종합적인 정책추진을 위하여 그 간 중앙부처간에 산재에 있던 7개의 회계를 특별회계로 통합한 것이 국가균형발전특별회계이다. 국가균형발전특별회계는 5조원가량이며 지방자치단체에 교부되는 금액이 3.9조원규모이다.

국가균형발전특별회계는 낙후지역을 지원하는 지역개발과 지역주민의 생활편리와 재해예방을 위한 지역개발계정과 지역의 신성장동력을 창출하기 위한 지역혁신사업계정으로 구성된다.

④ 지방채 제도

지방자치단체는 지방채의 발행을 통하여 재정수입의 부족분을 정부 또는 민간의 자금으로 충당할 수 있다. 지방채의 특징은 채무의 상환이 주로 1년 이상의 장기 차입금의 성격을 띤다는 점이다(정세욱, 2003).

종전 지방자치단체가 지방채를 발행하기 위해서는 행정안전부장관의 승인을 얻어야 하였으나 2005년 지방자치법의 개정 이후에는 법률이 정하는 바에 따라 지방채를 발행할 수 있게 되었다. 지방자치단체의 재량이 증가된 셈이다. 즉 2004년 지방자치법은 "지방자치단체의 장은 그 지방자치단체의 항구적 이익이 되거나 또는 비상재해 복구 등의 필요가 있는 때에는 행정안전부장관의 승인을 받은 범위 안에서 지방의회의 의결을 얻어 지방채를 발행할 수 있다. 이 경우 행정안전부장관은 대통령령이 정하는 바에 의하여 지방채발행계획을 수립하여 관계 중앙행정기관의 장과 협의하여야 한다"(제115조 제1항)고 규정하였으나 개정 2005년 8월의 지방자치법 개정에 의하여 "지방자치단체의 장 또는 지방자치단체조합은 따로 법률이 정하는 바에 따라 지방채를 발행할 수 있다"(제115조).

제 3 절 지방자치단체에 대한 국가의 감독

지방자치의 정착과 발전은 지방의 다양성을 제고한다는 장점이 있다. 중앙정부의 관점에서 보면 지방의 다양성이라는 측면과 더불어 국가의 통일성 및 국토의 완전성 보장이라는 가치도 소중하다. 이러한 가치와 함께 행정기능의 양적인 확대, 행정기능의 질적 복잡화와 고도화, 지방사무의 전국적 이해 관계화, 국민적 최저수준의 설정, 광역행정 등의 필요성은 지방자치단체에 대한 국가의 지도와 감독을 요구하게 된다. 이를 위하여 우리나라는 국가의 감사, 국가의 지도·감독 및 각종 행정적 관여를 실시하고 있다.

1. 국가의 감사

지방자치단체에 대한 국가의 감사는 다양한 기관에 의하여 실시되고 있다. 우선 국회가 실시하는 국정감사 외에도 행정부 내에서도 다양한 기관들이 지방자치단체에 대한 감사를 담당하고 있다. 대표적인 행정부의 기관으로 감사원, 행정안전부, 각 행정부처의 감사를 예시할 수 있다. 지방자치단체에 대한 중앙정부의 다양한 감사는 지방정부의 자율권 제약은 물론 다양한 문제점을 안고 있다(육동일 외 2, 2002). 특히 "행정안전부장관은 지방자치단체의 자치사무에 관하여 보고를 받거나 서류·장부 또는 회계를 감사할 수 있다"(지방자치법 제171조).

국회가 담당하는 국정감사와 중앙정부의 각 부처가 담당하는 감사는 국가의 위임사무와 국가의 보조금을 받아 수행하는 사무에 한정되어야 하지만 의례적으로 지방자치단체의 자치사무에 대해서도 감사를 실시함으로써 지방자치단체의 자율성을 크게 훼손하고 있다.

영국의 중앙정부는 지방자치단체에 대한 감사를 위법성 감사에서 효과성내지는 효율성 감사로 전환하여 실시하고 있다. 반면 감사원과 중앙정부의 각 부처가 실시하는 우리나라의 감사는 아직도 위법성에 기초한 문책성 감사에 머물고 있다는 문제점이 지적되고 있다(김순은, 2007).

중앙정부에 의한 중복적이고 과다한 감사로 지방자치단체의 감사에 투여하는 인력과 노력 및 시간이 과다하다(안성민 외 4, 2006). 영국의 경우 감사, 평가, 조사 등 유관기능을 포함하여 연 40일이 소요되는 반면 우리나라의 경우 광역자치단체는 126일, 기초자치단체는 42일을 감사와 관련된 업무를 수행한다.

2. 국가의 지도 및 감독

우리나라는 지방자치법과 각 개별법령에서 다양한 방식으로 국가의 지도·감독을 규정하고 있다. 우선 지방자치법 제9장은 중앙정부의 지도와 감독에 대한 일반적 규정이다. 지방자치법 제9장에서는 지방자치단체가 처리하는 사무에 관하여 조언, 권고, 지도, 자료의 제출요구, 감독, 시정명령, 취소 또는 정지, 직무이행명령, 행정대집행, 행정상·재정상 필요한 조치, 지방의회의 의결에 대한 재의요구의 지시 및 직접 제소권 등을 규정하고 있다.

중앙행정기관의 장은 지방자치단체의 사무에 관하여 조언 또는 권고하거나 지도할 수 있으며, 이를 위하여 필요하면 지방자치단체에 자료의 제출을 요구할 수 있다(법 제166조 1항). 지방자치단체나 그 장이 위임받아 처리하는 국가사무에 관하여 시·도에 있어서는 주무부장관의, 시·군·구에서는 1차로 시·도지사의, 2차로 주무부장관의 지도·감독을 받는다(법 제167조 1항).

지방자치단체의 사무에 관한 그 장의 명령이나 처분이 법령에 위반되거나 현저히 부당하여 공익을 해친다고 인정되면 시·도에 있어서는 주무부장관이 기간을 정하여 서면으로 시정할 것을 명하고, 그 기간에 이행하지 아니하면 이를 취소하거나 정지할 수 있다. 이 경우 자치사무에 관한 명령이나 처분에 대하여는 법령에 위반하는 것에 한 한다(법 제169조 1항).

지방자치단체의 장이 법령의 규정에 따라 그 의무에 속하는 국가위임사무의 관리와 집행을 명백히 게을리하고 있다고 인정되면 시·도에 대하여 주무부장관이 기간을 정하여 서면으로 이행할 사항을 명령할 수 있다(법 제170조 1항). 주무부장관은 해당 지방자치단체의 장이 이행명령을 이행하지 아니하면 그 지방자치단체의 비용으로 대집행하거나 행정상·재정상 필요한 조치를 할 수 있다(법 제170조 2항). 행정자치부장관은 지방자치단체의 자치사무에 관하여 보고를 받거나 법령 위반 사항에 대한

◈ 표 8-1 ◈ 2008년 지방자치법상 지방에 대한 국가의 지도·감독 방식

	자치사무	위임사무	근 거
조언 또는 권고, 지도	○	○	법 제166조 1항
자료의 제출 요구	○	○	법 제166조 1항
일반적인 지도 · 감독		○	법 제167조 1항
위법한 명령·처분의 시정명령, 취소 또는 정지	○	○	법 제169조 1항
현저히 부당하여 공익을 해한다고 인정되는 명령 · 처분에 대한 시정명령, 취소 또는 정지		○	법 제169조 1항
직무이행명령(관리 및 집행을 명백히 해태하고 있다고 인정되는 경우)		○	법 제170조 1항
대집행 또는 행정 · 재정상 필요한 조치		○	법 제170조 2항
법령위반 사항에 대한 감사, 보고요구, 서류 · 장부 · 회계 감사	○	○	법 제171조
위법 또는 공익을 현저히 해치는 지방의회 의결에 대한 재의 요구 지시	○	○	법 제171조 1항
위법한 지방의회의 재의결에 대한 제소 지시 및 집행정지결정의 신청	○	○	법 171조 4항

서류·장부 또는 회계를 감사할 수 있다(법 171조).

지방의회의 의결이 법령에 위반되거나 공익을 현저히 해친다고 판단되면 시·도에 대하여는 주무부 장관이 재의를 요구하게 할 수 있다. 주무부장관은 지방의회에서 재의결된 사항이 법령에 위반된다고 판단됨에도 불구하고 지방자치단체의 장이 소를 제기하지 아니하면 그 지방자치단체의 장에게 제소를 지시하거나 직접 제소 및 집행정지 결정을 신청할 수 있다(법 제172조 1항, 4항). 이러한 지도·감독의 방식을 사무별로 정리하면 <표 8-1>과 같다.

3. 각종 비제도적 행정적 관여

상기에서는 지방자치법을 중심으로 국가의 제도적인 지도·감독의 방식을 논의하였다. 이외에도 국가가 실시하는 관여의 대부분을 차지하는 건설교통부(현 국토해양부), 행정자치부(현 행정안전부), 보건복지부(현 보건복지가족부) 및 농림부(현 농림수산식품부)의 경우 비제도적 관여의 비율이 제도적 관여보다 높은 것으로 나타났다(김순은 외 4, 2007). 중앙정부가 실시하는 비제도적인 관여방식으로는 고시, 예규, 훈령,

지침, 지시, 관행 등이 있다.

제 4 절 지방자치단체의 국가에 대한 영향력의 행사

국가가 국가의 통일성을 확보하기 위하여 지방자치단체에 대하여 지도와 감독을 실시하는 한편 지방자치단체는 지방자치단체의 이익을 위하여 국가에 대하여 다양한 방식으로 영향력을 행사한다. 지방분권이 강화되어 지방자치단체의 정치·행정 권한이 강화되면 될수록 지방자치단체의 국가에 대한 영향력은 점증한다.

외국의 경우 지방자치단체의 국정참여에 관해서도 다양한 제도들이 구비되어 있다. 포르투갈 마데이라 정부는 국회에 법률안 제출권, 법률안 신속처리 요구권, 헌법재판소 제소권, 국정의 참여보장, 교육의 참여(Quarter제도의 도입) 등이 인정된다. 영국 스코틀랜드의 경우에도 중요한 원칙이 수립되어 있다. 중앙정부가 스코틀랜드 정부에 이양한 사무에 대하여 새로운 입법을 추진할 경우 반드시 스코틀랜드 의회의 동의를 얻어야 한다(Sewel Convention). 뿐만 아니라 중앙부처의 스코틀랜드장관(Secretary of State for Scotland)은 헌법부(Department for Constitutional Affairs)의 구성원으로서 중앙정부의 유보된 권한에 스코틀랜드의 이익을 대변하는 역할을 담당한다(김순은, 2006b).

1. 제도적 영향

(1) 지방자치단체협의회

강력한 국가의 반민주적 통제 하에 운영되던 체제가 민주화되는 과정에는 지역간, 계층간, 국가와 지방자치단체간에 갈등과 마찰이 야기되는 것은 자연스런 현상이다. 민주화의 성격을 강하게 띠고 있는 지방분권의 개혁과정에서도 유사한 현상이 발생하였음은 외국은 물론 현재 우리나라의 상황에서도 확인할 수 있다.

국가 즉 중앙정부는 단일의 정치체이기 때문에 중앙정부의 의견은 쉽게 가늠할 수 있다. 그러나 지방자치단체의 수는 광역, 기초로 분류하여 다수이기 때문에 대표적 의견을 확인하는 것은 쉽지 않다. 따라서 지방자치단체들은 협의체를 구성하여 지방정부의 대표적 의견을 개진하려고 한다. 일찍부터 영국에 있어서 지방정부협의체는 지방자치단체간의 협력관계와 중앙정부와 지방정부간의 관계를 이해하는데 매우 중요한 요소이다(최영출, 1999; 김태영, 2000).

우리나라에서도 지방자치단체의 장이나 지방의회의 의장은 상호간의 교류와 협력을 증진하고, 공동의 문제를 협의하기 이하여 전국적 협의체를 설립할 수 있다(지방자치법 제165조 1항). 시·도지사, 시·도의회의장, 시장·군수·구청장, 시·군·자치구의회 의장별로 협의회를 구성할 수 있을 뿐만 아니라 4개의 협의회를 연합한 단일의 협의체의 구성도 가능하다(지방자치법 제165조 2항).

지방을 대표하는 단일의 협의회는 지방의 의견을 집약하여 중앙에 단일의 의견을 개진할수 있다는 점에서 효과성이 크다. 영국도 지방의견의 통일된 집약, 중앙정부 정책에 대한 강력한 대응, 세계화에 대한 효율적 대응을 위하여 지방정부연합회(Local Government Association)를 1997년 4월 1일 수립하였다. 1990년대 보수당의 약세에 따라 대도시권협의회, 잉글랜드와 웨일즈 지역의 카운티협의회와 구역정부협의회의 업무를 통합하여 단일의 협의회로 발족되었다. 영국의 지방정부연합회는 중앙정부와 정기적인 모임과 회의를 통하여 지역의 의견을 효과적으로 중앙에 전달하고 있다.

(2) 지방자치단체의 법률안 제안권

지방자치단체의 국가에 대한 영향력은 지방자치단체의 법률안 제안권에서 확인할 수 있다. 법률안 제안권은 특정 지방자치단체가 지역의 상황과 관련된 법률안을 중앙정부에 직접 제안할 수 있는 제도이다. 우리나라에서는 도입되어 있지 않지만 향후 지방분권의 관점에서 적극적으로 검토되어야 할 제도이다.

(3) 법률안 제안 요청권

참여정부가 지방분권과 관련하여 달성한 업적 중의 하나가 제주특별자치도의 설치라고 할 수 있다. 차등분권의 차원에서 제주특별자치도에 여타의 시·도에 비하여 다수의 특례를 인정함으로써 연방원리의 적용내지는 지방분권 개혁의 선도적 실험을 착수하였다.

제주특별자치도에 부여한 다수의 특례가운데 제주도의 발전과 관련하여 중앙정부에 관련 법률안의 제안을 요청할 수 있는 권한을 부여하였다. 비록 법률안 제안권에는 미치지 못하지만 국가에 대한 영향력이라는 차원에서 의의가 있다고 할 수 있다.

2. 비제도적 영향

지방자치단체는 공식·비공식의 채널을 통하여 국가에 지방의 의견이나 요구를 전달하고 있다. 앞 절에서는 공식적·제도적인 통로를 논의하였으며 이 외에도 비공식의 채널이 있을 수 있다.

국가와 지방이 파트너십에 입각한 대화의 창구를 서로 유지한다면 국가는 국가의 견해와 입장을, 지방은 지방의 요구와 애로를 각각 효과적으로 상대방에게 전달할 수 있다. 즉 국가는 지방자치단체를, 지방자치단체는 국가를 대화의 파트너, 국정의 파트너로 각각 인정하면서 지방자치단체는 비공식적으로 국가에 대한 영향력을 행사할 수 있을 것이다. 가장 대표적인 예로서, 영국은 중앙-지방 파트너십 회의를 통하여 21세기를 대비하였다(김순은, 2005b).

영국은 21세기에 들어 '파트너십을 위한 틀' 하에서 구성된 중앙-지방 파트너십 회의를 통하여 영국의 중앙정부는 거버넌스에 중요한 변화를 초래한 정책을 발전시켰다. 대표적인 정책으로 중앙정부와 지방정부간 합의된 공공 서비스 우선순위제도(Shared Priorities for Public Services between the Central Government and Local Government Association), 포괄적 성과평가제도(Comprehensive Performance Assessment), 지방 공공서비스 협약제도(Local Public Service Agreement) 등이 파트너십 회의를 통하여 이루어졌다(김순은, 2005b). 이 같은 영국의 관행은 2007년 12월 중앙정부와 지방정부간에 새로운 협약(Central-local Concordat)을 체결함으로써 더욱 공고하게 되었다.

제 5 절 국가와 지방자치단체간의 분쟁조정

1. 지방분권의 영향

국가와 지방자치자체의 정부간 관계에 있어서 끝으로 논의하여야 주제가 국가와 지방자치단체간의 분쟁에 관한 것이다. 권위적인 중앙집권체제하에서 중앙-지방의 분쟁은 크게 부각되지 않았다. 지방이 지방의 견해를 표출할 수 있는 제도도 충분하지 않았을 뿐만 아니라 권위적인 분위기가 불만의 표출을 허용하지 않았다.

그러나 민주화 과정을 거치면서 지방자치가 정착되고 지방분권의 흐름이 가속화되면서 지방이 지방의 이익을 옹호하려는 움직임이 곳곳에서 확인되었다. 핵폐기물 매립장의 설립과 같은 국책사업이 비선호시설의 거부라는 지역의 반대로 극심한 혼란을 겪었다. 공무원 불법 파업에 참여한 공무원에 대한 국가의 징계요구에 대하여 지방자치단체의 장이 거부하는 사례도 발생하였다.

지역이기주의의 차원에서 공공시설의 명칭과 관련해서도 다수의 갈등사례가 발생하였다. 부산신항의 명칭과 관련하여 해양수산부(구), 부산광역시, 경상남도, 진해시가 반목하였으며 천안·아산역의 명칭을 두고 건설교통부(구), 천안시, 아산시가 극한적으로 대립하였다.

2. 행정협의조정위원회

현행 지방자치법에 따르면 중앙행정기관의 장과 지방자치단체의 장이 사무를 처리할 때 의견을 달리하는 경우 이를 협의·조정하기 위하여 국무총리 소속으로 협의조정기구를 설치할 수 있다(지방자치법 제168조). 이 법의 규정에 따라 설치된 것이 행정협의조정위원회이다.

위원장을 포함하여 13인 이하로 구성되는 행정협의조정위원회는 재정경제부장관(현 기획재정부)·행정자치부장관(현 행정안전부)·국무조정실장 및 법제처장 등 당연직 위원과 4명의 민간인, 안건과 관련된 중앙행정기관의 장과 시·도지사중 위원장이 지명하는 4인으로 구성된다.

현재 국가와 지방자치단체간의 분쟁을 해결할 수 있는 제도이나 위원회의 구성과 대상사무에 있어서 적지 않은 문제점이 있는 것으로 효과성이 의문시되고 있다. 민간인의 참여를 확대하여 위원회의 중립성과 공정성을 확보하고 관할사무를 새롭게 책정하는 과제가 남아 있다.

참고문헌

김순은.(1992). “지방의회의 상임위원회 운영실태 및 개선방안.” 「지방의회연구」 3: 55-83.

_____.(1998). “영국 지방세제의 개혁에 관한 연구: 대처와 메이저 수상의 지방재정개혁을 중심으로.” 「지방정부연구」 2(2): 1-27.

_____.(2001). “영국과 일본의 지방분권 비교분석.” 「한국지방자치학회보」 13(2): 101-121.

_____.(2003). “참여정부의 지방분권 추진 계획(분권 로드 맵)의 평가.” 「지방정부연구」 7(2): 113-133.

_____.(2005a). “참여정부 지방분권 정책의 전반기 평가와 과제.” 한국지역사회학회 춘계 학술대회 발표논문.

_____.(2005b). “영국의 정부간 관계의 혁신적 모형: 거버넌스 모형의 시도.” 「지방행정연구」 19(2): 3-24.

_____.(2006a). “민선자치 10년의 성과평가와 향후과제.” 한국지방정책연구소 정기 세미나 발표논문.

_____.(2006b). “제주특별자치도의 정치·행정적 의의와 향후과제: 외국의 특별자치법제 비교분석을 통하여.” 한국정치학회 발표논문.

_____.(2007). “영국 지방정부의 성과관리: 성과관리 정책의 관점에서.” 「한국거버넌스학회보」.

김순은·권영주·신기현·안성민·최진혁.(2007). “국가-지방 새로운 관계 설정: 중앙의 지방에 대한 견제확보 방안(국가의 통일성 유지).” 정부혁신지방분권위원회 전문위원회 보고서.

김태영.(2001). “지방정부협의체를 대표하는 영국의 지방정부연합회(LGA).” 「지방자치」 143: 26-30.

심상돈.(1999). “중앙행정권한의 지방이양 촉진 등에 관한 법률”의 내용과 추진 그리고 과제. 자치행정, 138: http//www.dpla.go.kr/business/(검색일: 2001. 2. 10).

안성민·김순은·채원호·송광태·권영주.(2006). “지방감사제도의 개선방안.” 정부혁신지방분권위원회 전문위원 보고서.

이승종.(2003a). “분권과 균형발전.” 「지방행정연구」 17(3): 73-100.

_____.(2005). “노무현 정부의 지방분권정책 평가.” 「행정논총」 43(2): 351-378.

정세욱.(2000). 「지방자치학」, 서울: 법문사.

_____.(2003). 「지방행정학」, 서울: 법문사.

지방이양추진위원회.(2001). 지방이양 추진경위. http//www.dpla.go.kr/business/(검색일: 2001. 5. 2).

최봉기.(2006). 「지방자치론」. 서울: 법문사.

최영출.(1999). "영국의 지방자치단체간 협력사례와 시사점." 「도시행정학보」 12: 1-29.

_____.(2002). 「정부간 관계: 중앙-지방 파트너십」. 박종민 · 이종원 편. 「한국 지방민주주의의 위기」, 서울: 나남출판.

홍준현.(2003). 「중앙정부와 지방정부의 역할과 기능 재배분」. 한국인문·사회과학아카데미 엮음; 「한국의 지방분권」, 부산: 도서출판 금정.

新藤宗幸, 編著.(1989). 自治體の政府間 關係, 東京: 學陽書房.

鳴海正泰.(1996). 現代日本の地方自治と地方財政, 東京: 公人社.

Anderson, W.(1960). *Intergovernmental Relations in Review. Minneapolis*, MN: University of Minnesota Press.

Bardach, E.(1977). *The Implementation Game,* Cambridge: MIT Press.

Byrne, T.(1994). *Local Government in Britain,* Penguins Books.

Chandler, J.(2001). *Local Government Today,* Manchester: Manchester University Press.

Choi, Y. and D. Wright.(2004). Intergovernmental Relation(IGR) in Korea and Japan: Phases, Patters, and Progress toward Decentralizatin(Local Autonomy) in a ans-pacific Context. International Review of Public Adminstration, 9(1): 1-22.

Davies, B.(1972). *Variations in Children's Services among British Urban Authorities: A Causal Studies,* London: Bell.

Elazar, D. 1962. *The American Partnership.* Chicago: the University of Chicago Press.

_______. 1987. *Exploring Federalism,* Alabama: The University of Alabama Press.

Grodzins, M. 1966. *The American System,* Chicago: Rand McNally.

Hooge, L. and G. Marks.(2003). Unravelling the Central State, but How? Types of Multi-level Governance. *American Political Science Review*, 97(May): 233-243.

Horie, F. and N. Masaru, eds.(1997). *Future Challenges for Local Autonomy in Japan, Korea and the United States,* Tokyo: National Institute for Research Advancement.

Horie, F. and N. Nagata, eds.(1999). *The Challenges to New Governance in the Twenty-First Century: Achieving Effective Central-Local Relations,* Tokyp:

National Institute for Research Advancement.

Iqbal, F.(2002). *Evolution and Salient Characteristics of the Japanese Local Government System,* World Bank Institute.

Kim, S.(2007). A Study on Improving Institutional Arrangements and Requirements of Jeju Special Self-governing Government for International Free City of Jeju: An Intergovernmental Perspective. A Paper Presented at the International Conference of the Korean Association for Local Autonomy.

Koike, O. and D. Wright.(1998). Five phases of intergovernmental relations in Japan: Policy shift and governance reform. *International Review of Administrative Sciences*, 64: 203-218.

Muramatsu, M.(2001). Intergovernmental Relations in Japan: Models and Perspective. World Bank Institute.

Muramatzu, M. and F. Iqbal.(2000). Understanding Japanese Intergovernmental Relations: Perspectives, Models and Salient Characteristics. M. Muramatsu, ed., *Japanese Intergovernmental Relations,* Tokyo.

Nice, D. 1987. *Federalism: The Politics of Intergovernmental Relations,* New York: St. Martin's Press.

Office of the Deputy Prime Minister.(2005). *Central Local Partnership.* London: HMSO.

Rhodes, R.(1986). *The Natural World of Local Government,* London: Allen and Unwin.

________(1988). *Beyond Westminster and Whitehall.* London: Allen and Unwin.

Wilson, D. and C. Game(1998). *Local Government in the United Kingdom,* London: Macmillan.

Wright, D.(1988). *Understanding Intergovernmental Relations*, 3rd ed, Pacific Grove: Brooks/Cole Publishing Company.

찾아보기

ㅈ

저자들 약력(각 장 순서로 나열)

소진광

1. 최종 학력 : 서울대학교 대학원(행정학 박사)
2. 현　　직 : 경원대학교 도시행정전공 교수
3. 주요 경력 : 경원대학교 법정대학 학장, (사) 한국지방자치학회 회장
4. 대표 저술 : 지방자치와 지역발전(2005, 박영사)

권영주

1. 최종 학력 : 일본 京都大學 대학원(행정학 박사)
2. 현　　직 : 서울시립대학교 행정학과 교수
3. 주요 경력 : 대통령자문 정부혁신지방분권위원회 전문위원, 각종 공무원시험 출제위원
4. 대표 저술 : 일본 지방자치시스템의 형성과 변용(2003, 한국지방자치학회보)

오재일

1. 최종 학력 : 일본 中央大學 대학원(정치학 박사)
2. 현　　직 : 전남대학교 행정학과 교수
3. 주요 경력 : 광주전남발전연구원장, (사) 한국NGO학회 회장
4. 대표 저술 : 미완의 분권개혁(역서, 2005, 전남대학교 출판부)

최호택

1. 최종 학력 : 영국 Manchester Metropolitan University 대학원(행정학 박사)
2. 현　　직 : 배재대학교 행정학과 교수
3. 주요 경력 : (사) 한국공공행정학회 연구위원장, 행정자치부 지방행정혁신평가위원
4. 대표 저술 : 한국지방자치재정론(공저, 2003, 도서출판 제이비컴)

채원호

1. 최종 학력 : 서울대학교 대학원(행정학 박사), 동경대학교 박사과정(국제사회과학전공) 수료
2. 현　　직 : 가톨릭대학교 정경학부 교수
3. 주요 경력 : 대통령자문 정부혁신지방분권위원회 전문위원, (사) 한국지방자치학회 연구위원장
4. 대표 저술 : 새한국정부론(공저, 2006, 대영문화사)

김종희

1. 최종 학력 : 건국대학교 대학원(행정학 박사)
2. 현　　직 : 선문대학교 행정학부 교수 겸 기획처장
3. 주요 경력 : (사) 한국지방공기업학회 회장, 행정자치부 정책자문위원회 위원
4. 대표 저술 : 신재무행정론(공저, 2006, 다산출판사)

최병대

1. 최종 학력 : 미국 The University of Akron 대학원(행정학 박사)
2. 현　　직 : 한양대학교 행정학과 교수 겸 사회과학대학장
3. 주요 경력 : 서울특별시 정책기획관, 한양대학교 지방자치대학원장
4. 대표 저술 : 자치행정의 이해(2008, 대영문화사)

김순은

1. 최종 학력 : 미국 Kent State University 대학원(행정학 박사)
2. 현　　직 : 동의대학교 행정학과 교수 겸 대외협력처장
3. 주요 경력 : 대통령자문 정부혁신지방분권위원회 전문위원, (사) 한국지방자치학회 회장
4. 대표 저술 : 지방분권과 지방정부의 혁신(2003, 도서출판 금정)

한국지방자치의 이해

2008년　8월　20일　초판발행
2016년　8월　20일　중판발행

공저자　소진광 외 7인
발행인　안 종 만
발행처　(주)박영사
서울특별시 종로구 새문안로3길 36, 1601
전화 (733) 6771　FAX (736) 4818
등록 1959. 3. 11.　제300-1959-1호(倫)

www.pybook.co.kr　e-mail: pys@pybook.co.kr

정 가 25,000원　ISBN 978-89-7189-832-1